Hellwig/Klimek/Attin
Einführung in die Zahnerhaltung

Hellwig/Klimek/Attin

Einführung in die Zahnerhaltung

Mit 205 Abbildungen
und 23 Tabellen

Urban & Schwarzenberg
München–Wien–Baltimore

Anschriften der Verfasser:

Prof. Dr. E. Hellwig
Universitätsklinik für Zahn-, Mund- und Kieferheilkunde
Abteilung Poliklinik für Zahnerhaltung
Hugstetter Straße 55, 79106 Freiburg

Prof. Dr. J. Klimek
Medizinisches Zentrum für Zahn-, Mund- und Kieferheilkunde
Abteilung Zahnerhaltung und Präventive Zahnheilkunde
Schlangenzahl 14, 35392 Gießen

Dr. T. Attin
Universitätsklinik für Zahn-, Mund- und Kieferheilkunde
Abteilung Poliklinik für Zahnerhaltung
Hugstetter Straße 55, 79106 Freiburg

Die Deutsche Bibliothek – CIP-Einheitsaufnahme

Hellwig, Elmar
Einführung in die Zahnerhaltung : mit 23 Tabellen / Hellwig/Klimek/Attin. –
München ; Wien ; Baltimore : Urban und Schwarzenberg, 1995
ISBN 3-541-18601-1
NE: Klimek, Joachim:; Attin, Thomas:

Lektorat und Planung: Ursula Illig, München
Redaktion: Cornelia Steininger, München
Herstellung: Adolf Schmid, München
Zeichnungen: Henriette Rintelen, München
Umschlaggestaltung: Dieter Vollendorf, München

Druck: Appl, Wemding
Bindung: Großbuchbinderei Monheim

Printed in Germany

ISBN 3-541-18601-1

Vorwort

Neue wissenschaftliche Erkenntnisse zur Entstehung und Prävention von Karies und Parodontopathien müssen sich auch in einem Wandel der Unterrichtscurricula des Zahnmedizinstudiums und in der zahnärztlichen Tätigkeit widerspiegeln. Standen früher die invasiven Maßnahmen zur Zahnerhaltung im Vordergrund, so ist heute das primäre Ziel jeder zahnärztlichen Tätigkeit die Erhaltung intakter Zähne und gesunder Parodontalverhältnisse. Zahnerhaltung ist in erster Linie präventive Tätigkeit.

Das heißt jedoch nicht, daß invasive Techniken keinen Platz in der Zahnerhaltung hätten. Nach wie vor werden durch Karies und Parodontalerkrankungen Zahnhartsubstanzen, Pulpa und Zahnhalteapparat irreversibel geschädigt. Aber auch die restaurative zahnärztliche Tätigkeit hat sich gewandelt. Neue Materialien und Behandlungskonzepte, modernes Instrumentarium und verändertes Patientenverhalten stellen neue Anforderungen an die restaurative Zahnmedizin.

Das vorliegende Buch soll diesen Umständen Rechnung tragen. Es wendet sich in erster Linie an Studierende der Zahnheilkunde und umreißt den aktuellen Stand der Zahnerhaltung in einer Art Kompendium. Auf Ausführungen zu den Themen Traumatologie und Kinderzahnheilkunde wurde bewußt verzichtet, sie sollten speziellen Lehrbüchern vorbehalten bleiben. Die Lektüre dieses Buches soll auch Anregung sein, einzelne Aspekte der Zahnerhaltung zu vertiefen. Im Anhang wird daher auf weiterführende Literatur hingewiesen. Verweise auf Einzeluntersuchungen wurden bewußt nicht aufgenommen, da wissenschaftliche Studien einem raschen Wandel unterworfen sind. Aus dem gleichen Grund werden Behandlungsmaßnahmen, die sich momentan erst in einem experimentellen Stadium befinden und von denen unklar ist, ob sie Bestand haben werden, nicht oder nur sehr kurz dargestellt.

Unser besonderer Dank gebührt dem Verlag Urban & Schwarzenberg, der uns bei der Realisierung des vorliegenden Buches tatkräftig unterstützte. Besonders Frau Illig und ihren Mitarbeitern in der Redaktion sowie Frau Henriette Rintelen für die exzellente Ausarbeitung der Zeichnungen möchten wir an dieser Stelle Dank sagen.

Freiburg und Gießen, 1995

Inhaltsverzeichnis

Teil III – Parodontologie

Therapie der Karies

1 Mikroskopische Anatomie der Zahnhartsubstanzen

Die Kenntnis der Anatomie der Zahnhartsubstanzen, des Endodonts und des Parodonts ist Voraussetzung für präventive und zahnerhaltende Maßnahmen.

So bestimmen die Anatomie und die Struktur der Zahnhartsubstanzen die Präparationsinstrumente, die Kavitätenform und -gestaltung und die Wahl des Restaurationsmaterials. Im folgenden werden nur die wichtigsten histologischen Merkmale der Zahnhartsubstanzen zusammengefaßt. Für eine detaillierte Beschreibung der Anatomie und Histologie der Zähne sei auf spezielle Lehrbücher der Anatomie hingewiesen.

1.1 Zahnschmelz

1.1.1 Chemische Struktur

Zahnschmelz wird von den Ameloblasten gebildet. Diese scheiden eine Schmelzmatrix aus, die mineralisiert und ausreift. Die während der Mineralisation stattfindende Kristallisation von Kalzium-Phosphat-Verbindungen und das anschließende Wachstum der Kristallite wird als **präeruptive Schmelzreifung** bezeichnet. Dabei verbleiben Mikroporositäten zwischen den Kristalliten und Ionendefekte in ihren Gitterstrukturen.

Nach dem Zahndurchbruch werden diese Porositäten und Fehlstellen durch die **posteruptive Schmelzreifung** weitestgehend ausgeglichen. Der Zahnschmelz unterliegt nach seiner Bildung keinem zellulären Reparaturmechanismus.

Ausgereifter Zahnschmelz ist die härteste Substanz des menschlichen Körpers.

Seine mittlere Dichte schwankt je nach „Reifezustand", chemischer Zusammensetzung und Stelle der Analysenentnahme zwischen 2,8 und 3,0.

Seine Härte liegt im Durchschnitt zwischen 250 KHN (Knoop-hardness numbers) an der Schmelz-Dentin-Grenze und 390 KHN an der Schmelzoberfläche.

Der **Hauptbestandteil** des Zahnschmelzes ist anorganischer Natur, wobei die Angaben über die Menge der anorganischen Verbindungen je nach Analysemethode und analysierter Probe zwischen 93 und 98 Gew.% schwanken. Die zweitgrößte Fraktion ist Wasser, hier schwanken die Mengenangaben zwischen 1,5 und 4 Gew.%. Die restliche Substanz setzt sich aus organischen Verbindungen wie Proteinen und Lipiden zusammen.

Die **Zusammensetzung** des Schmelzes wird durch Ernährung, Alter und zahlreiche andere Faktoren beeinflußt. Die Hauptbestandteile sind *Kalzium, Phosphor, Karbonat, Magnesium* und *Natrium*. Insgesamt wurden bisher über 40 Spurenelemente im Zahnschmelz nachgewiesen. Einige dieser Spurenelemente gelangen erst durch zahnärztliche Maßnahmen in die Mundhöhle, andere (z.B. Blei und Strontium) können als Indikatoren für verstärkte Umweltbelastung angesehen werden.

Es gibt Unterschiede in der Schmelzzusammensetzung an verschiedenen Stellen eines einzelnen Zahnes. Diese lassen sich durch Konzentrationsschwankungen einzelner Elemente erklären. So nimmt die Konzentration von Fluorid, Eisen, Zinn, Chlor und Kalzium von der Schmelzoberfläche zur Schmelz-Dentingrenze ab. Die Fluoridkonzentration steigt allerdings direkt an der Schmelz-Dentingrenze wieder an. Die Konzentration von Wasser, Karbonat, Magnesium und Natrium nimmt hingegen von der Schmelz-Dentingrenze zur Schmelzoberfläche hin ab.

Es scheint eine Korrelation zwischen Magnesium- und Karbonatgehalt des Schmelzes und erniedrigten Werten für die **Schmelzdichte** zu geben. An Stellen mit erhöhter Magnesiumkonzentration in der Nähe der Dentinhörner und direkt unter den zentralen Fissuren der Zähne ist eine geringere Dichte festzustellen, als z.B. an den stark mineralisierten Zonen der bukkalen und lingualen Zahnflächen.

Kalzium und *Phosphor* liegen in einem Verhältnis von 1:1,2 als **Apatitverbindung** $(Ca_{10-x}PO_{6-x})*X_2*H_2O$ in Form kleiner Kristallite vor. Es handelt sich dabei nicht um stöchiometrische Verbindungen der Formel $Ca_{10}(PO_4)_6(OH)_2$. Durch ein Defizit von Kalzium-, Phosphat- und Hydroxylionen sowie dem Vorhandensein von Karbonat und Hydrogenphosphat ist Schmelz aus nichtstöchiometrischen Apatitkristallen aufgebaut. Durch interne Substitutionsreaktionen kann es zur Ausbildung von Fluorapatit oder fluoridiertem Hydroxylapatit kommen, das eine stabilere Kristallgitterstruktur aufweist als Hydroxylapatit. Es kann jedoch auch zum Einbau von Karbonat in das Schmelzmineral kommen. Karbonierter Apatit ist gegenüber einem kariösen Angriff weniger resistent als Hydroxylapatit. Neben den genannten Verbindungen lassen sich in geringem Maß eine Reihe nichtapatitisch gebundener Kalzium-Phosphat-Verbindungen, wie z.B. Oktakalziumphosphat, finden.

Wasser kommt im Zahnschmelz in zwei verschiedenen Formen vor. Ein Teil ist *kristallin* als Hydrationsschale, der andere *lose*, hauptsächlich an organische Materie gebunden. Das lose gebundene Wasser kann bei Erwärmung verdampfen. Schmelz kann jedoch auch bei Feuchtigkeitszufuhr Wasser aufnehmen. Diese Eigenschaft macht man sich bei der Erklärung bestimmter physikalischer Phänomene bei der Kariesentstehung bzw. -prävention zunutze. Zahnschmelz funktioniert wie ein Molekularsieb bzw. Ionenaustauscher, da mit dem Flüssigkeitsstrom auch Ionen in und aus dem Zahnschmelz gelangen.

Die kleine Menge *organischen Materials* besteht im ausgereiften Schmelz aus Proteinen (ca. 58%), Lipiden (ca. 40%) und Spuren von Kohlenhydraten, Zitrat und Laktat. Der größte Teil des organischen Materials liegt im inneren Drittel des Schmelzmantels in Form von Schmelzbüscheln.

1.1.2 Histologische Struktur

Die Apatitkristalle des Schmelzes sind im Querschnitt annähernd hexagonal und stellen sich in der Seitenansicht als kleine Stäbchen dar (Abb. 1-1).

Ein einheitliches Charakteristikum der Schmelzkristallite ist ihre – im Vergleich zu anderen biologischen Hartgeweben – erhebliche Größe. Sie sind durchschnittlich 160 nm lang, 40–70 nm breit und 26 nm dick. Die Gestalt und Größe der Schmelzkristallite kann allerdings je nach Reifegrad des Schmelzes oder Lokalisation im Schmelzmantel von dieser einheitlichen Größe abweichen. Etwa einhundert Schmelzkristallite liegen im Querschnitt zusammengefügt und bilden die sogenannten Schmelzprismen bzw. Schmelzstäbe, die sich von der Schmelz-Dentingrenze bis fast zur Schmelzoberfläche erstrecken. Der Verlauf der Prismen ist sowohl in horizontaler als auch in vertikaler Richtung wellenförmig. Die Kristallite im Kern der Prismen sind dabei mit ihrer Längsachse parallel zur Längsachse des entsprechenden Prismas ausgerichtet. Je mehr sie zum

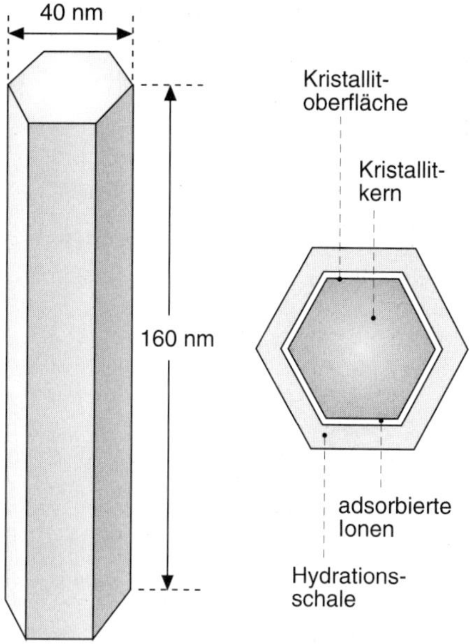

Abbildung 1-1. Schematische Darstellung eines Hydroxylapatitkristallits. Der Kristallit ist annähernd sechseckig und besitzt eine Hülle von adsorbierten Ionen, Proteinen, Lipiden und Wasser (Hydrationsschale; nach NIKIFORUK 1985).

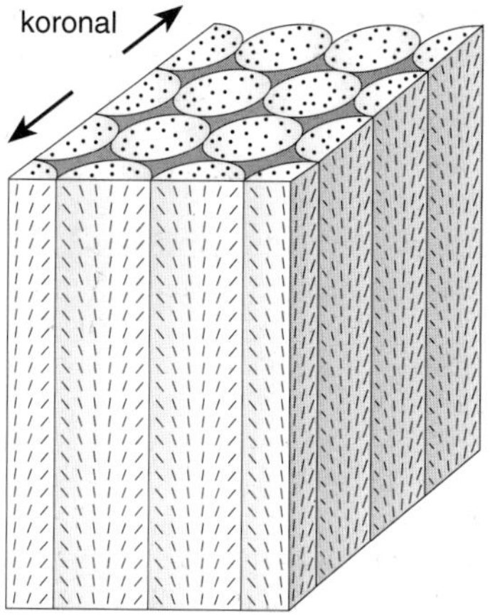

Abbildung 1-2. Ausrichtung der Schmelzkristallite innerhalb der Schmelzprismen. Im Prismenzentrum verlaufen die Kristallite parallel zur Prismenlängsachse. Zur Prismenperipherie hin fiedern sie immer mehr auf, und der Winkel zur Prismenlängsachse nähert sich 90°.

Rand der Prismen gelegen sind, um so mehr fiedern sie aus und bilden einen mehr oder weniger großen Winkel zur Prismenlängsachse (Abb. 1-2).

Alle Kristallite besitzen eine **Hydrationsschale** (s. Abb. 1-1) und sind von einer Schicht aus Proteinen und Lipiden umgeben. Die Prismen als Organisationsstruktur der Kristallite liegen wiederum eingebettet in einer **zwischenprismatischen Substanz,** die aber auch aus Schmelzkristalliten gebildet wird. Die Kristallite der interprismatischen Substanz liegen allerdings ungeordneter und bilden mit der Längsachse der Prismen einen Winkel von annähernd 90°.

Man unterscheidet **Prismenverbände,** die in einer Art Schlüssellochstruktur geordnet sind, von solchen, die als Pferdehuftyp oder zylindrischer Typ beschrieben werden (Abb. 1-3).

An der Oberfläche menschlicher Zahnkronen befindet sich häufig eine 20–30 µm dicke Schicht **prismenfreien Schmelzes.** Die Kristallite liegen hier dicht gepackt parallel zur Oberfläche.

> Prismenfreier Schmelz wird bei allen Milchzähnen und in den Fissuren bzw. im Zervikalbereich der Zähne Erwachsener gefunden.

Aufgrund der verschiedenen räumlichen Anordnung der Schmelzprismen zueinander lassen sich im licht- und polarisationsmikroskopischen Bild eine Reihe histologischer Charakteristika beschreiben.

Die **Hunter-Schreger-Faserstreifung** tritt als polarisationsoptisches Phänomen in Zahnschliffen auf. Im Längsschnitt lassen sich in den inneren zwei Dritteln des Zahnschmelzes von koronal nach zervikal abwechselnd dunkle und helle Streifen unterscheiden. Da die Schmelzprismen sowohl in horizontaler als auch

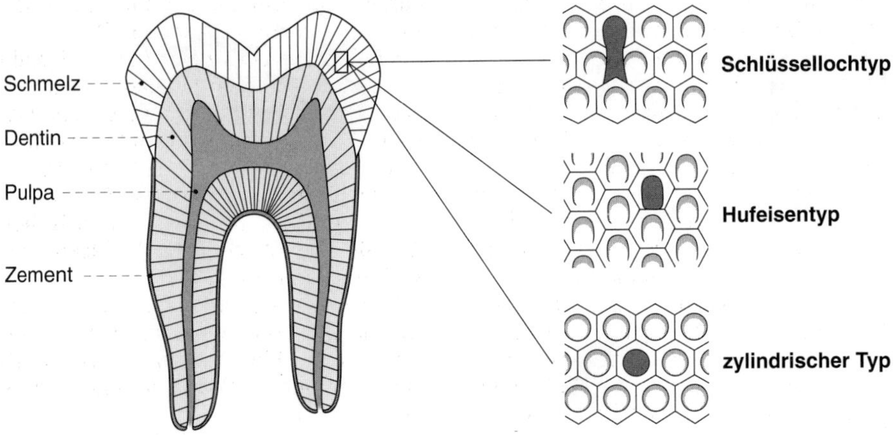

Abbildung 1-3. Schematische Darstellung des histologischen Aufbaus menschlichen Zahnschmelzes. Die Schmelzhaube des Zahnes besteht aus Prismen, die in gewundener Form von der Schmelz-Dentingrenze bis zur Schmelzoberfläche verlaufen. Die Prismen erscheinen im Querschnitt in verschiedenen Formen. Die drei häufigsten Konfigurationen sind (von oben nach unten): Schlüssellochtyp, Hufeisentyp, zylindrischer Typ (nach Höhling 1966).

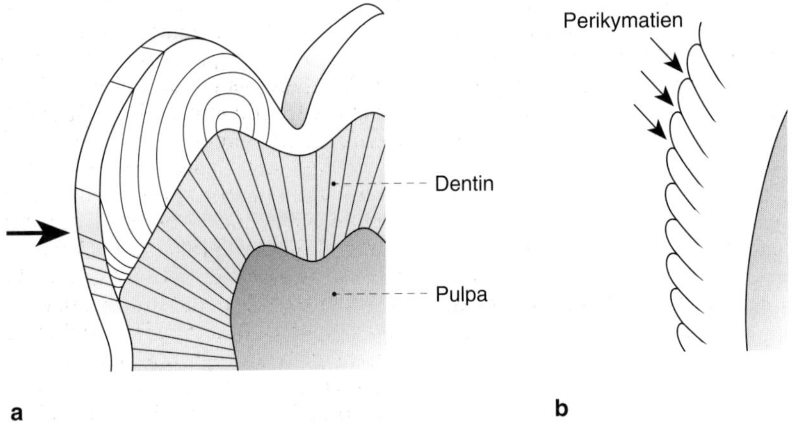

Abbildung 1-4. Schematische Darstellung eines Längsschnitts durch eine Zahnkrone.
a) Im Zahnschmelz sind Wachstumslinien (Retzius-Streifen) zu erkennen, die im zervikalen Bereich zur Schmelzoberfläche hin auslaufen. Im koronalen Bereich stehen sie halbkreisförmig auf dem Dentinkern.
b) In der Ausschnittsvergrößerung des mit dem Pfeil markierten Bereichs läßt sich erkennen, daß die Retzius-Streifen auf der Schmelzoberfläche in Vertiefungen (Perikymatien) enden (nach Mjör und Fejerskov 1979).

in vertikaler Richtung geschwungen verlaufen, werden sie im Schnitt an einigen Stellen quer, an anderen längs zur Verlaufsrichtung getroffen. So entsteht im polarisationsmikroskopischen Bild die angesprochene Streifung.

Im Längsschnitt (Abb. 1-4) lassen sich an der Zahnoberfläche Vertiefungen (*Perikymatien*) erkennen.

Ihre Anzahl nimmt von zervikal nach koronal ab. Es handelt sich hier um Linien, die bei Zähnen Jugendlicher sehr gut auch makroskopisch am getrockneten Zahn sichtbar werden. Bei älteren Menschen sind sie aufgrund der Attrition nur noch selten zu diagnostizieren. Im Bereich der Approximalkontakte zwischen den Zähnen treten im Bereich der Perikymatien Vertiefungen („micro pits") auf, die einen Schlupfwinkel für Mikroorganismen darstellen. Sie können daher Ausgangspunkt für die Entstehung von Karies sein.

Die **Retzius-Streifen** (s. Abb. 1-4) lassen sich im Durchlichtmikroskop erkennen. Sie sind der Ausdruck periodischer Ruhephasen der Ameloblasten während der Schmelzbildung, vorstellbar wie die Jahresringe eines Baumes. Sie sind meistens hypomineralisierte Bereiche.

Die Schmelzoberfläche frisch durchgebrochener Zähne ist von einer ca. 0,1–5 µm dicken Membran bedeckt, die gegen äußere Einflüsse, wie z.B. Säureeinwirkung, sehr widerstandsfähig ist. Sie ist primär die Restsubstanz des schmelzbildenden Epithels (Cuticula dentis, primäres Schmelzoberhäutchen). Diese Membran wird in der Mundhöhle beim Kauen schnell abradiert. Sie wird jedoch durch ein **erworbenes Schmelzoberhäutchen** (acquired pellicle) ergänzt oder ersetzt.

1.2 Dentin

1.2.1 Chemische Struktur

Der größte Teil des menschlichen Zahnes besteht aus Dentin. Dentin umgibt die Pulpa. Das koronale Dentin ist von Schmelz, das Wurzeldentin von Zahnzement bedeckt.

Auch wenn man heute von einer funktionellen Einheit der Pulpa und des Dentins ausgeht, so wird aus Gründen der Übersichtlichkeit im folgenden Dentin als Einzelkomponente beschrieben. Dentin ist im Gegensatz zu Schmelz ein lebendes, weniger stark mineralisiertes Gewebe. Es besteht zu 70 Gew.% aus anorganischem und zu 20 Gew.% aus organischem Material. Der Rest ist Wasser.

Der größte Teil des **organischen Anteils** ist Kollagen und kollagenartige Verbindungen (91–92%).

Der **mineralische Anteil** besteht ebenso wie der des Zahnschmelzes hauptsächlich aus Phosphat und Kalzium. Es gibt aber auch im Dentin verschiedene Spurenelemente.

Dentin ist hochelastisch und verformbar. Es ist weniger hart als Schmelz und besitzt eine gelbliche Farbe. Da Dentin sehr „porös" ist, weist es eine wesentlich höhere Permeabilität als Schmelz auf.

1.2.2 Histologische Struktur

Dentin wird von Odontoblasten gebildet. Die Odontoblastenkörper befinden sich in der Zahnpulpa. Ihre Zellfortsätze durchziehen das gesamte Dentin bis zur Schmelz-Dentingrenze. Die Odontoblastenfortsätze werden von 50–80 Å großen Filamenten durchzogen. Sie liegen in den Dentinkanälchen und unterhalten das Dentin auch nach Abschluß der Zahnbildung physiologisch. Die Odontoblastenfortsätze weisen 0,35–0,6 µm dicke Seitenäste (Mikrovilli) auf, die tief in das intertubuläre Dentin hineinziehen und mit benachbarten Mikrovilli in Verbindung stehen. Die Dentinkanälchen sind im koronalen Bereich eines Zahnes S-förmig gekrümmt, im Wurzelbereich verlaufen sie geradlinig nach außen (Abb. 1-5).

Im Querschnitt ergeben sich für das pulpennahe Dentin und das pulpenferne Dentin verschiedene Werte für Anzahl und Dichte der **Dentinkanälchen.** Der Durchmesser und das Volumen der Dentinkanälchen hängt natürlich auch vom Alter des untersuchten Zahnes ab. Bei Zähnen junger Menschen wird als

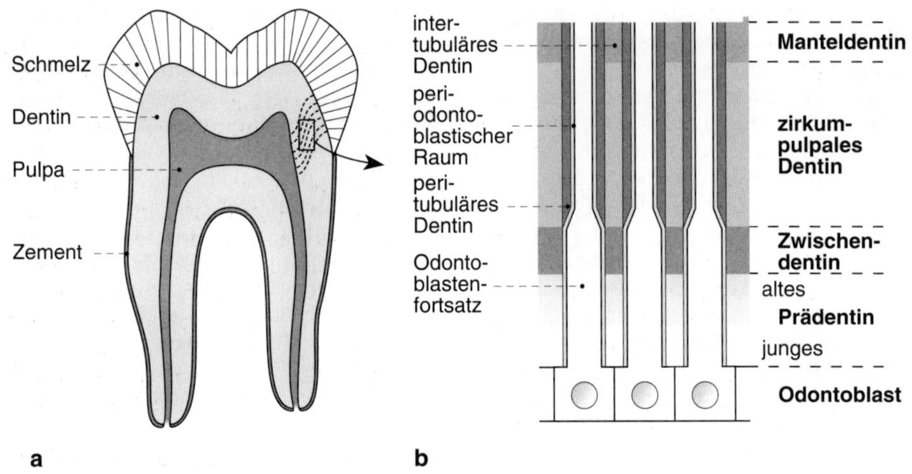

Abbildung 1-5. Schematische Darstellung der Dentinstrukur und der Dentinkanälchen.
a) Die gestrichelten Linien geben den Verlauf der Dentinkanälchen wieder. Sie verlaufen im koronalen Bereich S-förmig von der Pulpa bis zur Schmelz-Dentingrenze.
b) Das Dentin läßt sich in verschiedene Zonen einteilen. Die Odontoblasten liegen an der Pulpa-Dentingrenze. Es folgt nach peripher das nicht mineralisierte Prädentin, das Zwischendentin mit der Mineralisationsfront, das zirkumpulpale Dentin und anschließend bis zur Schmelz-Dentingrenze das Manteldentin, das viele Verzweigungen der Dentinkanälchen enthält.
Die Dentinkanälchen enthalten den Odontoblastenfortsatz und den periodontoblastischen Raum, der mit Flüssigkeit gefüllt ist. Im zirkumpulpalen Dentin und Manteldentin sind die Kanalwände von dicht mineralisiertem, peritubulärem Dentin ausgekleidet. Zwischen den Dentinkanälchen liegt das intertubuläre Dentin.

durchschnittlicher Wert für den Durchmesser der pulpennahen Dentinkanälchen 4–5 µm in der Literatur angegeben. Ungefähr 80% der Gesamtquerschnittsfläche des Dentins besteht pulpennah aus den Lumen der Dentinkanälchen. Peripher beträgt dieser Wert nur etwa 4% (im entkalkten Präparat). Absolute Zahlen zum Durchmesser, zur Dichte und Häufigkeit der Dentinkanälchen müssen immer kritisch betrachtet werden, da sie individuell sehr unterschiedlich sind und zudem sehr stark von den angewendeten Untersuchungsparametern abhängen. Da die angegebenen Relationen für pulpennahes und -fernes Dentin jedoch prinzipiell richtig sind, ergeben sich daraus wichtige Konsequenzen für die Füllungstherapie.

In den Kanälchen sind die **Odontoblastenfortsätze** häufig von Flüssigkeit und organischen Strukturelementen umgeben (periodontoblastischer Raum). Nervenfasern lassen sich nur in einzelnen Tubuli des Prädentins nachweisen. Im peripheren Dentin befinden sich keine Nervenendigungen.

Das **anorganische Material** liegt ebenso wie im Zahnschmelz, Zahnzement und im Knochen in kristalliner Form als Apatit bzw. amorphes Kalziumphosphat vor. Die Kristallite des Dentins sind allerdings erheblich kleiner und dünner als im Zahnschmelz (Länge: 20 nm; Breite: 18–20 nm; Dicke: 3,5 nm). Sie liegen zudem nicht in Prismenform geordnet, sondern sind je nach Art des Dentins mehr oder weniger dicht gepackt.

An der Grenze zur Pulpa liegt das nicht vollständig ausgereifte, hypomineralisierte **Prädentin.**

Es folgen nach außen eine Zone der Mineralisation **(Zwischendentin),** das **zirkumpulpale Dentin** und das weniger stark mineralisierte **Manteldentin.** Dieses bildet mit dem Zahnschmelz eine arkadenförmige Grenzlinie und ist sehr stark von Seitenästen der Dentinkanälchen durchzogen. Die Dentinkanälchen sind von *peritubulärem Dentin* umgeben. Dieses kleidet die Kanalwände aus. Es ist homogen, dicht und am stärksten von allen Dentinstukturen mineralisiert. Es kann im Alter durch Apposition zunehmen (sklerosiertes Dentin). Durch Einengung der Dentinkanälchen ist jedoch auch die Möglichkeit für die Pulpa gegeben, sich vor äußeren Reizen zu schützen. *Intertubuläres Dentin* trennt die Dentinkanälchen voneinander. Es ist weniger dicht mineralisiert und besteht zu über 50% aus kollagenem Flechtwerk.

Dentin wird während der gesamten Lebensdauer eines Zahnes gebildet. Das Dentin, welches bis zum Abschluß des Wurzelwachstums ensteht, wird **Primärdentin** genannt. Wird Dentin anschließend regulär gebildet, so heißt es **Sekundärdentin. Tertiärdentin** (Reizdentin, irreguläres Sekundärdentin, Reparationsdentin) wird aufgrund eines Reizes (z.B. Attrition, Erosion, Karies, iatrogene Schäden) lokal als Abwehrbarriere gebildet.

Weitere wichtige **histologische Strukturmerkmale** des Dentins sind:

- die v. Ebnerschen Linien (Wachstumslinien, Konturlinien). Es handelt sich um hypomineralisierte Bereiche, welche die Ruhephasen der Odontoblasten während der Dentinentwicklung widerspiegeln. Sie verlaufen im zirkumpulpalen Dentin parallel zur Schmelz-Dentingrenze bzw. Dentin-Pulpagrenze.
- Owensche Linien sind verbreiterte, stärker hypomineralisierte Wachstumslinien. Sie spiegeln Allgemeinerkrankungen im Kindesalter wider, die mit verminderter Mineralisationsleistung der Odontoblasten korreliert sind.
- Bei Milchzähnen und im koronalen Bereich der ersten Molaren tritt als spezielle Form der durch Hypomineralisation entstandenen Wachstumslinien die Neonatallinie auf. Sie entspricht einer längeren Ruhepause der Odontoblasten (ca. 15 Tage). Die peripher liegenden Konturlinien, meist im koronalen zirkumpulpalen Dentin, weisen oft kugelförmige, stark hypomineralisierte Bereiche auf *(Interglobulardentin)*. Die Dentinkanälchen besitzen in diesen Bereichen kein peritubuläres Dentin. Es handelt sich wahrscheinlich um nicht regulär mineralisierte Dentinbereiche.
- Im Manteldentin der Zahnwurzel befinden sich kleine, im Zahnschliff körnerartige Strukturen, die der Zahnoberfläche folgen und nicht an den Wachstumslinien orientiert sind (Tomessche Körnerschicht). Sie sind auch hypomineralisiert und ähneln dem Interglobulardentin.

1.3 Wurzelzement

1.3.1 Chemische Struktur

Zement bedeckt die Wurzeloberfläche der Zähne und Teilbereiche der apikalen Wurzelkanalwände. Nur selten findet man Zementinseln und -zungen auch auf der Schmelzoberfläche menschlicher Zähne (meistens im zervikalen Bereich). Auch in den Fissuren noch nicht durchgebrochener Zähne ist dieser Zementtyp zu beobachten. Es handelt sich dabei um *azellulär-afibrilläres* Zement. Die Schmelz-Zementgrenze ist nicht immer einheitlich konfiguriert. Während in 30% der Fälle Schmelz und Zement direkt aneinanderstoßen, liegt in 10% der Zähne ein kurzer Bereich des Dentins frei. Bei 60% der Zähne ist das Zement dem zervikalen Schmelz überlappend aufgelagert (Abb. 1-6).

Das Zement ähnelt in seiner Struktur und Härte (30–50 KNH) dem menschlichen Knochen, ist im Gegensatz zu ihm

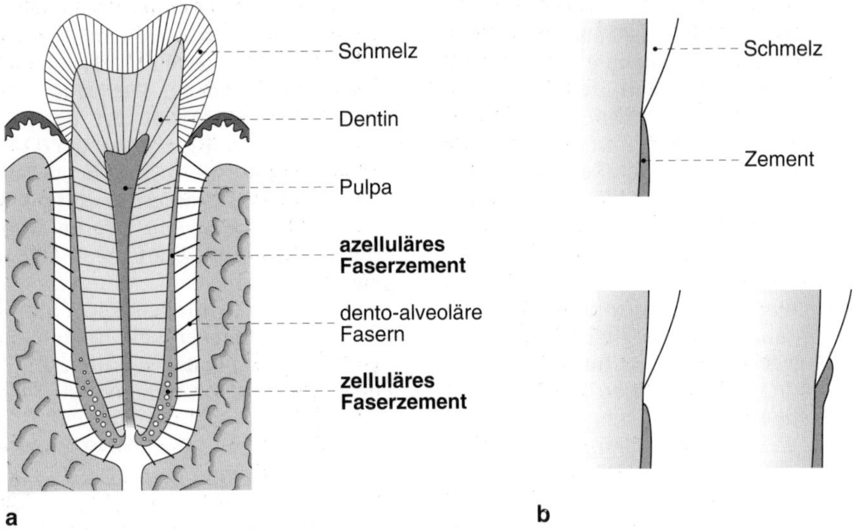

Abbildung 1-6.
a) Lokalisation und Verteilung des zellulären und azellulären Faserzements auf der Wurzeloberfläche im Zahnlängsschnitt.
b) Das Zement kann nach koronal direkt an den Zahnschmelz angrenzen, einen kleinen Dentinbereich unbedeckt lassen oder den Schmelz überlappen (nach Mjör und Fejerskov 1979).

jedoch nicht vaskularisiert. Zement gehört zum Zahnhalteapparat, da an ihm die Parodontalfasern haften, die die Zähne in der Alveole beweglich befestigen. Zement ist in seiner Zusammensetzung und Dicke weniger konstant als Schmelz und Dentin. Es ist die am wenigsten mineralisierte Zahnhartsubstanz. Sein Mineralgehalt beträgt ungefähr 65 Gew.%, die organische Komponente 23 Gew.%, der Rest ist mit 12 Gew.% Wasser. Der anorganische Anteil besteht vornehmlich aus Kalzium und Phosphat in Form von Apatitkristalliten oder amorphen Kalziumphosphaten (vornehmlich bei neugebildetem Zement). Der organische Anteil besteht zu über 90% aus Kollagen. Die genaue Zusammensetzung der restlichen organischen Substanz ist bisher nicht geklärt.

1.3.2 Histologische Struktur

Wie andere Stützgewebe des Körpers ist auch Zement aus Zellen und interzellulärer Substanz zusammengesetzt.

Die **Dentinoberfläche** ist mit einer Schicht stark mineralisiertem Zement bedeckt (bis 10 µm dick). Nach außen folgen lamellenförmig stärker und weniger stark mineralisierte Zonen, die Ausdruck periodischer Zementbildungsphasen und Ruhephasen sind.

Im **koronalen Drittel** der Zähne befindet sich *azelluläres, fibrilläres* Zement (Faserzement, s. Abb. 1-6a). Es enthält keine Zellen, jedoch zahlreiche kollagene Fibrillen, die homogen mineralisiert sind und nahezu senkrecht zur Dentinoberfläche verlaufen. Sie sind Ausdruck der inserierenden parodontalen Fasern (*Sharpeysche Fasern*). Die Fasern können ihre Verlaufsrichtung zwischen den einzelnen Wachstumslinien verändern. Diese Richtungsänderungen kommen durch posteruptive Zahnbewegungen bei gleichzeitigem Zementanbau zustande. Senkrecht zu den einstrahlenden parodontalen Fasern liegen die zementeigenen Fasern, welche die Insertion unterstützen. Die Wachstumslamellen sind wenig stark ausgeprägt, da die Zementbildung und -neubildung sehr langsam stattfindet. Die Oberfläche azellulären Faserzements ist stärker mineralisiert als die mittleren Zementschichten. Ihr liegt eine 3–8 µm dicke unstrukturierte Zone, das *Zementoid* auf, in dem sich *Zementoblasten* befinden können.

Auch im **apikalen Bereich** der Zahnwurzeln und im Bereich der Bi- und Trifurkationen mehrwurzeliger Zähne ist das Zement von senkrecht zur Zahnoberfläche einstrahlenden Fasern und dickeren Faserbündeln durchzogen, die jedoch weniger mineralisiert sind. Senkrecht zu den einstrahlenden Sharpeyschen Fasern finden sich wieder zahlreiche Fasern und Faserbündel, die parallel zur Wurzeloberfläche liegen. In *Zementlakunen* liegen Zementozyten, deren Fortsätze sich in *Zementkanälchen* befinden und in alle Richtungen ausstrahlen. In diesem *zellulär-fibrillären Zement* können schwach mineralisierte Zonen mit stark mineralisierten Zonen abwechseln. Es gibt auch Schichten azellulär-fibrillären Zements. Peripher findet man wieder ein Zementoid mit Zementoblasten. Zement wird zeitlebens gebildet und aufgelagert. Es kann im Verlauf von 60 Jahren seine Dicke verdreifachen, dabei gehen die Zementozyten der inneren Schichten zugrunde, und es entstehen leere Zementlakunen.

Neben der regulären **Zementbildung** gibt es verschiedene Gründe für die zusätzliche Zementbildung.

- Wird bei *Zahnresorptionen* im bleibenden Gebiß die Ursache für die Resorption beseitigt, so kann es zu einer Art *Reparatur durch zelluläres Zement* kommen.
- Auch nach Wurzelfrakturen kann es nach entsprechender Behandlung zur „Ausheilung“ des Defekts durch *Zementanlagerung* zwischen den Fragmenten kommen.
- Durch Verlust des Kontakts zwischen zwei antagonistischen Zähnen kann es zum Zahnwachstum aus der Alveole kommen. Dabei wird *kompensatorisch Zement* im apikalen Bereich aufgelagert.
- Durch eine Parodontitis wird der Zahnhalteapparat oft zerstört. Unter günstigen Voraussetzungen kann es nach entsprechender Behandlung zu einem *Reattachment* kommen, d.h., neues Zement und neuer Knochen werden gebildet.
- Unter speziellen Bedingungen kann die Zementbildung die physiologischen Grenzen überschreiten. Man spricht dann von einer Hyperzementose. Sie kann an einzelnen Zähnen und generalisiert vorkommen. Die lokalisierte Form kann u.a. infolge einer chronischen Entzündung im periapikalen Bereich, während einer kieferorthopädischen Behandlung und bei retinierten Zähnen aufreten. Die generelle Hyperzementose wird in Zusammenhang mit systemischen Erkrankungen beobachtet (Morbus Paget).
- *Zementikel* sind kleine mineralisierte Körper, die fest auf der Zementoberfläche aufgelagert sind oder frei im Desmodont anzutreffen sind. Sie entstehen durch Mineralisation von degenerierten epithelialen Resten oder thrombosierten Blutgefäßen.
- Im apikalen Bereich des Zements findet man manchmal eine Schicht irregulär ausgebildeten, mineralisierten Zements (Zwischenzement). Es liegt zwischen dem Dentin und dem regulär gebildeten Zement und ist Ausdruck einer Entwicklungsstörung.
- *Schmelzperlen* in den Furkationen der Molaren sind oft von Zement bedeckt.

2 Ätiologie, Histologie und Epidemiologie der Karies und anderer Zahnhartsubstanzdefekte

2.1 Karies

2.1.1 Ätiologie

Die häufigste Erkrankung der Zahnhartgewebe ist die Karies. Zahnkaries ist eine lokalisierte, unspezifische, opportunistische Infektionserkrankung mit einer speziellen zivilisationsbedingten Komponente. Sie führt, wenn man die Ursache nicht beseitigt, zu einem progredienten, irreversiblen Zahnhartsubstanzverlust.

Es gibt zahlreiche Theorien zur Ätiologie der Karies. Die von MILLER (1898) erstmals vorgestellte und später von anderen Wissenschaftlern verifizierte und erweiterte chemoparasitäre Theorie ist heute die allgemein akzeptierte Theorie der Kariesentstehung. Dabei geht man von der Vorstellung aus, daß kariogene Mikroorganismen der Mundhöhle (Plaque) bei entsprechender Substratzufuhr (speziell niedermolekulare Kohlenhydrate) organische Säuren produzieren. Wirken diese lange genug auf die Zahnhartsubstanzen (Wirt) ein, so entmineralisieren sie diese (Abb. 2-1).

Neben diesen drei Hauptfaktoren der Kariesentstehung gibt es zahlreiche **sekundäre Faktoren** (z.B. Speichelfluß und -zusammensetzung, pH-Wert und Pufferkapazität des Speichels, Dauer und Häufigkeit der Substratzufuhr, Zahnfehlstellungen und -bildungen), welche die Enstehung und Progression einer kariösen Läsion beeinflussen können.

2.1.1.1 Plaque. Plaque ist ein strukturierter, zäher, verfilzter Zahnbelag aus Speichelbestandteilen, bakteriellen Stoffwechselprodukten, Nahrungsresten und Bakterienzellen.

Die *supragingivale Plaque* ist primär an den habituell unsauberen Bereichen der Zähne (Kariesprädilektionsstellen, Abb. 2-2) lokalisiert. Diese besonders kariesdisponierten Bereiche sind die Zahnfissuren und -grübchen, Approximalflächen der Zähne, das zervikale

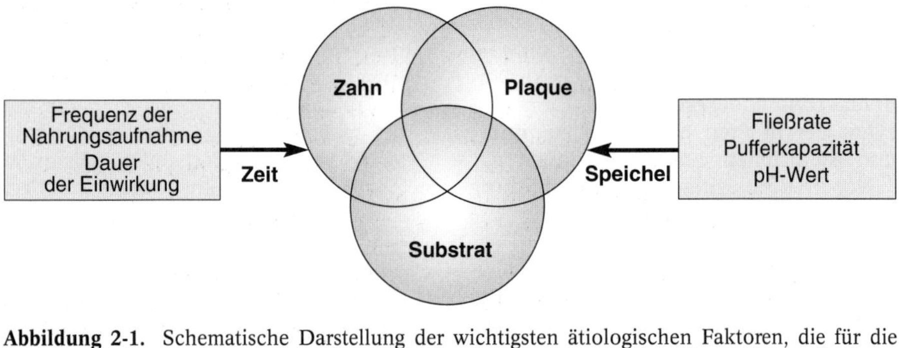

Abbildung 2-1. Schematische Darstellung der wichtigsten ätiologischen Faktoren, die für die Entstehung einer Karies verantwortlich sind. Erst das Zusammenwirken der drei Hauptfaktoren führt zur Zerstörung der Zahnhartgewebe (nach LEHMANN und HELLWIG 1993).

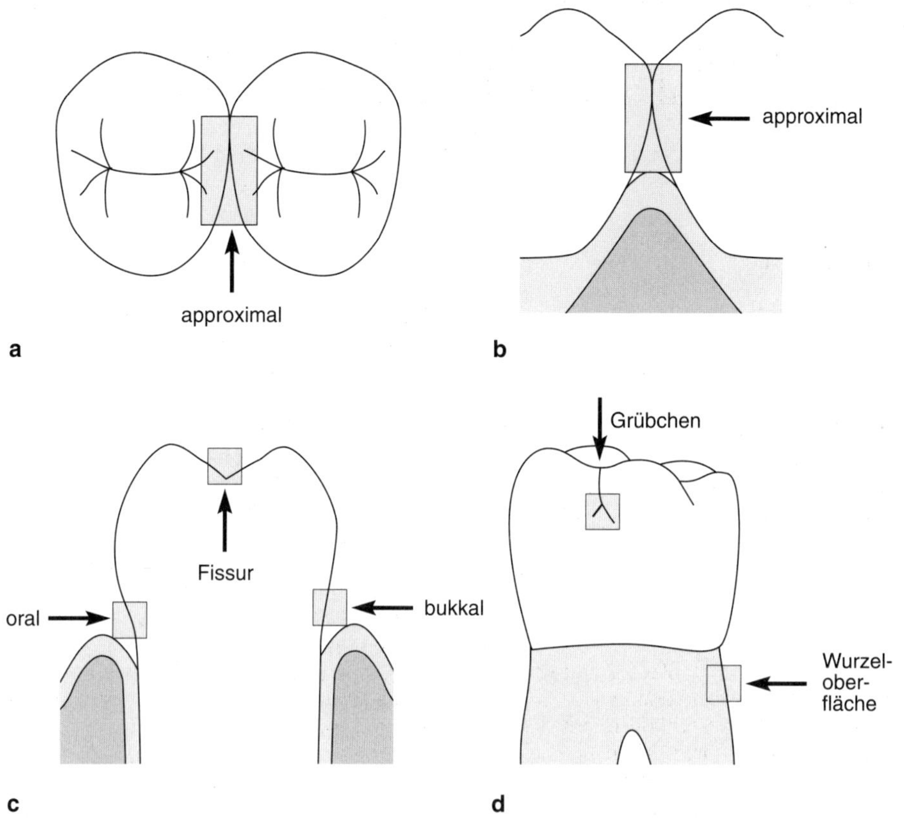

Abbildung 2-2. Schematische Darstellung der besonders kariesgefährdeten Bereiche (Kariesprädilektionsstellen). An den angegebenen Zahnflächen heften sich aus anatomischen und morphologischen Gründen vermehrt Plaquebakterien an (habituell unsaubere Zonen; nach LEHMANN und HELLWIG 1993).

Drittel der sichtbaren Zahnkronen und freiliegende Wurzeloberflächen.

Die *Entwicklung der Zahnplaque* vollzieht sich in mehreren Schritten:

- Auf einer gründlich gereinigten Zahnoberfläche adsorbiert ein unstrukturierter azellulärer Film (acquired pellicle, exogenes Zahnoberhäutchen). Dieses Häutchen (0,1–1 µm) besteht aus den Proteinen des Speichels (saure prolinreiche Proteine, Glykoproteine, Serumproteine, Enzyme, Immunglobuline), die aufgrund ihrer Eigenladungen an die Kalzium- und Phosphatgruppen des Apatits der Zahnhartsubstanzen elektrostatisch binden können. Die Pellicle ist semipermeabel, d.h., sie steuert in einem gewissen Ausmaß die Austauschvorgänge zwischen Mundhöhlenmilieu, Plaque und Zahn. Sie befeuchtet zudem den Zahn und schützt ihn so beim Essen vor Abrasion.
- An diese Membran heften sich innerhalb weniger Stunden selektiv zuerst grampositive Kokken (Streptococcus sanguis) und Aktinomyzeten an. Später folgen weitere Streptokokken, Aktinomyzeten und Veillonellen. Stäbchen und Filamente überwiegen in

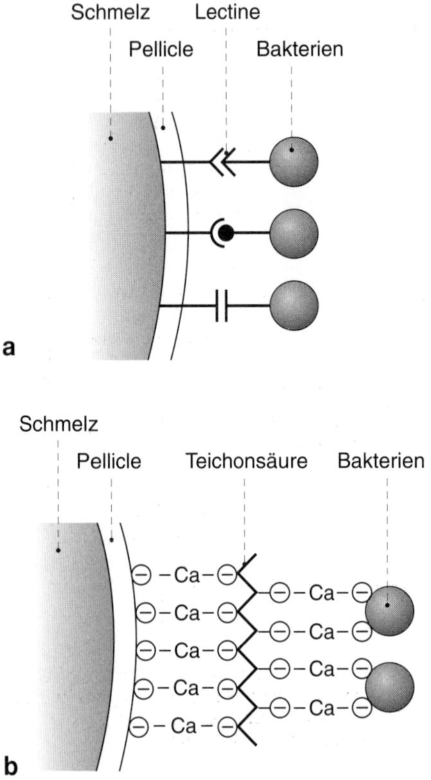

Abbildung 2-3.
a) Die primäre bakterielle Adhäsion kann spezifisch durch Oberflächenstrukturen der Bakterien erfolgen. Diese Strukturen „erkennen" spezifische Rezeptoren (z.B. Glykoproteine) der Pellicle und binden sich an sie. Ist eine solche Bindungsstelle ein Zuckermolekül, nennt man die bindenden Oberflächenstrukturen der Mikroorganismen Lectine. Lectine können als Fimbrien, Pili oder Fibrillen vorliegen.
b) Eine mögliche unspezifische Bindung kann durch bakterielle Zellwandteichonsäure vermittelt werden. Teichonsäure geht mit den Kalziumionen der Zahnhartsubstanzen oder des Pellicle eine Bindung ein.

einer 7–4 Tage alten Plaque. Die Adhäsion der Bakterien erfolgt durch spezielle Moleküle an den Zelloberflächen (Abb. 2-3).
- Die Plaque wächst dann durch Teilungsvorgänge bzw. Akkumulation weiterer Bakterien über spezifische Adhäsions- und Kohäsionphänomene, durch direkten Zellkontakt oder mit Hilfestellung durch Plaquematrixkomponenten. Mit zunehmendem Alter gewinnt die Plaque eher anaeroben Charakter.

Ausgereifte Plaque besteht aus dicht gepackten Bakterien (60–70 Volumen%), die in ein amorphes Material, die Plaquematrix, eingebettet sind. Die Plaque ist in diesem Zustand durch die Selbstreinigungskräfte der Mundhöhle nicht mehr vom Zahn zu entfernen. Dabei variiert die bakterielle Besiedelung an verschiedenen Stellen der Mundhöhle und sogar an verschiedenen Flächen eines Zahnes. Der prozentuale Anteil unterschiedlicher Bakterien in der Plaque unterscheidet sich signifikant von deren Anteil im Speichel.

Auch die Zusammensetzung der Plaquematrix ist variabel. Sie hängt von Speichelzusammensetzung, Ernährung und Syntheseleistung der verschiedenen Plaquebakterien ab.

> Plaque nimmt eine Schlüsselstellung bei der Kariesentstehung ein. Ihre Metaboliten sind für die Demineralisation der Zahnhartsubstanzen verantwortlich.

Im Tierversuch konnte nachgewiesen werden, daß Streptococcus mutans aufgrund seiner Stoffwechselleistungen eine herausragende Rolle bei der Kariesentstehung spielt (Abb. 2-4).

Die Fähigkeit, extrazelluläre Polysaccharide (Glukane) in Anwesenheit von Zucker (Saccharose) mit Hilfe spezifischer Glukosyltransferasen zu synthetisieren, erlaubt eine feste Anhaftung dieses Mikroorganismus an Zahnoberflächen und die Etablierung einer adhäsiven und hochgradig kariogenen Plaque. Durch *anaerobe Glykolyse* kann Streptococcus mutans organische Säuren bilden (z.B. Laktat, Pyruvat), die bei längerer Einwirkzeit die Zahnhartsubstanzen

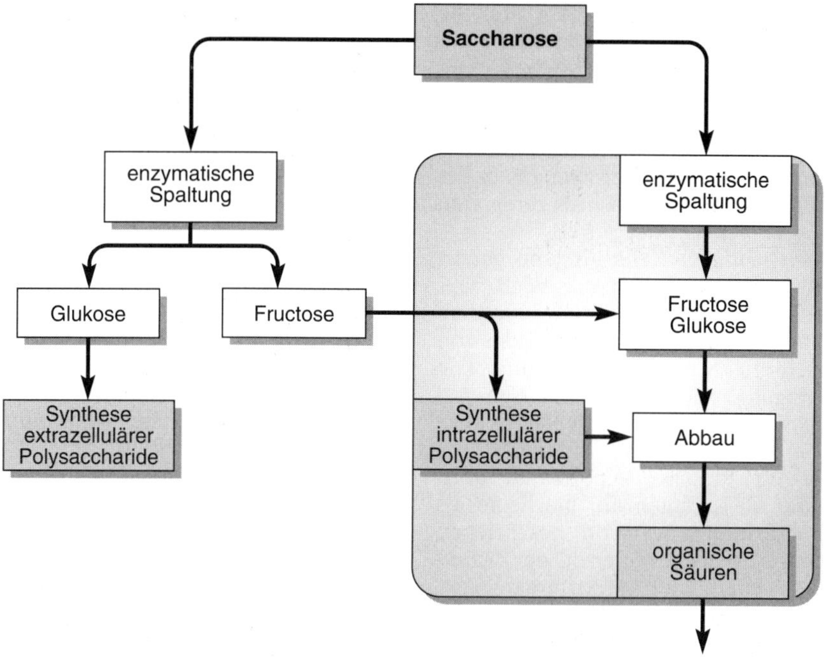

Abbildung 2-4. Saccharosestoffwechsel von Streptococcus mutans. Durch die Bildung von klebrigen extrazellulären Polysacchariden wird den Plaquebakterien eine zusätzliche Möglichkeit der Adhäsion an der Zahnoberfläche ermöglicht. Die Bildung von organischen Säuren führt zur Demineralisation von Zahnhartsubstanzen (nach LEHMANN und HELLWIG 1993).

demineralisieren. Die Bildung von intrazellulären Polysacchariden als Speicherkohlenhydrate erlaubt dem Mikroorganismus auch in Zeiten geringer Substratzufuhr seinen Stoffwechsel aufrechtzuerhalten. Aber auch verschiedene andere orale Mikroorganismen sind in der Lage, intrazelluläre Polysaccharide zu synthetisieren.

Streptococcus mutans ist aber nicht nur azidogen, sondern auch säuretolerant. Er kann auch unter sauren mikroökologischen Bedingungen, bei denen andere orale Mikroorganismen zugrunde gehen in der Plaque existieren (pH < 5,5) und Säuren bilden, da er es schafft, sich gegen die saure Umgebung abzuschotten und gegen den Konzentrationsgradienten Säure aus dem Zellinneren aktiv auszuschleusen. Die wichtigsten Thesen zur herausragenden Rolle von Streptococcus mutans bei der Kariesentstehung lassen sich (nach KRASSE 1986) folgendermaßen zusammenfassen:

- Strep. mutans induziert im Tierexperiment Karies.
- Es besteht eine Korrelation zwischen der Anwesenheit von Strep. mutans im Speichel und in der Plaque und dem Auftreten von Karies.
- Die Besiedelung der Zahnoberfläche mit Strep. mutans geht zumeist der Entwicklung einer Karies voraus.
- Bei Patienten mit hoher Kariesprävalenz sind mehr Zahnflächen mit Strep. mutans besiedelt als bei Patienten mit niedriger Prävalenz.
- Gegen Strep. mutans gerichtete antimikrobielle Maßnahmen reduzieren die Inzidenz der Karies drastisch.

Aus den genannten Gründen wird heute Strep. mutans als wesentlicher Initiator der Karies betrachtet. Andererseits muß festgehalten werden, daß Strep. mutans nicht das einzige kariesverursachende Bakterium ist. Ebensowenig muß das Vorhandensein von Strep. mutans in der Mundhöhle immer mit Karies verbunden sein.

Nach heutigem Kenntnisstand gehört Strep. mutans nicht zur normalen Bakterienflora der Mundhöhle. Wie andere Infektionserreger wird Strep. mutans von Mensch zu Mensch übertragen. Die Übertragung erfolgt mit dem Speichel und zumeist ist die Mutter oder eine andere Bezugsperson die Infektionsquelle. Aus diesen Erkenntnissen leiten sich die Maßnahmen ab, die heute als **Primär-Primärprävention** beschrieben werden. Von den anderen in der Mundhöhle vorhandenen Mikroorganismen wird besonders den Laktobazillen und Actinomycesarten eine wichtige Rolle bei der Pathogenese der Karies zugeschrieben. Laktobazillen vermehren sich zwar relativ langsam, werden aber gerade im sauren Milieu metabolisch aktiv. Die Zahl der Laktobazillen in der Mundhöhle korreliert in gewissem Umfang mit der Aufnahme von Kohlenhydraten. Hohe Laktobazillenzahlen können auch als Indikator für offene kariöse Läsionen gelten.

Aktinomyzeten sind relativ schwache Säurebildner. Einige Actinomycesarten, wie Actinomyces viscosus werden besonders mit der Entstehung der Wurzelkaries in Verbindung gebracht. Zusammenfassend läßt sich feststellen:

- Karies ist keine monospezifische Infektion, da die Kochschen Postulate für eine infektiöse Erkrankung – Isolation aus dem Krankheitsherd, Kultivierbarkeit, Reinfektion mit Auslösung der Krankheit – von einer Reihe von Mikroorganismen erfüllt werden. Außerdem ist die reine Infektion mit Streptococcus mutans ohne entsprechende Einwirkung von Kofaktoren (z.B. Nahrungsaufnahme) nicht kariesauslösend.
- Die wichtigsten Eigenschaften kariogener Mikroorganismen sind Säurebildung, Säuretoleranz und die Synthese extrazellulärer und intrazellulärer Polysaccharide.
- Die kariogene Wirkung der Mikroorganismen ist an eine entsprechende Substratzufuhr (vergärbare Kohlenhydrate, speziell Saccharose) gebunden.
- Die Vermehrung kariogener Mikroorganismen wird durch Wirtsfaktoren (z.B. Speichel) und durch lokale Faktoren selektiv begünstigt (opportunistische Plaquehypothese). Die Mikroorganismen können sich dabei gegenseitig beeinflussen.

Bei der Kariesprogression im Zement und Dentin spielen proteolytische Enzyme (Proteasen, Peptidasen, Kollagenasen u.a.) verschiedener Mikroorganismen eine wichtige Rolle. Es kommt durch sie nach der Demineralisation der anorganischen Substanz zu einem Abbau der organischen Makromoleküle.

Durch Einlagerung anorganischer Substanzen (Mineralien) in die Plaque entsteht Zahnstein. Die Mineralisierung der supragingivalen Plaque erfolgt vornehmlich im Bereich der Ausführungsgänge der großen Speicheldrüsen, d.h. an den lingualen Flächen der Unterkieferfrontzähne und den bukkalen Flächen der ersten Molaren. Es gibt starke und weniger starke Zahnsteinbildner. Die Mineralisation erfolgt über den Speichel, der eine kalziumübersättigte Lösung ist. Die Gründe für die Präzipitation der anorganischen Substanzen sind bisher nicht bekannt. Die Bildung von Kalziumphosphat-Kristalliten (Brushit = $CaHPO_4 \times 2\ H_2O$) beginnt meist in der Plaquematrix durch Ausfällung (Kristallisationskeime). Später „verkalken" auch die Bakterienzellen selbst. In jungem Zahnstein findet man auch Oktakalziumphosphat ($Ca_8(HPO_4)_2(PO_4)_4$, das sich zum Teil durch Umwandlung aus Brushit bildet. Auch Whitlockit ($Ca_3(PO_4)_2$) wurde analysiert. Sowohl Oktakalziumphosphat als auch Whitlockit kann sich, speziell in Anwesenheit von Fluorid, in Apatit umwandeln. Alter Zahnstein ist lammellenförmig strukturiert, d.h., er wird offensichtlich periodisch gebildet und aufgelagert. Zahnstein ist oft von einer Plaqueschicht bedeckt.

2.1.1.2 Substrat. *Qualität* und *Quantität* der menschlichen Nahrung und die Häufigkeit der Nahrungsaufnahme sind ein entscheidender Faktor bei der Kariesentstehung. Die Abkehr von der Aufnahme naturbelassener Nahrung und die gleichzeitige Entwicklung neuer Energieträger durch verfeinerte technologische Möglichkeiten der Nahrungszubereitung führte zu erheblichen Veränderungen in der Nahrungsmittelzusammensetzung und -qualität in den industrialisierten Ländern. Obwohl die Nahrung grundsätzlich während der Zahnentwicklung systemisch die Mineralisation und Struktur der Zahnhartgewebe beeinflussen kann, konnte bisher keine eindeutige Korrelation zwischen Mangelernährung und Kariesbefall nachgewiesen werden. Im Gegenteil, die Menschen der hochindustrialisierten Länder weisen i.d.R. eine höhere Kariesmorbidität auf als die weniger wohlhabenden Länder. Schlecht mineralisierte Zähne sind keineswegs grundsätzlich mit einem höheren Kariesrisiko behaftet als normal ausgebildete. Der einzige Nahrungsbestandteil, von dem man weiß, daß er während der Zahnentwicklung eine besondere Rolle spielt, ist das Spurenelement *Fluorid.*

Nach Durchbruch der Zähne haben die zugeführten Nahrungsmittel keine systemische, sondern nur noch eine lokale Bedeutung für die Kariesentstehung. Es bestehen allerdings geringe Einflüsse auf die Speichelzusammensetzung und die Speichelfließgeschwindigkeit, deren Wertigkeit aber letztlich nicht geklärt ist.

Ein entscheidender Faktor bei der Kariesentstehung ist die häufige Zufuhr *vergärbarer Kohlenhydrate (*Saccharose, Glukose, Fructose, Laktose und Stärke), die durch die Mikroorganismen der Plaque verstoffwechselt werden können. Die meisten Mikroorganismen der supragingivalen Plaque gewinnen ihre Energie aus dem Abbau niedermolekularer Kohlenhydrate. Hierbei entstehen organische Säuren (z.B. Laktat, Propionat, Butyrat und Valerianat), die den pH-Wert in der Plaque so weit absenken können, daß es zu einem Mineralverlust aus der Zahnoberfläche kommt *(Stephan-Kurve,* Abb. 2-5). Der kritische pH-Wert beträgt für Zahnschmelz 5,2–5,7, für Zahnzement und Wurzeldentin 6,2–6,7.

Die *Saccharose* spielt hierbei aus verschiedenen Gründen eine besonders wichtige Rolle. Saccharose kann leicht in Zahnplaque diffundieren und ist hochlöslich. Bei ihrer Spaltung entstehen zwei Monozucker (Fructose und Glukose), die in den Bakterienzellen abgebaut werden können. Zudem wird bei der Spaltung der alpha-glykosidischen Bindung von Saccharose Energie frei, die wiederum zum Aufbau von Polysacchariden verwendet wird. Dabei entstehen extrazelluläre wasserunlösliche Polysaccharide vom Glukantyp (10%) bzw. wasserunlösliche Reservekohlenhydrate (Strep. mutans, Strep. salivarius, Lactobacillus casei).

Aber auch *Einfachzucker* können, wenn auch langsamer und nur unter Energieeinsatz der Mikroorganismen, zum Aufbau extrazellulärer Polysaccharide verwendet werden. Die klebrigen Dextrane beeinträchtigen bei einer etablierten Plaque den Zutritt von Speichel und damit die rasche Neutralisation der Säuren durch Speichelpuffer. Speichel kann zudem nur sehr begrenzt bis zur Zahnoberfläche durch die Plaque diffundieren. Einige Mikroorganismen sind in der Lage, intrazelluläre Polysaccharide aufzubauen. Bei häufiger Saccharosezufuhr mit entsprechend häufiger Säure-

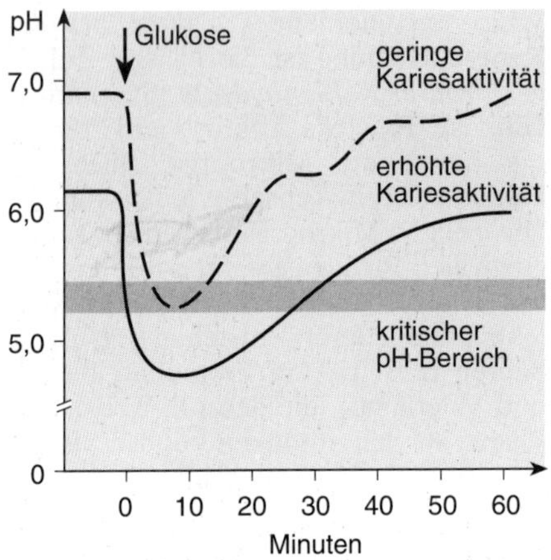

Abbildung 2-5. Typischer pH-Verlauf in der Plaque nach einer 10%-Glukosespülung bei Personen mit geringer und erhöhter Kariesaktivität. Der pH-Wert ist in metabolisch inaktiver Plaque relativ konstant. Er unterscheidet sich jedoch zwischen kariesaktiven und -inaktiven Personen. Nach der Glukosespülung sinkt der Plaque-pH-Wert innerhalb weniger Minuten bis zum „kritischen Wert" oder darunter. Erst nach 30–60 Minuten erreicht er wieder den Ausgangswert (Stephan-Kurve). Der Kurvenverlauf ist u.a. das Resultat der Zuckerdiffusionsgeschwindigkeit, der Säureproduktion in der Plaque, der Neutralisation durch Speichel- und Plaquepuffer und der Säurediffusionsgeschwindigkeit.

bildung wird in der Plaque ein selektives Wachstum säuretoleranter Polysaccharidbildner gefördert, d.h., der Kariesentstehung Vorschub geleistet. Wie bereits im Kapitel Plaque erwähnt, bedeutet säuretolerant, daß die Mikroorganismen auch bei niedrigem pH-Wert die Säureproduktion fortsetzen können.

Stärke ist weniger kariogen als Zucker bzw. Stärke und Zucker zusammen. Stärke ist ein Polysaccharid der Glukose und liegt in Pflanzen in einer unlöslichen Form vor. Rohe Stärke kann nur sehr langsam durch die Amylase des Speichels gespalten werden. Ein Erhitzen der Stärke durch Kochen oder Backen verursacht einen teilweisen Abbau zu einer löslichen Form, in der die Stärke dann schneller durch Amylase zu Monosacchariden gespalten werden kann. Während die Polysaccharidmoleküle der rohen Stärke zu groß sind, um in die Plaque diffundieren zu können, kann gespaltete Stärke von den Plaquebakterien verstoffwechselt werden. Die Aufnahme von roher Stärke führt deswegen nur einen geringen pH-Wert-Abfall in der Plaque herbei, die von erhitzter, löslicher Stärke dagegen führt zu einem pH-Wert-Abfall, der zumeist nur geringfügig kleiner ist als der nach Zuckerzufuhr.

Die Rolle des Zuckers (Saccharose) als wichtigem kausalem Faktor bei der Kariesentstehung ist in Studien vielfach dokumentiert worden. Zu diesen Studien gehören:

- Studien über die Geschichte und geographische Unterschiede der Kariesprävalenz in Zusammenhang mit dem Zuckerkonsum.
- Beobachtungen an isolierten Bevölkerungsgruppen, für die sich die Umweltbedingungen geändert haben.
- Beobachtungen an Patienten mit hereditärer Fructoseintoleranz, die Saccharose nicht vertragen und trotz normaler Zivilisationskost fast kariesfrei leben.
- Klinische und experimentelle Studien bei Tieren und Menschen.

Z. B. war während der beiden Weltkriege bei stark eingeschränktem Zuckerkonsum eine erhebliche Verringerung der Kariesmorbidität festzustellen. Auf der kleinen Atlantikinsel Tristan de Cunha war solange eine niedrige Kariesprävalenz vorhanden, bis Zucker als Nahrungsbestandteil eingeführt wurde. Die Kariesprävalenz stieg anschließend in kurzer Zeit von 5% auf 30% DMF-S (Begriffsdefinition s. Kapitel 2.17 Kariesepidemiologie). In Japan wurde festgestellt, daß die Kariesrate erheblich anstieg, als der durchschnittliche Zuckerkonsum 10 kg/Individuum überstieg. Andererseits hat Japan noch einen deutlich geringeren Zuckerkonsum als andere industrialisierte Länder und dabei eine auffällig hohe Kariesprävalenz. Diese wird darauf zurückgeführt, daß nur in sehr geringem Umfang Fluoridierungsmaßnahmen durchgeführt werden.

Aufgrund der Überlagerungen durch kariesprophylaktische Maßnamen, speziell der Verwendung fluoridhaltiger Kariostatika (z.B. in Zahnpasten), fällt es heute insgesamt schwer, eine streng lineare Korrelation zwischen Zuckerkonsum und Kariesbefall nachzuweisen.

Es muß betont werden, daß offensichtlich nicht der Gesamtkohlenhydratgehalt oder Zuckergehalt der Nahrung, sondern die *häufige Zufuhr* leicht metabolisierbarer Kohlenhydrate bei gleichzeitigem Vorhandensein von Plaque zu einem erhöhten Kariesrisiko führt.

Einige Mikroorganismen der Plaque sind in der Lage, aus Nahrungs- und Speichelbestandteilen unter Einwirkung der Urease Ammoniak (NH_3) und H_2S zu produzieren. NH_3 wird hauptsächlich aus Harnstoff des Speichels gebildet und kann die organischen Säuren in der Plaque begrenzt neutralisieren. H_2S kann mit Schwermetallen z.B. von Füllungswerkstoffen unter Sulfidbildung reagieren. Weitere Zusammenhänge zwischen Ernährung und Karies sind im Kapitel 4.1 Ernährungsberatung und Ernährungslenkung dargestellt.

2.1.1.3 Wirt. Es gibt große individuelle Unterschiede bei der Kariesentstehung und -progression. Zahnfehlstellungen, Mikrodefekte der Zahnoberfläche, bestimmte Zahnhartsubstanzanomalien, die mit einer verstärkten Plaqueretention einhergehen und andere lokale Faktoren begünstigen die Entstehung kariöser Läsionen. Insbesondere Speichel spielt als Kofaktor eine entscheidende Rolle bei der Kariesentstehung bzw. -prävention.

2.1.1.4 Speichel. In seiner Gesamtheit stellt der Speichel ein wichtiges natürliches Schutzsystem dar und übt zahlreiche Funktionen aus, die in der Tabelle 2-1 in Übersichtsform dargestellt sind.

Die drei *großen paarigen Speicheldrüsen* sezernieren gemeinsam mit den *kleinen Speicheldrüsen* täglich eine Gesamtmenge von ca. 0,7 l (0,5–1,0 l) Speichel. Der Speichel kleidet die Mundhöhle mit einem dünnen Film aus (0,1 µm). Der Speichelfluß unterliegt im Tagesablauf einem zirkadianen Rhythmus und wird durch emotionale, psychische und Umweltfaktoren beeinflußt. Durch Kautätigkeit und Reizung der Geschmacksrezeptoren oder Sinnesnerven wird der Speichelfluß angeregt. Zu einer Verminderung (Oligosalie, Xerostomie) kann es durch Einnahme zahlreicher verschiedener Medikamente (z.B. Psychopharmaka, Appetitzügler, blutdrucksenkende Mittel, Antihistaminika, Diuretika, Zytostatika), systemische Erkrankungen (z.B. Sjögren-Syndrom, Diabetes mellitus, neurologische Erkrankungen, Speicheldrüsenerkrankungen), Bestrahlungstherapie bei Tumoren im Kopf-Hals-Bereich, psychogene Störungen und vermindertes Kauvermögen kommen.

Die Sekretionsraten, der pH-Wert und die Pufferkapazität in Ruhe und nach Stimulation sind in Tabelle 2-2 dargestellt.

Der Gesamtspeichel besteht aus Wasser (99%) und anorganischen oder orga-

Tabelle 2-1. Funktion des Speichels und einzelner Speichelkomponenten.

Funktion	Beteiligte Speichelkomponenten
1. Spülfunktion	Gesamtflüssigkeit
2. Pufferung von Säuren	Bikarbonat, Phosphat, Proteine
3. (Re-)Mineralisation	Fluorid, Phosphat, Kalzium, Statherin
4. Beschichtung	Glykoproteine, Muzin
5. Antibakterielle Aktivität	Antikörper, Lysozym, Laktoferrin, Laktoperoxidase
6. Andauung von Nahrung	Amylase, Proteasen

Tabelle 2-2. Sekretionsrate, pH-Wert und Pufferkapazität von Speichel verschiedener Personen im Alter zwischen 15 und 55 Jahren. Normale und sehr niedrige Werte.

	Ruhe-Speichel	Stimulierter Speichel
Sekretionsrate ml/Speichel		
normal	0,25–0,35	1–3
sehr niedrig	< 0,1	< 0,7
pH		
normal	6,5–6,9	7,0–7,5
sehr niedrig	< 6,3	< 6,8
Pufferkapazität*		
normaler End-pH	4,25–4,75	5,75–6,5
sehr niedriger End-pH	< 3,5	< 4

* (Test nach Ericsson 1959)

Quelle: Nikiforuk, G.: Understanding Dental Caries. Karger, Basel 1985.

nischen Substanzen, deren Konzentration individuell stark variiert. Die wichtigsten anorganischen *Bestandteile* sind Natrium, Kalium, Kalzium, Phosphat, Chlorid, Magnesium, Hydrogencarbonat und Fluorid. Die großen Drüsen sezernieren Speichel mit unterschiedlichen Elektrolytkonzentrationen. Die Zusammensetzung hängt letztlich von der Sekretionsrate, Stimulationsgrad, -art und -dauer, der vorherrschenden Drüse und diätetischen Einflüssen ab.

Der Speichel besitzt zwei wichtige Puffersysteme, den *Bikarbonatpuffer* und den *Phosphatpuffer*. Der Phosphatpuffer ist während der Säurebildungsphasen der Plaque weniger wichtig. Der Bikarbonatpuffer hingegen spielt eine wichtige Rolle während einer kariogenen Attacke. Bikarbonat entstammt hauptsächlich der Gl. parotis und der Gl. submandibularis. Bei steigender Speichelsekretion ist der Bikarbonatgehalt im Speichel erhöht und der Speichel pH-Wert steigt an. Das wiederum hat Auswirkungen auf den Plaque-pH-Wert, wenn das Speichelstimulans (z.B. Nahrung) nicht gleichzeitig exzessive Zuckermengen enthält. Bikarbonat diffundiert nämlich durch die Plaque und neutralisiert organische Säuren. Damit wird der Zeitraum verlängert, in dem eine Remineralisation bereits demineralisierter Zahnbereiche durch den Speichel stattfinden kann.

Speichel ist eine kalzium- und phosphatübersättigte Lösung. Er ist somit eine natürliche *Remineralisationslösung*, d.h., er kann Kalzium- und Phosphationen, die während der Demineralisationsphasen aus der Zahnoberfläche verlorengehen, während der Remineralisationsphasen (zwischen den Mahlzeiten) wieder einlagern (siehe auch nichtinvasive Kariestherapie).

Speicheldrüsen können Ausscheidungsorgane für Schwermetalle sein, wenn diese in großen Mengen in den menschlichen Körper gelangen.

Die wichtigsten organischen Bestandteile des Speichels sind Enzyme, Proteine und Glykoproteine (Muzine) (Tab. 2-3), deren genaue Struktur und Funktion zum Teil noch nicht im Detail geklärt ist.

So gibt es *Enzyme*, wie z.B. die *α-Amylase*, die den Abbau von Stärke und Glykogen in der Mundhöhle einleitet. *Lysozym* kann Bakterienzellwände zerstören und Bakterien auflösen. *Lactoferrin* ist ein eisenbindendes Enzym. Es besitzt einen wachstumshemmenden Einfluß auf Mikroorganismen, die Eisen

Tabelle 2-3. Wichtigste organische Bestandteile des Speichels (nach BUDDECKE 1981).

Glykoproteine	Andere Proteine
Makromolekulares GP	Lysozym
Kationisches GP (prolinreich)	Laktoferrin
Anionisches GP	alpha-Amylase
Phosphorhaltiges GP	Statherin
Sekretorische Komponente	
Dimeres Immunglobulin A	
Immunglobulin G	
Immunglobulin M	

für ihr Wachstum benötigen (z.B. Candida albicans).

Das *Lactoperoxidase-Thiocyanat-H_2O_2-System* besitzt antibakterielle Eigenschaften. Die Lactoperoxidase stammt aus zellulären Elementen der Mundhöhle (z.B. Granulozyten), das Thiocyanat gelangt aus dem Blut über die Speicheldrüsen in die Mundhöhle und das H_2O_2 wird von bestimmten Mikroorganismen gebildet (z.B. Streptococcus mitis). Aus Thiocyanat (SCN^-) wird in Anwesenheit von Lactoperoxidase und H_2O_2 Hypothiocyanat ($OSCN^-$) und Wasser gebildet. Das gebildete Hypothiocyanat besitzt antibakterielle Wirksamkeit.

Bekannte *Proteine* sind makromolekulare, kationische und anionische Glykoproteine, phosphorhaltige Glykoproteine, Immunglobulin A und Statherin. Die *makromolekularen Glykoproteine* sind für die Viskosität des Speichels hauptverantwortlich. Sie enthalten Blutgruppenantigene. Die *kationischen* und *phosphorhaltigen Proteine* sind an der Bildung des erworbenen Schmelzoberhäutchens beteiligt. Die *anionischen Glykoproteine* besitzten eine Schutzwirkung gegen Viren. *Statherin* wirkt der Ausfällung von Kalziumphosphaten aus dem Speichel entgegen.

2.1.2 Histologie der Schmelzkaries

Entfernt man Plaque, die längere Zeit bestimmte Schmelzareale bedeckt hat, so wird oft eine weißliche, opake Veränderung der Schmelzoberfläche beobachtet. Fährt man mit einer zahnärztlichen Sonde über diese weißen Schmelzflecken **(incipient lesion, white spot, initiale Kariesläsion),** so kann der Schmelz eventuell leicht aufgerauht sein, die Oberflächenkontinuität ist jedoch nicht unterbrochen. Schon früh versuchte man die chemischen Vorgänge und histologischen Veränderungen bei der Entstehung dieser initialen Läsionen zu erkennen und zu beschreiben. Dabei machte man von der Möglichkeit Gebrauch, Schmelzläsionen in vitro zu produzieren, welche dieselben Charakteristika aufweisen wie natürlich in der Mundhöhle entstandene Kariesläsionen. In lichtmikroskopischen und polarisationsmikroskopischen Untersuchungen an Dünnschliffen von Zahnschmelz, der eine initiale Läsion aufweist, werden meist vier verschiedene Zonen gefunden. Diese Zonen sind jedoch nie gleichzeitig erkennbar, da ihr Erscheinen im polarisationsmikroskopischen Bild vom Imbibitionsmedium bzw. den Doppelbrechungseigenschaften des Zahnschmelzes abhängt.

Wird ein Dünnschliff einer Läsion vor dem Mikroskopieren in Wasser eingelegt, so erkennt man an der Schmelzoberfläche eine pseudointakte Schicht und darunterliegend einen Läsionskörper. Benutzt man jedoch ein öliges Imbibitionsmedium (z.B. Chinolin), so lassen sich eine *transluzente* Zone im Inneren des Schmelzes, zur Dentinseite hin gelegen, und darüber in Richtung Läsionskörper eine *dunkle Zone* erkennen (Abb. 2-6).

Die **transluzente Zone** ist die Zone der fortschreitenden Demineralisation. Sie ist durch die Entstehung bzw. Vergrößerung von Poren im Zahnschmelz bedingt. Sie besitzt ein Porenvolumen von ca. 1%. Gesunder Zahnschmelz besitzt im Vergleich dazu ein Porenvolumen von 0,1%. Die Poren entstehen initial wahrscheinlich durch Herauslösen von „leicht" säurelöslichem Karbonat aus dem Apatitgitter.

Die **dunkle Zone** hat ein Porenvolumen von 2–4%. Die Poren sind jedoch aufgrund von Remineralisationserscheinungen an den Apatitkristalliten kleiner als die Poren der transluzenten Zone. Der **Läsionskörper** ist die Zone des größten Mineralverlustes. Das Porenvolumen beträgt zwischen 5 und 25%. In diese Poren können Speichelbestandteile, wie Wasser und Proteine, eindringen.

Die Retzius-Streifen und die Querstreifung der Prismen werden innerhalb des Läsionskörpers deutlicher sichtbar als im gesunden Schmelz.

Die **Oberflächenschicht** weist einen Mineralverlust von 1–10% auf, obwohl sie im mikroskopischen Bild intakt erscheint. Sie besitzt ein Porenvolumen von weniger als 5%. Mit der Entwicklung der Elektronenmikroskopie ließen sich in den letzten Jahren ultrastrukturelle

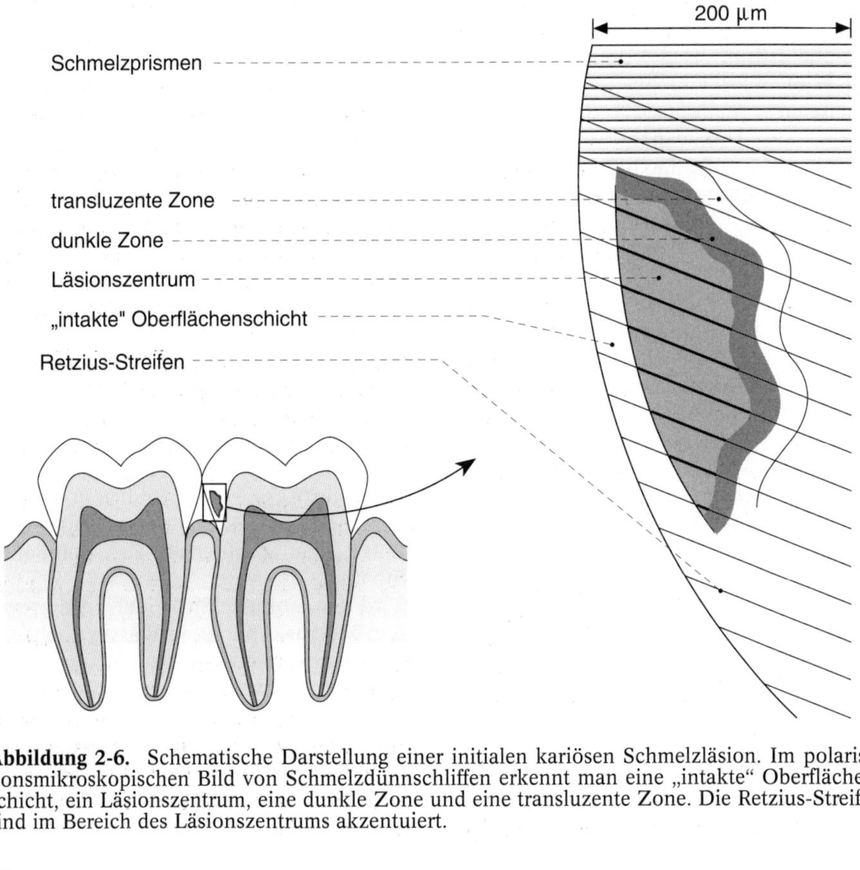

Abbildung 2-6. Schematische Darstellung einer initialen kariösen Schmelzläsion. Im polarisationsmikroskopischen Bild von Schmelzdünnschliffen erkennt man eine „intakte" Oberflächenschicht, ein Läsionszentrum, eine dunkle Zone und eine transluzente Zone. Die Retzius-Streifen sind im Bereich des Läsionszentrums akzentuiert.

Charakteristika beschreiben, die mit dem Licht- und Polarisationsmikroskop nicht zu erkennen waren. Es zeigte sich, daß durch Demineralisationsvorgänge die interkristallinen Räume im Vergleich zum gesunden Schmelz vergrößert sind. Das ist das Ergebnis von Mineralverlusten an der Kristalloberfläche bzw. aus dem Zentrum der Schmelzkristallite. Die Prismengrobstruktur bleibt jedoch noch sehr lange erhalten. Die Kristallite des Läsionskörpers (10–30 μm) und der transluzenten Zone (25–30 μm) sind kleiner als die Kristallite des gesunden Zahnschmelzes. In der dunklen Zone und in der „intakten" Oberflächenschicht sind häufiger größere Kristallite als im gesunden Zahnschmelz zu finden. Das liegt an Remineralisations- und Repräzipitationsvorgängen in diesen Bereichen. Man weiß heute, daß die ersten Demineralisationsvorgänge schon stattfinden, bevor eine mikroskopisch sichtbare Läsion mit einer „intakten" Oberflächenschicht festzustellen ist. Diese submikroskopischen Veränderungen der Schmelzoberfläche resultieren aus Demineralisationserscheinungen im molekularen Bereich und sind „Anätzvorgängen" vergleichbar *(frühe initiale Läsion)*. Sie führen, wenn die kariogenen Bedingungen an der Schmelzoberfläche anhalten, zu irregulären Oberflächendestruktionen bzw. prismatischen Zerstörungsmustern mit Vergrößerung der zwischenprismatischen Räume, die dann ideale Diffusionswege für die bakteriell gebildeten organischen Säuren darstellen.

Die **initiale Kariesläsion** ist ein Produkt von De- und Remineralisationsphasen an der Zahnoberfläche, wobei die Demineralisation überwiegt. Ihre Entstehung hängt von Art und Menge der Bakterien in der Plaque, ihren Metaboliten und ihrer Säureproduktionsrate ab.

Substratzufuhr über Nahrungsmittel und Speichel spielt ebenso eine wichtige Rolle wie Konzentrationsgradienten und Transportgeschwindigkeiten verschiedener chemischer Verbindungen in der Plaque und im Zahnschmelz.

Man kann die Vorgänge, die zur Entstehung der histologischen Charakteristika einer initialen Schmelzläsion führen, vereinfacht wie folgt beschreiben (Abb. 2-7).

- Ein Schutzfilm aus adsorbierten Proteinen (erworbenes Schmelzoberhäutchen) befindet sich auf dem Zahnschmelz.
- Fluoridanreicherungen reduzieren primär die Schmelzlöslichkeit.
- Es bildet sich eine Plaque auf dem Schmelzoberhäutchen.
- Kariogene Mikroorganismen produzieren aus Nahrungskohlenhydraten organische Säuren (Milchsäure, Essigsäure, Propionsäure u.a., Schritt 1). Ein geringer Teil der Säuren dissoziiert und führt zu interprismatischen Auflösungserscheinungen an der Schmelzoberfläche (frühe initiale Läsion).
- Es entsteht außerdem ein Konzentrationsgradient, der dazu führt, daß die schwachen organischen Säuren in den Zahnschmelz diffundieren (Schritt 2). Dabei dienen hauptsächlich die interprismatischen Bereiche als Diffusionswege.

Speziell die wässerigen Hüllen um die Schmelzkristallite sind ideale Diffusionskanäle. Die Säuren dissoziieren im Schmelzinneren langsam und geben dabei kontinuierlich H^+-Ionen ab. Die Wasserstoffionen greifen die Schmelzkristallite an, und zwar speziell ihren verwundbaren Kristallbereich, in denen CO_3^{2-} und Mg^{2+} gebunden ist. Es werden dabei Ca^{2+}-, OH^--, PO_4^{3-}-, F^-, CO_3^{2-}-, Na^+- und Mg^{2+}-Ionen aus dem Kristallgitter frei und diffundieren in die wässerige Phase um die Kristallite. Diese Ionen und ihre Verbindungen diffundieren dann entsprechend ihrem Konzentrationsgradienten durch die erweiterten Schmelzporen zur Schmelzoberfläche und von dort in die Plaque.

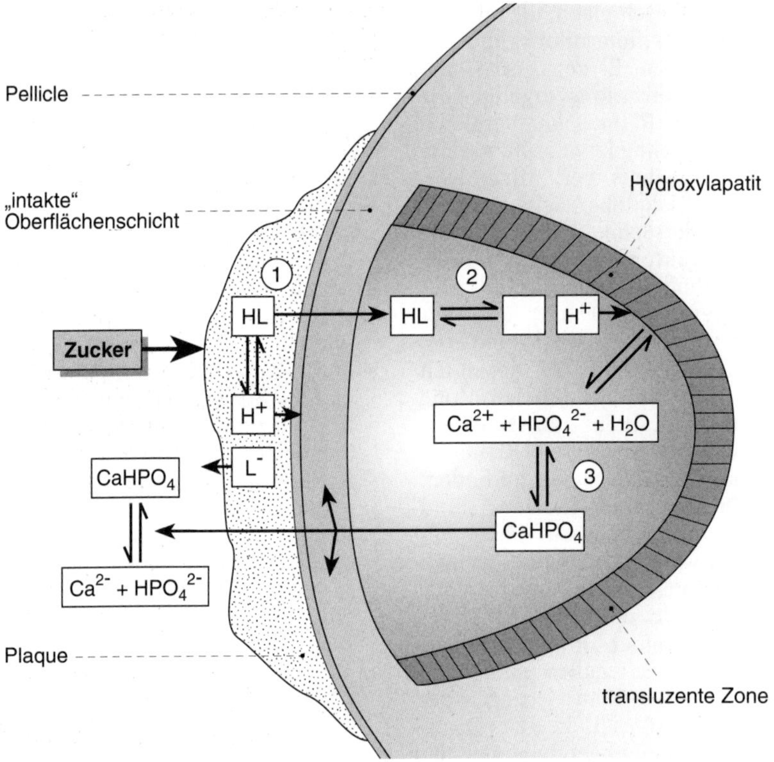

Abbildung 2-7. Vereinfachte Darstellung der chemischen Vorgänge bei der Entstehung einer initialen Schmelzkaries mit Ausbildung einer „intakten" Oberflächenschicht. Die einzelnen Reaktionsschritte sind im Text erklärt.

Die Demineralisation hält solange an, wie genügend Säuren produziert werden. Kalzium und Phosphat gehen also verloren.

Zur Schmelzoberfläche nimmt allerdings die Diffusionsgeschwindigkeit ab, da der Diffusionsgradient zur Plaque bzw. zum Speichel gering ist. Kalzium und Phosphat repräzipitieren und bilden entweder neue Kristallite ($CaHPO_4$) oder lagern sich an der Oberfläche bereits geschädigter Kristallite an. So entsteht eine *pseudointakte Oberfläche,* durch die Säuren in die Tiefe diffundieren und zu weiteren Auflösungserscheinungen, hauptsächlich im Läsionskörper, aber auch in der transluzenten Zone führen. Die Oberfläche gibt zum einen Kalzium- und Phosphationen in die Umgebung ab, sie wird aber ständig durch Repräzipitation erneuert. Auch die größeren Kristallite der dunklen Zone sind das Ergebnis von Rekristallisationsvorgängen.

Die Schmelzkaries an Glattflächen besitzt die Form eines Kegels, dessen Spitze in Richtung Dentin gerichtet ist. Die Fissurenkaries beginnt als Glattflächenkaries an beiden Wänden der Fissur (Abb. 2-8).

Wird der *Demineralisation* nicht Einhalt geboten, kommt es auch zu Demineralisationserscheinungen im Dentin.

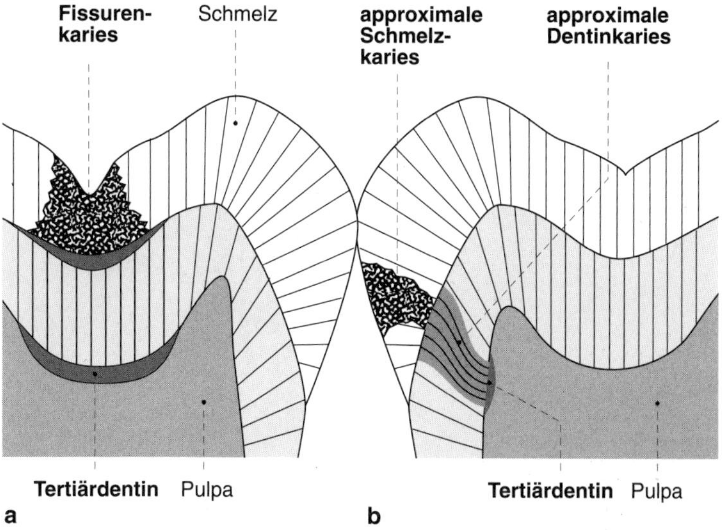

Abbildung 2-8.
a) Ausbreitungsform der Fissuren- und Approximalkaries. Die Fissurenkaries beginnt wie eine Glattflächenkaries an den beiden Wänden der Fissur. Sie nimmt jedoch nach Erreichen der Schmelz-Dentingrenze eine breitbasige, stark unterminierende Form an. Die Dentinkanälchen sind in diesem Bereich meistens parallel zueinander. Die Pulpa antwortet auf den kariösen Reiz mit Bildung von Tertiärdentin.
b) Die approximale Schmelzkaries beginnt i.d.R. etwas unterhalb des Kontaktpunktes benachbarter Zähne. Sie hat die Form eines Kegels mit der Basis zur Schmelzoberfläche. Erreicht die Karies das Dentin, breitet sie sich unterminierend nach lateral aus. Zur Pulpa hin nimmt sie wieder kegelförmige Gestalt an. Durch die S-Form der Dentinkanälchen findet die Tertiärdentinbildung etwas versetzt statt.

Bei Beseitigung der kariogenen Noxen kann eine kariöse Schmelzläsion bei entsprechenden Prophylaxemaßnahmen remineralisieren.

2.1.3 Histologie der Dentinkaries

Bei Erreichen der **Schmelz-Dentingrenze** verläuft die Karies dann im Manteldentin nach lateral und unterminiert den Zahnschmelz. Im Dentin folgt sie den Dentinkanälchen. Es resultiert somit wieder eine kegelförmige Gestalt mit der Basis an der Schmelz-Dentingrenze (s. Abb. 2-8).

Die *Fissurenkaries* breitet sich stark unterminierend aus und erreicht oft in ihrer gesamten Breite rasch die Pulpa. Schon die *Schmelzkaries*, aber noch mehr die *Dentinkaries* resultiert in einer Reaktion der Pulpa-Dentineinheit. Das histologische Bild der Dentinkaries ist u.a. das Ergebnis dieser Reaktion (Abb. 2-9).

Schon vor einer Kavitätenbildung kann die Karies das Dentin erreichen, diffundieren und bakterielle Toxine, Enzyme usw. durch die Schmelzläsion in das Dentin. Es bildet sich an der **Pulpa-Dentingrenze** *Reaktionsdentin* (Tertiärdentin).

Nach außen folgt eine Schicht normalen Dentins, dann *sklerotisches Dentin*. Das sklerotische Dentin entsteht durch Obliteration der Dentinkanälchen. Peritubuläre Dentinanlagerung, Zurückweichen und teilweise Mineralisation der Odontoblastenfortsätze kennzeichnen diesen Schutzmechanismus.

Nach peripher folgt dann noch eine Zone, in der keine Odontoblasten-

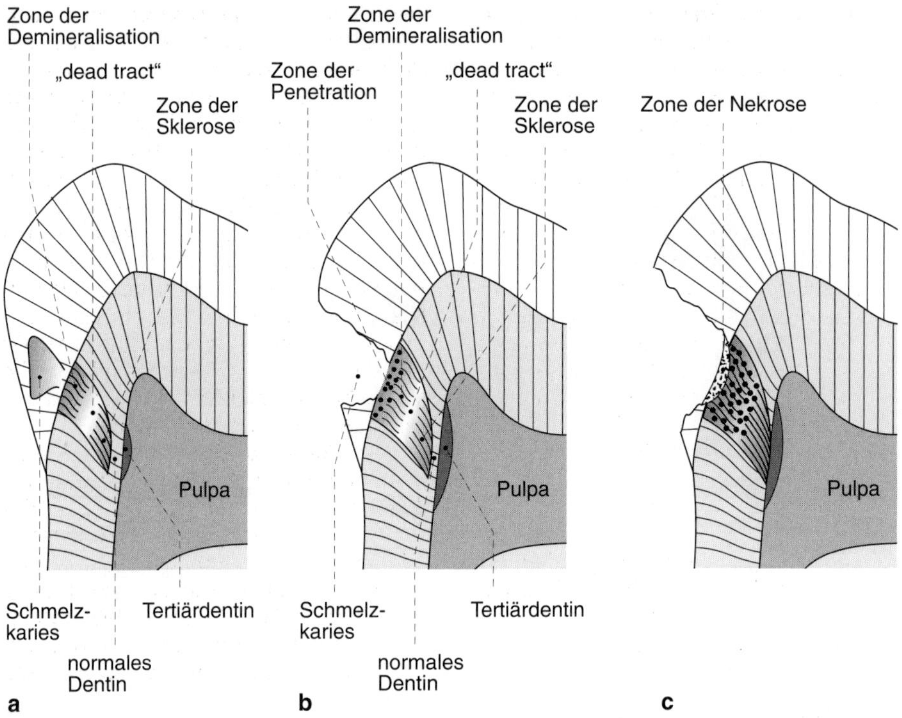

Abbildung 2-9. Schematische Darstellung der verschiedenen Stadien der Dentinkaries.

a) Schon vor der Schmelzkavitation reagiert die Dentin-Pulpa-Einheit auf den kariösen Reiz mit histopathologischen Veränderungen. An der Pulpa-Dentingrenze entsteht Tertiärdentin. Nach peripher folgen eine Schicht normalen Dentins, die Zone der Sklerose, der „dead tracts“ und an der Schmelz-Dentingrenze die Zone der Demineralisation

b) Nach der Schmelzkavitation dringen Mikroorganismen in die Dentinkanälchen vor (Zone der Penetration). Die kariöse Entmineralisierung in der Zone der Demineralisation wird stärker. Die Karies breitet sich an der Schmelz-Dentingrenze unterminierend aus.

c) Im fortgeschrittenen Stadium sind die Dentinkanälchen massiv infiziert. In der Zone der Nekrose findet man zerfallenes und verflüssigtes Dentin sowie Bakterien mit vornehmlich proteolytischer Aktivität. Die „dead tracts“ sind oft nicht mehr vorhanden. Es gibt dann auch keine Schicht normalen Dentins mehr über der Pulpa (nach SCHRÖDER 1992).

fortsätze mehr vorhanden sind, und die nicht mehr mit der Pulpa kommuniziert (*dead tract*). Diese Strukur besitzt eine höhere Permeabilität als normales Dentin.

Zur Schmelz-Dentingrenze hin schließt sich die *Zone der Demineralisation* an. Diese Zone erscheint im lichtmikroskopischen Bild unverändert. Derartige Dentinläsionen lassen sich meist im approximalen Bereich der Zähne röntgenologisch diagnostizieren. Sie können bei Beseitigung der kariogenen Noxen zum Stillstand kommen und sogar partiell remineralisieren. Werden die Ursachen nicht beseitigt, schreitet die Karies weiter voran. Es kommt zur Kavitätenbildung und Bakterien dringen in die Tiefe und zerstören durch proteolytische Enzyme auch die organischen Bestandteile des Schmelzes und Dentins. Die Reaktion der Pulpa hängt von der Progressionsgeschwindigkeit und von der bakteriellen Invasion im Dentin ab.

Eine *fortgeschrittene Dentinkaries* weist zu den obengenannten noch zwei weitere histologische Zonen auf. Peripher zur Zone der Demineralisation folgt die *Zone der Penetration.* Hier sind Bakterien (vornehmlich grampositive Mikroorganismen, z.B. Laktobazillen) in die Dentinkanälchen eingedrungen. Ihre Anzahl nimmt nach außen zu. Die Stoffwechselprodukte der Bakterien führen zu lokalen Auftreibungen der Dentinkanälchen (Ampullen) und im Bereich der Wachstumslinien (Spalten). Liegen mehrere Ampullen untereinander, spricht man von einer *Rosenkranzstruktur.*

Während die Dentinstruktur in diesem Bereich noch relativ intakt erscheint, folgt nach peripher eine *Zone der Nekrose*, in der das Dentin erweicht bzw. verflüssigt ist. Diese Zone besteht aus nekrotischem Dentin (fettige Degeneration), vitalen und toten Mikroorganismen sowie deren Enzyme (speziell Esterasen und Peptidasen) und Stoffwechselprodukten.

2.1.4 Wurzelkaries (Zementkaries)

Im Verlauf entzündlicher Parodontalerkrankungen oder nach deren Therapie liegen oft Wurzeloberflächen frei. Aber auch bei älteren Menschen kann durch atrophische Vorgänge Zahnzement freiliegen. Die Wurzelkaries ist bei Patienten, die das sechzigste Lebensjahr überschritten haben, häufig festzustellen (60–90%).

> Die Wurzelkaries beginnt meistens an den koronalen Abschnitten freiliegender Wurzeloberflächen.

Mikroorganismen und deren Stoffwechselprodukte dringen in das azelluläre Faserzement ein. Es werden Mineralien aus dem Zement herausgelöst, während die Kollagenfasern noch bestehen bleiben. Primär verbleibt eine dünne, hypermineralisierte „intakte" Oberflächenschicht (10–15 µm) im äußeren Zementbereich. Die dünne Zementschicht wird allerdings bei anhaltend kariogenen Bedingungen rasch zerstört. Schon während der parodontalen Vorgeschichte reagiert das Dentin auf die einwirkenden Reize mit Sklerosierung. Trifft die Karies nun nach Durchdringen des Zements auf das sklerosierte Dentin, so schreitet der kariöse Prozeß langsamer voran. Hinzu kommt, daß Wurzeldentin weniger Kanälchen enthält als koronales Dentin. Die Läsionen bleiben daher primär relativ flach, breiten sich jedoch oft zirkulär um die Wurzel aus. Die Dentinkaries im Wurzelbereich gleicht im histologischen Bild der koronalen Dentinkaries.

Man kann **aktive** von **inaktiven Läsionen** unterscheiden. Während bei den aktiven Läsionen eine hell- bis gelbbraune Farbe dominiert, sind inaktive Läsionen dunkelbraun bis schwarz. Inaktive Läsionen besitzen eine härtere Oberfläche, während aktive Defekte weiche lederartige Konsistenz aufweisen. Die Ränder einer inaktiven Karies sind abgerundet.

2.1.5 Milchzahnkaries

Milchzähne besitzen eine geringere Hartgewebemasse als permanente Zähne. Die Karies erreicht also bei gleicher Ausbreitungsgeschwindigkeit schneller die Pulpa. Die Milchzahnkaries unterscheidet sich aber weder ätiologisch noch histologisch von der Karies bleibender Zähne.

2.1.6 Spezielle Kariesformen

> Unter **Sekundärkaries** versteht man neue kariöse Defekte im Randbereich von zahnärztlichen Restaurationen.

Sie besitzt alle histologischen Charakteristika kariöser Läsionen. Ursachen sind meistens Spalt- und Stufenbildungen zwischen Restaurationsmaterial und Zahnhartsubstanz. Ist ein Spalt zwischen Füllungsmaterial und Zahnhartsubstanz vorhanden, dringen auch hier Bakterien ein, und es kommt sowohl im Zahnschmelz am Füllungsrand als auch im Dentin zu kariösen Defekten (Abb. 2-10).

> Unter **Kariesrezidiv** versteht man das „Wiederaufflammen" oder die Progression einer Karies, die während der zahnärztlichen Behandlung (Exkavation) nicht ausreichend entfernt wurde.

Sie wird entweder klinisch am Füllungsrand (dann nicht von einer Sekundärkaries zu unterscheiden) oder röntgenologisch unter einer Restauration diagnostiziert (s. Abb. 2-10).

Klinisch erscheinen **ruhende Kariesläsionen** (arrested caries, Caries sicca) braun pigmentiert und oberflächlich hart. Sie können entstehen, wenn kariöse Noxen beseitigt werden, regelmäßig kariespräventive Maßnahmen erfolgen und somit die ökologischen Bedingungen in der Mundhöhle als wenig kariogen zu bezeichnen sind. Die ursprüngliche chemische und histologische Struktur von Zahnschmelz oder Dentin wird jedoch nicht wiederhergestellt.

Durch radiologische Therapie von Tumoren im Kiefer-Gesichtsbereich kann es zur partiellen oder vollständigen Zerstörung der Speicheldrüsen kommen. Folge ist ein verminderter Speichelfluß **(Xerostomie)** und eine Veränderung der Speichelzusammensetzung (Elektrolyte, Proteine u.a.). Sowohl die Schutzfunktion des Speichels als auch die Remineralisationswirkung geht verloren. Gleichzeitig kommt es zu einer vermehrten Besiedelung der Mundhöhle mit kariogenen Mikroorganismen. Es entstehen also extrem kariogene Bedingungen, unter denen es zu einer sehr raschen Kariesentstehung und Kariesprogression kommt.

Aber auch andere Erkrankungen und Faktoren wie Tumoren der Speicheldrüsen, Autoimmunerkrankungen, spezielle Arzneimittel usw. können zu Mundtrockenheit und erhöhter Kariesgefährdung führen.

Bei Kleinkindern diagnostiziert der Kinderarzt sehr oft schon in den beiden ersten Lebensjahren einen rapiden Zerfall der oberen Schneidezähne, eine **rasch fortschreitende Kleinkindkaries** („nursing bottle syndrom"). Grund dafür ist der ständige, nicht kontrollierte Gebrauch von Nuckelflaschen, die mit zuckerhaltigen Getränken (Tee, Fertiggetränke, Fruchtsäfte u.a.), aber auch Milch gefüllt sind. Auch Sauger, die mit Honig, Zucker oder Sirup bestrichen werden, um Kleinkinder zu beruhigen, führen zu rascher Zerstörung der Milchzähne. Bei fortschreitendem Alter sind auch andere Milchzähne betroffen. Die unteren Milchschneidezähne sind relativ lange gesund, da sie durch die Zungenbewegung und die unteren Speicheldrüsenausführungsgänge eine weniger kariogene Umgebung als die oberen Schneidezähne besitzen. Bei Einhaltung üblicher nahrungsmittelfreier Intervalle zwischen den Mahlzeiten führt Flaschennahrung nicht zu einer erhöhten Kariesdisposition bei Kleinkindern.

2.1.7 Epidemiologie

> Die Epidemiologie beschäftigt sich mit der Beschreibung der Häufigkeit, der Progression und des Schweregrades von Erkrankungen. Dabei werden definierte Bevölkerungsgruppen in bestimmten Regionen in Abhängigkeit von sozialen, wirtschaftlichen, alters- und geschlechtsbedingten und anderen Faktoren untersucht.

2.1.7.1 Definition epidemiologischer Begriffe. Zur Erhebung epidemiologischer Daten dienen Querschnitts- und Longitudinalstudien. Während Querschnittsuntersuchungen retrospektiv oder aktuell Daten zu einem bestimmten Zeitpunkt sammeln, erstrecken sich Longitudinalstudien über einen definier-

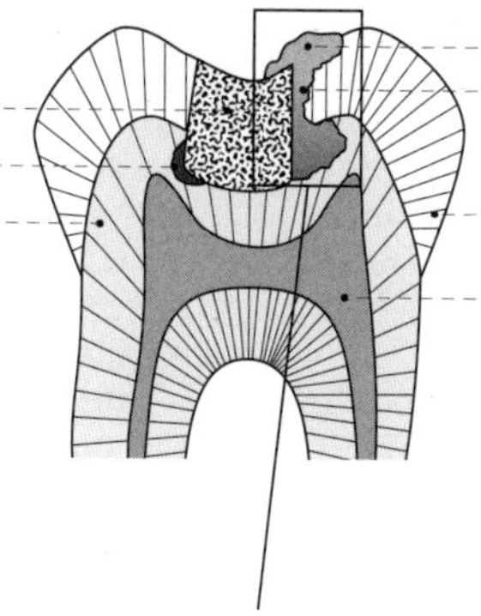

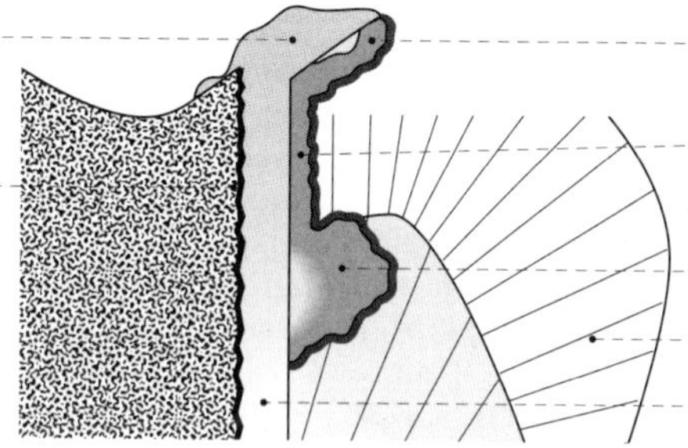

Abbildung 2-10. Schematische Darstellung einer Sekundärkaries und eines Kariesrezidivs. Unter Kariesrezidiv versteht man das Fortschreiten oder Wiederaufflammen einer bereits bestehenden Karies (z.B. unter Restaurationen, wenn nicht ausreichend exkaviert wurde). Die Sekundärkaries ist eine neu entstandene Karies, die meistens am Füllungsrand klinisch oder röntgenologisch zu diagnostizieren ist. Häufigste Ursachen sind über- und unterkonturierte Restaurationen und Randspalten zwischen Restauration und Zahnhartsubstanz mit nachfolgender Plaquebildung (sekundäre Kariesprädilektionsstellen). Dabei entsteht eine äußere Läsion, die alle histologischen Merkmale einer beginnenden Karies aufweist. Ist ein Randspalt vorhanden, ensteht eine Kavitätenwandläsion. An der Schmelz-Dentingrenze entwickelt sich eine unterminierende Dentinläsion.

ten Zeitraum, vergleichen also die Krankheitshäufigkeit zu Anfang mit der am Ende eines Untersuchungszeitraums.

Bei diesen Untersuchungen werden häufig die Begriffe *Kariesinzidenz* (Kariesbefall = Anzahl neuer Kariesläsionen in einem definierten Zeitraum) und *Kariesprävalenz* (Karieshäufigkeit in einer Population zu einem definierten Zeitpunkt) verwendet. Zur Beurteilung der Krankheitsentwicklung in einer Population werden meistens *Stichproben* untersucht. In diesem Zusammenhang muß darauf hingewiesen werden, daß Zahnarztpatienten oder gar Klinikpatienten nicht den Anforderungen genügen, die an eine Stichprobe bei epidemiologischen Untersuchungen gestellt werden. Sie sind nicht repräsentativ. Zur Messung der Kariesinzidenz bzw. Prävalenz werden Indizes verwendet. Dabei hat sich international der DMF-S- bzw. DMF-T-Index durchgesetzt. Der *DMF-S-Index* beurteilt die Anzahl von Zahnflächen (Surfaces) im bleibenden Gebiß, die zerstört (Decayed), aufgrund von

Karies extrahiert (Missing) oder gefüllt (Filled) wurden.

Der *DMF-T-Index* summiert in gleicher Weise die Anzahl der Zähne (Teeth). Im Milchgebiß wird der dmf-s bzw. dmf-t verwendet. Statt m wird oft der Buchstabe e (= indicated for extraction bzw. extracted verwendet).

Im Wechselgebiß wird der Index für bleibende Zähe verwendet.

Bei Seitenzähnen werden fünf Zahnflächen, bei Frontzähnen vier Flächen berechnet. Im vollständigen bleibenden Gebiß werden die Weisheitszähne nicht mitgezählt.

Da im Wechselgebiß der M-Faktor schwer zu beurteilen ist (es können Zähne aus kieferorthopädischen Gründen verlorengegangen sein), wird in epidemiologischen Studien oft nur der *DF-Index* verwendet. Werden in Studien Röntgenbilder zur Beurteilung der Approximalkaries angefertigt, kann der D-Faktor unter Berücksichtigung der Größe der Kariesläsion in die Untergruppen D1–D4 aufgeteilt werden (s. Kapitel 3.4).

Der DMF-S-Index ist ein *kumulativer Index*. So bedeutet z.B. ein DMF-T von 20 entweder 20 offene kariöse Kavitäten, die versorgt werden müssen, oder daß alle vorhandenen Zähne gesund sind, vier Molaren aber vorzeitig extrahiert wurden bzw. nicht angelegt sind. Deshalb werden die Einzelkomponenten des Index oft getrennt angegeben.

Auch der DMF-T-Index ist ein *arithmetischer Index* der kumulativ die kariöse Zerstörung des Gebisses aufsummiert. Dabei werden allerdings auch Zahnverluste aus anderen Gründen, z.B. durch Parodontalerkrankungen, mitgezählt. Häufig wird in Untersuchungen der Begriff *Sanierungsgrad* verwendet. Er wird oft in Prozent angegeben und errechnet sich dann nach der Formel (F/D + F) × 100.

Will man Aussagen über die Wirksamkeit kariesprophylaktischer Maßnahmen machen, wird meistens eine Testgruppe, bei der die kariesprophylaktischen Maßnahmen durchgeführt wurden, mit einer Kontrollgruppe verglichen. Dabei müssen die untersuchten Gruppen relativ gleich zusammengesetzt und die Untersuchungsbedingungen standardisiert sein. Die DMF-S-Werte der einzelnen Versuchspersonen werden am Ende der Untersuchung meistens addiert und durch die Anzahl der Versuchspersonen dividiert, so daß *Mittelwerte* (z.B. mittlere Karieshäufigkeiten bzw. mittlerer Karieszuwachs) verglichen werden.

Betrachtet man die Ergebnisse solcher Studien bei Kindern detaillierter, so stellt man fest, daß die Anzahl kariöser, gefüllter oder fehlender Zähne bzw. Zahnflächen bei den untersuchten Gruppen meistens nicht normalverteilt sind. Das bedeutet, viele Kinder besitzen keine oder wenige kariöse oder gefüllte Zahnflächen, während wenige Kinder eine große Anzahl zerstörter Zähne aufweisen.

Da der Mittelwert in einem solchen Fall die Ergebnisse der Untersuchung verzerrt, wird üblicherweise statt eines Mittelwertes der *Medianwert* als statistische Größe verwendet (Abb. 2-11).

> Der Medianwert ist derjenige Wert, der eine nach Rängen geordnete Meßreihe halbiert.

Vereinfacht formuliert ist der Medianwert identisch mit dem am häufigsten vorkommenden Wert. Hat man zum Beispiel bei einer epidemiologischen Kariesstudie mit 100 Kindern festgestellt, daß die Anzahl neuer kariöser Läsionen sich wie folgt verteilt: 50 × eine neue kariöse Fläche, 25 × 2, 15 × 3, 5 × 4, 3 × 5, 1 × 6 und 1 × 7, so liegt der Medianwert bei 1,5, der Mittelwert bei 1,93.

Ein weiterer häufig in der internationalen Literatur verwendeter Begriff ist *„caries prediction“* (Bestimmung des individuellen Kariesrisikos). In zahlrei-

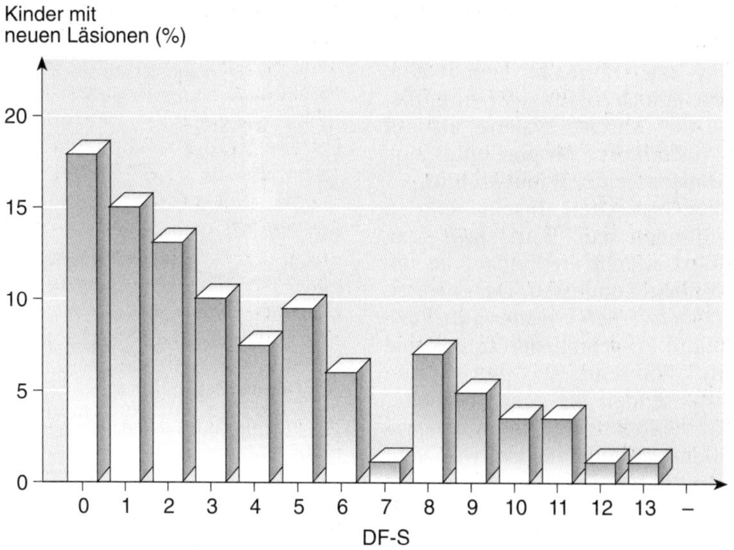

Abbildung 2-11. Ergebnisse einer Untersuchung zur Kariesinzidenz im Zeitraum von zwei Jahren bei 12- bis 14jährigen Schulkindern (n = 117). Dargestellt ist der Anteil der Kinder (in %), die im Untersuchungszeitraum 0, 1, 2 usw. neue kariöse Läsionen entwickelten. Die Graphik verdeutlicht, daß ein großer Prozentsatz von Kindern nur wenige neue Läsionen aufwies, während bei wenigen Kindern viele neue Läsionen zu finden waren. Die Resultate entsprechen also nicht einer Normalverteilung. Durchschnittlich (arithmetisches Mittel) ließen sich 5,02 neue Läsionen feststellen. Bei einer derartigen Verteilung ist es üblich, den Medianwert (hier 4,26) als statistische Größe anzugeben (nach KLIMEK et al. 1985).

chen kariesepidemiologischen Studien versuchte man nachzuweisen, daß bestimmte Untersuchungsparameter (z.B. Menge und Art verschiedener kariogener Plaquebakterien, Speichelcharakteristika, früher Kariesbefall und aktueller Kariesbefall, Lokalisation der Karies usw.) mit der zukünftig zu erwartenden individuellen Kariesinzidenz korrelieren. Die bisherigen Ergebnisse lassen aber nur den Schluß zu, daß diese Parameter ausschließlich den momentanen Gebißzustand widerspiegeln. Sie sind jedoch ungeeignet, das individuelle Kariesrisiko exakt zu bestimmen.

Ausschließlich die zum Zeitpunkt der Untersuchung bestehende Kariesaktivität ist ein relativ sicherer Parameter für eine derartige Risikoabschätzung.

2.1.7.2 Allgemeine Kariesepidemiologie. Die allgemeine Kariesepidemiologie beschäftigt sich mit geographischen, altersabhängigen, sozialen, kulturellen, wirtschaftlichen u.a. Einflüssen.

Karies ist keine Erkrankung der Neuzeit, auch in prähistorischer Zeit litten Menschen bereits an Karies. Die Verbreitung und der Schweregrad der Karies war jedoch gering. Mit zunehmender Zivilisation stieg die Kariesverbreitung an.

War im Mittelalter die *Kariesmorbidität* (Krankheitshäufigkeit innerhalb einer Population, wird beschrieben durch Morbiditätsziffern, z.B. Prävalenz und Inzidenz) in Europa noch niedrig, so weisen heute 99% der Menschen in den industrialisierten Ländern kariöse Läsionen, Füllungen oder extrahierte Zähne auf (Abb. 2-12).

Dabei lassen sich geographische, altersabhängige, soziale, kulturelle, wirtschaftliche u.a. Einflüsse beobachten. Man kann jedoch vereinfacht formulieren, daß die Kariesprävalenz bis auf wenige Ausnahmen proportional zum Zivilisationsgrad einer Population ist.

Auf den britischen Inseln wurden Untersuchungen zur Kariesprävalenz durchgeführt, welche die Zeitspanne von 550 BC bis heute umfassen. Dabei wurde der *Kariesbefall vergangener Jahrhunderte* anhand ausgegrabener Totenköpfe bestimmt. Während in den ersten zwei Jahrtausenden bis zum Mittelalter (1500 AC) veränderte sich die Kariesprävalenz nicht signifikant. Sie war sehr niedrig, und es waren fast ausschließlich die Fissuren der Okklusalflächen betroffen. Mit zunehmendem Alter nahm damals die Häufigkeit der okklusalen Kariesläsionen wegen der starken Abrasionen wieder ab. Gleichzeitig fand man bei Totenschädeln alter Menschen vermehrt Karies im approximalen Bereich an der Schmelz-Zement-Grenze (Wurzelkaries). Die heute dominierende Approximalkaries im Zahnschmelz bzw. Dentin unterhalb des Approximalkontaktes benachbarter Zähne war damals selten, nahm aber bereits im Mittelalter deutlich zu.

Ab dem *17. Jahrhundert* stieg die Kariesprävalenz allgemein drastisch an. Die Zunahme der kariösen Läsionen ging mit einer Änderung der Ernährungsgewohnheiten einher. Speziell der Konsum raffinierter Kohlenhydrate nahm erheblich zu.

Heute ist die Zahnkaries eine ubiquitär verbreitete Erkrankung. Ihre Ausbreitung variiert jedoch zwischen den einzelnen Nationen und sogar innerhalb einer Nation. Vereinfacht formuliert kann man feststellen, daß die Kariesprävalenz in Asien und Afrika am niedrigsten und in Amerika und den sogenannten westlichen Nationen am höchsten ist. In den westlichen Ländern läßt sich allerdings bei Bevölkerungsgruppen, die in Gebieten mit einem Trinkwassergehalt > 0,7 ppm F^- leben eine ähnlich niedrige Kariesprävalenz feststellen wie z.B. in Asien.

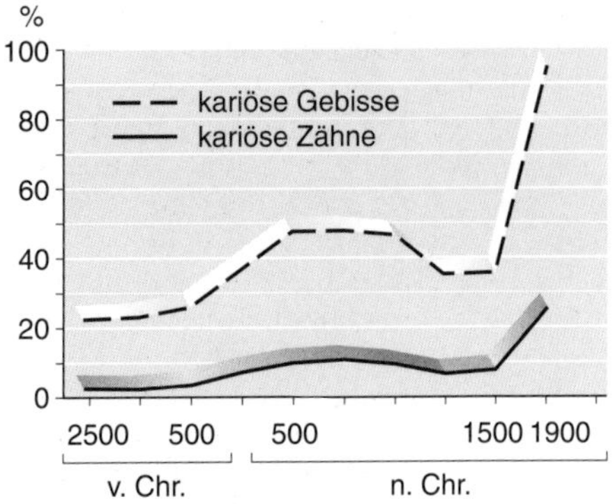

Abbildung 2-12. Entwicklung der Kariesmorbidität in Europa. Zusammenfassende Darstellung verschiedener Daten aus der Literatur.

Isolierte Populationen, welche die Ernährungsgewohnheiten moderner industrialisierter Länder noch nicht angenommen haben, weisen z.T. einen außerordentlich geringen Kariesbefall auf. So stellte z.B. PEDERSEN (1967) in einer Untersuchung bei Eskimo-Männern, die kaum mit der Zivilisation in Berührung kamen und ihre ursprüngliche Kost (u.a. viel Fisch, keinen Industriezucker) zu sich nahmen eine Kariesmorbidität von 4,3% fest. Männliche Angehörige der gleichen Bevölkerungsgruppe, die jedoch als Angestellte in Handelsposten arbeiteten und vermehrt Zivilisationskost als Nahrungsmittel zur Verfügung hatten, wiesen eine Kariesmorbidität von 43,2% auf.

Während in den sogenannten Schwellenländern die Kariesprävalenz stark zunimmt, ließ sich in den letzten Jahren in den westlichen *Industrienationen* bei *Schulkindern* eine allgemeine Abnahme der Kariesmorbidität feststellen. So stieg z.B. der Anteil Kinder mit kariesfreien Gebissen erheblich an. Der Kariesrückgang betrifft jedoch nicht alle Prädilektionsstellen einheitlich. Die Okklusalkaries nimmt weniger stark ab als die Glattflächenkaries. Da die Lebenserwartung der Bevölkerung gestiegen ist und immer mehr Menschen ihre Zähne bis ins hohe *Alter* behalten, gleichzeitig durch altersbedingte Abbauvorgänge und Parodontopathien die Wurzeloberflächen häufig freiliegen, nimmt die Prävalenz der Wurzelkaries zu. Da kariöse Läsionen (bis auf wenige Läsionen, die remineralisieren bzw. zum Stillstand kommen) in einer Kavität resultieren, d.h. irreversibel sind, kumulieren sie mit zunehmendem Alter. Es gibt jedoch eine streng positive Korrelation zwischen Alter und DMF-Index. Während der *Lebensspanne* eines Menschen zeigt die Kariesinzidenz (neue kariöse Läsionen pro Jahr) drei Gipfel: zwischen dem vierten und achten Lebensjahr, zwischen dem 11. und 17. Lebenjahr und zwischen dem 55. und 65. Lebensjahr (Abb. 2-13).

Rassische Einflüsse auf die Kariesmorbität wurden zwar berichtet, sie sind jedoch fraglich. Wahrscheinlich sind hier eher die wirtschaftlichen, sozialen und kulturellen Faktoren maßgebend.

Familiäre Faktoren wurden festgestellt. Kinder von Eltern mit geringem Kariesbefall weisen in der Regel weniger Karies auf als der Durchschnitt ihrer Altersgruppe. Genetische Faktoren, wie Zahnmorphologie, Okklusion, Speichelzusammensetzung u.a. spielen sicherlich eine Rolle bei der Kariesentstehung. Sie werden jedoch durch Umweltfaktoren wie Ernährung, Zahnpflege u.a. signifikant überlagert, so daß sie in epidemiologischen Studien kaum Berücksichtigung finden.

Für alle Zähne gibt es gleichermaßen nach dem *Zahndurchbruch* eine Periode der erhöhten Kariesanfälligkeit. Diese nimmt je nach Zahn zwei bis vier Jahre nach Zahndurchbruch wieder ab. Dieses Phänomen wird mit der *posteruptiven Schmelzreifung* und dem damit verbundenen erhöhten Fluorideinbau in die Zahnoberfläche erklärt.

Auch die *einzelnen Zähne* zeigen unterschiedliche Kariesanfälligkeiten. Am stärksten gefährdet sind die ersten und zweiten Molaren (hier speziell die Fissuren). Es folgen die beiden oberen Prämolaren, der zweite untere Prämolar, die oberen Schneidezähne, die oberen Eckzähne, der erste untere Prämolar, die unteren Schneidezähne und der untere Eckzahn.

In den *westlichen Industrienationen* findet man bereits bei 1–5% der Einjährigen kariöse Defekte der Milchzähne. Am Ende des zweiten Lebensjahres hat sich die Anzahl der kleinen Patienten mit kariösen Zähnen bereits verdoppelt. Mit fünf Jahren findet man dann bei ca. 75% der Kinder kariöse Läsionen. Ähnlich wie im permanenten Gebiß dominiert zuerst die Fissurenkaries. Mit zunehmendem Alter nehmen jedoch auch im Milchgebiß die approximalen Kariesläsionen zu.

Die *Weltgesundheitsorganisation* (WHO) formulierte bereits 1979 Zielvorstellungen für das Jahr 2000. Der DMF-T-Wert soll für Zwölfjährige drei betragen. Es wird eine Kariesfreiheit bei 50% der Fünf- bis Sechsjährigen angestrebt. Bei 85% der 18jährigen sollen noch alle Zähne, bei 75% der 35- bis 44jährigen und bei 50% der 65jährigen noch 20 Zähne vorhanden sein.

2.1.7.3 Mundgesundheit in Deutschland. Zuverlässige Daten zur Kariesmorbidität in Deutschland sind einer bevölkerungsrepräsentativen Studie aus dem Jahre 1989 zu entnehmen, die vom *Institut der Deutschen Zahnärzte* (IDZ) in Auftrag gegeben worden war. Diese Daten beziehen sich jedoch ausschließlich auf die alten Bundesländer. Die Ergebnisse dieser Studie sind nach folgenden *Altersgruppen* aufgeschlüsselt: 8/9 Jahre, 13/14 Jahre, 35–44 Jahre und 45–54 Jahre (Abb. 2-14).

Bei der Altersgruppe der *Acht- bis Neunjährigen* beträgt der durchschnittliche DMF-T-Wert 1,5 (Median: 1) und der mittlere dmf-t-Wert 3,8 (Median: 4).

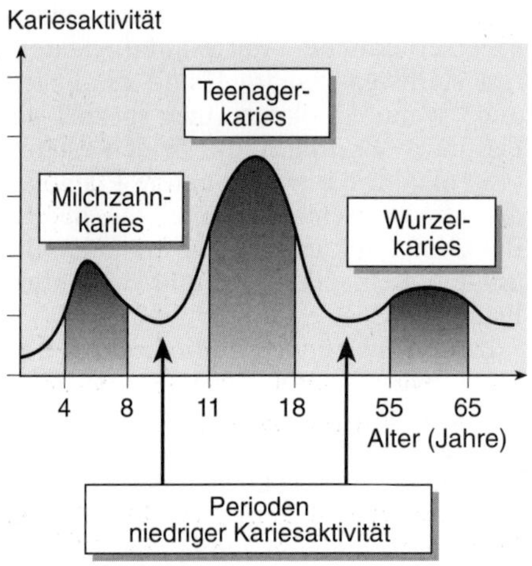

Abbildung 2-13. Die Graphik zeigt die relative Kariesinzidenz (neue Kariesläsionen in einem definierten Zeitraum) in verschiedenen Altersgruppen. Zwischen dem vierten und achten, dem elften und achtzehnten und dem 55. und 65. Lebensjahr sind Perioden erhöhter Kariesaktivität. Dazwischen liegen Zeiten der verringerten Kariesentwicklung (nach MASSLER 1969).

Der entsprechende DMF-S-Wert ist 2,2 (Median: 1) bzw. dmf-s-Wert 9,7 (Median: 8). Die Mädchen weisen einen deutlich schlechteren Befund auf als die Jungen. 43% der Kinder besitzen kariesfreie Milchzähne (d-s = 0) und 47% der Kinder haben keine Füllung an den Milchzähnen (f-s = 0). Insgesamt besitzen 20,5% der Kinder naturgesunde Milchzähne (dmf-t = 0).

Bei der Verteilung der kariösen Defekte ist eine deutliche *Polarisierung* festzustellen: 9% der Kinder weisen 50% der kariösen Milchzahnflächen auf, während viele Kinder eine geringe oder keine kariösen Läsionen haben. Das bedeutet, daß nur wenige Kinder viele kariöse Defekte auf sich vereinen. Diese Polarisierung ist auch bei den bleibenden Zähnen vorhanden. Hier wurden bei 10% der Kinder über 50% der festgestellten kariösen Defekte beobachtet. Es gibt also offensichtlich eine Gruppe von Kindern, die einem hohen Kariesrisiko ausgesetzt ist.

Die *Schichtzugehörigkeit* hat in dieser Altersgruppe einen erheblichen Einfluß auf die Zahngesundheit. In höheren Sozialschichten war die Anzahl gesunder Zahnflächen signifikant höher als in der Mittel- und Unterschicht.

Die Daten für die *13- bis 14jährigen* sind wie folgt:

- Der DMF-T-Wert beträgt durchschnittlich 5,1 (Median: 5).
- Der DMF-S-Wert beträgt 8,3 (Median: 6,5).
- Bei den 13- bis 14jährigen haben 12,4% ein naturgesundes Gebiß.
- Etwa ein Drittel der Untersuchten weisen drei Viertel der kariösen Defekte auf.

Es kommt also auch hier zu einer ähnlichen Polarisierung wie bei den jüngeren Kindern. Es gibt auch in dieser Altersgruppe eine Abhängigkeit des Zahngesundheitszustandes von der Zugehörigkeit zu einer sozialen Schicht.

Faßt man die Daten für die beiden Altersklassen bei den *Erwachsenen* zusammen, so ergeben sich folgende Daten:

- Der DMF-T-Wert beträgt 17,5 (Median 18)
- Der DMF-S-Wert beträgt 62 (Median: 61).

Eine ähnliche Polarisierung wie bei den Jugendlichen für die Karies findet man bei den Erwachsenen bei der Anzahl extrahierter Zähne. Der Einfluß sozialer Zugehörigkeit auf die Zahngesundheit ist nicht mehr festzustellen.

16,1% der *45- bis 54jährigen* sind vollbezahnt und nur 0,2% haben naturgesunde Gebisse (DMF-T = 0). 33% dieser Altersgruppe haben 72% des Zahnverlustes.

Vergleicht man die Ergebnisse dieser Studie mit den Resultaten früherer Erhebungen in Deutschland, so läßt sich feststellen, daß sich die Kariesprävalenz bei den Erwachsenen in den letzten 15 Jahren nicht wesentlich geändert hat. Bei den Kindern und Jugendlichen ist

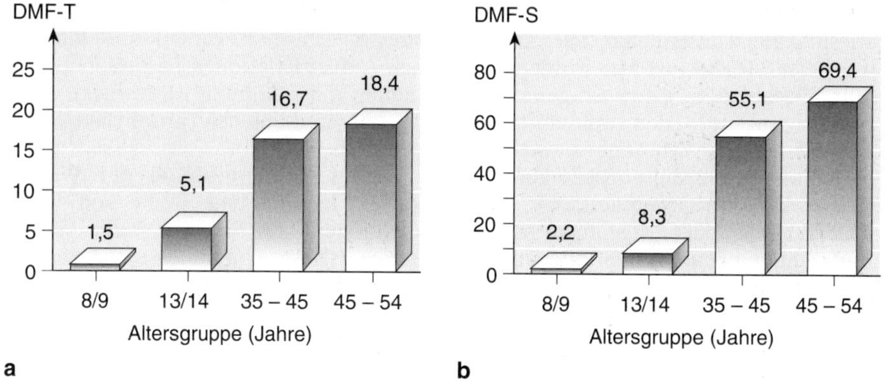

Abbildung 2-14. Durchschnittlicher Kariesbefall in Deutschland (a) DMF-T bzw. b) DMF-S in unterschiedlichen Altersgruppen (nur alte Bundesländer) (nach DÜNNINGER und PIEPER 1991).

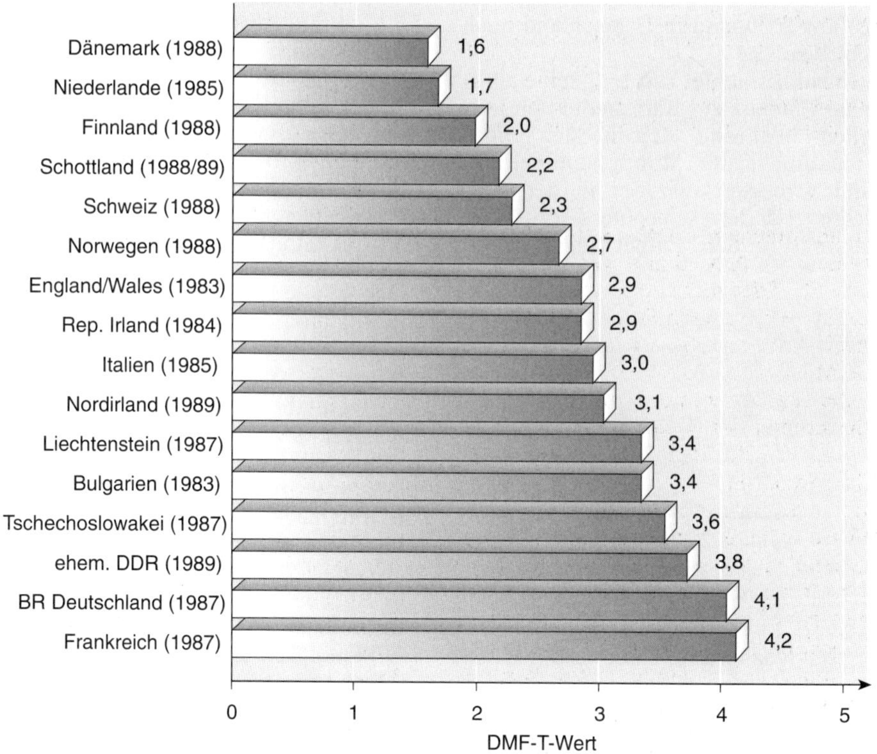

Abbildung 2-15. Kariesbefall bei zwölfjährigen Kindern in Europa. (Die Zahlen für Dänemark, die Niederlande und Finnland sind nationale Durchschnittswerte, alle anderen entstammen repräsentativen Erhebungen. Der Wert für Deutschland ist interpoliert, untersucht wurden 13- bis 14jährige) (nach EINWAG und NAUJOKS1993).

eine *Tendenz* zu einer Verringerung der Kariesprävalenz feststellbar. Die Anzahl kariesfreier Gebisse ist bei Kindern erheblich gestiegen. (Zur eingehenden Beschäftigung mit den epidemiologischen Daten zur Mundgesundheit in Deutschland sei an dieser Stelle auf weiterführende Literatur verwiesen).

Ein Vergleich der Ergebnisse dieser repräsentativen deutschen Studie mit den Resultaten aus anderen *europäischen Ländern* ist schwierig, da das Datenmaterial unter sehr verschiedenen Bedingungen gesammelt wurde. Dennoch läßt eine Reihung der DMF-T-Werte bei den Zwölfjährigen vermuten, daß die Kariesprävalenz in Deutschland vergleichsweise hoch ist (Abb. 2-15). Die von der WHO formulierten Zielvorstellungen für das Jahr 2000 sind in Deutschland noch nicht Realität.

Global betrachtet läßt sich keine allgemeine Tendenz zur Kariesreduktion feststellen. Während sich in den Industrienationen der Mundgesundheitszustand verbessert, wird er in den Entwicklungsländern schlechter (Abb. 2-16). Während in den Entwicklungsländern

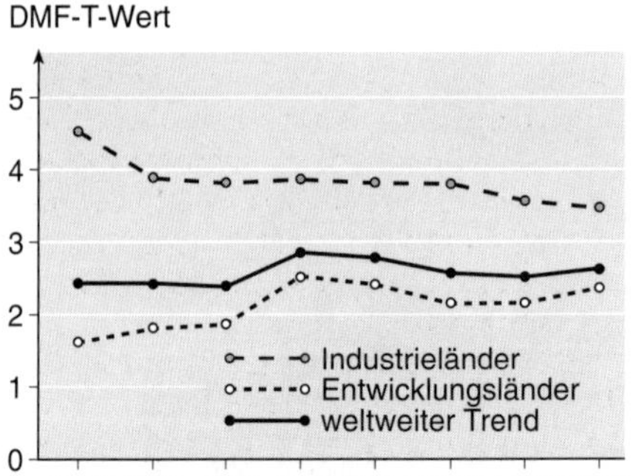

Abbildung 2-16. Zeitliche Entwicklung des durchschnittlichen DMF-T-Wertes bei 12jährigen. Die Zahlen sind der Datenbank der WHO entnommen. Sie basieren auf Untersuchungen aus verschiedenen Ländern, die allerdings aufgrund unterschiedlicher Datenerfassung nicht direkt vergleichbar sind. Es läßt sich jedoch ein Trend ablesen (nach Barmes 1989).

eine weitere Zunahme der Kariesprävalenz verhindert werden muß, gilt es in den Industrienationen besonders die Patienten mit erhöhtem Kariesrisiko zu erkennen und intensiv prophylaktisch zu betreuen.

2.1.7.4 Epidemiologie der Wurzelkaries. Es gibt eine Reihe von Untersuchungen zur *Prävalenz* der Wurzelkaries. Diese Untersuchungen wurden jedoch bei definierten kleinen Gruppen durchgeführt, so daß die Ergebnisse sich nur bedingt auf die Gesamtbevölkerung eines Landes übertragen lassen. Außerdem gibt es bisher *keinen einheitlichen Standard für die Untersuchungskriterien.*

Da Wurzelkaries an Zement- bzw. Dentinoberflächen freiliegender Zahnhälse ihren Ausgang nimmt, korreliert ihre Prävalenz mit der Anzahl derartiger *„Risikoflächen"*.

Liegt eine Wurzeloberflächenkaries *subgingival*, so ist sie meistens mit einer Gingivahypertrophie vergesellschaftet, d.h., sie hat dann ihren Ausgang *supragingival* genommen und ist erst sekundär von Gingivagewebe überdeckt worden.

Bei *älteren Menschen* liegen aufgrund physiologischer Atrophievorgänge mehr Wurzeloberflächen frei als bei jüngeren Menschen. Daher ist die Wurzelkaries hier wesentlich häufiger als im jüngeren Lebensalter.

Meistens wird die *Wurzelkariesmorbidität* (in Prozent) bezogen auf die Anzahl der untersuchten Probanden angegeben. Man findet jedoch auch in Anlehnung an den *DMF-S-Wert* für koronale Karies die Angabe als durchschnittlicher oder prozentualer *RDF-Wert* (D = Decayed, F = Filled; Abb. 2-17).

Diese Angaben sind jedoch ungenau, da viele Untersuchungsparameter nicht mit eingehen. Zudem werden bei diesem Index auch alle Zähne berücksichtigt, die keine freiliegenden Wurzeloberflächen besitzen. Nach Katz (1990) sollten in epidemiologischen Studien zur Wurzel-

kariesprävalenz bzw. -inzidenz folgende Gesichtspunkte beachtet werden:
- Unterscheidung in aktive und inaktive Wurzelkaries.
- Die koronale Karies ist unbedingt gesondert zu erfassen.
- Koronale Restaurationen, die in den Wurzelbereich extendieren sind nur dann als gefüllte Wurzeloberfläche zu erfassen, wenn sie die Schmelz-Zement-Grenze mindestens 3 mm überschreiten.

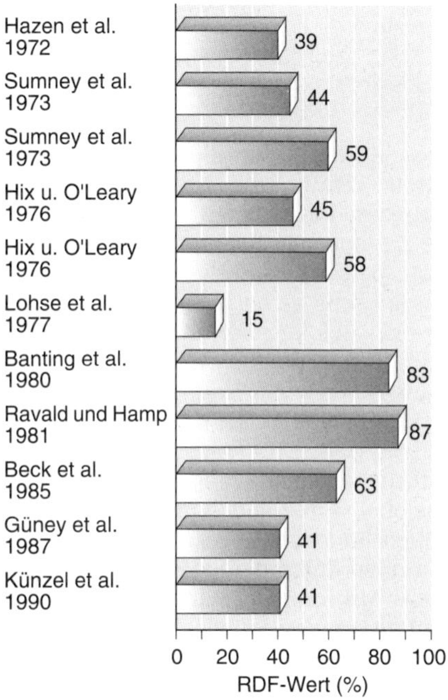

Abbildung 2-17. Untersuchungen zur Wurzelkariesprävalenz. Aufgrund der unterschiedlichen Struktur der untersuchten Bevölkerungsgruppen resultieren erhebliche Unterschiede (zwischen 15 und 87%). Der RDF-Wert (Anzahl der kariösen und gefüllten Wurzelflächen) in Prozent der untersuchten Zähne berücksichtigt nicht die Risikoflächen (surfaces at risk) und ist daher ungenau, da die Wurzeloberflächen aller vorhandenen Zähne mit eingehen. Ältere Patienten besitzen jedoch oft weniger Zähne als junge Patienten, so daß hier hohe Prozentzahlen resultieren, obwohl tatsächlich genauso viele Wurzeloberflächen erkrankt sind, wie bei jüngeren Patienten (nach GEURTSEN und HEIDEMANN 1993).

- Kronen, die im Wurzelbereich enden, werden nicht als gefüllte Wurzelflächen gezählt.
- Eine Füllung im Wurzelbereich ist mehrflächig, wenn sie mindestens ein Drittel von zwei aneinandergrenzenden Flächen einnimmt.
- Sekundärkaries an Füllungs- und Kronenrändern wird gesondert erfaßt. Sie wird nicht zur Wurzeloberflächenkaries gezählt.
- Die so gewonnenen Daten beziehen sich auf freiliegende Wurzeloberflächen, d.h. Risikoflächen.

Probleme ergeben sich jedoch auch bei Berücksichtigung dieser Prämissen. So läßt sich bei reinen Prävalenzstudien nicht immer feststellen, ob eine gefüllte Wurzelfläche vorher kariös war oder ob eine Erosion bzw. Zahnbürstenabrasion der Grund für eine Restauration war. Hier liefern ausschließlich Inzidenzstudien verläßliche Daten. Ein international anerkannter Index, der die Anzahl vorhandener freier Wurzeloberflächen (surfaces at risk) berücksichtigt, ist der *RCI-Index* nach KATZ (1982). Er errechnet sich nach folgender Formel

$$\frac{RD + RF}{RD + RF + RN} \times 100$$

wobei RN als gesunde, freiliegende Wurzeloberfläche (sichtbare Wurzeloberfläche apikal der Schmelz-Zement-Grenze), RD als kariöse, freiliegende Wurzeloberfläche und RF als gefüllte, freiliegende Wurzeloberfläche definiert ist (Abb. 2-18).

Alle Untersuchungen zur Wurzelkariesprävalenz zeigen, daß ihre Entstehung an die allgemein bekannten Faktoren der Kariesätiologie gebunden ist. Speziell der häufige Konsum niedermolekularer Kohlenhydrate korreliert mit einem erhöhten Wurzelkariesrisiko. Außerdem korreliert eine hohe koronale Kariesprävalenz und gingivaler Attachmentverlust sowie eine niedrige Zahnputzfrequenz und ein unregelmäßiger

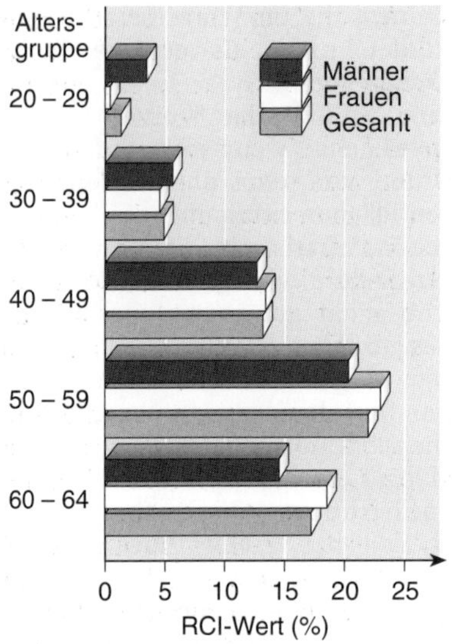

Abbildung 2-18. Wurzelkaries bei 437 Patienten verschiedener Altersgruppen. Der RCI (Root Caries Index) berücksichtigt die Risikoflächen (Erklärung im Text). Es wird deutlich, daß mit zunehmendem Alter die Wurzelkariesprävalenz zunimmt. Die Abnahme bei den 60- bis 64jährigen kann mit einer Zunahme des Zahnverlustes erklärt werden (nach KATZ et al. 1982).

Zahnarztbesuch mit einer erhöhten Wurzelkariesprävalenz.

Zusätzlich kann es bei *älteren Menschen* aus unterschiedlichen Gründen zu einer Verminderung des Speichelflusses und damit verbunden zum Verlust der Schutzwirkung des Speichels kommen (z.B. Allgemeinerkrankungen, Medikamente, hormonelle Veränderungen u.a.).

Auch Patienten, die im Kiefer-Gesichtsbereich eine *Strahlentherapie* erhalten, leiden oft unter extremer Mundtrockenheit (Xerostomie). Nach Radiatio wird häufig ein rapider Anstieg der Wurzelkaries beobachtet, da diese Patienten aufgrund einer bestehenden Mukositis überwiegend weiche und damit klebrige Nahrung aufnehmen.

Aber auch bei *jüngeren Patienten* läßt sich, wenn auch weniger häufig, Wurzelkaries diagnostizieren. Der Grund für freiliegende Wurzeloberflächen sind hier meistens Parodontopathien mit entsprechendem Attachmentverlust.

Zur Diagnostik der approximalen Wurzelkaries reicht oft die klinische Diagnostik nicht aus. Die röntgenologische Diagnostik ist jedoch problematisch und führt meist erst zum richtig positiven Ergebnis, wenn die Karies sich bereits im fortgeschrittenen Stadium befindet.

2.2 Erosion

Erosionen entstehen durch häufige direkte Säureeinwirkung auf Zahnhartsubstanzen.

Die Säuren lösen die Zahnoberfläche durch Demineralisation auf. Ist die Säureeinwirkung kurz und selten, kann die Zahnoberfläche durch die Mineralien des Speichels natürlich remineralisiert werden, und es entsteht kein bleibender Defekt. Bei längerer und/oder häufiger Säureeinwirkung, vor allem durch starke Säuren, entstehen irreversible Zahnhartsubstanzdefekte. Durch saure Chelatbildner (z.B. Zitrat) kann zusätzlich die natürliche Remineralisation durch den Speichel vermindert sein. Erosionen entstehen im Gegensatz zu kariösen Läsionen nicht durch die Stoffwechseltätigkeit oraler Mikroorganismen. Es gibt nur sehr wenige epidemiologische Erhebungen zur Prävalenz oder Inzidenz von Erosionen. Die Morbidität wird mit 18–50% angegeben. Man unterscheidet Frühläsionen von Spätläsionen.

Ein weiteres Unterscheidungskriterium ist die **Progredienz**. Es gibt ruhende, latente und aktive progrediente Formen. Bei *aktiven, progredienten Läsionen* laufen die Schmelzränder gegen das freigelegte Dentin flach aus, und die Oberfläche weist histologisch eine Honigwabenstruktur auf, die an das Ätzmuster erinnert, welches bei der Schmelz-Ätz-Technik entsteht (Kapitel 6.1.2). Bei der *ruhenden Läsion* findet man häufig wulstige Schmelzränder und die Honigwabenstruktur fehlt.

Die **Frühläsion** ist eine klinisch kaum diagnostizierbare Schmelzläsion. Die typische Schmelzstruktur ist dabei verändert. So fehlen auch beim Jugendlichen in diesem Bereich die Perikymatien. Der Zahnschmelz sieht glatt und matt glänzend aus.

Bei der **Spätläsion** ist bereits das Dentin freigelegt. Die erosiven Zahnhartsubstanzveränderungen werden nach Eccles (1979) klinisch in drei Kategorien unterteilt:

- Klasse I: Oberflächliche Läsionen, ausschließlich im Schmelz.
- Klasse II: Lokalisierte Läsionen mit Dentinbeteiligung. Das freiliegende Dentin nimmt weniger als ein Drittel der Gesamterosionsoberfläche ein.
- Klasse III: Generalisierte Läsionen. Die Dentinbeteiligung beträgt mehr als ein Drittel der Gesamtläsionsoberfläche.

Die Frühläsion entspricht demnach Stadium I, die Spätläsion Stadien II und III.

Der erosionsbedingte Zahnhartsubstanzverlust ist für die Patienten primär nicht sichtbar. Erst im fortgeschrittenen Stadium mit Dentinfreilegung kann sich die Erosion durch exogen mit der Nahrung zugeführte Farbstoffe verfärben und als ästhetisch störend empfunden werden. Zu **Schmerzsensationen** kommt es meistens erst mit zunehmender Defekttiefe im Dentin, dabei wechseln sich oft Schmerzintervalle (aktive Phase) mit schmerzfreien Intervallen (ruhende Läsion) ab. Befinden sich Erosionen im Kauflächenbereich der Zähne, wird der Zahnhartsubstanzverlust durch Attrition und Abrasion beschleunigt.

Die **Säureexposition** kann verschiedene Ursachen haben (Abb. 2-19). Industriell bedingte Säuredämpfe und exzessiver Konsum säurehaltiger Fruchtsaftgetränke, Sportlergetränke, Limonaden (z.B. Cola-Getränke), Joghurt und anderer säurehaltiger Lebensmittel (z.B. Ascorbinsäure, Essig, Fruchtbonbons) sind häufige Ursachen von Erosionen. Werden Zitrusfrüchte mehr als zweimal täglich konsumiert, steigt das Erosionsrisiko um das 30- bis 40fache.

Speziell bei Menschen, die sich „gesund“ ernähren wollen und gleichzeitig eine **exzessive Mundhygiene** bei falscher Putztechnik unter Verwendung stark abrasivkörperhaltiger Zahnpasta betreiben, werden Zahnhartsubstanzdefekte beobachtet, die primär auf Erosionen zurückgeführt werden können. Diese sind dann aber durch die Zahnbürstenabrasion überlagert und weisen mehr die Charakteristika eines keilförmigen Defektes auf (Abb. 2-20).

Aber auch **häufiges Erbrechen** des sauren Mageninhaltes, z.B. bei Eßstörungen (Bulimie), Schwangerschaft und Alkoholismus, führt zu erosiven Veränderungen der Zahnhartsubstanzen. Die Adhärenz einer Säure bzw. eines Chelatbildners auf der Zunge oder an den Schleimhäuten kann eine langandauernde erosive Wirkung auf die Glattflächen der Zähne zur Folge haben. Unter normalen physiologischen Bedingungen wird die Säure durch den Speichel rasch (ca. zehn Minuten) eliminiert. Dabei verbleibt nach exogener Säurezufuhr der pH-Wert an der Zungenspitze nur zwei Minuten im extrem sauren Bereich. Sind die Speichelfließrate, die Speichelpufferkapazität und der Speichel-pH-Wert jedoch reduziert, so erhöht sich damit das Erosionsrisiko. Dem Speichel kommt somit eine entscheidende Bedeutung bei der Entstehung erosiver Veränderungen zu. Sowohl qualitative als auch quantitative Speicheldefizite begünstigen das Entstehen einer Erosion.

Das Auftreten von Erosionen ist unabhängig vom Alter und Geschlecht der Patienten. Die Läsionen können jedoch in Abhängigkeit von der Ursache unterschiedlich lokalisiert sein. So sind Erosionen bei Patienten mit häufigem Erbrechen primär an den Palatinalflächen der Oberkieferfrontzähne lokali-

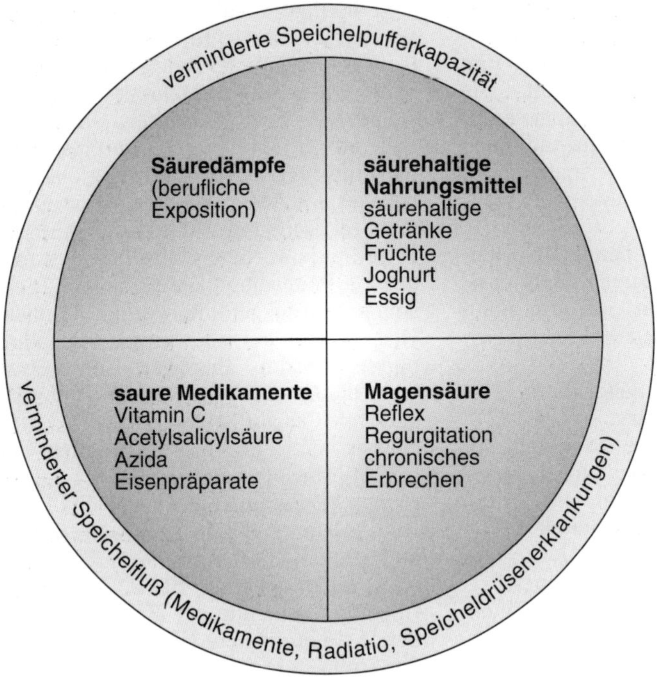

Abbildung 2-19. Ursachen von Erosionen (nach HICKEL 1993).

siert. Später findet man sie auch auf den Okklusalflächen der Seitenzähne.

Nach dem exzessiven Genuß **säurehaltiger Nahrungsmittel** werden generalisierte Erosionen diagnostiert. Besonders betroffen sind häufig die Bukkalflächen und im Oberkiefer die Labial- und Palatinalflächen.

Bei **beruflicher Exposition** kommt es meistens zu erosiven Veränderungen an den Labialflächen der Frontzähne. Erosionen beginnen bei Patienten mit keiner oder geringgradiger Gingivaretraktion auf den Glattflächen oberhalb des Zervikalbereichs der Zähne. Die bei den meisten Patienten vorhandenen zervikalen Plaqueansammlungen scheinen die Demineralisation des Zahnschmelzes durch exogene Säuren zu verhindern. Ein typisches Merkmal leichter und mittelschwerer Erosionen ist daher das Vorhandensein einer mehr oder weniger intakten zervikalen Schmelzzone. Okklusale und inzisale Erosionen weisen im Höcker und Inzisalbereich dellenartige Vertiefungen im Dentin auf. Diese entstehen wahrscheinlich in Verbindung mit Attrition und Abrasion. Im Gegensatz zu Schliffacetten zeigen Erosionen jedoch keine scharf begrenzten oder ausgezackten Begrenzungen.

2.3 Mechanische Abnutzung der Zähne

2.3.1 Keilförmiger Defekt

Keilförmige Defekte ähneln bei oberflächlicher Betrachtung morphologisch den Erosionen.

> Der keilförmige Defekt ist primär im Zahnschmelz lokalisiert, und zwar meistens im labialen und bukkalen, zervikalen Bereich der Schneidezähne, Eckzähne und Prämolaren, wobei die ersten Prämolaren sehr häufig betroffen sind.

Nach SCHRÖDER entsteht der keilförmige Defekt meist in unmittelbarer Nähe der Schmelz-Zementgrenze. Die Form des keilförmigen Defektes ist im Zahnlängsschnitt annähernd dreieckig (Abb. 2-20) mit einer kurzen Fläche im koronalen Bereich.

Die Einkerbung reicht manchmal bis tief in das Dentin und besitzt eine glatte, glänzende Oberfläche. Dabei ist der koronale Schmelz manchmal leicht unterminiert. Im Dentin lassen sich mikroskopisch häufig horizontale Rinnen und Schleifspuren erkennen. Die koronale freiliegende Dentinfläche weist eher offene, die zervikale eher geschlossene Dentintubuli auf.

Die Ätiologie der keilförmigen Defekte ist bisher nicht abschließend geklärt. So wird ein *mechanisch-abrasiver Vorgang* als Ursache angegeben. Durch falsche Zahnputztechnik (horizontales Schrubben) und Verwendung stark abrasiver Zahnpasta kommt es demnach zur Entstehung des Defektes. Schon vorhandene Erosionen oder inaktive kariöse Läsionen im Zahnhalsbereich begünstigen diesen Vorgang, da hier die Zahnhartsubstanzen bereits oberflächlich demineralisiert („erweicht") sind.

Als weiterer kausaler Faktor kommt eine *Fehlbelastung* der betroffenen Zähne in Betracht (streß- oder anders bedingtes häufiges Zähneknirschen, okklusale Störkontakte, Balancehindernisse u.a.), die zu einer Biegebelastung oder Zugbelastung im Bereich der Zahnhälse führt (Drehpunkt des Zahnes). Durch extreme mechanische Überbelastung kommt es dann in diesem Bereich zu mikroskopisch oder makroskopisch sichtbaren Schmelzaussprengungen. Es soll dabei auch zu Veränderungen in der Kristallstuktur des Schmelzes mit nachfolgend erhöhter Löslichkeit kommen.

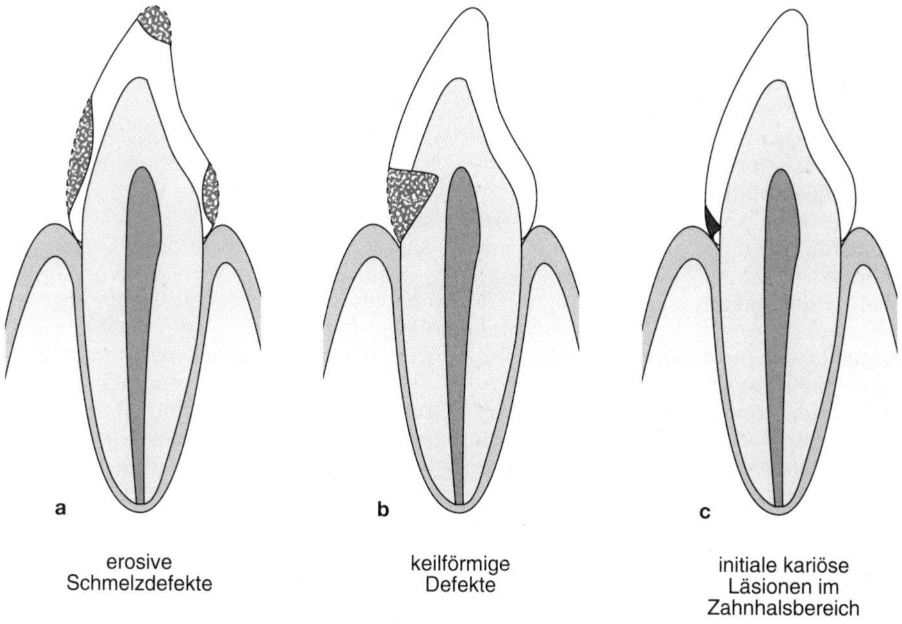

Abbildung 2-20. Schematische Darstellung der unterschiedlichen Morphologie von erosiven Schmelzdefekten (a), keilförmigen Defekten (b) und initialen kariösen Läsionen im Zahnhalsbereich (c) (nach BINUS et al. 1987).

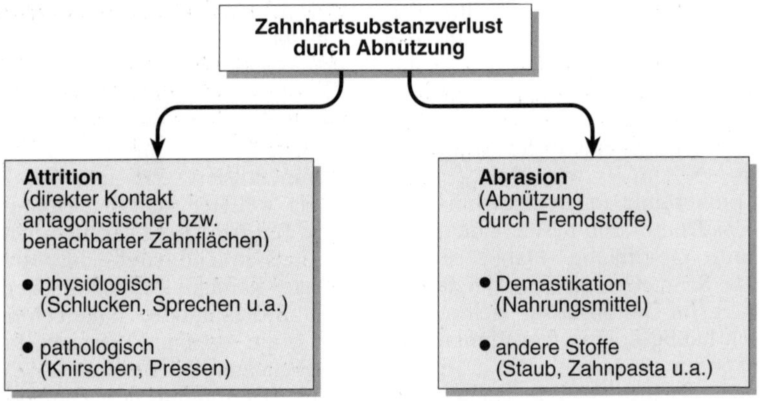

Abbildung 2-21. Verschiedene Formen der Zahnabnützung (nach HICKEL 1993).

Die mechanische Abnützung der Zähne geschieht durch Attrition und Abrasion (Abb. 2-21).

2.3.2 Attrition

Attrition ist definiert als Abrieb der Zahnhartsubstanzen durch direkten Kontakt antagonistischer oder benachbarter Zahnflächen.

Die *antagonistischen Zahnkontakte* entstehen beim Kauen, Schlucken usw. (ca. 1500mal/Tag). Attrition ist somit eine **spezielle, physiologische Form der Abrasion** mit meist geringem Zahnhartsubstanzverlust.

Mit zunehmendem **Alter** treten die *Folgen der Attrition jedoch deutlich* zutage. Durch physiologische Zahnbeweglichkeit kommt es auch im Approximalbereich zum Abrieb benachbarter Zahnflächen. Dadurch werden die primär vorhandenen „punktförmigen“ Approximalkontakte flächenförmiger. Durch gleichzeitige Mesialwanderung (8–10 mm in 40 Lebensjahren) der Zähne kommt es zur Verstärkung des Approximalkontakts.

Eine Reihe von **Faktoren** führen jedoch zu wesentlich ausgeprägteren, pathologischen Abnutzungserscheinungen der Zahnhartsubstanzen. So verleiten *psychogene Ursachen* wie Streß, Ärger u.a. Patienten zu häufigen und langanhaltenden Zahnkontakten (Parafunktionen), die oft mit Knirschen und Pressen (Bruxismus) verbunden sind.

Aber auch *falsch gestaltete Kauflächen* zahnärztlicher Restaurationen (z.B. Vorkontakte, Balancehindernisse) sind ausgeprägte Triggerfaktoren für Abnützungsvorgänge.

Außerdem sind *neuromuskuläre Störungen im Kiefer-Gesichtsbereich* sowie *Stellungsanomalien* der Zähne ätiologische Faktoren für pathologische Abnützungserscheinungen an den Zähnen.

Klinisch erkennt man an den Zähnen anfangs im Zahnschmelz, später auch im freigelegten Dentin glatte, plane Flächen (Schliffacetten), die teilweise auch winklig aufeinanderstehen und nach koronal scharfkantig begrenzt sind. Bei Lateralbewegungen des Unterkiefers gleiten die Antagonisten genau auf diesen Flächen aneinander vorbei. Sind die Abnützungsvorgänge stark ausgeprägt, so gehen erhebliche koronale Anteile der entsprechenden Zähne verloren, die durch sogenannte okklusale *Drifts* (Herauswachsen der Zähne aus den Alveolen bis zum erneuten Zahnkontakt) ausgeglichen werden.

2.3.3 Abrasion

Obwohl es sich bei den genannten Abnützungsvorgängen durchaus auch um abrasive Vorgänge handelt, ist Abrasion als Zahnhartsubstanzverlust definiert, der durch Fremdkörperabrieb verursacht wird.

Dieser Abrieb kann durch Nahrungsmittel erfolgen (Demastikation) oder berufsbedingt sein (z.B. Staub bei Bergarbeitern).

Der Abrieb durch **Demastikation** ist abhängig von der Abrasivität der täglichen Nahrung. Bei Naturvölkern ist die Nahrung meistens abrasiver als in Industrieländern mit moderner Zivilisationskost (Hamburger, Fertiggerichte).

Davon müssen sogenannte **„Habits"** abgegrenzt werden. Es handelt sich hierbei um gewohnheitsmäßiges Aufbeißen auf Gegenstände (z.B. Fäden bei Schustern und Schneidern) oder das häufige Halten von Gegenständen (z.B. Pfeife, Kugelschreiber, Nägel) mit immer den gleichen Zähnen. Derartige Abrasionen werden auch *Usuren* genannt.

Neben den genannten Abrasionsvorgängen gibt es Abrasion durch **Mundhygienemaßnahmen.** Wie bereits oben erwähnt, sind dabei Zahnpasten mit stark abrasiven Putzkörpern in Verbindung mit falscher Putztechnik die Hauptursache. Aber auch die Verwendung anderer abrasiver Substanzen für die Mundhygiene, wie z.B. Meersalz und Holzkohle, führen zu Abrasionen.

Attrition und Abrasion führen zusammen zu Zahnhartsubstanzverlusten. So können im Laufe des Lebens die Perikymatien und der prismenfreie Schmelz verlorengehen. Die Zahnkronen können kürzer werden und Formveränderungen unterliegen.

2.4 Odontogene Resorptionen

Neben der physiologisch stattfindenden Resorption der Milchzahnwurzeln durch die bleibenden Zähne gibt es sowohl im Milchgebiß als auch im bleibenden Gebiß andere, meistens pathologische Formen der Resorption. Dabei spielt es keine Rolle, ob die betroffenen Zähne vital oder devital sind. Es können alle Zahnhartsubstanzen betroffen sein. Bei den pathologischen Resorptionsvorgängen unterscheidet man externe von internen Wurzelresorptionen (Abb. 2-22).

Sie entstehen durch dentoklastische (odontoklastische) und/oder osteoklastische Aktivität.

Die **externen Wurzelresorptionen** gehen vom Desmodont aus. Dentoklasten (mehrkernige Riesenzellen) entkalken die Wurzeloberfläche, lösen sie enzymatisch auf und phagozytieren losgelöste Partikel. Es entstehen *Resorptionslakunen*, die jedoch transient sein können und dann durch Einlagerung von Zahnzement repariert werden. Durch diesen Reparaturmechanismus kann es bei kleinen Lakunen zur Wiederherstellung der anatomischen Zahnform kommen. Derartige Vorgänge kommen aufgrund des physiogischen Zementumbaus regelmäßig vor. Oft wird jedoch nur die Funktion wiederhergestellt (Erneuerung des desmodontalen Faserapparates), und die Lakunen verbleiben röntgenologisch nicht sichtbar an der Wurzeloberfläche und können bei entzündlichen Parodontalerkrankungen mit Mikroorganismen besiedelt sein, die zu Rezidiven beitragen.

Pathologische Wurzelresorptionen lassen sich erst ab einer bestimmten Größe (2 mm ∅, 1 mm Tiefe) röntgenologisch diagnostizieren. Ätiologisch kommen Traumata, Luxationen, Replantationen, periapikale und parodontale Entzündungen, orthodontische Behandlung u.a. in Betracht. Resorptionen werden klinisch selten bemerkt, da sie ohne erkennbare Schmerzsymptomatik auftreten.

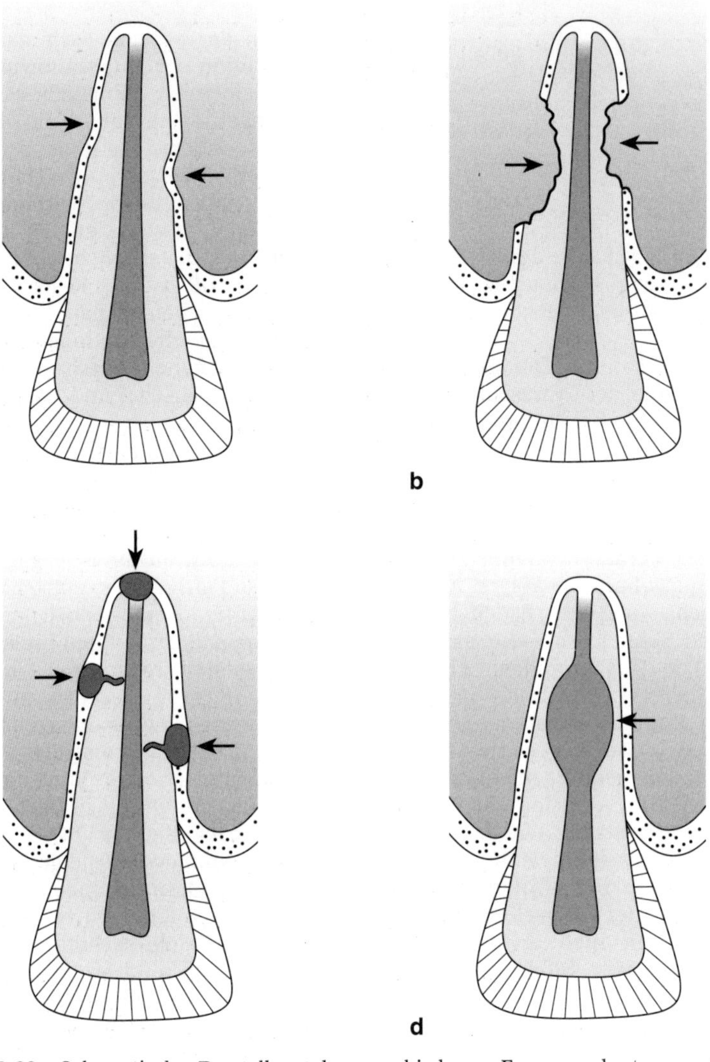

Abbildung 2-22. Schematische Darstellung der verschiedenen Formen odontogener Resorptionen:
a) Oberflächlich, flache externe Resorption mit deutlich erkennbarem Desmodontalspalt.
b) Tiefe externe Substitutionsresorption mit Ankylose.
c) Entzündlich bedingte, schüsselförmige externe Resorption.
d) Interne Resorption.

Nach ANDREASEN (1988) gibt es vier Formen der externen Resorption:

- *Oberflächliche, flache Resorption* an der lateralen oder/und apikalen Wurzeloberfläche. Die laterale Form ist teilweise oder vollständig reversibel. Sie betrifft impaktierte Zähne, Zähne mit akuten Parodontalerkrankungen bei gleichzeitigem raschem Knochenabbau. Sie wird auch durch Zahnluxation und Zahnreplantation ausgelöst. Auslösend sind lokalisierte Traumatisierungen des Desmodonts bzw. Aktivierung einzelner Dento- und Osteoklasten. Der Desmodontalspalt ist röntgenologisch durchgängig erkennbar. Die apikale Form kann zusätzlich zu diesen Entstehungsfaktoren bei periapikalen Entzündungsprozessen, orthodontischer Therapie und idiopathisch (meist bei mehrwurzeligen Zähnen) vorkommen. Die idiopathische Form der Resorption kann zur irreversiblen Verkürzung (1–4 mm) einzelner Wurzeln führen (selten bei Milchzähnen).

- *Tiefe Substitutionsresorption mit Ankylose.* Bei retinierten, ankylosierten Zähnen (speziell Milchmolaren), stark luxierten, replantierten und transplantierten Zähnen kommt es zu dieser nicht reversiblen Resorptionsform. Durch starke Traumatisierung wird das Desmodont devital. Osteoklasten resorbieren den benachbarten Knochen, das Wurzelzement und das Dentin. Osteoblasten ersetzen die resorbierte Zahnhartsubstanz durch Knochen. Es kommt zu einer Verbindung der Zahnhartsubstanz mit Knochen. Der entsprechende Zahn verliert seine physiologische Beweglichkeit.
- *Entzündlich bedingte, schüsselförmige Resorption.* Durch schwere Luxation, Re- und Transplantation mit nachfolgenden entzündlichen Reaktionen im periapikalen und pararadikulären Bereich und durch primäre periapikale Entzündungen kommt es zu diesen, teilweise rasch fortschreitenden Resorptionen. Es kommt dabei zu schalen- bzw. schüsselförmigen Resorptionserscheinungen im Wurzeldentinbereich und evtl. im angrenzenden Knochen. Primär entstehen durch lokale Traumatisierung des Desmodonts oberflächliche, flache Resorptionen. Diese stehen über Dentinkanälchen mit einer infizierten, nekrotisierten Pulpa oder einer undichten Wurzelfüllung in Kontakt. Toxische Substanzen oder Bakterien treten dann aus dem Wurzelkanal in das laterale parodontale Gewebe aus und lösen dort eine Entzündung aus. Es kommt damit zur Aktivierung der resorbierenden Prozesse. Oft sind die Resorptionslakunen und die Knochendefekte von Granulationsgewebe ausgefüllt. Schon nach wenigen Monaten kann die Zahnwurzel vollständig aufgelöst sein.
- *Externes Granulom (cervical inflammatory root resorption).* Seltener peripherer parapulpärer Resorptionsprozeß unbekannter Ätiologie. Das externe Granulom geht wahrscheinlich von chronisch entzündetem Gewebe in der parodontalen Tasche aus. Es handelt sich um wucherndes, gefäßreiches Granulationsgewebe, das Dentoklasten aktiviert und zu einer Mottenfraß-ähnlichen Struktur im Läsionsbereich führt. Das Granulationsgewebe dringt nach einiger Zeit auch in die Pulpa ein. Wenn das externe Granulom die klinische Krone unterminiert, schimmert es ähnlich wie das interne Granulom rosa durch den Zahnschmelz. Differentialdiagnostisch läßt es sich jedoch durch die Anfertigung einer mesial- und distalexzentrischen Röntgenaufnahme vom internen Granulom abgrenzen, welches dabei seine Form und Lage nicht verändert.

Die **interne (innere) Resorption** wird auch internes Granulom (Pulpitis chronica granulomatosa clausa) genannt. Sie geht vom Pulpagewebe des nicht eröffneten Pulpenkavums bzw. Wurzelkanals aus und ist Ausdruck einer irreversiblen chronischen Pulpitis. Sie ist als progressive Form röntgenologisch in ovaler oder kugeliger Form zu diagnostizieren. Es ist eine seltene Form der Resorption (Morbidität: 0,1–1,6%). Ätiologisch kann eine bakterielle Infektion oder Nekrose koronal des Resorptionsprozesses oder eine mechanische Traumatisierung des betreffenden Zahnes (bei 2% der Luxationen permanenter Zähne) vorliegen. Es gibt allerdings auch an füllungsfreien Zähnen idiopathische Formen. Lokalisiertes, wucherndes Granulationsgewebe mit Dentoklastenaktivität (Odontoklastenaktivität) resorbiert die pulpale Dentinwandung im koronalen, mittleren oder apikalen Wurzelkanal. Bei koronaler Lage oder Lokalisation im Zahnhalsbereich kann man klinisch bei einer bestimmten Größe rötliche Flecken durch den Zahnschmelz schimmern sehen (Rosa-Flecken-Krankheit). Die Zähne reagieren auf Sensibilitätstest meistens positiv. Ist das Granulom nach extern durchgebrochen, kann es zur Spontanfraktur des Zahnes kommen.

Die **Milchzahnresorption** ist genetisch determinert. Es ist jedoch bisher nicht geklärt, welche Vorgänge Wachstum und Durchbruch der Ersatzzähne einleiten und steuern. Die Milchzahnresorption findet primär in Bereichen statt, die den Zahnkronen des bleibenden Keims am nächsten liegen (Eckzähne = Wurzelspitze, Inzisivi = orale Seite des apikalen Wurzeldrittels, Milchmolaren = interradikulärer Raum). Die Knochenschicht zwischen Milchzahnwurzel und Zahnkeim wird abgebaut. Durch dentoklastische Tätigkeit kommt es zur lakunären Resorption. Aber auch lineare Resorption kommt gleichzeitig vor. Die Resorption der Milchzähne verläuft nicht kontinuierlich, sondern schubweise. In den Ruheperioden kommt es zu reparativen Vorgängen in Form von lamellenförmigen Zementauflagerungen. Die Milchzahnpulpa ist an den resorptiven Vorgängen nicht beteiligt.

2.5 Entwicklungsstörungen der Zähne

2.5.1 Erworbene Hypoplasien der Zahnhartsubstanzen

Erworbene Hypoplasien entstehen präeruptiv während der Zahnhartsubstanzbildung.

Da bei den bleibenden Zähnen mit dem achten Lebensjahr die präeruptive Schmelzentwicklung abgeschlossen ist, können Schmelzhypoplasien nur bis zu diesem Zeitpunkt entstehen.

2.5.1.1 Schmelzhypoplasien. Werden während der Schmelzentwicklung *Ameloblasten* beschädigt oder in ihrer metabolischen Aktivität gestört, so resultieren in der Regel irreversible Schmelzdefekte. Hierbei müssen allgemeine Störungen des Mineralstoffwechsels (meistens Kalzium-Phosphat-Stoffwechsel) von lokalen Traumata (physikalisch, infektiös) unterschieden werden.

Allgemeine *Störungen des Mineralstoffwechsels* können durch Magen-Darm-Infektionen mit nachfolgenden Resorptionsstörungen (z.B. Salmonelleninfektion), allgemeine Infektionserkrankungen (z.B. Röteln, Lues) Stoffwechselstörungen (z.B. Hypovitaminosen A, C, und D), hormonelle Störungen (z.B. Hypoparathyreoidismus, mütterlicher Diabetes) und andere schwerwiegende Allgemeinerkrankungen (z.B. Erythroblastom mit Kernikterus, Nephrosen, Down-Syndrom, Glutenzöliakie) verursacht werden. Auch durch die Einwirkung von Pharmaka (z.B. Tetracyclin, Fluorid) können Schmelzhypoplasien entstehen. Unter dem Begriff Schmelzhypoplasien werden zahlreiche verschiedene Veränderungen der Zahnhartsubstanzen zusammengefaßt.

Klinisch erkennt man weiße oder gelblich-braun verfärbte Flecken, oft in Verbindung mit Opazitäts- und Formveränderungen der Zähne. Fleckige Veränderungen sind meistens ein Kennzeichen für Störungen während der Schmelzreifung.

Treten *Formdefekte* auf, so ist häufig eine Störung der Schmelzbildung die Ursache. Langfristig einwirkende Noxen haben große, flächenförmige Defekte zur Folge, kurzfristige Einflüsse bewirken eher horizontale Furchen, Bänder oder Rillen.

Schmelzflecken (Opazitätsveränderungen) wurden früher mit einem Index erfaßt, der alle Hypoplasien unabhängig von der Entstehungsursache aufsummierte. Heute versucht man zwischen Schmelzflecken, die durch Fluorideinwirkung entstanden sind, und Hypoplasien, die andere Ursachen haben, zu unterscheiden. Tatsächlich lassen sich jedoch idiopathische Schmelzhypoplasien, deren Ursache nicht geklärt ist, klinisch nur schwer von fluoridinduzierten oder durch Allgemeinerkrankungen hervorgerufene Schmelzopazitäten abgrenzen. Einziges klinisches Unterscheidungskriterium ist die Lokalisation. So findet man idiopathische Schmelzhypoplasien (unterschiedlich große, weißopake, flächenförmige Schmelzveränderungen) oft nur auf Einzelzähne begrenzt.

Allgemeine Störungen des Mineralstoffwechsels haben symmetrisch verteilte Schmelzhypoplasien zur Folge, dabei bestimmen die Intensität, die Dauer und der Zeitpunkt der schädigenden Einwirkung Art und Form der Hypoplasien. Im folgenden werden die wichtigsten Ursachen für Schmelzhypoplasien beschrieben. Für detaillierte Ausführungen zu diesem Thema muß auf Lehrbücher der oralen Pathologie verwiesen werden.

Kommt es während der zweiten Hälfte einer *Schwangerschaft* zur Infektion des Fetus mit Treponema pallidum (konnatale *Syphilis*), so resultieren neben anderen Erkrankungen Strukturanomalien der bleibenden Schneidezähne und der Sechsjahrmolaren. Die Mikroorganismen verursachen eine Entzündung im Bereich des Schmelzorgans, und es kommt zur Verformung der Ameloblastenreihe bei diesen Zähnen. Da die Milchzahnkronen bereits partiell mineralisiert sind, hat die Erkrankung keinen Einfluß auf sie. Die oberen bleibenden mittleren Schneidezähne sind dann später tonnenförmig mit eingekerbter oder halbmondförmiger Einbuchtung der Schneidekante *(Hutchinson-Zähne)*. Zusätzlich findet man an den Sechsjahrmolaren Hypoplasien. Die Höcker sind so verändert, daß sie als knospen- oder maulbeerförmige Molaren bezeichnet werden. Bei den infizierten Kindern findet man zudem eine Trübung der Hornhaut (Keratitis parenchymatosa) und Innenohrschwerhörigkeit (Hutchinson-Trias).

Erkranken Mütter in den ersten Schwangerschaftswochen an *Röteln*, kann es zu einem intrauterinen Infekt des Embryos kommen (Embryopathia rubeolosa). Neben einer Anzahl unterschiedlicher Erkrankungen (z.B. Katarakt, Mikrophthalmie, Innenohrschwerhörigkeit) werden später beim Kind auch mehr oder minder ausgeprägte Schmelzhypoplasien, Hypodontien, Veränderungen der Zahnmorphologie und verzögerter Milchzahndurchbruch beobachtet.

Aufgrund der Inkompatibilität zwischen mütterlichem und väterlichem *Rhesusfaktor* entsteht am Ende einer Schwangerschaft oder während der Geburt beim Kind eine hämolytische Anämie (fetale Erythroblastose). Die dabei freiwerdenden Blutfarbstoffe (Bilirubin, Biliverdin) reichern sich in den Zähnen an und führen neben Strukturveränderungen im Zahnschmelz auch zu Grün-, Grau- oder Gelbverfärbung der Zähne des Milch- und bleibenden Gebisses.

Die Anwendung von *Tetracyclinen* während der Schwangerschaft und bei Kindern bis zum achten Lebensjahr führt bei Milchzähnen und im permanenten Gebiß zur grauen und gelben Verfärbungen, bei hohen Dosierungen auch zu hypoplastischen Veränderungen im Zahnschmelz. Die Verfärbung betrifft entweder einzelne Bereiche von Zähnen, die sich während der Applikation gerade in der Entwicklung befanden oder die gesamte Zahnkrone. Tetracycline bilden mit Kalzium komplexe Verbindungen und werden so während der Zahnhartsubstanzbildung irreversibel in den Zahnschmelz oder das Dentin eingelagert. Eine Tetracyclinmedikation sollte daher während der Schwangerschaft und bei Kindern bis zum achten Lebensjahr unterbleiben.

Die systemische Applikation von *chronisch toxischen Fluoridmengen* (z.B. Fluoridkonzentrationen > 2 ppm im Trinkwasser) oder die einmalige kurzfristige Einwirkung hoher Fluoridkonzentrationen (10 µmol Fluorid im Blutplasma) an den Ameloblasten beeinträchtigen während der Zeit, in der sich die Zahnkronen entwickeln (bis zum achten Lebensjahr), die Schmelzbildung und Schmelzreifung. Die Folgen sind Schmelzveränderungen, die unter dem Begriff *Fluorose* zusammengefaßt werden. Mit zunehmender Konzentration der chronisch erhöhten Fluoridzufuhr nimmt die Anzahl und der Schweregrad der gefundenen Schmelzveränderungen zu (Abb. 2-23).

Dabei ist es unwichtig, wie es zu einer erhöhten Fluoriddosierung kommt. Alle Formen der Fluoridapplikation (z.B. Trinkwasserfluoridierung, Fluoridtabletten, fluoridhaltige Zahnpasten) können bei relativer Überdosierung zu Fluorose führen (Abb. 2-24).

Speziell die unkontrollierte Kombination der verschiedenen Fluoridierungsmaßnahmen stellt in diesem Zusammenhang ein Problem dar (zur Fluoriddosierung und -toxikologie s. Kapitel 4.2). Die gesamte tägliche Fluoridaufnahme über einen längeren Zeitraum ist für die Entstehung von fluorotischen Schmelzveränderungen risikobestimmend. Es handelt sich bei den Schmelzveränderungen histologisch um mehr oder weniger stark ausgeprägte Porositäten und Strukturdefekte unterhalb der Schmelzoberfläche bei gleichzeitiger Akzentuierung der Retzius-Streifen und der Perikymatien. Der Protein- und Fluoridgehalt ist im fluorotisch veränderten Zahnschmelz gegenüber intaktem Zahnschmelz erhöht. Klinisch erkennt man weiße, opake Flecken und Streifen, die sich bei stärkeren Porositäten durch exogene Einlagerung von Farbstoffen (z.B. durch Nahrungsmittel) braun verfärben können. Oberflächendefekte und Verlust von Zahnschmelz („*pitting*"), wie sie bei schweren fluorotischen Schmelzveränderungen zu diagnostizieren sind, entstehen erst sekundär posteruptiv durch mechanische Belastung in der Mundhöhle.

Im *Milchgebiß* sind fluorotisch bedingte Schmelzhypoplasien seltener zu finden als im bleibenden Gebiß. Die Schmelzveränderungen sind in der Mundhöhle verschieden verteilt. Sie nehmen von anterior nach posterior zu und sind im Unterkiefer bukkal häufiger zu finden als lingual. Bei leichter chronischer Fluoridüberdosierung mit geringfügigen fluorotischen Schmelzveränderungen ist die Verteilung etwas anders. Hier sind die mittleren Schneidezähne und die ersten Molaren weniger betroffen als die Prämolaren und zweiten Molaren. Es scheint so, als ob die Zähne, die zuerst mineralisiert werden, weniger fluorotische Veränderungen aufweisen.

Klinisch sind fluorotische Schmelzveränderungen nicht mit isolierten oder idiopathischen Hypoplasien zu verwechseln, da sie symmetrisch auftreten und bestimmte Charakteristika aufweisen. Früher wurden alle Schmelzflecken unter dem Begriff „*mottling*" subsumiert, so daß auf der Grundlage der so entwickelten Indizes der Anteil fluorotischer Schmelzveränderungen falsch diagnostiziert wurde.

1934 wurde von DEAN et al. ein *Fluoroseindex* entwickelt und 1942 leicht modifiziert. Er zählte noch alle Schmelz-

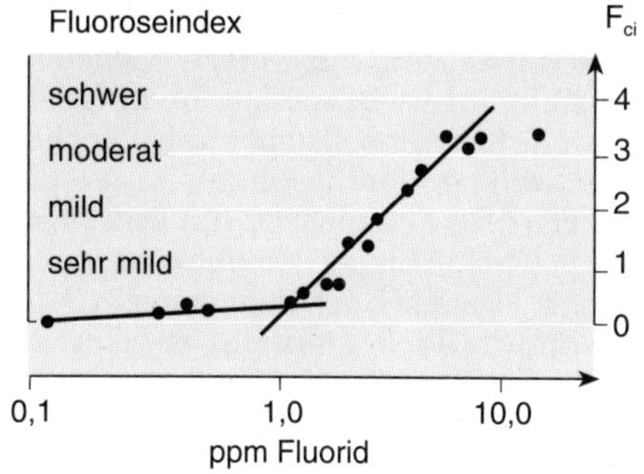

Abbildung 2-23. Zusammenhang zwischen Trinkwasserfluoridgehalt (log-Werte) und Community index of dental fluorosis (F_{ci}) (nach HODGE 1950).

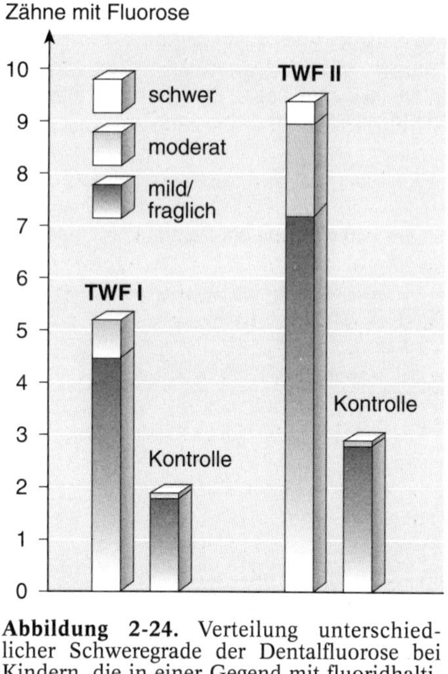

Abbildung 2-24. Verteilung unterschiedlicher Schweregrade der Dentalfluorose bei Kindern, die in einer Gegend mit fluoridhaltigem Trinkwasser (1–1,5 ppm Fluorid) leben, im Vergleich zu einer Kontrollgruppe.
Die Kinder der Gruppe TWF II erhielten zusätzlich Fluoridtabletten, da den behandelnden Zahnärzten die Fluoridkonzentration des Trinkwassers nicht bekannt war.

opazitäten mit. Dieser Index fängt in seiner Bewertung jedoch erst beim Auftreten kosmetisch störender Schmelzopazitäten an. Er umfaßt nicht die initialen, sehr leichten Fluoroseerscheinungen. Der Fluoroseindex nach DEAN (eigentlich Mottling-Index) findet heute noch häufig Verwendung, da er leicht zu handhaben ist und bei epidemiologischen Studien auf adäquate Beleuchtung und extreme Trocknung der Zahnoberfläche verzichtet. Aufgrund der Klassifikation von DEAN entstand der *community index of dental fluorosis* (F_{ci}, Tab. 2-4).

Der 1981 von THYLSTRUP und FEJERSKOV eingeführte Index *(TF-Index)* umfaßt auch die ersten biologisch sichtbaren fluorotischen Erscheinungen auf der Schmelzoberfläche und zählt dabei nur die symmetrisch vorkommenden Schmelzveränderungen (Abb. 2-25).

Hier ist ein entsprechender Lichteinfall nach sorgfältiger Trocknung der Zahnoberfläche Voraussetzung.

Morbidität und Prävalenz fluorotischer Schmelzveränderungen sind, wie bereits oben erwähnt, von der Höhe der Fluoridaufnahme abhängig. Sie wurden speziell in Gebieten mit erhöhtem Fluoridgehalt im Trinkwasser untersucht. In Deutschland wurden neuere Daten im Zusammenhang mit der repräsentativen Zahngesundheitsstudie des *Instituts der Deutschen Zahnärzte (*IDZ) erhoben (Abb. 2-26).

Durch Sauerstoffmangel *(Asphyxie)* z.B. während der Geburt (speziell bei Frühgeburten) entstehen symmetrische Hypoplasien der Milchzähne und der bleibenden Molaren. Eine besondere Form dieses metabolischen Traumas ist die Neonatallinie, die bei allen Milchmolaren und den 6-Jahr-Molaren auftreten kann. Es handelt sich um eine klinisch nicht sichtbare interne Hypoplasie (5–25 µm breite treppenstufenartige Linie), die im histologischen Schnitt gut darstellbar ist.

Ein weiteres metabolisches Trauma, das zu Schmelzhypoplasien führen kann, ist die *Hypokalzämie*. Auslöser für eine Hypokalzämie können chronische Diarrhö im Säuglings- und Kleinkindalter, chronischer Vitamin-D-Mangel der Mutter oder des Kindes, Rachitis u.a. sein. Es können isolierte Schmelzflecken, bei schwerer Form jedoch auch symmetrisch verteilte Formdefekte resultieren.

Lokale Traumata während der Zahnentwicklung bzw. Mineralisation können an einem oder mehreren Zähnen Hypoplasien und Formveränderungen hervorrufen. Kommt es bei einem Unfall durch Intrusion, Kontusion, Luxation oder Extrusion der Milchzähne zu einem lokalen mechanischen Trauma des Keimes der Zuwachszähne (meistens mittlere obere Schneidezähne), resultieren je nach Schweregrad des Traumas und Entwicklungsstand des Zahnkeims unterschiedlich stark ausgeprägte Schmelzveränderungen bzw. Zahnbildungsstörungen. Die Schmelzhypoplasien reichen von weißen und gelbbraunen Verfärbungen über Formdefekte (Einkerbungen im Schmelz) bis zu Abknickungen der Krone gegenüber der Zahnwurzel *(Dilazeration)*. Auch chirurgische Eingriffe während der Entwicklungsphase der Zähne können derartige Schäden hervorrufen. Durch mechanische Traumata werden am Ort der Einwirkung die Ameloblasten zerstört und der entsprechende Zahn bleibt an dieser Stelle auf der erreichten Entwicklungsstufe stehen.

→ **Abbildung 2-25.** Einteilung der Zahnfluorose nach unterschiedlichen Schweregraden entsprechend dem TF-Index (nach Thylstrup und Fejerskov 1978).

Tabelle 2-4. Der Fluorose-Index (besser Mottling-Index) nach Dean (community index of dental fluorosis) eignet sich für epidemiologische Studien zu Fluoroseprävalenz. Er bewertet entweder ausgewählte Zähne (z.B. Frontzähne) oder das gesamte Gebiß. Dabei werden allerdings nur die beiden am schwersten befallenen Zähne in die Wertung einbezogen.
Der Index berechnet sich nach folgender Formel:

$$F_{ci} = \frac{(n\ w)}{N}$$

dabei bedeutet N die Anzahl aller untersuchten Personen, n die Anzahl der Personen mit positivem Fluorosebefund und w den ermittelten Schwergrad.

Fluorose-(Mottling-)Index nach Dean		
Bewertung	**Beschreibung**	**Schweregrad**
Normal	Keine Schmelzveränderungen.	0
Fraglich	Einzelne weiße Flecken.	0,5
Sehr mild	Kleine opaken, weiße Schmelzareale, die weniger als 25% der Zahnfläche einnehmen.	1,0
Mild	Weiße Opazitäten, die bis zu 50% der Zahnoberfläche bedecken.	2,0
Moderat	Umschriebene braune Verfärbungen, die mehr als 50% der Zahnoberfläche einnehmen.	3,0
Schwer	Braune Verfärbung, der Zahn ist hypoplastisch verändert und erodiert bzw. abradiert.	4,0

Grad 0:	Normaler Schmelz mit glänzender, transluzenter Oberfläche ohne Defekte.	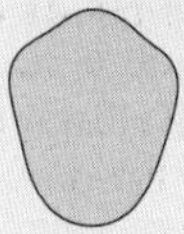
Grad 1:	Nach sorgfältiger Trocknung erkennt man auf der Schmelzoberfläche im Verlauf der Perikymatien dünne, opake, weiße Linien. An den Inzisalkanten bzw. Höckerspitzen kann es zu einer leichten Ausprägung des Schneekappenphänomens kommen. Diese Bereiche sind dann weißlich opak verändert.	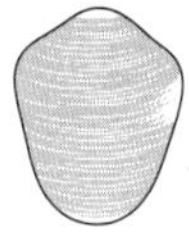
Grad 2:	Die opaken, weißen Linien treten deutlicher hervor und verlaufen manchmal zu kleinen, wolkigen Veränderungen, die über die gesamte Schmelzoberfläche verstreut sein können. Das Schneekappenphänomen tritt nun gehäuft auf.	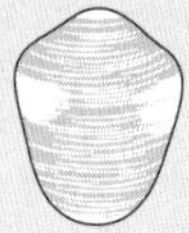
Grad 3:	Die weißen Linien verschmelzen zu größeren, wolkigen Arealen, welche die gesamte Schmelzoberfläche bedecken. Zwischen den opaken Bereichen lassen sich weiterhin weiße Linien diagnostizieren.	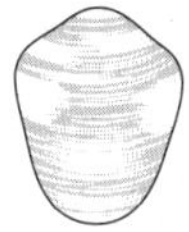
Grad 4:	Die gesamte Zahnoberfläche ist opak oder kreidig-weiß verändert. Nur die Flächen, die in Abnützungsbereichen (z.B. Attrition) liegen, scheinen weniger betroffen zu sein. Tatsächlich ist hier der porös veränderte Zahnschmelz rasch verlorengegangen.	
Grad 5:	Die gesamt Oberfläche ist opak. Man erkennt kleine, runde Schmelzverluste (focal pits) mit einem Durchmesser < 2 mm.	
Grad 6:	Die Schmelzverluste nehmen die Form kleiner Furchen an. Die Breite dieser Bänder ist kleiner als 2 mm. Die Höckerspitze bzw. Inzisalkante kann ebenfalls einen Zahnhartsubstanzverlust von weniger als 2 mm aufweisen.	
Grad 7:	Die Schmelzoberfläche ist von irregulären Substanzverlusten unterbrochen. Der Hartsubstanzverlust beträgt allerdings weniger als die Hälfte der Zahnoberfläche. Der restliche Zahnschmelz ist opak verändert.	
Grad 8:	Wie 7, allerdings nimmt der Schmelzverlust jetzt mehr als die Hälfte der Zahnoberfläche ein.	
Grad 9:	Es kommt zum Verlust großer Teile des Zahnschmelzes. Die anatomische Form des Zahnes wird dadurch verändert. Zervikal bleibt meistens ein halbmondförmiger Bereich opaken Schmelzes stehen.	

Kommt es beim Unfall zu *Gewebeblutungen* in unmittelbarer Umgebung des Zahnkeims, lagern sich Blutfarbstoffe in den unreifen Zahnschmelz ein und verfärben ihn gelbbraun.

Ein weiteres lokales Trauma kann die Einwirkung *ionisierender Strahlung* (z.B. im Rahmen einer Tumorbehandlung) sein. Je nach Strahlendosis und Entwicklungsstand der betroffenen Zahnkeime resultieren wieder unterschiedliche Defekte (Hypoplasien, Mikrodontie, vollständige Zerstörung des Zahnkeims).

Eine *lokale Infektion einer Milchzahnpulpa (*z.B. durch Karies) kann zu einer Pulpanekrose mit anschließender Ausbildung eines chronischen oder akuten periapikalen Entzündungsgeschehens führen. Wird dabei die Knochenwand zwischen Milchzahn und Zahnkeim der Zuwachszähne abgebaut, kann das entzündungsbegleitende Ödem Druck auf das Schmelzorgan ausüben und damit den Zahnkeim schädigen.

Die Entzündung kann sich jedoch auch auf den Zahnkeim ausbreiten und so direkt schädigen. Es resultieren je nach Schweregrad der Schädigung Schmelzhypoplasien, unvollständige oder deformierte Kronen und Wurzeln. Diese Defekte treten häufig bei unteren Prämolaren auf. Oberkiefer-Prämolaren und Schneidezähne sich seltener betroffen. In der Literatur wird ein derartig geschädigter Zahn als *Turner-Zahn* bezeichnet. Er ist kleiner als die normalen Zähne, mit eingedellten Inzisalkanten bzw. verkleinerten Höckern und weist flächenförmige Schmelzdefekte auf, die oft von Zement bedeckt sind.

2.5.1.2 Dentinhypoplasien. Gemeinsam mit den Schmelzhypoplasien treten oft auch Dentinhypoplasien auf. Sie haben die gleichen Ursachen und äußern sich in einer Akzentuierung der *Owen-Linien,* gehäuftes Auftreten von *Interglobulardentin* und unregelmäßigem Verlauf der Dentinkanälchen. Sie treten klinisch nicht in Erscheinung, sondern sind erst im histologischen Schnittbild zu erkennen.

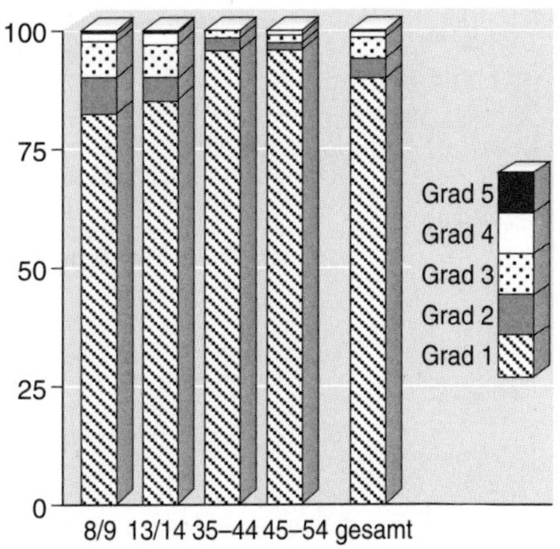

Abbildung 2-26. Schweregradverteilung der Dentalfluorose nach Altersgruppen in Deutschland (nur alte Bundesländer). Grad 1: keine Fluorose, Grad 2: fragliche Fluorose, Grad 3: leichte Fluorose, Grad 4: mäßige Fluorose, Grad 5: schwere Fluorose (nach Dünninger und Pieper 1991).

2.5.1.3 Paraplasien. Unter dem Begriff Paraplasien werden verschiedenartige zusätzliche *Zahnauflagerungen oder -anlagerungen* zusammengefaßt.

Echte Schmelzperlen sind runde Gebilde, die allein aus Zahnschmelz bestehen und der Zahnwurzel aufsitzen (meistens bei Molaren).

Zusammengesetzte Schmelzperlen bestehen aus einem Pulpaanteil, Dentin und einer Schmelzkappe. Sitzen echte Schmelzperlen im Bereich der Bi- und Trifurkationen der Zähne, so werden sie auch Schmelztropfen genannt. Im Bereich der Furkationen findet man auch flache Schmelzinseln, die manchmal die gesamte Furkation bedecken.

Schmelzsporne sind lanzettartige zervikale Verlängerungen des koronalen Schmelzes, die ebenfalls bis in die Furkationen reichen können. *Schmelzparaplasien* können Plaqueretentionsstellen sein und somit die Entstehung und Progression von Parodontopathien und Wurzelkaries begünstigen. Erhöht wird die Gefahr durch Auflagerung irregulärer, rauher Zementformationen.

Zementparaplasien können als Zementzungen und Zementinseln im zervikalen Bereich dem Zahnschmelz aufliegen (azellulär-afibrilläres Zement). Sie entstehen vor oder während des Zahndurchbruchs.

2.5.2 Fehlbildungen der Zähne

Zahnanomalien sind seltene Erkrankungen. Sie treten oft als ein begleitendes Phänomen bei Syndromerkrankungen auf.

2.5.2.1 Anomalien der Zahnzahl und -form. *Zahnüberzahl (Hyperdontie)* kommt im Milchgebiß und im permanenten Gebiß vor. Sie kommt häufiger bei Patienten männlichen Geschlechts vor als bei weiblichen Patienten.

Im Milchgebiß treten die Zähne normal durch. Meistens tritt ein zusätzlicher Milchzahn im Oberkiefer-Frontzahnbereich auf.

Im permanenten Gebiß sind die zusätzlichen Zähne oft kleiner als die normalen Zähne und irregulär geformt. Sie kommen häufig im Bereich der mittleren Oberkiefer-Frontzähne und Oberkiefer-Molaren vor.

Der *Mesiodens* ist ein zapfenförmiger Zahn mit konischer Krone und kurzer Wurzel. Er befindet sich meistens palatinal verlagert zwischen den mittleren Oberkiefer-Frontzähnen. Er kann auch retiniert und verlagert sein. Es handelt sich wahrscheinlich um einen zusätzlichen Zahnkeim. Ein autosomal-dominanter Erbgang wird diskutiert.

Als *Zapfenzahn* wird ein zusätzlicher Zahn bezeichnet, wenn er sich zwischen mittlerem und seitlichem Oberkiefer-Schneidezahn befindet.

Distomolaren entstehen aus der verlängerten Zahnleiste distal der dritten Molaren (vierter und fünfter Molar sind möglich). Es sind kleine molarenähnliche Zähne.

Treten sie bukkal zwischen den normalen Molaren auf, werden sie *Paramolaren* genannt.

Zusätzliche Eckzähne (hauptsächlich im Oberkiefer) bzw. Prämolaren (vornehmlich im Unterkiefer) sind häufig retiniert und nur röntgenologisch zu diagnostizieren.

Bei Patienten mit *Lippen-Kiefer-Gaumenspalten (LKG)* und *Dysostosis cleidocranialis* treten Hyperdontien häufiger auf als bei anderen Patienten. In Einzelfällen können bei der Geburt eines Kindes oder wenig später bereits untere zentrale Schneidezähen vorhanden sein (natale, neonatale Zähne). Es sind dann aber oft keine zusätzlichen Zähne, sondern zu früh durchgebrochene normale Milchzähne. Sie sind häufig nicht regelrecht mineralisiert und stark gelockert (Gefahr der Exfoliation, verbunden mit Aspiration).

Anlagebedingtes Fehlen von Zähnen ist definiert als *Anodontie* (vollständiges Fehlen aller Zähne), *Oligodontie* (partielle Anodontie) und *Hypodontie* (Fehlen einzelner Zähne). Diese Anomalien sind häufig assoziiert mit autosomal-dominant vererbter ektodermaler Dysplasie, Down-Syndrom, LKG, otofazialer Dysostose u.a.

Extreme Ausprägungen der Zahngröße werden als *Makrodontie* bzw. *Mikrodontie* (laterale Schneidezähne im Oberkiefer, dritte Molaren) bezeichnet.

Rhizomegalie bezeichnet die Ausbildung extrem langer Wurzeln (Oberkiefer-Eckzähne), *Rhizomikrie* die Ausbildung extrem kurzer Wurzeln (zentrale Inzisivi im Oberkiefer, dritte Molaren, Prämolaren).

Als *Taurodontismus* wird eine seltene Anomalie der *Zahnform* bezeichnet, bei der sich das Pulpenkavum von Molaren oder Prämolaren sehr weit bis in den Wurzelbereich zieht. Die Wurzel stellt sich dabei als massiver, breiter Körper ohne Verzweigungen dar. Die Zahnhartsubstanz ist histologisch normal aufgebaut.

Unter *Gemination* (Zahnkeimpaarung) versteht man stark verbreiterte Zähne (Zahnkrone erscheint oft doppelt so groß wie normal) mit einer Furche oder Kerbe in der Zahnmitte. Es liegt nur eine Pulpakammer vor, die sich jedoch nach koronal verzweigen kann. Es handelt sich dabei um einen gescheiterten, inkompletten Teilungsversuch des Zahnkeims. Ist der Teilungsversuch erfolgreich, so entsteht ein zusätzlicher Zwillingszahn (*Schizodontie*).

Es kommt jedoch auch vor, daß zwei benachbarte Zahnkeime im Wurzel- oder Kronenbereich partiell oder total verschmelzen (*Fusion*). Auch Wurzeln einzelner Zähne können verschmelzen.

Davon schwer abzugrenzen sind *Zahnverwachsungen im Zementbereich* eng benachbarter Zähne.

Eine spezielle Mißbildung eines einzelnen Zahnes ist die *Invagination*, d.h. die Einstülpung der Zahnoberfläche während der Zahnentwicklung.

2.5.2.2 Anomalien der Zahnhartsubstanzbildung. Die *erblich bedingten Dysplasien* werden folgendermaßen eingeteilt:
- Schmelzanomalien
- Dentinanomalien
- Anomalien, bei denen beide Zahnhartsubstanzen betroffen sind.

Für die genaue Beschreibung der einzelnen Erkrankungen und ihrer Auswirkungen auf das klinische Erscheinungsbild der Zähne muß auf Lehrbücher der Pathologie oraler Gewebe verwiesen werden, da sie den Rahmen dieser Einführung sprengen würde. Bei diesen *qualitativen oder/und strukturellen Anomalien* sind immer alle Zähne betroffen. Dabei werden die Zahnhartsubstanzen oder die organische Matrix der Zahnhartsubstanzen irregulär gebildet. In Verbindung mit verschiedenen Syndromen treten unterschiedliche Erscheinungsformen mit unterschiedlichem Erbgang auf.

Bei den *Amelogenesis-imperfecta-Formen* ist die Funktion und/oder die Differenzierung des Schmelzbildungsorgans gestört. Pulpa und Dentin sind normal ausgebildet. Die Morbidität beträgt 1:12000–14000.

Man unterscheidet hypoplastische Formen von Formen mit unreifem Schmelz (Hypomaturation) und Formen mit mindermineralisiertem Schmelz (Hypomineralisation, Hypokalzifikation). Es gibt zudem partielle Formen und aplastische Formen. Die einzelnen Krankheitsbilder jeder Formengruppe sind neben definierten klinischen und röntgenologischen Kriterien auch an den Nachweis des Erbganges geknüpft.

Hypoplastische Formen weisen eine geringere Schmelzdicke bei normaler Härte auf. Bei *Hypomaturation* produzieren die Ameloblasten Schmelzmatrix in normaler Größenordnung, die präeruptive Schmelzreifung (z.B. Wasserrückresorption) ist jedoch gestört. Der Schmelz ist normal dick, jedoch an der Oberfläche weicher als üblich.

Bei *Hypomineralisation* ist der gesamte Schmelz extrem weich, da die Kristallbildung mangelhaft ist. Bei Schmelzaplasien ist der Zahn von einer dünnen Schicht Zement bedeckt.

Oft kommt es erst *posteruptiv* durch mechanische Beanspruchung zum Verlust von Schmelzanteilen. Bei *Hypoplasie* und *Aplasie* des Schmelzes schimmert das Dentin gelblich-braun durch. Aplastische Zähne weisen oft eine Obliteration der Dentinkanälchen als Reaktion der Dentin-Pulpa-Einheit auf. Es resultiert dann trotz Fehlens der schützenden Schmelzschicht eine relative Unempfindlichkeit gegenüber exogenen Reizen.

Die *erblich bedingten Veränderungen des Dentins* werden in *Dentinogenesis-imperfecta-Formen* und *Dentindysplasie* unterteilt. Auch hier gibt es verschiedene Varianten. Primär wird im Bereich des Manteldentins normales Dentin gebildet. Später erfolgt eine atypische

Dentinbildung mit einer geringeren Anzahl Dentinkanälchen und vermehrtem Anteil organischer Substanz, manchmal mit totaler Obliteration der Pulpa (diagnostisches Merkmal). Der Zahnschmelz ist zwar normal strukturiert, das Dentin schimmert jedoch blaugrau bzw. graubraun durch. Der Zahnschmelz kann teilweise von der Unterlage absplittern.

Wurzellose Zähne (shell teeth) fallen klinisch meistens durch starke Lockerung auf. Sie besitzen unauffällige, normal ausgebildete Kronen, und es sind keine Resorptionserscheinungen (Lakunen) zu diagnostizieren. Auch hier ist das Pulpenkavum oft obliteriert.

Kronenlose Zähne (Capdepont-Zähne) entstehen durch starke und rasche Abrasion von Zähnen, bei denen sowohl Schmelz als auch Dentin nicht regelrecht strukturiert sind. Es resultieren schmerzfreie, graubraune Dentinstümpfe.

3 Befunderhebung und Diagnose im Rahmen der Kariestherapie

Grundlage jeder medizinischen Therapie ist die richtige Diagnose der zu behandelnden Erkrankung. Zur Sicherung der Diagnose und Abgrenzung gegenüber anderen Erkrankungen mit teilweise ähnlicher Symptomatik **(Differentialdiagnose)** gehört eine umfassende und systematische Befunderhebung.

Die Aufzeichung der Befunde **(Dokumentation)** erfolgt individuell unterschiedlich. Es kann daher nicht Aufgabe dieses Buches sein, allgemeingültige, standardisierte Formblätter für die Befunderhebung in der Zahnerhaltung zu präsentieren. Es werden deshalb im folgenden nur die generellen Prinzipien der Befunderhebung dargestellt und die den Verfassern gebräuchlichen Dokumentationshilfen beispielhaft mit aufgeführt. Entsprechend der didaktischen Einteilung des Buches wird im Teil II und III auf die speziellen Untersuchungsmethoden im Rahmen der Endodontologie und Parodontologie eingegangen. Da die Patienten jedoch meistens den Zahnarzt nicht nur aufgrund eines isolierten kardiologischen, endodontischen bzw. parodontologischen Gesundheitsproblems aufsuchen, ergänzen sich die Einzelbefunde. Eine exakte Diagnose und ausreichende Therapieplanung ist dann nur unter Berücksichtigung des Gesamtbefundes möglich.

3.1 Allgemeine Anamnese

Vor der Befundung der Zähne, des Zahnhalteapparates und der Mundschleimhäute ist immer eine Allgemeinanamnese und eine spezielle Anamnese zu erheben. Die Allgemeinanamnese soll in einem kurzen Überblick den Allgemeingesundheitszustand des Patienten erfassen. Dabei wird der Patient beobachtet. Die Motorik, Hautfärbung (z.B. zyanotisch), Atemtätigkeit (z.B. rasselnde Atemgeräusche) usw. können bereits Hinweise auf bestehende Allgemeinerkrankungen geben (siehe Lehrbücher der inneren Medizin).

Mit der Allgemeinanamnese können Einflüsse von Allgemeinerkrankungen auf die Zahngesundheit erkannt werden und spezielle Behandlungsrisiken im Bereich der Kariestherapie ausgeschlossen werden.

Hier sind besonders das Anästhesierisiko (Herzerkrankungen, Schilddrüsenerkrankungen u.a.), vermehrte Blutungsneigung, Endokarditisrisiko, Erkrankungen, die zu einer begrenzten Behandlungsdauer führen (z.B. Diabetes mellitus, Anorexia nervosa), Erkrankungen mit einer Verminderung der Speichelsekretion und Allergien zu nennen.

Um diese Risiken abzuklären, werden die Patienten anhand eines standardisierten **Fragebogens** befragt. Die Patienten füllen diesen Bogen selbst aus und bestätigen mit ihrer Unterschrift die Vollständigkeit und die Richtigkeit der Angaben. Es ist wichtig, daß sich jeder neue Behandler vom Gesundheitsstatus des Patienten selbst überzeugt. Sind Patienten über längere Zeit nicht zur Behandlung in der Praxis gewesen, muß die Allgemeinanamnese erneut erhoben

Name, Vorname: ______________________ geb.: ____________

Straße: ______________________

PLZ: ________ Wohnort: ______________________

Beruf: ______________________

____

Damit wir Ihre Behandlung komplikationslos durchführen können, bitten wir Sie, folgende Fragen zu beantworten:

Leiden Sie an **Allergien** (z.B. Heuschnupfen)?	ja ❑	nein ❑
Vertragen Sie bestimmte Medikamente oder Metalle nicht?	ja ❑	nein ❑
Besitzen Sie einen **Allergiepaß?**	ja ❑	nein ❑
Haben oder hatten Sie ein **Anfallsleiden** (Epilepsie)?	ja ❑	nein ❑
Leiden Sie an einer **Blutgerinnungsstörung** oder **Bluterkrankung?**	ja ❑	nein ❑
Leiden Sie an **Diabetes** (Zuckerkrankheit)?	ja ❑	nein ❑
Haben oder hatten Sie eine **Herzerkrankung** (z.B. Herzinfarkt, Herzklappenersatz, Herzschrittmacher)?	ja ❑	nein ❑
Bestehen zur Zeit oder bestanden **Infektionserkrankungen** (z.B. Gelbsucht, Tuberkulose, HIV)?	ja ❑	nein ❑
Leiden Sie unter **Kreislauferkrankungen** (z.B. Bluthochdruck, Durchblutungsstörungen, Thromboseneigung)?	ja ❑	nein ❑
Haben oder hatten Sie eine **Lebererkrankung?**	ja ❑	nein ❑
Haben oder hatten Sie **Asthma** (schwere Atemnot) oder eine **Lungenerkrankung**?	ja ❑	nein ❑
Haben oder hatten Sie **Magen-, Darm- oder Nierenerkrankungen?**	ja ❑	nein ❑
Haben oder hatten Sie eine **Schilddrüsenerkrankung?**	ja ❑	nein ❑
Haben oder hatten Sie eine **Tumorerkrankung?**	ja ❑	nein ❑
Wurde bei Ihnen früher schon einmal eine **Operation** durchgeführt?	ja ❑	nein ❑
Bei Patientinnen: Besteht eine **Schwangerschaft?**	ja ❑	nein ❑

Welche **sonstigen Erkrankungen** bestehen zur Zeit? ______________________

Nehmen Sie **Medikamente** ein? Welche? ______________________

Befinden Sie sich in ärztlicher Behandlung? ja ❑ nein ❑
Name und Anschrift des behandelnden Arztes bitte angeben:

____

____

____

Anamnesebogen mit den wichtigsten Angaben zum allgemeinen Gesundheitszustand im Rahmen der Befunderhebung für zahnerhaltende Maßnahmen.

werden, da neue Erkrankungen aufgetreten sein können.

Eine spezielle *Familienanamnese* ist erforderlich, wenn der Verdacht erblich bedingter Erkrankungen vorliegt (Zahnhartsubstanzanomalien, Dysgnathien, Tumorerkrankungen, Gerinnungsstörungen).

Die schriftliche *Selbstauskunft* der Patienten wird durch eine mündliche Befragung und evtl. durch allgemeinärztliche Befunde (Hausarzt, Internist, Allergologe u.a.) ergänzt.

Während des Arztgespräches soll möglichst auch der psychische Status des Patienten und die Einstellung zur zahnärztlichen Behandlung eingeschätzt werden. Das Ergebnis eines ärztlichen Gesprächs ist vom Einfühlungsvermögen und dem Geschick des Untersuchers ebenso abhängig wie von der Einstellung des Patienten, dessen Intelligenz und Kooperationsbereitschaft (Compliance). Durch das Gespräch soll ein Vertrauensverhältnis zwischen Zahnarzt und Patient begründet werden, das eine nicht zu unterschätzende Grundlage für den Erfolg der zahnärztlichen Therapie darstellt.

3.2 Spezielle Anamnese

An die Allgemeinanamnese schließt sich die spezielle Anamnese an. Sie beinhaltet eine Befragung des Patienten zu seinem speziellen Beschwerdebild im Bereich des Kauorgans.

Dabei wird die Mehrzahl der Patienten Zahnschmerzen oder Zahnfleischbluten angeben. Frakturierte oder herausgefallene Füllungen, schlecht sitzende Prothesen, Zahnverfärbungen, ästhetische Probleme u.a. sind häufige Gründe für einen Zahnarztbesuch.

Einige Patienten suchen die zahnärztliche Praxis jedoch auch zu **Vorsorge-** und **Kontrolluntersuchungen** auf. Sie sollten, wenn sie vorher von einem anderen Zahnarzt behandelt wurden, nach evtl. schon vorhandenen Röntgenaufnahmen oder speziellen Untersuchungsunterlagen befragt werden.

Bei **Schmerzpatienten** wird die Schilderung des Patienten durch gezielte *Fragestellungen* gelenkt, und auch hier werden die Antworten dokumentiert.

So sind *Lokalisation*, zeitlicher Verlauf, Intensität, und Qualität des Schmerzes sowie schmerzauslösende Faktoren wichtige Hinweise auf die vorhandene Erkrankung. Man muß sich jedoch darüber im klaren sein, daß Patienten subjektive Eindrücke schildern, die auch bei gleicher Erkrankung individuell sehr unterschiedlich sein können und daher nicht allein zur Absicherung einer Diagnose ausreichen. So können Schmerzen übertragen werden (z.B. vom Oberkiefer auf den Unterkiefer) oder projiziert werden (Schmerzempfindung wird in einem anderen Bereich des Versorgungsgebietes eines Nerven verspürt als am Entstehungsort). Bei ausstrahlenden Schmerzen läßt sich der Entstehungsort oft nicht lokalisieren. Auch mit zunehmender Schmerzintensität nimmt die Lokalisierbarkeit ab. Zahnschmerzen können zudem desmodontalen oder pulpalen Ursprungs sein. Auch hier ist oft subjektiv keine sichere Trennung möglich.

Die Frage nach *Beginn und Dauer* von Zahnschmerzen läßt eine grobe Unterteilung in akutes und chronisches Geschehen zu. Ein länger bestehender Schmerz mit geringer Intensität weist auf chronische Erkrankungen, ein starker kurzer Schmerz auf akute Erkrankungen hin.

Pochende Schmerzen weisen oft auf akute purulente Entzündungsgeschehen hin, dabei lindert Kälte den Schmerz manchmal (zur *Schmerzqualität* als diagnostischem Hilfsmittel s. Teil II Endodontie). Dauerschmerzen sind eher Anzeichen einer serösen Entzündung der Pulpa, dumpfe Schmerzen und Aufbißempfindlichkeit deuten auf eine desmodontale Problematik hin. Entlastungsschmerz tritt oft bei Zahninfraktionen auf.

Kommt es durch *externe Reize*, wie Kälte oder osmotische Veränderungen („Zuckerlösungen") zu Zahnschmerzen, so können u.a. Randspalten, Karies oder fehlende Unterfüllungen bei Metallrestaurationen der Grund sein.

Die spezielle Anamnese schließt Fragen zum letzten Zahnarztbesuch, **bisherigen Behandlungsversuchen** und den dabei angewendeten therapeutischen Verfahren ein. Zusätzlich wird nach Zahnfleischbluten (beim Essen, Zähneputzen oder spontan), Mundhygienegewohnheiten (Art der Zahnbürste, Zahnputzfrequenz, Interdentalreinigung), Fluoridprophylaxe und Ernährungsgewohnheiten gefragt.

Ein spezieller **Ernährungsfragebogen** kann erforderlich sein, wenn sich nach der Befunderhebung als Verdachtsdiagnose ein erhöhtes Kariesrisiko herausstellt.

> Alle anamnestischen Angaben sind subjektiv. Sie werden durch eine Kombination aus standardisierter Fragestellung und freier Gesprächsführung erhoben.

Beim Zahnarzt kann die Reihenfolge von Allgemeinanamnese und spezieller Anamnese auch umgekehrt sein. Bei einem neuen Patienten ist es oft wichtig, sich erst die Gründe für den Zahnarztbesuch schildern zu lassen und sich dann erst einen Überblick über den allgemeinen Gesundheitszustand zu verschaffen.

3.3 Befund und Diagnose

> Die anamnestischen Angaben werden durch einen objektivierbaren Befund ergänzt.

Dabei muß der Untersucher zwischen biologischen Variationen und pathologischen Abweichungen unterscheiden. Diese Schwierigkeit kann z.T. dadurch bewältigt werden, daß die Befunde zweier Kieferhälften miteinander verglichen werden. Pathologische Befunde treten bis auf wenige Ausnahmefälle (z.B. fluorotische Schmelzhypoplasien) einseitig auf. Werden bei einem Patienten keine pathologischen Veränderungen festgestellt, so ist diese Tatsache auch als Befund zu dokumentieren (o.B. = ohne Besonderheiten, kein pathologischer Befund).

Die zahnärztliche Befunderhebung besteht aus einer extraoralen und einer intraoralen Befunderhebung.

Die **extraorale Befunderhebung** ist je nach Beschwerdebild mehr oder weniger ausführlich durchzuführen. Im Rahmen der Zahnerhaltung werden die *Lymphknoten, Nervenaustrittspunkte* und die *Kaumuskulatur* palpiert. Besonders bei Patienten mit Beschwerden im Bereich der Kaumuskulatur, des Kiefergelenks und vor umfangreichen Sanierungen mit Einlagefüllungen empfiehlt es sich, den extraoralen Befund zusammen mit dem Funktionsbefund (s.u.) auf einem speziellen, standardisierten Befundblatt zu dokumentieren.

Der **intraorale Befund** ergibt sich aus der systematischen Untersuchung der gesamten Mundhöhle. So wird durch *Inspektion* und *Palpation* der Zustand der Mundschleimhaut beurteilt. Erhebungen, Erosionen, Ulzerationen, Farbveränderungen, Schwellungen, Blutungen bei Berührung, Blasenbildungen u.a. werden dokumentiert. Die intraorale Palpation umfaßt auch die knöchernen Strukturen sowie die Weichgewebe der Wange, Zunge und des Mundbodens. *Foetor ex ore* kann auf verschiedene Erkrankungen hinweisen, wie z.B. Infektionen des Mund-Rachenraumes, Erkrankungen der Luft- und Speiseröhre, Stoffwechselerkrankungen.

Ein besonderes Augenmerk sollte bei der intraoralen Untersuchung auf die Speichelsekretionsrate gerichtet werden. Eine Speichelflußverminderung ist vermutlich vorhanden, wenn während der Untersuchung kein Speichelsee auf dem Mundboden zu finden ist, die Spiegelrückseite oder die Finger des Untersuchers nicht auf der Schleimhaut gleiten oder ein ungewöhnlich hoher Plaque- und Kariesbefall vorliegt. In diesem Fall sollte die Speichelfließrate bestimmt werden.

Erst dann erfolgt die Dokumentation des **Zahnstatus.** Dazu müssen die Zähne sauber sein, d.h., störende Plaque und Zahnstein werden vor der eingehenden Untersuchung entfernt. Die Zähne werden mit Watterollen trockengelegt und mit einem Luftpuster getrocknet. Die klinische Untersuchung der Zähne erfolgt systematisch mit *Spiegel, Sonde, Parodontalsonde* und *Zahnseide.* Man beginnt i.d.R. mit dem letzten Zahn im ersten Quadranten (von 18 nach 11), untersucht dann den zweiten Quadranten (von 21 nach 28), fährt mit dem dritten Quadranten fort (von 38 nach 31) und beendet die Untersuchung mit dem vierten Quadranten (von 41 nach 48). Es ist dabei auf eine ausreichende Ausleuchtung der Mundhöhle und eine adäquate Position des Behandlungsstuhls zu achten. Der Spiegel sollte vorher angewärmt werden, um ein Anlaufen durch die Atemluft zu vermeiden. Während man allgemein im medizinischen Bereich streng zwischen Befund und Diagnose trennt, wird bei der klinischen Aufnahme des Zahnstatus vom erfahrenen Zahnmediziner oft die Diagnose gleich im Befundblatt vermerkt.

So wird z.B. bei einer *Karies* nicht der Befund „dunkle, erweichte Zahnhartsubstanzveränderung" notiert, sondern die Diagnose „manifeste, behandlungsbedürftige Karies" aufgezeichnet. Klinisch kann eine manifeste Karies in unterschiedlichen Formen in Erscheinung treten. Eine dunkelbraune Verfärbung im Bereich der Fissuren, Glattflächen bzw. der Wurzeloberflächen ist oft eine inaktive Karies, die sondenhart ist und die dann nicht invasiv behandelt werden muß. Kreideweiße Veränderungen im Bereich der Kariesprädilektionsstellen ohne Kavitation sind initiale kariöse Läsionen, die bei entsprechender Prophylaxe bei guter Patientencompliance ebenfalls nicht primär invasiv angegegangen werden müssen. Zahnhartsubstanzdefekte mit hellbraunem, erweichtem Inhalt werden als aktive Karies dokumentiert und müssen im Rahmen einer Füllungstherapie invasiv behandelt werden. Bei der klinischen Untersuchung mit der Sonde werden die Fissureneingänge und die anderen Kariesprädilektionsstellen, soweit erreichbar, vorsichtig abgetastet. Durch zu forsche Anwendung einer spitzen Sonde ist es möglich, die Oberfläche einer initialen Läsion so zu

→ **Abbildung 3-1.** Standardisierter zahnärztlicher Befundbogen im Rahmen der Kariestherapie. In den Zahnstatus werden folgende Befunde (bzw. Verdachtsdiagnosen) eingetragen:
a) Karies und Zahnhartsubstanzdefekte, die invasiv behandelt werden müssen: rote Markierung der entsprechenden Zahnflächen.
b) Vorhandene Füllungen: blaue Markierung der entsprechenden Zahnflächen.
c) Erneuerungsbedürftige Füllungen (z.B. Sekundärkaries, Kariesrezidiv, Randspalt, Füllungsfraktur usw.): rote Umrandung der blau markierten Flächen.
d) Krone: K Brückenglied: $\overset{K}{\sqcap}$ B.
e) Erneuerungsbedürftige Krone: $\overset{K}{\sqcap}$ mit roter Markierung.
f) Zu extrahierender Zahn: X
g) Fehlender Zahn: ≡
h) Inlay: Markierung wie Füllung, zusätzlich I als Kennzeichnung
i) Zahn im Durchbruch: i.D.

Die Befunde der Bißflügel-Röntgenaufnahmen werden entsprechend in das dafür vorgesehene Schema eingetragen. Alle Röntgenbefunde, die eine invasive Behandlung erfordern, werden anschließend in den Zahnstatus übertragen (rote Markierung). Die Graduierung der Kariesausdehnung C1–C4 ist im Kapitel Röntgenbefund erklärt.

Patient: ______________ ______________ geb. am: ______________ Datum der Befundaufnahme: ______________

Sofortmaßnahmen: ______________ Mundbefund (insbes. Parodontalbefund): ______________

Bemerkungen: ______________

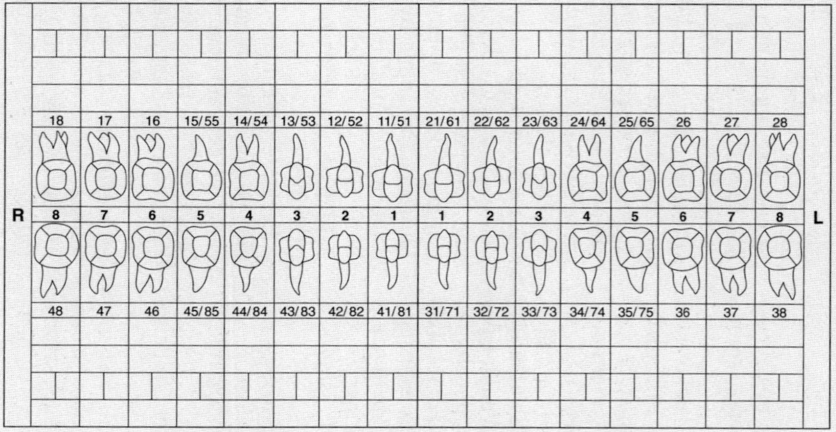

- Zahnlockerung
- Sondierungstiefen
- Vitalität: +/–
- Fllg. nacharbeiten: fin, Karies in Schmelz

Röntgendiagnose: ______________

Bißflügel-Röntgenaufnahme:

d 17 m	d 16 m	d 15 m	d 14 m	m 24 d	m 25 d	m 26 d	m 27 d
d 47 m	d 416 m	d 45 m	d 44 m	m 34 d	m 35 d	m 36 d	m 37 d

Kariesausdehnung: C1 – C4; Fläche wegen Überlappung nicht beurteilbar: X; Kariesrezidiv: R; überstehender Füllungsrand: ÜF; Sekundärkaries: Sek; Randspalt: RS beschädigen, daß eine aktive Karies entsteht.

Eine *Fissurenkaries* ohne Kavitation ist schwer zu diagnostizieren. Man geht allgemein davon aus, daß eine Karies vorhanden ist, wenn bei dunkelbraun bis schwarz verfärbter Fissur die Sonde „kleben" bleibt. Der standardisierte Zahnstatus enthält in der Regel folgende Angaben (Abb. 3-1):

- fehlende und ersetzte Zähne
- behandlungsbedürftige kariöse Zahnflächen
- zerstörte und zu extrahierende Zähne
- teilretinierte Zähne
- im Durchbruch befindliche Zähne
- Kronen und Brücken
- Ergebnisse des Sensibilitätstests
- Lockerungsgrade
- Sondierungstiefen
- gefüllte Zahnflächen.

Sekundärkaries und -defekte bzw. überstehende Füllungsränder werden gesondert eingezeichnet.

Weitere Zahnhartsubstanzdefekte und Befunde sind schriftlich als zusätzliche Information gesondert festzuhalten.

Die Diagnostik der *Pulpa* (Sensibilitätstest mit Kälte, siehe Teil II Endodontologie) ist schwierig zu interpretieren. Man geht davon aus, daß vorhandene Kältesensibilität mit der Vitalität der Pulpa korreliert, fehlende Sensibilität jedoch nicht gleich fehlende Vitalität bedeutet. Hier sind dann zusätzliche Sensibilitätstests (Strom, Probetrepanation) erforderlich. Bei schmerzenden Zähnen ist zusätzlich ein Perkussionstest erforderlich.

Zu einem vollständigen Zahnstatus gehört:

- die Bestimmung des Zahnlockerungsgrades
- die Bestimmung der Sondierungstiefen
- die Erhebung eines adäquaten Gingiva- und Plaqueindex (z.B. PBI und API). Sie geben einen groben Überblick über die Mundhygienegewohnheiten und die parodontalen Verhältnisse.

3.4 Röntgenbefund und -diagnose

Lassen sich die Approximalkontakte der Zähne klinisch nicht beurteilen (geschlossene Zahnreihe), so ist die Anfertigung entsprechender Röntgenaufnahmen zur Befunderhebung und Sicherung der Diagnose obligat.

In zahlreichen Untersuchungen konnte nachgewiesen werden, daß eine alleinige klinische Diagnose auch mit Durchleuchtung der Approximalkontakte durch eine **Faseroptik** (FOTI) keine sichere Kariesdiagnostik ermöglicht.

Zur Kariesdiagnostik werden in der Regel **Bißflügelaufnahmen** (Paralleltechnik) beider Kieferhälften angefertigt (Abb. 3-2). Dabei muß der Zentralstrahl orthoradial durch den Interdentalraum der Zähne gehen, um Überlagerungen zu vermeiden (Abb. 3-3). Oft werden daher von jeder Seite zwei Bißflügelaufnahmen angefertigt, eine von den Molaren (Zentralstrahl zwischen erstem und zweitem Molaren) und eine zweite von den Prämolaren (Zentralstrahl zwischen den beiden Prämolaren).

Im Röntgenbild lassen sich zusätzlich Sekundärkaries, Randundichtigkeiten und Überhänge an Füllungsrändern und Konkremente im Approximalraum sowie Kariesrezidive unter Restaurationen beurteilen. Die Ausdehnung einer initialen Kariesläsion wird anhand der Bißflügelaufnahme grundsätzlich unterschätzt. (Abb. 3-4).

Die Bißflügelaufnahmen können durch ein **Orthopantomogramm** (OPG) ergänzt werden, auf dem retinierte und verlagerte Zähne, osteolytische Prozesse im Kieferbereich, Zahnanlagen, Wurzelreste u.a. beurteilt werden können. Bei schmerzenden Zähnen, in der Endodontologie und in der Parodontologie sind für einen Röntgenbefund *Einzelaufnahmen der Zähne* erforderlich.

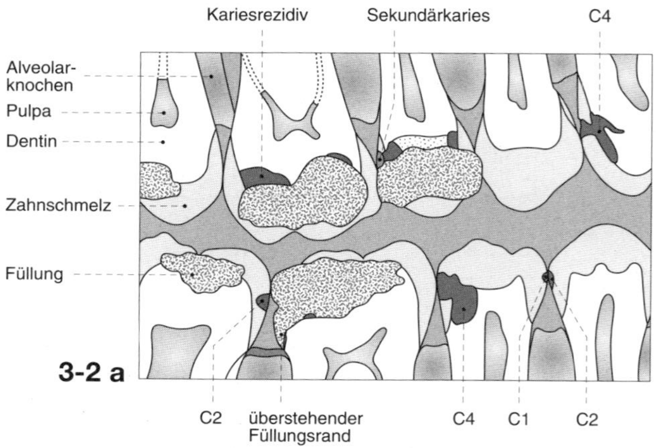

3-2 a

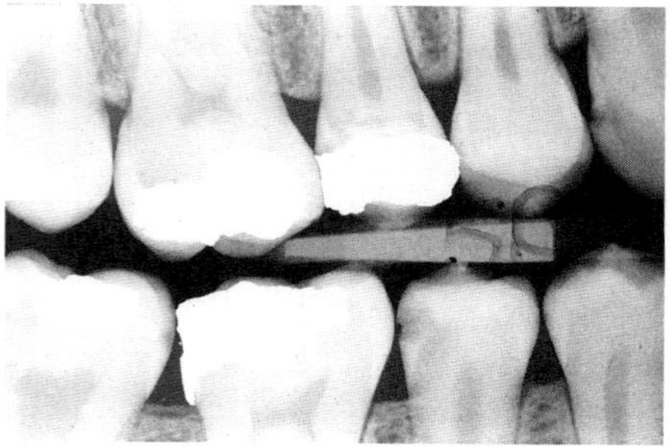

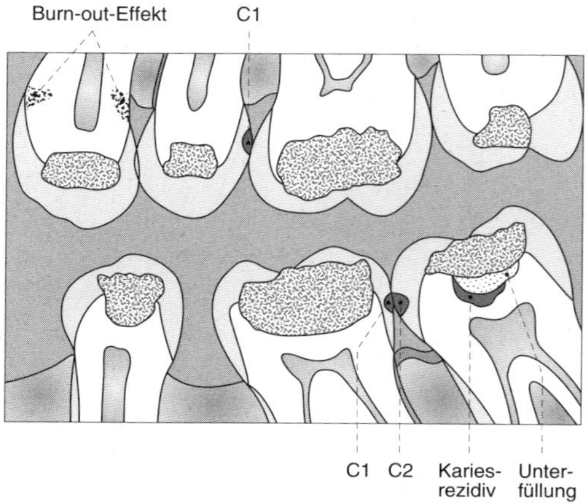

3-2 b

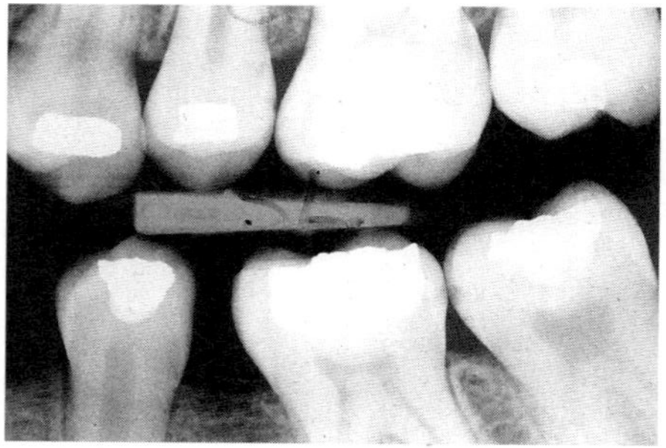

Abbildung 3-2. Bißflügel-Röntgenaufnahmen werden im Rahmen der Kariestherapie angefertigt, um den Zahnzustand im nicht einsehbaren Approximalraum zu untersuchen. Dabei wird die Ausdehnung der Approximalkaries wie folgt beurteilt:
C0 = Keine approximale Karies zu erkennen (es kann jedoch histologisch durchaus eine frühe initiale Läsion vorliegen).
C1 = Radioluzenz in der äußeren Schmelzhälfte (entspricht histologisch initialer kariöser Läsion).
C2 = Radioluzenz bis zur inneren Schmelzhälfte (entspricht histologisch fortgeschrittener, initialer Läsion, Schmelzoberfläche kann noch „intakt“ sein).
C3 = Radioluzenz bis zur äußeren Dentinhälfte.
C4 = Radioluzenz bis zur inneren Dentinhälfte (entspricht histologisch einer Caries profunda).
Die röntgenologische Graduierung C1–C4 entspricht der Einteilung D1–4 FS in der Kariesepidemiologie.

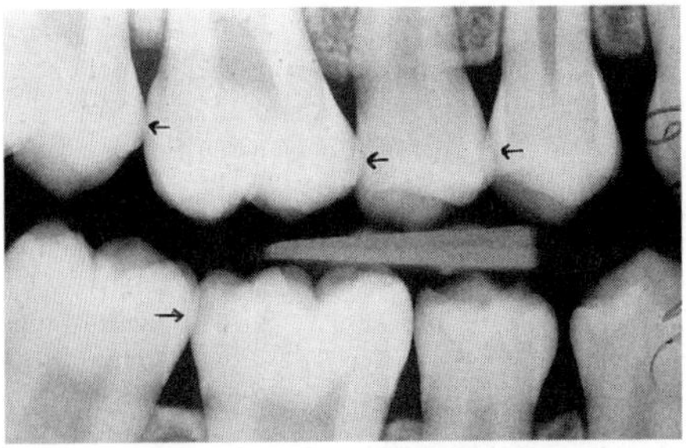

Abbildung 3-3. Bei falscher Röntgentechnik kommt es zu Verzerrungen und Überlagerungen der Zähne. Speziell im Approximalraum sind die Zahnflächen dann nicht mehr einwandfrei beurteilbar. Es empfiehlt sich daher in beiden Kieferhälften je zwei Bißflügelaufnahmen anzufertigen (eine im Molarenbereich und eine im Prämolarenbereich).

Die Befunde der Bißflügelaufnahmen werden entsprechend ausgewertet (s. Abb. 3-2) und die Befunde in den Zahnstatus (s. Abb. 3-1) eingetragen. Die Befundung der Röntgenbilder wird manchmal durch strahlengeometrische und anatomische Faktoren erschwert (s. Abb. 3-3).

Falsche Einstellung des Zentralstrahls kann zu Überlagerungen und Verzerrungen führen, die falsche Größe und Ausdehnung kariöser Läsionen vortäuschen. Zahnhalsregionen werden als Aufhellungszonen im Röntgenbild sichtbar (*Burn-out-Effekt*), die dann als Kariesläsionen fehlinterpretiert werden.

3.5 Spezielle Untersuchungen

Bei Verdacht auf parodontale Erkrankungen und bei aufwendigen Sanierungen (speziell mit Einlagefüllungen, Kronen und Brücken) ist der übliche Befund durch einen **exakten Parodontalstatus** zu ergänzen (TEIL III, Parodontologie). Zusätzlich können bei kariesaktiven Personen *Speichelsekretionsrate* und *Speichelpufferkapazität*

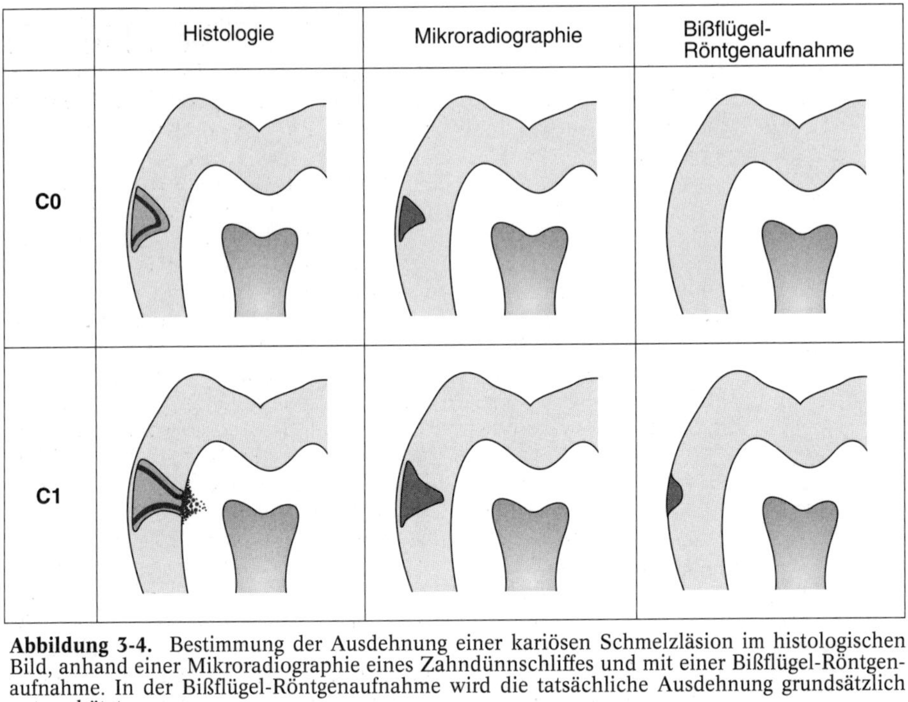

Abbildung 3-4. Bestimmung der Ausdehnung einer kariösen Schmelzläsion im histologischen Bild, anhand einer Mikroradiographie eines Zahndünnschliffes und mit einer Bißflügel-Röntgenaufnahme. In der Bißflügel-Röntgenaufnahme wird die tatsächliche Ausdehnung grundsätzlich unterschätzt.

und *mikrobiologische Tests* auf kariogene Mikroorganismen indiziert sein (s. dazu nichtinvasive Kariestherapie). Die Anfertigung von Situationsmodellen und eine Fotodokumentation können zur Diagnosesicherung und Therapieplanung beitragen.

Die klinische Untersuchung wird bei Patienten mit Myoarthropathien und bei Verdacht auf Funktionsstörungen sowie bei geplanten umfangreichen zahnerhaltenden und prothetischen Maßnahmen durch eine klinische und instrumentelle Funktionsdiagnostik abgerundet.

Bei der **klinischen Funktionsdiagnostik** wird neben dem extraoralen und intraoralen Muskelbefund als einfachste Methode die *Okklusion* und *Artikulation* der Zähne nach entsprechender Entspannung der Kaumuskulatur (ggf. nach Schienenvorbehandlung) beurteilt. Dabei dienen speziell eingefärbte Okklusionsfolien zur Orientierung. Bei maximaler Interkuspidation (nach Auftasten aus der Ruhe-Schwebe-Lage) soll ein gleichzeitiger und gleichmäßiger Kontakt zwischen den Ober- und Unterkieferzähnen vorhanden sein. Vorkontakte zeichnen sich bei Verwendung der Okklusionsfolie als stärkere und größere Färbung ab.

Die Protrusion, Laterotrusion und Mediotrusion werden ebenso mit Hilfe der gefärbten Folien überprüft. Man geht im Idealfall von einer Front-Eckzahnführung aus. Gruppenführung auf der Arbeitsseite wird bei gleichmäßiger Belastung der Zähne toleriert. Balancehindernisse sind durch Einschleifen oder entsprechend gestaltete Restaurationen zu beseitigen.

Liegen Anzeichen für Störungen der Okklusion und Artikulation vor, die nicht mehr nur klinisch zu beurteilen sind, wird eine **instrumentelle Funktionsanalyse** notwendig. Dazu werden Gipsmodelle in einen teil- oder volljustierbaren *Artikulator* eingebracht. Mindestanforderung ist dabei die Verwendung eines Schnellübertragungsbogens (arbiträre Scharnierachsenbestimmung). Es empfiehlt sich jedoch, die Scharnierachse individuell zu bestimmen und die Grenzbewegungen individuell zu registrieren. Die Modelle werden dann in einen voll justierbaren Artikulator eingebracht, in dem die Funktionsdiagnostik erfolgt. Der klinische Befund wird durch Auskultation und Palpation des Kiefergelenks, Mobilitätsmessungen des Unterkiefers usw. ergänzt (Einzelheiten zur Funktionsdiagnostik sind den entsprechenden Lehrbüchern zu entnehmen).

Nach der vollständigen zahnärztlichen Befunderhebung wird die Diagnose und wenn notwendig die Differentialdiagnose gestellt. Es schließt sich eine **Therapieplanung** an (Abb. 3-5), die mit dem Patienten durchgesprochen werden muß. Es sollte dabei auch auf mögliche andere Therapiemöglichkeiten eingegangen werden *(Differentialtherapie)*.

Bei umfangreichen Sanierungsmaßnahmen schließt sich eine schriftliche Fixierung der geplanten Therapie und deren voraussichtliche Kosten (Heil- und Kostenplan) an. Der Patient erklärt sich schriftlich mit der gewählten Therapieform und der Kostenübernahme einverstanden.

Es empfiehlt sich grundsätzlich, die Patienten über geplante zahnärztliche Maßnahmen aufzuklären und das Einverständnis des Patienten zu dokumentieren (*Aufklärungspflicht*).

Die **allgemeinen Grundsätze der Planung** im Rahmen der Therapie von Zahnhartsubstanzdefekten unterliegen sehr stark individuellen Entscheidungen des Zahnarztes. Diese wiederum sind abhängig von seinen therapeutischen Möglichkeiten und Fähigkeiten. Grundsätzlich sollte ein Mediziner sich nie dazu verleiten lassen, Therapien anzuwenden, die er nicht gänzlich beherrscht. Natürlich ist die Entscheidung für ein bestimmtes Verfahren im Rahmen der Kariestherapie auch von Patientenparametern abhängig. Allgemeingesundheitszustand, parodontale und funktionelle

Behandlungsplan

Prophylaxemaßnahmen

	Datum

erforderliche Behandlungsmaßnahmen

Behandlungs-reihenfolge	Zahn	Fläche	Therapie	Testat

Kontrollmaßnahmen

Mundhygiene:

Datum: ________

API/PBI: ________

Datum: ________

API/PBI: ________

Datum: ________

API/PBI: ________

Datum: ________

API/PBI: ________

Mundhygieneinstruktion (Mot + Inst), Zahnreinigung (Zst), Ernährungsberatung (EB), Mundhygienekontrolle (MH - Kontr), Fluortouchierung (F), Fllg. nacharbeiten (Fin), Fissurenversiegelung (FV)

AgF, Comp, Glasionomerfllg. (GIZ), WF, Aufbau, Inlay, Teilkr

Patient konservierend durchsaniert am: ________________

Abbildung 3-5. Standardisierter Bogen für die Behandlungsplanung im Rahmen der Kariestherapie.

Gebißverhältnisse und die Notwendigkeit weiterer prothetischer Maßnahmen sind nur einige Parameter, welche in die Therapieplanung mit einbezogen werden müssen. Für die Entscheidung, welche zahnerhaltenden Maßnahmen notwendig und sinnvoll sind, gibt es einige Regeln, die nachfolgend aufgeführt sind.

- Bei guter *Patientencompliance* (optimale Mundhygiene, ausreichende Fluoridprophylaxe, regelmäßiger Zahnarztbesuch) und *geringer Kariesaktivität* kommt bei einer C1-Läsion und beginnender Fissurenkaries die nichtinvasive Kariestherapie in Frage (Intensivprophylaxe, Fissurenversiegelung, Recall). Ab C2-Läsion wird bei Füllungstherapie i.d.R. mit plastischen Füllungsmaterialien minimal invasiv therapiert (z.B. in nicht okklusionstragenden Seitenzahnbereichen *Slot-Präparation* und *Komposit-Füllung,* sehr zierliche Amalgamfüllungen). Müssen alte Restaurationen erneuert werden und/oder ist eine Therapie mit Einlagefüllungen geplant, so werden natürlich alle kariös veränderten Bereiche miteinbezogen.
- Bei guter Compliance, aber hoher Kariesaktivität ist neben einem engen Recall eine umfangreiche Sanierung mit plastischen Füllungen und/oder Einlagefüllungen möglich.
- Bei schlechter Compliance und hoher Kariesaktivität sind Einlagefüllungen nicht indiziert (bei wurzelkanalbehandelten Zähnen ist hier eine Vollkrone dem Overlay vorzuziehen). Im Seitenzahnbereich werden die kariösen Defekte mit Amalgam versorgt, dabei sind auch fragliche Fissurenkaries und C1-Läsionen miteinzubeziehen.
- Bei schlechter Compliance und geringer Kariesaktivität sind meistens nur einzelne Restaurationen anzufertigen. Hier sollten jedoch auch die beginnenden Kariesläsionen invasiv behandelt werden.

Grundsätzlich werden alle aktiven kariösen Kavitäten, Sekundärkaries, Kariesrezidiv und defekte Restaurationen invasiv behandelt.

Keilförmige Defekte werden, solange sie keine Beschwerden verursachen, ästhetisch nicht stören und eine bestimmte Tiefe nicht überschritten haben, nicht invasiv behandelt (Umstellung der Putztechnik, d.h. keine vertikale Bürsttechnik, Ausschalten von Fehlbelastungen).

Bei Erosionen im Glattflächenbereich wird bei geringem Zahnhartsubstanzverlust ähnlich verfahren, wobei zusätzlich eine entsprechende Ernährungsberatung und Lenkung erfolgt (Vermeidung erosiver Getränke, Einschränkung exzessiven Obstgenusses usw.).

Bei großflächigen Erosionen mit entsprechender Abnützung auch im Kauflächenbereich sind oft nur noch prothetische Maßnahmen indiziert.

Zahnhartsubstanzverluste anderer Genese, wie z.B. Amelogenesis imperfecta, erfordern zumeist eine umfangreiche prothetische Versorgung, um die verbleibende Zahnhartsubstanz vor weiterem „Zerfall" zu schützen. Im Milchgebiß ist hier dic Anfertigung von Stahlkronen indiziert.

Dieses Behandlungsraster dient der groben Orientierung. Es ist in diesem Rahmen nicht möglich, für jeden denkbaren Fall eine Therapie vorzuschlagen. In den folgenden Kapiteln wird auf die einzelnen Therapiemöglichkeiten genauer eingegangen.

4 Kariesprophylaxe und minimal invasive Kariestherapie

Der heutige Wissensstand zur Ätiologie und Pathogenese der Karies ist so gut, daß durch den Einsatz präventiver Maßnahmen ein deutlicher Kariesrückgang erzielt werden kann.

Der Kariesbefall ist in Deutschland nach wie vor sehr hoch. Das liegt u.a. daran, daß der Kariesentstehung auch eine biosoziale Komponente zugrunde liegt. Die Kariesentstehung unterliegt kulturellen, technologischen und ökonomischen Einflüssen unserer Gesellschaft. Einer der Hauptgründe für die weiterhin hohe Kariesmorbidität ist die mangelnde Bereitschaft bei einzelnen Menschen, bestimmte krankheitsfördernde Gewohnheiten zu ändern. Hinzu kommen jedoch zahlreiche gesellschaftlich bedingte Einflüsse. So erwartet der Patient vom Zahnarzt, daß er „aktiv" (restaurativ) tätig wird. Obwohl die zahnmedizinische Ausbildung vermittelt, daß häufig präventive Maßnahmen ausreichend wären, wird der Zahnarzt aufgrund dieser Zwänge restaurativ tätig. Wirtschaftliche Überlegungen unterstützen diesen Trend. Lokalanästhesie, bequeme Behandlungsweise und der Einsatz sogenannter ästhetischer Restaurationsmaterialien lassen Kariesprävention als Zielvorstellung für den Patienten in den Hintergrund treten. Das zentrale Problem im öffentlichen Gesundheitswesen und in der Praxis ist also die Entscheidung, ob und wie Prävention besser in die zahnärztliche Behandlung integriert werden kann.

Karies ist eine multifaktoriell bedingte Erkrankung, das impliziert den Einsatz variabler Präventionsmaßnahmen. Die **primären Präventionsmaßnahmen** zielen darauf ab, Neuerkrankungen zu verhindern. Das wird im allgemeinen durch gesundheitsfördernde und protektive Maßnahmen erreicht (z.B. Fluoridapplikation, Ernährungsumstellung).

Im Rahmen der **sekundären Prävention** sollen Schäden früh diagnostiziert werden (z.B. initiale Kariesläsionen durch Bißflügelaufnahmen) und damit die Anzahl der Manifestationen neuer Erkrankungen reduziert bzw. der Zahnhartsubstanzverlust begrenzt werden (Remineralisation, Fissurenversiegelung).

Auf der **tertiären Präventionsebene** wird durch spezielle Behandlungsmaßnahmen (z.B. minimal invasive Restaurationstechnik) schadensgerecht therapiert. Gleichzeitig wird dabei einer weiteren Schädigung vorgebeugt (z.B. Vermeidung überhängender Füllungsränder durch Verwendung von Matrizen).

Aus didaktischen Gründen wird sowohl in Lehrbüchern als auch im studentischen Unterricht zwischen *präventiven* und *restaurativen* Maßnahmen unterschieden. Die Patienten sollen letztlich jedoch eine integrierte Gesundheitsfürsorge erhalten. Dabei spielen u.a. Präventionsverhalten und Präventionserwartung, familiäre und soziale Situationen, momentane Kariesaktivität, Ernährungsgewohnheiten, Fluoridanwendung und Einstellung zu Fluoridierungsmaßnahmen, Mundhygieneverhalten, Alter usw. eine Rolle.

Gruppenprophylaktische Maßnahmen (wie Speisesalzfluoridierung, Zahnputzprogramme usw.) müssen durch **Individualprophylaxe** (Zahnarzt, Dentalhygienikerin) ergänzt werden. Nicht für jeden Menschen kann die optimale Lösung die richtige Lösung sein. Es müssen individuelle Ziele formuliert werden, die für den einzelnen Patienten erreichbar sind.

Prophylaktische und restaurative Maßnahmen bilden also eine Einheit, auch wenn sie in den folgenden Kapiteln einzeln dargestellt werden.

Die vier tragenden **Pfeiler der Kariesprävention** sind:
- Ernährungsumstellung
- Anwendung fluoridhaltiger Kariostatika
- Fissurenversiegelung
- Mundhygienemaßnahmen.

Hinzu kommen eine Reihe zusätzlicher Präventivmaßnahmen, die jedoch in ihrer Wirksamkeit noch kritisch beurteilt werden müssen.

4.1 Ernährungsberatung und -lenkung

4.1.1 Grundlagen

Zahnkaries entsteht u.a. durch falsche Ernährung. Durch eine zweckmäßige, zahngesunde Ernährung kann die Kariesmorbidität erheblich reduziert werden.

> Es gibt zwar keine spezielle Diät, die Karies vollständig verhindert, durch die Einschränkung des Konsums zuckerhaltiger Nahrungs- und Genußmittel kann ihre Entstehung jedoch wesentlich eingeschränkt werden.

Es liegt letztlich in der Entscheidung jedes erwachsenen Menschen, ob er sich gesund ernähren will, der Zahnarzt steht jedoch in der Pflicht, die Patienten zu beraten und ihnen Alternativen zum bisherigen Ernährungsverhalten aufzuzeigen. Ergänzend sollten Erziehungspersonen wie Eltern, Kindergärtnerinnen, Lehrer usw. sowie Pflegepersonal (speziell in der Altenfürsorge) instruiert und motiviert werden, auf eine zahngesunde Ernährung bei den zu betreuenden Personen zu achten. Grundsätzlich empfehlen Ernährungswissenschaftler im Hinblick auf die Allgemeingesundheit und speziell auf die Zahngesundheit eine faserreiche Mischkost mit nur geringem Anteil niedermolekularer Kohlenhydrate als bedarfsgerechte Ernährung.

Es ist durchaus auch erstrebenswert, mehrere Mahlzeiten über den Tag verteilt zu essen. Die Zwischenmahlzeiten sollten jedoch aus kariologischer Sicht keinen Zucker enthalten.

> Zur Kariesentstehung tragen alle vergärbaren Kohlenhydrate wie Saccharose, Glukose, Fructose, Maltose, Lactose, weiterverarbeitete Stärke u.a. bei, wenn auch die Saccharose eine Sonderstellung einnimmt, da sie von kariogenen Mikroorganismen bevorzugt abgebaut wird.

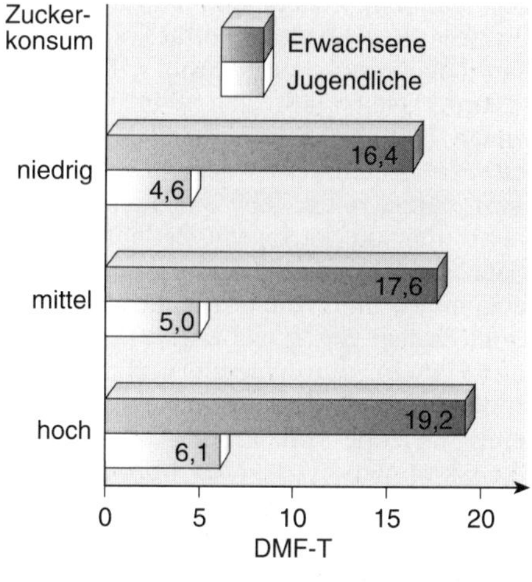

Abbildung 4-1. Beziehung zwischen Zuckerkonsum und Zahngesundheitszustand bei Erwachsenen (35–54 Jahre) und Jugendlichen (13–14 Jahre). Mit steigendem Zuckerkonsum steigt der DMF-T-Wert bei beiden Gruppen an. Die Unterschiede zwischen den Gruppen mit niedrigem, mittlerem und hohem Zuckerkonsum sind signifikant (nach BAUCH et al. 1991).

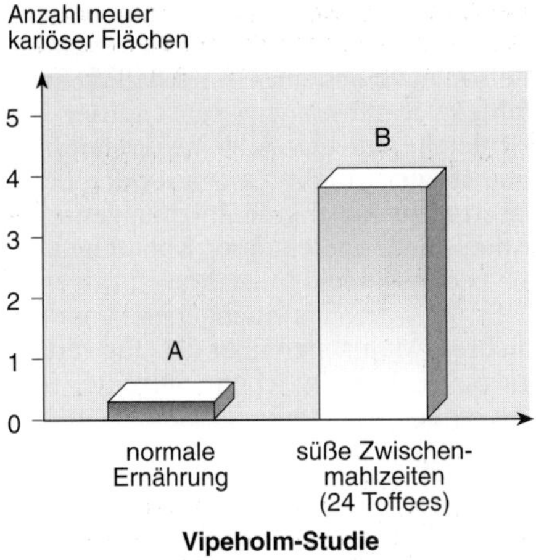

Abbildung 4-2. Karieszunahme bei einer Versuchsgruppe (48 Männer) der VIPEHOLM-Studie. Die Männer nahmen im Jahr A die übliche zuckerhaltige Ernährung zu sich. Im Jahr B bekamen sie zusätzlich 24 Toffees in Form von Zwischenmahlzeiten (nach NIKIFORUK 1985).

Aus zahlreichen Statistiken geht hervor, daß mit zunehmendem Zuckerverbrauch die Kariesmorbidität in der Gesamtbevölkerung steigt (Abb. 4-1).

Andererseits läßt sich aber heute in vielen Ländern ein **Kariesrückgang** bei nahezu gleichbleibendem Zuckerkonsum verzeichnen. Die meisten Kenntnisse über die kariogene Bedeutung der Saccharose sind aus Extremsituationen abgeleitet, und die einfache Relation „viel Zucker gleich viel Karies" gilt heute nicht mehr automatisch und für alle Individuen, da Ernährungsfehler durch eine Vielzahl von Prophylaxemaßnahmen kompensiert werden können. Entscheidender ist jedoch für die Kariesentstehung die Zeitspanne pro Tag, in der sich leicht metabolisierbare Kohlenhydrate in der Mundhöhle befinden. In klassischen Studien konnte nachgewiesen werden, daß die Häufigkeit der Zuckerzufuhr eng mit der Kariesinzidenz korreliert (Abb. 4-2).

Die kleinste Menge Saccharose, die zu einer zahnmedizinisch relevanten Säurebildung in der Plaque führt, beträgt ca. 15 mg. Mit 150–500 mg Saccharose kann eine maximale Säurebildung innerhalb der Plaque erreicht werden.

Süße Zwischenmahlzeiten, die eine Kombination aus hohem Zuckergehalt und häufiger Aufnahme darstellen, sind als besonders kariesfördernd einzustufen.

Insgesamt betrachtet ist aber die relative Kariogenität eines Nahrungsmittels schwer zu bewerten.

Als **Produkt-bezogene Faktoren** spielen der Typ und die Menge der Kohlenhydrate, die chemische Zusammensetzung (Fett-, Proteinanteil usw.), physikalische Eigenschaften (Klebrigkeit, Festigkeit) und möglicherweise schützende Bestandteile eine Rolle.

Von den **Individuum-bezogenen Faktoren** sind neben der Häufigkeit auch die Reihenfolge der Aufnahme, die „oral clearance rate" (Elimination aus der Mundhöhle pro Zeiteinheit in Minuten) und die Mundhygiene zu nennen. Die „oral clearance rate" wiederum hängt von Faktoren wie Speichelfluß, Zahnstellung u.a. ab.

Aufgrund dieser zahlreichen Faktoren liegen wenig verläßliche Daten über die relative Kariogenität von Nahrungsmitteln vor. Neben allen zuckerhaltigen Speisen und Getränken gelten Produkte, die Zucker in Kombination mit weiterverarbeiteter Stärke enthalten, als besonders kariogen.

Es läßt sich also festhalten, daß es wünschenswert ist, die Gesamtmenge niedermolekularer Kohlenhydrate, speziell von Saccharose, in der Nahrung zu reduzieren. Dabei sollte speziell die Frequenz der Zwischenmahlzeiten, die niedermolekulare Kohlenhydrate enthalten, gesenkt werden (Abb. 4-3).

Zu den empfehlenswerten Zwischenmahlzeiten gehören z.B. Milch und Milchprodukte, Quark, Obst und Gemüse, Säfte und Nüsse, sofern ihnen kein Zucker zugesetzt wird. Es ist jedoch darauf hinzuweisen, daß auch diese Nah-

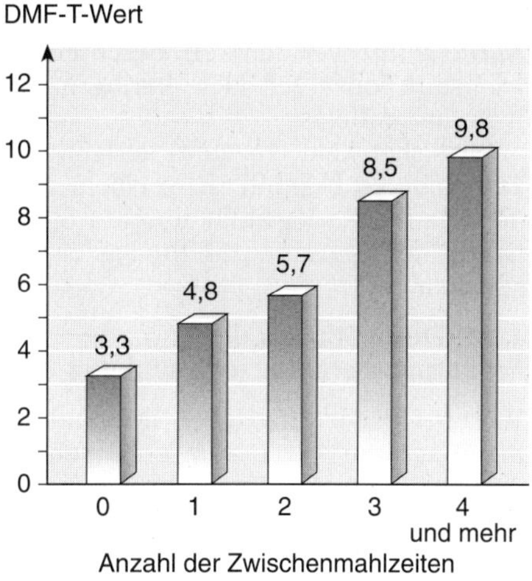

Abbildung 4-3. Zusammenhang zwischen Häufigkeit der zuckerhaltigen Zwischenmahlzeiten und Kariesbefall bei 5- und 6jährigen Kindern.

Tabelle 4-1. Zuckergehalt verschiedener kariogener Nahrungsmittel, die als Zwischenmahlzeiten ungeeignet sind (nach SCHRAITLE und SIEBERT 1987).

Lebensmittel	Zuckergehalt in g/100 g
Süßwaren	
Bonbons	90
Schokolade	60
Eiscreme	20
Butterkekse	20
Brotaufstriche	
Honig	75
Marmelade	60
Nuß-Nougat-Creme	50–60
Obstkonserven	16–44
Fruchtsäfte	
gesüßt	10–20
Frischobst	
Bananen	18
Trockenfrüchte	40–64
Cola-Getränke	8–11
Tomatenketchup	28–30

rungsmittel bei zu häufiger Zufuhr zahnschädlich sein können. Kariogen hingegen sind alle Süßwaren, Schokolade, Eiscreme, Honig, Marmelade, Nuß-Nougat-Cremes, Traubensaft, Bananen, Obstkonserven, Trockenobst und anderes. Klebrige Süßigkeiten sollten vermieden werden, da sie eine lange Clearance-Zeit besitzen.

Mit diesen Vorgaben wird dem modernen Verständnis der Kariesentstehung Rechnung getragen. Es kommt selten, und wenn, dann zeitlich limitiert, zu Demineralisationsattacken auf die Zahnhartsubstanzen. Für die Remineralisation durch den Speichel stehen dadurch lange Zeiträume zur Verfügung.

4.1.2 Bestimmung der Zahngefährdung durch Nahrungsmittel

Die Kariogenität von Nahrungsmitteln hängt in erster Linie von ihrem Gehalt leicht vergärbarer niedermolekularer Kohlenhydrate ab.

In Deutschland beträgt der durchschnittliche Verbrauch von Süßwaren 43 g (davon ca. 24 g Zucker pro Tag). Den meisten Menschen ist die Zuckerkonzentration, die verschiedene Lebensmittel besitzen, kaum bekannt (Tab. 4-1).

Man darf jedoch nicht vergessen, daß auch durch **säurehaltige Nahrungsmittel** Zahnschäden entstehen können (Erosionen). Während beim Genuß **kariogener Nahrungsmittel** die häufige Bildung organischer Säuren durch die Plaque-Bakterien im Vordergrund steht, bewirken säurehaltige Nahrungsmittel eine direkte Demineralisation der Zahnoberfläche. Auch derartige Säureschäden gilt es durch entsprechende Beratung zu vermeiden (Tab. 4-2).

Dabei muß die Häufigkeit des Genusses und die Verweildauer saurer Nah-

Tabelle 4-2. Getränke mit niedrigem pH-Wert, deren häufiger Genuß zu Erosionen der Zahnhartsubstanzen führen kann (nach HICKEL 1993).

Getränk	pH-Wert
Zitronensaft	2,0
Cola	2,5
Orangensaft	3,5
Apfelsaft	3,5
Buttermilch	4,4
Mineralwasser mit	
viel Kohlensäure	5,2
wenig Kohlensäure	6,3

rungsmittel reduziert werden, damit auch hier dem Speichel genügend Zeit zum Abpuffern und zur Remineralisation zur Verfügung steht. Es sollte beachtet werden, daß auch Fruchtsäfte, Vitaminpräparate, Buttermilch u.a., die prinzipiell als gesunde Nahrungsmittel betrachtet werden, bei exzessivem Genuß Erosionen erzeugen können.

Um die Kariogenität von Nahrungsmitteln zu beurteilen, wurden zahlreiche Testverfahren entwickelt. In-vitro-Studien oder Tierstudien unter gut protokollierten Bedingungen sind als Screening-Test geeignet, können aber Studien beim Menschen letztlich nicht ersetzen. Beim Menschen können Langzeit- oder gut kontrollierte Kurzzeitstudien durchgeführt werden, sofern sie ethisch vertretbar sind.

Als besonders geeignet gelten heute die intraorale Plaque-pH-Wert-Bestimmung oder die Bestimmung des Demineralisationsgrades von in der Mundhöhle fixierten Schmelzproben. Mit der intraoralen **Plaque-pH-Wert-Messung** wird die *potentielle Kariogenität* bestimmt. Fällt der pH-Wert in der Plaque nach Gabe eines Nahrungsmittels (beinhaltet auch Getränke) unter den kritischen pH-Wert, wird das Produkt als potentiell kariogen eingestuft. Als zahnschonend wird ein Nahrungsmittel bezeichnet, wenn der pH-Wert in der interdentalen Plaque bis zu 30 Minuten nach dem Verzehr nicht unter 5,7 fällt. Der Begriff *relative Kariogenität* versucht zu beschreiben, wie stark oder schwach kariogen ein Nahrungsmittel ist.

Da bisher kein einzelnes verläßliches Testverfahren bekannt ist, versucht man die relative Kariogenität durch Kombination der genannten Methoden zu bestimmen.

4.1.3 Durchführung der Ernährungsberatung und -lenkung

Wie bei jeder ärztlichen Maßnahme benötigt man auch hier eine genaue Anamnese. Diese besteht in einem adäquaten, validen und vertrauenswürdigen *Ernährungsprotokoll.* Dieses Protokoll sollte mindestens drei Tage lang geführt werden. Es kann in standardisierter vorgefertigter Form zum Ankreuzen mitgegeben werden oder wird vom Patienten nach entsprechenden groben Vorgaben selbst angefertigt (Abb. 4-4).

Aufgrund dieses Ernährungsprotokolls analysiert der Zahnarzt die Ernährungsgewohnheiten und die Nahrungsmittelzusammensetzung. In einer speziell anberaumten Sitzung wird der Zusammenhang zwischen den speziellen Zahnproblemen des Patienten und seinen Ernährungsgewohnheiten erklärt. Grafische Darstellungen des Zusammenhanges helfen bei der Aufklärung. Dem Patienten muß dabei erklärt werden, welche kariogenen „Zuckerarten“ es gibt (Glukose, Fructose, Saccharose usw.). Der Patient wird dann aufgefordert, Vorschläge zu machen, wie er die hohe Frequenz der Zuckeraufnahme reduzieren kann. Der Zahnarzt macht Vorschläge, wie die kariogenen Zwischenmahlzeiten durch nichtkariogene ersetzt werden können. Das kann durch Verzicht auf Süßigkeiten zu den Zwischenmahlzeiten oder durch

→ **Abbildung 4-4.** Ernährungsfragebogen zur Evaluation der Ernährungsgewohnheiten bei Erwachsenen und Kindern im Rahmen der Ernährungsberatung und -lenkung (nach SCHRAITLE und SIEBERT 1987).

Bitte geben Sie an, wie häufig Sie die genannten Lebensmittel verzehren/wie häufig Ihr Kind die genannten Lebensmittel verzehrt

		esse/trinke ich 1mal täglich	esse/trinke ich 2-3mal täglich	esse/trinke ich häufiger
I	Milch, Milchprodukte	☐	☐	☐
	Trinkmilch	☐	☐	☐
	Kakaogetränk	☐	☐	☐
	Joghurt natur	☐	☐	☐
	Früchtejoghurt	☐	☐	☐
	Kräuterquark	☐	☐	☐
	Früchtequark	☐	☐	☐
	Käse	☐	☐	☐
	Pudding	☐	☐	☐
	Milchbrei	☐	☐	☐
II	Fleisch, Fleischwaren, Fisch	☐	☐	☐
	Fleisch als Braten, Schnitzel usw.	☐	☐	☐
	Brathähnchen	☐	☐	☐
	Wurst	☐	☐	☐
	Fisch (gebraten, gedünstet, geräuchert)	☐	☐	☐
	Fischkonserven	☐	☐	☐
III	Getreideprodukte	☐	☐	☐
	Brötchen	☐	☐	☐
	Vollkornbrot	☐	☐	☐
	Mischbrot	☐	☐	☐
	Teigwaren	☐	☐	☐
	Reis	☐	☐	☐
	Getreideflocken, z.B. als Müsli	☐	☐	☐
	Brot mit Marmelade, Nuß-Nougatcreme, Honig	☐	☐	☐
	Cornflakes	☐	☐	☐
	Kuchen	☐	☐	☐
IV	Obst , Gemüse	☐	☐	☐
	Kartoffeln	☐	☐	☐
	Gemüse, gekocht	☐	☐	☐
	Gemüse, roh, z.B. als Salat	☐	☐	☐
	Frischobst	☐	☐	☐
	Obstkonserven	☐	☐	☐
V	Getränke	☐	☐	☐
	Kaffee, ungesüßt	☐	☐	☐
	Kaffee, gesüßt (Zucker)	☐	☐	☐
	Tee, ungesüßt	☐	☐	☐
	Tee, gesüßt (Zucker)	☐	☐	☐
	Limonade	☐	☐	☐
	Cola-Getränke	☐	☐	☐
	Fruchtsäfte	☐	☐	☐
	Bier	☐	☐	☐
	Wein	☐	☐	☐
	Mineralwasser	☐	☐	☐
VI	Knabberartikel	☐	☐	☐
	Nüsse	☐	☐	☐
	Kaugummi	☐	☐	☐
	Kaugummi, ohne Zucker	☐	☐	☐
	Bonbons, Lutscher	☐	☐	☐
	Schokolade, Schokoriegel	☐	☐	☐
	Speiseeis	☐	☐	☐
	Waffeln	☐	☐	☐
	Kekse	☐	☐	☐
	Trockenfrüchte	☐	☐	☐

die Verwendung nichtkariogener Süßungsmittel geschehen.

Eine spezielle Ernährungsberatung sollte bei Schwangeren durchgeführt werden. Der unüberwachte, ständige Genuß kariogener Getränke und Nahrungsmittel, speziell in Saugerflaschen aus Kunststoff, führt bei **Kleinkindern** zu einer extrem raschen Zerstörung der durchbrechenden Milchzähne mit der Folge des Zahnverlustes *(nursing bottle caries)*. Selbst der ständige Genuß von Milch aus Saugerfläschchen, speziell während der Nacht, kann zu einer solchen Karies führen.

Bei **Zahnerosionen** wird auf die Rolle saurer Getränke (z.B. Soft Drinks), von Zitrusfrüchten, sauren Nahrungsmitteln, Vitaminprodukten, Medikamenten (z.B. ASS) usw. hingewiesen. Eine wenig abrasive Zahnputztechnik wird ebenfalls eingeübt.

4.1.4 Kalorische und nichtkalorische Süßungsmittel

Zucker ist billig, leicht in reiner Form herzustellen und kalorienreich. Er ist angenehm süß, findet Verwendung als Konservierungsmittel, Füllstoff, Verzierung usw. Allein aus diesen Gründen ist es schwierig, auf Zucker zu verzichten bzw. einen Zuckerersatz- oder -austauschstoff zu finden. Die Suche nach einem solchen Stoff ist nicht nur aus zahnmedizinischer Sicht, sondern auch aus allgemeinmedizinischer Sicht wichtig. Immer mehr Menschen leiden nämlich an Diabetes und Übergewicht mit entsprechenden Folgeerkrankungen.

> Ein zuckerfreies Süßungsmittel sollte nur langsam oder überhaupt nicht von kariogenen Mikroorganismen abgebaut werden können, ungefähr die Süßkraft des Zuckers besitzen und nicht teurer als Zucker sein. Man unterscheidet heute zwischen **kalorischen Süßstoffen** und **nichtkalorischen Süßungsmitteln.**

Unter die Rubrik kalorische Süßungsmittel lassen sich *Mannit, Sorbit, Xylit* und andere einordnen. Sie werden auch als **Zuckeraustauschstoffe** bezeichnet.

Xylit kommt in Beeren und Gemüsen vor, wird kommerziell jedoch aus harten Hölzern wie Birke extrahiert. Da Xylit im Magen-Darmtrakt nur teilweise absorbiert wird, kann es bei Genuß von mehr als 50 g pro Tag bei Erwachsenen (30 g bei Kindern) zu Diarrhö kommen. Xylit ist ein nichtkariogenes Süßungsmittel (Abb. 4-5).

In neueren Untersuchungen wird Xylit sogar eine antikariogene Wirksamkeit zugesprochen, deren genauer Mechanismus bisher allerdings nicht bekannt ist.

Auch *Sorbit* ist Bestandteil vieler Pflanzen. Es wird durch Hydrogenation aus Glukose industriell gewonnen. Seine Süßkraft ist halb so groß wie die von Glukose (Tab. 4-3).

Es wird langsam und unvollständig im Intestinaltrakt absorbiert, so daß es bei häufigem Genuß, ähnlich wie bei Xylit, zu Durchfallerkrankungen kommt. Sorbit wird zwar geringfügig von Streptococcus-mutans-Stämmen metabolisiert, es resultiert jedoch ein geringer pH-Abfall, so daß sorbitgesüßte Süßigkeiten als zahnschonend gelten.

Als **nichtkalorische Süßungsmittel** finden hauptsächlich *Saccharin, Cyclamat und Aspartam* (Phenylalanin) Verwendung. Diese Stoffe besitzen eine extrem hohe Süßkraft, so daß sie sich nicht als Füllstoff, z.B. beim Backen, eignen. Sie senken den interdentalen Plaque-pH nicht, so daß sie als nichtkariogen eingestuft werden können. Die nichtkalorischen Süßungsmittel sind immer wieder wegen angeblicher Gesundheitsgefährdung in die Diskussion geraten, so daß z.B. Cyclamat in den USA nicht mehr verwendet werden darf.

Es gibt zudem zahlreiche andere pflanzliche Süßungsmittel, die jedoch aufgrund ihrer extremen Süßkraft nur selten, z.B. bei der Herstellung von Pharmazeutika, Verwendung finden.

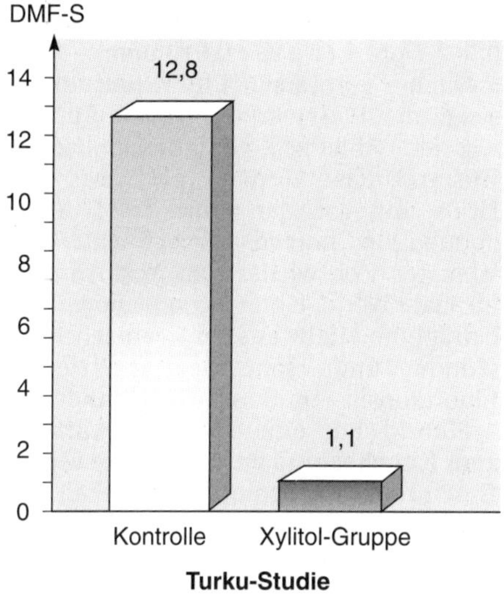

Abbildung 4-5. Kariesreduktion durch Verringerung der täglichen Zuckeraufnahme. In der Turku-Studie wurden Personen, die den Süßstoff Xylitol zum Süßen fast aller Nahrungsmittel verwendeten, mit einer Kontrollgruppe verglichen, die „normale" zuckerhaltige Ernährung erhielt (nach SCHEINEN und MAKINEN 1975).

Tabelle 4-3. Relative Süßkraft von verschiedenen Zuckern und anderen Süßungsmitteln (die Süßkraft von Saccharose wurde mit dem Wert 1 zugrunde gelegt).

Lactose	0,16
Galactose	0,32
Sorbitol	0,54
Mannitol	0,57
Glucose	0,74
Sucrose	1,00
Invertzucker (G & F)	1,30
Fructose	1,73
Natriumcyclamat	30–80
Aspartam (L-aspartyl-L-phenylalaninmethylester)	150–200
Saccharin	200–700
Monellin	3000

Moderne Ernährungsberatung und -lenkung in der Zahnmedizin berücksichtigt die wissenschaftlichen Erkenntnisse zur Kariesentstehung. Es kann daher nicht darum gehen, den Zuckerkonsum vollständig zu unterbinden. Mäßiger Zuckergenuß während oder nach den Hauptmahlzeiten mit nachfolgender Mundhygiene und damit verbundener Speichelstimulation ist aus kariologischer Sicht dann nicht bedenklich, wenn auf kariogene Zwischenmahlzeiten verzichtet wird.

4.2 Kariesprophylaxe mit Fluoridverbindungen

Fluoride nehmen eine zentrale Rolle in der Kariesprophylaxe ein. Wenige Maßnahmen der öffentlichen Gesundheitsfürsorge wurden so intensiv, über einen so langen Zeitraum und unter derartig verschiedenen wissenschaftlichen Gesichtspunkten untersucht, wie die Anwendung der Fluoride bei der Kariesprävention. Der Metabolismus, die Toxikologie und die Effektivität verschiedener Fluoridverbindungen gelten heute als wissenschaftlich weitestgehend erforscht. Die exakten Mechanismen der kariesreduzierenden Wirkung der Fluoride konnte bisher allerdings trotz zahlreicher Experimente nur in Teilbereichen geklärt werden.

4.2.1 Fluoridzufuhr, Fluoridaufnahme und Fluoridmetabolismus

Fluorid kommt im Trinkwasser, Erdboden (80–100 ppm), in der Luft (0,1–1,3 µg/m³) und in Nahrungsmitteln in unterschiedlich hoher Konzentration vor. So liegt der **Trinkwasserfluoridgehalt** in Deutschland zwischen 0,02 und 1,8 mg/l (= **p**arts **p**er **m**illion). Er erreicht allerdings nur in einigen Gebieten Werte über 0,5 ppm. In der Trinkwasserverordnung ist eine Höchstgrenze von 1,5 ppm F^- festgelegt. Einige Mineralwässer weisen erheblich höhere Fluoridgehalte auf, die dann jedoch entsprechend kenntlich gemacht werden müssen (ab 5 ppm mit Warnhinweis). Der erwachsene Mensch nimmt mit der täglichen Nahrung durchschnittlich 0,3 bis 0,7 mg Fluorid auf (Tab. 4-4).

In Gegenden mit hohem Teekonsum, hohem Anteil von Seefisch in der täglichen **Nahrung** und fluoridiertem Trinkwasser kann die Fluoridzufuhr höher sein.

Zu dem mit der Nahrung aufgenommenen Fluorid kommt die über fluoridhaltige **Kariostatika** aufgenommene Menge hinzu. Sie ist je nach angewandtem Mittel und der Menge des dabei verschluckten Fluorids unterschiedlich hoch.

Man muß allerdings zwischen Fluoridaufnahme und -resorption, d.h. Bioverfügbarkeit, unterscheiden. Etwa 60–80% des Nahrungsfluorids gelangen über den Verdauungstrakt in das Blut und sind damit bioverfügbar. Wird anorganisches Fluorid im Rahmen der Kariesprophylaxe zugeführt, so werden 80–100% der verschluckten Fluoridmenge resorbiert.

Die **Fluoridresorption** ist behindert, wenn die Fluoride in schwer löslicher Form, z.B. als Kalziumfluorid, vorliegen. Der Fluoridgehalt des Blutplasmas (ionisches Fluorid) beträgt in der Regel 0,7–2,4 µM/l (1 µM = 0,019 ppm).

Nach peroraler **Fluoridaufnahme** steigt die Plasmakonzentration kurzfristig an. Abhängig vom metabolischen Zustand des Körpers, pH-Werts des Urins und von der Höhe der Fluoridapplikation, kommt es nach einer bestimmten Zeit wieder zum Absinken auf normale Werte. Unter Normbedingungen beträgt die Halbwertszeit – je nach Individuum und Höhe der applizierten Fluoriddosis – im Plasma 2–9 Stunden.

Fluorid hat eine spezielle **Affinität zum Knochen** und zu Zahnhartgeweben. Es wird im Knochen in Abhängigkeit von der Bioverfügbarkeit und Häufigkeit der Aufnahme unterschiedlich hoch angereichert. Die besondere Affinität zum Knochengewebe bewirkt, daß das Skelett der entscheidende Faktor für die Homöostase von Fluorid im Blut ist. Bei plötzlicher hoher Fluoridzufuhr ist das Skelett Auffang- und Ausgleichsreservoir. Ein kleiner Teil des täglich aufgenommenen

Tabelle 4-4. Fluoridaufnahme bei Erwachsenen über die tägliche Nahrung (mg/Tag). Die Zahlen der Deutschen Gesellschaft für Ernährung (DGE) stammen von 1980. Aufgrund verbesserter Analysemethoden mußten die Werte später nach unten korrigiert werden. Von den aufgeführten Fluoridmengen sind allerdings nur etwa 70–80% bioverfügbar.

	DGE	Oehlschlegel
Fleisch, Fisch	0,222	0,058
Eier, Milch, Fett	0,102	0,035
Backwaren, Nährmittel	0,156	0,098
Gemüse, Kartoffeln	0,056	0,057
Obst	0,020	0,023
Zucker, Süßwaren	0,008	0,004
feste Nahrung gesamt	**0,564**	**0,265**
Getränke	0,238	0,175
insgesamt ohne Trinkwasser	**0,802**	**0,440**
Trinkwasser		0,130
gesamt	**0,802**	**0,570**

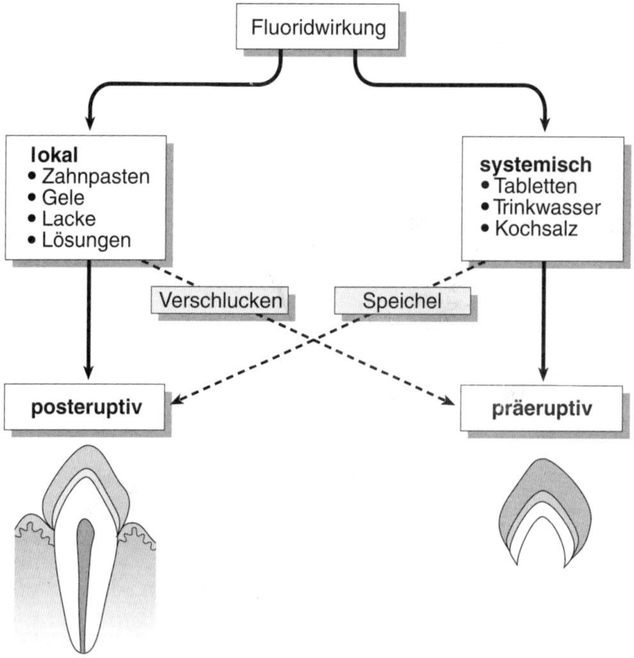

Abbildung 4-6. Möglichkeiten der Fluoridprophylaxe und ihre Wirkung auf Zahnhartsubstanzen. Durch systemische Fluoridierung wird die präeruptive Schmelzbildung und -reifung beeinflußt. Gleichzeitig kommt es aber auch über den Speichel zur lokalen Fluoridierung bereits durchgebrochener Zähne. Umgekehrt können lokale Fluoridierungsmittel auch eine systemische Wirkung besitzen, wenn sie verschluckt werden. Die Hauptwirkung lokal applizierter Fluoride liegt jedoch in der Beeinflussung von De- und Remineralisationsvorgängen an der Zahnoberfläche.

Fluorids wird allerdings dauerhaft im Knochen retiniert. Der Fluoridgehalt des Knochens nimmt daher im Lauf des Lebens zu und erreicht mit 50–60 Jahren ein Plateau. Der Fluorideinbau im Knochen bewirkt eine Vergrößerung der Apatitkristalle, mindert die Löslichkeit und stabilisiert das Skelettsystem.

Während der Wachstumsphase besteht meistens eine **positive Fluoridbilanz.** Etwa 45% des zugeführten Fluorids wird retiniert. 1% wird mit dem Schweiß, 1% mit dem Speichel, 49% über die Nieren und 4% über die Fäzes ausgeschieden.

Beim Erwachsenen herrscht meistens eine **ausgeglichene Fluoridbilanz,** d.h., es wird etwa 30% des resorbierten Fluorids in den Knochen eingelagert, der gleiche Anteil jedoch auch wieder durch osteoklastische Tätigkeit freigesetzt. Letztlich wird dann die gleiche Menge Fluorid wieder ausgeschieden, die auch aufgenommen wurde (94% davon über die Nieren).

Bei Zufuhr hoher Fluoridkonzentrationen über einen längeren Zeitraum wird vermehrt Fluorid in den Knochen eingebaut, so erfolgt wieder die Einstellung der Homöostase im Blutplasma mit ausgeglichener Fluoridbilanz.

Wird anschließend die Fluoriddosierung wieder herabgesetzt, kommt es über einen bestimmten Zeitraum zu einer **negativen Fluoridbilanz,** d.h., es wird vermehrt Fluorid aus dem Knochen freigesetzt und ausgeschieden, um schließlich wieder in einer ausgeglichenen Bilanz zu enden. Im menschlichen Körper

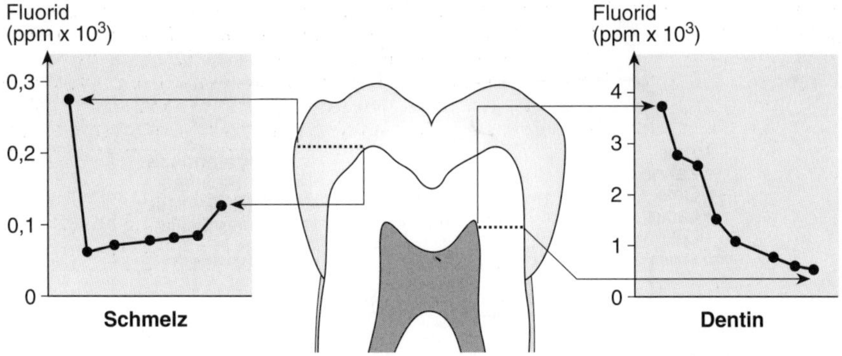

Abbildung 4-7. Fluoridprofil im Zahnschmelz und Dentin frisch durchgebrochener Zähne.

ist Fluorid in einer Größenordnung von 10 g fest eingebaut.

Fluorid hat auch eine besondere **Affinität zu Zahnhartgeweben.** Es kommt daher während der *primären Mineralisation* und mehr noch während der *präeruptiven Reifungsmineralisation* zur Fluorideinlagerung in die Zahnhartgewebe (Abb. 4-6).

Dabei wird Fluorid vornehmlich in das Kristallgitter des Hydroxylapatits eingebaut. Durch den präeruptiven Einbau von Fluorid in die Schmelzkristallite wird das Kristallgitter stabiler und die Schmelzlöslichkeit gegenüber Säuren wird herabgesetzt, d.h., die Zahnhartsubstanzen werden widerstandsfähiger gegenüber kariösen Attacken.

Bei frisch durchgebrochenen Zähnen findet man an der Schmelzoberfläche die höchste Fluoridkonzentration. Sie nimmt zu den inneren Schmelzbereichen hin ab und steigt zur Schmelz-Dentingrenze hin wieder an (Abb. 4-7).

Nach Zahndurchbruch kann durch lokale Fluoridierungsmaßnahmen die Fluoridkonzentration an der Oberfläche der touchierten Zahnhartgewebe (normalerweise des Zahnschmelzes) weiter zunehmen.

4.2.2 Fluoride als Kariostatika

In den zwanziger Jahren dieses Jahrhunderts stellten Black und McKay fest, daß in Gebieten mit einem erhöhten Trinkwasserfluoridgehalt (0,7–1 ppm Fluorid) bei überdurchschnittlich vielen Kindern und Jugendlichen weiße Schmelzflecken diagnostiziert werden konnten. Gleichzeitig wiesen diese Personen jedoch einen geringeren Kariesbefall auf als Kinder aus anderen Gebieten mit geringerem Trinkwasserfluoridgehalt. Es entstand die Vermutung, daß ein Tinkwasserfluoridgehalt in einer Größenordnung von 1 ppm eine kariesprophylaktische Wirksamkeit besitzt.

Diese Theorie wurde von Dean 1938 in epidemiologischen Untersuchungen bestätigt. Er fand, daß es bei einem Trinkwasserfluoridgehalt von 0,6 ppm zu einer *Kariesreduktion* von 50% (bei 1,2 ppm 60%) im Vergleich zu Gebieten mit 0,2 ppm kam. Zahlreiche epidemiologische Untersuchungen in Gebieten mit natürlich und „künstlich“ fluoridiertem Trinkwasser kamen zu ähnlichen Ergebnissen.

Es konnte jedoch auch gezeigt werden, daß die kariesreduzierende Wirkung bei den *Glattflächen* der Zähne am höchsten war, gefolgt von den *Approximalflächen*. Die niedrigste Kariesreduktion (unter 40%) ließ sich in den *Fissuren* und *Grübchen* feststellen. Jugendliche, die seit Geburt in Gebieten mit einem optimalen Trinkwasserfluoridgehalt leben, weisen weniger kariöse Zahndefekte

Tabelle 4-5. Richtwerte für Fluoridsupplemente (Fluoridzufuhr, die zusätzlich zur Grundversorgung durch die Nahrung und das Trinkwasser erfolgt), insbesondere für die Tablettenfluoridierung. Unter Gesamtzufuhr ist die Menge Fluorid zu verstehen, die inklusive der Supplemente täglich aufgenommen werden sollte (optimaler Bereich). Die Supplementierung mit Fluoridtabletten erfolgt in Abhängigkeit vom Trinkwasserfluoridgehalt (die Zahlen gelten für klimatisch gemäßigte Zonen, in denen nicht übermäßig viel Wasser getrunken wird) (Empfehlung der DGZMK 1993).

Fluorid			
Alter	**Gesamtzufuhr mg/Tag**		**Supplemente mg/Tag**
Säuglinge			
0 bis unter 4 Monate	0,1–0,5		0,25
4 bis unter 12 Monate	0,2–1,0		0,25
Kinder			
1 bis unter 2 Jahre	0,5–1,5		0,25
2 bis unter 3 Jahre	0,5–1,5		0,50
3 bis unter 6 Jahre	1,0–2,5		0,75
6 bis unter 15 Jahre	1,5–2,5		1,00
Jugendliche und Erwachsene			
über 15 Jahre	1,5–4,0		1,00
Fluoridgehalt des Trinkwassers (mg/l)			
	bis 0,3	**0,3–0,7**	**über 0,7**
Alter		**Tabletten**	
Säuglinge			
0 bis unter 4 Monate	0,25	–	–
4 bis unter 12 Monate	0,25	–	–
Kinder			
1 bis unter 2 Jahre	0,25	–	–
2 bis unter 3 Jahre	0,50	0,25	–
3 bis unter 6 Jahre	0,75	0,50	–
6 bis unter 15 Jahre	1,00	0,50	–
Jugendliche und Erwachsene			
über 15 Jahre	1,00	0,5	–

auf, als solche, die nur kurze Zeit in solchen Gebieten leben.

Anfangs ging man davon aus, daß der *präeruptive Fluorideinbau* in den Zahnschmelz der Grund für die kariesprophylaktische Wirkung von Fluorid sei. Heute weiß man allerdings, daß die *posteruptive*, lokale Wirkung von Fluorid eine größere Rolle spielt.

Heute leben etwa 400 Millionen Menschen in Gebieten mit fluoridiertem Trinkwasser. In Deutschland hat sich die

Trinkwasserfluoridierung aus unterschiedlichen Gründen jedoch nicht etabliert.

Als **alternative systemische Fluoridierungsmaßnahmen** stehen die Tablettenfluoridierung und die Salzfluoridierung zur Verfügung. Bei der *Tablettenfluoridierung* ist in Abhängigkeit vom Alter und von anderen Fluoridierungsmaßnahmen die Dosierung unterschiedlich zu gestalten. Hierbei ist besonders zu berücksichtigen, ob die Patienten in Gebieten mit natürlich erhöhtem Trinkwasserfluoridgehalt leben, fluoridhaltiges Speisesalz verwenden oder fluoridhaltige Mineralwässer zu einer erheblichen Fluoridaufnahme beitragen (Tab. 4-5).

Tabletten enthalten meistens Natriumfluorid (2,2 mg NaF = 1 mg F^-).

> Grundsätzlich sollte nur eine Form der Fluoridsupplementierung gewählt werden, also Salz- oder Tablettenfluoridierung.

Zusätzliche lokale Fluoridierungsmaßnahmen können in Abhängigkeit von der Fluoridkonzentration und der Fähigkeit des Kindes auszuspucken (meistens erst

Tabelle 4-6. Fluoridkonzentrationen üblicher fluoridhaltiger Kariostatika. (1 mg NaF = 0,45 mg F^-; 1 mg F^-/l = 1 ppm [parts per million]; 1% F^- = 10000 ppm Fluorid).

Fluoridkonzentration einiger Mittel zur Kariesprophylaxe	
Kochsalzfluoridierung: (4 g Salz tgl. = 1 mg Fluorid)	250 ppm F^-/kg
Zahnpasten:	0,1–0,150% F^- = 1000–1500 ppm
Kinderzahnpasten:	0,025% F^- = 250 ppm
Mundbäder/Spüllösungen: tgl. Anwendung: wöchentl. Anwendung:	 0,05% NaF = 0,0225% F^- 0,2–0,5% NaF = 0,09–0,225% F^-
Zur Touchierung:	2% NaF = 0,9% F^-
Gelees: Elmex Gelee 20% Aminfluorid/ 80% NaF, pH-Wert 4–5 Fluor Gel Blendax, pH-Wert 5,5 Oral B Fluorgel, pH-Wert 2,3	1,25% F^- 1,25% F^- 1,25% F^-
Elmex Fluid als Aminfluorid 1% F^-, pH-Wert 4–5	
Duraphat-Lack: 5 Gew.% NaF = 2,3% F^-, pH-Wert neutral	
Fluorprotector: 0,1% F^- (Fluorsilan in Polyurethanlack) pH-Wert 3,5	
Trinkwasserfluoridierung: 1 mg F^-/l = 1 ppm F^-	
Tägliche Aufnahme mit der Nahrung: ca. 0,5 mg F^-	
PTD (Probably Toxic Dose): 5 mg F^-/kg Körpergewicht bei Kindern CTD (Certainly Toxic Dose): 15–35 mg F^-/kg Körpergewicht	

ab Schulalter) erfolgen. Es ist sicherzustellen, daß die Gesamtzufuhr von Fluorid bestimmte Grenzen nicht überschreitet (s. Tab. 4-5).

Fluoridiertes Speisesalz ist seit 1991 in Deutschland erhältlich (wird seit 1992 auch in Deutschland produziert). Es enthält 250 mg Fluorid pro kg Salz. In vier Gramm Salz ist also 1 mg Fluorid enthalten. Selbst bei exzessiver Salzaufnahme ist eine Überdosierung ausgeschlossen. Die pränatale Gabe von Fluoridsupplementen bietet nach heutigem Wissensstand keinen vermehrten Kariesschutz für das Kind, wohl aber für die Mutter.

Statt oder neben der „systemischen" Fluoridgabe stehen heute zahlreiche Methoden zur **lokalen Fluoridierung** der Zähne zur Verfügung. Grundsätzlich muß hier festgehalten werden, daß natürlich auch bei systemischer Fluoridgabe eine lokale Fluoridwirkung über den Speichel erfolgt. Umgekehrt wird auch bei lokalen Fluoridierungsmaßnahmen ein Teil des verwendeten Fluorids verschluckt, so daß eine systemische Wirkung nicht ausgeschlossen werden kann. Gebräuchliche Fluoridverbindungen für die lokale Fluoridierung sind *Natriumfluorid, Natriummonofluorphosphat, Aminfluorid und Zinnfluorid.* Sie finden Anwendung in fluoridhaltigen Zahnpasten, Mundspüllösungen, Fluoridgelen und Fluoridlacken. Die Fluoridkonzentrationen einiger gebräuchlicher Fluoridierungsmittel sind Tabelle 4-6 zu entnehmen.

Bei der Anwendung der Fluoride gilt es, einerseits die optimale kariesprophylaktische Wirkung auszunutzen, anderseits das Risiko einer fluorotischen Schmelzschädigung während der Zahnentwicklung so gering wie möglich zu halten. So muß darauf geachtet werden, daß nicht über längere Zeit chronisch toxische Dosen verabreicht werden bzw. durch Verschlucken nach lokaler Fluoridapplikation kurzzeitige Höchstkonzentrationen im Blutplasma erreicht werden. Der Zahnarzt muß hier entsprechende *Dosierungsempfehlungen* formulieren (Abb. 4-8).

Leichte fluorotische Veränderungen des Zahnschmelzes können allerdings auch schon bei relativ niedriger Fluoriddosierung festgestellt werden. Sie müssen als kosmetisches „Problem" in Kauf genommen werden, wenn man auf eine optimale Kariesprävention mit Fluoriden nicht verzichten will.

4.2.3 Reaktion von Fluoriden mit Zahnhartsubstanzen und Plaque

Bei fast allen anorganischen und organischen Fluoridverbindungen ist das Fluoridion das eigentliche kariesprophylaktische Agens. Bei der Beschreibung der Schmelz-Fluorid-Wechselwirkung nach lokaler Fluoridapplikation müssen dennoch verschiedene Parameter, wie pH-Wert, Fluoridkonzentration, Kontaktzeit mit der Zahnhartsubstanz, Art der Trägersubstanz, Kationenwirkung und lokale Zusammensetzung der Zahnhartsubstanz berücksichtigt werden.

Die Reaktion von Fluorid mit Zahnschmelz ist sehr genau untersucht, die Ergebnisse lassen sich jedoch auch auf die anderen Zahnhartsubstanzen übertragen, da es sich fast ausschließlich um eine Reaktion mit Hydroxylapatit handelt. Bei der Interaktion von lokal appliziertem **Fluorid mit Zahnschmelz** unterscheidet man *vier grundsätzliche Reaktionsmechanismen.*

- Initiale Auflösung des Schmelzminerals an der Schmelzoberfläche und Repräzipitation eines kalziumfluoridhaltigen Niederschlags.
- Initiale Auflösung des oberflächlichen Schmelzes und Repräzipitation von fluoridiertem Hydroxylapatit bzw. Fluorapatit.
- Diffusion in den Zahnschmelz und spezifische Adsorption von Fluoridionen an freie Bindungsstellen (z.B. OH^-, Ca^{2+} und HPO_3^{2-}) der Kristallitoberflächen im Zahnschmelz.

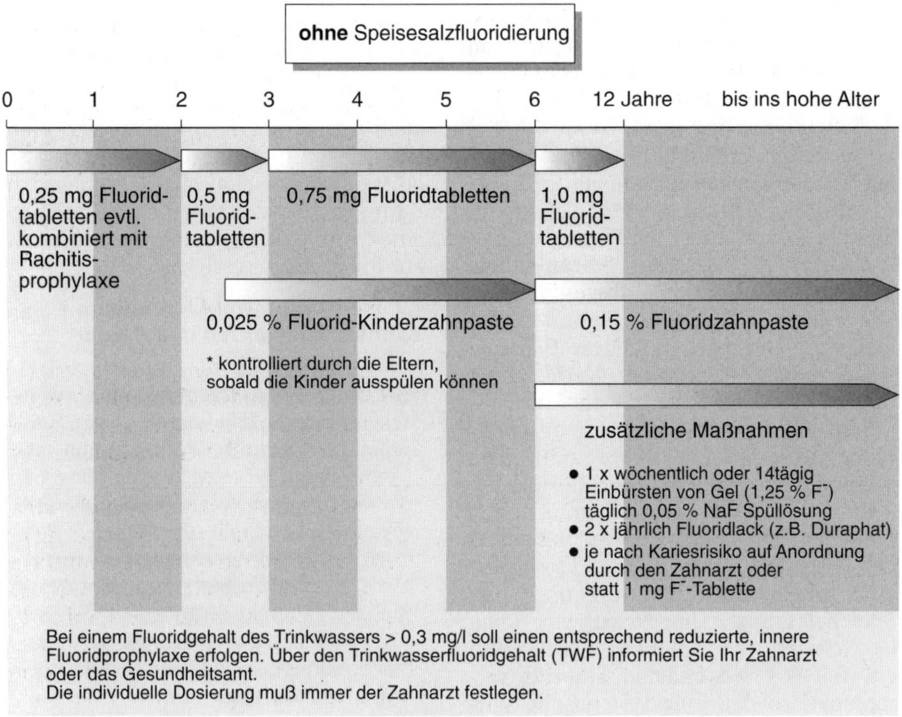
ohne Speisesalzfluoridierung
0
1
2
3
4
5
6
12 Jahre
bis ins hohe Alter
0,25 mg Fluorid-tabletten evtl. kombiniert mit Rachitis-prophylaxe
0,5 mg Fluorid-tabletten
0,75 mg Fluoridtabletten
1,0 mg Fluorid-tabletten
0,025 % Fluorid-Kinderzahnpaste
0,15 % Fluoridzahnpaste
* kontrolliert durch die Eltern, sobald die Kinder ausspülen können
zusätzliche Maßnahmen
• 1 x wöchentlich oder 14tägig Einbürsten von Gel (1,25 % F⁻) täglich 0,05 % NaF Spüllösung
• 2 x jährlich Fluoridlack (z.B. Duraphat)
• je nach Kariesrisiko auf Anordnung durch den Zahnarzt oder statt 1 mg F⁻-Tablette
Bei einem Fluoridgehalt des Trinkwassers > 0,3 mg/l soll einen entsprechend reduzierte, innere Fluoridprophylaxe erfolgen. Über den Trinkwasserfluoridgehalt (TWF) informiert Sie Ihr Zahnarzt oder das Gesundheitsamt.
Die individuelle Dosierung muß immer der Zahnarzt festlegen.

a

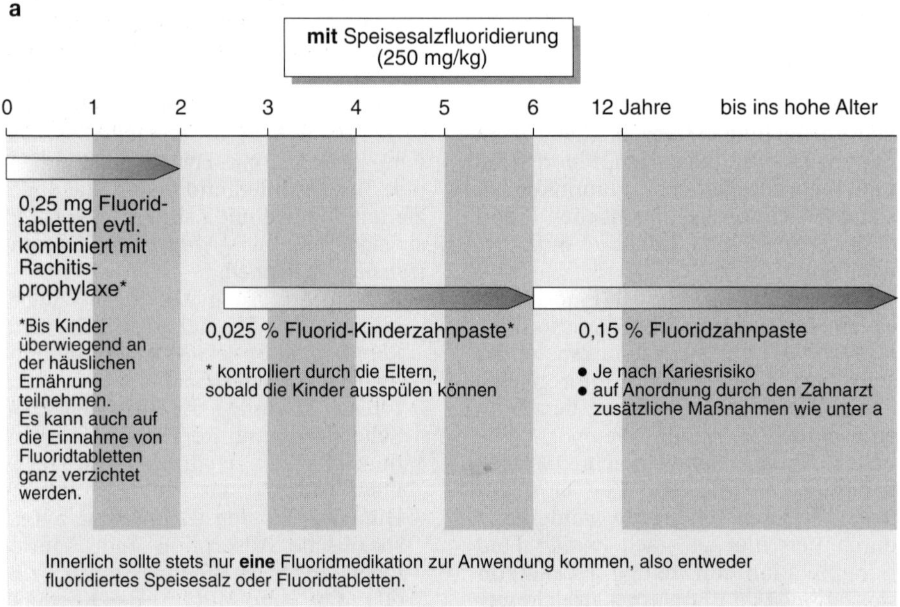
mit Speisesalzfluoridierung (250 mg/kg)
0
1
2
3
4
5
6
12 Jahre
bis ins hohe Alter
0,25 mg Fluorid-tabletten evtl. kombiniert mit Rachitis-prophylaxe*
*Bis Kinder überwiegend an der häuslichen Ernährung teilnehmen. Es kann auch auf die Einnahme von Fluoridtabletten ganz verzichtet werden.
0,025 % Fluorid-Kinderzahnpaste*
* kontrolliert durch die Eltern, sobald die Kinder ausspülen können
0,15 % Fluoridzahnpaste
• Je nach Kariesrisiko
• auf Anordnung durch den Zahnarzt zusätzliche Maßnahmen wie unter a
Innerlich sollte stets nur **eine** Fluoridmedikation zur Anwendung kommen, also entweder fluoridiertes Speisesalz oder Fluoridtabletten.

b

- Diffusion in den Zahnschmelz und unspezifische Bindung, z.B. in der wässerigen Hülle um die Kristallite.

Das unter dem ersten Punkt beschriebene kalziumfluoridhaltige Präzipitat löst sich anschließend wieder auf, und die freiwerdenden Fluoridionen erhöhen die Fluoridkonzentration im Speichel bzw. diffundieren in den Zahnschmelz und adsorbieren an den Kristallitoberflächen.

Die adsorbierten Fluoridionen umgeben die Schmelzkristallite wie ein schützender Schirm und werden langfristig in das Kristallgitter integriert. Sie sollen dann allerdings ihre Schutzfunktion verlieren (Abb. 4-9).

Nach Applikation von **Natriummonofluorphosphat** (*kovalent gebundenes Fluorid*) verläuft die Reaktion **mit Zahnschmelz** anders als bei den ionisch gebundenen Fluoriden. Es werden *drei mögliche Reaktionsmechanismen* diskutiert.

- Monofluorphosphat diffundiert in den Zahnschmelz und wird gegen $PO4^{3-}$ ausgetauscht. Das Fluorid wird anschließend in einer sogenannten Transpositionsreaktion zur Umwandlung von Hydroxylapatit in fluoridiertes Hydroxalapatit bzw. Fluorapatit herangezogen.
- Direkter Austausch des inerten Monofluorphosphat-Moleküls (FPO_3^{2-}) gegen HPO_4^{2-}.
- Hydrolyse des Monofluorphosphats durch Speichel- und Plaqueenzyme bzw. Säuren und anschließende Reaktion der freien Fluoridionen mit dem Zahnschmelz, wie bei anderen ionischen Fluoriden.

← **Abbildung 4-8.** Empfehlungen zur Fluoridprophylaxe (Fluoridgehalt des Trinkwassers < 0,3 ppm).

> Alle Fluoridierungsmittel führen primär zu einer Fluoridanreicherung im Oberflächenschmelz, da die Diffusion von Fluorid in tiefere Schmelzschichten Zeit benötigt. Monofluorphosphat diffundiert sehr viel langsamer in den Schmelz als freies Fluorid, deshalb ist eine Fluoridanreicherung im Oberflächenschmelz nach lokaler Applikation geringer als nach Applikation ionisch gebundener Fluoride (Abb. 4-10 a).

Die Anreicherung von Fluorid an der Oberfläche **gesunden Zahnschmelzes** ist sowieso nur von kurzer Dauer, da das Fluorid relativ schnell wieder in den Speichel zurückdiffundiert.

Im **demineralisierten Schmelz** einer beginnenden Kariesläsion wird nach lokaler Applikation von Fluoridverbindungen erheblich mehr Fluorid aufgenommen als im gesunden Schmelz. Dabei spielt die Art der verwendeten Fluoridverbindung keine entscheidende Rolle (Abb. 4-10 b)

Bei der Applikation ionisch gebundener Fluoride kommt es jedoch im Gegensatz zu Monofluorphosphat genau wie im gesunden Schmelz zur Ausbildung einer kalziumfluoridhaltigen Schicht an der Schmelzoberfläche. Diese ist im demineralisierten Schmelz jedoch erheblich dicker als im gesunden Schmelz. Aber genau wie im gesunden Schmelz geht ein erheblicher Teil des einmal an der Schmelzoberfläche gebundenen Fluorids relativ schnell wieder verloren.

Um den **kariostatischen Effekt von Fluoriden** auszunutzen, ist es also erforderlich, entweder erhebliche Mengen *Kalziumfluorid* zu etablieren (die Kalziumfluoridschicht dient anschließend als eine Art Depot, aus dem Fluoridionen abgegeben werden) oder kleine Fluoridmengen häufig zu applizieren (z.B. in Form von Zahnpasten).

Der **Fluoridgehalt von Plaque** ist in Gegenden mit erhöhtem Trinkwasser-

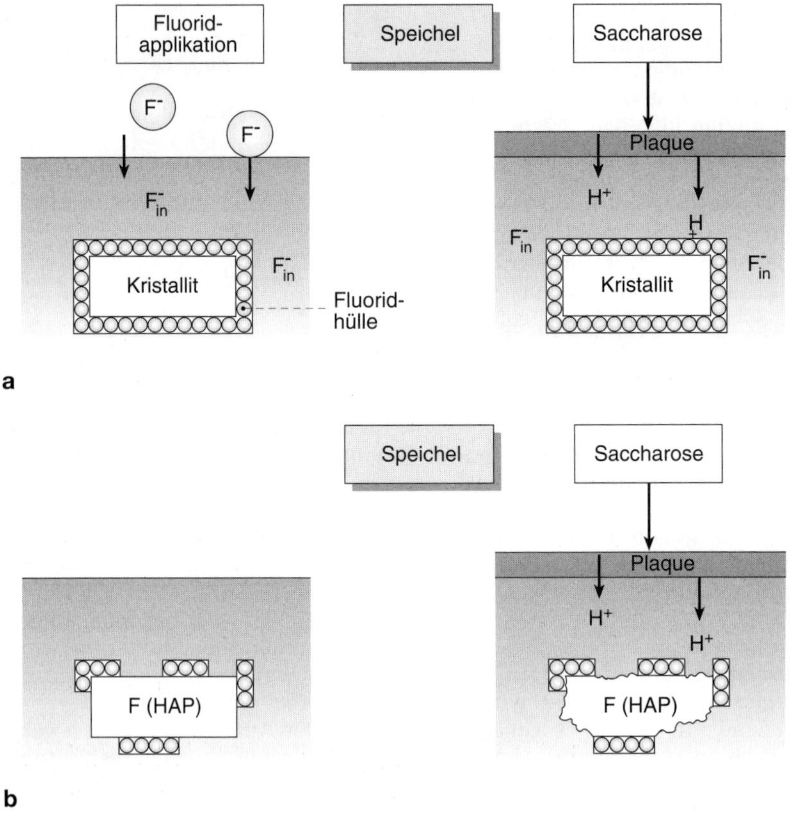

Abbildung 4-9. Bei häufiger Applikation niedrigdosierter Fluoridverbindungen oder nach Auflösung eines Fluoriddepots (z.B. Kalziumfluorid) in der Mundhöhle diffundieren Fluoridionen in die Zahnoberfläche. Sie verteilen sich in der Flüssigkeit zwischen den Kristalliten der Zahnhartsubstanzen (Fin) und umgeben die Kristallite mit einer Schicht adsorbierter Ionen (entweder in der Hydrationshülle um die Kristallite oder als CaF_2). Dadurch verleihen sie dem Hydroxylapatit fluorapatitähnliche Eigenschaften. Bei kariösen Angriffen werden die so geschützten Kristallite nicht aufgelöst (a). Bei einem Fluoriddefizit hingegen wird die Kristallitoberfläche während einer kariösen Attacke partiell oder vollständig aufgelöst (b).

fluoridgehalt (2 ppm F^-) höher als in Gebieten mit niedrigem Trinkwasserfluoridgehalt. In mehrere Tage alter Plaque ist nach regelmäßiger Fluoridapplikation ein erhöhter Fluoridgehalt festzustellen. Der Fluoridgehalt von Plaque kann wesentlich höher sein als der Fluoridgehalt von Speichel. Der physiologische Normalwert ist abhängig von der Speichelsekretionsrate, zugeführter Nahrung oder Getränken (0,5–2,5 µM = 0,01–0,05 ppm). Der mittlere Fluoridgehalt von Plaque wird je nach Untersucher und angewandter Analysemethode zwischen 55 und 85 ppm (bezogen auf Trockengewicht) und 5–25 ppm (bezogen auf Naßgewicht) angegeben. Plaque kann also Fluorid speichern. Dabei muß zwischen ionisiertem, ionisierbarem (schwach gebundenem) und fest gebundenem Fluorid unterschieden werden. Die fest gebundene Fluoridfraktion ist an Zellen oder an andere organische Bestandteile der Plaque gebunden. Der ionisierbare Anteil liegt

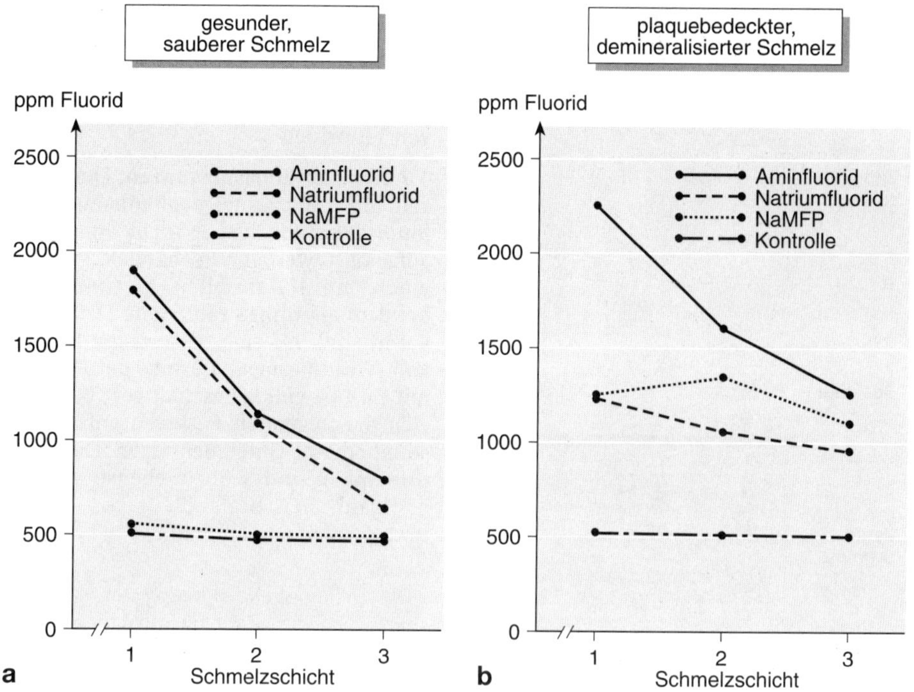

Abbildung 4-10.
a) Nach lokaler Applikation ionisch gebundener Fluoride (Aminfluorid, Natriumfluorid) kommt es zu einer Fluoridanreicherung an der Oberfläche gesunden, sauberen Schmelzes (jede Schicht 30 µm). Natriummonofluorphosphat (NaMFP) führt nicht zu einer Fluoridanreicherung im gesunden Schmelz.
b) Im plaquebedeckten, demineraliserten Schmelz (Initialläsion) kommt es auch in tieferen Schmelzschichten zu einer Fluoridanreicherung. Die dabei erzielte Fluoridkonzentration ist für alle drei Fluoridverbindungen etwa gleich hoch.

überwiegend in Form von Kalzium-Phosphat-Fluoridkomplexen vor. Ionisiert liegt in einer ruhenden Plaque nur ein sehr kleiner Anteil (unter 1 ppm) vor. Bei fallendem pH-Wert wird allerdings ein erheblicher Teil des ionisierbaren Fluorids frei und kann in den Speichel oder in den Zahnschmelz diffundieren.

Plaque reichert jedoch nicht nur Fluorid aus der Nahrung an, sondern auch aus dem Zahnschmelz. Gerade unter kariogenen Bedingungen kann eine stoffwechselaktive Plaque ein vorhandenes Fluoridreservoir (Kalziumfluorid) auf der Schmelzoberfläche rasch auflösen (Abb. 4-11).

Fluorid reichert sich auch unter bestimmten Bedingungen in **Bakterienzellen** der Plaque an. Versuche mit *Streptococcus-mutans-* und *Streptococcus-sanguis-Stämmen* konnten nachweisen, daß die Fluoridaufnahme in die Bakterienzellen von einem pH-Gradienten und nicht von einem energiefordernden Prozeß abhängig ist. So gelangt Fluorid bei niedrigem extrazellulärem pH-Wert als HF durch einfache Diffusion in das basische Zellinnere. Wird das extrazelluläre Milieu wieder basisch, kehrt sich die Diffusion um. Die Anreicherung erreicht relativ rasch ihr Maximum (2 Minuten) und steigt dann kaum noch.

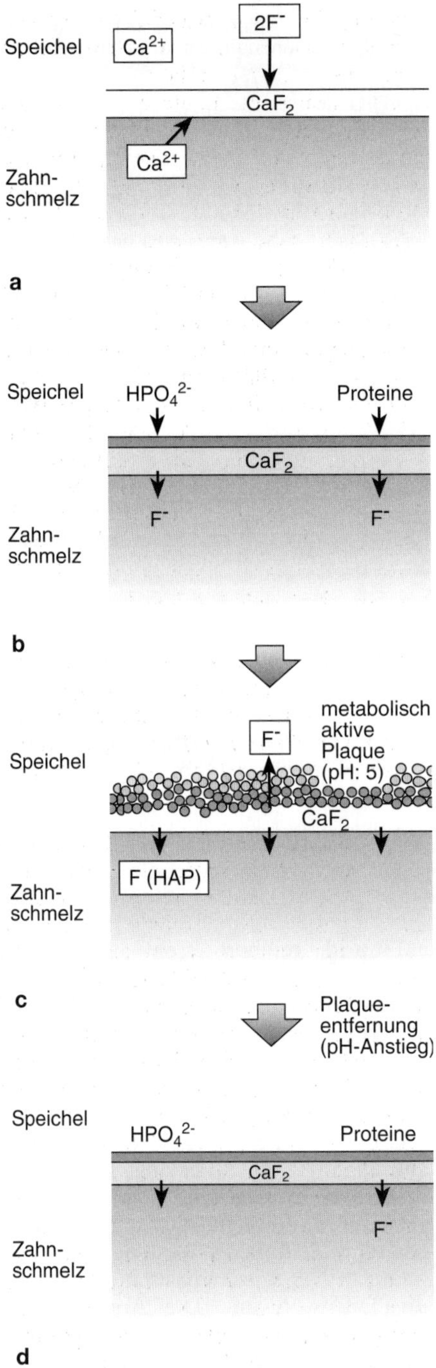

Es ist allerdings bisher nicht bekannt, wo sich das Fluorid im Zellinneren bindet.

4.2.4 Kariostatischer Wirkungsmechanismus von Fluoriden

4.2.4.1 Zahnhartsubstanzen. Der kariostatische Wirkungsmechanismus von Fluorid konnte bisher nicht vollständig aufgeklärt werden. Es handelt sich um einen multifaktoriellen Mechanismus, bei dem allerdings zahlreiche Details bekannt sind. Da sich die meisten Studien zum Wirkungsmechanismus der Fluoride mit *Zahnschmelz* beschäftigen, beziehen sich die folgenden Passagen auf die Resultate dieser Untersuchungen. Die Wirkprinzipien sind jedoch ebenso auf die anorganischen Bestandteile von *Dentin* und *Zement* anwendbar.

Die antikariogene Wirkung der Fluoride bezüglich der Zahnhartsubstanzen beruht auf zwei grundsätzlich unterschiedlichen Prinzipien: Verminderung der Säurelöslichkeit und Hemmung der Demineralisation bzw. Förderung der Remineralisation.

← **Abbildung 4-11.** Nach lokaler Applikation von Fluorid kommt es, abhängig von der Fluoridkonzentration und dem pH-Wert der Fluoridlösung, zur Ausbildung eines mehr oder weniger starken CaF_2-Präzipitats auf der Zahnoberfläche. Dieses Präzipitat wird anschließend von Proteinen und Phosphat aus dem Speichel bedeckt. Aus der Kalziumfluoridschicht diffundieren jedoch geringe Mengen Fluorid in den Zahnschmelz.
Wird diese Kalziumfluoridschicht von einer metabolisch aktiven Plaque bedeckt, kommt es unter der Einwirkung der gebildeten organischen Säuren zum Verlust der schützenden Protein-Phosphat-Schicht und zur vermehrten Auflösung von Kalziumfluorid. Die austretenden Fluoridionen werden mit dem Speichel abtransportiert oder reichern sich in der Plaque bzw. im Schmelz (z.B. als fluoridiertes Hydroxylapatit) an. Nach Plaqueentfernung bzw. pH-Wert-Anstieg aufgrund der Pufferung durch den Speichel wird die verringerte CaF_2-Schicht wieder mit Phosphat und Proteinen aus dem Speichel bedeckt.

Verminderung der Säurelöslichkeit **durch den festen Einbau von Fluorid in das Kristallgitter der Zahnhartsubstanzen.** Der anorganische Anteil der Zahnhartsubstanzen besteht zu einem großen Teil aus nichtstöchiometrischem Apatit. Außerdem besitzen viele Kristallite Defekte und Fehlstellen. Beides bewirkt eine Erhöhung der Löslichkeit. Durch den Einbau von Fluorid während der präeruptiven Schmelzbildung und mehr noch während der präeruptiven Schmelzreifung wird die Kristallgitterstruktur stabiler und die Löslichkeit des Apatits herabgesetzt. Man spricht in diesem Zusammenhang auch von einer **Verbesserung der Kristallinität,** d.h., die Kristalle sind in ihrer Gitterstruktur perfekter aufgebaut, und sie sind größer. Dabei besetzen die Fluoridionen jedoch nicht nur vakante Stellen im Kristallgitter, sondern werden auch in einer Substitutionsreaktion gegen OH^--Ionen ausgetauscht. Es war naheliegend, den kariostatischen Wirkungsmechanismus der Fluoride mit der präeruptiven Bildung von Fluorapatit und der damit einhergehenden Säurelöslichkeitsverminderung zu erklären. Es galt daher lange das Dogma, daß eine hohe präeruptive Fluorideinlagerung die beste kariostatische Wirksamkeit vermittelt. Später stellte sich jedoch heraus, daß nur etwa 10% der Hydroxylionen des Apatits biologisch tatsächlich durch Fluoridionen substituiert werden. Die Bildung von Fluorapatit während der Zahnentwicklung trägt also nur zu einem kleinen Teil zur Karieshemmung durch Fluoride bei. Ein großer Teil des im Zahn vorhandenen Fluorids wird erst posteruptiv während der sekundären Schmelzreifung und später nach lokalen Fluoridierungsmaßnahmen auf und in der Zahnoberfläche abgelagert. Man versuchte nun durch die lokale Applikation hoher Fluoridkonzentrationen eine Umwandlung von Hydroxylapatit in Fluorapatit zu erreichen. Es stellte sich jedoch heraus, daß die Höhe der Fluoridanreicherung in den oberflächlichen Schichten der Zähne nicht mit der erreichten Karieshemmung korreliert.

Man geht daher heute davon aus, daß der Hauptwirkungsmechanismus der Fluoride in einer **Hemmung der Demineralisation** bzw. einer **Förderung der Remineralisation** zu suchen ist. Die Zahnoberfläche unterliegt in der Mundhöhle ständigen Veränderungen. Sie wird sofort nach Durchbruch in die Mundhöhle mehr oder weniger stark von Mikroorganismen besiedelt. Deren metabolische Aktivität kann bei entsprechender Substratzufuhr zu einem pH-Wert-Abfall und damit zu Perioden der Demineralisation führen. Diese können wiederum von Zeiträumen der Remineralisation gefolgt sein, wenn durch Abtransport der Metaboliten und der Substrate durch den Speichel *(Clearance)* der pH-Wert wieder ansteigt.

Man kann also vereinfacht formulieren, daß an der Zahnoberfläche ein dynamisches Gleichgewicht herrscht, das in die eine oder die andere Richtung verschoben werden kann (Abb. 4-12).

Ist Fluorid in der flüssigen Phase zwischen und um die Kristallite an der Zahnoberfläche vorhanden, wird der Demineralisationsprozeß modifiziert. Während der Demineralisationsperioden schützen an die Kristallitoberfläche adsorbierte Fluoridionen die Kristallite, indem sie ihnen Eigenschaften von Fluorapatit verleihen. Die Löslichkeit der Kristallite wird dadurch herabgesetzt. Neuerdings geht man davon aus, daß die Kristallite teilweise von Kalziumfluorid bedeckt sind, das ihnen einen ähnlichen Schutz verleiht. Steigt der pH-Wert wieder an, so fällt in Anwesenheit von Fluoridionen wegen seiner geringeren Löslichkeit als erstes Fluorapatit in kristalliner Form aus. Erst später, wenn der pH-Wert weiter angestiegen ist, fallen auch Hydroxylapatit und andere Apatitformen aus.

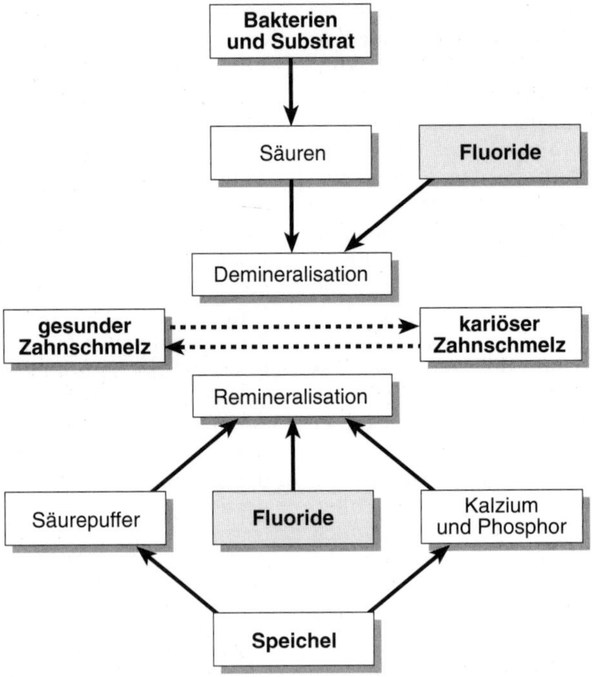

Abbildung 4-12. An der Zahnoberfläche herrscht ein dynamisches Gleichgewicht zwischen De- und Remineralisation. Bei Nahrungsaufnahme (Substrat) entstehen in der Plaque organische Säuren, die das Gleichgewicht in Richtung Entmineralisierung verschieben. Durch die Pufferkapazität und die Übersättigung des Speichels mit Phosphat- und Kalziumverbindungen wird das Gleichgewicht wieder hergestellt. Fluoride greifen in dieses Gleichgewicht ein, indem sie die Demineralisation hemmen und die Remineralisation bereits entmineralisierter Bereiche fördern.

Die Anwesenheit von Fluorid bedeutet also auch eine *Verkürzung der Demineralisationperioden,* da früher Mineralien wieder repräzipitieren. Die Erhöhung des Fluorapatitanteils an der Zahnoberfläche erhöht die Resistenz gegenüber nachfolgenden kariösen Attacken.

Bei langandauernder oder/und heftiger Demineralisation und kurzer Remineralisationszeit resultiert insgesamt ein Mineralverlust und damit eine klinisch sichtbare kariöse Initialläsion *(white spot).* Wird nun durch Einsetzen einer optimalen Mundhygiene die Plaque beseitigt und durch Ernährungsumstellung nur noch wenig kariogenes Substrat zugeführt, so schreitet die kariöse Läsion nicht weiter voran. Der Mineralverlust aus der Zahnoberfläche stagniert, und es können sich sogar Mineralien aus dem Speichel, der mit Hydroxylapatit bzw. Fluorapatit gesättigt ist, einlagern *(Remineralisation).* Frühe initiale Läsionen können sich so zurückentwickeln *(caries reversal)* und sogar klinisch verschwinden (Abb. 4-13).

Eine vollständige Remineralisation mit vollständigem Einbau verlorengegangener Mineralien findet außerordentlich selten statt.

Histologisch lassen sich mehr oder weniger starke poröse und entmineralisierte Bereiche diagnostizieren. Tatsächlich handelt es sich um *inaktive, partiell remineralisierte Läsionen (arrested lesion)*, die sich später durch Einlagerung exogener Farbstoffe (z.B. Lebensmittel, Tee, Teer usw.) braun verfärben können *(brown spot)*. Auch in den Remineralisationsprozeß greifen Fluoride ein. Bei der Remineralisation bilden sich neue Kristallite, die in Anwesenheit von Fluorid größer und stabiler sind als die ursprünglichen Kristallite. Außerdem begünstigt Fluorid das Wachstum partiell entmineralisierter Kristallite. Dabei entsteht erneut Fluorapatit bzw. fluoridiertes Hydroxylapatit. Läsionen mit remineraliserter Oberfläche besitzen daher eine erhöhte Resistenz gegenüber späteren kariösen Angriffen.

Die physiologische Speichelfluoridkonzentration (0,01–0,05 ppm) reicht jedoch nicht aus, um eine Remineralisation zu fördern. Erst ab einer Konzentration von 0,1 ppm F^- in einer Hydroxylapatit-übersättigten Lösung wird das Kristallwachstum gefördert. Häufige Applikation niedrig dosierter Fluoridverbindungen (Zahnpasta, Fluoridtabletten, Spüllösungen) oder die Etablierung eines Fluoridreservoirs, aus dem über längere Zeit Fluoridionen abgegeben werden (z.B. Kalziumfluorid), resultieren in einer ausreichenden Fluoridkonzentration im Speichel.

Ist die *Konzentration des applizierten Fluorids* sehr hoch (z.B. Gele, Lacke), kommt es primär zu einer Remineralisation in der Läsionsperipherie, da sich das Fluorid vornehmlich als Kalziumfluorid auf der Schmelzoberfläche ablagert und somit die Poren für die Diffusion der Speichelmineralien verstopft. Es kann dann über lange Zeit zu einer Diffusion von Fluorid auch in die Tiefe der Läsion mit nachfolgender Mineraleinlagerung in diesen Bereichen kommen.

Nach Applikation niedriger konzentrierter Fluoridierungsmittel kommt es *in vitro* primär zu einer Remineralisation im Läsionskörper.

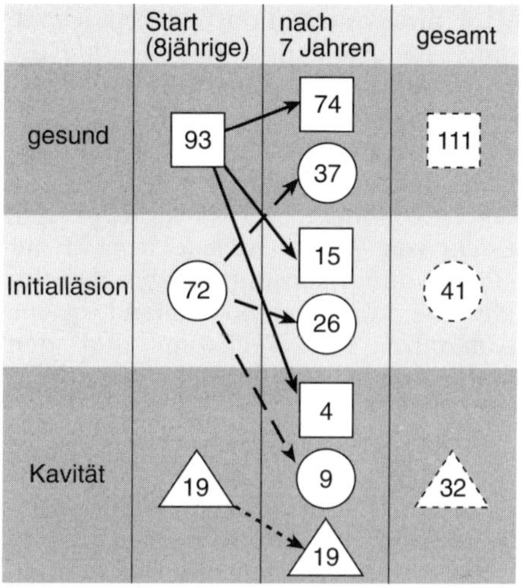

Abbildung 4-13. In einer Studie an Kindern stellte sich heraus, daß von 184 bukkalen Zahnflächen 72 initiale kariöse Läsionen (white spots) aufwiesen. Bei einer Kontrolluntersuchung, die sieben Jahre später durchgeführt wurde, waren 37 dieser Läsionen remineralisiert und klinisch nicht mehr nachzuweisen, so daß die Anzahl gesunder Bukkalflächen in diesem Zeitraum anstieg (nach BACKER-DIRKS 1966).

In-vivo-Studien konnten allerdings auch unter diesen Bedingungen (z.B. Trinkwasserfluoridierung) keine vollständige Remineralisation initialer kariöser Läsionen feststellen. Neuere Untersuchungen konnten zudem zeigen, daß es unter extrem kariogenen Bedingungen nicht zu einer Behinderung der Progression kariöser Läsionen kommt. Plaquebeseitigung und Ernährungsumstellung sind also weiterhin wichtige Säulen der Kariesprophylaxe. Fluoride entfalten ihre höchste kariesprophylaktische Wirksamkeit nämlich bei geringer bis mittlerer Kariesaktiviät.

Speichel und Fluorid bilden zusammen einen wichtigen natürlichen Abwehrmechanismus gegen Karies, indem sie den Zahnhartsubstanzen eine Adaptationsfähigkeit gegenüber kariösen Angriffen ermöglichen.

Wird diese Adaptationsfähigkeit jedoch durch ständige kariöse Angriffe ohne die notwendigen Erholungsphasen überschritten, so erfolgt eine Kavitätenbildung, die entsprechende Restaurationsmaßnahmen nach sich zieht.

4.2.4.2 Plaque. Der *karieshemmende Effekt* von Fluorid ist jedoch nicht nur auf Zahnhartsubstanzen beschränkt. Fluoride können modifizierend in die Adhärenz, das Wachstum und den Metabolismus von Plaquebakterien eingreifen.

Mit steigender *Fluoridkonzentration* wird dabei zuerst die *metabolische Aktivität* der Mikroorganismen beeinflußt, dann ihr *Wachstum* gehemmt und zum Schluß werden die Mikroorganismen *abgetötet*. In der Plaque der menschlichen Mundhöhle werden allerdings nie Fluoridkonzentrationen erreicht, die zum Zelltod der Mikroorganismen führen.

Das Wachstum verschiedener Plaquebakterien wird durch unterschiedliche Fluoridkonzentrationen gehemmt. Dabei spielt der pH-Wert der Umgebung und die Anwesenheit von *Kationen* eine entscheidende Rolle. Während das Wachstum einiger Streptokokken-Stämme bei pH 7 erst durch 100–200 µg/ml Fluorid in der Suspension gehemmt wird, liegt die hemmende Wirkung im pH-Bereich 5,5–6,0 bei 15 µg/ml. Für Laktobazillen müssen bei neutralem pH-Wert 6000 µl/ml Fluorid, bei pH 4,4 100 µl/ml Fluorid vorhanden sein, um das Wachstum zu hemmen. Für eine bakterizide Wirkung ist die 30fache Konzentration nötig.

Es gibt offensichtlich eine *Korrelation zwischen Säuretoleranz* der Bakterien und ihrer *Fluoridverträglichkeit (Fluoridresistenz)*. Je säuretoleranter sie sind, um so schwieriger ist es, ihr Wachstum durch Fluoridierungsmaßnahmen zu hemmen. Das gilt ebenso für Bakterien, die keinen oder nur einen geringen Kohlenhydratmetabolismus besitzen (z.B. einige Actimomyces-Stämme). Neben Fluorid besitzen *Kationen* eine wachstumshemmende Wirkung. So sind Schwermetallionen, wie Zinn, Kupfer und Quecksilber, schon in geringen Konzentrationen für zahlreiche Mikroorganismen stark toxisch.

Zahlreiche Mikroorganismen können sich, auch wenn sie anfangs noch sensibel auf Fluorid reagieren, an hohe Fluoridkonzentrationen adaptieren. Sie verlieren diese Fähigkeit wieder, wenn sie nicht mehr mit Fluorid in Kontakt kommen. Diese *Adaptation* und die damit verbundene *Fluoridresistenz* ermöglicht ihnen ein Überleben und Wachstum unter den physiologischen Bedingungen der menschlichen Mundhöhle auch bei wiederholter Fluoridapplikation. Dabei verändert sich jedoch ihre metabolische Aktivität, ihre Kapazität niedermolekulare Kohlenhydrate zu verstoffwechseln nimmt ab. Der pH-Wert-Abfall in der Plaque nach Zufuhr dieser Kohlenhydrate ist weniger stark und kürzer. Das wiederum hat zur Folge, daß säuretolerante Mikroorganismen wie Streptococcus mutans und Laktobazillen ihren ökologischen Vorteil gegenüber anderen, weniger kariesaktiven Mikroorganismen verlieren und sich nicht so stark vermehren, wie sie es ohne Fluorideinwirkung könnten.

> Fluorid hat demnach unter physiologischen Bedingungen einen geringen wachstumshemmenden Effekt auf Plaquebakterien. Über eine Beeinflussung der Stoffwechselaktivität kann sich jedoch die mikrobielle Zusammensetzung der Plaque verändern.

Fluorid nimmt an verschiedenen Stellen *Einfluß auf den Metabolismus* von Plaquebakterien. Besonders betroffen ist der Kohlenhydratmetabolismus und hier speziell die *Glykolyse*. Hier wird das Enzym Enolase in seiner Aktivität gehemmt. Unter der Einwirkung von Enolase wird 2-Phosphoenolglycerat zu

Phosphoenolpyruvat umgewandelt. Die Enolase ist ein magnesiumabhängiges Enzym. Fluorid geht mit Magnesium eine Verbindung ein und hemmt so die enzymatische Aktivität.

Durch Fluorid wird zudem der Transport von Glukose in die Bakterienzelle gehemmt. Streptokokken können Glukose über zwei Transportwege in die Zelle einschleusen. Über das Phosphoenolpyruvat-Phosphotransferase-System (PEP-PTS) wird Glukose zu Glukose-6-P phosphoryliert und in die Zelle eingeschleust. Das aktivierte Phosphat entstammt dabei dem Phosphoenolpyruvat.

Bei niedrigem pH-Wert (< 6,0), in starken Wachstumsphasen und bei extrem hohem Substratüberschuß gelangt Glukose durch einen protonengetriebenen Transport in die Zelle, das PEP-PTS wird dann abgeschaltet. Dieser protonenabhängige Transport der unphosphorylierten Glukose wird durch einen elektrochemischen Protonengradienten vermittelt. Membrangebundene, protonenausschleusende ATPase-Aktivität und die Ausschleusung des Glykolyseendproduktes Laktat führt zu einem Protonenüberschuß im extrazellulären Raum und zu einem Protonenunterschuß im intrazellulären Raum und damit zu dem Protonengradienten, der die treibende Kraft für den Glukoseeinstrom in die Zelle ist.

Fluorid hemmt, wie bereits oben beschrieben, die Bildung von *Phosphoenolpyruvat*. Damit wird indirekt die Phosphorylierung der Glukose behindert und somit das PEP-PT-System außer Kraft gesetzt. Bei niedrigem pH-Wert geht Fluorid eine Bindung mit den Protonen im Extrazellularraum ein und dringt dann als HF in die Zelle ein. Der Protonengradient wird geringer und der Glukosetransport dadurch vermindert. Durch die Dissoziation von HF im Zellinneren kommt es zu einer pH-Absenkung. Da die Enzyme der Glykolyse ihr pH-Optimum im alkalischen Bereich haben, findet auch auf diesem Wege eine Hemmung des Bakterienstoffwechsels statt.

Fluorid hemmt außerdem die Bildung von *Lipoteichonsäure* und greift so hemmend in die Bakterienadhärenz ein.

Die intrazelluläre Polysaccharidsynthese wird durch Fluorid gehemmt, in dem das zum Aufbau notwendige *Glukose-6-P* nicht oder nur vermindert gebildet wird (Hemmung des PEP-PTS). Der Abbau der intrazellulären Speicherkohlenhydrate wird jedoch nicht beeinflußt. Fluoride haben keinen nachweislich hemmenden Effekt auf die Synthese extrazellulärer Kohlenhydrate bzw. auf die dazu notwendigen membrangebundenen Glukosyltransferasen.

4.2.5 Wirksamkeit fluoridhaltiger Kariostatika

Die **kariesprophylaktische Wirksamkeit** von Fluorid wurde in epidemiologischen Querschnittsuntersuchungen, randomisierten klinischen Longitudinalversuchen und Feldstudien nachgewiesen. Sie ist für lokal applizierte Fluoride nicht bei allen Zahnflächen gleich hoch. So werden frei zugängliche Glattflächen durch Fluoridapplikation besser geschützt als Glattflächen im Approximalraum. Bei Grübchen und Fissuren ist die karieshemmende Wirkung von Fluorid am geringsten ausgeprägt.

> Der präeruptive kariostatische Effekt durch systemische Fluoridgaben ist geringer einzuschätzen als der posteruptive Kariesschutz durch lokale Fluoridierungsmaßnahmen.

Der kariespräventive Effekt hängt von der Art und der Häufigkeit der Fluoridapplikation ab. Es konnte in diesem Zusammenhang bisher keine eindeutige Korrelation zwischen Höhe der **Fluoridkonzentration** (z.B. in Zahnpaste) und der Höhe der klinisch erfaßbaren Kariesreduktion bewiesen werden. Je länger im Leben Kariesprophylaxe mit Fluoriden betrieben wird, um so höher ist der kariesreduzierende Effekt, bezogen auf das Gesamtgebiß. Die einzelnen Fluoridierungsmaßnahmen resultieren natürlich in unterschiedlichen karieshemmenden Effekten.

So wird durch **Tablettenfluoridierung** in kontrollierten Studien eine Kariesreduktion zwischen 28 und 61% angegeben. Die große Streubreite erklärt sich u.a. durch unterschiedliche *Compliance* selbst in diesen kontrollierten Studien. Die meisten Untersuchungen zur Trinkwasserfluoridierung resultierten in einer Karieshemmung von 50–60%. Ähnliche Reduktionsraten werden bei der **Salzfluoridierung** erreicht. Es muß in diesem Zusammenhang darauf hingewiesen werden, daß bereits Kleinkinder, die nicht mehr gestillt werden bzw. keine Milchersatznahrung mehr bekommen, etwa 1,4 g Salz, bezogen auf 1000 kcal Nahrungsmittel, aufnehmen (US Health and Nutrition Survey).

Durch **Fluoridspüllösungen** (Natriumfluorid, Zinnfluorid, Aminfluorid) wird ein karieshemmender Effekt zwischen 20 und 45% erreicht. Die kariesreduzierende Wirkung durch fluoridhaltige Zahnpasten ist zwar unbestritten, es liegen jedoch stark abweichende Ergebnisse unterschiedlicher Studien vor. Man muß davon ausgehen, daß bei unüberwachtem Gebrauch fluoridhaltiger Zahnpasten die karieshemmende Wirkung 20% kaum übersteigen dürfte. Auch die Verwendung hochkonzentrierter Fluoridlösungen und -gele zum Einbürsten führt je nach Art und Häufigkeit der Anwendung zu einer extrem unterschiedlichen Karieshemmung.

So wird in der *Literatur* eine Karieshemmung zwischen 3 und 48% beschrieben. Die professionelle Applikation dieser hochkonzentrierten Fluoride resultiert jedoch in einer deutlich erhöhten karieshemmenden Wirkung. Durch zwei- bis viermalige Löffelapplikation kann eine Karieshemmung zwischen 20 und 40% erzielt werden. Für die professionelle Applikation fluoridhaltiger Lacke werden Kariesreduktionsraten zwischen 20 und 75%, je nach Häufigkeit der Applikation, gemessen.

4.2.6 Toxikologie der Fluoride

> Fluorid ist in therapeutischer Dosis für den menschlichen Organismus unschädlich.

Wie bei jeder Substanz, die dem menschlichen Körper zugeführt wird, kann Fluorid jedoch bei Überdosierung auch Vergiftungserscheinungen hervorrufen. Dabei muß man zwischen **akuter Toxizität** und **latenter (chronischer) Toxizität** unterscheiden. Wird Fluorid in großen Mengen zugeführt, so kommt es zu akuten Vergiftungserscheinungen mit einer Reihe von Symptomen bis zum tödlichen Ausgang. Wird während der Zahnentwicklung kontinuierlich Fluorid in einer Dosis verabreicht, die über der empfohlenen Tagesmenge liegt, resultieren Veränderungen der Zahnhartsubstanzen (Zahnfluorose). Werden extrem hohe Dosen über Jahre verabreicht, kann es zur Skelettfluorose (Verkrüppelungen, Verkalkungen von Bändern und Gelenken, Wachstumshemmung) kommen. Die akute letale Dosis für Fluorid ist von zahlreichen Variablen abhängig, wie Art des Fluorids und dessen Löslichkeit, Resorptionsgeschwindigkeit im Magen-Darmtrakt, dem Säure-Basen-Haushalt und dem pH-Wert des applizierten Fluorids. Sie wird mit 32 bis 64 mg Fluorid/kg Körpergewicht für Erwachsene angegeben. Diese Dosis wird heute als sichere toxische Dosis (**C**ertainly **T**oxic **D**ose = **CTD**) angegeben. Man sollte daraus jedoch nicht schließen, daß es nicht zu tödlichen Vergiftungserscheinungen kommt, wenn man knapp unter dieser Grenze bleibt. Aufgrund von einigen Vergiftungserscheinungen mit tödlichem Ausgang bei Kleinkindern kann man eine wahrscheinlich toxische Dosis

(**P**robably **T**oxic **D**ose = **PTD**) von 5 mg Fluorid/kg Körpergewicht für Kinder annehmen. Ab dieser Dosis sollten Notfallmaßnahmen ergriffen werden. Bei einem dreijährigen Kind von 15 kg Körpergewicht entspräche diese Dosis 150 Tabletten à 0,5 mg. Man sollte daher nie mehr als 100 Fluoridtabletten in altersabhängiger Dosis verschreiben. Diese Dosis wird erreicht, wenn man 75 Liter Wasser mit einem Fluoridgehalt von 1 ppm oder 243 g fluoridiertes Salz zu sich nähme. Ein Zahnarzt sollte immer bei Verwendung lokaler Fluoridierungsmittel die Menge applizierten Fluorids und den Sicherheitsabstand zur wahrscheinlich toxischen Dosis kennen. Alle fluoridhaltigen Kariesprophylaktika sind bei sachgerechter Anwendung auch im Hinblick auf die PTD unproblematisch.

Kinder dürfen fluoridhaltige Produkte nicht unbeaufsichtigt anwenden.

So bedeutet der Verzehr einer Tube Erwachsenenzahnpasta (100 g) die Aufnahme von 100 mg Fluorid. Das hieße für ein 15 kg schweres Kind (drei Jahre) eine Überschreitung der PDT um den Faktor 0,75.

Für hochdosierte Fluoridpräparate gilt: sie sollten nur vom Zahnarzt appliziert werden.

Dabei müssen die Patienten unter Aufsicht bleiben. Es sollten keine überschüssigen Mengen appliziert werden, und die Patienten müssen gut ausspucken, um wenig Fluorid zu verschlucken.

Die **Charakteristika der akuten Vergiftung** sind Übelkeit, Erbrechen und Schmerzen im Abdominalbereich, schon wenige Minuten nach Einnahme eines überdosierten Fluoridpräparates. Allgemeine Vergiftungssymptome, wie exzessiver Speichelfluß, Tränenfluß, Kopfschmerz, kalte feuchte Hände usw. können auftreten. Nachfolgend kommt es zur generellen Schwächung, zu Spasmen und zur Tetanie.

Diese Symptome treten aufgrund des *fallenden Kalzium-* und des *steigenden Kaliumgehaltes im Plasma* auf (Indikation für Zelltod). Der Puls rast und ist nicht mehr tastbar, Herzarrhythmien, Blutdruckabfall und Depression des Atemzentrums mit respiratorischer Azidose sind die Folgesymptome. Es kann dann innerhalb weniger Stunden zum Tod kommen.

Zur *Reduzierung der Fluoridresorption* im Magen-Darmtrakt wird als **Sofortmaßnahme** mit einem Emetikum Erbrechen eingeleitet. Dann wird eine kalziumhaltige Lösung, wie z.B. Kalziumchlorid oder Kalziumgluconat (wenn nicht vorhanden, Milch) verabreicht. Der Patient sollte rasch in ein nahegelegenes Krankenhaus eingeliefert werden. Ist der Schluckreflex behindert oder krampft der Patient (Aspirationsgefahr), sollte man Maßnahmen, die zum Erbrechen führen, nicht durchführen.

Um der Gefahr subletaler, aber gefährlicher Dosen zu entgehen, sollten bei der professionellen Applikation von hochprozentigen Gelen (1,23% Fluorid) individuelle Löffel verwendet werden. Dabei kommen etwa 2 ml Gel pro Tray in Betracht. Mit einem Speichelsauger wird lingual und bukkal überflüssiges Fluoridgel abgesaugt, und die Patienten sitzen aufrecht im Stuhl. Anschließend wird der Patient aufgefordert, mehrfach auszuspucken.

Bei täglicher Fluoridzufuhr von mehr als 1,5 mg/Tag bis zum Alter von acht Jahren kann es zu fluorotischen Schmelzflecken im bleibenden Gebiß kommen. Diese Schmelzflecken bedeuten jedoch keine Gefahr für die betreffenden Zähne, sie stellen ausschließlich eine kosmetische Beeinträchtigung dar. Aber auch wiederholte oder einmalige Spitzenwerte (Verschlucken von Zahnpasta) können fluorotische Schmelz-

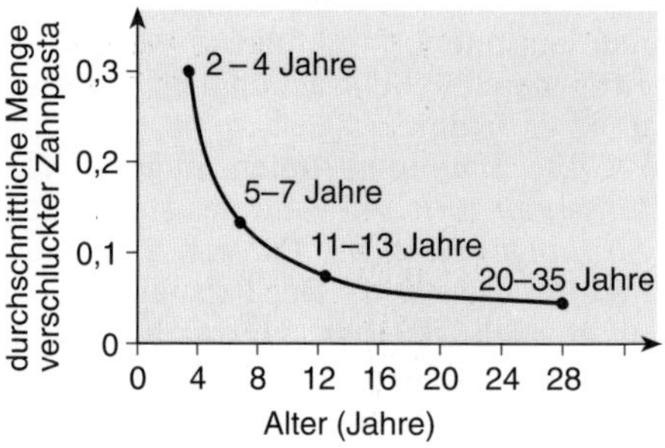

Abbildung 4-14. Durchschnittliche Zahnpastamenge, die nach einmaligem Zähneputzen in unterschiedlichen Altersgruppen verschluckt wird. Damit erhielten Zwei- bis Vierjährige bei Verwendung einer Erwachsenenzahnpasta mit einer Fluoridkonzentration von 1000 ppm eine Dosis von 0,3 mg Fluorid (nach BARNHART et al. 1974).

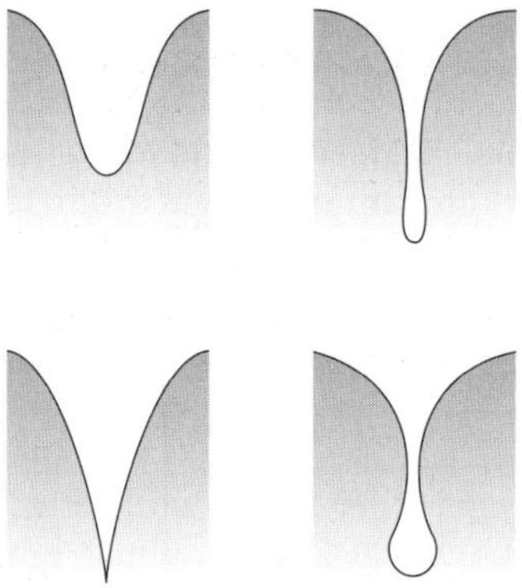

Abbildung 4-15. Unterschiedliche Fissurenformen im Zahnquerschnitt. Bei tiefen spaltförmigen und ampullenförmigen Fissuren ist die Zahnreinigung extrem erschwert und damit die Kariesanfälligkeit stark erhöht.

flecken zur Folge haben. Aus diesem Grund wurde die Dosis für fluoridhaltige Kinderzahnpasten auf 250 ppm Fluorid gesenkt (Abb. 4-14).

Eine Fluoridzufuhr von 0,02 mg/kg Körpergewicht/Tag ist aus toxikologischer Sicht völlig unproblematisch. Skelettfluorose als Folge chronischer Fluoridintoxikation tritt in Gebieten mit einem Trinkwasserfluoridgehalt von über 8 mg/l auf. Ab 4 mg/l Trinkwasser lassen sich jedoch die ersten Anzeichen einer Skelettveränderung diagnostizieren, wenn Menschen jahrelang in diesem Gebiet leben.

4.3 Fissurenversiegelung

Grübchen und Fissuren der Zähne sind kariesanfälliger als andere Zahnbereiche.

Während okklusale Zahnflächen nur 12,5% aller Zahnflächen ausmachen, entstehen 50% aller kariösen Defekte bei **Schulkindern** in diesem Bereich, d.h., schon zwei bis vier Jahre nach Zahndurchbruch werden die Fissuren kariös.

Bei *sieben- bis neunjährigen* Kindern sind bereits bis zu 80% der bleibenden Molaren kariös oder gefüllt. Dabei beträgt der Anteil der Okklusalkaries 70–100%. Ein Grund für die extreme Kariesanfälligkeit ist die Morphologie der Grübchen und Fissuren. Im Querschnitt von Seitenzähnen lassen sich unterschiedliche Fissurenformen und -tiefen erkennen (Abb. 4-15).

Oft reicht der **Fissurenboden** bis nahe an die Schmelz-Dentingrenze, so daß eine beginnende Karies rasch in das Dentin vordringen und sich unterminierend ausbreiten kann. Bei einigen Fissurentypen kann die Zahnbürstenborste nicht bis zum Boden der Fissur gelangen, so daß sich bakterielle Plaque, Speisereste und Zellbestandteile ansammeln können. Die Puffer- und Remineralisationswirkung des Speichels nach kariösen Attacken ist dementsprechend reduziert. Die Entstehung und Progression der Fissurenkaries kann zudem durch Fluoridierungsmaßnahmen nur sehr begrenzt beeinflußt werden, da Fluoride nach lokaler Applikation nur schlecht durch die Fissurenplaque hindurchdiffundieren können. Selbst bei Bevölkerungsgruppen, die fluoridiertes Trinkwasser erhalten, ist Fissurenkaries weiterhin ein zahnmedizinisches Problem.

Ziel der *Fissurenversiegelung* ist es, die Grübchen und Fissuren der Seitenzähne dicht zu verschließen, so daß kariogene Mikroorganismen und kariogenes Substrat keinen Zugang mehr finden können. Zudem sollen noch vorhandene Mikroorganismen unter dem Fissurenversiegler zugrunde gehen.

4.3.1 Indikationen

Eine visuell-taktile Untersuchung der Fissuren mit Sonde und Spiegel sowie eine röntgenologische Untersuchung mit Bißflügelaufnahmen sind Grundvoraussetzung für die Kariesdiagnostik.

Zähne mit einer manifesten okklusalen Karies, die bereits im Röntgenbild zu erkennen ist, und/oder eine approximale Karies sind Kontraindikationen für eine Fissurenversiegelung.

Wird bei der Untersuchung eine braune, schwarze oder kreidige Verfärbung der Fissur mit einer fraglichen Karies diagnostiziert (Sonde klebt), kann dieser Fissurenabschnitt mit einem dünn auslaufenden oder sehr kleinen kugelförmigen Diamanten erweitert werden. Ist anschließend keine kariöse Erweichung des Fissurenbodens festzustellen, wird in üblicher Art und Weise eine **Fissurenversiegelung** durchgeführt.

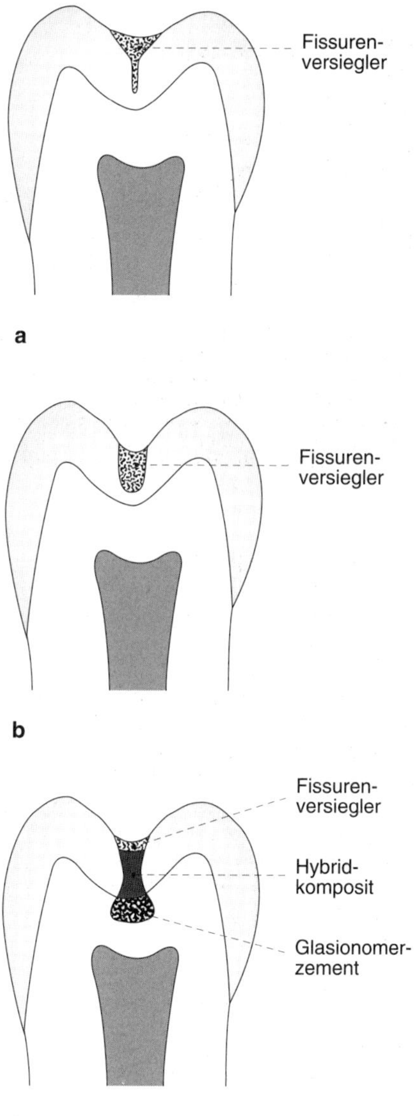

Abbildung 4-16. Die prophylaktische Fissurenversiegelung (a) wird kurz nach Durchbruch der bleibenden Seitenzähne bei kariesgefährdeten Fissuren durchgeführt. Bei verfärbten Fissuren wird die Fissur prophylaktisch aufgeschliffen. Wird anschließend keine manifeste Karies diagnostiziert, erfolgt eine Fissurenversiegelung (b). Wird jedoch in umschriebenen Abschnitten des Fissurenreliefs eine Karies diagnostiziert, so kann eine erweiterte Fissurenversiegelung durchgeführt werden (c). Dabei wird das freigelegte Dentin mit einer druckfesten und dichten Unterfüllung (z.B. Glasionomerzement) abgedeckt. Im Bereich der Exkavation wird eine kleine Kompositfüllung gelegt. Anschließend wird das Fissurensystem versiegelt.

Läßt sich jedoch nach dem Ausschleifen der Fissur eine Karies diagnostizieren und muß diese bis ins Dentin exkaviert werden, kann eine **erweiterte Fissurenversiegelung** angezeigt sein. Grundvoraussetzung ist dabei, daß die Exkavation der Karies möglich wird, ohne daß eine breite Kavität im Schmelz präpariert werden muß.

Man kann eine sogenannte prophylaktische Fissurenversiegelung, eine Fissurenversiegelung mit vorherigem prophylaktischem Ausschleifen der Fissur und eine erweiterte Fissurenversiegelung (Abb. 4-16) unterscheiden.

Eine **prophylaktische Fissurenversiegelung** wird bei tiefen, engen Grübchen und Fissuren gerade durchgebrochener Seitenzähne durchgeführt. Im Approximalbereich müssen die entsprechenden Zähne kariesfrei sein, und die Patienten müssen bereit sein, sich in ein Recall-System aufnehmen zu lassen (Compliance), damit eine halbjährliche Kontrolle der versiegelten und der unversiegelten Zahnflächen erfolgen kann. Die Patienten sollten zudem lokale Fluoridierungsmaßnahmen durchführen und eine gute Approximalraumhygiene betreiben, um kariöse Defekte an anderen Stellen der Zähne zu vermeiden. Die Fissurenversiegelung ist im kariesanfälligen Gebiß bei gleichzeitig schlechter Mundhygiene kontraindiziert.

Weite, gut zu säubernde Fissuren und Zähne, die länger als vier Jahre kariesfrei sind, sowie Zähne, die manifeste kariöse Läsionen im Approximalbereich aufweisen, werden nicht versiegelt.

Da die Fissurenversiegelung im Kindesalter durchgeführt wird, müssen die Eltern über die Notwendigkeit weiterer prophylaktischer Maßnahmen und regelmäßiger zahnärztlicher Kontrollen der versiegelten Zähne aufgeklärt werden.

4.3.2 Materialien

Als Versiegler finden heute allgemein **halogen- bzw. blaulichthärtende Kunststoffmaterialien** Verwendung. Es handelt sich dabei um ungefüllte Grundsubstanzen entsprechender Komposite (BISGMA, Urethandimethacrylat usw.). Es werden jedoch auch niedrig visköse Komposite mit geringem Fülleranteil verwendet. Neben den lichthärtenden Versieglern gibt es **autopolymerisierende Materialien,** die vor Applikation angerührt werden müssen.

Unabhängig von diesen Eigenschaften können Fissurenversiegler **klar, durchsichtig oder opak** (Farbstoffpigmente) sein. Die opaken Versiegler lassen sich in der Regel besser auf Randdichtigkeit und Defekte kontrollieren. Neuere Komposite zur Fissurenversiegelung geben Fluorid ab.

Auch **Glasionomerzemente** wurden als Versiegler eingesetzt. Sie gehen zwar eine chemische Haftung mit Schmelz ohne Anwendung der Schmelz-Ätz-Technik ein, sind jedoch gerade bei engen Fissuren aufgrund ihrer hohen Viskosität schlecht zu applizieren. Sie sind daher den bewährten Kunststoffversieglern nicht überlegen.

Die Fissurenversiegler sind u.a. wegen ihrer **geringen Abrasionsfestigkeit** nicht als Füllungsmaterial geeignet. Bei der Durchführung einer erweiterten Fissurenversiegelung werden daher im Bereich der exkavierten Karies Feinpartikelhybridkomposite als Füllungsmaterial verwendet. Die nichtkariösen Fissuren werden anschließend in üblicher Weise mit kompatiblen Versieglern verschlossen.

4.3.3 Durchführung

- Die vorgesehenen Zähne werden mit einer fluoridfreien Prophylaxepaste bzw. Bimsmehl und Bürstchen **mechanisch gereinigt.**
- Sie werden anschließend mit Wasser gut *abgesprüht* und die Reste des Reinigungsmittels werden mit einer Sonde entfernt. Die Reinigung kann auch mit Pulverstrahlgeräten durchgeführt werden.
- Die Zähne müssen, falls möglich, mit **Kofferdam** absolut trockengelegt werden. Da sich bei frisch durchgebroche-

nen Zähnen oft Probleme bei der Kofferdamapplikation ergeben (Äquator noch nicht vollständig über Gingivaniveau), kann bei einem gut eingespielten Praxisteam auch mit relativer *Trockenlegung* der Zutritt von Feuchtigkeit vermieden werden.

- Mit Natriumhypochlorit (5%ig)- oder Chlorhexidindigluconat (2%ig)-Spülung kann die Keimzahl in der Fissurentiefe verringert werden.
- Nach Trocknung der Schmelzoberfläche erfolgt entlang der Fissuren die **Konditionierung der Schmelzoberfläche** mit 37%iger Phosphorsäure. Da der Schmelz nach Durchbruch der Zähne noch nicht vollständig ausgereift ist und weniger Fluorid enthält als der Schmelz Erwachsener, sind 30 Sekunden Ätzzeit in der Regel ausreichend.
- Nach Absprühen der Säure (30 Sekunden) wird das erzielte *Ätzmuster* kontrolliert. Es muß ein mindestens 0,5 mm breites kreidig-weißes Band um die Fissuren und Querfissuren zu erkennen sein. Andernfalls wird entsprechend nachkonditioniert.
- Anschließend wird der **Versiegler** mit einer dünnen Kanüle oder einem feinen Pinsel aufgetragen. Es ist darauf zu achten, daß Luftblasen vor dem Aushärten (z.B. mit einer Sonde) entfernt werden. Der Versiegler wird mit einem Lichtpolimerisationsgerät mindestens 40 Sekunden lang ausgehärtet.
- Nach **Okklusionskontrolle** und evtl. notwendiger Okklusionskorrektur mit einem feinstkörnigen Diamantschleifer (15 µm Korngröße) wird die Versiegelung noch einmal überprüft und anschließend eine lokale Fluoridierung (z.B. mit Duraphat®-Lack) durchgeführt. Damit wird die Remineralisation nicht bedeckter angeätzter Bereiche durch den Speichel verbessert.

Wird nach prophylaktischem Aufschleifen einer Fissur **keine Karies** diagnostiziert, eignen sich *niedrigvisköse Komposite* als Versiegler.

Bei der **erweiterten Fissurenversiegelung** wird nach Exkavation der Karies das Dentin mit einer *druckfesten Unterfüllung* (Glasionomerzement, Phosphatzement) bedeckt. Anschließend werden die Schmelzränder und die verbleibenden nichtkariösen Fissurenanteile wie beschrieben konditioniert. Im Bereich der exkavierten Karies wird ein Feinpartikelhybridkomposit eingebracht und mit einem Lichtpolymerisationsgerät für mindestens 40 Sekunden ausgehärtet. Anschließend erfolgt eine Fissurenversiegelung des gesamten Fissurensystems. Die Übergänge zu einer Klasse-I-Restauration mit Komposit sind fließend. Bei einem derartigen Vorgehen erspart man den Patienten einen erheblichen Zahnhartsubstanzverlust, der beim Legen einer Amalgamfüllung unausweichlich wäre. Werden bei der Okklusionskorrektur oder später Luftblasen im Versiegler freigelegt oder geht Versiegler verloren, so kann dieser nach entsprechender Schmelzkonditionierung ergänzt werden.

Nichtdiagnostizierte **beginnende Kariesläsionen** in den Fissuren werden durch die Versieglerapplikation inaktiviert. Die Substratzufuhr für Mikroorganismen wird unterbunden, die Mikroorganismen gehen zugrunde. Bei der erweiterten Fissurenversiegelung kann die Kavitätengröße und damit der Zahnhartsubstanzdefekt sehr gering gestaltet werden, und die restlichen Fissuren werden vor Karies geschützt.

Bei gut kooperierenden Kindern läßt sich eine Fissurenversiegelung auch bei **Milchmolaren** durchführen.

Die Fissurenversiegelung ist eine nondestruktive und schmerzlose Maßnahme, die zur Verhinderung oder Reduktion von Fissurenkaries beiträgt, wenn regelmäßige Nachkontrollen eingehalten werden und verlorengegangener Versiegler vom Zahnarzt ergänzt werden kann.

Die **Effektivität der Versiegelungsmaßnahme** hängt von der adäquaten *Verarbeitungstechnik* und der *Recallfrequenz* der Probanden ab. Findet keine Erneuerung defekter Fissurenversiegler statt, so beträgt die Kariesreduktion für okklusale Kavitäten nach einem Jahr ca. 80% und fällt innerhalb der nächsten vier Jahre auf 58% ab. Wird der Fissurenversiegler in regelmäßigen Abständen kontrolliert und verlorengegangene Anteile erneuert, so beträgt die kariesprophylaktische Effektivität 100%.

4.4 Mundhygienemaßnahmen und chemische Plaquekontrolle

Die Beurteilung des Plaquebefalls, die Motivation und Instruktion zur zweckmäßigen Mundhygiene und die Durchführung der entsprechenden Mundhygienemaßnahmen werden im Kapitel 19.2 im dritten Teil dieses Buches ausführlich dargestellt. Durch eine optimale Mundhygiene wird der Entstehung einer kariogenen Plaque vorgebeugt, gleichzeitig wird durch die Applikation fluoridhaltiger Zahnpasten eine lokale Fluoridierungsmaßnahme der Zahnhartsubstanzen vorgenommen. Richtige und regelmäßige Zahnpflege (besonders Approximalraumhygiene) ist gleichermaßen eine karies- und parodontalprophylaktische Maßnahme.

4.5 Zusätzliche kariespräventive Maßnahmen

Betrachtet man Karies als eine Infektionserkrankung mit den Leitkeimen Streptococcus mutans und Laktobazillen, so ergibt sich zwangsläufig der Gedanke an **Immunisierung.** Es gibt zahlreiche Versuche, eine „Impfung" gegen Streptococcus mutans zu entwickeln.

Da Karies nicht allein durch einen Keim der Mundhöhle verursacht wird, war Immunisierung als kariespräventive Maßnahme bisher erfolglos.

Es scheint jedoch möglich, in gewissem Umfang eine **Infektionsprophylaxe** zu betreiben. So sollten kariesaktive Mütter eine Übertragung ihrer kariogenen Keime über den Speichel, z.B. durch Ablecken der Saugerflasche o.ä., vermeiden. Derartige Vorschläge erscheinen jedoch wenig realistisch, da durch den innigen Kontakt zwischen Kindern und Müttern eine Übertragung dieser Keime fast unausweichlich ist.

Sinnvoller ist es, wenn man die kariesätiologisch relevanten Keine schon bei der werdenden Mutter bekämpft. Dies geschieht durch Feststellung des Infektionsgrades und – falls notwendig – durch intensivprophylaktische Maßnahmen einschließlich einer Sanierung der Mundhöhle. Diese Maßnahmen werden heute insgesamt als **Primär-Primärprävention** bezeichnet.

Liegt einmal eine Infektion vor, ist man bestrebt, die Keimzahlen in der Mundhöhle zu verringern. Neben den schon beschriebenen prophylaktischen Maßnahmen wird heute versucht, die Keimzahlen durch das Auftragen von Chlorhexidindiglukonat-Lacke in den Fissuren und Approximalräumen zu verringern.

Auch wenn bisher noch großangelegte Studien zur Kariesreduktion durch derartige Maßnahmen fehlen, scheinen erste Resultate vielversprechend zu sein.

Zur **Erfassung des individuellen Kariesrisikos** muß neben der quantitativen Erfassung der Zahnplaque auch die Qualität erfaßt werden. Dies gelingt durch Bestimmung der Streptococcus-mutans- und Laktobazillenzahl im Speichel anhand spezieller Tests (z.B. Dentocult®).

Beim *Dentocult SM®* wird nach Stimulation des Speichelflusses mittels Paraffinwachs ein Plastikstäbchen mehrmals unter der Zunge und auf der dorsalen Zungenoberfläche gewendet, um Speichel aufzunehmen. Dabei heften sich Mutansstreptokokken an. Das Stäbchen wird in ein Gefäß mit Nährlösung gesteckt und für zwei Tage bei 37 °C in einen Inkubator gestellt. Anschließend wird die Kolonisationsdichte abgelesen. Die Einteilung erfolgt grob in vier Klassen (nach kolonienbildenden Einheiten = kbE/ml Speichel). Dazu wird das Stäbchen mit einem Standard verglichen. Als Stellenwert für eine *überdurchschnittliche Kariesgefährdung* wird ein Wert von über 250000 kbE Mutansstreptokokken pro ml Speichel angegeben. Ein besonders *hohes Kariesrisiko* sollen Patienten mit Werten über 1000000 kbE pro ml Speichel haben. Der Test läßt sich allerdings bei realistischer Einschätzung nur in einer Richtung interpretieren.

Individuen mit geringen Streptococcus-mutans-Zahlen besitzen ein geringes Kariesrisiko.

Zusätzlich kann wieder mit einem Agar-Träger und aufgebrachtem Speichel (diesmal mit einer Spritze) nach Inokulation für vier Tage im Brutschrank die Anzahl von Laktobazillen im Speichel festgestellt werden *(Dentocult LB®)*.

Hohe Laktobazillenwerte gelten als Zeichen für einen hohen und häufigen Kohlenhydratkonsum und damit wieder indirekt als Indikator für ein hohes Kariesrisiko.

Als weitere Parameter zur Abschätzung des Kariesrisikos werden die Bestimmung der **Speichelfließrate** (3–5 min paraffinstimulierter Speichel) und der **Speichelpufferkapazität** (anhand eines pH-Indikators 5 min nach Speichelstimulation) angegeben. Der Normalwert für die Speichelfließrate liegt bei 1 ml/min. Zeigt das mit Säure imprägnierte Indikatorpapier einen pH-Wert von 6,0 an, so liegt eine hohe Speichelpufferkapazität vor.

Erst die Berücksichtigung aller vier Parameter und der Plaquebildungsrate, des momentanen Kariesbefalls und des Konsums kariogener Zwischenmahlzeiten zusammen erlaubt eine grobe Einschätzung des individuellen Kariesrisikos.

So besteht nach AXELSSON **kein Kariesrisiko,** wenn der Test auf Streptococcus mutans negativ ist, die Plaquebildungsrate niedrig ist, die Mundhygienegewohnheiten optimal sind, die Laktobazillenzahl im Speichel niedrig ist (kleiner 10000 kbE/ml), die Zähne kariesfrei sind oder sehr geringen Kariesbefall haben, kein akuter neuer Kariesbefall vorhanden ist (DF = 0), die Speichelsekretionsrate > 1 ml/min ist und der Konsum kariogener Zwischenmahlzeiten gering ist.

Ein **hohes Kariesrisiko** hingegen besteht, wenn der Test auf Streptococcus mutans hoch ist (> 500000 kbE/ml), die Plaquebildungsrate hoch oder sehr hoch ist, die Mundhygienegewohnheiten sehr schlecht sind, die Laktobazillenzahl im Speichel hoch ist (> 500000 kbE/ml), der aktuelle Kariesbefall sehr hoch ist (Approximalkaries in der Front, bukkale und linguale Lä-sionen, die Speichelsekretionsrate < 0,7 ml/min ist, der Konsum kariogener Zwischenmahlzeiten sehr hoch ist und die Pufferkapazität des Speichels < 4 ist.

4.6 Konsequenzen für die Therapie

Die Kenntnis, daß unter dem Einsatz von Fluoriden in der Kariesprophylaxe bei niedrigem und mittlerem Kariesrisiko (Patienten mit wenigen offenen kariösen Läsionen, hoher Speichelpufferkapazität und -fließrate, guter Compliance, Einschränkung kariogener Zwischenmahlzeiten und optimaler Interdentalraumhygiene) kariöse Initialläsionen nicht weiter fortschreiten und z.T. remineralisieren bzw. adaptieren können, hat Konsequenzen auf die Therapie.

Man wendet sich heute von dem Prinzip „nur eine Füllung schützt vor weiterer Karies“ ab zugunsten einer **primär atraumatischen Behandlung** bzw. **minimalinvasiven Therapie** mit entsprechender Kontrolle der kariesgefährdeten Flächen.

Keine restaurative Maßnahme ist im eigentlichen Sinne eine heilende Maßnahme. Durch Karies verlorengangene Zahnhartsubstanz (und damit verbunden auch immer gesunde Zahnhartsubstanz) wird nicht durch körpereigenes Gewebe ersetzt. Zudem gibt es kein Restaurationsmaterial, das zeitlebens die Zahnhartsubstanz randdicht vor weiteren destruktiven Prozessen schützt.

Das Prinzip einer medizinisch eingebetteten Zahnheilkunde muß also in erster Linie **Schutz vor Destruktion** sein, in zweiter Linie *minimalinvasive Frühbehandlung* und erst zum Schluß als Ultima ratio kann die *Restauration* stehen, die zudem wieder unter dem Gesichtspunkt der Sekundärprophylaxe durchzuführen ist.

Aus allen bekannten Untersuchungen wird deutlich, daß zudem Frühläsionen bis zum Stadium C2 durchaus mit den Maßnahmen der Primärprävention kontrolliert werden können. Dabei kann der Zahnarzt aus der Untersuchung seiner Patienten durchaus beurteilen, wie es um dessen Kariesaktivität steht, um adäquate Behandlungsmaßnahmen einzuleiten. Ärztliche Handlungsweise hängt in großem Maße davon ab, wie sehr und lange man seine Patienten schon kennt. Insofern lassen sich nur begrenzt allgemeingültige starre Behandlungsrichtlinien formulieren. Mechanistische Denkweisen verhindern zudem die Anpassung der medizinischen Behandlung an sich verändernde Lebenssituationen der Patienten.

5 Grundlagen der invasiven Therapie

Kann durch nichtinvasive Maßnahmen die kariöse Zerstörung eines Zahnes nicht verhindert werden, oder wird bereits eine manifeste behandlungsbedürftige Karies diagnostiziert, so muß die kariöse Zahnhartsubstanz entfernt werden.

Der resultierende Defekt wird mit einem adäquaten Füllungsmaterial restauriert. Auch andere Zahnhartsubstanzschäden können bei entsprechender Indikationsstellung restaurativ angegangen werden. Die Füllung wird nach Präparation einer Kavität in den Zahn eingegliedert. Sie soll die ursprüngliche Form des Zahnes wiederherstellen. Die Präparation der Kavität muß möglichst zahnhartsubstanzschonend erfolgen. Gleichzeitig soll jedoch die Restauration dauerhaft verankert werden können. Sie darf das marginale Parodont, die Pulpa und den Gesamtorganismus nicht schädigen. Gleichzeitig soll der Entstehung einer neuen Karies vorgebeugt werden.

5.1 Allgemeine Präparationstechnik

Black teilte in Anlehnung an die Kariesprädilektionsstellen die Kavitäten in fünf Klassen ein:

- Klasse I: Kavitäten im Bereich der Grübchen und Fissuren.
- Klasse II: Kavitäten im Bereich approximaler Flächen im Seitenzahnbereich.
- Klasse III: Kavitäten im Bereich der Approximalflächen von Schneide- und Eckzähnen, wobei die inzisale Kante intakt bleibt.
- Klasse IV: Kavitäten im Bereich der Approximalflächen von Schneide- und Eckzähnen unter Einbeziehung der Schneidekante.
- Klasse V: Kavitäten der bukkalen und lingualen Glattflächen, meistens im gingivalen Drittel der Zahnkrone liegend (Abb. 5-1).

Bei der Kavitätenpräparation sind nach Black bestimmte **Präparationsregeln** einzuhalten.

Bei der **Primärpräparation** sind Umrißform, Widerstandsform, Retentionsform, Erleichterungsform und Extensionsform zu beachten.

Die **Umrißform** (und **Extensionsform**) wird in erster Linie durch die **Ausdehnung der Karies** und die **Auswahl des Restaurationsmaterials** vorgegeben.

Das Ziel Blacks, die Präparationsränder in die Zone der natürlichen Selbstreinigung bzw. in kariesimmune Bereiche zu legen **(extension for prevention)** ist heute nur noch eingeschränkt gültig.

Man ist heute bemüht, die Kavitätenränder in Bereiche zu legen, die der Mundhygiene zugänglich sind. Dabei muß besonders der Lage des approximalzervikalen Randes der Restauration Beachtung geschenkt werden. Es wird angestrebt, die *Präparationsgrenze* in diesem Bereich *supra- bzw. äquigingival* zu legen, um der Entstehung von Parodontopathien vorzubeugen.

Durch die **Widerstandsform** soll gewährleistet sein, daß weder die Restauration noch die Zahnhartsubstanz unter Kaubelastung frakturiert.

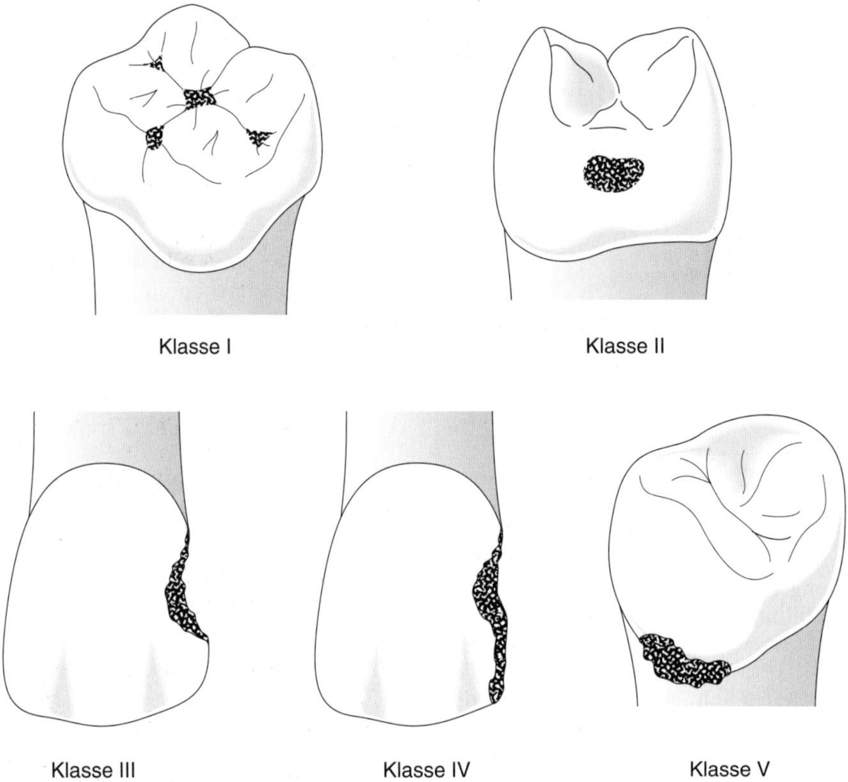

Abbildung 5-1. Einteilung der Kavitäten in fünf Klassen (nach BLACK).

Durch die **Retentionsform** einer Kavität soll verhindert werden, daß die Restauration durch Abzugskräfte verlorengeht.

Die **Erleichterungsform** soll in erster Linie gewährleisten, daß die Karies leicht entfernt werden kann und die Restauration problemlos in die Kavität eingebracht werden kann.

Nach Entfernen der Karies werden die Kavitätenränder und -wände geglättet *(Finieren)* und die Kavität gereinigt **(Sekundärpräparation).**

Die Präparationsregeln von BLACK sind abhängig vom Restaurationstyp und -material modifiziert worden. Auf Details und Abweichungen von den ursprünglichen Präparationsformen wird in den einzelnen Kapiteln zur Füllungstherapie eingegangen.

Invasive Kariestherapie setzt eine genaue Kenntnis der Zahnhartgewebe, der Pulpa und deren Reaktionspotential voraus. So bestimmt gesunder Zahnschmelz im Randbereich der Kavität die Art der Präparationsinstrumente, die Arbeitsweise dieser Instrumente, die Kavitätenform und deren Randgestaltung. Die Lokalisation, Größe und Form des Defektes wird zusätzlich von der Lage und Größe des kariösen Defektes bestimmt.

Bei der Kavitätenpräparation entstehen definierte Flächen und Grenzbereiche, in denen diese Flächen aneinanderstoßen. Im einzelnen unterscheidet

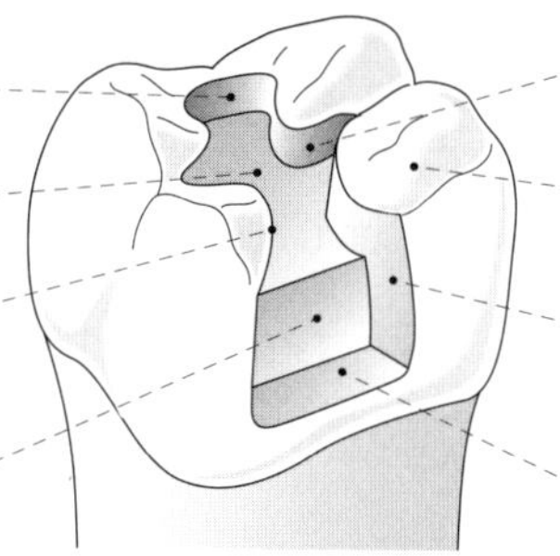

Abbildung 5-2. Anatomische Details einer Klasse-II-Kavität.

man bei einer standardisierten mehrflächigen Seitenzahnkavität die in Abbildung 5-2 aufgezeigten Flächen.

Nach der **Primärpräparation** wird, wie bereits erwähnt, die Karies entfernt. Dies kann mit langsam *rotierenden Werkzeugen* (Rosenbohrer) oder *Handinstrumenten* (Löffelexkavatoren) erfolgen. Dabei müssen entkalkter opaker Schmelz und erweichtes Dentin vollständig entfernt werden. Im Bereich der Kavitätenränder und an der Schmelz-Dentingrenze wird häufig Karies bzw. demineralisiertes Zahnhartgewebe übersehen. Hier kann eine 0,5%ige basische Fuchsinlösung in Propylenglykol *(Kariesdetector)* hilfreich sein.

Diese Lösung färbt im kariösen Gebiet die Zone der Nekrose und Penetration an, während die Zone der Demineralisation, „dead tracts", die Zone des sklerotischen Dentins und unverändertes Dentin nicht angefärbt werden. Üblicherweise wird klinisch jedoch bei der Kariesentfernung mit spitzer Sonde und leichtem Druck überprüft, ob das verbliebene Dentin hart ist. Verfärbtes, jedoch sondenhartes Dentin darf in der Kavität belassen werden.

Grundsätzlich kommt es bei der Primärpräparation mit höchsttourigen Instrumenten zu Gefügeerschütterungen und Aussprengungen im Schmelz des Kavitätenrandbereiches. Deshalb muß ein **Nachbearbeiten der Schmelzränder** mit *superfeinen Diamanten* bei mittleren bis hohen Umdrehungszahlen bzw. Handinstrumenten oder *oszillierenden Feilen* erfolgen.

5.2 Präparationsinstrumentarium

Für die Präparation und die Fertigstellung einer Kavität stehen eine Vielzahl unterschiedlicher Instrumente zur Verfügung. Man kann diese grob in Handinstrumente, rotierende Instrumente und oszillierende Instrumente unterscheiden (Tab. 5-1).

Laserpräparation spielt bisher in der Zahnerhaltung nur eine untergeordnete Rolle, da der Zahnhartsubstanzabtrag bisher für eine effektive Behandlung noch zu gering ist. Zudem lassen sich Füllungsmaterialien mit der Lasertechnologie noch nicht aus einer Kavität entfernen.

5.2.1 Rotierende Instrumente

Rotierende Instrumente werden in Hand- und Winkelstücken bei unterschiedlichen Drehzahlen eingesetzt. Die einzelnen Arbeitsschritte bei der Kavitätenpräparation und der Ausarbeitung und Politur der Restaurationen erfordern unterschiedliche Instrumente und unter-

Tabelle 5-1. Instrumentarium für die Kavitätenpräparation (nach HEIDEMANN 1992).

Antriebe	Drehzahlen	rotierende Instrumente
Primärpräparation Turbine Schnellauf-Winkelstücke – rot oder orange markiert (mit Wasserkühlung)	bis 400000 U/min	Diamantschleifer Hartmetallfräsen
Kariesentfernung Winkelstücke – grün markiert (ohne Wasserkühlung)	bis 4500 U/min	Rosenbohrer Fissurenbohrer Kegel
Sekundärpräparation Winkelstücke – grün markiert (trocken) – rot markiert (Wasserkühlung)	bis 10000 U/min bis 45000 U/min	feinkörnige Diamanten Hartmetallfinierer Arkansassteinchen
zusätzlich werden Handinstrumente (Schmelzmeißel, Gingivalrandschräger u.a.) und oszillierende Instrumente (z.B. Cavishape, Bevelshape) verwendet.		

schiedliche Drehzahlen. Es gilt dabei die **Maximaldrehzahl** für bestimmte rotierende Instrumente zu beachten (siehe Herstellerangaben). Außerdem gilt es zu beachten, daß bei hohen Umdrehungszahlen und starkem Druck erhebliche Wärme entstehen kann, die wiederum schädliche Auswirkungen auf die vitale Pulpa haben kann.
Deshalb ist hier besonders auf eine **gute Wasserkühlung** und tupfende Arbeitsweise zu achten.

Man unterscheidet in *höchsttourige* (120000–400000 Umdrehungen pro Minute), *hochtourige* (45000–20000 Umdrehungen pro Minute), *mitteltourige* (4500–45000 Umdrehungen pro Minute) und *niedrigtourige* (500–4500 Umdrehungen pro Minute) Drehzahlbereiche.

Während Turbinen im Bereich der höchsttourigen Instrumente arbeiten, kann durch unterschiedlich übersetzte Winkelstücke mit Mikromotoren der Drehzahlbereich von 500–160000 U/min abgedeckt werden.

Während die Primärpräparation und das Finieren von Kavitätenwänden im hoch- und höchsttourigen Drehzahlbereich erfolgt, wird die Exkavation, das Finieren und Anschrägen von Schmelzrändern sowie die Politur der Restaurationen im niedrig- und mitteltourigen Bereich vorgenommen.

Mikromotoren lassen sich über Fußschalter, elektronische Tastaturen und Handschalter in ihrer Drehzahl regulieren. Man unterscheidet bei den **rotierenden Instrumenten** Bohrer, Schleifer, Steine, Scheiben und schleifmittelbelegte Silikon- bzw. Gummipolierer. *Bohrer* sind schneidende Werkzeuge (eigentlich Fräsen), die aus Stahl oder Hartmetall (Wolframkarbid) gefertigt werden. Die Schneiden können gerade, gewendelt oder kreuzverzahnt sein. Auch die Anzahl der Schneiden kann verschieden sein. Zu dieser Gruppe zählen u.a. Rosenbohrer, Hartmetallbohrer/-finierer und Fissurenbohrer.

Schleifinstrumente sind Stahlinstrumente, an denen Diamantsplitter mit definierter oder nichtdefinierter Körnung gebunden sind.

Aber auch andere Schleifmittel (z.B. Aluminiumoxid, Siliciumcarbid usw.) können auf Scheiben oder Gummipoliern befestigt sein und zum Polieren und Finieren verwendet werden. Die Größe und Anordnung der Abrasivstoffe und Schneiden ist maßgebend für die Schneid- bzw. Schleifleistung und den Glättungseffekt der einzelnen Instrumente.

Bohrer und Schleifer gibt es in unterschiedlichen Formen. Die gebräuchlichsten sind Rosenbohrer, Zylinder, Kegel, umgekehrter Kegel, konische, birnenförmige, flammenförmige und torpedoförmige Bohrer und Schleifer. Grundsätzlich wird ab Drehzahlen von 4500 aufwärts immer mit Wasser präpariert und geschliffen.

Beim Einsatz des rotierenden Instrumentariums ist auf eine gute Abstützung zu achten, um bei Ausweichbewegungen des Patienten Verletzungen der Weichteile zu vermeiden und Präparationsfehlern vorzubeugen.

5.2.2 Handinstrumente

Bei der Kavitätenherstellung finden heute nur noch wenige Handinstrumente Anwendung (Abb. 5-3).

So werden *Exkavatoren* (löffelförmige, scharfe Instrumente) zur Kariesentfernung verwendet.

Gingivalrandschräger und *Schmelzmeißel* sowie *hauenförmige Instrumente* finden beim Finieren der Kavitätenränder und dort, wo rotierende Instrumente Schäden an den Nachbarzähnen erzeugen könnten, Anwendung. Die Handinstrumente sind oft paarig ausgelegt (mesial, distal). Ihre Handhabung wird bei den einzelnen Kavitätenklassen beschrieben.

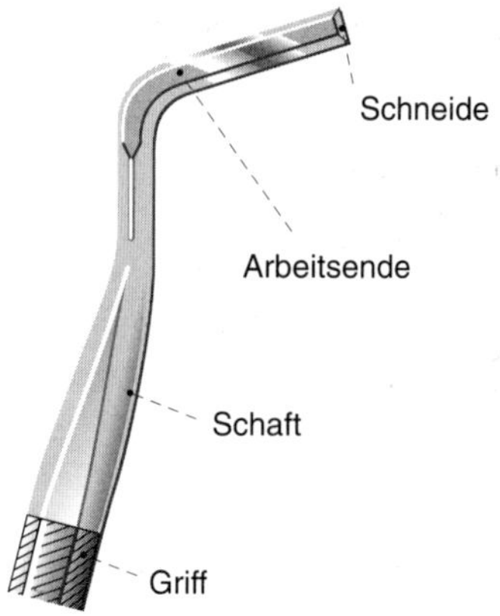

Abbildung 5-3. Typische Form eines Handinstruments zur Bearbeitung eines Kavitätenrandes.

Es dürfen nur scharfe Handinstrumente angewendet werden, d.h., sie müssen regelmäßig nachgeschliffen werden. Auch bei der Anwendung der Handinstrumente ist eine sichere Abstützung derjenigen Hand, welche die Instrumente führt, absolut notwendig.

5.2.3 Oszillierende Instrumente

Nach zahnhartsubstanzschonender Präparation mehrflächiger Kavitäten im Seitenzahnbereich verbleiben oft im Bereich der Extensionsflächen und an der approximal zervikalen Stufe Schmelzbereiche, die sich ohne Schädigung des Nachbarzahns mit rotierenden Instrumenten nicht beseitigen lassen.

Mit **diamantierten Feilen** (Abb. 5-4), die in einem sogenannten EVA-Kopf fixiert werden können, lassen sich diese Schmelzpartien sauber und glatt entfernen. Da die Feilen nur einseitig mit Diamantsplittern belegt sind, wird der Nachbarzahn dabei nicht beschädigt. Der Hub des EVA-Kopfes beträgt dabei 0,4 mm, die Feilen gibt es in unterschiedlichen Körnungen (25 μm, 40 μm).

Die oszillierenden Instrumente sind eine Alternative zu den üblichen Handinstrumenten für die Kavitätenrandbearbeitung.

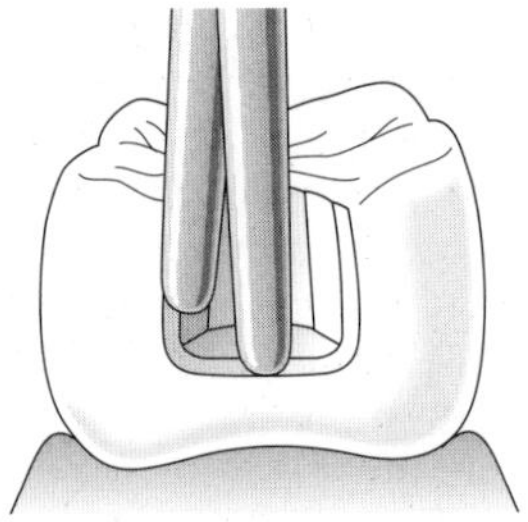

Abbildung 5-4. Feilenposition in approximaler Ansicht (nach HUGO et al. 1992).

5.3 Finieren und Kavitätentoilette

Kavitäten müssen finiert werden, um einen günstigen Kavitätenrand zu erhalten, an dem das Füllungsmaterial in einem Winkel von 90° endet. Der Winkel der Kavitätenwand zur Zahnoberfläche beträgt im Idealfall 270°.

Es handelt sich dabei um Idealvorstellungen, bei denen sowohl der Kavitätenrandbereich als auch das Füllungsmaterial eine optimale Widerstandskraft gegenüber Kaudruck aufweisen. Beim Finieren werden zudem gelockerte und von Dentin nicht mehr unterstützte Schmelzbereiche entfernt.

Beim Finieren werden zudem die Präparationsgrenzen genau definiert. Im **Frontzahnbereich** gilt dieses Prinzip nur noch eingeschränkt, da hier die einwirkenden Kräfte geringer sind als im **Seitenzahnbereich.**

Im Anschluß an die Präparation werden *Blut-, Dentin- und Schmelzreste* mit Wasserspray entfernt. Mit Chlorhexidindiglukonat (0,2%) oder H_2O_2 (3%) und Wattepellets wird eine zusätzliche **Kavitätenreinigung** vorgenommen. Andere desinfizierende Medikamente sind zur Kavitätentoilette nicht erforderlich. Ihre Pulpafreundlichkeit ist zudem nicht gewährleistet. Anschließend erfolgt eine kurze **Trocknung der Kavität,** die jedoch nicht zur Dehydrierung und damit Pulpaschädigung führen sollte.

Nach der Präparation der Zahnhartgewebe entsteht auf dem Dentin eine **Schmierschicht** *(smear layer)* aus Zelltrümmern, Bakterien, Zahnhartgewebetrümmern, Dentinliquor u.a. Diese Schmierschicht ist zwischen 1 und 5 µm dick und nicht mit Wasserspray oder Wattepellets zu entfernen. Die Erfahrung lehrt, daß sie bei zahlreichen Restaurationstechniken auch nicht entfernt werden muß. Sie schützt vor Eindringen von Füllungsmaterialbestandteilen, wie z.B. Monomeren bei Kompositfüllungen oder Quecksilber bei Amalgamfüllungen. Andererseits kann die Schmierschicht natürlich eine gute Adaptation bestimmter Restaurationsmaterialien verhindern.

Bei *modernen Techniken* in der Zahnerhaltung (Verwendung von Dentinhaftvermittlern, Schmelz-Ätz-Technik) wird die Schmierschicht teilweise oder vollständig mit Komplexbildnern bzw. Säuren entfernt, oder sie wird modifiziert, um eine bessere Benetzung der Dentinoberfläche zu erreichen.

5.4 Auswirkungen der Präparation auf die Pulpa-Dentineinheit

Die Kavitätenpräparation hat Auswirkungen auf die Pulpa-Dentineinheit. Die Reizintensität hängt von der Dicke des verbleibenden Dentins, der Art der rotierenden Werkzeuge und deren Drehzahlbereich, der Effektivität der Spraykühlung und der Nachbehandlung (wie Trocknung, Kavitätentoilette u.a.) ab.

Werden physiologische Reize überschritten, so kann es zu einem **Trauma** kommen, das zu einer Odontoblastenaspiration und/oder Verlagerung von Erythrozyten in die Dentinkanälchen führt.

Die *Aspiration der Odontoblastenzellkerne* ist Ausdruck einer Flüssigkeitsverschiebung aus der Pulpa in Richtung Peripherie durch z.B. ungenügende Kühlung oder Austrocknung des Dentins.

Ist der Reiz nur kurz und wenig traumatisch, heilt die Pulpa normalerweise wieder aus. Bei wiederholtem Reiz und/oder extremen Reizen kann sich aber eine Pulpitis oder Nekrose entwickeln, die zum Untergang des gesamten Pulpengewebes führt.

Ist nach Exkavation der Karies nur noch eine geringe Dentinschicht vorhanden, so kann eine **indirekte Überkappung (CP-Behandlung)** durchgeführt werden.

5.5 Indirekte Überkappung – CP-Behandlung mit Kalziumhydroxid-Präparat

> Nach einer Stellungnahme der DGZMK versteht man unter einer CP-Behandlung die Versorgung einer bis in das pulpennahe Dentin reichenden Kavität zum Schutze des vitalen Zahnmarks nach Entfernung einer tiefen Karies (auch indirekte Überkappung genannt). Das Ziel ist, die Pulpa vor exogenen Noxen zu schützen und sie gesund zu erhalten oder die Voraussetzung für die Heilung einer reversiblen Entzündung zu schaffen.

Das *erweichte, infizierte Dentin* wird exkaviert (eventuell Kontrolle mit basischer Fuchsinlösung).

Das *verbleibene Dentin* kann verfärbt sein, muß jedoch auf Sondenhärte überprüft werden. Diese Überprüfung kann auch mit einem scharfen Exkavator vorsichtig vorgenommen werden.

Erfolgt die indirekte Überkappung im Sinne einer **gezielten Abdeckung pulpanahen Dentins,** so werden bei der *kompletten Exkavation einer Caries profunda* Dentinbezirke freigelegt, die aufgrund der anatomischen Struktur des Dentins besonders durchlässig sind. Da viele Unterfüllungsmaterialien irritierend auf die Pulpa wirken können, wird empfohlen, diese Bezirke mit einem Kalziumhydroxid-Präparat (im engl. subbase) zur Schonung der Pulpa abzudecken.

Zur Anwendung kommen zu diesem Zweck überwiegend erhärtende Kalziumhydroxid-Präparate.

Als weiterer Grund für diese Form der indirekten Überkappung wird angegeben, daß manchmal auch nach sorgfältigster Exkavation nicht mit letzter Sicherheit ausgeschlossen werden kann, daß nicht doch noch **infiziertes Dentin** zurückgeblieben ist.

Das **klinische Vorgehen** in Stichworten:
- vollständige Exkavation des kariösen Dentins
- Aufbringen eines erhärtenden Kalziumhydroxid-Präparates auf pulpanahe Bezirke in dünner Schicht
- Unterfüllung
- Deckfüllung.

Anschließend wird die Kavität definitiv mit einer Unterfüllung und einer Restauration verschlossen (Abb. 5-5).

Es wird in regelmäßigen Abständen eine **Nachkontrolle** (Vitalitätsprobe, Inspektion, Perkussion) durchgeführt. Die Prognose ist bei richtiger Indikationsstellung gut. Es kann zur *Reizdentinbildung* in der Pulpa kommen. Bei Anzeichen einer *Pulpanekrose* wird eine Wurzelkanalbehandlung eingeleitet. Kann die Kavität nicht korrekt verschlossen werden und bestehen Zeichen einer *irreversiblen Pulpitis*, ist die beschriebene Behandlungsmethode kontraindiziert.

In der Literatur wird in diesem Zusammenhang eine **schrittweise Entfernung der Karies** beschrieben. Dabei wird nach Teilexkavation im pulpanahen Bereich ein möglichst umschriebenes Areal erweichten Dentins belassen und mit einem Kalziumhydroxid-Präparat überdeckt. Die Kavität wird dann zwischenzeitlich für vier bis zwölf Wochen verschlossen, um eine Reizdentinbildung abzuwarten. Das *Kalziumhydroxid-Präparat* soll folgendes bewirken:
- Abtötung verbliebener Mikroorganismen

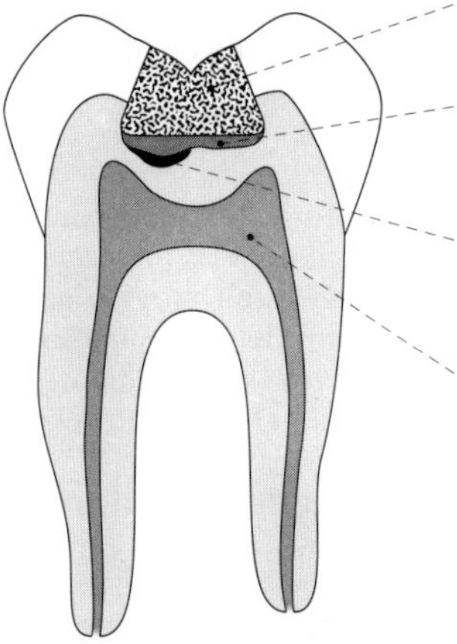

Abbildung 5-5. Versorgung einer Kavität nach Exkavation einer Caries profunda (CP-Behandlung, indirekte Überkappung). Als Überkappungsmaterial wird punktuell an der tiefsten Stelle der Kavität ein Kalziumhydroxid-Material („subbase") aufgebracht. Eine Unterfüllung („base") deckt das freiliegende Dentin ab. Erst darüber liegt die Hauptfüllung.

- Neutralisation von Kariessäuren
- Härtung und Austrocknung des erweichten Dentins
- Anregung der Tertiärdentinbildung.

Anschließend wird die Restkaries entfernt, und es erfolgt die endgültige Restauration.

Obwohl klinische Untersuchungen über diese Methode bei korrekter Indikationsstellung überwiegend günstige Resultate ergaben, ist ihr Wert insgesamt eher umstritten. Die schrittweise Kariesentfernung wird hauptsächlich zur Behandlung **stark kariöser erster Molaren bei jugendlichen Patienten** empfohlen.

Das **klinische Vorgehen** in Stichworten:

1. Sitzung
- klinische und röntgenologische Untersuchung mit Sensibilitätsprüfung des betroffenen Zahnes
- Exkavation des kariösen Dentins bei Belassung einer kleinen Menge kariösen Dentins in Pulpanähe
- Auftragen eines weichbleibenden Kalziumhydroxid-Präparates auf das belassene kariöse Dentin
- Unterfüllung
- Deckfüllung.

2. Sitzung
- Sensibilitätsprüfung
- Entfernen der Deckfüllung und Unterfüllung
- Exkavation des belassenen kariösen Dentins
- Abdeckung des pulpanahen Bezirks mit einem erhärtenden Kalziumhydroxid-Präparat in dünner Schicht
- Unterfüllung
- Deckfüllung.

Man ist dabei auf eine hundertprozentige Mitarbeit des Patienten angewiesen. Kommt der Patient nach der ersten Exkavation nicht wieder in die Praxis, weil er keine Schmerzen verspürt, führt die belassene kariöse Zahnhartsubstanz zu einem Kariesrezidiv und nachfolgend häufig zu einer Pulpitis. Bei einer indirekten Überkappung wird **Kalziumhydroxid** eingesetzt, da man eine *Akalisierung des Dentins* erreichen will. Außerdem wirkt Kalziumhydroxid vorübergehend *bakterizid*. Durch die Anwendung des Kalziumhydroxids wird die Reaktionslage der Pulpa verbessert und der Säureschub durch die anschließend aufgebrachte Unterfüllung aufgefangen.

Kalziumhydroxid ist bis zu einem gewissen Grad *wasserlöslich*, es dissoziiert dabei und wirkt alkalisch. Aufgrund der Ionenabgabe besitzt es einen *antimikrobiellen Effekt*, der jedoch bei Austrocknung verlorengeht. Gibt man zu einem ausgetrockneten Präparat wieder Wasser hinzu, so wird die antimikrobielle Wirksamkeit erneut hergestellt.

Mit *Luftsauerstoff* kann Kalziumhydroxid partiell Kalziumcarbonat bilden und damit *inaktiviert* werden. Wird Kalziumhydroxid auf Dentin aufgebracht, so diffundiert es durch die Dentinkanälchen und wirkt bei dünnen Dentinschichten auch auf das Pulpagewebe. Mit zunehmender Liegedauer kommt es jedoch zu

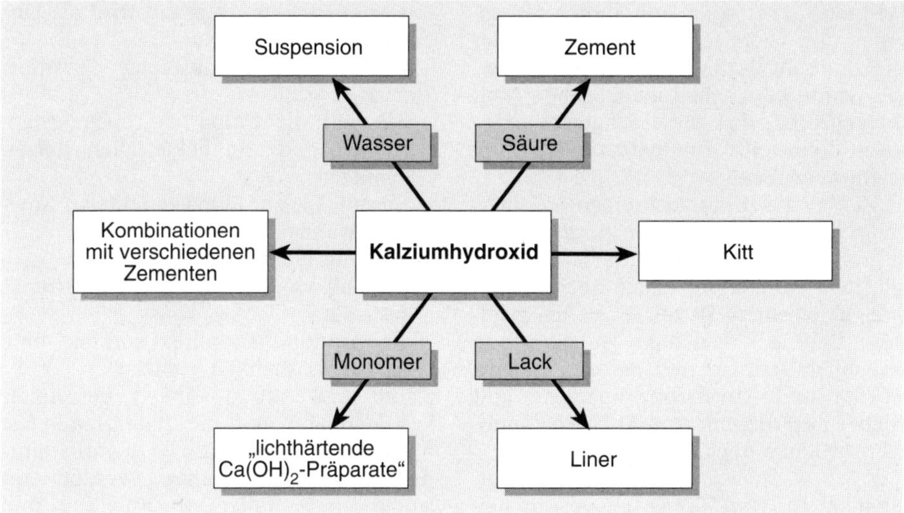

Abbildung 5-6. Einteilung der verschiedenen Kalziumhydroxid-Materialien nach ihrer Zusammensetzung (nur Hauptbestandteile) (nach STAEHLE 1990).

Diffusionshemmung durch Ausfällung schwerlöslicher Kalziumsalze in den Dentinkanälchen.

Kalziumdydroxid gibt es in unterschiedlichen **Präparateformen** (Abb. 5-6). *Wäßrige Lösungen* (Hypocal®, Calxyl®) werden aus Kalziumhydroxid-Pulver und Wasser bzw. Kochsalzlösung hergestellt. Das Pulver wird zum Teil von Herstellern zusätzlich mit Kalziumchlorid, Kaliumchlorid, Natriumchlorid und Natriumbicarbonat versetzt (Calxyl®). Es können zusätzlich Röntgenkontrastmittel (wie z.B. Titanoxid) beigemischt sein. Die rein wäßrigen Kalziumhydroxid-Lösungen sind zum Teil schlecht applizierbar. Es wird ihnen deshalb bei industrieller Herstellung ein Verdickungsmittel zugefügt. Fertige Kalziumhydroxid-Lösungen und Kalziumhydroxid-Pulver müssen in gut verschließbaren Behältern aufbewahrt werden, damit sich kein Kalziumcarbonat durch Einwirkung des Luft-CO_2 bildet.

Unter *Linern* (Hydroxyline®, Tubulitec®) versteht man Kavitätenlacke, die mit Kalziumhydroxid versetzt sind.

Kitte (z.B. Gangraena Merz®) sind ölhaltige Substanzen, die mit Kalziumhydroxid versetzt sind. Durch Verseifung entstehen bei der Reaktion Glyzerin und schwerlösliche Kalziumsalze der Fettsäure. Als Beispiel für ein auf dem Markt befindliches Produkt ist die Verbindung von Rinderklauenöl mit Kalziumhydroxid.

Zemente (Dycal®, Kerr-Life®) sind Säuren, die mit Kalziumhydroxid gemischt werden. Es handelt sich bei den gängigen Produkten um einen Salicylatester, welcher mit Kalziumhydroxid eine Chelatbindung eingeht. Es entsteht dabei Kalziumsalicylatzement. Zusätzlich können in diesen Produkten Füllstoffe, plastifizierende Substanzen (z.B. Ethyltoluolsulfonamid) und Farbpigmente enthalten sein. Es handelt sich bei diesen Zementen meistens um Paste/Paste-Produkte, die nach Zusammenrühren aushärten.

Kunststoffpräparate (sog. lichthärtende Kalziumhydroxid-Präparate): Als Hauptbestandteil dieser Präparate ist die Matrixsubstanz Urethandimethacrylat zu nennen. Man wollte mit diesen Präparaten die chemische Beständigkeit der Kalziumsalicylatzemente verbessern. Dabei wurde jedoch die Ionenabgabe soweit herabgesetzt, daß diese Präparate praktisch keine Kalziumhydroxid-Wirkung mehr aufweisen.

Zahlreiche Untersuchungen konnten zeigen, daß die *Kalzium- und Hydroxylionenabgabe bei den verschiedenen Präparaten* unterschiedlich hoch ist. Bei weichbleibenden Pasten ist sie am größten. Bei den Zementen ist sie schon erheblich geringer und bei den Linern, Kitten und Kunststoffpräparaten läßt sich eine Kalzium- und Hydroxylionenabgabe kaum noch feststellen.

Auch wenn bei den Kalziumsalicylat-Präparaten von Zementen gesprochen wird, eignen sich diese **nicht als Einheitsunterfüllung.** Da sie nur eine *geringe Druckfestigkeit* aufweisen und sich auch unter Füllungen auflösen, dürfen sie nur kleinflächig im Bereich der indirekten Überkappung appliziert werden. Unter Kompositfüllungen ließen sich zudem *Farbveränderungen* dieser Präparate feststellen, die zu ästhetischen Problemen führten.

Es gibt außer den genannten Präparaten **weitere Kombinationen von Kalziumhydroxid** mit anderen Materialien.

Als Beispiel sei hier die Mischung eines *Kalziumsalicylatzementes mit Zinkoxid-Eugenolzement* (Cp-Cap®) genannt. Die Druckfestigkeit dieser Präparate liegt jedoch nicht über denen des Kalziumsalicylatzementes. Sie lassen sich also auch nicht als Unterfüllungsmaterial verwenden.

5.6 Dentinwundversorgung

Nach der Exkavation einer Karies und der Präparation einer Kavität resultiert eine mehr oder weniger große Dentinwunde, die mit einem geeigneten Dentinwundverband abgedeckt werden muß. Mit zunehmender Tiefe der Kavität nimmt diese Wundfläche zu.

Der Dentinwundverband wird als **Unterfüllung** bezeichnet.

Die Unterfüllung muß folgende Anforderungen erfüllen:

- Sie soll die Pulpa vor chemischen, thermischen und bakteriellen Reizen schützen.
- Sie soll alle zur Pulpa gerichteten Kavitätenwände abdecken.
- Sie muß biokompatibel sein.
- Sie soll im Seitenzahnbereich druckfest sein.
- Im Mundhöhlenmilieu soll sie eine geringe Löslichkeit besitzen.
- Bei Anwendung adhäsiv befestigter Materialien muß sie zudem säurefest sein und darf kein Eugenol enthalten.

Unterfüllungsmaterialien werden oft auch zum Auffüllen von Kavitäten und zum Ausblocken untersichgehender Stellen bzw. als Aufbaumaterial für Kronenpräparationen verwendet.

> Kalziumhydroxid-Präparate eignen sich nicht als alleinige Unterfüllung, da sie durch den Dentinliquor desintegriert werden.

Es resultiert dann die Fraktur der Deckfüllung. Sie werden ausschließlich im Sinne einer direkten und indirekten Überkappung in sehr begrenzten Bereichen aufgebracht und müssen von einem druckfesten und/oder säurefesten Unterfüllungsmaterial überdeckt werden.

> Es sollte nie Zahnhartsubstanz geopfert werden, um Platz für ein Unterfüllungsmaterial zu schaffen.

Bei sehr flachen Kavitäten, die mit einem plastischen Füllungsmaterial restauriert werden sollen, reicht oft ein Lack oder Dentinhaftvermittler als Dentinwundverband aus, da in der Peripherie nur wenige Dentinkanälchen bei der Präparation angeschnitten werden.

Die bekannten Dentinwundverbände lassen sich in zwei Gruppen unterteilen: *Lacke/Liner* und *Zemente. Dentinhaftvermittler* werden, da sie nicht zu den geläufigen Unterfüllungsmaterialien gehören, später im Zusammenhang mit den Kompositrestaurationsmaterialien abgehandelt.

5.6.1 Lacke und Liner

Unter Lacken versteht man in der restaurativen Zahnheilkunde Harze, die in einem organischen Lösungsmittel gelöst sind.

Nach Aufbringen des Lackes verdunstet das Lösungsmittel, und es verbleibt das Harz zurück. Liner haben außerdem therapeutische Zusätze, wie Kalziumhydroxid, Zinkoxid u.a. Da Lacke und Liner allenfalls temporär die Dentinpermeabilität verringern und sich zudem leicht im Speichel auflösen, finden sie heute nur noch bei **flachen Kavitäten** und **geringer Dentinwundfläche** Anwendung.

Es muß zudem berücksichtigt werden, daß die **Lösungsmittel** der Lacke und Liner **nicht als pulpafreundlich** einzustufen sind (z.B. Cavity-Liner®, Copalite®).

5.6.2 Zemente

Zemente sind Stoffgemische, die in Pulverform vorliegen und mit Wasser oder wäßrigen Lösungen angemischt werden (Tab. 5-2).

Es entsteht eine plastische Masse, die anschließend aushärtet. Einige Bestandteile der Zemente verbleiben dabei ohne Reaktion in der ausgehärteten Masse. Die Zemente lassen sich einteilen in Zinkphosphatzement, Silikatzement, Steinzement, Glasionomerzement, Carboxylatzement, Zinkoxid-Eugenolzement und Ethoxibenzoesäurezement (Tab.5-3).

Zinkoxid-Phosphatzement findet als *Unterfüllungs- und Befestigungszement* Anwendung.

Er besitzt eine *hohe Druckfestigkeit und geringe Löslichkeit* in der Mundhöhle. Bei richtiger Anwendung ist eine mäßige Pulpareaktion zu beobachten, die jedoch reversibel ist.

Zinkphosphatzemente reagieren *nach dem Anmischen stark sauer*. Erst nach Stunden wird ein neutraler pH-Wert erreicht. Je dünner angemischt wird, desto länger dauert die Neutralisation und damit die Pulpareizung. In tiefen Kavitäten sollten daher grundsätzlich an der tiefsten Stelle vor Anwendung des Zementes ein Kalziumhydroxid-Präparat im Sinne einer indirekten Überkappung (CP-Behandlung) eingebracht werden, um die Säureeinwirkung auf die Pulpa zu reduzieren.

Das *Pulver* des Zinkoxid-Phosphatzementes besteht zu 80–90 Gewichtsprozent aus *Zinkoxid* und je nach Produkt unterschiedlichen zusätzlichen Beimengungen. Meistens wird bis 10% Magnesiumoxid zugegeben, um die Druckfestigkeit des Zementes zu erhöhen. Als Füllstoffe werden u.a. Siliziumoxid und andere Oxide zugesetzt. Zusätzlich enthält das Pulver Pigmente zur Farbgebung.

Tabelle 5-2. Einteilung der Zemente nach ihren Hauptbestandteilen.

	Flüssigkeit Phosphorsäure	**Polyacrylsäure**
Pulver		
Zinkoxid	Phosphatzement	Carboxylatzement
Glas	Silikatzement	Glasionomerzement

Tabelle 5-3. Physikalische Eigenschaften gebräuchlicher Zemente im Vergleich zu Dentin und Amalgam (nach Eichner 1981).

	Wärmeleitfähigkeit (W/K · m)	Abbindezeit bei 37 °C (min)	Druckfestigkeit (N/mm²)	Löslichkeit nach 24 h (Masse%)	Filmdicke (µm)
Zinkphosphatzement	1,3–3,1	6–9	80–140	0,05–0,2	10–60
Zinkoxid-Eugenolzement	1,7	–	14–40	0,02–0,1	25
EBA-Zement	–	6–10	70–100	0,05	25–42
Carboxylatzement	1,0	–	40–120	0,03–0,8	15–30
Glasionomerzement	–	5	140–180	0,3–5	25
Dentin	0,6–2,2	–	200–350	–	–
Amalgam	21	150	300–500	–	–

Die *Flüssigkeit* besteht zu 52–56 Gewichtsprozent aus *Orthophosphorsäure* (H_3PO_4) und Zusätzen von Zink und Aluminium zur Pufferung. Der Rest der Flüssigkeit ist Wasser.

Die *Verarbeitung* des Zementes ist ein wichtiger Faktor für dessen qualitative Eigenschaften. Es sollte immer, gleichgültig, ob der Zement sahnig zum Einsetzen von Kronen oder in dicker Konsistenz als Unterfüllungsmaterial angerührt wird, eine pulverreiche Mischung gewählt werden. Dazu wird der Zement auf einer leicht gekühlten Glasplatte angerührt, um die Reaktionswärme abzuleiten. Das Pulver wird portionsweise in die Säure eingemischt, bis die richtige Konsistenz erreicht ist (Pulver immer in Säure einrühren und nicht umgekehrt). Wurden Pulver und Flüssigkeit aus den entsprechenden Gefäßen entnommen, so sind diese sofort wieder zu verschließen, um eine Wasseraufnahme durch die Säure *(Hygroskopie)* zu verhindern. Durch die Wasseraufnahme würde sonst die Abbindegeschwindigkeit gesteigert, und es kann weniger Zementpulver in die Säure eingerührt werden.

Bleibt das Pulver offen stehen, so reichert es sich mit Kohlendioxid aus der Luft an. Beim Anmischen entstehen dann Gase, die zu einem stark porösen Zement führen.

Nach dem Anmischen ist für einige Zeit noch freie Phosphorsäure im Zement vorhanden, die eine Wirkung auf die Pulpa besitzt. Über mehrere Vorstufen entsteht beim *Abbinden* bei den magnesiumoxid- und aluminiumoxidhaltigen Zementen nach 24 Stunden tertiäres Phosphat. Das tertiäre Phosphat bestimmt die Eigenschaften des abgebundenen Zementes wesentlich, da es nur gering wasserlöslich ist. Die Abbindereaktion ist exotherm. Die Abbindezeit liegt normalerweise zwischen 5 und 9 min. Durch schnelle Pulverzugabe wird die Abbindezeit erheblich verkürzt. Die Filmdicke eines adäquat angerührten Zinkoxid-Phosphatzementes, der zwischen zwei Glasplatten ausgepreßt wurde, beträgt zwischen 15 und 40 µm. Es wurden allerdings auch kleinste Werte von 5 µm gemessen.

Da Zinkoxid-Phosphatzement *in der Mundhöhle löslich* ist, müssen beim Zementieren von Gußobjekten möglichst kleine Zementspalten angestrebt werden.

Beim Abbinden *schrumpft* der Zinkoxid-Phosphatzement (0,03–0,06% in sieben Tagen im feuchten Milieu; 2% im trockenen Milieu). Phosphatzement ist somit nicht als Füllungsmaterial bzw. Dauerprovisorium geeignet, da er Kavitäten nicht bakteriendicht verschließen kann.

Die *Wärmeleitfähigkeit* entspricht etwa der des Dentins, somit ist auch die Schutzwirkung des Zementes vor thermischen Reizen nicht sehr ausgeprägt. Aufgrund seiner hohen Druckfestigkeit eignet sich Zinkoxid-Phosphatzement jedoch als Unterfüllungsmaterial im Seitenzahnbereich.

Da **Silikatzemente und Steinzemente** aufgrund ihrer Pulpatoxizität und ihrer mangelhaften physikalischen Eigenschaften (hohe Löslichkeit, geringe Druckfestigkeit) in der restaurativen Zahnheilkunde nur noch eine *untergeordnete Rolle* spielen, werden sie hier nicht dargestellt.

Das Pulver der **Zinkoxid-Eugenolzemente** enthält 70 Gewichtsprozent Zinkoxid und 29 Gewichtsprozent Harze, denen unterschiedliche Zinkverbindungen beigemischt sind.

Die Flüssigkeit ist bei diesen Zementen *Eugenol* (38 Gewichtsprozent), ein Phenolderivat.

Zinkoxid-Eugenolzemente werden gewöhnlich in der Zahnarztpraxis frisch angerührt, es gibt jedoch auch vorgefertigte Zemente. Sie werden vornehmlich als *provisorische Verschlußmaterialien* und zum *provisorischen Einsetzen von Kronen und Brücken* verwendet.

Beim *Abbinden* entsteht Zinkeugenolat in Form nadelförmiger Kristalle. Beim Anmischen wird eine pulverreiche Mischung angestrebt. Es entsteht keine exotherme Reaktion, d.h., es ist genügend Zeit vorhanden, das Material adäquat anzumischen. Im Mund wird das Material aufgrund der Körperwärme schnell hart.

Zinkoxid-Eugenolzemente besitzen eine *geringe Druckfestigkeit* und eine *höhere Löslichkeit* als Zinkoxid-Phosphatzemente. Sie eignen sich daher nicht als Unterfüllungsmaterial. Eugenol kann bei Kontakt mit Kunststoffen als Weichmacher wirken. Es hemmt zudem die Polymerisation von Kompositmaterialien. Zinkoxid-Eugenolzemente sind daher als provisorische Versorgung vor der Anwendung von Kompositen, Dentinhaftvermittlern, Kompositklebern usw. kontraindiziert.

Zinkoxid-Eugenolzemente sind primär dichte provisorische Verschlußmaterialien. Die *Dichtigkeit* nimmt jedoch schon nach wenigen Tagen signifikant ab. Eugenol ist zu 25–50% aus dem abgebundenen Zement verfügbar.

Es besitzt einen *bakteriziden Effekt* und ist in geringen Konzentrationen pulpasedierend. Dieser lokalanästhesierende Effekt ist jedoch nur bei entsprechend dicker Dentinmasse bzw. sehr pulverreich angerührten Zementen zu erzielen.

Eugenol ist als Phenolderivat *zytotoxisch* und *neurotoxisch*. Es kann zudem Kontaktallergien erzeugen, da Eugenol auch in Parodontalverbänden und Wurzelfüllpasten vorhanden ist. Eugenolhaltige Zemente sollten im Rahmen der Kariestherapie nur sehr begrenzt angewendet werden (z.B. Zahn teilexkaviert und aus zeitlichen Gründen nicht endgültig zu versorgen).

Um die *Festigkeit* der Zinkoxid-Eugenolzemente zu *erhöhen*, wurde dem Pulver Methylmethacrylat und Aluminiumoxid zugesetzt. Die Flüssigkeit wurde mit Ethoxybenzoesäure **(ethoxybenzoicacid)** versetzt. Es entstehen so Ethoxybenzoesäurezemente *(EBA-Zemente)* mit verringerter Löslichkeit und hoher Druckfestigkeit, die sich als provisorische Verschlußmaterialien eignen.

Zinkoxid-Eugenolzemente sind nicht als Material für *direkte Überkappungen* indiziert, da eine Dentinbrückenbildung unterbleibt und eine bestehende Pulpaentzündung insistiert.

Die Pulverzusammensetzung der **Carboxylatzemente** entspricht im wesentlichen denen der Zinkoxid-Phosphatzemente. Die Flüssigkeit besteht zu 40–50 Gewichtsprozent aus *Polyacrylsäure*. Die Polyacrylsäure ist visköser als die Phosphorsäure (Molekulargewicht 15000–150000). Daher ergeben sich Probleme beim Mischen des Zementes.

Es sollte immer die Dosierungsvorschrift eingehend studiert werden, um die richtige pulverreiche Mischung zu erzielen, da sonst starke *Schrumpfung* und *schlechte physikalische Eigenschaften* resultieren. Es gibt Produkte, bei denen die Säure gefriergetrocknet wurde und dem Pulver im richtigen Mengenverhältnis beigefügt ist. Diese Produkte werden mit Wasser angerührt.

Carboxylatzemente *härten* unter Kettenbildung aus, dabei entsteht ein Metallionenkomplex mit Zink. Die Polyacrylsäure kann jedoch auch an das Kalzium der Zahnhartsubstanz binden und *chemisch haften.*

Carboxylatzemente sind besser *pulpenverträglich* als Zinkoxid-Phosphatzemente, da die Säure aufgrund der Molekülgröße nur langsam in Richtung Pulpa diffundiert. Außerdem ist die Menge freier Säure geringer. Die Schrumpfung des Zementes ist jedoch um ein mehrfaches höher als bei Zinkoxid-Phosphatzementen, die *Druckfestigkeit* geringer.

Die *Löslichkeit* der Carboxylatzemente entspricht der Löslichkeit von Phosphatzementen. Sie eignen sich jedoch aufgrund ihrer geringen Festigkeit nicht für Bereiche, die großen Belastungen ausgesetzt sind.

Carboxylatzemente besitzen *keine chemische Haftung an Gold und Platin* und sind wegen der starken Schrumpfung den Phosphatzementen beim Einsetzen von Goldrestaurationen nicht überlegen.

Glasionomerzemente werden nicht nur als *Unterfüllungsmaterialien*, sondern auch als *Füllungsmaterialien* verwendet (s.a. Kapitel 6.2). Sie eignen sich als Unterfüllungsmaterialien unter Amalgam-, Komposit- und Keramikrestaurationen.

Unterfüllungsmaterialien werden nach dem Anmischen mit abgerundeten oder planen Stopfern in die Kavität eingebracht. Dabei muß die Kavität trockengehalten werden. Sie härten je nach Material verschieden lang aus und können anschließend mit Finierern geglättet werden. Um Unterfüllungsreste an den nicht zur Pulpa gerichteten Kavitätenwänden zu entfernen, empfiehlt es sich daher, Kavitäten erst nach Einbringen der Unterfüllungen definitiv zu finieren. Unterfüllungsmaterialien dürfen nicht den dichten Verschluß einer Kavität behindern. Wurde beim Einbringen der Kavitätenrand mit einem Unterfüllungsmaterial kontaminiert, so muß dieses grundsätzlich vor Füllungstherapie entfernt werden.

5.7 Vorbereitung des Arbeitsfeldes

Bei zahlreichen invasiven Behandlungsmaßnahmen muß das Arbeitsfeld **trockengehalten** werden. Kontamination mit der Mundflüssigkeit verändert die Eigenschaften der Füllungswerkstoffe und behindert deren Insertion und Adaptation. Speichel enthält zudem unterschiedliche orale Mikroorganismen, die z.B. im Rahmen einer endodontischen Behandlung den Wurzelkanal besiedeln und zu einer Infektion des periapikalen Gewebes beitragen können. Es könnten zahlreiche andere Gründe für die Notwendigkeit einer optimalen Trockenlegung aufgeführt werden. Es soll hier jedoch darauf verzichtet werden, da diese bei den einzelnen therapeutischen Maßnahmen im Detail erläutert werden.

Bei guter Mitarbeit des Patienten läßt sich die Exkavation kariöser Bezirke und konventionelle Füllungstherapie bei relativer Trockenlegung mit Watterollen gut durchführen. Dazu werden **Watterollen** je nach Behandlungssituation im Oberkiefer im Vestibulum und im Unterkiefer im Vestibulum und im Sublingualraum eingelegt. Haben sich die Watterollen mit Speichel vollgesogen oder werden sie mit Wasserspray vollständig durchnäßt, müssen sie während der Behandlung gewechselt werden. Trockene Watterollen kleben an den Mundschleimhäuten (z.B. ältere Menschen mit Xerostomie). Es kann beim Entfernen dieser Watterollen zu breitflächigen Verletzungen der Mundschleimhaut kommen, daher müssen sie vorher mit Wasserspray durchfeuchtet werden.

Bei der Mehrzahl der restaurativen Maßnahmen empfiehlt sich jedoch das Legen von **Kofferdam** *(absolute Trokkenlegung).*

Kofferdam wurde bereits 1864 von S.C. Barnum in die Zahnheilkunde eingeführt. Dennoch findet die Technik der absoluten Trockenlegung mit Kofferdam in den deutschen Zahnarztpraxen bisher wenig Gegenliebe. Sie bietet aber gerade dem restaurativ tätigen Zahnarzt hervorragende Arbeitsbedingungen, weil sie einerseits eine saubere Verarbeitung von Füllungsmaterialien unter optimaler Sicht erlaubt, andererseits den Patienten vor Aspiration und Verschlucken von Instrumenten und Materialien schützt.

Dem angeblich erhöhten *Zeitaufwand,* der beim Anlegen von Kofferdam im Vergleich zum Legen von Watterollen notwenig ist, kann eine erhebliche Zeitersparnis gegenüberstehen. So fällt z.B. das zeitaufwendige Sichern endodontischer Kleininstrumente, der Zeitaufwand beim Wechseln der Watterollen und unnötige Unterbrechungen während der Behandlung durch „gesprächige" Patienten weg. Eine genaue Kenntnis des Instrumentariums und der Applikationstechniken ermöglicht es, die Kofferdam-Technik als Routineverfahren in die tägliche zahnärztliche Praxis Eingang finden zu lassen.

Folgende **Gründe, die absolute Trokkenlegung mit Kofferdam zu wählen,** lassen sich aufführen:

- Spezifische Eigenschaften eines zu verarbeitenden Werkstoffes, die nur unter absoluter Trockenlegung zu realisieren sind. Dies gilt z.B. für die Kohäsivität des Stopfgoldes, die nur bei absoluter Sauberkeit und Speichelfreiheit zu erreichen ist.
- Ähnliches gilt in der adhäsiven Restaurationstechnik mit Kompositmaterialien. Zum einen sind die Kompositmaterialien gegenüber Feuchtigkeit aus der Atemluft sehr empfindlich, zum anderen muß das retentive Ätzmuster, wie es bei Anwendung der Schmelz-Ätz-Technik entsteht, vor Blut- und Speichelkontamination geschützt werden. Nur dann ist eine innige Verzahnung zwischen Komposit und Schmelz möglich.
- Gänzlich andere Überlegungen indizieren die Verwendung von Kofferdam z.B. in der Endodontie oder bei der Behandlung von Patienten mit infektiösen Erkrankungen. Bei der endodontischen Behandlung steht die Keimfreiheit bzw. Keimarmut des Operationsfeldes bei der Wurzelkanalaufbereitung und -füllung im Vordergrund. Gleichzeitig bietet der Kofferdam aber auch Schutz vor Verschlucken und Aspiration der endodontischen Kleininstrumente.
- Bei der Behandlung infektiöser Patienten mit rotierenden Instrumenten ist der Kofferdam der effektivste Schutz für den Behandler vor speichelkontaminierten Aerosolen.
- Aber auch in der allgemeinen Füllungstherapie, z.B. beim Zementieren von Gußfüllungen, kann die Anwendung von Kofferdam der Garant für einen dauerhaften Erfolg der eingebrachten Restauration sein.

Das **Grundinstrumentarium** (Abb. 5-7) für die Kofferdam-Technik besteht aus Kofferdam-Gummi, Kofferdam-Lochzange, Loch-Schablone, Kofferdam-Klammern, Kofferdam-Klammerspannzange, Zahnseide, Heidemann-Spatel, Schere, Kofferdam-Spannrahmen.

Kofferdam-Gummi wird in vorgefertigten Stücken oder als Rolle geliefert. Es ist in vier Farben (Beige, Braun, Grün, Blau) und in 5 Stärken (dünn: 0,15 mm, mittel: 0,20 mm, stark: 0,25 mm, extrastark: 0,30 mm und spezialstark: 0,37 mm) erhältlich. Das für eine restaurative Behandlung vorbereitete Kofferdam-Stück sollte eine Seitenlänge von mindestens 15 cm haben. Dunkles Kofferdam-Gummi bietet einen hohen Farbkontrast zu den Zähnen. Beiges Kofferdam-Gummi hat nur geringen Farbkontrast zum Zahn und läßt tieferliegende Weichteile des Mundes noch durchscheinen. Es erleichert damit die Entfernung des Gummis nach erfolgter Behandlung ohne die Gefahr der Verletzung von Lippe oder Zunge. Dünnes und mittelstarkes Kofferdam-Gummi läßt sich leichter applizieren, reißt jedoch auch eher als starkes Gummi. Starkes Gummi legt sich besser an die Zähne an und besitzt eine stärkere Retraktionswirkung auf die Gingiva als dünnes Gummi. Für die Routinebehandlung in der restaurativen Zahnheilkunde eignet sich Kofferdam-Gummi der Stärke 0,25 mm.

Im Dental-Handel sind verschiedene *Loch-Schablonen* erhältlich, auf denen stilisiert die Zahnreihen des Ober- bzw. Unterkiefers aufgezeichnet sind. Legt man das Kofferdam-Gummi auf diese Schablonen, so lassen sich die Zähne, für die Löcher in das Gummi gestanzt werden sollen, auf dem Gummi markieren. Es gibt für diesen Zweck auch vorgefertigte Stempel, mit denen die Zahnreihe des Oberkiefers und Unterkiefers auf das Gummi gedruckt werden können.

Läßt die Zahnstellung des Patienten diese Vorgehensweise nicht zu, kann man das Gummi auf den *Spannrahmen* aufspannen und die Zähne direkt am Patienten markieren. Anschließend wird mit der *Kofferdam-Lochzange* für jeden zu isolierenden Zahn ein Loch entsprechender Größe gestanzt. Die Kofferdam-Lochzange besitzt eine Trommel mit fünf Lochgrößen. Das größte Loch eignet sich im allgemeinen für große Molaren, Prämolaren, Canini und obere Inzisivi, das drittgrößte Loch für die oberen, seitlichen und die unteren mittleren und seitlichen Inzisivi. Kofferdam-Klammern gibt es in vielen Variationen. Aus Praktikabilitätsgründen sollte man sich auf ein begrenztes Sortiment beschränken. So benötigt man für alle Zahngruppen meist nur ein bis zwei Klammervariationen. Zusätzlich sollten für endodontische Maßnahmen noch *„tiefgreifende" Klammern* verfügbar sein. Natürlich lassen sich die im Dentalhandel erhältlichen Klammern individuell auf den Behandlungsfall modifizieren.

Vor der Kofferdam-Applikation müssen die approximalen Kontaktpunkte der entsprechenden Zähne mit Zahnseide auf Durchgängigkeit überprüft werden. Anschließend wird die ausgewählte Kofferdam-Klammer auf ihren Sitz am Zahn überprüft. Sie muß am Zahn unterhalb des anatomischen Äquators einen 4-Punkt-Kontakt aufweisen und darf weder wackeln noch vom Zahn abgleiten.

Es empfiehlt sich, die Klammer bei der Anprobe mit *Zahnseide* zu sichern, um zu verhindern, daß der Patient die Klammer verschluckt, falls sie versehentlich aus der Kofferdam-Klammerspannzange rutscht.

Die Klammer wird zur Anprobe mit der *Kofferdam-Klammerspannzange* in den dafür vorgesehenen Löchern gefaßt und so weit aufgespannt, daß sie unter leichtem Kontakt zum Zahn nach zervikal geschoben werden kann. Ein Überdehnen der Klammer ist zu vermeiden.

Es gibt mehrere Möglichkeiten **Kofferdam zu applizieren.** Man kann nach Plazieren der Klammer das Kofferdam-

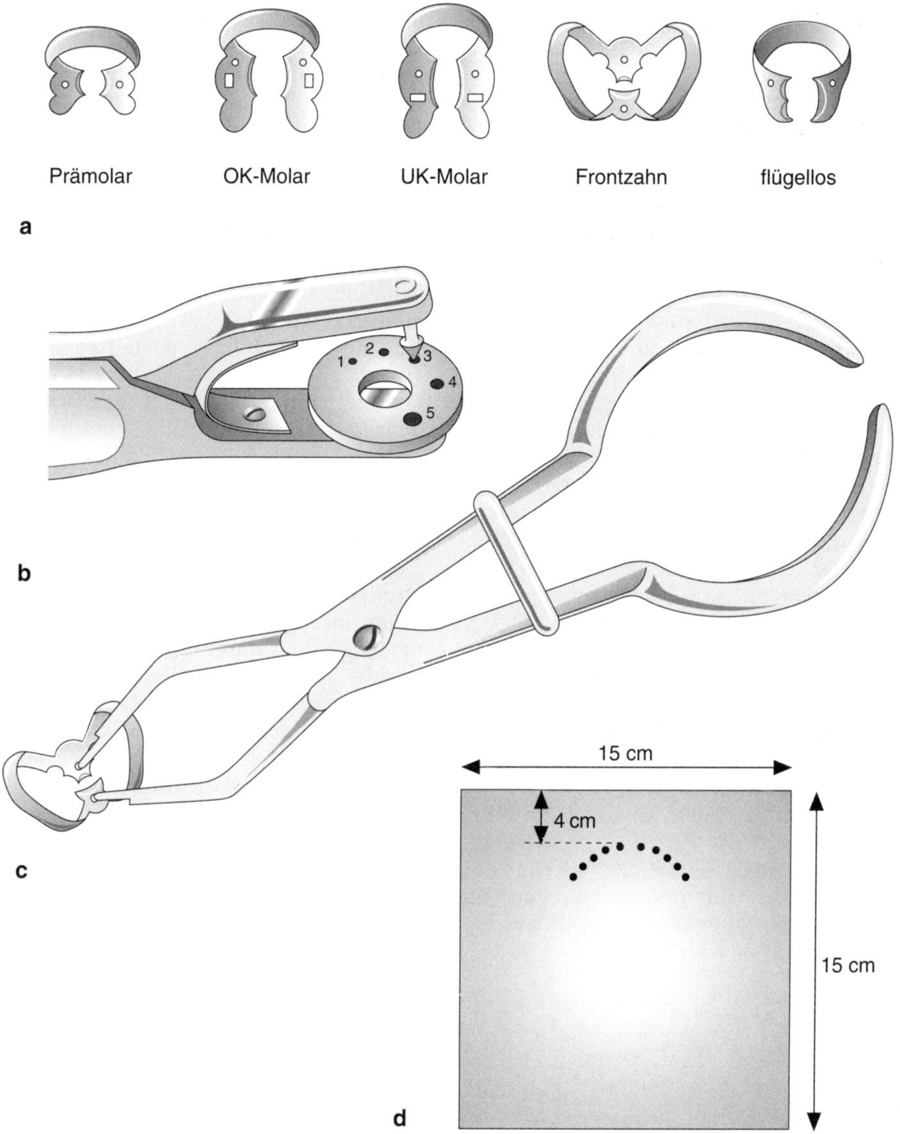

Abbildung 5-7. Instrumentarium für die Kofferdam-Applikation.
a) Auswahl unterschiedlicher Klammern, b) Kofferdam-Lochzange, c) Klammerspannzange,
d) Kofferdam-Gummi mit vorgestanzten Löchern für Restaurationen der Oberkiefer-Frontzähne.

Gummi über die Klammer stülpen. Es ist jedoch auch möglich, erst das Kofferdam-Gummi und anschließend die Klammer zu plazieren. Die effektivste Methode ist jedoch die dritte Möglichkeit. Man plaziert außerhalb der Mundhöhle das Gummi über den distalen Klammerbügel und appliziert dann die Klammer mit dem Gummi gemeinsam. Anschließend wird das Gummi mit geschlossener Pinzette oder einem Kugelstopfer über die mesialen Klammerfortsätze gebracht.

Bei *restaurativen Maßnahmen* empfiehlt es sich jedoch, ganze Zahngruppen aus der Mundhöhle zu isolieren. Dabei werden die Klammern, soweit möglich, nicht auf die zu behandelnden Zähne gesetzt, damit sie bei der Behandlung des Zahnes (z.B. beim Legen einer Matrize) nicht stören. So wird man bei Behandlung der Oberkiefer-Frontzähne das Kofferdam-Gummi vom rechten Prämolar bis zum linken Prämolar applizieren.

Dabei werden auf die *Prämolaren* die entsprechenden Klammern appliziert und das Gummi an den *Canini* und *Inzisivi* durch eine Ligatur mit gewachster Zahnseide fixiert. Das Kofferdam-Gummi sollte dabei in den Sulkus eingestülpt werden, um einen sicheren Sitz und eine optimale Abdichtung im Bereich des Zahnhalses zu gewährleisten. Es gibt spezielle Techniken, die es auch bei Vorhandensein von Brückenkonstruktionen in der Mundhöhle erlauben, eine Abdichtung mit Kofferdam-Gummi zu erzielen. Die Entfernung des Kofferdam-Gummis muß ebenso sorgfältig erfolgen wie die Applikation. Es empfiehlt sich, nach Abnahme der Klammern zunächst die Gummistege zwischen den Zähnen mit einer Schere zu durchtrennen und erst dann das Gummi zu entfernen. Dabei wird vermieden, daß Gummireste im Sulkus verbleiben, die anschließend Ursache für eine akute lokale Entzündungsreaktion sein können.

Der auf Qualität bedachte Zahnarzt wird nach kurzer Eingewöhnungsphase auf die Anwendung von Kofferdam in der täglichen restaurativen Praxis kaum noch verzichten wollen. Garantiert die Anwendung von Kofferdam doch ein effizientes Arbeiten bei Erhöhung des Behandlungskomforts für den Patienten. Gleichzeitig kann eine Verbesserung der Qualität restaurativer Maßnahmen gewährleistet werden. Oft läßt sich bei endodontisch zu behandelnden Zähnen keine Kofferdam-Klammer applizieren, weil der *Zahn bis zum Gingivalsaum* zerstört ist. Dann muß dieser vor der Behandlung so aufgebaut werden, daß Kofferdam gelegt werden kann. Es kann sogar in Ausnahmefällen eine Kronenverlängerung durch eine modifizierte Lappenoperation erforderlich sein.

Ergibt sich nach Legen des Kofferdams eventuell ein minimales *Leck*, weil die Löcher zu weit auseinander gestanzt wurden, so läßt sich dieses mit Cavit® abdichten. Dieses provisorische Füllungsmaterial ist hygroskopisch. Bei größeren Undichtigkeiten muß jedoch die Kofferdam-Applikation wiederholt werden.

6 Restaurationen mit plastischen Füllungsmaterialien

6.1 Kompositrestaurationen

Der Wunsch nach zahnfarbenen Füllungsmaterialien, speziell für den Frontzahnbereich, führte anfangs zum Einsatz von **Polymethylmethacrylaten,** die bei Mundtemperatur polymerisierten. Diese waren jedoch nicht genügend abrasionsstabil, besaßen eine hohe Polymerisationsschrumpfung und waren aufgrund des hohen Restmonomergehaltes pulpaschädigend. Außerdem traten schon nach kurzer Liegezeit Verfärbungen auf.

Auf der Suche nach einem Material mit besseren physikalischen und chemischen Eigenschaften entwickelte BOWEN (1962) das Additionsprodukt eines Epoxidharzes und der Methylmethacrylsäure als Matrix für ein neuartiges Füllungsmaterial. Dieses aromatische **Dimethacrylat** (Bisphenol A-Glycidylmethacrylat = Bis-GMA) wurde von BOWEN mit anorganischen Füllerpartikeln (Quarzmehl) versehen, die ihrerseits mit einer Silanverbindung überzogen waren. Diese Silanschicht sollte sowohl eine chemische Bindung mit der organischen Matrix als auch mit den anorganischen Füllern eingehen, um diese beiden Phasen miteinander zu verbinden.

6.1.1 Materialkunde der Komposite

Unter Kompositen versteht man allgemein zusammengesetzte Werkstoffe. Es kann sich dabei also um unterschiedliche Materialien im Bereich der Zahnmedizin und in anderen Bereichen handeln.

In der Zahnmedizin werden unter Kompositen zahnfarbene, plastische Füllungswerkstoffe verstanden, die nach Einbringen in eine Kavität chemisch oder durch Energiezufuhr aushärten.

Moderne zahnärztliche Kompositmaterialien bestehen aus einer Vielzahl unterschiedlicher Komponenten, welche die Eigenschaften des Werkstoffs beeinflussen. Die drei **Hauptbestandteile** sind die *organische Matrix,* die *disperse Phase* (Füller) und die *Verbundphase* (Silane, Kopolymere).

Die **Kompositmatrix** besteht im nichtausgehärteten Zustand aus Monomeren (Tab. 6-1), Initiatoren, Stabilisatoren, Farbstoffen, Pigmenten und anderen Additiva.

Bei den verwendeten **Monomeren** handelt es sich fast ausschließlich um *mehrfunktionelle Methacrylate* mit der vereinfachten Grundformel: MA-R-MA.

Das mit *R* bezeichnete organische Zwischenglied können aliphatische Ketten, Urethanpräpolymere, aromatische Ringe und Polyäther sein.

MA steht für die Methacrylsäureester-Reste. Diese Kompositmatrixmoleküle weisen eine relativ hohe Reaktivität auch bei niedrigen Temperaturen, gute physikalische Eigenschaften, eine relative Farbstabilität und geringe toxische Wirkungen auf. Sie sind toxikologisch unbedenklicher als reine Methacrylate, geruchs- und geschmacksneutral.

Das zentrale Molekül (R) ist für die *mechanischen Eigenschaften,* die Wasseraufnahme, die Schrumpfung, den Polymerisationsgrad, die Viskosität und

Tabelle 6-1. Häufig in Kompositen verwendete Monomere.

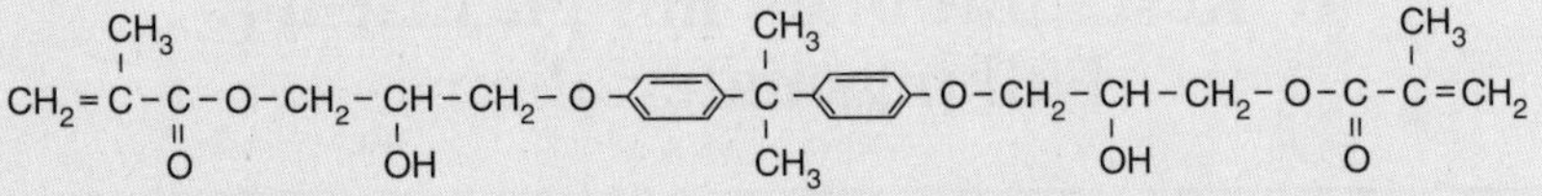

Bis-GMA = 2,2-Bis[4(3'-methacryloyl-oxy-2'hydroxypropoxy)phenyl]propan

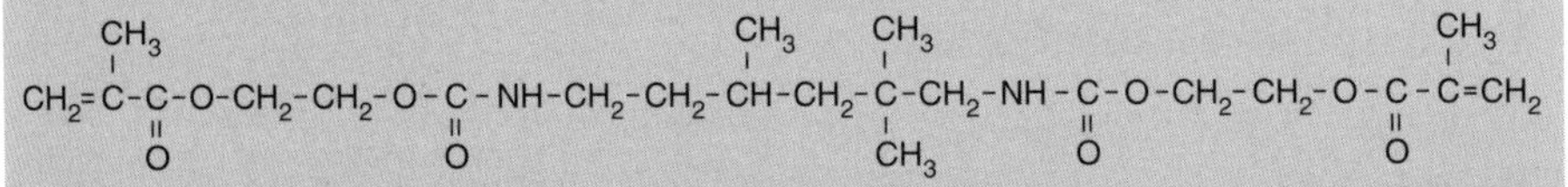

UDMA = 7,7,9-Trimethyl-4,13-dioxo-3,14-dioxa-5,12-diazahexadecan-1,16-dioxy-dimethacrylat

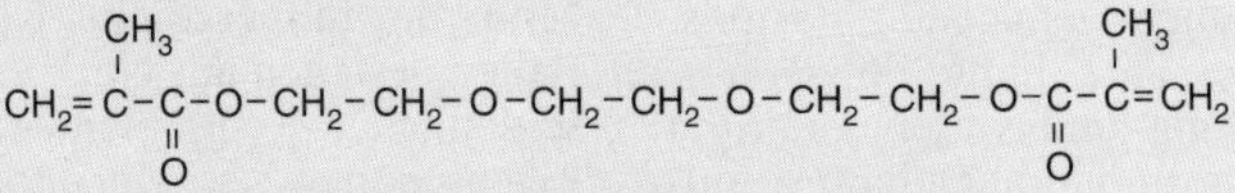

TEDMA = Triethylenglycoldimethacrylat

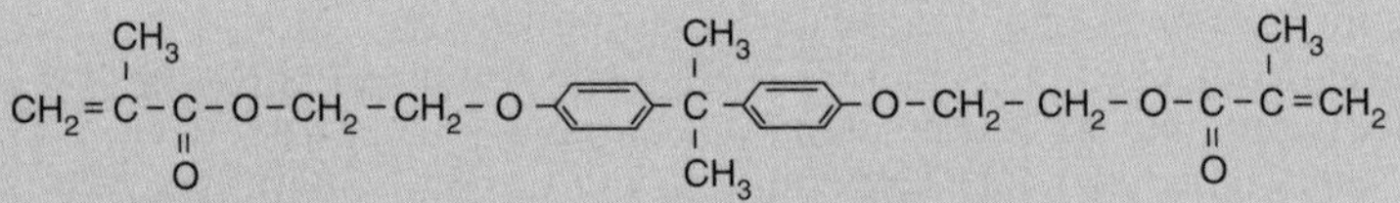

Bis-EDMA = 2,2-Bis[4(3'-methacryloyl-oxyethoxy)phenyl]propan

zahlreiche andere Eigenschaften verantwortlich. Besitzen diese Molekülanteile viele Sauerstoffatome oder Hydroxylgruppen, so ist die Wasseraufnahme der Kompositmatrix hoch. Sind die Monomere langkettig, so wird beim Aushärten die Schrumpfung geringer sein als bei kurzkettigen Molekülen. Da aber langkettige Monomermoleküle zu einer erhöhten Viskosität führen, werden oft Verdünnermonomere für eine bessere Verarbeitbarkeit hinzugegeben. Diese führen jedoch, da sie kurzkettiger sind, wieder zur erhöhten Schrumpfung des Materials.

Unter **Initiatoren** versteht man Matrixbestandteile, die durch Aktivierung (chemischer Aktivator, physikalischer Aktivator) in energiereiche Moleküle (Radikale) zerfallen, welche mit den Doppelbindungen der Monomere reagieren. Diese bilden dann Polymerketten. Die Reaktionsfreudigkeit der Initiatoren ist für die vollständige Aushärtung (Polymerisationsgrad, Konversionsgrad der Doppelbindungen) entscheidend. Je höher der Umsetzungsgrad der Monomermoleküle ist, um so besser sind die mechanischen und physikalischen Eigenschaften der Kompositmatrix zu bewerten.

Gleichzeitig sind die Initiatoren für die Farbstabilität eines Kompositmaterials von Bedeutung. So können sie eine Eigenfarbe besitzen, die sich während der Polymerisationsreaktion verbraucht oder Nebenprodukte bilden, die das Kompositmaterial verfärben.

Tabelle 6-2. Physikalische Eigenschaften verschiedener Komposite im Vergleich zu Zahnhartsubstanzen (nach Geurtsen 1989).

	Kunststoff	Komposit			Dentin	Schmelz
	ungefüllt	konventionell	mikrogefüllt	Hybrid		
Elastizitätsmodul (MPa)	2340	8000–16000	3200–5400	13790–24000	18500	11000–84000
Druckfestigkeit (Mpa)	55–72	250–300	255–330	300–380	297	134–386
Zugfestigkeit (Mpa)	26–35	40–60	25–40	45–70	52	30–35
Biegefestigkeit (MPa)	58–62	110–135	60–80	120–150	280	–
Wasseraufnahme (%)	0,5–2,0	0,2–0,8	1,2–2	0,2–0,6	–	–
Thermischer Expansionskoeffizient (10^{-6}/°C)	80–92	25–35	45–70	22–35	8	11,4
Fülleranteil (Gew.%)	–	70–80	35–50	60–86	–	–

Stabilisatoren (Inhibitoren) sind zumeist sterische Phenole, wie z.B. Hydrochinomonomethyläther. Sie reagieren mit vorzeitig entstehenden Radikalen in der Monomerpaste und verhindern so eine vorzeitige Polymerisation. Sie erhöhen damit die Lagerfähigkeit der Füllungsmaterialien.

Organische und anorganische **Pigmente** werden den Kompositen zugesetzt, um unterschiedlich gefärbte Materialien produzieren zu können. Als Farbpigmente werden heute oft *Eisenoxide* verwendet.

In die Kategorie anderer Additiva sind *Weichmacher*, *Lichtschutzmittel* und *optische Aufheller* einzuordnen.

Die Kunststoffmatrix ist niedrig viskös und wird aufgrund ihrer guten Fließfähigkeit als Fissurenversiegler (meist gefärbt) oder als Schmelzhaftvermittler (ungefärbt) bei der Insertion von Kompositrestaurationen verwendet (Bonding).

Um die physikalischen und mechanischen Eigenschaften der Kunststoffmatrix zu verbessern, werden ihr anorganische **Füller** zugesetzt. Damit soll die Druck- und Zugfestigkeit, das Elastizitätsmodul und die Verschleißfestigkeit des Materials verbessert werden (Tab. 6-2).

Gleichzeitig soll die Polymerisationsschrumpfung, der lineare thermische Expansionskoeffizient und die Wasseraufnahme verringert werden. Als anorganische Füllstoffe werden Quarz, Keramik und Siliziumdioxid verwendet. Die gängige Klassifikation der Kompositmaterialien basiert heute auf der Art und Größe der verwendeten Füllkörper (Abb. 6-1).

Es gibt **konventionelle Komposite,** die **Makrofüller** enthalten. Die rein anorganischen Partikel sind splitterförmig und bestehen aus Quarz, Glas oder Keramik. Die Gläser können zudem schwermetallhaltig sein (Barium-, Strontiumglas) um eine Röntgenopazität zu erzielen. Bei den heutigen konventionellen Kompositmaterialien finden Füllkörper in einem

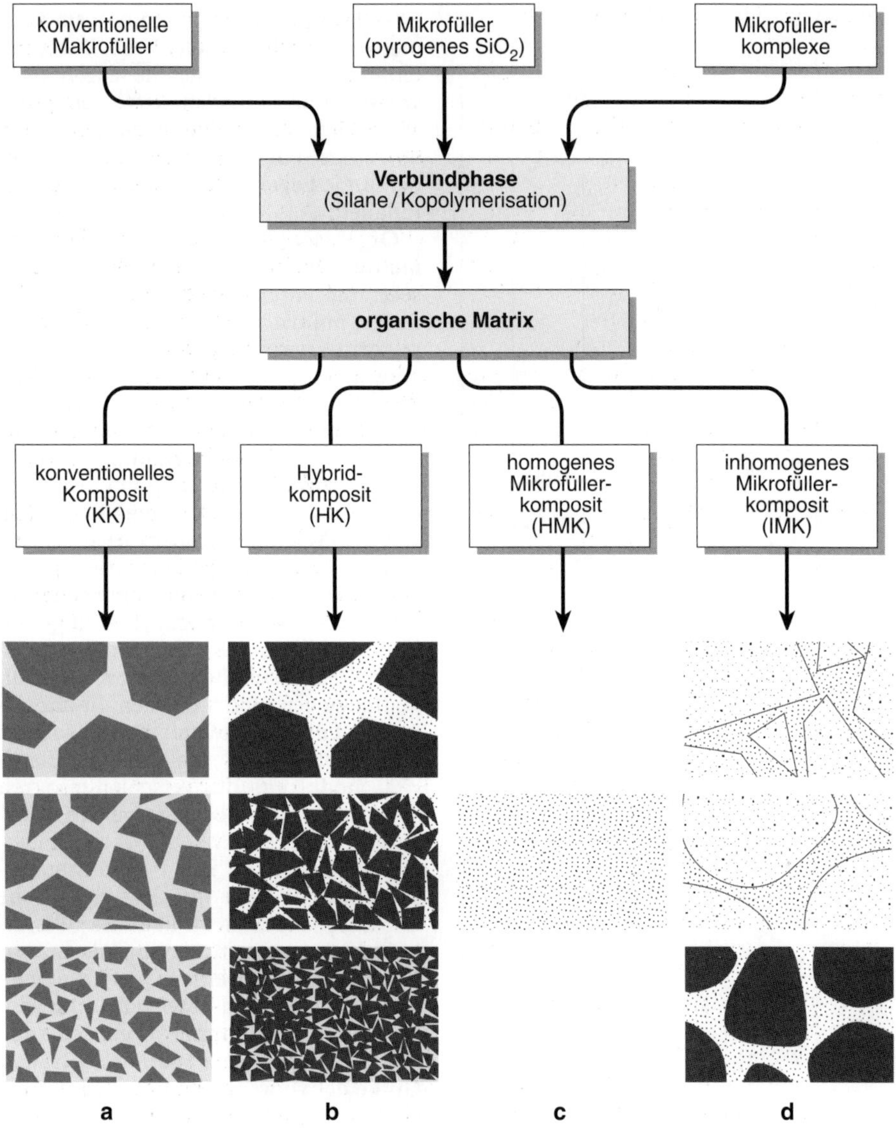

Abbildung 6-1. Einteilung der Komposite nach Art der Füller.

a) Konventionelle Komposite mit Makrofüllern aus Quarz, Glas oder Keramik. Die mittlere Teilchengröße beträgt je nach Komposit mehr als 10 µm und weniger als 5 µm.
b) Hybridkomposit mit Makrofüllern und Mikrofüllern aus SiO_2. Die mittlere Teilchengröße beträgt je nach Komposit mehr als 10 µm, zwischen 2 und 10 µm bzw. weniger als 2 µm. Bei modernen Feinpartikelhybridkompositen liegen die mittleren Füllergrößen unter 1 µm.
c) Homogene Mikrofüllerkomposite mit Teilchengrößen von 0,01–0,04 µm.
d) Inhomogene Mikrofüllerkomposite mit splitterförmigen und kugelförmigen Vorpolymerisaten (100–200 µm) bzw. Mikrofülleragglomeraten.

Größenbereich zwischen 0,1–100 µm Verwendung.

Die *durchschnittliche Füllkörpergröße* liegt zwischen 1,5 und 5 µm. Konventionelle Komposite enthalten also Makrofüller, deren Größe über der Wellenlänge des Lichtes liegt. Sie sind daher für das menschliche Auge erkennbar. Der Härteunterschied zwischen Füller und Matrix führt bei gleichzeitiger Hydrolyse der Verbundphase zum Herausbrechen der Füllkörper aus der Matrix. Die Oberfläche wird nach einer Politur rasch wieder rau. Konventionelle Komposite lassen sich also nicht polieren. Gleichzeitig bedeutet der Verlust der oberflächlichen Füllkörper, daß die weiche Kompositmatrix ungeschützt den Abrasionsvorgängen in der Mundhöhle ausgesetzt ist. Konventionelle Komposite besitzen demnach ein schlechtes Verschleißverhalten.

Bei modernen Materialien mit *kleineren Makrofüllern* ließ sich ein hoher Füllungsgrad erreichen. Diese Materialien haben eine geringe Schrumpfung, einen geringen thermischen Expansionskoeffizienten und eine geringe Wasseraufnahme. Aber auch diese Materialien behalten nach einer Politur ihren Hochglanz nicht. Röntgenkontrastmittelzusätze in den entsprechenden anorganischen Füllkörpern führen zu einer erhöhten Löslichkeit und damit einer Abgabe von Schwermetallionen in die Mundhöhle.

Mikrofüllerkomposite enthalten Füllstoffe, deren Partikelgröße unter 1 µm liegt. Die gängigen Mikrofüllerkomposite enthalten hochdisperse Kieselsäuren (Siliziumdioxid) mit einer Größenverteilung zwischen 0,007 und 0,04 µm. Die Einzelpartikel sind kugelförmig und werden durch Hydrolyse von Siliziumtetrachlorid in einer Knallgasflamme gewonnen. Die Mikrofüller haben eine große spezifische Oberfläche (50–400 m^2/g) und erhöhen bei Zugabe in eine organische Matrix die Viskosität sehr rasch. Um dennoch einen akzeptablen Füllergehalt zu erreichen, wurden inhomogene Mikrofüllerkomposite von den Herstellern entwickelt.

Dazu werden mikrogefüllte Kompositmaterialien zermahlen und man erhält splitterförmige Vorpolymerisate. Ein anderer möglicher Weg ist die Herstellung von Vorpolymerisaten in Kugelform. Diese Vorpolymerisate werden dann der Kompositmatrix zusammen mit weiteren Mikrofüllern zugesetzt und damit der Füllstoffanteil erhöht, ohne daß die Konsistenz so zähflüssig wird, daß sich ein solches Material nicht mehr verarbeiten läßt. Ein weiterer Weg ist die Sinterung der Siliziumdioxidteilchen und die anschließende Zerkleinerung in gröbere Partikel. Werden derartige Mikrofülleragglomerate der Matrix zugesetzt, läßt sich ein Füllstoffgehalt von 70–80% realisieren. Die mikrogefüllten Kompositmaterialien sind polierbar und behalten ihren Oberflächenglanz. Ihr Durchmesser ist kleiner als die Wellenlänge des sichtbaren Lichtes und deshalb werden bei Füllerverlusten auf der Oberfläche keine Rauhigkeiten sichtbar. Sie sind verschleißfester als die makrogefüllten Komposite, da die Partikel gleichmäßiger an der Oberfläche verteilt sind und abrasive Nahrung die weiche Matrix kaum angreifen kann. Mikrofüllerkomposite sind jedoch nicht röntgendicht und besitzen eine höhere Wasseraufnahme und schlechtere physikalische Eigenschaften als makrogefüllte Materialien. Sie besitzen nur 50 Gewichtsprozent Füllkörperanteil (Ausnahme agglomerierte Mikrofüller) und damit eine erhöhte Polymerisationsschrumpfung, eine geringere Biegefestigkeit und Vickers-Härte und ein geringes Elastizitätsmodul als konventionelle Komposite. Sie sind jedoch in der Regel druckfester als diese. Ein Nachteil ist weiterhin, daß es an den Grenzflächen der splitterförmigen Vorpolymerisate zur Matrix während Kaubelastung oder während der Polymerisation zu Rissen kommt. Diese Risse führen zu einer sekundär verringerten Verschleißfestigkeit dieser Materialien im Seitenzahnbereich.

Will man die positiven Eigenschaften beider Kompositsysteme miteinander verbinden, so muß man die Füllkörperpartikel in einem Material kombinieren. Dabei entstehen sog. **Hybridkomposite.** Bei den Hybridkompositen sind etwa 85–90 Gewichtsprozent der Füllkörper Makrofüller und 10–15 Gewichtsprozent Mikrofüller. Der Füllkörpergehalt des gesamten Materials läßt sich dadurch auf bis zu 85% steigern. Die Hybridkomposite lassen sich röntgenopak gestalten und besitzen hervorragende physikalische Eigenschaften. Die Feinstpartikelhybridkomposite besitzen Makrofüller mit einem Durchmesser von unter 2 µm und sind polierbar. Die Abriebfestigkeit ist geringer als bei konventionellen Kompositen und mit der von Mikrofüllermaterialien vergleichbar.

Für die einzelnen **Indikationsgebiete** lassen sich heute zwei Kompositsysteme empfehlen. Für *plastische Restaurationen der Klassen I, II, III, IV und V* lassen sich *Feinpartikelhybridkomposite* routinemäßig verwenden. Die marginale Adaptation und die Volumenbeständigkeit, das ästhetische Erscheinungsbild, Röntgenopazität, Abriebfestigkeit und die Verarbeitbarkeit sprechen eindeutig für die Verwendung dieser Materialgruppe.

Kommt es jedoch nicht so sehr auf die guten physikalischen Eigenschaften an und steht die *Ästhetik* mehr im Vordergrund, so lassen sich nach wie vor Mikrofüllerkomposite verarbeiten.

Die **Silanisierung von Füllstoffen** ist ein entscheidender Faktor für den Verbund zur organischen Matrix. Als Silanisierungsmittel wird i.d.R. *3-Methacryloyloxypropyltrimetoxisilan* verwendet. Es kommt dabei zu einer Hydrophobierung des Füllstoffes und anschließend einer Polymerisation der Monomere mit dem Methacrylsäurerest des Silans. Durch die Einbindung des Füllstoffes in die Matrix werden die mechanischen Werte (Biegefestigkeit, Druckfestigkeit, Vickers-Härte) deutlich erhöht. Der Verbund zwischen Füllkörper und Matrix ist jedoch weiterhin eine Schwachstelle aller Kompositmaterialien. Durch saure Hydrolyse kann der chemische Verbund gelöst werden, und es kommt anschließend zu einem Verlust der Füllkörper und damit verbunden zu einem höheren Verschleiß der Materialien.

Während der *Polymerisation* werden nicht alle Doppelbindungen der Kompositmaterialien umgesetzt *(Konversion).* Es verbleiben bis zu 45% Restdoppelbindungen. Das deutet auf einen bestimmten Prozentsatz von Restmonomeren hin. Gleichzeitig entstehen während der Polymerisation neue Reaktionsprodukte, die im Ursprungsmaterial nicht vorhanden waren. Zugleich verbleiben Initiatoren und Stabilisatoren, z.T. unreagiert, in der Kunststoffmatrix enthalten. Diese Substanzen können ein toxikologisches Potential besitzen. Besonders der Restmonomergehalt, der sich während der Liegedauer einer Kompositfüllung nicht verändert, kann zu Pulpairritationen führen. Durch Verwendung einer dichten Unterfüllung kann diesem Risiko entgegengewirkt werden. Über die allergisierende und allgemein toxische Wirkung der Einzelkomponenten im ausgehärteten Material gibt es bisher nur wenige Untersuchungen. Das toxikologische Risiko läßt sich daher nicht abschätzen.

Moderne Kompositmaterialien besitzen eine *Polymerisationsschrumpfung* zwischen 1,7 und 6 Volumenprozent. Während der Polymerisation entstehen dadurch bedingt im Material Spannungen, gleichzeitig kommt es zur Randspaltbildung im Bereich des Kavitätenrandes. Die Spannungen können zu Rissen entlang der Füllkörperoberfläche und damit zum Verlust der Füllkörper führen. Dies bedeutet einen erhöhten Verschleiß des Füllungswerkstoffes. Diese besonderen Materialeigenschaften erfordern eine spezielle Insertionstechnik bei der Verarbeitung von Kompositen.

Grundsätzlich lassen sich chemisch härtende und lichthärtende Kompositmaterialien bei der Füllungstherapie einsetzen. Während die chemisch härtenden Materialien beim *Aushärten* zum Mittelpunkt schrumpfen, ist die Polymerisationsschrumpfung bei den lichthärtenden Materialien zur Lichtquelle bzw. zum angeätzten Schmelz gerichtet.

Unabhängig von der Art der Aushärtung, wird die Polymerisation durch Anregung eines *Initiatormoleküls* eingeleitet. Dieses kann durch energiereiche Strahlung (Licht) oder durch einen chemischen Aktivator in Radikale umgesetzt werden (Abb. 6-2).

Die Radikale starten den Vernetzungsvorgang der Monomergruppen.

Chemisch härtende Komposite enthalten als Initiator meistens Benzoylperoxid, das mit einem Akzelerator (tertiäres Amin) beim Anmischen reagiert. Um das Komposit lagerfähig zu halten, werden spontan entstehende Radikale durch Inhibitoren (z.B. 4-Methoxyphenol) abgefangen.

Bei chemisch härtenden Kompositen müssen *zwei Pasten* zusammengerührt werden. Dabei kommt es zum Einmischen von Luftblasen in das Material. Beim Aushärten werden diese als Poren sichtbar, die zu einer Verfärbung des Komposits führen.

Die *Abrasionsfestigkeit* des Materials nimmt durch das Einmischen dieser Porositäten ab. Außerdem ist der *Polymerisationsgrad* (Konversionsgrad) geringer als bei lichthärtenden Materialien. Das führt zu einem erhöhten Restmonomergehalt mit verringerter Pulpaverträglichkeit. Andererseits härtet bei chemischer Polymerisation das Material ohne weitere Energiezufuhr in der gesamten Dicke aus. Die Durchhärtungszeit beträgt 4–5 min.

Es gibt *zusammengesetzte Systeme*, die sowohl licht- als auch chemisch härtend sind (duale Systeme).

Bei *lichthärtenden Kompositen* kann man in UV-Licht-härtende und Halogen-Licht-härtende unterscheiden. Da UV-Licht die Netzhaut schädigt und eine nur geringe Tiefenpolymerisation erlaubt, werden heute fast ausschließlich Halogen-Licht-härtende Materialien verwendet.

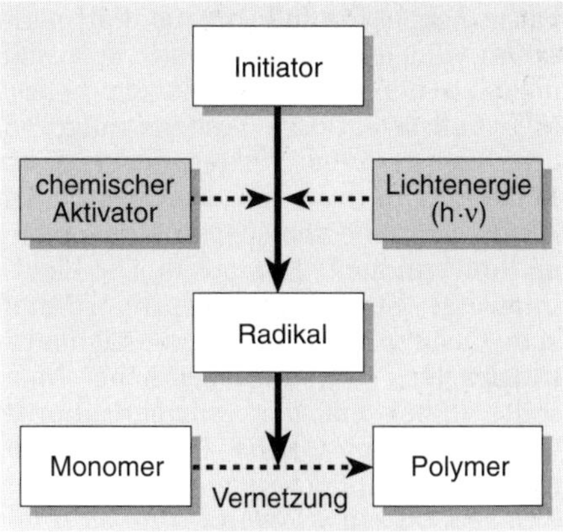

Abbildung 6-2. Für die Polymerisation von Kompositmaterialien wird ein Initiator durch chemische Aktivierung bzw. Bestrahlungsenergie in ein Radikal umgewandelt. Durch Einwirkung des Radikals kommt es zur Vernetzungsreaktion der Monomermoleküle.

Als Photoinitiator findet dabei ein *Diketon* (z.B. Kampferchinon) Verwendung. Das Diketon wird durch die Energie der Lichtquanten angeregt und geht mit einem Reduktionsagens (aliphatisches Amin) eine Reaktion ein. Es entsteht ein angeregter Komplex, der in Radikale zerfällt und die Reaktion startet.

Bei *UV-Licht-Härtung* wird Benzoinmethyläther als Photoinitiator verwendet. Der Photoinitiator muß auf die Wellenlänge des verwendeten Lichts abgestimmt sein. Das Intensitätsmaximum sollte bei dieser Wellenlänge liegen.

Bei lichthärtenden Materialien ist der Polymerisationsgrad (umgesetzte Methacrylatgruppen) bei direkter Bestrahlung besser, die Aushärtung hängt jedoch von verschiedenen Faktoren ab. Die Art der Lichtquelle (Intensität, Wellenlänge), der Abstand der Lichtquelle, die Zusammensetzung des Komposits und dessen

Farbe haben Einfluß auf die Polymerisation. Ein dunkles Komposit läßt sich nicht so tief aushärten wie ein helles. Mikrofüllerkomposite besitzen aufgrund des Lichtstreuungseffektes der kleinen Füllkörper und der damit verbundenen Absorption eine schlechtere Konversion als konventionelle Komposite. Die Lichtintensität ist umgekehrt proportional zum Quadrat der Entfernung Lichtaustrittsfenster – Füllungsoberfläche. Man sollte daher mit der Polymerisationsleuchte möglichst nahe an das Restaurationsmaterial herangehen.

Sauerstoff ein *Polymerisationsinhibitor.* Aber auch ist andere Bestandteile aus Unterfüllungs- oder provisorischen Verschlußmaterialien können als Inhibitoren wirken (z.B. Eugenolreste). Eine Polymerisationsinhibition an den Innenflächen der Restaurationen bedeutet einen erhöhten Restmonomergehalt und damit eine Gefährdung des Pulpagewebes.

Auch *Halogenlicht* (Blaulicht) gefährdet die Augen. Neben Blendwirkung werden auch Verletzungen der Retina beobachtet. Man sollte daher während der Lichtpolymerisation nie direkt in das Licht schauen bzw. einen Lichtschutz auf dem Lichtleiter oder eine Schutzbrille mit Filterwirkung verwenden.

Mit lichthärtenden Kompositen ist eine *Schichttechnik* möglich. Sie erlaubt eine optimale Farbgebung, eine bessere Gestaltung der Füllungsmorphologie und eine gute marginale Adaptation.

6.1.2 Schmelzkonditionierung (Schmelz-Ätz-Technik)

> Kompositrestaurationsmaterialien gehen keine chemische Verbindung mit Zahnhartsubstanzen ein.

Aufgrund der *Polymerisationsschrumpfung* kommt es beim Aushärten zu einem Volumenverlust. Ein **Randspalt** zwischen Kompositfüllung und Zahnhartsubstanz ist die Folge. Der unterschiedliche thermische Ausdehnungskoeffizient und andere chemische und physikalische Eigenschaften der Komposite sind weitere Kofaktoren für die Entstehung von Randspalten. In diese Spalten können Mikroorganismen der Mundhöhle mit dem Speichel eindringen. Unter Belastung wird die Mundhöhlenflüssigkeit regelrecht in den sich weiter öffnenden Randspalt „gepumpt“ *(Perkolation).* Es kommt zu marginalen Verfärbungen der Restauration und Sekundärkaries. Diese mangelnde Randadaptation der Komposite läßt sich durch makromechanische Retentionen nicht kompensieren.

> Damit sich Kompositmaterialien dauerhaft mit dem Zahnschmelz verbinden, wird er vor Einbringen des Füllungsmaterials konditioniert. Durch die Schmelzvorbehandlung wird eine bessere Benetzbarkeit, eine Oberflächenvergrößerung und ein Mikro-Retentionsrelief erzielt.

Es kommt zu einem verbesserten Kontakt zwischen Komposit und Zahnhartsubstanz.

Die Schmelz-Ätz-Technik geht auf Buonocore (1955) zurück, der versuchte, mit dieser Technik einen niedrigviskösen Fissurenversiegler am Zahnschmelz dauerhaft und randdicht zu verankern.

Schmelzkonditionierung beinhaltet mehrere aufeinanderfolgende **Schritte:**

- Der Zahnschmelz wird mit einer Prophylaxepaste gereinigt, um organische und anorganische Auflagerungen zu entfernen.
- Die Kavität wird im Schmelzrandbereich angeschrägt. Damit soll erreicht werden, daß die Schmelzprismen senkrecht angeschnitten werden. Die Ätzwirkung ist bei senkrecht angeschnittenen Schmelzprismen besser als bei lateral getroffenen. Gleichzeitig werden durch die Schmelzanschrägung bei jugendlichen Zähnen eventuell vorhandene aprismatische Schmelzberei-

che entfernt. Aprismatischer Schmelz ergibt kein retentives Ätzmuster. Im Zahnhalsbereich, bei Milchzähnen und in den Fissuren ist aus diesem Grund eine Schmelzätzung oft nur unzulänglich möglich.
- Absolute Trockenlegung mit Kofferdam ist obligat, damit die Zahnoberfläche vor Speichel und Blut geschützt ist.
- Der Zahn wird im angeschrägten Schmelzbereich mit 37%iger Phosphorsäure für eine Minute angeätzt.
- Anschließend muß die Säure mindestens 30 Sekunden lang mit einem ölfreien Wasserspray abgesprüht und der Zahn anschließend für weitere 30 Sekunden sorgfältig getrocknet werden. Es resultiert klinisch eine *weiße opake Ätzzone.*

Orthophosphorsäure zwischen 30 und 40 Gew.% zeigt eine konstante Ätzwirkung (Abb. 6-3).

Säurekonzentrationen unter 30% führen zur Ablagerungen von schwerlöslichem *Brushit* ($CaHPO_4 \times 2\ H_2O$) auf dem Zahnschmelz. Diese Verbindung läßt sich mit Wasserspray schlecht entfernen und behindert den Verbund von Komposit mit Zahnschmelz.

Säurekonzentrationen über 40% führen zur raschen Präzipitation von Kalziumphosphatverbindungen, die eine Konditionierung des Schmelzes behindern. Aber auch bei Ätzungen mit 30–40%iger Orthophosphorsäure kommt es zu Kalziumphosphatpräzipitaten auf dem Schmelz, die anschließend gut weggesprüht werden müssen.

Auch *Säurereste* können in dem Verbund zwischen Adhäsiv und Zahnhartsubstanz stören. Sie müssen daher nach der Schmelzätzung sorgfältig entfernt werden.

Bei der Schmelzätzung entsteht ein **mikroretentives Relief** durch die unterschiedliche Auflösung der Schmelzprismen bzw. der interprismatischen Substanz (unterschiedliche räumliche Orientierung).

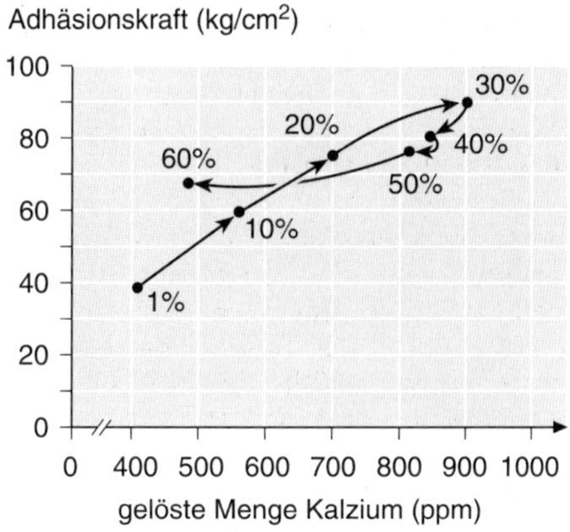

Abbildung 6-3. Die Adhäsionskraft von Komposit am angeätzten Zahnschmelz nimmt mit zunehmender Konzentration der Phosphorsäure zu. Gleichzeitig geht mehr Kalzium in Lösung. Ab einer Säurekonzentration von 40% nimmt die Adhäsionskraft wieder ab, da Kalzium-Phosphat-Präzipitate auf der Schmelzoberfläche ausfällen (nach OHSAWA 1972).

Werden die Schmelzprismen angelöst, so erhält man *Ätztyp I.*

Wird die Peripherie (zwischenprismatische Substanz) durch die Säure angeätzt, so erhält man *Ätztyp II.*

Werden Schmelzprismen und zwischenprismatische Substanz in ähnlicher Art und Weise angeätzt, so entsteht ein *Mischtyp (Typ III)* mit geringerer Retentionswirkung für Komposit (Abb. 6-4).

Beim Ätzen geht eine **Schmelzschicht** von ca. 10 µm irreversibel verloren. Die histologischen Veränderungen (Gruften, Gruben, Spalten) reichen bis in eine Tiefe von 30–50 µm. Wie bereits oben erwähnt, wird durch Konditionierung eine Oberflächenvergrößerung, eine Erhöhung der Reaktionsfähigkeit der Schmelzstrukturen und eine Verbesserung der Benetzbarkeit (bis zu 400%) erreicht. Wird ein derartig veränderter Zahnschmelz mit einem niedrigviskösen Kompositmaterial bzw. mit einem *Schmelzhaftvermittler (Bonding)* benetzt, so dringt dieses in die schwammartigen Strukturen ein und haftet mikromecha-

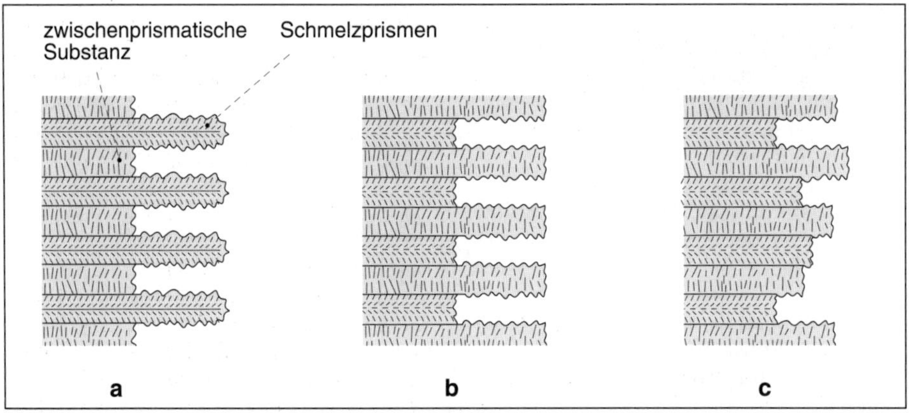

Abbildung 6-4. Nach Schmelzkonditionierung entsteht ein retentives Ätzmuster im Zahnschmelz. Durch die räumliche Ausrichtung der Schmelzkristallite entstehen unterschiedliche Ätzmuster.
Ätztyp I: Vornehmlich Prismenzentren weggelöst (b)
Ätztyp II: Vornehmlich zwischenprismatische Substanz weggelöst (a)
Ätztyp III: Mischtyp (c).

nisch am Zahnschmelz aufgrund *rheologischer* und *geometrischer Effekte* (Abb. 6-5).

Es resultiert nach dem Aushärten eine typische Schichtung, die bei einem Schnitt durch den Kavitätenrand im Mikroskop erkennbar ist (Abb. 6-6).

> Durch Konditionierung des Zahnschmelzes und Anwendung eines geeigneten niedrigviskösen Adhäsivs kommt es zu einer randspaltfreien Restauration aufgrund mikromechanischer Haftung.

Chemische Adhäsion im Sinne einer ionischen oder kovalenten Bindung ist zwischen Kompositmaterialien und Zahnhartsubstanzen bisher nicht nachgewiesen worden.

Fluorotischer, fluoridreicher und aprismatischer Zahnschmelz läßt sich nicht im gleichen Maße konditionieren, da aufgrund der veränderten Löslichkeitseigenschaften kein ideales Ätzmuster entsteht.

Angeätzter Schmelz, der im Rahmen der Füllungstherapie nicht mit Kunststoff

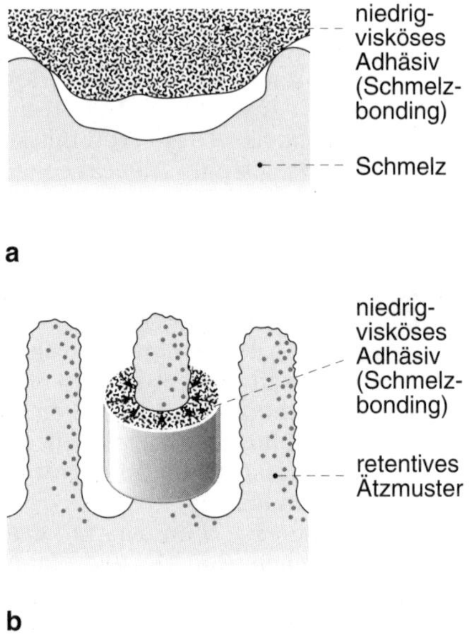

Abbildung 6-5. Nach Benetzung einer konditionierten Schmelzoberfläche mit einem niedrigviskösen Schmelzhaftvermittler (Bonding) kommt es beim Aushärten zu einer mikromechanischen Haftung durch geometrische Effekte (a) bzw. zum Aufschrumpfen des Adhäsivs auf die Schmelzzotten (rheologischer Effekt), (b) (nach LUTZ et al. 1976).

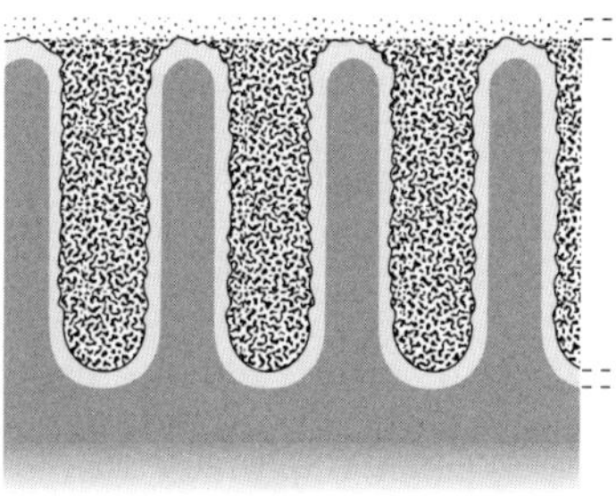

Abbildung 6-6. Ein Schnitt durch den Randbereich einer Kompositrestauration läßt typische Schichten erkennen:

a) Die Zone der kompakten Schicht (entspricht der Versieglerschicht auf dem Zahnschmelz).
b) Die Zone der Zotten entsteht durch Penetration des Versieglers in die weggelösten Schmelzanteile. Die ausgehärteten Adhäsivausläufer werden auch als „tags" bezeichnet. Sie sind für die mikromechanische Haftung des Adhäsivs am Zahnschmelz verantwortlich.
c) Die Zone der Durchmischung entsteht nach Anätzen von Kristalliten der Prismen und zwischenprismatischen Substanz. Es vermischen sich anschließend Adhäsiv und Kristallite. Diese Schicht verbleibt auch nach Verlust einer Kompositfüllung im Randbereich einer Kavität und muß bei erneuter Füllungstherapie durch Wegschleifen entfernt werden (nach LUTZ et al. 1976).

bedeckt wurde, kann sich leicht durch Eindringen exogener Farbstoffe (Kaffee, Tee, Teer) verfärben. Durch die Politur der Kompositfüllungen wird angeätzter, nicht bedeckter Zahnschmelz im Randbereich einer Kavität jedoch meistens entfernt. Außerdem werden versehentlich angeätzte Bereiche durch Kalziumphosphatpräzipitate aus dem Speichel mineralisiert und lagern sich Proteine des Speichels im Bereich dieser rauhen Zahnoberflächen auf. Fluoridierungsmaßnahmen nach erfolgter Kompositrestauration unterstützen die Remineralisation versehentlich angeätzter Bereiche.

Dentin läßt sich nicht in gleicher Weise wie Schmelz vorbehandeln. *Ätzung mit Phosphorsäure* führt zum Entfernen der Schmierschicht und zur Öffnung der Dentinkanälchen mit nachfolgendem verstärktem Ausstrom von Dentinflüssigkeit. In die geöffneten Dentinkanälchen können Phosphorsäure, Kompositbestandteile und Bakterien eindringen und zu *Pulpaschädigungen* führen. Eine säurefeste Unterfüllung verhindert die versehentliche Ätzung von Dentin beim Konditionieren von Zahnschmelz.

Die gleiche Problematik ergibt sich jedoch auch bei der Restauration von Klasse-V-Kavitäten, Erosionen, keilförmigen Defekten und Klasse-II-Kavitäten, deren Rand approximal-zervikal im Zahnzement bzw. -dentin liegen. Das hydrophobe Komposit geht mit dem feuchten Dentin keine Verbindung ein, und es entsteht beim Auspolymerisieren ein *Randspalt* mit den bekannten Folgen. Um dennoch zahnfarbene plastische Füllungsmaterialien in diesen Problembereichen anwenden zu können, muß Dentin adäquat vorbehandelt werden.

6.1.3 Dentinkonditionierung – Dentinhaftvermittler

Die chemische und strukturelle Zusammensetzung des Dentins (Dentinkanälchen mit Dentinliquor, organische Bestandteile, Schmierschicht) läßt eine mikromechanische Haftung eines hydrophoben Kompositmaterials nicht zu.

Aufgrund der physikalischen und chemischen Eigenschaften der Komposite kommt es daher bei Anwendung des Materials zur Ausbildung eines Randspaltes mit den bekannten Folgeerscheinungen (z.B. Sekundärkaries).

Es wurden daher Dentinhaftvermittler entwickelt, die eine chemische Bindung mit dem organischen bzw. anorganischen Anteil des Dentins eingehen sollen. Ein solcher Dentinhaftvermittler läßt sich prinzipiell mit folgender Formel darstellen: **M-R-X.**

Dabei bedeutet M eine *Methacrylatgruppe*, R einen *Distanzhalter* und X eine *funktionelle Gruppe*, die mit dem

Dentin reagieren soll. Es gibt dabei prinzipiell zwei unterschiedliche Möglichkeiten. So kann die funktionelle Gruppe als Phosphatester mit dem Kalzium des Hydroxylapatits im Dentin reagieren. Eine zweite Möglichkeit besteht in der Reaktion einer funktionellen Gruppe mit den Amino- bzw. Hydroxylgruppen der organischen Komponenten, z.B. dem Kollagen des Dentins. Zahlreiche Untersuchungen konnten zeigen, daß eine derartige chemische Haftung mit dem Dentin unwahrscheinlich ist. Es wurden daher neue Dentinhaftvermittler entwickelt, die eine mögliche Verbindung des hydrophoben Kompositmaterials mit der feuchten Dentinoberfläche ermöglichen. Dazu wird die Dentinoberfläche mit einem hydrophilen Primer vorbehandelt. Bei einigen Dentinhaftvermittlern wird zusätzlich vor der Primeranwendung eine Konditionierung (Ätzung, Reinigung der Dentinoberfläche) mit einer Säure bzw. einem Komplexbildner vorgenommen.

Als **Säure** werden dabei *Zitronensäure* (10%), *Phosphorsäure* (10–40%), *Salpetersäure* (4%) und *Polyacrylsäure* verwendet.

Als **Komplexbildner** findet üblicherweise EDTA (5–16%) Verwendung.

Primer enthalten *hydrophile Monomere,* die in Wasser oder anderen Lösungsmitteln gelöst sind. Sie sickern in die Schmierschicht bzw. in das konditionierte Dentin ein und bilden so eine Vermittlerschicht zwischen der feuchten Dentinoberfläche bzw. der Schmierschicht und dem entsprechenden dünnflüssigen Bondingmaterial (Versiegler) des jeweiligen Komposits. Zusätzlich können in den Primerlösungen Maleinsäure und Glutaraldehyd vorhanden sein.

Die *Maleinsäure* bewirkt eine Auflösung der Schmierschicht, *Glutaraldehyd* wahrscheinlich eine Proteinfixierung in der organischen Matrix des Dentins.

Man unterscheidet heute prinzipiell drei verschiedene **Verbundmechanismen von Komposit mit Dentin** nach Anwendung von Dentinhaftvermittlern (Abb. 6-7).

- Bei einigen Dentinhaftvermittlern *bleibt die Schmierschicht* auf dem Dentin erhalten und die hydrophilen Monomere sickern in die Schmierschicht ein und verstärken diese nach Aushärtung. Die Verfilzung von infiltrierten Monomeren mit den Strukturen der Schmierschicht wird als *Entanglement* bezeichnet.
- Durch Konditionierung mit Säuren bzw. Komplexbildnern (Cleaner, Cleanser) wird die *Schmierschicht vollständig* von der Dentinoberfläche und aus den Dentinkanälchen (smear plug) *entfernt*. Es kommt gleichzeitig zu einer Demineralisation des intertubulären Dentins bzw. des peritubulären Dentins am Eingang der Dentinkanälchen. Die aufgebrachten Primer infiltrieren die dadurch freigelegten Kollagenfasern und bilden nach Aushärtung eine sogenannte *Hybridschicht* zwischen Komposit und Dentinfläche. Gleichzeitig dringen die Primer in die Dentinkanälchen ein und bilden hier nach Aushärtung Zapfen *(tags).*
- Der dritte Verbundmechanismus entsteht durch Aufbringen von Primern, die Maleinsäure enthalten. Die Maleinsäure bewirkt eine *Auflösung der Schmierschicht mit Eröffnung der Dentintubuli* und Kollagenfreilegung im intertubulären Dentin. Die Maleinsäurekonzentration liegt zwischen 2,5 und 4 Gew.%. Während sich die Schmierschicht in Lösung befindet, dringen die hydrophilen Monomere auch in die Dentinkanälchen ein und bilden anschließend Retentionszapfen. Beim Trocknen wird ein Teil der Schmierschichtbestandteile wieder ausgefällt, und es kommt somit zu zwei Verbundmechanismen. Man findet eine Hybridschicht und eine Verbindung der Primermoleküle mit der ausgefällten Schmierschicht.

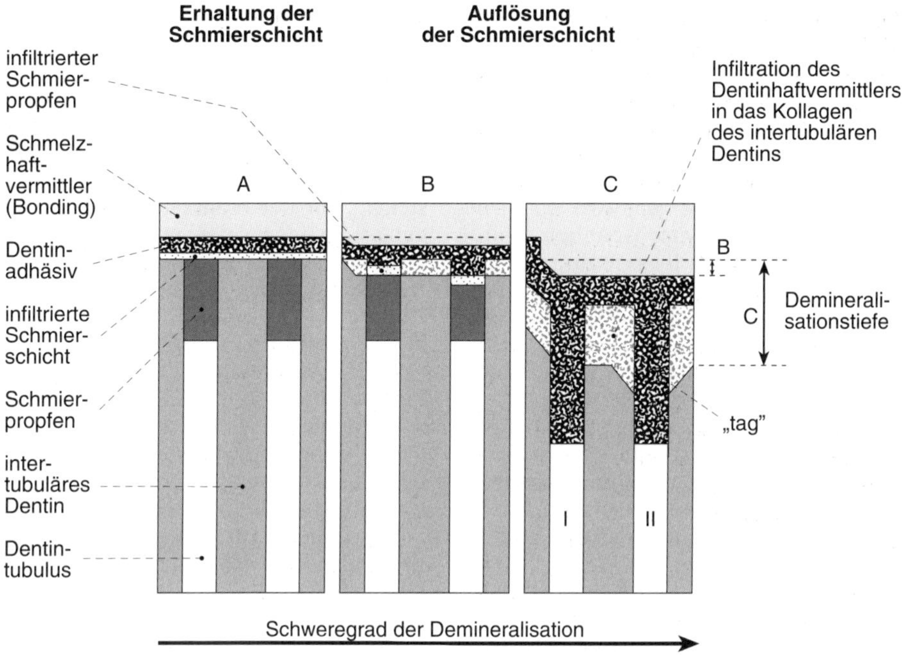

Abbildung 6-7. Schematische Darstellung des Komposit-Dentin-Verbundmechanismus nach Vorbehandlung mit unterschiedlichen Dentinhaftvermittlern.
A) Dentinhaftvermittler (hydrophile Monomere) infiltrieren und verstärken die Schmierschicht (Entanglement).
B) Dentinhaftvermittler mit demineralisierenden Bestandteilen (z.B. Maleinsäure) lösen die Schmierschicht auf und demineralisieren das Dentin minimal. Ein Teil der Schmierschicht repräzipitiert. Es entstehen eine infiltrierte Schmierschicht, infiltrierte Schmierpfropfen und eine Verbindung zum oberflächlich freigelegten Kollagen des intertubulären Dentins.
C) Nach Konditionierung mit einem Cleanser (EDTA, Säuren) kommt es zur vollständigen Auflösung der Schmierschicht. Die Dentintubuli sind geöffnet und das intertubuläre Dentin wird demineralisiert (I). Dabei wird Kollagen freigelegt. Bei einigen Mitteln wird auch das peritubuläre Dentin demineralisiert (II). Nach Einsickern des Dentinadhäsivs entsteht eine Hybridschicht aus hydrophilen Monomeren und Kollagen. Es entstehen zudem „tags" in den Dentintubuli (nach van MEERBECK et al. 1992).

Obwohl die Verbundfestigkeit von Komposit am Dentin mit modernen Dentinhaftvermittlern wesentlich gesteigert worden ist, läßt sich auch bei Anwendung dieser Materialien bisher nicht garantieren, daß eine randspaltfreie Restauration im Dentinbereich möglich wird. Je tiefer die Kavität ist, desto geringer werden die Verbundfestigkeitswerte.

Man nimmt daher heute an, daß die Haftung der Dentinadhäsive in erster Linie auf einer **mikromechanischen Retention** im Bereich des intertubulären Dentins beruht und nicht auf der Ausbildung von *„tags"* in den Dentinkanälchen.

Bei der Anwendung von Komposit mit Dentinhaftvermittlern gilt es darauf zu achten, daß **keine kastenförmigen Kavitäten** präpariert werden. Hier kommt es nämlich aufgrund von Polymerisationsspannungen eher zum Abriß des Materials im Randbereich.

Bei **flachen und keilförmigen Kavitäten** ist dieses Problem geringer, da das Restaurationsmaterial nur auf einer freien Fläche „klebt" und von der Oberfläche beim Polymerisieren nachfließen kann. Dieses Phänomen wird mit dem sogenannten *C-Faktor* (configurationfactor) beschrieben. Er sagt aus, daß die Höhe der Schrumpfungskräfte vom Verhältnis der gebundenen zu den freien Kompositoberflächen abhängt. Je mehr gebundene Oberflächen vorhanden sind, desto größer wird der C-Faktor.

Die Anwendung moderner Dentinhaftvermittler beschränkt sich auf die Restauration von **schüsselförmigen und keilförmigen Klasse-V-Defekten.** Solange keine klinischen Langzeitstudien zum Kompositverbund bei nicht schmelzbegrenzten approximal-zervikalen Kavitäten vorliegen, können hier Dentinhaftvermittler nicht als Routinemaßnahme empfohlen werden. Bei der Anwendung von Dentinadhäsiven handelt es sich um einen komplexen Arbeitsvorgang, der sehr zeitintensiv ist (Abb. 6-8).

Die **Pulpaverträglichkeit** der neuen Dentinhaftvermittler wird als gut bezeichnet. Das Aufbringen der Dentinadhäsive nach Schmelzätzung beim adhäsiven Einsetzen von Komposit und Keramikinlays verringert die postoperative Sensibilität. Diese langandauernde Schmerzsensation entsteht nach versehentlichem Ätzen freigelegten Dentins mit anschließendem Ausstrom von Dentinliquor und damit verbundenen Reizungen der Nervenendigungen. Durch das Aufbringen des Dentinhaftvermittlers wird die Flüssigkeitsbewegung blockiert. Es werden auch Erfolge bei der Behandlung überempfindlicher Zahnhälse mit Dentinhaftmitteln beschrieben.

6.1.4 Frontzahnrestaurationen mit Komposit

6.1.4.1 Klasse-III-Kavitäten. Die *Primärpräparation* für die Versorgung von Klasse-III-Kavitäten mit Komposit beschränkt sich darauf, die Karies darzustellen. Vor der Präparation werden die entsprechenden Zähne mit einer Prophylaxepaste und einem Bürstchen gereinigt. Aus ästhetischen Gründen wird der Zugang zur Kavität von palatinal bzw. lingual gewählt. Mit einem kleinen kugelförmigen Diamantschleifer wird der kariöse Defekt dargestellt (Abb. 6-9).

Es empfiehlt sich keine höchsttourigen *Präparationsinstrumente* zu verwenden, um das Schmelzgefüge nicht aufzulockern und die Zugangskavität möglichst zierlich zu gestalten. Anschließend wird mit einem Rosenbohrer die Karies entfernt.

Besondere Beachtung gilt hierbei der inzisalen Ausdehnung an der *Schmelz-Dentin-Grenze.* Hier zieht sich die Karies oft bis weit nach inzisal. Die rotierenden Instrumente werden so geführt, daß sie schräg in Richtung Pulpa zeigen. Eine schwalbenschwanzförmige Verankerung auf der Palatinalfläche ist obso-

→ **Abbildung 6-8.** Arbeitsschritte bei der Anwendung eines gebräuchlichen Dentinadhäsivs (Syntac®). Präparierte Dentinoberfläche (a). Der Primer (b) besteht aus 25% Triäthylen-Glykol-Dimethacrylat und 4% Maleinsäure in einem Lösungsmittel (Wasser : Azeton 1 : 1). Er löst die Schmierschicht und das intertubuläre Dentin an und erlaubt dem Monomer, in das angelöste Dentin und die Dentinkanälchen einzudringen. Die Schmierschicht fällt partiell beim Trocknen aus. Das Dentinadhäsiv (c) besteht aus Polyäthylen-Glykol-Dimethacrylat (35%) und Glutaraldehyd. Es wirkt als Vermittler zwischen dem hydrophilen Dentin und dem hydrophoben Komposit. Das Aldehyd bewirkt eine Fixierung des Kollagens im Dentin. Anschließend (d) erfolgt die Applikation eines Schmelzhaftvermittlers (Bonding). Während zwischen angeätztem Zahnschmelz und Komposit eine Haftfestigkeit von 10–20 MPa besteht, kommt es nach Anwendung von Dentinadhäsiven zu Haftfestigkeitswerten von 4–10 MPa.

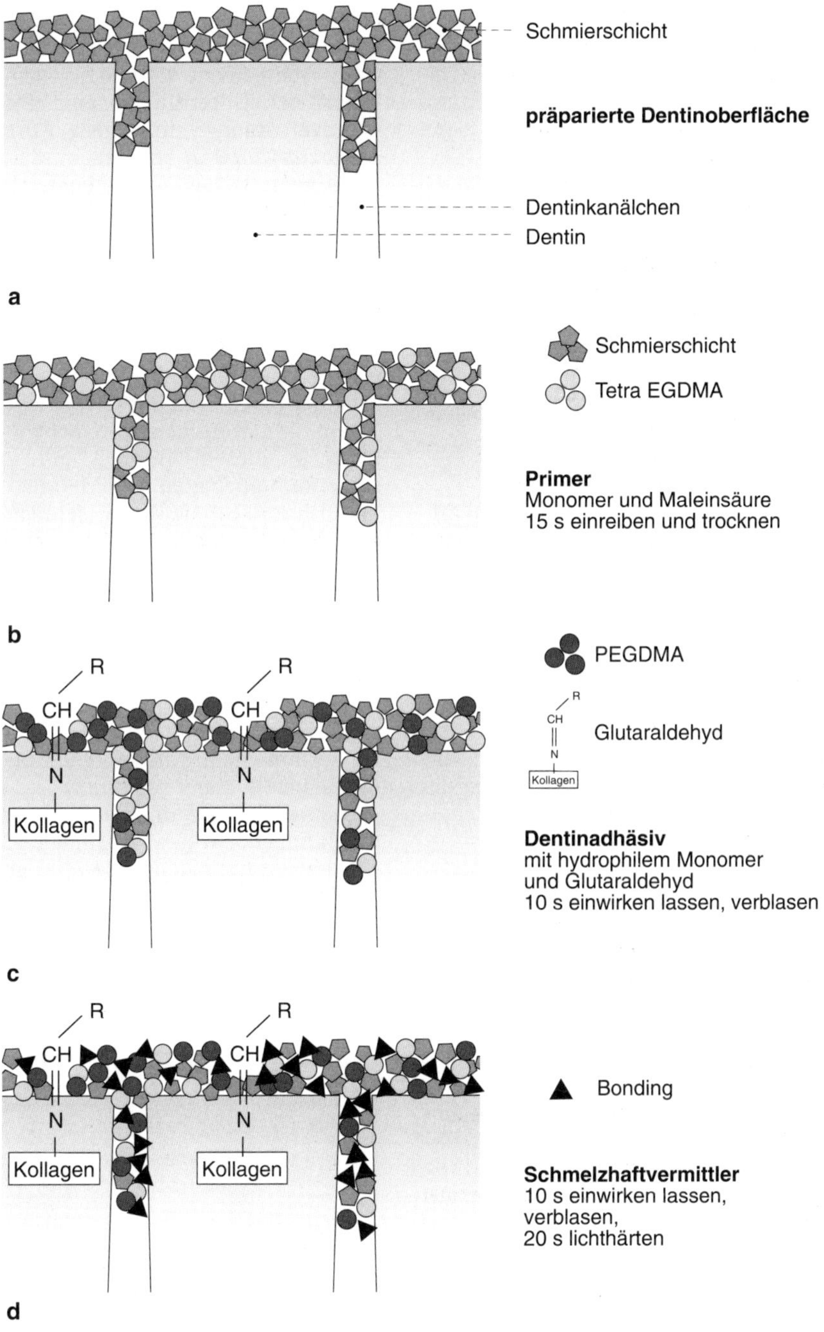
Schmierschicht
präparierte Dentinoberfläche
Dentinkanälchen
Dentin
a
Schmierschicht
Tetra EGDMA
Primer
Monomer und Maleinsäure
15 s einreiben und trocknen
b
R
CH
N
Kollagen
PEGDMA
Glutaraldehyd
Dentinadhäsiv
mit hydrophilem Monomer
und Glutaraldehyd
10 s einwirken lassen, verblasen
c
Bonding
Schmelzhaftvermittler
10 s einwirken lassen,
verblasen,
20 s lichthärten
d

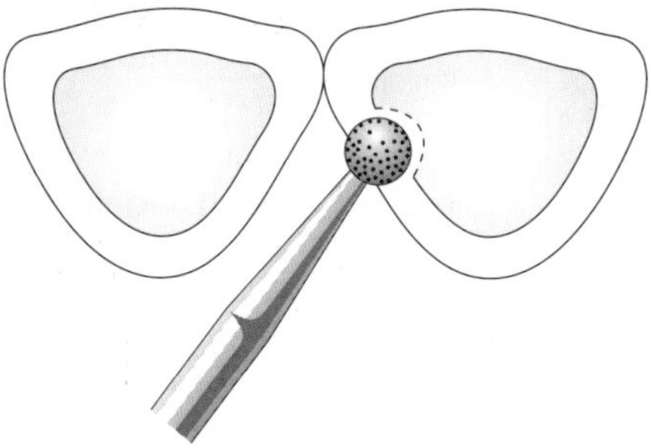

Abbildung 6-9. Bei der Primärpräparation einer Klasse-III-Kavität für Kompositrestaurationen wird ein kleiner Zugang zum kariösen Defekt von oral präpariert. Dabei wird ein kleiner kugelförmiger Diamant unter Schonung des gesunden Schmelzes schräg in Richtung des kariösen Defektes geführt.

let, da hier grundlos gesunde Zahnhartsubstanz geopfert werden muß. Es wird eine möglichst kleine Kavitätenöffnung angestrebt, der gesunde Zahnschmelz bleibt erhalten.

Nach Entfernung der Karies erfolgt die *Farbbestimmung*. Bei der Farbbestimmung spielen zahlreiche Faktoren eine Rolle. Das Alter, Geschlecht und die Farbempfindung des Behandlers sind hier ebenso zu berücksichtigen, wie die Lichtverhältnisse und die Zahnbeschaffenheit.

Vorgefertigte Farbringe der Komposithersteller sind meistens wenig hilfreich, da sie die tatsächlichen Farben selten widerspiegeln und nach mehrmaligem Desinfizieren ihren Farbton verändern. Ist man sich nicht sicher, kann man zum Farbvergleich eine kleine Portion des ausgewählten Kompositmaterials auf dem Zahn polymerisieren. Der Zahn sollte bei der Farbbestimmung feucht sein, da ausgetrocknete Zähne heller wirken.

Anschließend werden die zu behandelnden Zähne mit *Kofferdam* absolut trockengelegt. Es folgt die Behandlung der Dentinwunde mit einem säurefesten und dichten Unterfüllungsmaterial. Hier eignen sich Carboxylat-, Zinkoxid-Phosphat- und besonders Glasionomerzemente mit einer kurzen Aushärtungsdauer (5 min).

Bei sehr tiefen Kavitäten kann vor Legen der Unterfüllung eine Dentinwundversorgung mit einem *Kalziumhydroxid-Präparat* erfolgen.

Bei sehr flachen Kavitäten reicht ein *Dentinhaftvermittler* als Dentinwundverband aus. Es schließt sich eine Sekundärpräparation mit Diamantfinierern an. Dabei wird der Schmelzrand in einem Bereich von 0,5–1,0 mm angeschrägt. Es entsteht eine sogenannte Adhäsivpräparation (Abb. 6-10).

Ist der labiale *Kavitätenrand noch im Approximalkontakt* zum Nachbarzahn, kann in diesem Bereich mit einem schleifmittelbelegten Metallstreifen (Stahl-Karbo-Streifen) angeschrägt werden. Man vermeidet so eine nach labial durchgängige Präparation mit rotierenden Werkzeugen und eine Verletzung des Nachbarzahnes.

Die adhäsive Präparation erfolgt an *konkaven Flächen* mit einer Kugel oder Knospe.

An den *Labialflächen*, falls die Kavität bis dorthin reicht, wird mit einer Flamme oder einem Finierer präpariert.

Die *Adhäsivpräparation* zeichnet sich durch folgende Charakteristika aus:
- minimale Kavitätengröße (d.h. geringe Füllungsoberfläche)
- Exkavation des erweichten Dentins
- Schonung des gesamten noch strukturierten Schmelzes
- breite Haftflächen am Zahnschmelz.

Die adhäsive Restauration führt in Verbindung mit der Schmelz-Ätz-Technik zu dichteren Füllungsrändern als andere Präparationsarten (Abb. 6-11).

Anschließend wird eine 30–40%ige gefärbte *Phosphorsäure* auf den angeschrägten Zahnschmelz aufgebracht. Säure in Gelform verbleibt am Applikationsort und fließt nicht in die Kavität

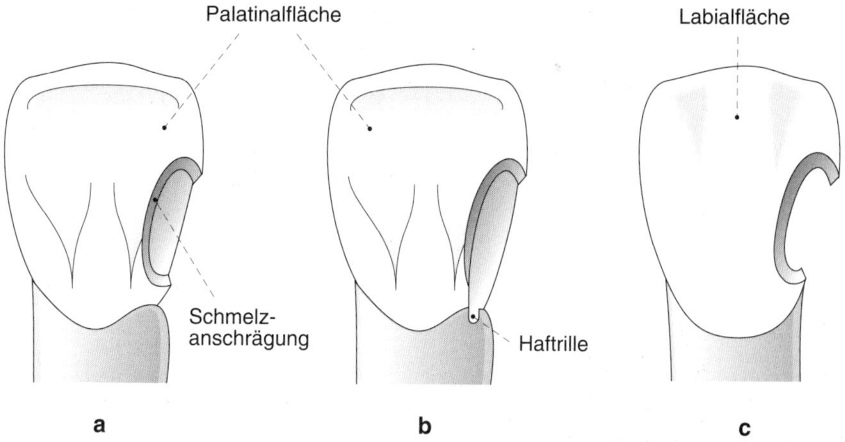

Abbildung 6-10. Verschiedene Präparationsformen einer Klasse-III-Kavität.
a) Bei der klassischen Präparation erfolgt der Zugang von palatinal. Die Karies wird exkaviert und eine 0,5 mm breite Schmelzanschrägung mit Diamantfinierern angelegt. Der labiale Schmelz bleibt erhalten und wird mit einem schleifmittelbelegten Stahlband (z.B. Stahlcarbostreifen) angeschrägt. Dabei wird gleichzeitig der Kontaktpunkt zum Nachbarzahn minimal aufgehoben.
b) Nach Konditionierung des Schmelzes und Aufbringen eines Schmelzhaftvermittlers (Bonding) ist dieser Bereich nach erfolgter Füllungstherapie versiegelt und damit vor Sekundärkaries geschützt. Bei Klasse-III-Kavitäten, die zervikal im Zahnzement bzw. Dentin enden, wird im schmelzbegrenzten Bereich genauso präpariert, im zervikalen Bereich jedoch eine zusätzliche Haftrille mit einem kleinen kugelförmigen Diamantschleifer bzw. Rosenbohrer angelegt.
c) Bei labial liegenden kariösen Defekten bzw. alten Füllungen, die eine labiale Begrenzung besitzen, wird der Zugang zur Kavität von labial gewählt und eine zirkuläre Abschrägung präpariert.

oder in andere Bereiche, die nicht konditioniert werden sollen. Ein gefärbtes Gel erlaubt zudem eine ausgezeichnete Kontrolle während der Applikation. Nach 30–60 s wird die Säure abgesprüht und der Zahnschmelz getrocknet.

Es empfiehlt sich bereits hier eine *Kunststoffmatrize* zwischen den Zähnen zu verkeilen, um die Nachbarzähne vor Säurekontakt zu schützen.

Bei Entfernung *alter Füllungen*, bei gedrehten Zähnen und entsprechender Lage der Karies muß eine Klasse-III-Kavität manchmal auch von labial eröffnet werden. Es gelten jedoch unabhängig von der Lage der Kavität die gleichen Präparationsprinzipien.

Liegt die *Kavität zervikal* im Zahnzement bzw. Wurzeldentin, so wird ein *Unterschnitt* präpariert, da hier keine Schmelz-Ätz-Technik möglich ist. Es bietet sich hier auch die Anwendung von Dentinhaftvermittlern an. Da klinische Langzeiterfahrungen mit diesen Materialien bisher fehlen, werden sie jedoch nicht für den Routinefall empfohlen.

Nach Konditionierung wird ein niedrig-visköser Schmelzhaftvermittler *(Bonding)* mit einer Kugel bzw. einem Pinsel auf die angeätzte Oberfläche aufgetragen und dann dünn ausgeblasen. Eine dicke Versieglerschicht läßt die Füllung nach dem Aushärten im Randbereich gräulich erscheinen und hat schlechte physikalische Eigenschaften. Nach kurzer Einwirkzeit (Penetration in das Mikrorelief des Schmelzes für 5–20 Sekunden) wird mit einem Füllspatel (z.B. Heidemann-Spatel) das ausgewählte Kompositmaterial in die Kavität eingebracht.

Eine verkeilte *Matrize* separiert dabei die Zähne, so daß nach Abschluß der Behandlung ein guter Approximalkon-

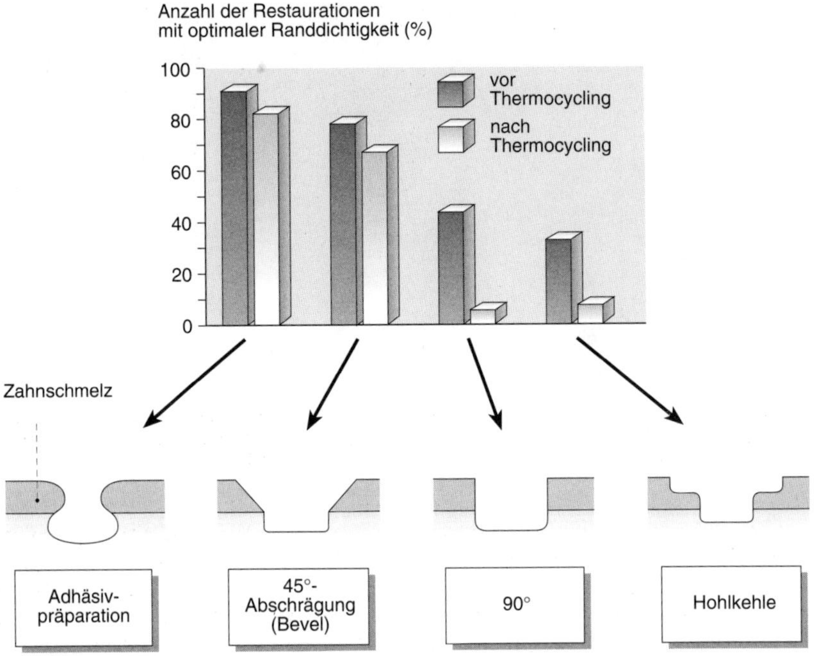

Abbildung 6-11. Die Adhäsivpräparation zeichnet sich durch eine kleine Kavitätenöffnung, untersichgehende Stellen im Dentin und breite Haftflächen am Zahnschmelz aus. Andere Präparationsformen wie eine 45°-Abschrägung, eine Hohlkehlpräparation bzw. eine scharfkantig auslaufende Präparation (90°-Winkel mit der Schmelzoberfläche) führt zu einer schlechteren Randadaptation, die nach thermischer Wechselbehandlung weiter abnimmt (nach LUTZ 1984).

takt resultiert. Die Anwendung einer Matrize hilft zudem unnötige Überschüsse zu vermeiden, wobei speziell Überschüsse im zervikalen Bereich später schwierig zu beseitigen sind. Es erfolgt zudem eine Konturierung der Füllungsoberfläche (Abb. 6-12).

Als Matrizenbänder eignen sich Polyamid-, Polyester- und PVC-Folien.

Durch das Auftragen des Bondingmaterials wird die marginale Adaptation des Komposites am Zahnschmelz verbessert. Es hat jedoch wenig Einfluß auf die Haftfestigkeitswerte.

Bei *kleinen Kavitäten* erfolgt auch bei lichthärtenden Kompositmaterialien anschließend die Aushärtung in einem Arbeitsgang. Dazu wird die Matrize fest um den Zahn gelegt, so daß man mit der Polymerisationslampe sehr nah an das Füllungsmaterial gelangt. Bei tiefen Kavitäten werden ca. 1 mm starke Schichten aufgetragen und ausgehärtet. Die sauerstoffinhibierte Zone (s. Kapitel 6.1.1) auf der ausgehärteten Oberfläche jeder Schicht, erlaubt eine Anpolymerisation der nächsten Schicht, da sie nicht vollständig umgesetzte Monomerbestandteile enthält (5–100 µm). Die letzte Schicht wird wieder unter Anlegen der Matrize ausgehärtet. Dabei entsteht keine sauerstoffinhibierte Schicht.

Bei der Restauration von Klasse-III-Kavitäten finden *Mikrofüller- und Feinpartikel-Hybridkomposite* Anwendung. Sie sind hochglanzpolierbar und daher für ästhetisch sensible Bereiche indiziert. Es gibt Karpulensysteme, mit denen das entsprechende Komposit in die Kavität eingebracht werden kann. Mit ihnen läßt

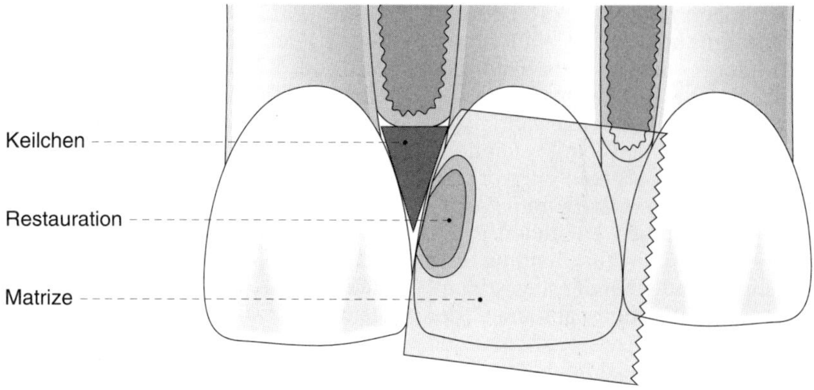

Abbildung 6-12. Bei der Insertion von Komposit bei Klasse-III-Kavitäten wird eine Kunststoffmatrize verwendet, die interdental verkeilt ist. Dabei werden zervikale Überschüsse vermieden und die Morphologie der Füllungsoberfläche dem Zahn angepaßt.

sich das Material exakt und sauber plazieren, man arbeitet jedoch mit erheblichen Materialverlusten, da die Karpulen nach der Anwendung aus hygienischen Gründen entsorgt werden müssen.

Bei *großen Kavitäten* empfiehlt es sich, ein *opakes* Material als Dentinersatz zu verwenden und darüber ein *transluzentes* Material zu schichten. Im Zweifelsfall ist ein dunklerer Farbton einem helleren vorzuziehen, da dieser im Schatten des Approximalraumes ästhetisch weniger störend wirkt. Bei stark verfärbten Zähnen kann eine Schichtung von zervikal nach inzisal notwendig sein, um eine ästhetisch ansprechende Wirkung zu erzielen. Es empfiehlt sich nicht, verschiedenfarbige lichthärtende Kompositmaterialien zu mischen, um den richtigen Farbton zu erzielen. Dabei werden nämlich, wie bei chemisch härtenden Materialien, Porositäten durch Einrühren von Luftbläschen erzeugt. Während der Verarbeitung muß lichthärtendes Material mit einem umgedrehten gefärbten Dappenglas oder einem speziellen Träger mit Lichtschutzdeckel geschützt werden. Aus hygienischen Gründen sollten Kompositmaterialien nicht direkt portionsweise aus den Tuben entnommen und in die Mundhöhle des Patienten gebracht werden. Es sollten nie Schichtdicken über 1–2 mm in die Kavität eingebracht werden. Die Mindestbestrahlungszeit beträgt sowohl von palatinal als auch von labial jeweils 40 Sekunden. Dabei sollte die Lichtquelle möglichst ruhig gehalten werden. Bei großflächigen Restaurationen muß mehrmals überlappend bestrahlt werden.

Die Vorteile lichthärtender Komposite sind:
- Der Anmischvorgang entfällt.
- Es besteht eine relativ lange Verarbeitungszeit.
- Sie sind für Schichttechnik geeignet.
- Es kommt bei richtiger Anwendung zu einer schnellen und guten Durchhärtung.

Nachteilig ist, daß es zu einem unkontrollierten Polymerisationsbeginn durch Tageslicht oder OP-Leuchte kommen kann und daß die Durchhärtungstiefe begrenzt ist.

Die marktüblichen *Lichtgeräte* lassen sich in Direktgeräte und Geräte mit glasfaserhaltigen flexiblen Lichtleitern unterteilen.

Die Direktgeräte besitzen einen starren Lichtleiter und einen Pistolengriff mit integrierter Lichtquelle. Sie sind robust und leicht zu handhaben. Bei den flexiblen Lichtleitern kann es zu Frakturen der Glasfasern kommen. Damit nimmt die Lichtmenge im Austrittsfenster ab. Eine vollständige Aushärtung der Komposite ist dann nicht mehr gewährleistet.

Komposite werden mit leichtem Überschuß in die Kavität eingebracht, damit bei der *Ausarbeitung und Politur* keine Unterschüsse entstehen. Die Instrumente für die Ausarbeitung und Politur sind so aufeinander abgestimmt, daß ihre Schleifleistung abnimmt, der Glättungseffekt gleichzeitig zunimmt und weder Kompositmaterial noch Zahnhartsubstanzen beschädigt werden. Es empfiehlt sich, die Ausarbeitung und Politur in zwei getrennten Sitzungen vorzunehmen, auch wenn dies bei lichthärtenden Hybridkompositen vom Hersteller nicht empfohlen wird. Da nach der Insertion über mehrere Tage eine Wasseraufnahme erfolgt und damit nicht diagnostizierte hauchdünne Überschüsse aufquellen, werden sie erst in der zweiten Sitzung erkannt. Diese Überschüsse können ein Grund für marginale Verfärbungen von Kompositrestaurationen sein, da sich hier exogene Farbstoffe einlagern können.

In der ersten Sitzung erfolgt die *Überschußentfernung, Konturierung und das Finieren* der Füllung. Für diese Arbeitsschritte eignen sich bei konkaven Flächen kugel- oder knospenförmige Diamantfinierer mit 30 bzw. 15 µm Korngröße. Überschüsse können auch mit schneidenden Handinstrumenten (Spezialinstrumente, scharfe Scaler, gebogene Skalpelle) entfernt werden. An konvexen und Glattflächen werden vorzugsweise flexible Scheiben (grob, mittel, fein) eingesetzt.

Rotierende Steinchen sind nicht geeignet, da es zu einer Zerstrümmerung der Schmelzränder kommen kann. Für das Finieren eignen sich auch spezielle Hartmetallinstrumente, die aber eine geringe Schneidleistung haben. Bei der Ausarbeitung mit Diamantfinierern wird mitteltourig mit Wasserkühlung gearbeitet.

Die *Politur* wird in einer zweiten Sitzung mit extrafeinen flexiblen Scheiben oder Silikonpolierern (nicht für alle Kompositmaterialien geeignet) oder diamantbeschichteten Filzscheiben durchgeführt.

Wird aus den Scheiben ein kleiner Keil ausgeschnitten, läßt sich aufgrund des Stroboskopeffektes der Zahn hinter der Scheibe bei der Politur erkennen. In der zweiten Sitzung erfolgt zudem eine erneute Kontrolle des Federrandes (Anfärben mit Erythrosin). Für den approximalen Bereich gibt es schleifmittelbelegte Streifen (Zirkoniumsilikat, Aluminiumoxid) in vier verschiedenen Körnungen. Sie sollten einen unbelegten Mittelteil besitzen, den man in den Zahnzwischenraum einführen kann, ohne den Approximalkontakt zu zerstören.

Die Erwärmung beim Ausarbeiten einer Kompositfüllung führt zur Nachpolymerisation des Materials.

Bei der Politur von konventionellen Kompositen und Hybridkompositen mit groben Füllkörpern sollten keine gewöhnlichen Polierpasten für die Endpolitur verwendet werden, weil dabei Füllkörper aus der Oberfläche herausgerissen werden und einer schnelleren Desintegration der Füllung Vorschub geleistet wird. Nach der Politur werden die behandelten Zähne mit einem neutralen Fluoridierungsmittel fluoridiert, damit versehentlich angeätzte Bereiche, die nicht von einem Komposit bedeckt sind, schneller remineralisieren.

Bei richtiger Verarbeitung von Kompositen und durch die Anwendung der Schmelz-Ätz-Technik werden ästhetisch zufriedenstellende Klasse-III-Restaurationen erzielt. Durch die Adhäsivpräparation läßt sich ein allmählicher Übergang von der Füllung zum Zahn realisieren. Die Ätztechnik führt zudem zu einer Verbesserung der Randdichtigkeit von Kompositfüllungen und verhindert damit die Entstehung von Sekundärkaries.

6.1.4.2 Klasse-IV-Kavitäten. Durch Traumata oder große kariöse Defekte kann es zum Verlust der Schneidekante bzw. von Ecken der Schneide- und Eckzähne kommen. Für die Restauration dieser großflächigen Kavitäten gelten die gleichen Regeln wie für Klasse-III-Restaurationen.

Die *Primärpräparation* beseitigt scharfe Kanten und stark unterminierte, frakturgefährdete Schmelzareale. Nach Exkavation der Karies erfolgt die Farbbestimmung und das Legen von Kofferdam. Der Dentinwundverschluß erfolgt mit einer Unterfüllung (Carboxylatzement, Glasionomerzement). Falls das Dentin pulpennah freigelegt wurde, kann vorher punktuell ein härtendes Kalziumhydroxid-Präparat aufgebracht werden. Mit Diamantfinierern wird anschließend eine breite Anschrägung (1–2 mm) im Zahnschmelz präpariert (Abb. 6-13).

Für die oralen, konkaven Flächen werden knospenförmige Präparationsdiamanten, für die labialen und approximalen Flächen flammenförmige Diamanten verwendet. Da die Restauration mit Hilfe der *Schmelz-Ätz-Technik* retentiv am Zahnschmelz verankert wird, erübrigt sich i.d.R. das Anbringen einer Makroretention, wie z.B. parapulpärer Stifte. Endet die zervikale Begrenzung im Zahnzement bzw. im Dentin, gelten die gleichen Regeln wie bei Klasse-III-Kavitäten. Bei sehr großen Defekten kann eine Überkronung des Zahnes indiziert sein.

Nach Schmelzkonditionierung und Aufbringen des Schmelzhaftvermittlers folgt die Insertion des Kompositmaterials. Da Klasse-IV-Restaurationen großen Belastungen ausgesetzt sind, sollen *Feinpartikel-Hybrid-Komposite* verwendet werden. Sie können aus ästhetischen Gründen nach labial mit einem Mikrofüllerkomposit überschichtet werden.

Bei der Insertion kann eine vorgefertigte *Kunststoffhülse* verwendet werden (s. Abb. 6-13d). Diese gibt es in verschiedenen Größen und verschiedenen Zahnformen. Sie wird mit einer Schere entsprechend zurechtgeschnitten und inzisal perforiert, damit beim Einbringen das überschüssige Komposit nach koronal abfließen kann. Die Kunststoffkrone wird mit Komposit gefüllt, über den Zahn geschoben und verkeilt. Anschließend werden die überquellenden Kompositüberschüsse mit einem Spatel entfernt. Lichthärtende Komposite lassen nur eine begrenzte Durchhärtung zu. Eine vorgefertigte Hülse kann daher bei Verwendung von lichthärtenden Kompositen nur bei sehr kleinen Defekten bzw. nach vorherigem Aufbau des Füllungskernes verwendet werden. Bei großen Defekten sollten bei Verwendung der vorgefertigten Kronen chemisch härtende Materialien bevorzugt verwendet werden.

Alternativ lassen sich *große Ecken- und Schneidekantenaufbauten* mit lichthärtenden Materialien *frei modellieren*. Dazu wird wie bei Klasse-III-Kavitäten ein Kunststoffmatrizenband zwischen den Zähnen verkeilt. Anschließend kann zuerst ein opaker Kern mit einem Hybridkomposit aufgebaut und von labial ein Mikrofüllerkomposit überschichtet werden. Aus kosmetischen Gründen ist manchmal eine Schichtung von zervikal nach inzisal erforderlich. Die einzelnen Schichtdicken sollten 2 mm nicht überschreiten. Jede Schicht wird mindestens 40 Sekunden von oral und labial bestrahlt. Ausarbeitung und Politur erfolgt wie bei Klasse-III-Restaurationen.

6.1.4.3 Klasse-V-Kavitäten. Restaurationen im zervikalen Glattflächenbereich sind aus unterschiedlichen Gründen indiziert. Erosive Veränderungen, keilförmige Defekte und Karies sind Gründe für Zahnhartsubstanzverluste in diesem Bereich.

Bei *Erosionen und keilförmigen Defekten* wird primär ein nichtinvasives Vorgehen angestrebt. Umstellung der Ernährung (wenig erosive Nahrung), Veränderung der Putzgewohnheiten (z.B.

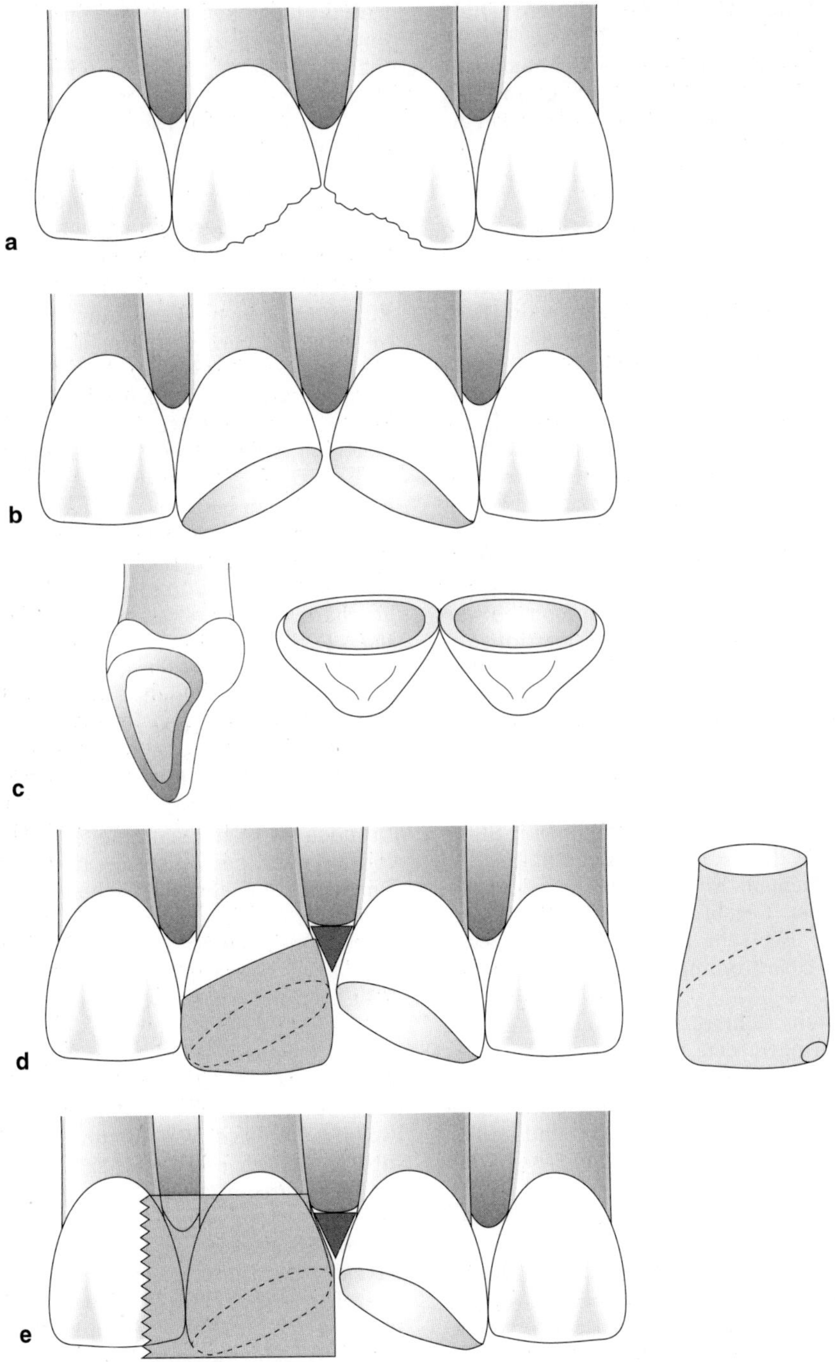
a
b
c
d
e

Stillmann-Technik) und Ausschaltung von Überbelastungen während der Kaufunktion (Einschleifen, Beseitigung von Hyperbalancen und Vorkontakten) stehen hier im Vordergrund. Erst wenn die Schmerzsymptomatik oder ästhetische Aspekte restaurative Maßnahmen erfordern, ist ein invasives Vorgehen indiziert.

Kariöse Defekte im koronalen Bereich werden nach Kavitation restaurativ behandelt.

Im *Wurzelzement bzw. -dentin* kann auch beim Vorliegen einer manifesten Karies durch Prophylaxemaßnahmen die Progression verhindert werden.

Bei *flachen kariösen Defekten* wird ausschließlich die Karies entfernt (mit Exkavator bzw. Rosenbohrer) und anschließend mit hochdosierten Fluoridlacken oder -gelen fluoridiert. Es erfolgt ein enges Recall mit erneuter professioneller Fluoridapplikation in vierteljährlichen Intervallen. Die tägliche Anwendung antibakterieller Spüllösungen (z.B. Zinnfluorid oder Aminfluorid) ist indiziert.

Bei *tieferen Kavitäten und bei schlechter Patientencompliance* sind Glasionomerzement-Restaurationen indiziert.

Eine *reine Zement- und Dentinkaries*, die sich in den Approximalbereich erstreckt, läßt sich nur noch durch Anfertigung einer Krone therapieren. *Kompositrestaurationen* sind bei Klasse-V-Kavitäten, die ausschließlich im Wurzelzementbereich liegen, nicht indiziert, da sie hier nicht adhäsiv befestigt werden können.

← **Abbildung 6-13.** Versorgung einer Frontzahnfraktur (Klasse-IV-Kavität). Nach einem Frontzahntrauma werden die Bruchflächen (a) mit Diamantfinierern geglättet. Dabei wird durch Anschrägen (1–2 mm) eine breite Haftfläche am Zahnschmelz angelegt (b). Nach Aufbringen einer Unterfüllung (c) kann die Kompositrestauration mit Hilfe einer vorgefertigten, adaptierten Kunststoffkrone (d) bzw. einer Kunststoffmatrize (e) erfolgen.

Kompositfüllungen werden bei Klasse-V-Kavitäten, die vollständig oder im koronalen Bereich schmelzbegrenzt sind, angefertigt.

Bei der *Präparation* (Abb. 6-14) muß berücksichtigt werden, daß der Abstand zur Pulpa im Zahnhalsbereich nur gering ist. Die Kavitätenpräparation folgt daher der Krümmung der Zahnoberfläche. Mit zylindrischen oder konischen Diamanten wird eine möglichst kleine Kavität präpariert. Die Umrißform folgt entsprechend der Kariesausbreitung dem Verlauf der Gingiva, d.h., die Kavität ist annähernd nierenförmig. Durch die Exkavation der Karies ergibt sich zervikal meist automatisch ein leicht untersichgehender Bereich, der für eine zusätzliche makromechanische Verankerung sorgt.

Bei allseitiger *Schmelzbegrenzung* erfolgt anschließend mit knospenförmigen oder zylindrischen Diamantfinierern eine Anschrägung des gesamten Kavitätenrandes (mind. 0,5 mm) und eine Schmelzkonditionierung wie oben beschrieben. Bei Zahnhalsdefekten, deren zervikaler Rand im Zahnzement bzw. -wurzeldentin liegt, wird zervikal ein Unterschnitt mit einer kleinen Diamantkugel bzw. mit einem Rosenbohrer präpariert. Lateral ist die Schmelzabschrägung nur dünn zu gestalten. Daher wird koronal eine 1,5–2 mm breite Haftzone präpariert (s. Abb. 6-14).

Die *Applikation von Kofferdam* gestaltet sich bei Klasse-V-Kavitäten oft schwierig. Man muß Klammern verwenden, die eine Retraktion der Gingiva erlauben (z.B. Ivory SA 212). Nicht selten muß vorher durch eine chirurgische Maßnahme der zervikale Rand der Kavität erst freigelegt werden.

Ist Kofferdam nicht anwendbar (Latex-Allergie, Asthma, Würgereiz), kann alternativ eine spezielle *Zahnhalsmatrize* verwendet werden (Abb. 6-15). Diese Matrize wird in den Sulkus geschoben und von außen wird ein Schmelzhaftvermittler im Bereich des Ginginvalsaums aufgebracht und ausgehärtet. Es

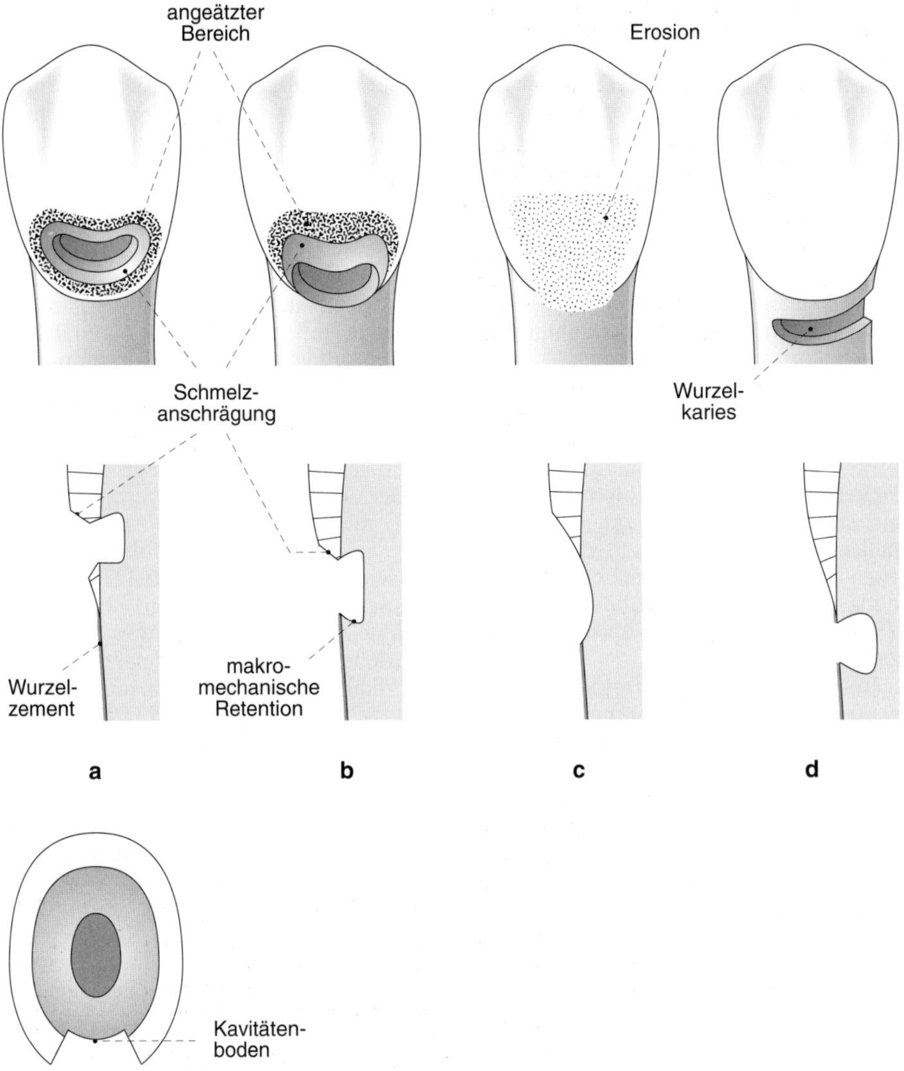

Abbildung 6-14. Kavitätengestaltung bei unterschiedlichen Klasse-V-Kavitäten.

a) Bei einer rein schmelzbegrenzten Kavität kann die Kompositrestauration nach zirkulärer Anschrägung mit Schmelz-Ätz-Technik erfolgen.
b) Liegt der zervikale Kavitätenrand im Wurzelzement bzw. -dentin, erfolgt koronal eine Schmelzanschrägung und zervikal die Präparation einer makromechanischen Retention.
c) Eine Erosion wird nur bei ausgeprägter Form oder aus ästhetischen Gründen invasiv behandelt. Dann kann nach koronaler Schmelzanschrägung die Adhäsion am Dentin durch die Anwendung eines Dentinhaftvermittlers erfolgen.
d) Bei einer Wurzelkaries sind rein makromechanische Retentionen (untersichgehende Bereiche) erforderlich. Die Anwendung von Kompositmaterialien ist hier nicht indiziert (Dentinliquor, Polymerisationsschrumpfung).

resultiert eine dichte und festsitzende Matrize, die einen glatten, stufenlosen Übergang der Füllung zur Wurzeloberfläche garantiert.

Als *Unterfüllungsmaterial* eignen sich die üblichen Zemente. Sie sollten eine dunkle Farbe besitzen, da sie andernfalls durch das Komposit hell durchschimmern und ästhetisch nicht zufriedenstellen. Glasionomerzemente und Polycarboxylatzemente werden aufgrund ihrer Dentinbindung bevorzugt. Dabei finden schnell härtende Glasionomerzemente, die sich bereits nach fünf Minuten bearbeiten lassen, Verwendung.

Zur *Vermeidung des zervikalen Randspaltes* wird bei großen und tiefen Kavitäten zudem das Komposit in zwei Schichten eingebracht, wobei jede Schicht ausreichend (min. 40 Sekunden lang) polymerisiert werden muß. Für die Konturierung der Restauration können lichtdurchlässige Matrizen, die mit einer Pinzette an einem Haltedorn festgehalten werden, Verwendung finden (s. Abb. 6-15).

Die *Ausarbeitung* der Restauration erfolgt mit flammenförmigen oder spitzen, feinen und extrafeinen Diamantfinierern und flexiblen Scheiben, wie bei Klasse-III- und -IV-Restaurationen. Auf eine hochglanzpolierte Restauration ohne Überschüsse muß aus karies- und parodontalprophylaktischen Gründen besonders geachtet werden.

Bei rein erosiven Veränderungen sind die Defekte im Zahnhalsbereich schüsselförmig (s. Abb. 6-14). Hier erfolgt meistens keine Präparation. Nach Reinigung der Dentinoberfläche kann die Restauration mit Schmelz-Ätz-Technik unter Verwendung von Dentinhaftvermittlern adhäsiv verankert werden. Die Haftfestigkeit von Dentinhaftvermittlern scheint in diesem speziellen Fall aufgrund des geringen C-Faktors ausreichend.

Die sogenannte *Sandwich-Technik* (Abb. 6-16) wird heute nur noch in modifizierter Form durchgeführt, da sie bei klassischer Anwendung zervikal nicht zu randspaltfreien Restaurationen geführt hat.

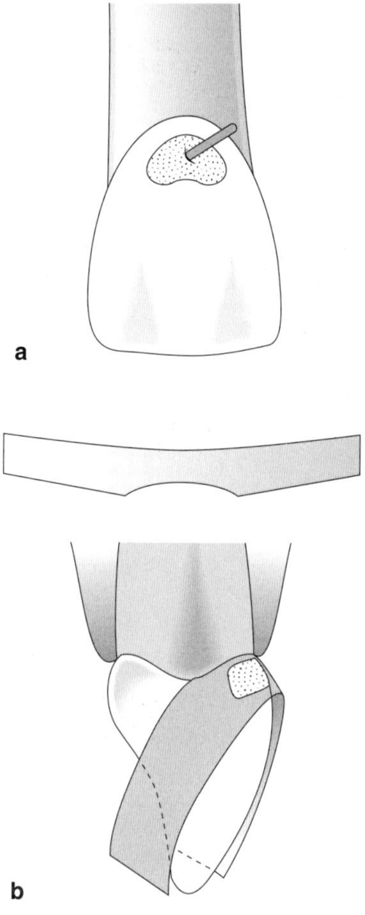

Abbildung 6-15. Bei der Insertion des Kompositmaterials können unterschiedliche Zervikalmatrizen angewendet werden. Endet die Kavität zervikal am Gingivalrand und läßt sich kein Kofferdam applizieren (a), so wird ein speziell geformtes Matrizenband in den Sulkus geschoben (b). Von außen wird Bonding mit einer Kugel aufgebracht und ausgehärtet. Es resultiert eine dichte und festsitzende Matrize, die einen glatten, stufenlosen Übergang der Füllung zur Wurzeloberfläche garantiert.

Das Anätzen der Glasionomerzement-Unterfüllung wird vermieden, da es zu Krakelierungen in der Unterfüllung führ-

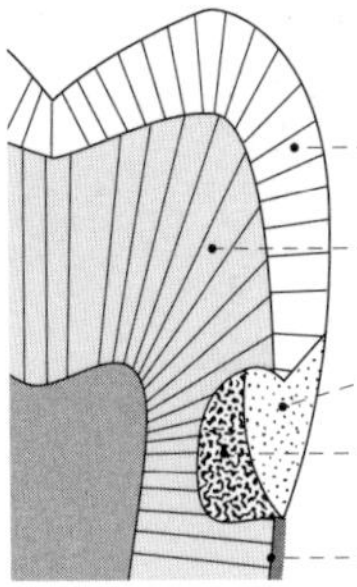

a

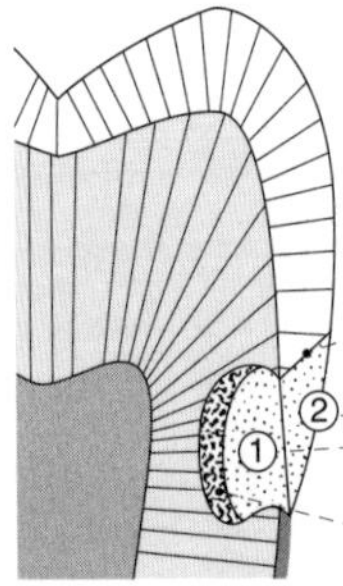

b

Abbildung 6-16. Bei Klasse-V-Kavitäten, deren zervikaler Rand im Wurzelzement bzw. -dentin liegt, kann die Kompositrestauration durch Sandwich-Technik verankert werden.

a) Bei der klassischen Form wird die Glasionomerzement-Unterfüllung bis zum zervikalen Rand auslaufend gestaltet und anschließend mit dem koronal angeschrägten Zahnschmelz angeätzt. Durch die Polymerisationskraft beim Aushärten des Komposits entstehen jedoch durch kohäsive Brüche im Glasionomerzement zervikal Randspalten.

b) Bei der modifizierten Form wird nach Einbringen der Glasionomerzement-Unterfüllung ausschließlich der koronal angeschrägte Zahnschmelz angeätzt und anschließend das Komposit in zwei Schichten eingebracht.

te und sich eine versehentliche Dentinanätzung mit nachfolgender Dentinüberempfindlichkeit nicht vermeiden läßt. Außerdem kam es durch die innige Verzahnung von Glasionomerzement und Komposit während der Polymerisationsschrumpfung zu kohäsiven Brüchen in der Unterfüllung mit nachfolgender Randspaltbildung im zervikalen Bereich.

Die Retentionsrate von Klasse-V-Füllungen ist bei modifizierter Sandwich-Technik zufriedenstellend. Befindet sich der Kavitätenrand einer Kompositrestauration im Wurzelzement bzw. -dentin, läßt sich jedoch mit keiner Restaurationstechnik unter klinischen Bedingungen eine Randspaltbildung verhindern. Die Anwendung von Komposit in diesen Bereichen kann somit nur als Kompromißlösung verstanden werden.

Als Alternativen bieten sich die reine Glasionomerzementfüllung, die Goldstopffüllung und verschiedene Einlagerestaurationen (Keramik, Komposit, Gold) an.

6.1.5 Seitenzahnrestaurationen mit Komposit

Kompositmaterialien werden im Seitenzahnbereich für **kleine, nicht okklusionstragende Klasse-I- und -II-Kavitäten** verwendet. Der Einsatz im Milchgebiß unterliegt den gleichen Indikationen wie im Erwachsenengebiß. Bei Klasse-II-Restaurationen müssen alle Kavitätenränder im anätzbaren Schmelzbereich liegen. Das verwendete Kompositmaterial muß röntgenopak sein, eine ausreichende Zug- und Druckfestigkeit besitzen und verschleißfest sein. Im Seitenzahnbereich werden daher aufgrund ihrer physikalischen Eigenschaften Feinpartikelhybrid-Komposite verwendet. Die Anwendung von Kofferdam ist obligat.

Im Abrasionsgebiß ist die Anwendung von Komposit für Klasse-I- und -II-Kavitäten *kontraindiziert*.

Die Primärpräparation für eine Klasse-I-Kavität erfolgt mit einem kugelförmigen, birnenförmigen oder zylindrischen Diamanten. Die Kavitätenform wird allein durch die Größe des kariösen Defektes bestimmt (Abb. 6-17). Die *Zugangskavität* muß so groß sein, daß die

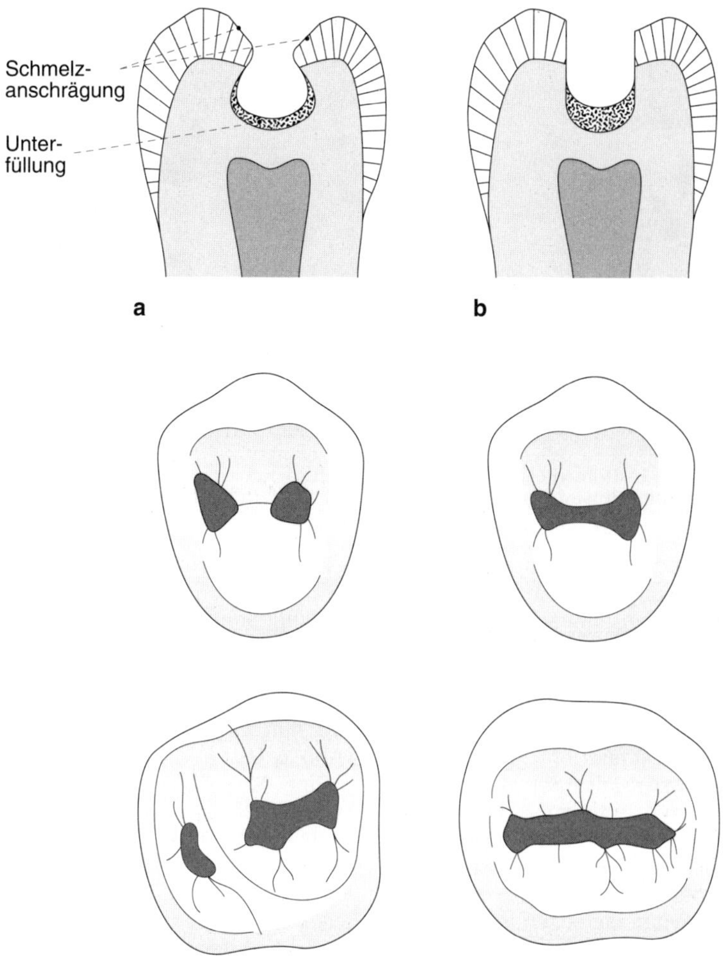

Abbildung 6-17. Verschiedene Umrißformen von Klasse-I-Kavitäten für Kompositrestaurationen. Bei kleinem Kavitätenzugang und konvergenten Kavitätenwänden erfolgt eine Schmelzanschrägung der Kavitätenränder, dabei werden die Schmelzprismen zwischen 45 und 90° angeschnitten (a). Bei größeren Kavitäten und parallelen oder leicht divergierenden Wänden ist keine Anschrägung erforderlich (b).

Karies problemlos unter guter Sicht entfernt werden kann. Überhängende, nicht von Dentin unterstützte Schmelzareale werden entfernt, da sie sonst unter Kaudruck frakturieren. Nach Farbauswahl und absoluter Trockenlegung erfolgt die Entfernung der Karies (auch hier empfiehlt sich die Anwendung von Kariesdetektor) mit einem Rosenbohrer.

Anschließend wird eine *Unterfüllung* mit einem säurefesten Zement (Phosphatzement, Carboxylatzement, Glasionomerzement) gelegt. Die Schmelzränder werden mit Handinstrumenten bzw. knospenförmigen Diamantschleifern angeschrägt. Dabei werden Schmelzbereiche, deren Gefüge durch die Präparation geschädigt wurde, entfernt. Bei

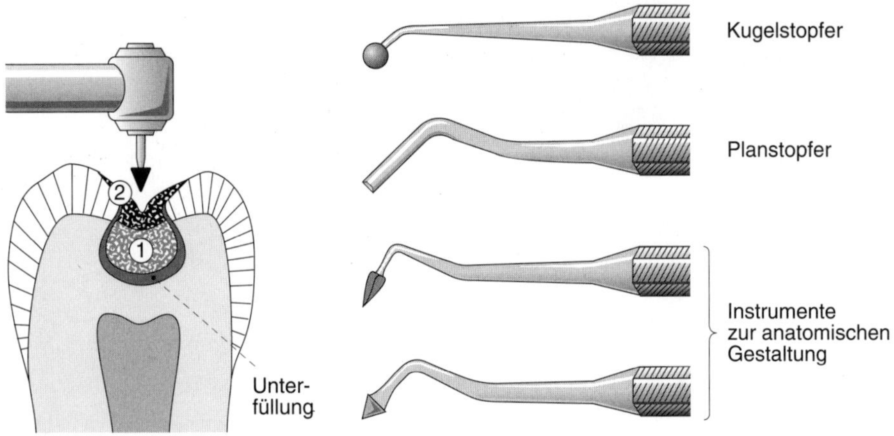

Abbildung 6-18. Instrumente zum Füllen und Konturieren von okklusalen Kompositrestaurationen. Das Komposit wird in Schichttechnik eingebracht und polymerisiert.

untersichgehenden Präparationen ist die Anschrägung aufgrund des Prismenverlaufs breiter als bei nahezu parallelwandigen Kavitäten. Hier wird die Schmelzkante ausschließlich „gebrochen“. Eine breite Anschrägung ist im okklusalen Bereich nicht indiziert, da bei der anschließenden Restauration dünn auslaufende Kompositränder im okklusalen Kontaktbereich resultieren.

Wie bereits oben erwähnt, erfolgt eine Präparation nur in den Fissurenabschnitten, die tatsächlich kariös sind. Das an die Kavität angrenzende Fissurenrelief kann nach erfolgter Restauration mit einem Fissurenversiegler vor Karies geschützt werden. Die adhäsive Präparation ist auch hier durch minimalen Zahnhartsubstanzverlust und kleine Füllungsoberfläche gekennzeichnet.

Für die Restauration einer **kleinen Klasse-I-Kavität im kariesinaktiven Gebiß mit Amalgam** müßte wesentlich mehr Zahnhartsubstanz geopfert werden. Amalgamfüllungen sind daher nur noch bei großen Klasse-I-Kavitäten im okklusionstragenden Bereich und dort, wo eine Trockenlegung bei der Füllungstherapie nicht gewährleistet ist, indiziert.

Nach Einbringen der *Unterfüllung* erfolgt die *Schmelzkonditionierung.* Anschließend wird ein Schmelzhaftvermittler (Bonding) dünn aufgetragen und das Kompositmaterial mit einem planen Stopfer in Schichtstärken von 1–2 mm eingebracht und polymerisiert (Abb. 6-18).

Eine *Modellation* ist meistens nicht erforderlich. Sie ist zudem problematisch, da bei hochviskösen Hybridkompositen Lufteinschlüsse resultieren. Diese Porositäten führen zu einer erhöhten Desintegration und damit erhöhtem Verschleiß der Kompositoberfläche beim Kauen. Man kann allenfalls mit einem spitz zulaufenden Instrument die Fissur andeuten. Auf der Kompositoberfläche entsteht eine sauerstoffinhibierte Zone. Eine Überkonturierung der Füllung ist daher unumgänglich, um genügend Material zum Ausarbeiten und Polieren zur Verfügung zu haben.

Die *Ausarbeitung* erfolgt mit spitzen und kegelförmigen, feinen und extrafeinen Diamantfinierern und schleifmittelbelegten Scheiben. Dabei wird die sauerstoffinhibierte Schicht entfernt. Einige Autoren empfehlen abschließend das Auftragen eines Bondingmaterials, das in

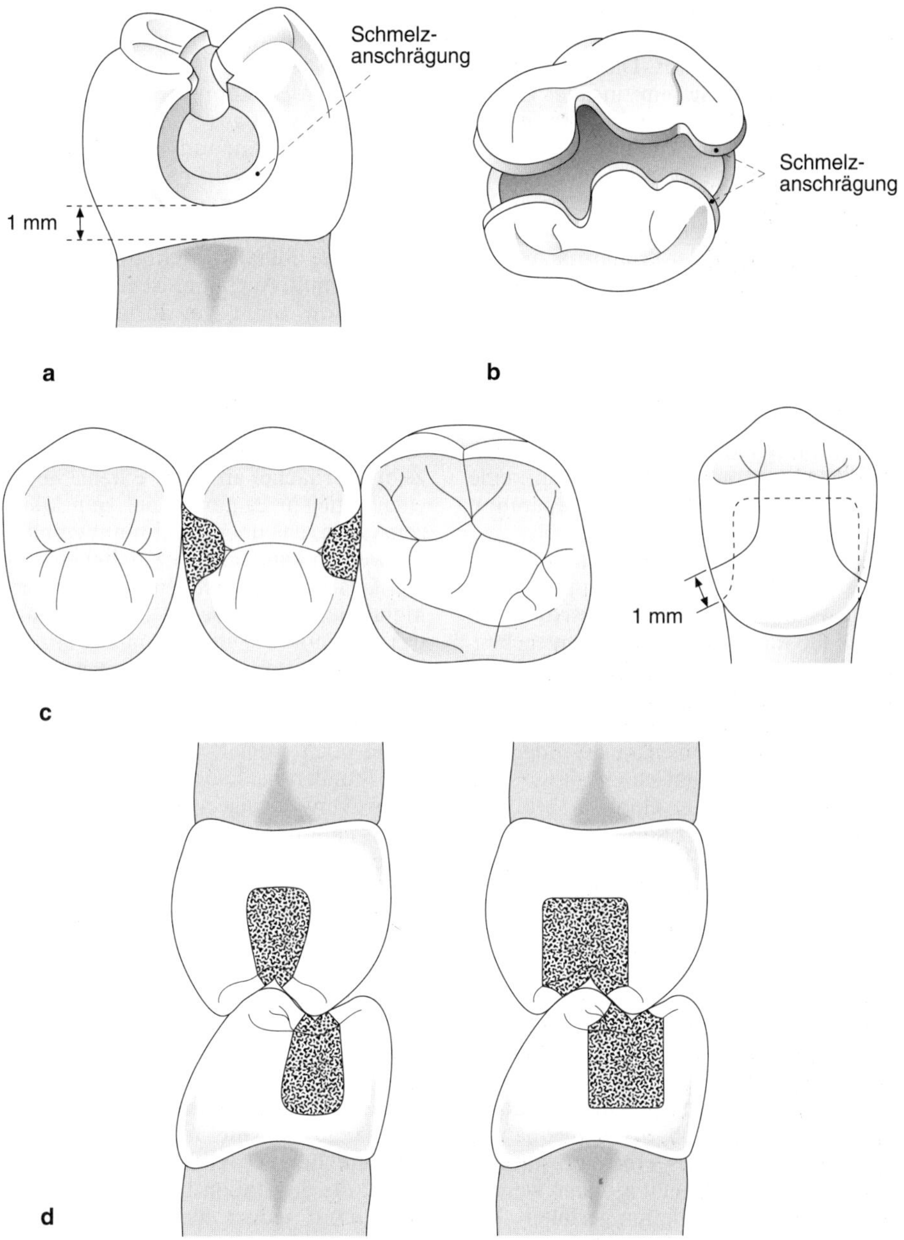

Abbildung 6-19. Klasse-II-Kavitäten für Kompositrestaurationen. Am approximal-zervikalen Kavitätenrand muß der verbleibende Schmelzbereich eine Mindestbreite von 1 mm aufweisen (a u. b). Bei einer rein approximalen Karies wird eine „slot"-Präparation ohne Einbeziehung der Fissuren präpariert (c). Die Isthmusbreite beträgt ein Viertel der Höckerbreite. Okklusionstragende Restaurationen aus Komposit sind kontraindiziert (d).

freigelegte Porositäten und Mikrorisse eindringt und damit zu einer Oberflächenverbesserung führt. Da oft nicht das gesamte Fissurensystem in die Präparation miteinbezogen wird, kann anschließend auf die Füllung und nach Anätzen auf die Fissuren ein Fissurenversiegler aufgebracht werden. Er erfüllt den gleichen Zweck wie das Bondingmaterial. Auch bei der Primärpräparation für Klasse-II-Kavitäten wird gesunde Zahnhartsubstanz soweit wie möglich geschont. Bei frei zugänglichen approximalen Kavitäten (z.B. im Wechselgebiß) erfolgt die Restauration wie bei Klasse-V-Kavitäten mit einem röntgensichtbaren Komposit. Bei kleinen rein approximalen Kavitäten und geschlossener Zahnreihe wird eine sogenannte „slot"-Präparation durchgeführt (Abb. 6-19c).

Die okklusale Struktur bleibt vollständig erhalten. Die Größe der approximalen Kavität wird erneut ausschließlich durch die Kariesausdehnung vorgegeben. Oft ist eine Separation des Nachbarzahnes durch einen Holzkeil indiziert, um ein versehentliches Anschleifen zu vermeiden. Mit kleinen kugel- oder birnenförmigen Diamantschleifern wird die kariöse Läsion von okklusal eröffnet. Nach Exkavation der Karies, Farbbestimmung, absoluter Trockenlegung und Unterfüllung erfolgt die Sekundärpräparation. Der approximale Kontakt wird dabei aufgehoben, wobei an der zervikalen Stufe eine Schmelzstärke von 1 mm verbleibt. Liegt zugleich eine okklusale Fissurenkaries vor, so wird diese mit einbezogen (Abb. 6-19b). Der Isthmus darf nur so breit sein, daß eine Schmelzabstützung der antagonistischen Kontakte gewährleistet ist (Abb. 6-19d). Er beträgt i.d.R. ein Viertel des Höckerabstandes. Die okklusalen Kavitätenränder werden wie bei Klasse-I-Kavitäten gestaltet. Alle internen Kavitätenwinkel sind abgerundet. Nach erfolgter Präparation wird eine lichtdurchlässige Kunststoffmatrize adaptiert. Dabei können verschiedene Techniken angewendet werden.

Es gibt *Matrizenbänder*, die vorkonturiert sind und in einen üblichen Matrizenhalter (z.B. Tofflemire®) eingespannt werden können. Da die Matrizenhalter jedoch aus Metall sind, ziehen sie das Matrizenband aufgrund ihres Gewichtes sehr leicht nach koronal vom Zahn ab. Bei einem anderen Matrizensystem wird die Kunststoffmatrize durch eine Metallvorrichtung am Zahn festgeklemmt. Auch hier ist eine optimale Adaptation nicht gewährleistet. Man kann bei kleinen Kavitäten jeweils mesial und distal gekürzte Matrizenbänder für Frontzähne zwischen den Zähnen verkeilen. Damit läßt sich jedoch kein stufenloser Übergang der Restauration zur Zahnoberfläche an den Extensionsflächen erzielen. Es gibt bisher kein Matrizensystem, das uneingeschränkt empfohlen werden kann. Oft wird daher eine für die Amalgamfüllungstechnik verwendete Metallmatrize verwendet. Dabei kann das Kompositmaterial beim Einbringen jedoch nur von okklusal polymerisiert werden. Nach Abnehmen des Matrizenbandes muß daher die fertige Restauration noch einmal von allen Seiten für 40 Sekunden nachpolymerisiert werden.

Bei Verwendung von *Kunststoffmatrizen* können seitlich reflektierende Keile zur Adaptation des Matrizenbandes verwendet werden. Sie leiten nach Einbringen der ersten Kompositschicht das Licht so in den Zahnzwischenraum, daß der Schrumpfungsvektor nach zervikal gerichtet ist. Damit soll eine mögliche Randspaltbildung der approximal-zervikalen Stufe verhindert werden. Mit Kunststoffkeilen läßt sich jedoch eine unzureichende Separation der Zähne und damit schlechter Approximalkontakt erzielen. Bei Verwendung von Holzkeilen ist die Separation besser. Die Kavität muß dann jedoch von zervikal nach okklusal in kleinen Schichten (1–2 mm) gefüllt werden, da nur von okklusal polymerisiert werden kann.

Das *Einbringen des Komposites* erfolgt grundsätzlich mit Schichttechnik,

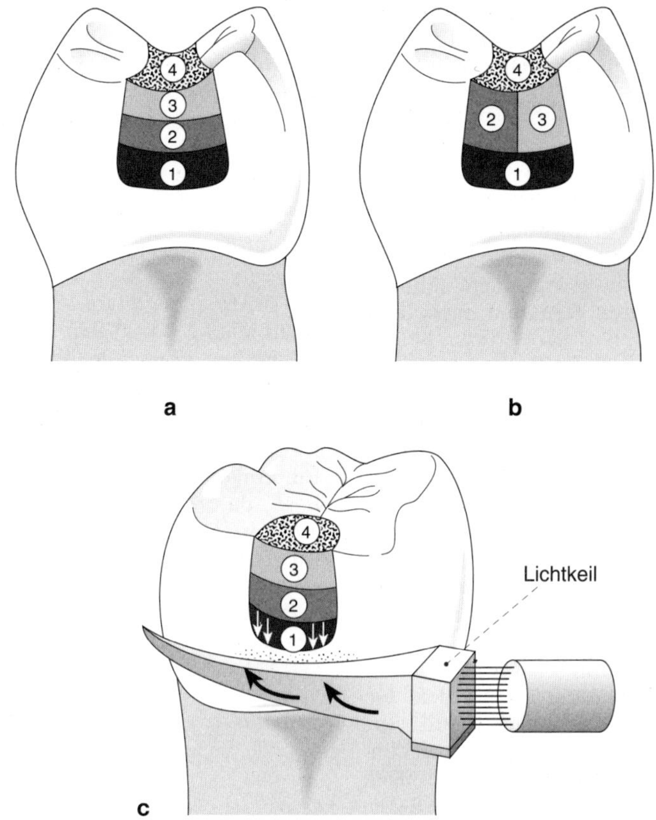

Abbildung 6-20. Zur Verringerung der Polymerisationsschrumpfung und wegen der begrenzten Durchhärtungstiefe wird das Kompositmaterial in kleinen Schichten in die Kavität eingebracht und ausgehärtet (a und b). Dabei kann durch einen Lichtkeil die Schrumpfung nach zervikal gelenkt werden (c).

um die Polymerisationsschrumpfung zu minimieren. Dabei können unterschiedliche Techniken angewendet werden (Abb. 6-20).

Die *Ausarbeitung und Politur e*rfolgt okklusal wie bei Klasse-I-Restaurationen. Linguale, bukkale und zervikale Überschüsse lassen sich gut mit schneidenden Handinstrumenten (gebogenes Skalpell, Scaler, Spezialinstrumente) entfernen. Anschließend lassen sich diese Bereiche mit flammenförmigen Diamantfinierern und -scheiben so konturieren, daß kein Übergang zwischen Restauration und Zahnhartsubstanz zu tasten ist. Besondere Aufmerksamkeit gilt Füllungsüberschüssen im Approximalraum. Sie müssen vollständig entfernt werden, um Parodontalerkrankungen vorzubeugen. Bei richtiger Farbgebung ist eine Ausarbeitung und Politur im okklusalen Bereich sehr schwierig. Die Restauration läßt sich dann oft nicht von der Zahnhartsubstanz unterscheiden. Eine sorgfältige Okklusion und Artikulationskontrolle sowie eine Fluoridierung mit einem neutralen Fluoridierungsmittel schließen die Behandlung ab. Nach Entfernung einer Amalgamfüllung ist die Kavität oft approximal-zervikal nicht mehr schmelzbegrenzt bzw. im Bereich des okklusalen Isthmus zu groß. In diesem Fall ist eine Kompositrestauration nicht mehr indiziert.

Zur *Verringerung der Polymerisationsschrumpfung* können vorgefertigte silanisierte Keramikkörper verschiedener Größe in einem Komposit verankert werden *(inserts)*. Es gibt jedoch bisher keine klinischen Langzeitstudien, die eine Überlegenheit dieser mit einem „Makrofüller" verstärkten Restaurationen belegen.

6.1.6 Weitere Indikationsgebiete für die Anwendung von Kompositmaterialien

Ausgedehnte **Frontzahnfüllungen, Verfärbungen und Strukturanomalien** des Zahnschmelzes können zu erheblichen ästhetischen Problemen führen, wenn diese Veränderungen speziell an oberen Frontzähnen die gesamte Fazialfläche betreffen. Komposite in Verbindung mit Schmelz-Ätz-Technik ermöglichen ästhetische Korrekturen von Schmelzdefekten und Schmelzverfärbungen und die Schließung von Diastemata. Dabei können direkte und indirekte Verblendungen (Veneers) Anwendung finden (Abb. 6-21).

Nach adäquater Schmelzpräparation wird bei der **direkten Verblendtechnik** nach Konditionierung die gewünschte *Korrektur mit Kompositmaterialien* in einer Sitzung vorgenommen.

Bei der **indirekten Verblendtechnik** wird nach Abformung und Modellerstellung eine zahnfarbene Verblendschale aus Komposit hergestellt. Die Befestigung der Schale im Mund des Patienten erfolgt mit einem sogenannten *Kompositkleber* unter absoluter Trokkenheit. Bei verfärbten Zähnen kann vorher ein gefärbtes niedrigvisköses Komposit (Opaker) auf die verfärbte Fläche aufgetragen und ausgehärtet werden. Hier wird auf weiterführende Literatur verwiesen.

Temporäre Schienungen nach Zahnfrakturen bzw. **temporäre Lückenversorgungen** nach Zahnextraktionen lassen sich ebenso mit der Schmelz-Ätz-Technik und Kompositen durchführen wie der semipermanente Aufbau einer **therapeutischen Eckzahnführung** und die Eingliederung von Klebebrücken (sog. **Maryland-Brücken**).

6.1.7 Bewertung der Kompositrestaurationen

Die Anwendung von Kompositen in Verbindung mit Schmelz-Ätz-Technik führt bei richtiger Indikation zu randspaltfreien und ästhetisch anspruchsvollen Restaurationen.

Ein **eingeschränkter Indikationsbereich** liegt dann vor, wenn Präparationsgrenzen von Klasse-II-, -IV- und -V-Kavitäten zervikal im Zahnzement bzw. -Dentin enden.

Bei reiner Wurzelkaries, okklusionstragenden Klasse-I- und -II-Kavitäten und

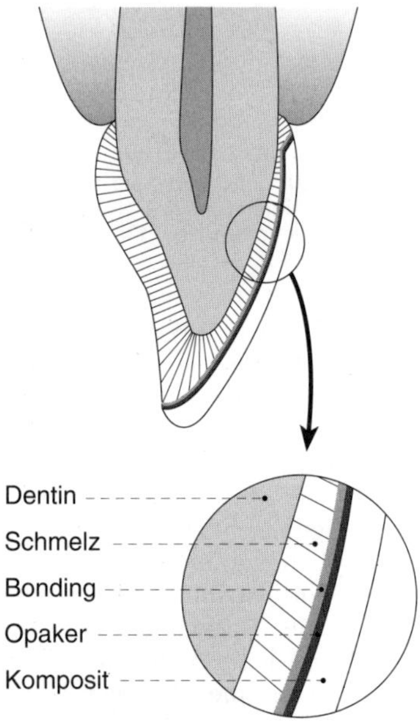

Abbildung 6-21. Approximale Aufsicht auf einen Zahn mit einem Veneer.

bei approximalen Seitenzahnläsionen, die zervikal-approximal zementbegrenzt sind, ist die Anwendung von Kompositmaterialien nach heutiger Ansicht **kontraindiziert.**

Mit Entwicklung der adhäsiven Präparationstechnik sind die *Blackschen Präparationsregeln* nur noch eingeschränkt gültig. Es wird nicht mehr angestrebt, die Kavitätenränder in die Zonen der Selbstreinigung bzw. aus kariesprophylaktischen Gründen in den gingivalen Sulkus zu legen. Eine eigene Retentionsform wird überflüssig, da das Restaurationsmaterial mikromechanisch am Zahnschmelz haftet. Einzig die Übersichtsform und die Widerstandsform gelten weiterhin. Die kariöse Läsion muß bei guter Sicht exkaviert werden können, und weder Zahn noch Füllung sollten unter Kaubelastung frakturieren bzw. übermäßig abradieren.

Komposit ist nach wie vor kein ideales Restaurationsmaterial für die Routineversorgung von **Seitenzahnkavitäten.** Durch *Hydrolyse* der Silanverbindungen kommt es zum Füllerverlust und damit zu verstärktem Substanzverlust im okklusalen (Attrition) und approximalen Kontaktpunktbereich. Im okklusionstragenden Bereich ist der Materialverlust ca. dreimal größer als im okklusionsfreien Bereich (Abrasion durch Nahrungsaufnahme).

Die *Polymerisationsschrumpfung* führt zusätzlich zu inneren Spannungen und damit zur Ausbildung von Mikrorissen, die für eine Desintegration des Materials mitverantwortlich sind. Da eine Konversion aller vorhandenen Doppelbindungen bei der Aushärtung nicht erfolgt, nimmt das Material in der Mundhöhle Wasser auf und quillt.

Eine *Farbstabilität* kann *nicht gewährleistet* werden. Der Zeitaufwand bei der Restauration von Klasse-II-Kavitäten mit Kompositen ist größer als bei Verwendung von Amalgam. Das Beherrschen der Kofferdam-Technik zur absoluten Trockenlegung ist eine Grundvoraussetzung für die Anwendung der Schmelz-Ätz-Technik.

Alle bisher zur Verfügung stehenden Untersuchungen zeigen, daß Kompositfüllungen, die unter normalen Praxisbedingungen gelegt werden, eine geringere durchschnittliche Liegedauer aufweisen als Amalgamfüllungen. Die Hauptgründe für die Erneuerung von Kompositfüllungen sind Randverfärbungen, Füllungsfrakturen, Randspalten und Sekundärkaries.

6.2 Restaurationen mit Glasionomerzementen

6.2.1 Materialkunde der Glasionomerzemente

> Glasionomerzement (Polyalkenoatzement) besteht aus den für Dentalzemente typischen Komponenten Pulver und Flüssigkeit, welche durch eine Säure-Basen-Reaktion aushärten.

Bei den **konventionellen Glasionomerzementen** finden Polykarbonsäuren (Polymere der Alkensäuren) wie z.B. die Polyacrylsäure und heutzutage deren Kopolymere mit Itakon- oder Maleinsäure Verwendung. Diese neueren Kombinationen setzen die Viskosität der Flüssigkeitskomponente herab, verhindern ein vorzeitiges Gelieren (hierdurch verlängerte Lagerungsmöglichkeit) und verbessern die Abbindegeschwindigkeit.

Durch Gefriertrockung ist es darüber hinaus möglich, diese Anteile dem Pulver bereits zuzugeben, wodurch eine exakte Dosierung der Flüssigkeits- und Pulveranteile verbessert wird.

Der *Flüssigkeitsanteil* dieser sogenannten **wasserhärtenden Glasionomerzemente** besteht aus destilliertem Wasser bzw. wäßriger Weinsäure.

Der *Pulveranteil* besteht aus Kalzium-Aluminium-Silikatglas mit eingesprengten kalziumfluoridreichen kristallisierten Tröpfchen, die beim Schmelzvorgang der

Ausgangskomponenten als Flußmittel dienten. Die Fluoride werden nach dem Legen der Füllung über einen längeren Zeitraum an die Umgebung abgegeben und bieten so einen begrenzten Kariesschutz im Füllungsrandbereich.

Auch der *Silikatanteil* wurde inzwischen leicht modifiziert, um optimal mit der Säurekomponente reagieren zu können. Durch Vorbehandlung der gemahlenen Gläser mit mineralischer Säure entsteht an der Oberfläche eine ca. 100 nm dicke Kieselgelschicht. Diese Schicht muß nach dem Anrühren des Zementes von der Säure durchdrungen werden. Hierdurch verlängert sich die Verarbeitungszeit und verringert sich die Erhärtungszeit. Gleichzeitig wird die Wasserempfindlichkeit stark vermindert.

Die *Abbindereaktion* der beiden Hauptkomponenten verläuft in zwei Schritten (Abb. 6-22).

Durch die Säure werden aus dem Silikatglas Kalzium- und Aluminiumionen herausgelöst. Da die Kalziumionen schneller gelöst werden, reagieren diese zuerst mit der Säure. Durch Vernetzung der Polyacrylsäure über Kalziumbrücken entsteht ein Kalziumpolykarboxylatgel, welches extrem empfindlich gegenüber Feuchtigkeit und Austrocknung ist. Die Folge einer *initialen Feuchtigkeitskontamination* sind verzögerte Abbindung, reduzierte Druckfestigkeit und Härte, Verlust der Transluzenz, poröse und rauhe Oberflächen und beschleunigte Erosion der Füllung. Die *Austrocknung* hat zur Folge, daß Glasionomerzemente matt-opak aussehen, daß sie krakelieren und eine erhöhte Abbindekontraktion aufweisen.

Deshalb muß durch *Lacke, Versiegler* (Bonding) oder *Matrizen* ein Schutz erfolgen. Erst im Laufe von Stunden kommt es anschließend zur zusätzlichen Einlagerung von Aluminiumionen in die Matrix, wodurch ein wasserunlösliches Kalzium-Aluminium-Karboxylatgel entsteht. Durch Einlagerung von Wasser erfolgt über einen längeren Zeitraum eine weitere Stabilisierung des Zementgefüges.

Durch *Sinterung* ist es möglich in die Glaspartikel Metall einzuschmelzen. Das dabei überwiegend verwendete Silber dient als Streßabsorber und ermöglicht eine erhöhte Biege- und Abriebfestigkeit. Werden derartig veränderte Gläser verwendet, spricht man von **Cermetzementen** (**Cer**amik-**Met**all-Glasionomerzemente).

Als dritte Gruppe sind **lichthärtende Glasionomerzemente** auf dem Markt, die in der Flüssigkeit neben Säure zusätzliche Bestandteile, wie z.B. hydrophile Monomere (Hydroxyäthylmethacrylat = HEMA), Bis-GMA und Fotoakzeleratoren enthalten. Den Polyacrylsäuremolekülen werden zusätzliche Methacrylatgruppen angehängt.

Durch lichtgesteuerte Kopolymerisation des Methacrylats mit den angehängten Gruppen der Polyacrylsäure kommt es zu kovalenten und ionischen Bindungen und damit zur Erhärtung des Materials. Die Polymerisation der zugesetzten Monomere überlagert dabei die Polyacrylsäure-Glas-Reaktion.

Seit es möglich geworden ist, die Carboxylgruppen der Polyacrylsäure aus dem initialen Polymerisationsprozeß herauszuhalten, ermöglichen auch einzelne lichthärtende Glasionomerzemente eine chemische Bindung an die Zahnhartsubstanz.

Lichthärtende Einkomponentenmaterialien (Compomere) enthalten nicht alle für Glasionomerzemente charakteristischen Substanzen. Hier werden die Silikatpartikel in eine Kunststoffmatrix eingebettet. Es kommt zu keinem chemischen Verbund zwischen Zement und Dentin. Ein Fluoridionentransport ist zudem nur in sehr begrenztem Umfang möglich. Die derzeitigen Einkomponentenmaterialien stehen den Kompositen näher als den Glasionomerzementen.

Es gibt lichthärtende Glasionomerzemente, die auf den Zusatz *hydrophiler Methacrylate verzichten.* Aufgrund der

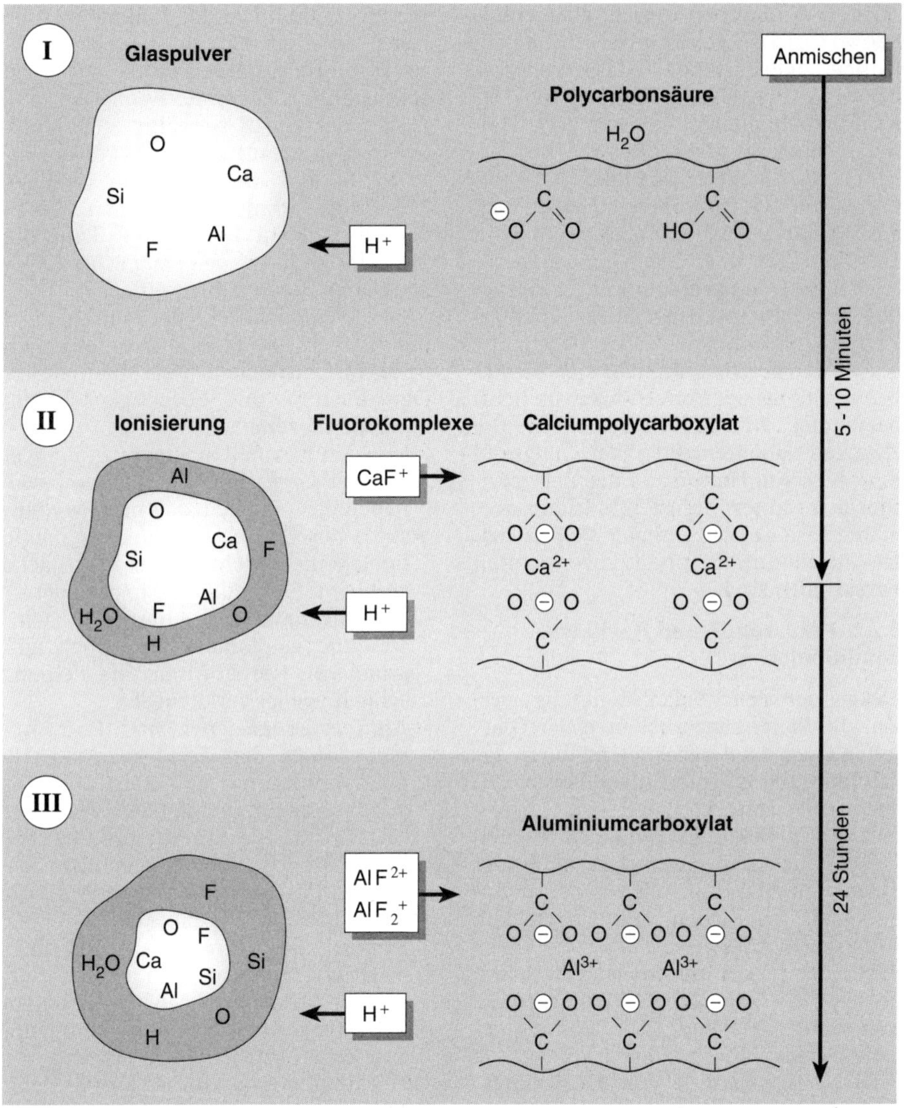

Abbildung 6-22. Aushärtungsreaktion von Glasionomerzement.

geringeren Anzahl der Methacrylatgruppen kommt es nach Lichtaktivierung zu einem längeren Gelzustand des Materials (bis 30 Minuten). Zwar ist die prinzipielle klinische Verwendbarkeit weiterhin gegeben, aber diese Materialien können nicht als Unterfüllungsmaterialien bei indirekten Restaurationen benutzt werden, da sie sich z.B. bei der Abdrucknahme noch verformen und herauslösen können. Bei diesen Materialien kommt es innerhalb von 24 Stunden zu einer starken Expansion durch Wasseraufnahme (bis 5%). In der Regel schrumpfen jedoch lichthärtende Glasionomerzemente in einer Größenordnung von 7%. Randundichtigkeiten bis hin zum Haftungsverlust resultieren aus diesem Verhalten. Ein weiterer Nachteil der lichthärtenden Glasionomerzemente liegt darin, daß eine Polymerisation von Schichtdicken über 2 mm hinaus unzureichend ist. Langzeiterfahrungen bezüglich der Pulpenverträglichkeit lichthärtender Glasionomerzemente liegen bisher nicht vor. Als Fazit läßt sich formulieren, daß bei der Verwendung von lichthärtenden Glasionomerzementen die Zweikomponentenmaterialien aufgrund ihrer besseren Haftung an der Zahnhartsubstanz, guter Langzeitfluoridabgabe, Säureresistenz und geringer Pulpatoxizität den Einkomponentenwerkstoffen vorzuziehen sind.

6.2.2 Präparation und Kavitätenkonditionierung

Neben der Feuchtigkeitsänderung werden die Materialeigenschaften der Glasionomerzemente entscheidend durch das **Mischungsverhältnis Pulver/Flüssigkeit** beeinflußt. Das Anrühren sollte innerhalb von 30 Sekunden mit einem speziellen beschichteten Hartmetallspatel oder einem nichtmetallischen Instrument erfolgen. Das Zement sollte nach dem Anmischen eine hochglänzende Oberfläche aufweisen, nur so ist die ausreichende Benetzung der Zahnhartsubstanz und damit genügend hohe Haftung gewährleistet.

Die Auswirkungen von **Dosierungsfehlern** sind gravierend. Ist der Pulveranteil zu hoch, so resultiert eine verringerte Verarbeitungszeit, erhöhte Viskosität, verringerte Benetzung der Kavitätenwände, geringere Haftung an den Zahnhartsubstanzen und eine erhöhte Opazität. Bei zu niedrigem Pulveranteil sind Abbindekontraktion, Wasserlöslichkeit und Abrasion erhöht, während Oberflächenhärte und Erosionsresistenz verringert sind. Um die Fehlerquoten zu verringern, helfen an dieser Stelle **vordosierte Kapselsysteme** und die sog. **wasserhärtenden Zemente.** Bei diesen muß vorher das Gefäß sorgfältig aufgeschüttelt werden, damit später die pulverisierte Säure und die Gläser im richtigen Mischungsverhältnis vorliegen. Nach dem Applizieren des Materials kann das Zement durch Anlegen einer *Matrize* vor Austrocknung bewahrt werden.

Ist die Applikation einer Matrize nicht praktikabel, so gibt es drei unterschiedliche Möglichkeiten, das Material vor Dehydratation und Feuchtigkeitskontamination zu schützen:

- Von den Herstellern wird oft ein mitgelieferter *Lack* empfohlen. Diese Lacke haben den Nachteil, daß nach Verdunstung des Lösungsmittels keine dichte homogene Schicht auf der Oberfläche verbleibt. Sie sind daher ungeeignet.
- Als preisgünstige Alternative wird *Vaseline* empfohlen, die jedoch aufgrund von Körperwärme und Reibung schnell wieder verlorengeht.
- Am besten geeignet sind *Bondingmaterialien*, die, direkt nach der Zementapplikation aufgetragen, nicht polymerisieren, den initialen Feuchtigkeitszutritt verhindern und bei der Entfernung grober Überschüsse als Gleitmittel für das rotierende Werkzeug dienen. Nach Abschluß der Konturierung wird erneut Bondingmaterial aufgetragen und polymerisiert um das Wassergleichgewicht innerhalb des Glasionomerzementes bis zum endgültigen Aushärten zu erhalten.

Die Kombination von weichem Polykarboxylatgel und hartem Silikatglas macht die Politur von Glasionomerzementfüllungen unmöglich. Die beste Oberfläche resultiert nach Anwendung einer Matrize. So wird auch die erforderliche Ausarbeitung der Füllung auf ein Minimum reduziert. Ist die Bearbeitung mit rotierenden Instrumenten notwendig, dann sollte sie niedertourig, ohne Spraykühlung und unter Verwendung von

Bonding oder Vaseline als Dehydratationsschutz durchgeführt werden. Nach dem endgültigen Aushärten (24 Stunden) kann dann die Ausarbeitung mit Wasser und Feinkorndiamantfinierern sowie mit aluminiumoxidbeschichteten Scheiben abnehmender Körnung erfolgen.

6.2.3 Haftmechanismus

Die Glasionomerzemente können eine chemische Verbindung mit Zahnhartsubstanzen eingehen.

Dabei spielen sowohl ionische als auch kovalente Bindungen zwischen den Carboxylgruppen der Polyacrylsäure und anorganischen Schmelz- bzw. Dentinbestandteilen eine Rolle. Eine Bindung an das Kollagen des Dentins ist bisher nicht bewiesen. Beachtenswert ist, daß die Haftungskräfte am Schmelz doppelt so hoch sind wie am Dentin. Die Verbindung Kunststoff/Schmelz nach Schmelz-Ätz-Technik ist jedoch sechsmal höher als zwischen Glasionomerzement und Zahnschmelz.

Für den **einwandfreien chemischen Verbund** zwischen Glasionomerzement und Zahnhartsubstanz muß eine *saubere, glatte und gut benetzbare Oberfläche* vorliegen. Außerdem ist eine *ausreichend niedrige Viskosität* des Zementes Grundvoraussetzung. Um eine entsprechende Zahnoberfläche zu erzielen, sollte die Kavität mit Diamantfinierern oder Poliermitteln, welche keine Schmierschicht erzeugen (Bimsmehl), vor der Füllungstherapie bearbeitet werden. Eine kurze Konditionierung der Kavität mit Polyacrylsäure für 10 Sekunden entfernt eine eventuell vorhandene Schmierschicht und verbessert damit die Haftung.

6.2.4 Pulpaverträglichkeit

Wird Glasionomerzement direkt auf die Pulpa aufgebracht, so wirken sowohl der Zement selbst als auch seine Einzelkomponenten pulpatoxisch.

Diese **Toxizität** verringert sich jedoch erheblich, wenn zwischen Zement und Pulpa eine Dentinbarriere liegt, wenn das Material abgebunden ist und wenn ein wasserhärtender Glasionomerzement verwendet wird. Bei tiefen Kavitäten mit einer vermuteten Restdentinschicht von weniger als 1 mm sollte ein punktueller Pulpaschutz mit einem Kalziumhydroxidpräparat vorgenommen werden. Klinisch beobachtete **Hypersensibilität** nach Anwendung von Glasionomerzementen werden auf *chemisch-toxische Einflüsse* des Zementes und auf *mangelnde antibakterielle Eigenschaften* zurückgeführt.

Bei der Restauration von Klasse-V-Kavitäten wurde lange Zeit die **Sandwich-Technik** angewendet. Dabei wurde der angeschrägte Schmelzrand und die Glasionomerzementunterfüllung angeätzt. Bei den intensiven Trocknungsvorgängen nach Absprühen der Säure kommt es jedoch zur *Dehydratation des Zementes* hin bis zur Krakelierung. Durch die applizierte Phosphorsäure oder Einwirkung von Monomerbestandteilen kann es dann zu *Pulpairritationen* kommen.

6.2.5 Indikationen für die Anwendung von Glasionomerzementen

Die materialspezifischen Eigenschaften der Glasionomerzemente führen zwangsläufig zu einem eng definierten Indikationsspektrum.

Hauptanwendungsgebiet ist die reine zement- bzw. dentinbegrenzte Wurzeloberflächenkaries. Aber auch Klasse-V-Kavitäten, deren zervikale Begrenzung im Wurzelzement bzw. -dentin endet, werden als Indikation angegeben.

Im **kariesaktiven Gebiß und in der Kinderzahnheilkunde** ermöglichen die Glasionomerzemente aufgrund ihrer **Fluoridabgabe** neue Möglichkeiten. Die Entstehung und die Progredienz von

Sekundärkaries kann auf diese Weise reduziert werden.

Die Verwendung von Glasionomerzement bei Klasse-II-Kavitäten von Milchmolaren wird größtenteils positiv beurteilt. Aufgrund der *geringen Kanten- und Abrasionsfestigkeit* sollten größere Kavitäten jedoch weiterhin mit anderen Restaurationsmaterialien versorgt werden.

Da die *positiven Materialeigenschaften* in sehr hohem Maße von der *einwandfreien Verarbeitung abhängig* sind, muß die ausschließliche Verwendung von Glasionomerzementen in der Füllungstherapie bei Milchzähnen weiterhin in Frage gestellt werden.

Wenn keine *vollständige Trockenlegung* der Kavität aufgrund anatomischer Gegebenheiten oder mangelnder *Patientencompliance* gewährleistet werden kann, ist das Ergebnis hinsichtlich Qualität und Verweildauer in der Mundhöhle fraglich.

Untersuchungen zeigen, daß bei Klasse-II-Kavitäten im Milchgebiß bereits nach einem Jahr 10% der Füllungen erneuerungsbedürftig waren. Dabei wurden die Restaurationen unter Beachtung der Verarbeitungsvorschriften gelegt. Bei Noncompliance dürfte die Zahl der erneuerungsbedürftigen Füllungen stark ansteigen.

Als weitere Indikationsgebiete für Glasionomerzemente werden **approximale Mikrokavitäten, Reparaturen defekter Kronen und Füllungsränder (provisorische Versorgung bis zur Erneuerung) und Aufbaufüllungen** genannt. Die Aufbaufüllungen sollten in einer gesonderten Sitzung vor endgültiger Präparation (z.B. für eine Teilkrone) erfolgen, da die Härte des Materials im Lauf der Zeit deutlich zunimmt. Verwendet werden sollten in erster Linie Glasionomerzemente, die eine Röntgenopazität besitzen. Große Stumpfaufbauten aus Glasionomerzement sind jedoch aufgrund der geringen Biegefestigkeit des Materials abzulehnen.

Da Glasionomerzement auch als **Befestigungs- und Unterfüllungsmaterial** angeboten wird, ergeben sich weitere Indikationen wie **Befestigung von Kronen, Brücken und kieferorthopädischen Bändern.**

Die Befestigungszemente werden als *Glasionomerzement Typ I* bezeichnet und besitzen meist die Endung „-cem".

Füllungszemente sind *Typ-II-Zemente* und durch die Endung „-fill" gekennzeichnet.

Unterfüllungszemente gibt es in verschiedenen Konsistenzen. Sie sind an der Endung „-bond" *(Typ III)* zu erkennen. Dabei gibt es schnellhärtende Versionen, die sich schon nach fünf Minuten Härtungszeit bearbeiten lassen. Aufgrund mangelnder Transluzenz sind Glasionomerzementfüllungen für ästhetisch auffällige Restaurationen kontraindiziert. Bei chronischen Mundatmern sollten sie aufgrund der Austrocknungsgefahr nicht verwendet werden. Für Klasse-II-Kavitäten im bleibenden Gebiß sind Restaurationen aus Glasionomerzement aufgrund mangelnder Abrasionsstabilität nicht geeignet.

6.2.6 Präparation und Kavitätenkonditionierung bei Klasse-V-Kavitäten

Wird Glasionomerzement bei **zervikalen Läsionen** verwendet, so wird genau wie bei der Verwendung von Kompositmaterialien, Kofferdam gelegt. Mit Hilfe von speziellen Klammern (z.B. Ivory 212 SA) kann i.d.R. eine ausreichende Gingivaretraktion erreicht werden. Da Glasionomerzement eine geringe Kantenfestigkeit besitzt, sollte die Kavität keine fein auslaufenden Ränder besitzen. Es wird eine möglichst rechtwinklige Präparation mit einer mindestens 1 mm tiefen zirkulären Stufe angestrebt. Untersichgehende Bereiche werden lediglich für Aufbaufüllungen sowie Klasse-II-Füllungen an Milchmolaren empfohlen. Makro- und Mikroretentionen sind nur in den genannten Fällen notwendig. Eine zusätzliche Unterfüllung ist im allgemeinen nicht erforderlich und würde nur die notwendige Bindungsfläche Dentin/Glasionomerzement verringern.

Lediglich bei **sehr tiefen Kavitäten,** wenn die Dentinschicht vermutlich < 1 mm beträgt, wird das punktuelle Aufbringen von Kalziumhydroxid-Präparaten angeraten. Verbleibt nach der Präparation eine Schmierschicht auf dem Dentin, ist die Benetzbarkeit stark reduziert. Mit 25%iger Polyacrylsäure kann das Dentin wie oben bereits beschrieben konditioniert werden. Die Touchierung für zehn Sekunden bewirkt sowohl eine Reinigung, als auch eine erhöhte Benetzbarkeit der Oberfläche, ohne die Dentinkanälchen zu eröffnen. Keilförmige Defekte weisen bereits glatte Oberflächen auf, so daß eine zusätzliche Präparation nicht erforderlich ist. Die dem Zahn aufliegende Schicht aus Speichelproteinen muß jedoch entfernt werden, da sie Benetzbarkeit und Haftung herabsetzt. Hier kann mit rotierenden Bürstchen und Bims eine besser benetzbare Oberfläche erzielt werden. Aufgrund der geringen Biegefestigkeit von Glasionomerzementen sind sie jedoch für die Restauration von keilförmigen Defekten nur bedingt geeignet. Es wird heute empfohlen, bei keilförmigen Defekten eine Stufe im zervikalen Randbereich von 0,5 bis 1 mm niedrigtourig mit einem umgekehrten Kegel zu präparieren. Die oben erwähnte Problematik beim Anmischen von Glasionomerzementen entfällt bei der Verwendung vordosierter Kapselpräparate. Bei richtiger Indikationsstellung und exaktem klinischen Vorgehen sind Glasionomerzemente in zervikalen Bereichen, da sie ästhetisch unauffällig sind, durchaus als Füllungsmaterial geeignet (Abb. 6-23).

6.3 Goldhämmerfüllung

> Unter einer Goldhämmerfüllung versteht man eine Füllung aus direkt im Zahn verdichtetem Gold.

Dabei finden hochreine Goldpellets (24 Karat) Verwendung. Eine Goldhämmerfüllung ist eine **hochwertige Füllung,** die sich durch dauerhafte, optimale Wandständigkeit, Randdichtigkeit und Oberflächenpolierbarkeit auszeichnet. Sie zeigt ein chemisch neutrales Verhalten in der Mundhöhle, ist gewebefreundlich gegenüber der Gingiva, zeigt keine Korrosion und ist auch nach Jahren noch nachpolier- und nachkonturierbar.

Goldhämmerfüllungen sind für **kleine kariöse Defekte** in Grübchen und Fissuren (Black Klasse I) sowie für **Zahnhalsdefekte** (Black Klasse V) indiziert. Grundbedingungen für die Anwendung dieser aufwendigen Restaurationstechnik sind gute Mundhygiene, geringe Kariesaktivität und entsprechende Patientencompliance.

Goldhämmerfüllungen sind bei großen kariösen Defekten, pulpanahem Kavitätenboden, im okklusionstragenden Bereich, bei starken Abrasionsflächen, nicht bei abgeschlossenem Wurzelwachstum, bei parodontal geschädigten Zähnen (ab Lockerungsgrad 2) und beim Verschluß von großen Trepanationsdefekten an Kronen **kontraindiziert.**

6.3.1 Materialien

Es wird unterschieden in **Blattgold** (Goldfoil) und **Schwammgold** (Matgold). Die Goldfolie besteht aus 24karätigem gewalztem Gold, das als hauchdünne Folie (Dicke 1,5 µm) mit Zwischenlagen aus feinem Papier zu einem Heftchen zusammengefügt ist.

Aus den einzelnen Blättern werden Stücke herausgeschnitten und zu kleinen **Pellets** zusammengerollt. Um die Kohäsion der Folien zwischen Herstellung und Verarbeitung zu vermeiden, wird ihre Oberfläche vom Hersteller mit Schutzgas (Ammoniak) beschichtet. Diese Schutzschicht wird durch Erhitzen über einer Flamme mit reinem, unvergälltem (99,9%) Alkohol entfernt. Das Gold wird dadurch auch im Kaltzustand kohäsiv. Die Pellets werden vor Beginn der

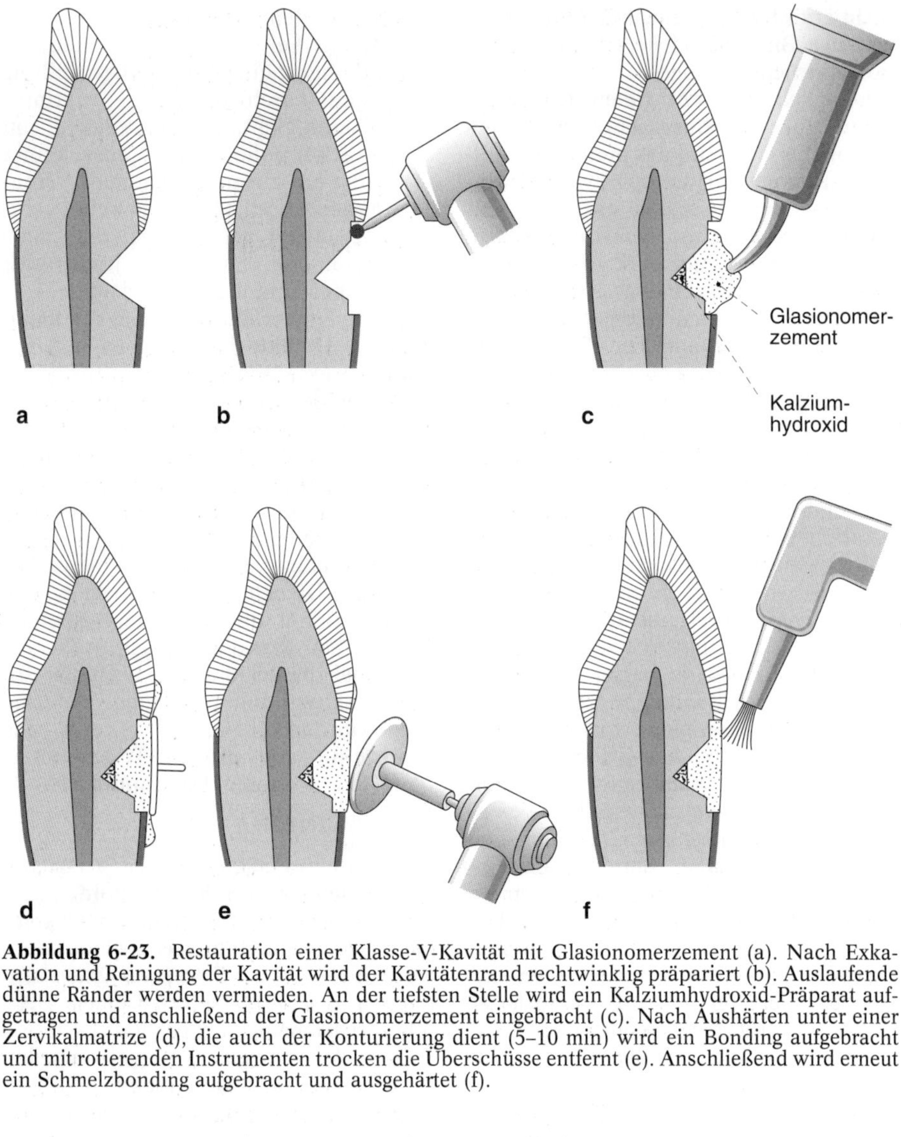

Abbildung 6-23. Restauration einer Klasse-V-Kavität mit Glasionomerzement (a). Nach Exkavation und Reinigung der Kavität wird der Kavitätenrand rechtwinklig präpariert (b). Auslaufende dünne Ränder werden vermieden. An der tiefsten Stelle wird ein Kalziumhydroxid-Präparat aufgetragen und anschließend der Glasionomerzement eingebracht (c). Nach Aushärten unter einer Zervikalmatrize (d), die auch der Konturierung dient (5–10 min) wird ein Bonding aufgebracht und mit rotierenden Instrumenten trocken die Überschüsse entfernt (e). Anschließend wird erneut ein Schmelzbonding aufgebracht und ausgehärtet (f).

Behandlung hergestellt und in einer speziellen Box aus Holz aufbewahrt. Es gibt industriell gefertigte Goldpellets, die jedoch teurer sind und deren Kohäsivität aufgrund der Oberflächenkontamination nicht immer gewährleistet ist.

Schwammgold (Matgold) ist elektrolytisch ausgefälltes Goldpulver, welches gesintert (agglomeriert) wird. Dadurch kleben die Partikel besser aneinander und zerkrümeln beim Kondensieren nicht so leicht. Eine dichte, homogene und porenfreie Oberfläche kann mit Schwammgold allerdings nicht erzielt werden, so daß es nur als *Kernaufbau* verwendet werden kann.

Die Oberfläche einer *Goldhämmerrestauration* muß mit Blattgold aufgebaut werden. Um ein Zerkrümeln des Schwammgoldes während der Verarbeitung zu verhindern und damit eine bessere Verarbeitbarkeit zu erzielen wurden verschiedene Wege beschritten. So wurde elektrolytisch ausgefälltes Goldpulver zwischen zwei Lagen Blattgold gelegt und dann gesintert, so daß die Matgold-Partikel am Blattgold haften. Die Blattgoldstreifen halten auf diese Weise das Schwammgold zusammen, so daß es besser kondensiert werden kann. Das Material wird für Kernaufbauten verwendet und muß wie bei normalem Schwammgold anschließend mit einer Schicht Blattgold furniert werden.

Williams mischte 1966 *Kalzium* (0,1–0,5%) dem Schwammgold bei, um eine bleibende Härte zu erzielen und dennoch die leichte Bearbeitbarkeit zu erhalten. Zusätzlich ist das Material von Blattgold umhüllt und soll von allen Materialien für die Goldhämmerfüllung die härteste Oberfläche ergeben. Es ist für den Kernaufbau und angeblich auch als Deckschicht geeignet.

Um das Zerkrümeln des Goldpulvers bei der Verarbeitung zu verhindern, wurde ihm als Bindemittel *Wachs* zugesetzt. Dieses als Goldent® bezeichnete Produkt ist zusätzlich in Blattgold eingewickelt. Goldent wird vor der Verarbeitung erhitzt, so daß das Wachs und verunreinigende Gase verbrennen.

Durch die *Erhitzung* wird das Gold außerdem gesintert, so daß es beim Stopfen nicht mehr krümelt.

Ein *Goldent-Pellet* enthält etwa zehnmal mehr Gold als ein gleich großes Blattgold-Pellet. Füllungen aus Goldent müssen nicht mit Blattgold furniert werden. Goldent ist allerdings schwer zu verarbeiten, teuer, und es entstehen beim Verarbeiten zwar weniger, aber größere Poren.

6.3.2 Kavitätenpräparation

Bei der Präparation einer Klasse-V-Kavität für eine Goldhämmerfüllung müssen die Kavitätenwände möglichst senkrecht zur Zahnoberfläche auslaufen. Es werden keine Randabschrägungen präpariert und der Kavitätenboden hat einen konvexen Verlauf (Abb. 6-24).

Da die Retention der Füllung durch **Verkeilung des Goldes** erreicht wird, sind keine Unterschnitte erforderlich.

Die *Primärpräparation* erfolgt mit zylindrischen Diamantschleifern und Diamantfinierern. Alle internen Kavitätenwinkel werden anschließend mit Handinstrumenten so bearbeitet, daß scharfe Kanten entstehen. Falls der zervikale Füllungsrand im Schmelz liegt, wird er mit Handinstrumenten (Schmelzmeißel) gebrochen, da die Schmelzprismen im Zahnhalsbereich sonst leicht herausbrechen und ein Randspalt entsteht. Nach Fertigstellung der Kavität wird Kofferdam gelegt, wobei auf eine gute Retraktion der marginalen Gingiva zu achten ist.

Die *absolute Trockenlegung* ist erforderlich, da Feuchtigkeit die Kohäsivität des Goldes behindert. Bei tiefen Kavitäten wird eine Unterfüllung aus Phosphatzement gelegt.

Die *Füllung* der Kavität kann mit zwei Methoden durchgeführt werden:

- Bei der **kohäsiven Methode** wird die gesamte Kavität ausschließlich mit Blattgold-Pellets gefüllt. Für die erste Portion muß dazu am Kavitätenboden eine Retention (Haftpunkt) vorhanden sein. Das Blattgold wird in der Alkoholflamme erhitzt, um es kohäsiv zu machen. So kann es durch Krafteinwirkung kalt verschweißt werden.
- Um den Zeitaufwand beim Füllen zu verkürzen, wird heute jedoch die **Furniertechnik** bevorzugt.

Dabei wird **Schwammgold** (Matfoil, Matgold) als Kern und **Blattgold** (Goldfoil) als Deckschicht verwendet. Man

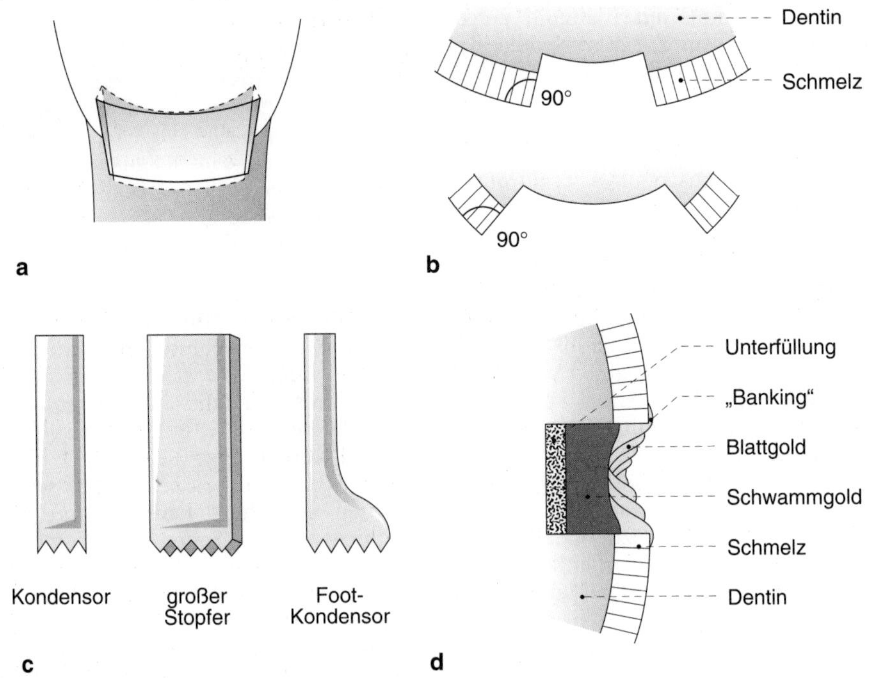

Abbildung 6-24. Klasse-V-Kavität für Goldhämmerfüllung (a). Die Kavitätenwände verlaufen rechtwinklig auf die Zahnoberfläche (b). Mit speziellen Kondensatoren wird bei der Furniertechnik erst ein Füllungskern aus Schwammgold aufgebaut. Anschließend wird mit maschinellen Kondensatoren härteres Blattgold überschichtet (c). Dabei wird der Kavitätenrand primär durch Überstopfen (Banking) vor Fraktur geschützt (d).

benötigt dabei keine Haftpunkte in der Kavität. Die verwendeten Stopfer sollten möglichst klein sein, um einen ausreichenden Druck zu erzielen, damit das Gold kalt verschweißt werden kann. Alle Instrumente, die mit dem Gold in Berührung kommen, müssen vorher durch die Flamme gezogen werden, damit Verunreinigungen beseitigt werden. Das Schwammgold wird nach Erkalten in die Kavität eingebracht. Es wird mit einem Handstopfer festgehalten und mit einem Kondensor in Richtung Kavitätenboden kondensiert. Dabei dürfen die Kavitätenwände und Präparationsgrenzen nicht beschädigt werden. Nachfolgend wird mit weiteren Portionen der Füllungskern aufgebaut. Etwa zwei Drittel der Kavität wird mit Schwammgold gefüllt. Anschließend wird eine Furnierschicht aus Goldfoil-Pellets aufgebracht. Die beiden ersten Pellets werden so verarbeitet, daß Gold über die Kavitätenränder ragt (*Banking*, s. Abb. 6-24).

Sobald die gesamte Präparationsgrenze mit einer dünnen Goldschicht belegt ist, wird der Goldanteil, der auf dem nicht präparierten Zahnabschnitt liegt, also außerhalb der Präparationsgrenze, mit einem **Burnisher** bis zum Hochglanz verdichtet. Es erfolgt dann ein Auffüllen der Kavität mit Blattgold. Die gesamte Füllung wird schließlich intensiv mit einem Burnisher verdichtet. Anschließend werden die Überschüsse mit speziellen Handinstrumenten weggeschnitten, die

Oberfläche mit schleifmittelbelegten Scheiben (z.B. soft-legs) ausgearbeitet und poliert. Bei der Endpolitur kann mit Gummipolierern und Kelchen sowie Polierpasten ein matter Hochglanz erreicht werden.

Da die Handkondensation sehr zeitaufwendig ist und zu einer ungleichmäßigen Verdichtung führt, wurden maschinelle Kondensierer entwickelt. Dabei zeigte sich, daß ultraschallgetriebene und mechanische Kondensierer zu einer Überhärtung des Goldes führen, so daß eine Kohäsion unzureichend ist. Sie sind daher nicht für die Goldhämmerfüllung geeignet. Ein elektromagnetisches Gerät **(Elektro-Mallet)** mit gedämpfter Schwingung kann, wenn der Kavitätenboden mit Schwammgold belegt ist und die Kavitätenränder mit Blattgold geschützt sind, zur weiteren Kondensation verwendet werden. Dabei sollte mit geringer Intensität und maximaler Frequenz (36 Schwingungen pro Sekunde) gearbeitet werden.

Mit der Furniertechnik lassen sich randspaltfreie und aufgrund des matten Glanzes auch ästhetisch unauffällige Restaurationen erzielen. Der Nachteil der Goldstopffüllung ist die schwierige Füllungstechnik und die lange Behandlungszeit.

Bei falscher Anwendung der Kondensatoren kann es zudem zu Pulpaschädigungen kommen. Es gilt weiterhin zu beachten, daß Goldstopffüllungen eine hohe thermische Leitfähigkeit besitzen und ihre Oberflächenhärte nicht mit der gegossener Goldrestaurationen vergleichbar ist.

6.4 Restaurationen mit Amalgam

6.4.1 Werkstoffkunde

Silberamalgam wird seit über 100 Jahren als Füllungsmaterial verwendet. Amalgam entsteht, wenn Feilungspulver (Alloy) und Quecksilber vermischt werden.

Das **Alloy** besteht aus einer Silber-Zinn-Kupfer-Legierung mit Zusätzen von Zink und Quecksilber. Es kann auf verschiedenen Wegen hergestellt werden. Die Legierungsbestandteile werden abgewogen, eingeschmolzen und in Formen gegossen. Nach Erkalten werden die Barren zerspant. Es entstehen nadelförmige Teilchen unterschiedlicher Größe (Splitteramalgam). Die Schmelze kann jedoch auch in einer Schutzgasatmosphäre verdüst werden. Beim plötzlichen Erkalten entstehen dabei kugelförmige *(Kugelamalgame)* oder tropfenförmige *(sphäroidales Amalgam)* Partikel. Es gibt zudem Alloys, die sowohl splitterförmige als auch kugelförmige Partikel verschiedener Zusammensetzung enthalten (Mischamalgame, Blendamalgame).

Die Form und Größenverteilung der Späne wirkt sich auf das *Schüttvolumen* der Alloys aus. (Volumenbedarf von 100 g Feilung im cm^3). Das Schüttvolumen ist wiederum wichtig für das Mengenverhältnis von Quecksilber und Alloy beim Anmischen. Das Verhältnis sollte bei der Anwendung von Dosiergeräten zum Mischen immer entsprechend den Herstellerangaben eingestellt werden. So besitzen Kugelamalgame ein niedrigeres Schüttvolumen bei geringerer spezifischer Oberfläche als Splitteramalgame. Sie benötigen daher weniger Quecksilber zum Amalgamieren.

Nach dem *Zerspanen* oder *Verdüsen* enthalten die Metallpartikel innere Spannungen. Es kommt nach dem Anmischen mit Quecksilber zu einer raschen Reaktion und damit kurzen Verarbeitungszeit. Durch künstliche Alterung (Wärmebehandlung unter Schutzgas bzw. Beizung mit verdünnten Säuren) kann die Reaktionsgeschwindigkeit gesteuert und die Lagerungsdauer verlängert werden.

In den letzten 10 Jahren haben sich die Eigenschaften der Amalgame durch veränderte **metallurgische Eigenschaften** stark verbessert. Sog. Gamma-2-freie Amalgame oder Alloys mit erhöhtem Kupfergehalt haben Einzug in die Zahnmedizin gehalten. Die neuen Amalgame zeigen eine erhöhte Korrosionsresistenz und damit verbesserte klinische Eigenschaften. Die Einteilung erfolgt nach der Morphologie und der Zusammensetzung des Alloys (Tab. 6-3).

Die **Zusammensetzung der Ausgangslegierung** schwankt je nach Typ in einem breiten Bereich. Wurden ursprünglich Amalgame mit einem Silbergehalt von mindestens 65%, einem Kupfergehalt von maximal 6%, einem Zinngehalt von maximal 29% und einem Zinkgehalt von maximal 2% hergestellt (ADA-Spezifikation Nr. 1), so ist die Zusammensetzung der modernen Gamma-2-freien Legierungen mit einem Kupfergehalt zwischen 12 und 30% und einem Silbergehalt zwischen 40 und 70% erheblich verändert worden.

Wird ein *Feilungspulver* mit Quecksilber vermischt, so entsteht eine plastische Masse, die bei Zimmertemperatur erhärtet. Die Plastizität, die zum Stopfen nötig ist, geht jedoch schon innerhalb von 10 bis 20 Minuten verloren. Die Abbindegeschwindigkeit des Amalgams hängt von der Zusammensetzung der Legierung, der Partikelform, der Partikelgröße und dem Ausmaß der natürlichen und künstlichen Alterung ab. Nach 10 Stunden hat Amalgam eine Härte erreicht, die sich nur noch unwesentlich ändert (90% der Endhärte). Mit steigendem Silbergehalt steigt die Quecksilberaufnahmefähigkeit an. Mit niedrigerem Silbergehalt ist die Erhärtungszeit verlängert. Im folgenden (Abb. 6-25)

Tabelle 6-3. Einteilung der marktüblichen Amalgame.

	Konventionell	**Gamma-2-frei**
Splitteramalgam (lathe cut)	geringer Kupferanteil (z.B. Standalloy®)	bis 25% erhöhter Kupferanteil (z.B. Epoque 2000)
Mischamalgam (blend)	konventionelle Splitter und geringer Silber-/Kupferanteil	konventionelle Splitter und ein Drittel Silber/Kupferkugeln (72%/28%) Splitter und Kugeln mit erhöhtem Kupferanteil (z.B. Artalloy®)
Kugelamalgam (sphärisch)	geringer Kupferanteil	erhöhter Kupferanteil bis 25%
Kugelartiges Amalgam (sphäroidal)		erhöhter Kupferanteil bis 25%

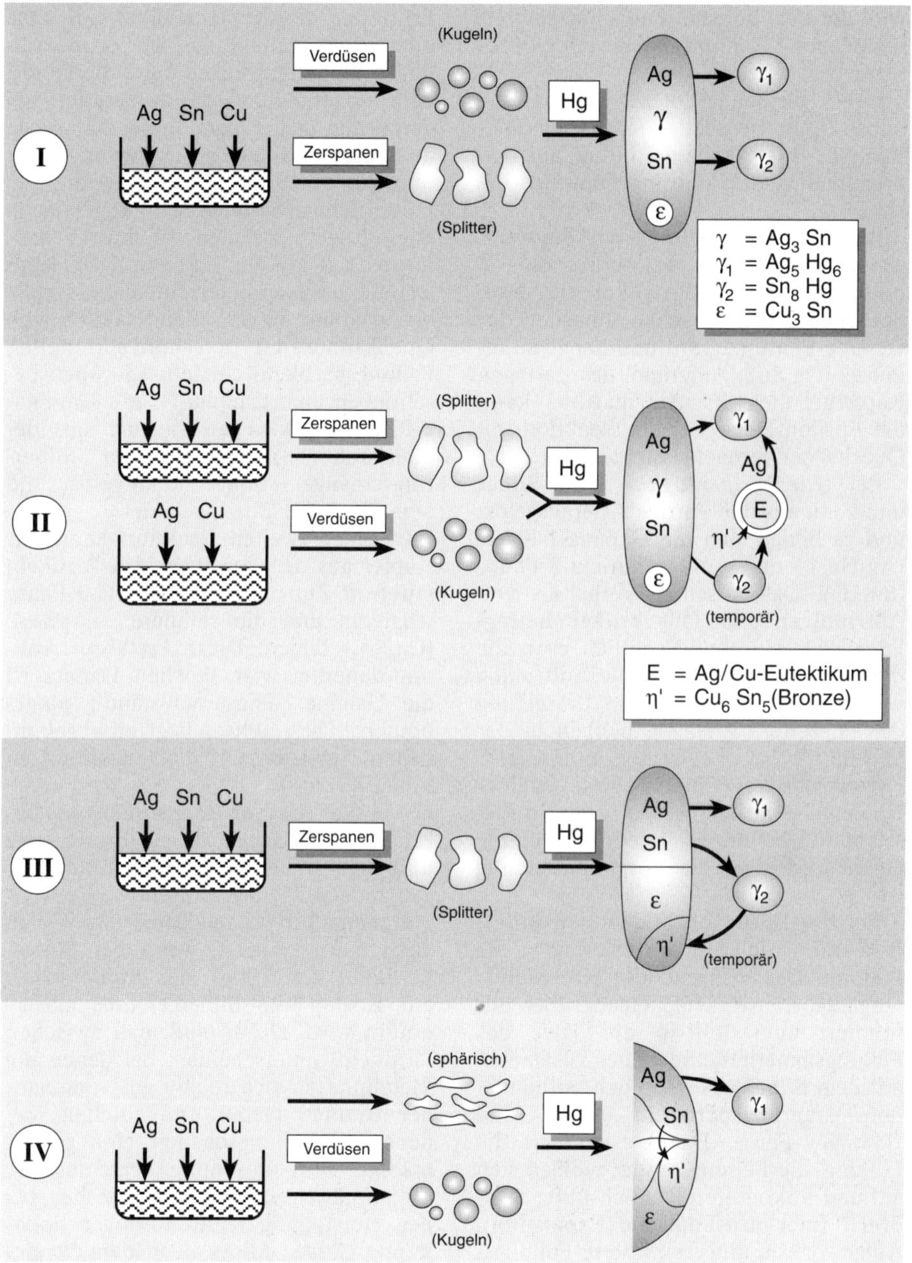

Abbildung 6-25. Reaktionsmechanismus unterschiedlicher „Amalgamfeilungen" mit Quecksilber. Bei Typ I entsteht Gamma-2-haltiges, konventionelles Amalgam, bei Typ II Gamma-2-freies Blendamalgam, bei Typ III Gamma-2-freies Splitteramalgam und bei Typ IV sphärisches bzw. sphäroidales Gamma-2-freies Amalgam.

wird der Reaktionsmechanismus der verschiedenen Legierungspulver mit Quecksilber beschrieben.

Dabei bleiben Alloybestandteile, die nur in Spuren enthalten sind, unberücksichtigt, da sie keinen Einfluß auf den prinzipiellen Reaktionsmechanismus besitzen.

Bei den **konventionellen Alloys** mit einem *Kupfergehalt* von weniger als 6% bestehen die Metallpartikel aus zwei homogenen metallischen Phasen, der Gamma-Phase (Ag_3Sn) und der Epsilon-Phase (Cu_3Sn). Aufgrund des geringen Kupfergehaltes der Alloypartikel kann die Epsilon-Phase bei der Reaktion mit Quecksilber vernachlässigt werden.

Bei *Quecksilberzugabe* wird Silber und Zinn aus den Partikeln herausgelöst und es bilden sich die Gamma-1-Phase (Ag_5Hg_6) und die Gamma-2-Phase (Sn_8Hg). Das Mischungsverhältnis von Alloypulver und Quecksilber beträgt i.d.R. 1:1. Da aber eigentlich etwa die doppelte Menge Quecksilber notwendig wäre, um eine vollständige Umsetzung der Phasen zu erzielen, bleiben in der abgebundenen Legierung unreagierte Feilungspartikel (Gamma-Phase) in einer Gamma-1-Matrix eingeschlossen. In dieser Matrix befindet sich jedoch auch die Gamma-2-Phase, die korrosionsanfällig ist.

Bei der Korrosion bilden sich unlösliche Zinnoxide auf der Oberfläche der Füllung. Das während der Korrosionsvorgänge freiwerdende Quecksilber diffundiert zum Teil in die Tiefe des Füllungsmaterials und bildet zusammen mit dem Silber aus den noch vorhandenen Ursprungspartikeln erneut eine Gamma-1-Phase. Dabei expandiert die Füllung, die Füllungsränder wölben sich auf und frakturieren letztlich unter Kaudruck **(merkuroskopische Expansion).** Aufgeworfene und frakturierte Füllungsränder können eine Prädilektionsstelle für Sekundärkaries sein.

Diese Erkenntnis führte zur Entwicklung **Gamma-2-freier Amalgame.** Durch Erhöhung des Kupfergehaltes auf 12% oder mehr gelingt es, die Gamma-2-Phase zu unterdrücken oder sie innerhalb kurzer Zeit wieder aufzulösen. Bei den ersten Legierungen dieser Art wurde den Alloy-Partikeln aus konventioneller kupferarmer Silber-Zinn-Legierung ein Drittel feinverdüster Kugeln zugemischt. Diese Kugeln bestehen aus einem Silber-Kupfer-Eutektikum (72 und 28% Kupfer). Sie besitzen unterschiedliche Größe bis maximal 30 µm. Bei Reaktion von Quecksilber mit den konventionellen Feilungspartikeln entsteht wie oben beschrieben eine Gamma-1- und Gamma-2-Phase. Es wird jedoch auch aus der oberflächlichen Schicht der Silber-Kupfer-Kugeln Silber herausgelöst und eine Gamma-1-Phase gebildet.

In einer zweiten Reaktion kann das Kupfer aus den kugelförmigen Partikeln mit dem Zinn aus der Gamma-2-Phase reagieren und die stabilere *η'-Phase* (Cu_6Sn_5) bilden. Diese Festkörperreaktion dauert ca. vier Wochen. Danach ist die Gamma-2-Phase vollständig aufgebraucht. Die η'-Phase liegt im abgebundenen Amalgam um die kugelförmigen Silber-Kupfer-Eutektika. Sie wird auch als *Asgar-Mahler-Reaktionszone* bezeichnet. Zwischen dieser Bronzezone und dem Silber-Kupfer-Eutektikum liegen zudem Gamma-1-Inseln.

Gamma-2-freie Amalgame lassen sich auch dann erzielen, wenn bei Einzelpartikeln des Alloys, der *Kupfergehalt* auf Kosten des Silbergehaltes massiv erhöht wird. Dabei muß man zwischen Partikeln, unterscheiden, bei denen die Metallphasen sich relativ gut voneinander trennen lassen und solchen, bei denen herstellungsbedingt eine gleichmäßige Durchmischung verschiedener Metallphasen vorliegt. So entstehen bei der Herstellung splitterförmiger hochkupferhaltiger Alloys nach dem Vergießen der Einzelbestandteile und anschließendem Zerspanen Partikel, die eine Gamma-Phase und Epsilon-Phase in einem Mengenverhältnis von 1,5:1 enthalten (ternäre Legierung). Bei der Reaktion dieser Alloy-Partikel mit Quecksilber kommt es zur Ausbildung einer Gamma-1-Phase und temporär einer Gamma-2-Phase.

In einer Sekundärreaktion zwischen der Gamma-2-Phase und der *Epsilon-Phase* der Einzelpartikel entsteht erneut eine η'-Phase an der Oberfläche der Einzelpartikel, d.h., die Epsilon-Phase (Cu_3Sn) nimmt Zinn aus der Gamma-2-Phase (Sn_8Hg) auf und bildet die η'-Phase (Cu_6Sn_5). Nach 10 Tagen ist diese Festkörperreaktion abgeschlossen.

Läßt sich herstellungsbedingt (schnelles Abkühlen) keine deutliche Trennung zwischen der Gamma- und Epsilon-Phase in den Einzelpartikeln mehr feststellen, so erhält man eine Alloygruppe, bei der schon direkt nach der Reaktion mit Quecksilber keine Gamma-2-Phase mehr festzustellen ist. Zu dieser Gruppe gehören in ersten Linie *kugelartige (sphäroidale)* und *kugelförmige (sphärische)* Alloys. Der Kupfergehalt schwankt zwischen 13 und 25%. Bei der Reaktion mit Quecksilber wird an der Partikeloberfläche aus der Gamma-Phase wieder Silber und Zinn herausgelöst. Es bildet sich zwischen Silber und Quecksilber die Gamma-1-Phase, zwischen Zinn und Quecksilber kommt es jedoch nicht zu einer Reaktion. Das Zinn wird direkt von der Epsilon-Phase aufgenommen, und es bildet sich erneut Bronze (η'-Phase).

Die Gamma-2-freien Amalgame sind weniger korrosionsanfällig, polierbeständiger, sie weisen eine geringere oder keine merkuroskopische Expansion auf und sind damit randdichter.

Während der **Erhärtung** ändert sich das Volumen der meisten Amalgame. Es gibt Amalgame, die ausschließlich kontrahieren, andere, die in den ersten zwei bis drei Stunden kontrahieren, dann expandieren, und solche, die schon zu Beginn der Aushärtung expandieren. Die kontrahierende Oberflächenspannung des Quecksilbers führt beim Eindringen in Risse und Spalten der noch nicht vollständig abgebundenen Legierung zur Anfangskontraktion.
Anschließend kommt es durch Kristallwachstum der Gamma-1-Phase zur Expansion und durch „Ausheilung von Poren" zur Kontraktion. Silberreiche Amalgame neigen mehr zur Expansion als silberärmere. Die Expansion nimmt mit kleiner Korngröße, höherem Stopfdruck, geringerem Quecksilbergehalt und verlängerter Anmischzeit ab. Eine geringfügige Expansion von 20 µm pro cm ist erwünscht, um einen guten Randschluß zu gewährleisten, ohne daß ein zu großer Druck auf die Kavitätenwände erfolgt.

Die **physikalischen Eigenschaften** der Gamma-2-freien Amalgame unterscheiden sich erheblich von denen Gamma-2-haltiger. Um verschiedene Amalgame miteinander vergleichen zu können, wurden von der American Dental Association (ADA), der International Organisation for Standardisation (ISO) und dem Deutschen Institut für Normung (DIN) bestimmte Anforderungen definiert. So darf der *Flow-Wert* nicht mehr als 3% betragen. Unter Flow versteht man die Längenabnahme eines Amalgamprüfzylinders von 4 mm Durchmesser und 8 mm Höhe bei einer Belastung von 10 MPa für 21 Stunden bei 37 °C.

Der *Creep-Wert* muß unter 3% liegen. Dazu wird ein 7 Tage alter Prüfzylinder gleicher Größe für 4 Stunden bei 37 °C mit 36 MPa belastet. Die Längenabnahme muß nach 3 Stunden unter 3% liegen. Es gibt eine Korrelation der Zahl und Größe von Randeinbrüchen mit dem Creep-Wert.

Ein weiterer häufig benannter physikalischer Wert ist die *Druckfestigkeit*. Erneut wird ein standardisierter Amalgamzylinder (s.o.) nach 24 Stunden einer Druckbelastung ausgesetzt, bis der Körper bricht. Der Mindestdruck muß dabei 300 MPa betragen.

6.4.2 Indikation für Amalgamrestaurationen

Amalgam ist heute nicht mehr das alleinige plastische Füllungsmaterial für den Seitenzahnbereich. Seine Indikation ist daher auf große okklusionstragende Klasse-I- und -II-Füllungen begrenzt, wenn andere Restaurationsmaterialien nicht in Betracht kommen.

Speziell Klasse-II-Kavitäten, die nicht allseits schmelzbegrenzt sind, werden nach wie vor mit Amalgam restauriert, wenn Einlagerestaurationen kontraindiziert sind oder vom Patienten abgelehnt werden. Obwohl es keine toxikologisch begründeten Fakten gibt, die ein *gesundheitliches Risiko* durch Amalgam belegen (mit Ausnahme selten vorkommender Allergien gegen Amalgam und seine Bestandteile), sollte Amalgam bei Kindern und Schwangeren sowie bei Patienten mit Nierenerkrankungen nicht angewendet werden. Ebenso ist Amalgam im direkten Kontakt zu Metallrestaurationen (Inlays, Teilkronen, Kronen) kontraindiziert, weil durch elektrogalvanische Korrosion eine erhöhte Quecksilberfreisetzung zu erwarten ist.

Es wird auch diskutiert, ob Amalgam bei Frauen im gebärfähigen Alter nicht mehr empfohlen werden kann, obwohl keine Anhaltspunkte für eine Schädigung des Fötus durch Quecksilber vorliegen.

Durch eine materialspezifische Präparations- und Verarbeitungstechnik lassen sich kaufunktionell anspruchsvolle und langlebige Restaurationen herstellen.

Es gibt bisher keine klinische Untersuchung, die nachweist, daß Glasionomerzement und Kompositfüllungen bei richtiger Verarbeitung unter Mundhöhlenbedingungen genauso langlebig sind wie Amalgamrestaurationen.

Es gibt bisher kein plastisches Füllungsmaterial, das im okklusionstragenden Bereich Amalgam vollständig ersetzen kann.

6.4.3 Klasse-I-Kavitäten

Die Primärpräparation umfaßt die Herstellung der Umrißform, Retentionsform und Widerstandsform. Sie kann mit einem einzigen Diamantschleifer hergestellt werden.

Dabei soll die von Black postulierte **Extensionsform** (extension for prevention) nicht exakt befolgt werden. Es lassen sich nicht alle Fissuren und Parafissuren in die Präparation einbeziehen. So werden heute ausschließlich die kariösen Hauptfissuren und Grübchen aufgezogen und nur die wichtigsten kariesgefährdeten Nebenfissuren miteinbezogen (Abb. 6-26a). Die Kavität hat eine Mindesttiefe von 2 bis 2,5 mm und ist leicht untersichgehend. Dabei sind die Übergänge zwischen Kavitätenwand und Kavitätenboden abgerundet, damit bei Belastung der Restauration keine Spannungen in diesem Bereich entstehen, die zu Höckerfrakturen führen könnten (Abb. 6-26b). Im Bereich der Randleisten darf nicht untersichgehend präpariert werden, da sie sonst zu stark geschwächt werden (s. Abb. 6-26a). Alle Bereiche, die nicht von Dentin unterstützt sind, müssen entfernt werden, da sie bei Kaubelastung frakturieren. Im Unterkiefer muß bei der Präparation die Kronenflucht der Zähne berücksichtigt werden. Die Breite der Kavität sollte so gewählt werden, daß Höckerfrakturen vorgebeugt wird. Sie beträgt im Bereich der Dreieckswülste höchstens die Hälfte der Höckerbreite. Eine zahnhartsubstanzschonende Präparation umfährt die Dreieckswülste und läßt die Randleiste intakt. Ein Aufziehen der großen bukkalen oder palatinalen Fissuren der Mola-

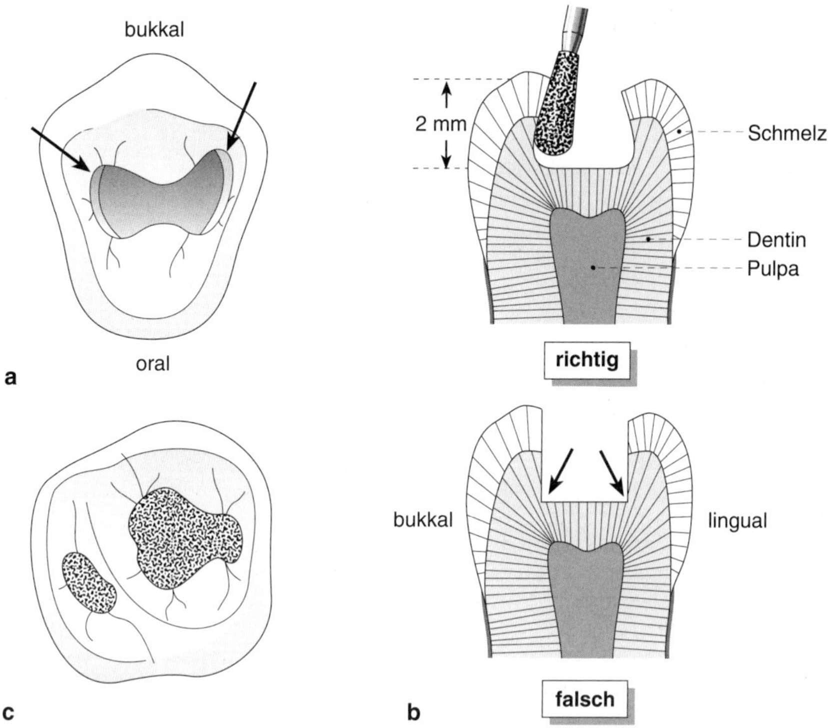

Abbildung 6-26. Präparation einer Kavität für eine Amalgamfüllung. Mit einem birnenförmigen Diamantschleifer wird eine intern abgerundete, leicht untersichgehende Kavität (Retentionsform) präpariert. Damit werden Kerbspannungen zwischen Kavitätenboden und Kavitätenwand vermieden, die zu Infrakturen führen könnten. Nur im Bereich der Randleiste erfolgt die Präparation nach okklusal divergierend, um eine Fraktur der Zahnhartsubstanz in diesem Bereich zu verhindern. Bei oberen Molaren können unter Schonung der Crista transversa zwei getrennte Kavitäten präpariert werden.

ren ist nur notwendig, wenn sie kariös sind. Dabei bleiben wichtige Zahnstrukturen, wie die Crista transversa der Oberkiefermolaren, intakt, wenn sie nicht kariös unterminiert sind (Abb. 6-26c).

Nach Kariesentfernung werden alle Kavitätenwände mit einem Diamantfinierer feinster Körnung (15 µm) hochtourig **finiert** (bis höchstens 120000 Umdrehungen pro Minute). Alternativ können gewendelte Hartmetallfinierer verwendet werden. Die Finierer weisen die gleiche Form auf, wie die Diamantschleifer. Es werden abgerundete bzw. birnenförmige Präparationsinstrumente verwendet.

Die Karies gibt die Kavitätengröße und Kavitätentiefe vor. Bei tiefen Kavitäten wird vor der *Sekundärpräparation* (Finieren) eine Unterfüllung aus einem druckfesten Material (Phosphatzement) eingebracht und anschließend finiert. Man erhält einen glatten Kavitätenboden mit gleichmäßiger Kavitätentiefe. Die Unterfüllung dient zum Ausblocken der Unregelmäßigkeiten im Kavitätenboden nach erfolgter Kariesentfernung.

6.4.4 Klasse-II-Kavitäten

Eine **approximale Karies** wird bei Seitenzähnen, die in einer geschlossenen Zahnreihe stehen, von okklusal eröffnet.

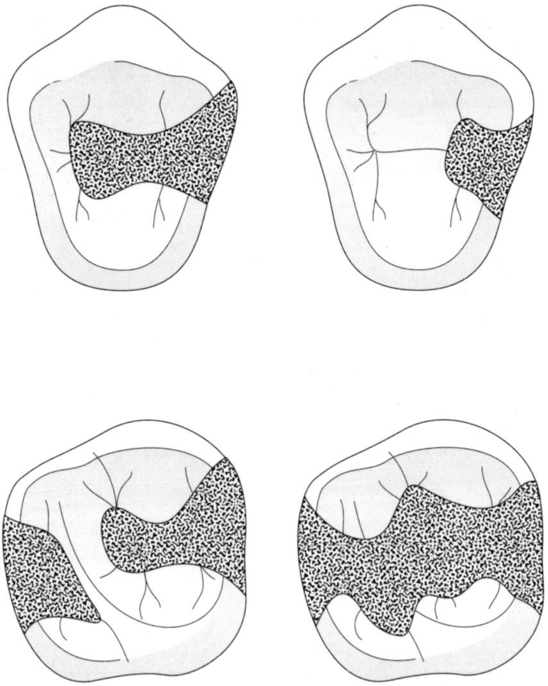

Abbildung 6-27. Die Kavitätengröße richtet sich nach der Kariesausdehnung. Es werden bei guter Mundhygiene und guter Patientencompliance nicht alle Fissuren in die Präparation miteinbezogen.

Die resultierende Kavität ist also immer mehrflächig, wobei der okklusale Anteil in Abhängigkeit von der Kariesausdehnung unterschiedlich groß gestaltet wird. Ist die gesamte Hauptfissur kariös erkrankt, wird sie wie im vorherigen Kapitel beschrieben, in die Kavitätenpräparation miteinbezogen. Sind nur Teile der Fissur kariös, wird beim kariesinaktiven Patienten die Umrißform minimal invasiv gestaltet (Abb. 6-27).

Der Zugang zur approximalen Karies erfolgt mit einem birnenförmigen Diamantschleifer. Dabei muß der intakte Nachbarzahn vor einem Präparationstrauma geschützt werden. Das kann durch Anlegen einer Matrize um den Nachbarzahn, Einlegen eines Stahlstreifens oder geschickte Präparationstechnik gewährleistet werden. Lage und Morphologie der Approximalkontakte bestimmen die Ausdehnung der bukkalen und oralen Extensionen. Die Approximalkontakte sind beim Jugendlichen eher punktförmig, beim älteren Patienten flächenförmig, da es durch die physiologische Zahnbeweglichkeit zum Einschleifen der Kontaktflächen benachbarter Zähne kommt. Sie liegen im Oberkiefer mehr bukkal und im Unterkiefer zentral der Verbindungslinie der Hauptfissuren. Der Präparationsdiamant wird von okklusal in die jeweilige Randleiste eingeführt und unter leichten Lateralbewegungen versenkt. Dabei bleibt eine Schmelzlamelle zum Nachbarzahn stehen, die anschließend mit einem Handinstrument (Exkavator, Schmelzmeißel) herausgebrochen wird (Abb. 6-28).

Der Kontakt zum Nachbarzahn wird vollständig aufgehoben, um den **approximal-zervikalen Kavitätenrand** nicht in den Bereich der Kariesprädilektionsstelle zu legen. Außerdem läßt sich so beim Füllen die Matrize besser einbringen und adaptieren.

Nach Aufheben des Approximalkontaktes werden Konkremente, die trotz parodontologischer Vorbehandlung noch vorhanden sind, entfernt und vorhandene Füllungen an den Nachbarzähnen kontrolliert bzw. nachgearbeitet.

Die Forderung, den Füllungsrand in den Sulkus („kariesimmune Zone") zu verlegen, wird heute nicht mehr befolgt. Aus parodontalprophylaktischen Gründen wird ein supragingivaler Füllungsrand angestrebt. Eventuell muß bei tiefreichender Karies vorher durch eine parodontalchirurgische Maßnahme der approximal-zervikale Kavitätenrand freigelegt werden.

Die Kavität wird anschließend nach bukkal und oral gerade soweit extendiert, daß die Kavitätenränder auch hier mit Mundhygienemitteln erreicht werden können. Die Präparationsgrenzen liegen also nicht, wie von Black gefordert, in den Zonen der Selbstreinigung (außer beim kariesaktiven Patienten). Der Kontakt zum Nachbarzahn wird daher nur ca. 0,5 mm aufgehoben. Das läßt sich jedoch nur mit Handinstrumenten bzw. oszillierenden Präparationswerkzeugen (z.B. Cavishape-Feilen) bewerkstelligen, ohne den Nachbarzahn zu verletzen (Abb. 6-29).

Die approximal-zervikale Stufe ist senkrecht zur Kronenachse ausgerichtet, plan oder leicht von außen nach innen abfallend. Nach Kariesexkavation werden alle Kavitätenbereiche wie bei Klasse-I-Kavitäten finiert. Die Extensionsflächen und der approximal-zervikale Kavitätenrand werden mit Handinstrumenten oder oszillierenden Feilen leicht gebrochen. Die Extensionsflächen laufen in einem Winkel von 90° auf die Zahnoberflächen zu. Eine breite Anschrägung der Stufe ist bei Amalgam kontraindiziert, da das Material sonst unter Kaudruck wie auf einer schiefen Ebene aus der Kavität in den Sulkus „kriechen" würde und letztlich Füllungsrandfrakturen resultierten. Außerdem läßt sich das Material in diesen Bereichen nicht dicht adaptieren.

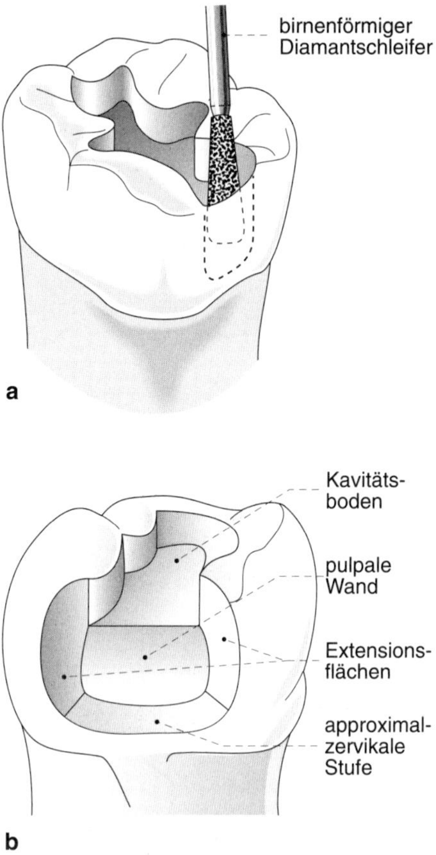

Abbildung 6-28. Bei der Präparation für eine mehrflächige Amalgamfüllung (Klasse-II-Kavität) wird zur Schonung des Nachbarzahns erst eine Schmelzlamelle stehengelassen, die anschließend mit einem Handinstrument (z.B. Exkavator) weggebrochen wird. Nach Fertigstellung der Präparation weist der approximale Kasten eine eigenständige Retentionsform auf.

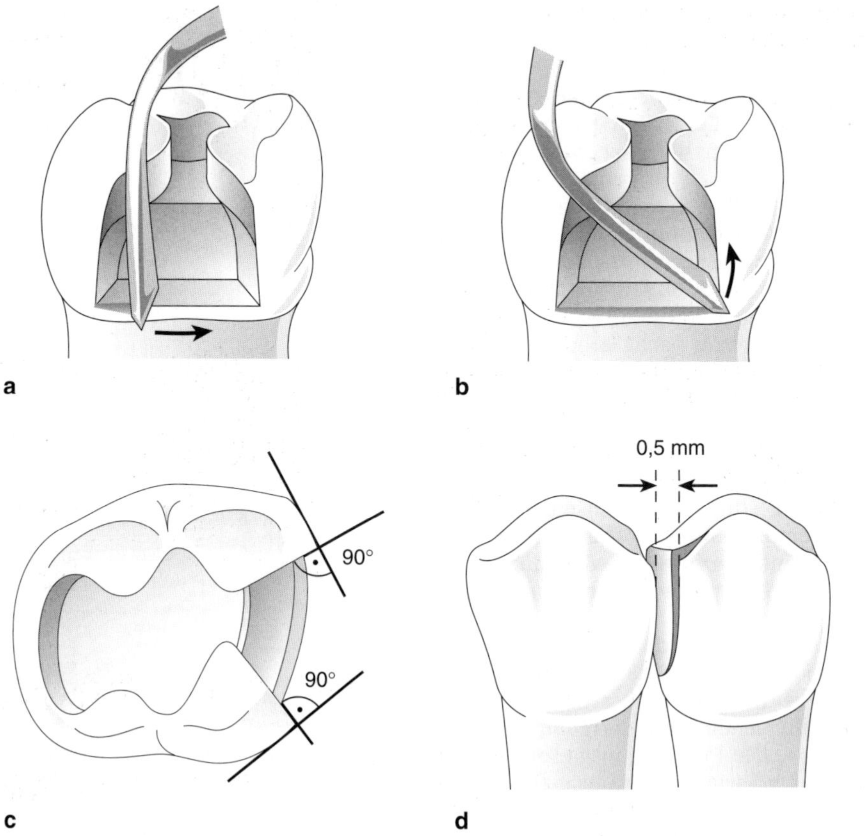

Abbildung 6-29. Mit Gingivalrandschrägern bzw. Schmelzmeißeln werden die Ränder an der approximal-zervikalen Stufe und an den Extensionsflächen gebrochen (a und b). Es resultiert eine Kavität, deren approximale Extensionen in einem Winkel von 90° auf die Zahnoberfläche zulaufen und in Bereichen enden, die der Mundhygiene zugänglich sind (0,5 mm Abstand zum Nachbarzahn, c und d)).

Auch für Klasse-II-Kavitäten gilt, daß Schmelzbereiche, die nicht genügend von Dentin unterstützt sind, entfernt werden müssen (Widerstandsform).

Zusammenfassend lassen sich für die Präparation von Klasse-II-Kavitäten für Amalgamrestaurationen folgende Kriterien festlegen:
- Die Kavitätengröße wird durch die Kariesausbreitung vorgegeben.
- Die Präparationsgrenzen liegen in Bereichen, die der Mundhygiene zugänglich sind.
- Alle Kavitätenbereiche sind selbstretentiv.
- Nach der Primärpräparation werden die Kavitätenwände finiert.
- In den Bereichen, wo rotierende Instrumente nicht angewendet werden können (z.B. bei zierlichen Kavitäten), werden Handinstrumente eingesetzt.
- Alle Übergänge zwischen horizontalen und vertikalen Kavitätenflächen sind abgerundet, um Kerbspannungen zu vermeiden.

6.4.5 Amalgamrestaurationen mit Höckerersatz

Wird bei der Exkavation der Karies ein Höcker so unterminiert, daß er frakturgefährdet ist, so muß er abgetragen und durch ein Füllungsmaterial ersetzt werden.

In der Regel sind in diesem Fall Teilkronen oder Kronen indiziert. In Ausnahmefällen kann jedoch als **semipermanente Lösung** auch eine Amalgamaufbaufüllung in Betracht kommen. In diese Kategorie gehören Zähne mit unsicherer parodontaler und endodontischer Prognose, semipermanente Versorgung während einer parodontologischen Vorbehandlung, Patienten, die aus Kosten- oder Zeitgründen, Einlagefüllungen und Kronen ablehnen.

Der entsprechende Höcker wird ausreichend gekürzt (3–4 mm), und es werden Retentionen in Form von **Hilfskavitäten** angebracht (Abb. 6-30).

Bei Verlust des gesamten Höckers kommen meistens **Zapfenbohrungen (Slots)** bzw. **parapulpäre Stifte und Schrauben** als Retentionshilfe zum Einsatz. Dabei wird pro verlorengegangenem Höcker ein Stift gesetzt. Die Stifte bestehen aus Titan bzw. einer Kobald-Chrom-Legierung, da andere Stifte korrodieren. Die parapulpären Stifte aus den genannten Materialien dürfen nicht verbogen werden. Heute werden in erster Linie selbstschneidende Stifte *(Thread Mate System)* verwendet. Zementierbare Stifte, geklebte Stifte und Stifte, die in einem vorgebohrten Loch klemmen *(friction-locked)*, sind weniger gut geeignet.

Parapulpäre Stifte sollten nicht verwendet werden, wenn die Amalgamrestaurationen einer erhöhten Belastung ausgesetzt sind (Okklusions- und Artikulationsveränderungen, Klammerzähne, Bruxismus usw.).

Selbstschneidende Stifte werden nach Vorbohrung mit einem 1–2 mm tiefen Bohrer (Tiefenanschlag) niedertourig eingebracht. Erfolgt die Vorbohrung mit einer zu hohen Drehung, werden die Bohrlöcher ausgeweitet und die Stifte haben anschließend keine Friktion. Die Stifte bestehen i.d.R. aus einem Schräubchen, das durch eine Sollbruchstelle von der Fassung, welche im Winkelstück sitzt, getrennt ist. Beim Eindrehen schert dann der Stift an dieser Stelle ab. Die Vorbohrung erfolgt etwa 0,5 bis 1 mm

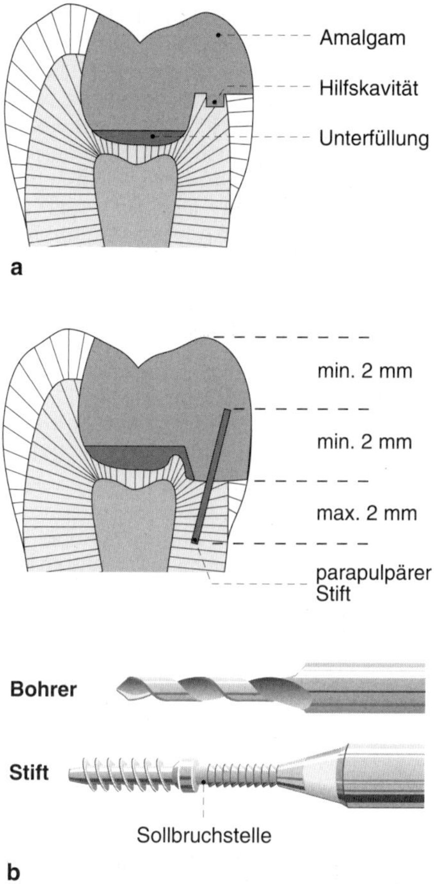

Abbildung 6-30. Amalgamaufbau nach Kürzung eines stark unterminierten Höckers oder nach Verlust eines Höckers. Der Aufbau wird mit Hilfskavitäten (a) oder mit parapulpären Stiften (b) retentiv verankert.

von der Schmelz-Dentin-Grenze im Dentin. Die Richtung der Bohrung hängt von der Krümmung der Außenfläche des Zahnes ab. Sie erfolgt entweder senkrecht oder im Bereich von Zahneinziehungen im subgingivalen Bereich (approximaler Kasten, Furkation) leicht schräg in Richtung Pulpa. Der Stift ragt anschließend ca. 2 mm aus dem Dentin heraus. Der Amalgamaufbau über dem Stift sollte auch 2 mm betragen.

Als *Komplikationen* können Perforationen der Pulpa, Perforationen zum Parodont, Schmerzsensationen durch Mikrorisse und Spannungen im Dentin, Füllungsfraktur, Fraktur des Bohrers, Fraktur des Stiftes und Lösen der Restauration vom Stift auftreten.

Die Anwendung von parapulpären Stiften in Verbindung mit Kompositen ist selten indiziert. Falls sie zum Einsatz kommen, sollten Stifte mit einer Haftvermittler-Opaker-Schicht verwendet werden.

6.4.6 Matrizentechnik

Bei mehrflächigen Amalgamfüllungen ist die Anwendung eines adäquaten Matrizensystems obligat.

Matrizen sind Formgebungshilfen und dienen der Wiederherstellung der äußeren Zahnform. Sie schützen das marginale Parodont vor überstopften Restaurationsmaterialien und damit vor Parodontopathien. Aber auch bei Unterkonturierung von Füllungsmaterialien kann es zu parodontalen Veränderungen kommen, da sich Plaque ansammelt. Zusätzlich kann eine Sekundärkaries in diesem Bereich entstehen.

Matrizen müssen folgenden Anforderungen genügen:

- Sie müssen dem Kondensationsdruck beim Füllen der Kavität standhalten.
- Sie dürfen beim Kondensieren nicht stören.
- Sie müssen nach Anlegen an den Zahn eine konische Form besitzen (zervikal enger als okklusal).
- Sie müssen so adaptierbar sein, daß der Kontaktpunkt zum Nachbarzahn wiederhergestellt werden kann. Die Dicke des Matrizenbandes sollte 50 µm nicht überschreiten.

Alle diese Forderungen erfüllt das **Tofflemire-Matrizen®-System** (Abb. 6-31).

Als Alternative bieten sich **Matrizensysteme ohne Halter,** z.B. das Automatrixsystem an, welches bei besonders ausladenden Zahnformen oder dann, wenn ein Matrizenhalter stört, Anwendung findet. Beim Anlegen einer Matrize kann es zu einer Verformung der Höcker kommen, deshalb darf das Matrizenband nicht zu stark angezogen werden.

Bei keinem Matrizensystem liegt das Matrizenband so dicht am Zahn, daß ein Überstopfen des Füllungsmaterials sicher verhindert werden kann. Die zervikale Adaptation der Matrize mit einem *Interdentalkeil* ist daher unumgänglich (s. Abb. 6-31). Der Keil sollte aus Holz sein, damit er in der Mundhöhle bei Zutritt von Feuchtigkeit quillt. Er separiert dabei die benachbarten Zähne um Matrizenbandstärke, so daß nach Entfernen der Matrize durch die Rückstellbewegung der Zähne ein satter Approximalkontakt resultiert. Interdentalkeile sind im Querschnitt der Anatomie des Interdentalraums angepaßt. Sie sind in verschiedenen Größen erhältlich.

Da Interdentalkeile mit Pinzetten schlecht zu fassen sind und damit die Gefahr der Aspiration besteht, sollten entsprechend geformte *Zangen* (z.B. How-Zange) zur Applikation und Entfernung der Interdentalkeile verwendet werden.

Unter bestimmten Bedingungen (zu großer oder zu kleiner Interdentalraum, Einziehungen im Wurzelbereich) müssen die Keilchen mit *Compound-Masse* individualisiert werden. Nach Verkeilen der Matrize wird mit der Sonde überprüft, ob

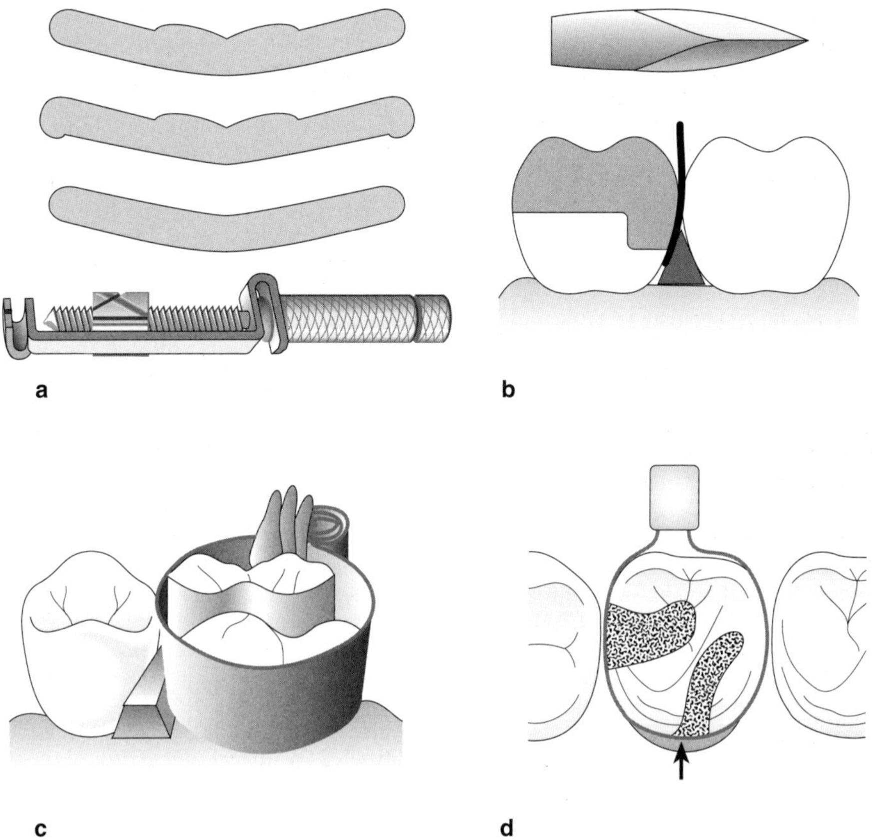

Abbildung 6-31. Die Tofflemire-Matrize® hat sich in der Amalgamfüllungstechnik bewährt (a). Sie muß gut approximal verkeilt werden, um ein Überstopfen von Füllungsmaterial zu verhindern (b). Bei stark divergierenden Approximalflächen kann alternativ eine Automatrix® hilfreich sein (c). Bei bukkalen Kavitäten erfolgt mit einem zusätzlich eingelegten Matrizenband (siehe Pfeil, d) eine Vorkonturierung der Füllung.

sie im Bereich der approximal-zervikalen Stufe dicht anliegt. Das Band überragt dabei die Stufe nur geringfügig.

Zur anatomischen Gestaltung des *Approximalkontaktes* wird das Matrizenband mit einem Kugelstopfer an den Nachbarzahn anrotiert. Der Anatomie des Kontaktpunktareals muß dabei Rechnung getragen werden. Der Kontaktpunkt liegt im oberen Drittel der Approximalflächen. Bei älteren Patienten findet man eine Approximalfläche, die mesial konkav und distal konvex ist.

Das Matrizenband sollte nach dem Legen der Füllung vom Matrizenhalter gelöst und separat entfernt werden können, um eine Fraktur der frisch gelegten Füllung zu vermeiden. Bei umfangreichen Kavitäten müssen die Matrizenbänder individualisiert werden. Dazu wird ein Teil eines zweiten Matrizenbandes mit einer Schere abgeschnitten und gesondert eingelegt (s. Abb. 6-31).

6.4.7 Trituration und Kondensation des Amalgams

Die Trituration (Anmischen) des Amalgams kann in unterschiedlicher Form durchgeführt werden.

> Beim Anmischen ist die genaue Dosierung von Feilung und Quecksilber wichtig.

Wird **zuviel Quecksilber** verwendet, so resultieren schlechtere mechanische und chemische Eigenschaften der fertigen Füllung (Anstieg des Creeps, erhöhte merkuroskopische Expansion, Randfrakturen). Wird zuwenig Quecksilber verwendet, kommt es zu erhöhter Porosität, beschleunigter Korrosion und schlechterer Adaptation des Materials. Das genaue Mischungsverhältnis ist den jeweiligen Herstellerangaben zu entnehmen. Als grobe Richtlinie gilt, daß frisch angemischtes Amalgam nicht bröckelig zerfallen darf, sondern mit einem Spatel durchgeschnitten werden kann *(Marzipankonsistenz)*.

Bei **Dosier- und Mischgeräten** (Amalgamatoren) wird Pulver und Quecksilber in eine aufgeschraubte Mischkapsel in entsprechender Menge abgegeben und trituriert. Dabei müssen die Triturationszeiten nach Herstellerangaben genau befolgt werden. Wird zu kurz trituriert, so werden die Alloypartikel nicht vollständig mit Quecksilber benetzt. Bei zu langer Trituration wird das Amalgam so stark erhitzt, daß es bereits kristallisiert und eine bröckelige Konsistenz erhält. Eine reguläre Kondensation in der Kavität ist dann nicht mehr möglich. Die kombinierten Dosier- und Mischgeräte haben den Nachteil, daß die aufgeschraubte Kapsel undicht wird (speziell die Dichtung) und daß beim Einfüllen Quecksilber verschüttet werden kann. Außerdem müssen die Kapseln regelmäßig gereinigt werden.

Das Alloy kann auch in *Tablettenform* und damit bereits vordosiert vorliegen. Diese Tabletten werden in einem *„Dispenser“* (Dosiervorrichtung) mit der entsprechenden Menge Quecksilber in eine verschraubbare Kapsel abgegeben. In einem *Amalgamvibrator* (Schüttelautomat) erfolgt dann die Trituration. Auch hier ist die Quecksilberhygiene beim Einfüllen in das Dosiergerät und beim Dosieren nicht optimal. Die Kapseln werden zudem nach mehrmaligem Gebrauch undicht.

Moderne Gamma-2-freie Amalgame werden i.d.R. heute vordosiert in Kapseln angeboten. Im Prinzip lassen sich dabei zwei **Kapselsysteme** unterscheiden. Bei aktivierbaren Kapseln muß vor der Trituration eine Trennhaut zwischen Alloy und Quecksilber durchstoßen werden. Bei selbstaktivierenden Kapseln durchdringt ein Pistill während des Anmischvorgangs diese dünne Trennwand zwischen den beiden Kammern. Die Kapselsysteme garantieren eine relativ gleichmäßige Dosierung von Alloy und Quecksilber.

Verschraubare und verschweißte Systeme sind i.d.R. dichter als andere Kapseln. Während der Trituration tritt kaum noch Quecksilberdampf aus. In der Praxis entfällt die Manipulation mit reinem Quecksilber.

Auch bei den Kapselsystemen müssen die Triturationszeiten entsprechend Herstellerangaben genau eingehalten werden. Sie sind je nach Anmischgerät unterschiedlich lang, da diese mit unterschiedlichen Schüttelfrequenzen und -bewegungen arbeiten.

Die **Kondensation** (Stopfen) des Amalgams erfolgt nach Trockenlegung und Säuberung der Kavität. Auch hier bietet *Kofferdam* eine Arbeitserleichterung. Durch eine Kontamination mit Speichel werden die werkstoffkundlichen Eigenschaften des Amalgams verschlechtert. Das Amalgam wird nach Trituration in einem glattwandigen Metall- oder Glasgefäß zum Patienten gebracht und dort mit einer Amalgampistole aufgenommen (Abb. 6-32a).

Ein Kontakt mit dem Finger ist obsolet (Quecksilberkontamination der Haut, Kontamination des Amalgams mit Schweiß u.ä.).

Die Pistolen sollen leicht zu reinigen und zu sterilisieren sein. Das Amalgam wird portionsweise in die Kavität eingebracht und kondensiert. Die Verarbeitungszeit beträgt je nach Produkt zwischen drei und zehn Minuten. Die ersten Portionen werden sorgfältig im Approximalraum verdichtet, die Okklusalfläche wird zuletzt gefüllt. Die Stopfer besitzen ein planes Arbeitsende und sind im Querschnitt rund-, romboid- oder trapezförmig (Abb. 6-32b).

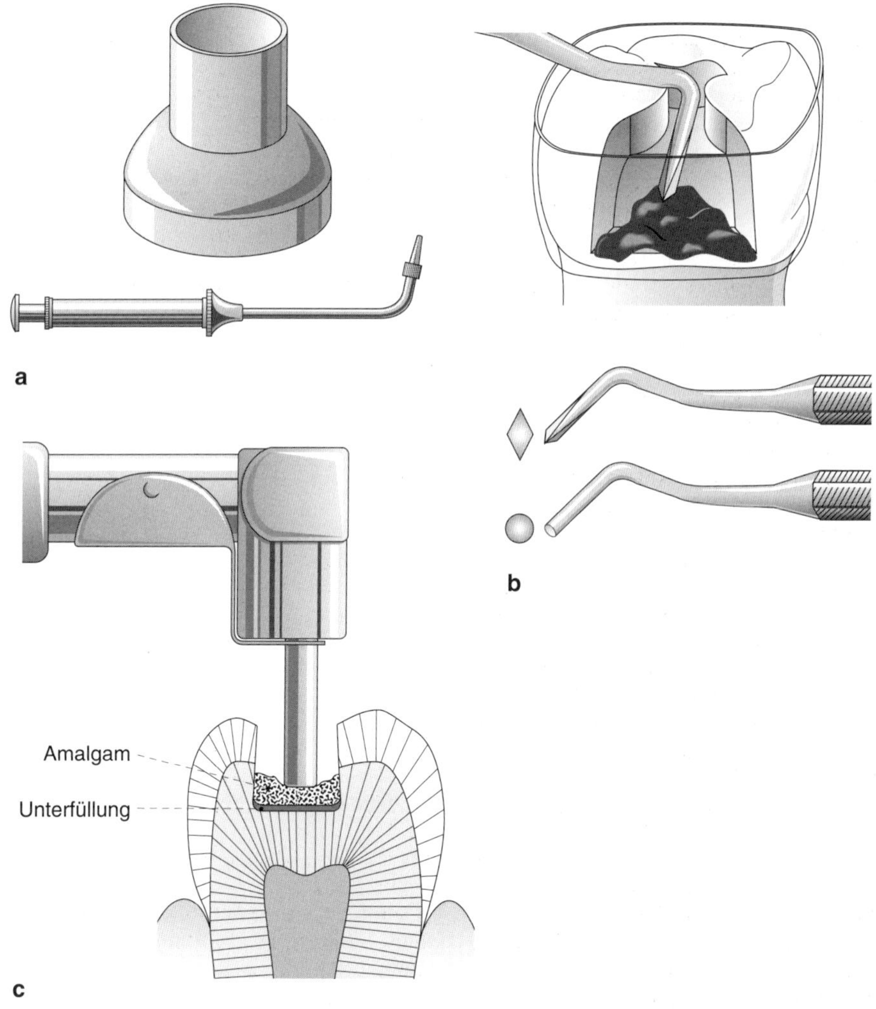

Abbildung 6-32. Amalgam wird mit einer Amalgampistole aus einem Metallgefäß entnommen (a) und portionsweise in die Kavität eingebracht. Mit Handstopfern (b) wird das Amalgam approximal und mit maschinellen Stopfern (c) okklusal verdichtet.

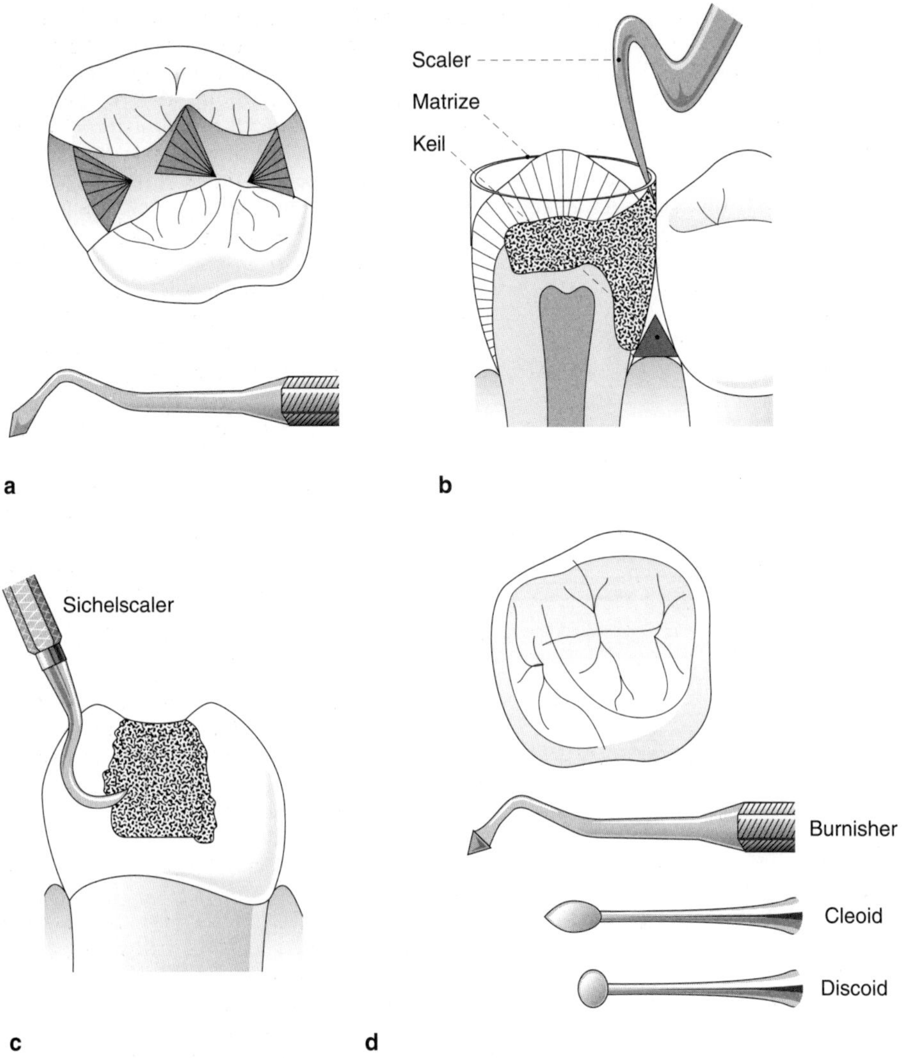

Abbildung 6-33. Die Okklusalfläche einer Amalgamfüllung wird mit Schnitzinstrumenten funktionell gestaltet (Erklärung siehe Text).

Gerade im Bereich der Extensionsflächen (Kontakt Matrizenband-Zahn) entsteht ein Winkel, in dem das Amalgam mit rautenförmigen Instrumenten besser verdichtet werden kann. Durch die Kondensation soll eine gute Adaptation des Amalgams an die Kavitätenwand ohne Poren, ein geringer Restquecksilbergehalt und eine hohe Endhärte der Füllung erzielt werden.

Als **Stopfdruck** werden Werte zwischen 1 und 2 N/mm^2 angegeben. Für Kugelamalgam wird ein niedrigerer Stopfdruck (niedrig-visköser) angegeben als für Blendamalgame. Die Kondensation kann manuell (mit Handstopfer) oder maschinell erfolgen.

Unter standardisierten Bedingungen muß sich die Auswahl der **Kondensationsmethode** nach dem jeweiligen Amalgam richten, d.h., es kann nicht allgemein formuliert werden, daß eine Stopfmethode überlegen ist. Der Vorteil maschineller Kondensation liegt jedoch in einer gleichmäßigen Verdichtung des Amalgams auch in schwer zugänglichen Bereichen der Mundhöhle.

Die **maschinelle Kondensation** kann mit pneumatisch angetriebenen Geräten (Speedomatic), Ultraschallgeräten oder Vibratoren (Winkelstückeinsätzen) durchgeführt werden.

Die *Ultraschallkondensation* wird wegen schlechter Verdichtung, Porenbildung durch Kavitationseffekt und hoher Quecksilberdampfabgabe nicht empfohlen.

Bei der **pneumatischen Verdichtung** wird mit gedämpften Impulsen (bis 1700 pro Minute) das Arbeitsende vertikal bewegt. **Pneumatische Kondensation** führt zu ähnlich guten Ergebnissen wie Handkondensation. Ansätze für Winkelstücke gibt es in unterschiedlichen Formen (Bergendahl, J. S. Vibrator, Intra-Kondensierkopf u.a.). Sie sollen bei Gamma-2-freien Amalgamen niedertourig eingesetzt werden (Abb. 6-32c). Eine zu starke Quecksilberverringerung während des Stopfens ist zu vermeiden, um eine ausreichende Reaktion des Materials zu gewährleisten. Das Amalgam wird überstopft, um einen Überschuß für die Gestaltung der Kaufläche zur Verfügung zu haben.

6.4.8 Schnitztechnik und Politur

Die Kauflächengestaltung nimmt bei der Amalgamfüllungstechnik eine zentrale Rolle ein.

Durch **Beseitigung von Überschüssen und Wiederherstellung einer physiologischen Kaufläche** wird die antagonistische Kontaktpunktbeziehung und die reguläre Artikulation der restaurierten Zähne wiederhergestellt. Dabei wird Kaufunktionsstörungen und Kiefergelenksproblemen prophylaktisch entgegengewirkt. Außerdem wird ein glatter, stufenloser Übergang zwischen Füllungsmaterial und Zahnhartsubstanz gewährleistet. Vorkontakte und Hyperbalancen sind bei der Füllungstherapie zu vermeiden. Die Amalgamfüllungen dürfen jedoch auch nicht so tief ausgeschnitzt werden, daß der entsprechende Zahn in Infraokklusion steht und später durch Extrusion eine neue Okklusionsbeziehung „sucht“. Auf die Wichtigkeit der approximalen Kontaktpunktbeziehung zum Nachbarzahn wurde bereits im vorherigen Kapitel hingewiesen.

Eine genaue Kenntnis der **Zahnanatomie** und der **Höcker-Fossa-Beziehung** bzw. Höcker-Randleisten-Beziehung ist Grundlage jeglicher Füllungstherapie. Da die Zahnanatomie und Funktion des Kauorgans wichtige Bestandteile des vorklinischen Unterrichts und ein eigenständiger Bestandteil des prothetischen Teilgebietes sind, muß an dieser Stelle auf Fachbücher aus diesem Bereich verwiesen werden.

Bei großen Amalgamfüllungen müssen die Randleistenkomplexe, die Höckerabhänge und andere **wichtige anatomische Strukturen,** wie die Crista transversa bei Oberkiefermolaren durch Schnitzen entsprechend herausgearbeitet werden. Die wichtigsten Haupt- und Nebenfissuren werden gleichzeitig dargestellt. Durch ein systematisches Vorgehen läßt sich das Schnitzen einfach und zeitsparend durchführen. Die Zeitspanne, in der Amalgam schnitzbar ist, beträgt zwischen 15 und 20 Minuten.

Noch während die Matrize liegt, werden mit einem groben Schnitzinstrument (z.B. Frahminstrument) die tiefsten Stellen der Restauration (mesiale, distale, zentrale Gruben) herausgearbeitet (Abb. 6-33a). Anschließend wird mit einem scharfen Scaler die Randleiste gestaltet. Anhaltspunkt ist die Höhe des Randleistenkomplexes am Nachbarzahn. Der Scaler fährt dabei schräg abfallend an der Matrize entlang (Abb. 6-33b). Anschließend wird der Holzkeil, der Matrizenhalter und die Matrize vorsichtig entfernt. Der Holzkeil und das Band lassen sich mit der bereits erwähnten How-Zange sicher fassen. Füllungsüberschüsse im Bereich der Extensionsflächen und am zervikalen Füllungsrand werden mit einem scharfen, schmalen Sichelscaler entfernt (Abb. 6-33c).

Anschließend werden mit kleinen Frahminstrumenten und Cleoid- bzw. Discoidinstrumenten die Grübchen und Fissuren sowie Parafissuren angelegt (Abb. 6-33d).

6.4.9 Amalgamtoxizität

Ausgehärtetes Amalgam ist eine Legierung des Quecksilbers mit anderen Metallen und besteht aus unterschiedlichen metallischen Phasen. Amalgamfüllungen geben Metallionen in die Mundhöhle ab. Dabei wird dem freiwerdenden Quecksilber die toxikologisch bedenklichste Rolle zugeschrieben. Quecksilber kommt in verschiedenen Aggregatzuständen vor und tritt in Form unterschiedlicher Verbindungen auf.

Elementares Quecksilber ist bei Raumtemperatur flüssig, geht aber bereits in Dampfform über (Hg^0). Quecksilber geht mit zahlreichen Metallen *Verbindungen* ein.

Dabei kann es in einwertiger (Hg_2^{2+}) und in zweiwertiger (Hg^{2+}) **ionischer Form** vorliegen.

In der Natur kommen außerdem organische Quecksilberverbindungen (z.B. **Methylquecksilber**) vor.

Quecksilber findet sich überall in der Umwelt. Durch Vulkanismus, Verwitterung, Bodenerosionen und durch industrielle Freisetzung werden jährlich zwischen 5000 und 10000 t Quecksilber freigesetzt (WHO). Die industrielle Verwendung von Quecksilber ist rückläufig, so daß die Umweltbelastung mit dem Schwermetall abnimmt. Der jährliche Quecksilberverbrauch für Dentalamalgame beträgt 20 t.

Über die *Nahrungskette* gelangt Quecksilber meist in organischer Form (Fisch, Fleisch) in den menschlichen Organismus. Aber auch anorganisches Quecksilber wird aufgenommen. Die Angaben über die tägliche Quecksilberaufnahme differieren je nach geographischer Lage und Ernährungsgewohnheiten.

Während die WHO eine durchschnittliche Aufnahme von 4,3 µg pro Tag anorganisches Quecksilber und 2,4 µg pro Tag Methylquecksilber aus Fischverzehr angibt, werden die Werte für Deutschland mit 10 bis 20 µg Gesamtquecksilber pro Tag angegeben. Der Anteil organischen Quecksilbers beträgt dabei 1,6 bis 2,4 µg pro Tag.

Die wöchentliche Quecksilberaufnahme mit der Nahrung sollte laut WHO-Richtlinien nicht mehr als 350 µg betragen. Der Anteil organischen Quecksilbers sollte dabei 200 µg nicht übersteigen. Diese Zahlen sind empirisch abgeleitet, dabei wird unterstellt, daß bei Zufuhr dieser Quecksilbermenge keine Zeichen einer *chronischen oder akuten Intoxikation* auftreten. Sie gelten jeweils für eine 70 kg schwere Person.

Bei der Bearbeitung und beim „Tragen" von Amalgamfüllungen erfolgt eine Belastung des Patienten mit Quecksilber in unterschiedlicher Form. **Metallisches, flüssiges Quecksilber,** wie es bei der Trituration verwendet wird, hat toxikologisch nur geringe Bedeutung. **Dampfförmiges, elementares** Quecksilber hingegen tritt bei der Verarbeitung und beim Herausbohren von Amalgam auf. Aber auch aus fertig abgebundenem Amalgam treten kleine Mengen Quecksilberdampf auf, die eingeatmet werden können. Das inhalierte Quecksilber gelangt über die Lungen ins Blut (ca. 80%). Es wird dort zu Hg^{2+} oxidiert. Es kann jedoch auch in elementarer Form die Blut-Hirn-

Schranke passieren und so in das Gehirn gelangen und dort erst oxidiert werden. Es gelangt dann nicht mehr über die Blut-Hirn-Schranke in das Blut zurück.

Das resorbierte Hg^0 wird in ionisierter Form (Hg^{2+}) über die Nieren und zum Teil über den Stuhl wieder ausgeschieden. Die durchschnittliche Halbwertszeit beträgt 60 Tage.

In den Nieren und in bestimmten Arealen des Gehirns erfolgt eine Quecksilberakkumulation.

Quecksilberionen treten bei Korrosionsprozessen, beim Kauen (Abrasion) und beim Herausbohren von Amalgamfüllungen auf. Sie werden mit dem Speichel verschluckt. Im Magen-Darm-Trakt wird zwischen 7 und 10% der verschluckten Menge resorbiert. Quecksilberionen sind nicht lipidlöslich, sie haben jedoch eine hohe Affinität zu Sulfhydril-Gruppen. Anorganisches Quecksilber reichert sich daher intrazellulär in *Leber* und *Nieren* an. Anorganisches Quecksilber wird nach Aufnahme nicht methyliert.

Methyliertes Quecksilber wird ausschließlich über die Nahrung aufgenommen und zu 90% im Magen-Darm-Trakt resorbiert. Es ist lipophil, wird an Erythrozyten gebunden und verteilt sich nahezu gleichmäßig über den gesamten Körper. Es wird zum Teil in den Organen zu Hg^{2+}-Ionen demethyliert. Methylquecksilber ist wesentlich toxischer als anorganisches Quecksilber. Zielorgan ist auch hier wieder das *Gehirn*.

Quecksilberintoxikationen werden in akute und chronische Formen unterschieden.

Akute Quecksilberintoxikationen sind selten. Die akute Quecksilbervergiftung ist je nach Quecksilberverbindung von charakteristischen Symptomen begleitet. Bei akuter Vergiftung mit Quecksilberdampf ist in erster Linie die Lunge betroffen. Quecksilbersalze schädigen vornehmlich den Gastrointestinaltrakt und die Nieren, organische Quecksilberverbindungen das Zentralnervensystem. Parästhesien, Bewegungs-, Sprach- und Hörstörungen sind die Folge.

Durch Verzehr von extrem quecksilberhaltigem Thunfisch kam es in Japan in den 50er Jahren zu einer Massenvergiftung *(Minimata-Erkrankung)*. Durch den Genuß von quecksilberhaltigem Saatgetreide erkrankten in Pakistan und im Irak zahlreiche Menschen.

Bei *chronischen Quecksilbervergiftungen* ist eine eindeutige Zuordnung der Exposition zu Krankheitssymptomen schwierig. Insbesondere läßt sich nicht mehr nachvollziehen, welche Expositionsform im einzelnen zu den festgestellten Symptomen führte (Amalgamfüllungen, Fischverzehr, Rauchen u.a.). Die chronische Quecksilbervergiftung ist durch objektivierbare Symptome gekennzeichnet:

- *Tremor mercurialis*: Intentionstremor der Finger, Augenlider, Lippen
- *Erethismus*: Persönlichkeitsveränderungen, die durch Reizbarkeit, Befangenheit, Stimmungslabilität, Gedächtnisschwund u.a. gekennzeichnet sind
- *Psellismus*: verwaschene Sprache
- *Nephritis* und *Proteinurie*.

Bei milderer Ausprägung spricht man von einem **unspezifisch, asthenisch-vegetativen Syndrom** *(Mikromerkurialismus)*. Die Symptome können jedoch auch bei Personen ohne Quecksilberexposition auftreten (Schwächegefühl, schnelle Ermüdbarkeit, Abgeschlagenheit, Appetitmangel, Nervosität, schlechte Merkfähigkeit, Kopfschmerzen, Arbeitsunlust u.a.). Die weiter oben angegebenen Grenzwerte für die Quecksilberaufnahme (WHO) dienen daher der Prävention derartiger Schäden.

Für **beruflich exponierte Personen,** nicht jedoch für die Langzeitexposition der Bevölkerung mit Quecksilber, wurden arbeitsmedizinisch tolerierbare Grenzwerte definiert, bei deren Überschreitung mit einer chronisch-toxischen

Symptomatik gerechnet werden muß. So beträgt die *maximale Arbeitsplatzkonzentration (MAK-Wert)* 100 µg/m³, der *biologische Arbeitsstofftoleranzwert (BAT-Wert)* 200 µl/l Urin bzw. 50 µl/l Blut. Es gibt neuerdings Hinweise darauf, daß bei empfindlichen Personen erste Auswirkungen einer erhöhten Quecksilberexposition ohne erkennbare Krankheitssymptomatik bereits bei niedrigeren Werten erkennbar sind, wenn diese Personen beruflich dauerhaft exponiert sind. Eine exakte Dosis-Wirkung-Beziehung läßt sich nicht angeben.

In einzelnen Fällen kann es durch Amalgamfüllungen zu **allergischen Reaktionen** (Kontaktallergie) kommen. Dabei können generalisierte Reaktionen der Haut (z.B. Ekzem, Dermatitis), allgemeine Krankheitssymptome (z.B. Gastroenteritiden) bzw. Schleimhautreaktionen (z.B. Gingivostomatitis) auftreten. Die Symptome treten kurz nach Legen bzw. Entfernen einer Amalgamfüllung auf und klingen i.d.R. nach zwei bis drei Wochen wieder ab.

Bei einer Allergie gegen anorganische Quecksilbersalze bzw. organisches Quecksilber liegt nicht immer gleichzeitig eine Allergie gegen Amalgam vor. Eine Allergie läßt sich durch *Epikutantest* beim Allergologen nachweisen (0,1% $HgCl_2$-Lösung, 5% Hg-Präzipitatsalbe, metallisches Quecksilber aus abgebundenem Amalgam). Bei nachgewiesener Amalgam-Allergisierung sollten keine neuen Amalgamfüllungen gelegt werden.

Immer mehr Patienten führen Beeinträchtigungen des allgemeinen Gesundheitszustandes auf die toxikologische Wirkung von Amalgam bzw. Quecksilber zurück. Zahlreiche Studien konnten nachweisen, daß es sich dabei meistens um *psychosomatische Probleme* handelt, die natürlich unabhängig von ihrer tatsächlichen Ursache ernst genommen werden müssen. Es ist bisher nicht geklärt, ob bei diesen Patienten eine Besserung des Allgemeingesundheitszustandes nach Entfernen der Amalgamfüllungen von Dauer ist. In seltenen Fällen kann der Kontakt zu Amalgamfüllungen zu *lokalen Schleimhautreaktionen* (lichenoide Veränderungen) führen.

Durch Korrosion und durch Verletzungen der Schleimhaut beim Entfernen von Amalgamfüllungen kann es zur Einlagerung von Amalgampartikeln in die Mundschleimhaut kommen (Amalgamtätowierung). Sie stellen eine **ästhetische Beeinträchtigung** dar.

Bei Kontakt von Amalgam zu anderen metallischen Werkstoffen, aber auch beim Kontakt von frisch gelegtem Amalgam zu alten Amalgamfüllungen, kann es zu „metallischem" Geschmack und elektrischen Empfindungen aufgrund kurzfristiger **elektrochemischer Vorgänge** kommen *(oral galvanism)*. Nach Passivierung der Füllungsoberfläche klingen diese meistens ab.

Die **Quecksilberkonzentration im Blut und Urin** korreliert mit der Zahl der Amalgamfüllungen und mit der Zahl der Füllungsflächen (pro Füllungsfläche wird eine durchschnittliche Erhöhung des Urinwertes um 0,07 µg/l diagnostiziert). Nach Legen von Amalgamfüllungen steigt der Quecksilberspiegel um einige µg/l im Blut und Urin an. Nach einigen Wochen werden wieder Ausgangswerte erreicht. Nach Entfernen aller Amalgamfüllungen kommt es nach einigen Monaten zu einer Verringerung des Quecksilberspiegels im Blut und Urin um einige µg Quecksilber pro Liter.

Bei der Behandlung von akuten und chronischen Quecksilberintoxikationen werden **Komplexbildner** (z.B. Dimaval® = Natriumsalz der 2,3-Dimercapto-1-Propansulfonsäure) verwendet. Sie binden mit SH-Gruppen an Schwermetalle, die dann mit dem Urin ausgeschieden werden. Die Messung der Quecksilberkonzentration im Urin (24-Stunden- Sammelurin) erlaubt einen Rückschluß auf die *Quecksilberbelastung* der jeweiligen Person. Der Rückschluß auf daraus resultierendes Krankheitsgeschehen ist nur dann in begrenztem Maße gerechtfertigt, wenn es sich um ein spezifisches Symptom einer Quecksilbervergiftung handelt.

Quecksilberkonzentrationen im Blut korrelieren mit der Quecksilberluftkonzentration (bei beruflicher Exposition) und mit dem Quecksilbergehalt im Urin. Normalwerte sind weniger als 5 µg Quecksilber/l Blut und weniger als 5 µg Quecksilber/l Harn (ohne Differenzierung nach Patienten mit Amalgam- und ohne Amalgamfüllungen). Nach neuesten Untersuchungen tragen Amalgamfüllungen zur Quecksilberbelastung des Menschen bei. Berufliche Exposition oder vermehrte Quecksilberaufnahme mit der Nahrung oder durch andere Quellen (z.B. durch Rauchen) können den Quecksilberspiegel im Blut und Urin vollständig überlagern. Die Quecksilberwerte im Blut und Urin bei Menschen, die angeblich gesundheitliche Schäden durch Amalgamfüllungen beklagen, unterscheiden sich nicht signifikant von denen einer Kontrollgruppe. Sie liegen zudem im Streubereich der Normalbevölkerung.

Bei Autopsiepräparaten findet sich eine Korrelation des Quecksilbergehaltes in den untersuchten Geweben (Gehirn, Niere, Leber) zur Zahl der Amalgamfüllungen und zur Anzahl der Füllungsflächen.

Dabei sind die *Quecksilberdepots der Niere* in erster Linie durch Amalgamfüllungen bedingt. Quecksilber scheint als relativ untoxischer Selenkomplex in den Lysosomen gespeichert zu sein. Die Quecksilberkonzentration in den einzelnen Organen liegt jedoch im Normalbereich und unterhalb der Konzentration von Patienten mit gesicherter Quecksilbervergiftung. Die Depots können zum Teil durch oben genannten Komplexbildner abgebaut werden, d.h., sie sind partiell reversibel gebunden.

Auch wenn Amalgamfüllungen zu einem erheblichen Teil an der Aufnahme anorganischen und elementaren Quecksilbers beteiligt sind, gibt es bisher keinen Hinweis auf ein gesundheitliches Risiko, wenn Amalgamfüllungen sorgfältig verarbeitet werden. Während früher ein durch berufliche Exposition bei Zahnärzten und Helferinnen bedingter erhöhter Quecksilbergehalt im Blut, Urin und in verschiedenen Geweben festgestellt werden konnte, dürfte heute bei Beachtung aller Verarbeitungsrichtlinien eine erhöhte Aufnahme nicht mehr zu finden sein.

Die **Entsorgung** von Amalgam ist durch Gesetze geregelt (Amalgamabscheider, Recycling der Amalgamreste u.a.), so daß auch ökologische Risiken minimiert wurden.

7 Restaurationen mit Einlagefüllungen

Einlagerestaurationen sind solide Körper, die in einer Kavität mit Zement konventionell fixiert (Metallrestaurationen) bzw. adhäsiv befestigt werden (Keramik- und Kompositrestaurationen).

Sie werden **direkt** (im Mund des Patienten) oder **indirekt** (z.B. im zahntechnischen Labor) hergestellt. Es gibt zusätzlich für zahnfarbene Restaurationen **semi-direkte** Verfahren (z.B. CAD-CAM-Verfahren). Die Herstellung von Einlagerestaurationen ist aufwendig, sie sind daher teurer als direkte plastische Füllungen.

Die **Indikation** für Einlagerestaurationen ist eng umrissen. Sie sind bei *mittelgroßen und großen Klasse-I- und -II-Kavitäten* indiziert. Grundvoraussetzungen für die Eingliederung von Einlagerestaurationen sind eine optimale Mundhygiene des Patienten, geringe momentane Kariesaktivität und parodontal gesunde bzw. sanierte Verhältnisse.

Mit kauflächendeckenden Metall- bzw. Keramikrestaurationen lassen sich Okklusionskorrekturen durchführen. Sie sind daher oft im Rahmen funktionstherapeutischer Maßnahmen indiziert. Nach einer Wurzelkanalbehandlung werden wegen der erhöhten Frakturanfälligkeit kauflächendeckende Restaurationen im Seitenzahnbereich gefordert. Hier sind Teilkronen aus Metall oder Keramik indiziert. Auch bei Allergien gegen plastische Füllungsmaterialien und deren Bestandteile finden Einlagerestaurationen Anwendung.

Sie besitzen eine **höhere Lebensdauer** als Restaurationen aus plastischen Füllungsmaterialien. Sie sind zudem formstabiler. Für die Herstellung von Einlagerestaurationen muß allerdings in vielen Fällen mehr Zahnhartsubstanz geopfert werden als für plastische Füllungsmaterialien. Bei der Versorgung primärer kariöser Defekte ist daher eine sorgfältige Abwägung der Vor- und Nachteile von Einlagerestaurationen vorzunehmen.

Läßt sich aufgrund der kariösen Zerstörung der Zahnhartsubstanz (z.B. große Zahnhalsdefekte, Fehlen des bukkalen bzw. lingualen Kronenanteils) oder aus anatomischen Gründen *keine ausreichende Verankerung der Einlagerestauration* an der Zahnhartsubstanz erzielen, ist die Anfertigung einer Krone indiziert. Bei kleinen okklusalen und approximalen Defekten muß bei der Anfertigung von Einlagerestaurationen *zuviel Zahnhartsubstanz entfernt* werden. Hier sollte **plastischen Füllungsmaterialien** der Vorzug gegeben werden. Unter dem Überbegriff Einlagerestaurationen sind Inlays, Onlays und Overlays zusammengefaßt (Abb. 7-1).

Der Unterschied zwischen einem Overlay und einer Teilkrone ist fließend. Ein **Inlay** ist eine rein intrakoronal fixierte Einlagerestauration. Dabei wird die Kaufläche eines Zahnes nicht bedeckt.

Ein **Onlay** bedeckt die gesamte Kaufläche eines Zahnes.

Ein **Overlay** faßt mindestens einen Höcker, meistens aber alle Höcker, wobei beide Approximalflächen in die Präparation miteinbezogen werden.

Bei Einlagerestaurationen ist die Indikation für **invasive Vorgehensweise** großzügiger als bei plastischen Füllungsmaterialien. So können zwar in Ausnah-

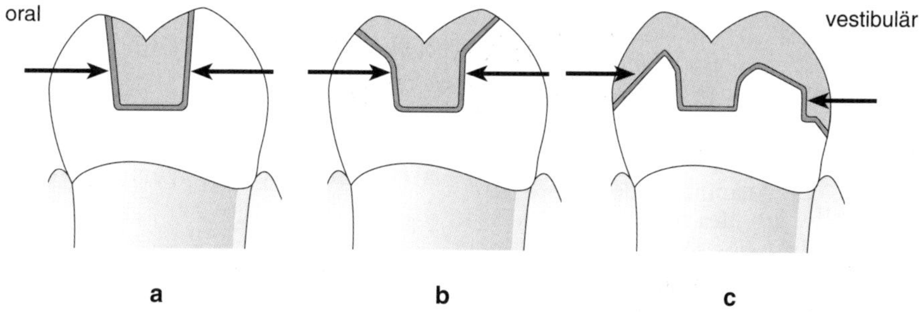

Abbildung 7-1.
a) Rein intrakoronal fixierte Einlagerestaurationen (Inlays) erhalten ihre Retention durch eine okklusale bzw. approximale Kastenverankerung.
b) Ein Onlay bedeckt die gesamte Kaufläche, erhält jedoch nur durch okklusale und approximale Kastenverankerung Retention.
c) Bei Overlays werden meist nur die okklusionstragenden Höcker gefaßt, dabei hat sich die Stufe mit Abschrägung bewährt. Die nichttragenden Höcker sind mit einem Außenschliff versehen, die retentive Verankerung erfolgt so zusätzlich durch perikoronale Verankerung.

mefällen einflächige bzw. zweiflächige Inlays indiziert sein, besteht jedoch der Verdacht, daß auch die jeweils andere approximale Fläche erkrankt ist (C1-Läsion), so wird diese mit in die Präparation einbezogen.

7.1 Vorbereitende Maßnahmen

Vor der Anfertigung von Einlagerestaurationen, insbesondere bei der Neugestaltung bzw. Wiederherstellung von Kauflächen sind bestimmte Vorbehandlungsmaßnahmen erforderlich.

Primär wird wie bei jedem anderen Patienten eine **Anamnese** und ein **Befund** erhoben.

Ein spezielles Augenmerk ist auf mögliche *Allergien* gegen Metalle, Zemente und Kunststoffe zu richten.

Neben der *intraoralen zahnärztlichen Untersuchung* wird ein **Funktionsbefund** (z.B. Krough-Poulson) aufgezeichnet. Bei auffälligen Befunden können eine **Schienenvorbehandlung** und eine **Einschleiftherapie** indiziert sein.

Es wird je nach Patientenfall eine **unilateral balancierte Okklusion** (Gruppenführung) oder eine **organische Okklusion** mit Front-Eckzahn-Führung angestrebt. Rekonturierung von Restaurationen, parodontale Sanierung und evtl. kieferorthopädische Vorbehandlung sind weitere vorbereitende Maßnahmen. Eine detaillierte Darstellung der Vorbehandlung würde jedoch den Rahmen dieser Einführung sprengen. Es wird daher auf entsprechende Lehrbücher verwiesen.

Die Herstellung **diagnostischer Gipsmodelle,** die mit einem Gesichtsbogen in einen halbindividuellen Artikulator montiert werden, ist hilfreich. Mit ihnen kann eine genaue Planung und evtl. eine *diagnostische Präparation* erfolgen. Grundsätzlich erfolgt zuerst die Entfernung kariöser Zahnsubstanz und, falls notwendig, die Anfertigung von Aufbaufüllungen (Glasionomerzement, Komposit). Oft läßt sich dann erst endgültig klären, ob ein Inlay oder eine Teilkrone erforderlich ist, endodontische Vorbehandlungen notwendig sind oder eine Verlängerung der klinischen Krone vorgenommen werden muß. Auch ästhetische Gesichtspunkte können jetzt berücksichtigt werden und besonders bei Oberkieferprämolaren kann die Versorgung mit zahnfarbenen Restaurationsmaterialien (Keramikinlay) erwogen werden.

Die Herstellung optimaler Mundhygieneverhältnisse vor Anfertigung von Einlagerestaurationen ist eine selbstverständliche Maßnahme.

Anhand der Anamnese, des zahnärztlichen Befundes, des Funktionsbefundes und mit Hilfe der diagnostischen Modelle kann die endgültige Planung erfolgen, die mit dem Patienten durchgesprochen wird.

Bei der Herstellung und Eingliederung von Einlagerestaurationen und Teilkronen entstehen erhebliche Kosten. Eine **detaillierte, schriftliche Kostenaufstellung** sollte daher dem Patienten vor Beginn der Behandlung ausgehändigt werden. Es wird außerdem eine **schriftliche Einverständniserklärung des Patienten** zu den geplanten Behandlungsmaßnahmen eingeholt. Der Zahnarzt fixiert dann den detaillierten Behandlungsplan mit entsprechenden Terminvorgaben.

Bei der **Präparation** für Einlagerestaurationen und Teilkronen steht, wie bei allen restaurativen Maßnahmen, die Erhaltung der gesunden Zahnhartsubstanz im Vordergrund. Bei *gegossenen metallischen Einlagerestaurationen* muß zusätzlich durch entsprechende Präparation für eine Retention gesorgt werden, die eine Lockerung bzw. ein Abgleiten des Gußobjektes bei Kaubelastung verhindert. Bei *adhäsiv befestigten Keramik- bzw. Kompositinlays* tritt dieser Gesichtspunkt eher in den Hintergrund.

Auf einen *guten Randschluß* und *genügende Stabilität* ist bei allen Einlagerestaurationen zu achten.

Zu den vorbereitenden Maßnahmen gehört in erster Linie bei der Herstellung von Teilkronen auch die **Abformung** der vorbereiteten Zähne mit einem Silikon. Dieser Abdruck wird nach erfolgter Präparation für die Herstellung von Kunststoffprovisorien verwendet. Die Herstellung dieser Provisorien kann auch mit Hilfe einer Tiefziehschiene, die mit Hilfe des Planungsmodells primär hergestellt wurde, erfolgen.

7.2 Einlagefüllungen aus metallischen Werkstoffen

7.2.1 Präparation

Bei einer manifesten, mittelgroßen Fissurenkaries ohne Beteiligung der Approximalflächen kann eine **Klasse-I-Kavität** für ein *okklusales Inlay* präpariert werden. Dabei darf die Breite der Kavität nicht mehr als die Hälfte des bukkolingualen Höckerabstandes betragen, da es sonst aufgrund der Keilwirkung des Inlays bzw. der Scherwirkung beim Kauen zu Infrakturen oder Frakturen der Zahnhartsubstanz kommen kann (Abb. 7-2).

Die *Kavitätentiefe* beträgt mindestens 1,5 mm. Der Kavitätenboden ist plan. Die Umrißform der Kavität umfaßt die Hauptfissuren. Die Kavitätenwände sind bei flachen Kavitäten leicht divergierend (Abb. 7-3a), sie können bei tiefen Kavitäten jedoch im oberen Drittel stärker divergieren (Abb. 7-3b). Alle inneren Kanten der Kavität sind leicht abgerundet. Es sind keine untersichgehenden Stellen vorhanden. Es wird empfohlen, den okklusalen Randbereich der Kavität abzuschrägen. Im Abrasionsgebiß ist diese Abschrägung breiter als bei steiler verlaufenden Höckern im jugendlichen Gebiß (Abb. 7-3c). Eine spezielle Form der Abschrägung ist die *Assal-Rille.* Hier verläuft der Rand der Metallfüllung nicht dünn aus und ist somit stabiler. Diese Rille wird mit einem kugelförmigen Diamantschleifer angelegt.

Der *antagonistische Kontakt* darf auf keinen Fall in Bereichen der Restauration liegen, die einen dünn auslaufenden Rand aufweisen. Der Rand wird sonst durch die mechanische Belastung beschädigt. Antagonistische Kontakte müssen entweder vollständig auf dem Zahnschmelz oder auf der Metallfläche der Restauration liegen.

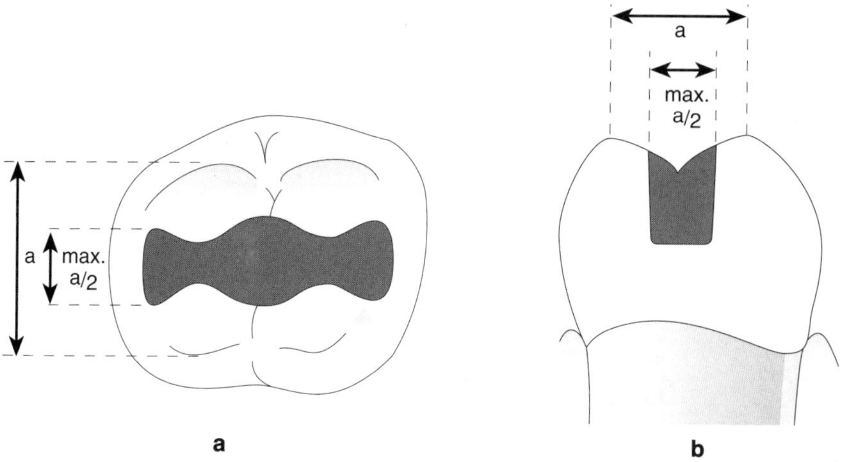

Abbildung 7-2. Okklusale Klasse-I-Kavität für Metall-Einlagerestaurationen. Die Breite der Kavität darf maximal die Hälfte des transversalen Höckerabstandes betragen. Die Kavitätentiefe beträgt mindestens 1,5 mm.

Die *Primärpräparation* wird mit einem zylindrischen oder leicht konischen Diamanten mit abgerundeten Kanten durchgeführt. Es wird eine Kavität angestrebt, deren Wände leicht konisch (3°–6°) sind.

Bei tieferen Kavitäten wird stärker divergierend präpariert als bei flacheren Kavitäten. Durch die Präparation soll erreicht werden, daß die Metallfüllung einerseits leicht in die Kavität eingebracht werden kann, andererseits jedoch *genügend Retention* gegen Abzugskräfte aufweist.

Nach der Primärpräparation erfolgt ein *Finieren* der Kavitätenwände und des Kavitätenbodens mit formgleichen Diamantfinierern.

Wie bei der Restauration mit plastischen Füllungsmaterialien wird der Kavitätenboden mit einer *Unterfüllung* aus Phosphatzement abgedeckt. Durch das Legen der Unterfüllung kann bei tiefen Kavitäten eine Reduktion des Gesamtvolumens der späteren Restauration erfolgen. Leicht untersichgehende Stellen können mit Unterfüllungsmaterial ausgeblockt werden.

Bei der Präparation für **Klasse-II-Kavitäten** werden die Präparationsregeln für plastische Füllungsmaterialien in modifizierter Form berücksichtigt. Die okklusale Kavität wird, *wie für die Klasse-I-Kavität* beschrieben, angelegt. Der approximale kariöse Defekt gibt die Ausdehnung des approximalen Kastens vor.

Bei der *Präparation* werden die Kontakte zum Nachbarzahn ausreichend aufgehoben. Die Extensionsflächen divergieren leicht in okklusaler Richtung und laufen bei idealer Präparation in einem Winkel von 40° auf die äußere Zahnwölbung aus. Die zervikal-approximale Stufe bleibt wenn möglich supragingival. Die Divergenz der Kavitätenwände hängt von der Tiefe der Kavität ab. Um ausreichend Retention für die Einlagerestauration zu bieten, beträgt sie bei flachem approximalem Kasten ca. 10°. Bei langen Approximalflächen beträgt sie mehr, um eine ausreichende Einschubmöglichkeit zu gewährleisten. Die Inlaybreite darf bei einem *dreiflächigen Inlay (MOD)* okklusal nicht mehr als ein Drittel des Höckerabstandes betragen, da sonst kein ausreichender Schutz gegen eine

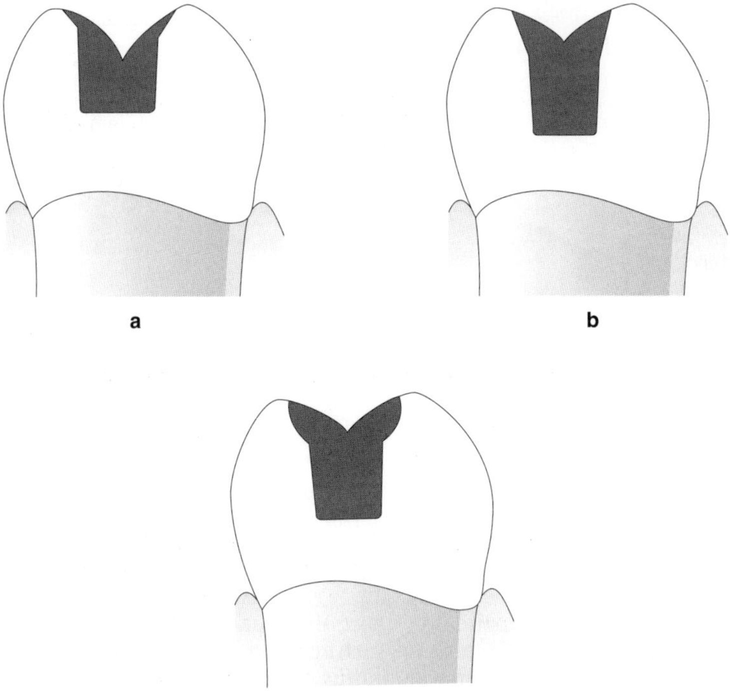

a b c

Abbildung 7-3. Verschiedene Möglichkeiten der Randabschrägung bei der Präparation für Metall-Einlagerestaurationen.

a) Bei flachen Kavitäten divergieren die Kavitätenwände leicht (ca. 10°). Die Randabschrägung ist bei Zähnen mit normalen und steilen Höckerabhängen kurz und beträgt ca. 20° zur Einschubrichtung.

b) Bei tieferen Kavitäten wird das obere Drittel stärker divergierend präpariert. Der Rand wird dann nicht abgeschrägt.

c) Bei flachen Höckerabhängen (z.B. im Abrasionsgebiß) ist die Abschrägung länger. Der Winkel zur Einschubrichtung kann bis zu 40° betragen.

Höckerfraktur vorhanden ist. Zur *Randgestaltung* des approximalen Kastens und der Extensionsflächen gibt es unterschiedliche Ansichten (Abb. 7-4).

Es kann ein Kasten mit Hohlschliff angelegt werden, der sowohl die approximal-zervikale Stufe als auch die Extensionsflächen einbezieht. Weiterhin ist die Präparation eines Kastens mit nur approximal-zervikaler Abschrägung möglich. Die Extensionsflächen werden dabei im Randbereich nicht angeschrägt. Ihre auslaufenden Kanten werden nur mit einem Handinstrument gebrochen.

Die früher häufig propagierte *Scheibenschliffpräparation* hat sich nicht durchgesetzt, da bei dieser Präparationsform approximal zu weit extendiert wird.

Aus kariesprophylaktischer Sicht sollte ein möglichst kleiner Spalt zwischen Restauration und Zahnhartsubstanz angestrebt werden (< 50 µm).

Das läßt sich sowohl mit der *Hohlschliffpräparation* als auch mit der *Stufenpräparation* mit entsprechender Abschrägung erreichen. Abschrägungen und Hohlschliffpräparationen müssen so angelegt werden, daß eine deutlich sicht-

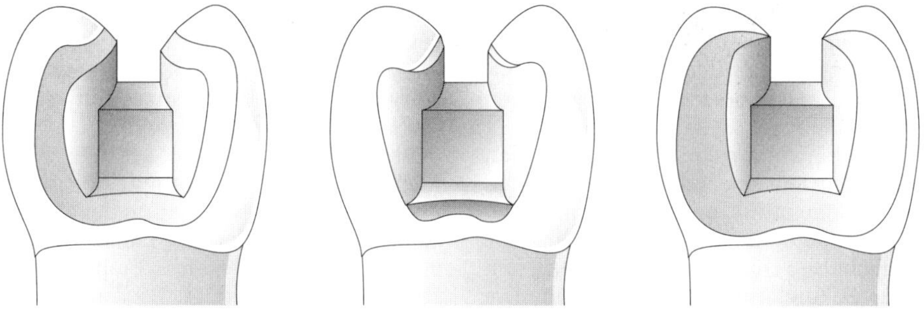

Abbildung 7-4. Randgestaltung des approximalen Kastens bei mehrflächigen Metall-Einlagerestaurationen.
a) Kasten mit Hochschliffpräparation
b) Kasten mit zervikaler Abschrägung
c) Kasten mit Scheibenschliff.

bare Präparationsgrenze resultiert. Die Abschrägungen liegen, wie auch bei den Kronen beschrieben, zwischen 30 und 45°. So resultiert ein geringer Zementspalt und damit eine gute Paßgenauigkeit im Randbereich. Während bei dreiflächigen Inlays i.d.R. genügend Retention vorhanden ist, muß ein *zweiflächiges Inlay* durch eine okklusale Schwalbenschwanzpräparation oder durch zusätzliche Retentionselemente (z.B. Zapfenverankerung) gegen einwirkende Abzugs- oder Kippkräfte gesichert werden (Abb. 7-5).

Bei größeren kariösen Defekten, die eine Unterminierung und Schwächung der Zahnhartsubstanz erzeugt haben, bei Okklusionskorrekturen im Rahmen funktionsverbessernder Maßnahmen und bei der Versorgung von wurzelkanalbehandelten Prämolaren und Molaren sind *Inlays kontraindiziert.*

Hier erfolgt eine **Overlay- bzw. Onlaypräparation.** Die Erkenntnis, daß es nach Restauration mehrflächiger Kavitäten mit gegossenen Metallrestaurationen häufig zu Dentininfrakturen bzw. Höckerfrakturen kommt, ließ die Indikation für rein intrakoronal verankerte Restaurationen immer mehr in den Hintergrund treten. Vielfach wird heute bei der oralen Rehabilitation mit metallischen Einlagerestaurationen gänzlich auf Inlays verzichtet. Es werden ausschließlich Overlays und Teilkronen angefertigt.

Die Vorteile liegen dabei in der Vermeidung von Antagonistenkontakten im Füllungsrandbereich und der Verhinderung elastischer Deformationen durch Kaukräfte.

Bei der *Overlaypräparation* wird die *MOD-Kavität* einer Inlaypräparation angelegt. Die zu überdeckenden okklu-

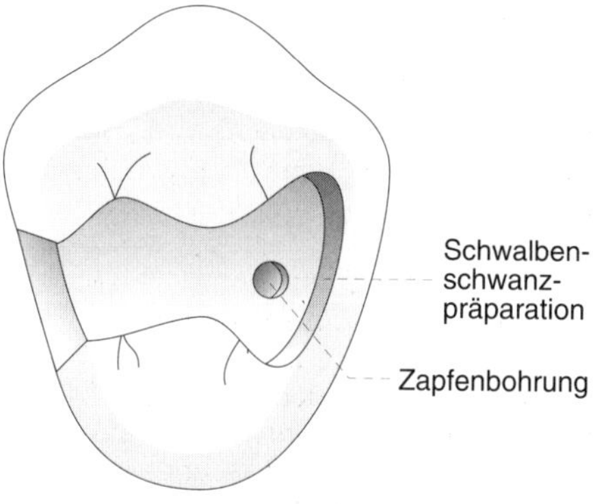

Abbildung 7-5. Zweiflächige Einlagerestaurationen werden durch Schwalbenschwanzpräparation oder zusätzliche Zapfenbohrung verankert.

sionstragenden Höcker werden i.d.R. in Form einer Stufenpräparation mit Abschrägung, die zu überdeckenden nichttragenden Höcker mit einem einfachen Außenschliff gefaßt (Abb. 7-6).

Die Präparationsgrenze liegt bei den tragenden Höckern meistens im Bereich des Zahnäquators, umfaßt aber auf jeden Fall vorhandene bukkale bzw. linguale Grübchen (Plaqueretentionsstellen), um einer Sekundärkaries vorzubeugen. Die Stufe ist ca. 1 mm breit und wird abgeschrägt. Die Präparationsform hängt jedoch von den anatomischen Gegebenheiten, der Tiefe des okklusalen Defektes und der Lage der Karies ab. So können bei sehr weiten und tiefen okklusalen Kavitäten dünne, spitz auslaufende Kavitätenwände resultieren. Dann werden auch die tragenden Höcker nur mit einem einfachen Außenschliff versehen.

Während für die Reduktion der tragenden Höcker, die Präparation der approximalen Kästen und des Isthmus zylindrische bzw. konische Diamantschleifer und -finierer verwendet werden, wird für die Abschrägung des approximalen Kastens und der Stufe an den tragenden Höckern meist ein schlanker, flammenförmiger Diamantfinierer verwendet.

Zur Aufhebung des Kontaktes zum Nachbarzahn im Bereich der Extensionsflächen können auch oszillierende, einseitig belegte Feilen (Proxo-Shape®) verwendet werden (Abb. 7-7, systematisches Vorgehen bei der Präparation eines Overlays bzw. einer Teilkrone).

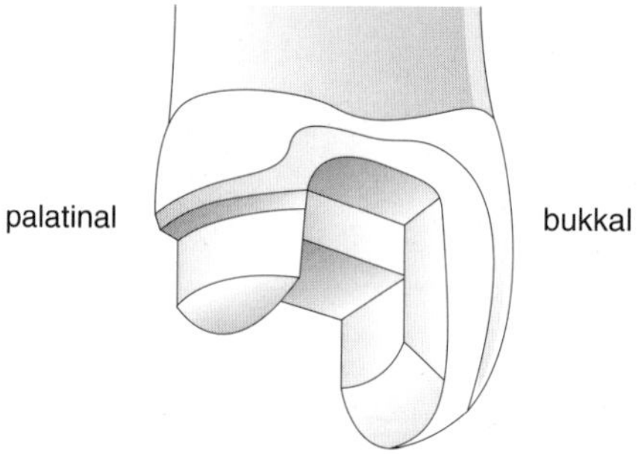

Abbildung 7-6. Bei der Overlaypräparation wird bei den okklusionstragenden Höckern eine Stufe mit Abschrägung präpariert, die Scherhöcker mit einem einfachen Außenschliff überkuppelt.

Beim *Onlay* wird die gesamte Kaufläche in die Präparation miteinbezogen. Dies erfordert eine Reduktion der Okklusalfläche um mindestens 1 mm. Ansonsten gelten die gleichen Präparationsregeln wie bei Overlays. Es wird jedoch keine Stufe mit Abschrägung bzw. ein Außenschliff präpariert.

Stark zerstörte Zähne lassen primär keine klassische Kavitätenpräparation zu. Oft muß dann vor der Präparation durch einen Kernaufbau aus plastischen Füllungsmaterialien (z.B. Glasionomerzement oder Komposit) erst die Möglichkeit für eine Präparation geschaffen werden). Alle Ränder der Metalleinlagerestauration müssen dann aber auf jeden Fall im Bereich gesunder Zahnhartsubstanz liegen. Sie dürfen nicht im Aufbaumaterial enden. Die Kernaufbauten können, falls notwendig, mit parapulpären Stiften verankert werden. Nach endodontischer Behandlung ist eine Verankerung des Kernaufbaus mit einer Wurzelkanalschraube oder die Anfertigung eines gegossenen Stiftaufbaus erforderlich.

Metalleinlagerestaurationen werden bei der Versorgung von **Klasse-V-Kavitäten** nur selten eingesetzt. Hier finden heute meistens (speziell bei Frontzahnrestaurationen aus ästhetischen Gründen) andere Restaurationsmethoden Anwendung (z.B. Kompositfüllung). Bei Versorgung von Klasse-V-Kavitäten mit metallischen Einlagerestaurationen wird eine *nierenförmige Präparation mit leicht divergierenden Kavitätenwänden* angestrebt. Der Boden der Kavität folgt der Wölbung der Zahnoberfläche und umfährt so überall die Pulpa in gleich großem Abstand.

Der *Randbereich* wird angeschrägt. Die Wachsmodulation kann im Mund des Patienten erfolgen. Da die Restau-

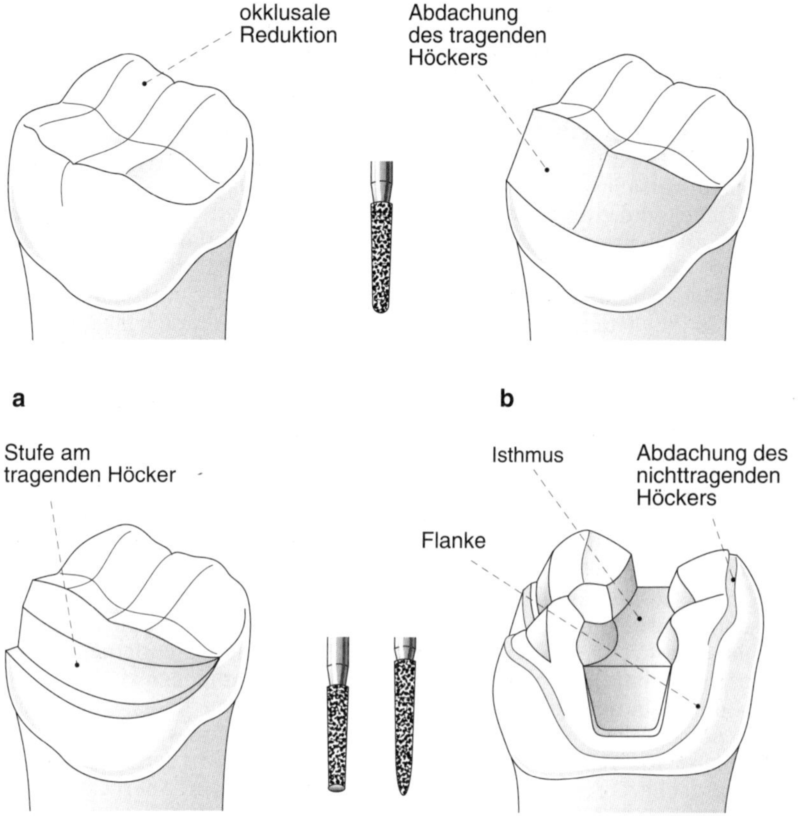

Abbildung 7-7. Die Teilkronenpräparation (Overlay) erfolgt mit wenigen Instrumenten.
a) Die Okklusalfläche wird mit abgerundeten, konischen Diamantschleifern um 1 bis 1,5 mm gekürzt.
b) Der tragende Höcker wird anschließend abgedacht, wobei auf einen ausreichenden Substanzabtrag geachtet werden muß.
c) Mit einem konischen, abgeflachten Diamantschleifer wird an der Außenfläche des tragenden Höckers eine 1 mm breite Stufe präpariert.
d) Mit dem gleichen Instrument werden Isthmus und die Approximalkästen angelegt. Anschließend werden die approximalen Flanken und die Abschrägung approximal-zervikal und an der okklusalen Stufe mit einem flammenförmigen Diamanten präpariert. Der Außenschliff an den nichttragenden Höckern kann ebenfalls mit einer Flamme präpariert werden. Alle Kavitätendetails werden mit den entsprechenden Diamantfinierern nachgearbeitet. Natürlich richtet sich die Größe der Diamantschleifer nach der Zahngröße.

rationen sehr zierlich sind, sind die Gußrestaurationen auch schwer zu bearbeiten und anzupassen. Klasse-V-Einlagerestaurationen aus Metall haben jedoch bei korrekter Anfertigung eine lange Lebensdauer.

7.2.2 Abdruck und Modellherstellung

Nach der Präparation wird das Operationsgebiet mit Watterollen und approximal mit Wattepellets trockengelegt. Liegt die **Präparationsgrenze supragingival**, sind keine weiteren Maßnahmen notwendig.

Bei **äquigingivaler** und **gering subgingivaler Präparation** müssen vor der Abdrucknahme Baumwollfäden zur leichten Eröffnung des Sulkus gelegt werden. Die Fäden werden mit einem Heidemann-Spatel vorsichtig in den Sulkus appliziert. Dabei wird eine Traumatisierung soweit wie möglich vermieden. Damit die Fäden vor der Abdrucknahme schnell entfernt werden können, ragt ihr Ende aus dem Sulkus heraus. Der Baumwollfaden nimmt die Sulkusflüssigkeit auf und kann Blutungen verhindern, wenn er vorher mit einem Hämostatikum (z.B. Aluminium-Kalium-Sulfat, Aluminiumchlorid) getränkt wurde. Bei tiefreichender Karies wird elektrochirurgisch oder mittels parodontalchirurgischer Maßnahmen (s. Teil III, Parodontologie) die Präparationsgrenze freigelegt.

Es folgt anschließend die Auswahl des passenden **Abdrucklöffels.** Werden konfektionierte Löffel (z.B. Rimlock-Löffel bei Korrekturabdruck) verwendet, so sollten diese individualisiert werden (distale Abdämmung mit thermoplastischem Material). Bei der Verwendung gummielastischer Abdruckmaterialien bzw. einzeitigen Abdrucktechniken sollten individuelle Löffel aus Kunststoff verwendet werden, um eine gleichmäßig dicke Abdruckmassenschicht zu erhalten. Sie dürfen aber erst nach vollständiger Auspolymerisierung (24 Stunden) verwendet werden, sonst führen sie zu einer Deformierung des Abdruckes.

Der **Abdruck** muß den präparierten Zahn, alle anderen Zähne und die angrenzenden Weichgewebe exakt und blasenfrei wiedergeben. Die Löffelinnenwände werden mit einem Adhäsiv bestrichen, damit das Abdruckmaterial zum Löffel hin schrumpft. Das Adhäsiv muß gut trocken sein, sonst haftet das Abdruckmaterial nicht an der Löffelwand. Das Abdruckmaterial sollte zudem biokompatibel sein, eine geringe Schrumpfung während der Aushärtung und anschließenden Lagerung aufweisen. Neben der primären Dimensionsstabilität muß das Material mit gängigen *Abdruckdesinfektionsmitteln* (z.B. Impresept®, Mucalgin®) desinfizierbar sein, ohne seine Dimension zu verändern.

Hydrokolloide sind exzellent genaue Abdruckmaterialien. Man benötigt jedoch spezielle Abdrucklöffel. Außerdem ist das Material schwer zu verarbeiten. Man benötigt spezielle Geräte zum Erwärmen und zum Kühlen der Abdruckmasse. Der Abdruck muß nach Entfernen aus der Mundhöhle kurzfristig in Kaliumsulfatlösung eingelegt und spätestens 15 Minuten später ausgegossen werden.

Additionsvernetzende *Silikone* eignen sich sehr gut für die verschiedenen Abdrucktechniken im Rahmen der Gußfüllungstherapie.

Polyäther stehen im Dimensionsverhalten den Silikonen nicht nach, sie sind jedoch sehr hart. Daher sind sie nach dem Aushärten nur schwer aus der Mundhöhle zu entfernen, wenn Unterschnitte vorhanden sind.

Polysulfide finden heute im Rahmen der Gußfüllungstechnik keine Anwendung mehr. (Zu den werkstoffkundlichen Parametern von Abdruckmaterialien sollten Lehrbücher der Werkstoffkunde zu Rate gezogen werden).

Als **Abdrucktechnik** werden heute entweder die Korrekturabformung (zweizeitig) bzw. Ergänzungsabformung und die Doppelmischabformung (einzeitig) bzw. der Einphasenabdruck angewendet.

Beim *Korrekturabdruck* wird nach Legen der Retraktionsfäden ein Situationsabdruck mit einem knetbaren, zähplastischen Silikon (putty) genommen. Anschließend werden alle untersichgehenden Stellen ausgeschnitten und nach Entfernen des Retraktionsfadens mit einem dünnfließenden Silikon ein Zweitabdruck (Korrektur) genommen.

Um zu verhindern, daß beim Korrekturabdruck das Putty-Material verdrängt wird und anschließend „zurückfedert", muß genügend ausgeschnitten und müssen Abflußrillen geschaffen werden. Eine Rückstellung bedingt ein enges Abdrucklumen und damit zu kleine Modellstümpfe. Das bedeutet schlecht passende Einlagerestaurationen. Ein zu starker Druck während der Aushärtung ist daher zu vermeiden. Der Abdruck wird nur kurz nach Einsetzen der Korrekturmasse fest angedrückt, dann unter leichtem Druck bis zur endgültigen Erstarrung gehalten.

Der *Doppelmischabdruck* ist ein einzeitiges Verfahren. Der präparierte Zahn wird mit einem dünnfließenden Silikonmaterial umspritzt. Während das Material noch fließfähig ist, erfolgt eine Situationsabformung mit einer zähflüssigen Abdruckmasse.

Nach Abbinden des Abdruckmaterials (siehe Herstellerangaben) wird der Abdrucklöffel rasch in Richtung der Längsachse der Zähne entfernt (also nicht abgekippt). Anschließend erfolgen eine gründliche Reinigung mit Wasser (Blut und Speichel sollten vollständig entfernt werden) und eine Desinfektion (z.B. 10 Minuten in Impresept®). Das Desinfektionsbad sollte ein großes Keimspektrum abdecken, besonders Tuberkulosebakterien und HI- bzw. Hepatitis-Viren.

Der Abdruck wird im Labor mit einem Spezialhartgips blasenfrei ausgegossen. Einfache Verarbeitung, gute Detailwiedergabe und gutes Dimensionsverhalten (Abbindeexpansion $< 0{,}1\%$) zeichnen diesen Gips aus. Die Herstellung des *Meistermodells* soll hier nicht im einzelnen dargestellt werden. Hier muß auf die Lehrbücher der Prothetik und Werkstoffkunde verwiesen werden.

Es ist empfehlenswert ein *zweites, ungesägtes Modell* herzustellen, auf dem die Approximalkontakte der fertigen Einlagerestauration kontrolliert werden können.

Nach Abdrucknahme wird je nach Patientenfall eine **individuelle Registrierung der Kaubewegung** (Kiefergelenkaktion) mit anschließender Übertragung in einen *volljustierbaren Artikulator* durchgeführt oder ein arbiträrer Gesichtsbogen angelegt, mit dessen Hilfe das Oberkiefermodell schädelbezüglich in einen *teiljustierbaren Artikulator* einartikuliert wird. Dabei wird rosa Wachs oder thermoplastisches Material erwärmt und auf eine Bißgabel gebracht. Der aufrecht sitzende Patient beißt vorsichtig in die weiche Masse, daß die Höckerspitzen abgedrückt werden. Anschließend wird der Gesichtsbogen angelegt. Der Patient hält währenddessen die Bißgabel, indem er auf Watterollen beißt. Das Oberkiefermodell muß exakt in die entstandenen Impressionen passen.

Die Zuordnung des Unterkiefermodells erfolgt mit einem Registrat (Wachs, Gipsschlüssel, Kunststoffregistrat). Mit Hilfe von Protrusions- und Laterotrusionsregistraten kann der Artikulator teiljustiert werden.

Bei *Einzelzahnpräparationen* bedeckt ein Wachsbiß den präparierten Zahn. Es wird erweicht und der Patient beißt zu. Das Wachs härtet aus und kann anschließend mit einer Zinkoxid-Eugenol-Paste „unterfüttert" werden. Dabei wird die habituelle Interkuspitation in den Artikulator übernommen. Nach dem Einartikulieren wird die Okklusion im Artikulator überprüft. Sie muß mit der im Mund des Patienten übereinstimmen. Es ist daher sinnvoll, die intraoralen Okklusionskontakte auf einem vorgefertigten Okklusionsschema zu markieren.

Nach dem Abdruck werden die präparierten Zähne mit einem **Kunststoffprovisorium** auf Methacrylatbasis geschützt. Das Provisorium kann u.a. mit einem primär über die unpräparierten Zähne gewonnenen Silikonabdruck direkt hergestellt werden. Auch Tiefziehfolien, die über das Studien-(Planungs-)modell gezogen wurden, können dazu dienen. Es kann jedoch auch indirekt nach Abdrucknahme im Labor hergestellt werden. Dieses Verfahren wird selten praktiziert, da es aufwendig und teuer ist.

Die provisorische Versorgung sollte randdicht sein, den Zahn vor Kippung und Extrusion schützen und die Kaufunktion bis zur Eingliederung garantieren. Sie sollte zudem glatt poliert sein und darf die Gingiva nicht reizen, muß haltbar sein und genügend Retention besitzen. In bestimmten Bereichen der Mundhöhle (z.B. Oberkieferprämolaren) sollte sie zudem ästhetisch unauffällig sein.

Das Material wird bei der individuellen, direkten Herstellung angerührt und mit dem oben angesprochenen Primärabdruck in den Mund eingesetzt. Wenn es gummiartig wird, muß es aus der Mundhöhle herausgenommen werden und nach grober Trimmung mit einer Schere zurück auf den präparierten Stumpf gesetzt werden, da es schrumpft. Nach der endgültigen Aushärtung wird es mit einer Fräse getrimmt, poliert, angepaßt und mit einem provisorischen Zement eingesetzt.

Die *Einlagerestauration* wird im Labor nach kaufunktionellen Gesichtspunkten *aufgewachst* und anschließend *gegossen*. Um bei der späteren Anprobe die Gußfüllungsränder nicht zu verletzen, werden Abzugshilfen mit anmodelliert. Für die Anprobe sind die Kauflächen mattiert, um die Okklusions- und Artikulationskontakte besser überprüfen zu können.

7.2.3 Anprobe und Einzementieren

Die Gußrestauration wird im Labor ausgebettet und gesäubert. Die **Politur** erfolgt mit adäquaten Schleif- und Polierinstrumenten (z.B. Aluminiumoxidsteinchen, Sandpapierscheiben, Gummipolierern). Eine Politur der Metalloberfläche ist erforderlich, da sie nach dem Ausbetten rauh ist und damit Plaqueanlagerung und nachfolgend Sekundärkaries begünstigen würde. *Gußperlen* an der Innenseite werden mit einem kleinen Rosenbohrer bzw. kugelförmigen Diamanten entfernt. Das Gußstück muß auf dem Arbeitsstumpf randdicht passen. Die Approximalkontakte werden auf dem ungesägten Modell überprüft. Artikulation und Okklusion werden im Artikulator eingeschliffen.

Vor der **Anprobe** am Patienten sollten die Kauflächen und Approximalflächen noch nicht hochglanzpoliert werden. Die Okklusion und Artikulation sowie die Approximalkontakte lassen sich dann beim Patienten besser kontrollieren.

Alle anderen Bereiche, speziell die Übergänge zum Zahn, sollten hochglanzpoliert sein. Die Anprobe beim Patienten erfolgt, wenn möglich, ohne Anästhesie. Nur so ist ein ausreichender Tastsinn beim Aufbeißen gewährleistet.

Nach Entfernen des Provisoriums und Reinigung der Kavität wird das Gußobjekt beim Patienten anprobiert. Zuerst werden störende Approximalkontakte entfernt. Beim Test mit Zahnseide bzw. einem Metallmatrizenband (z.B. Tofflemire®) muß ähnlicher Widerstand zu spüren sein wie bei den natürlichen Approximalkontakten. Anschließend kann mit einem dünnfließenden Silikon die Innenpassung kontrolliert werden. Klemmstellen drücken sich durch und sind nach Abnehmen des Gußobjektes als glänzende Metallstellen sichtbar, die entfernt werden müssen. Ist die Innenfläche von einem gleichmäßig dünnen Silikonfilm bedeckt, der an den Rändern „abgeschnitten" erscheint, läßt sich klinisch kein Randspalt oder Metallüberhang mehr erkennen (visuell und taktil mit der Sonde), so wird die Okklusion und Artikulation mit Okklusionsfolie überprüft.

Bei der Anprobe sollte der Patient wenn möglich sitzen, um ein *Verschlukken* oder *Aspirieren* des Gußobjektes zu vermeiden und die Okklusionskontrolle regelrecht durchführen zu können. Bei Oberkiefermolaren ist diese Forderung jedoch unrealistisch. Aus Sicherheitsgründen sollte hier eine Mullgaze locker auf den Zungengrund appliziert werden.

Nach erfolgter Anprobe werden die Abzugsknöpfchen entfernt. Nach Hochglanzpolitur erfolgt die **Eingliederung des Gußobjektes.** Bei aufwendiger Sanierung mit Metallkronen empfiehlt sich ein Probetragen über mehrere Wochen. Auf den mattierten Kauflächen sieht man dann glatte Schliffacetten im Bereich okklusaler Indifferenzen. Diese lassen sich vor dem Eingliedern beseitigen. Wurden Okklusionskorrekturen mit Metallkronen durchgeführt, empfiehlt sich eine Remontage (siehe Lehrbücher der Gnathologie).

Die Gußrestaurationen werden **mit einem Zement in der Kavität befestigt.** Zinkoxid-Phosphatzement, Carboxylatzement und Glasionomerzement sind die bevorzugten Befestigungsmaterialien.

Zinkoxid-Phosphat-Zement hat sich über Jahrzehnte zur Befestigung von Einlagerestaurationen bewährt. Er ist druckfest, ermöglicht einen geringen Zementierungsspalt (geringe Filmdicke), kann jedoch aufgrund seines niedrigen pH-Wertes (3,5) Pulpairritationen mit anschließenden langandauernden Kälteempfindlichkeiten (Hyperämie, reversible Pulpitis) erzeugen. Durch eine Vorbehandlung der pulpanahen Wände (wenn z.B. keine Unterfüllung gelegt wurde) mit Dentinhaftvermittlern kann die pulpairritierende Wirkung reduziert werden.

Carboxylatzement haftet schlecht an Edelmetallegierungen, ist jedoch pulpafreundlicher. Wegen der geringen Druckfestigkeit wird er seltener verwendet.

Glasionomerzemente weisen insgesamt gute Eigenschaften auf. Aufgrund ihrer großen Endhärte sind sie jedoch nach dem Zementieren schwierig zu entfernen. Da sie Fluoridionen abgeben, können sie eine kariostatische Wirksamkeit im Randbereich der eingesetzten Restauration entfalten. Klinische Langzeitstudien zur Beständigkeit von Glasionomerzement stehen jedoch noch aus.

Da Zinkoxid-Phosphatzement als Standardmaterial zum Einzementieren von Metalleinlagerestaurationen gilt, wird daher an dieser Stelle nur auf das **Einsetzen von Gußrestaurationen** mit diesem Zement eingegangen.

Relative (Watterollen) oder *absolute* (Kofferdam) *Trockenlegung* sind Grundvoraussetzung für das Zementieren von Einlagerestaurationen. Die Kavität wird vor dem Einsetzen mit *Chlorhexidindiglukonat* gereinigt, getrocknet und wenn notwendig mit einem Dentinhaftvermittler vorbehandelt. Der Zinkoxid-Phosphatzement wird anschließend nach Herstellerangaben bis zu einer sahnigen Konsistenz angerührt. Üblicherweise wird erst eine kleine Portion Zementpulver mit der Säure verrührt und eine Minute gewartet, bis die Säure neutralisiert ist. Dann wird der Zement bis zur gewünschten Konsistenz angerührt. Mit einem Pinsel wird die Innenseite der Gußrestauration und die Kavität gleichmäßig dünn mit Zement beschickt. Das Gußobjekt wird anschließend unter Druck langsam in die Kavität eingebracht. Der Patient beißt zum Schluß mit kontinuierlich ansteigendem Druck auf ein Holzstäbchen, das bis zum endgültigen *Aushärten* des Zements unter Kaudruck belassen werden kann.

Nach Aushärten des Zementes erfolgt die sorgfältige **Entfernung aller Zementreste** mit Scalern und im Approximalbereich mit Zahnseide.

Nach einer letzten **Okklusionskontrolle** kann der Patient entlassen werden.

Gegossene Einlagerestaurationen weisen bei richtiger Indikation und Anfertigung i.d.R. eine lange **Lebensdauer** auf. In Langzeitstudien werden durchschnittliche Erfolgsquoten von 10 bis 15 Jahren beobachtet. Eine längere Lebensdauer ist im Einzelfall keine Seltenheit.

7.3 Restaurationen mit zahnfarbenen Einlagefüllungen

Aus toxikologischen, ökologischen und ästhetischen Bedenken lehnen zahlreiche Patienten Amalgamfüllungen und gegossene Metall-Einlagerestaurationen ab. Der Wunsch nach ästhetisch anspruchsvollen Seitenzahnrestaurationen steht dabei im Vordergrund. Komposite sind aufgrund ihrer chemischen und physikalischen Eigenschaften nur für kleine, nicht okklusionstragende Restaurationen im Seitenzahngebiet und für Frontzahnfüllungen geeignet. Im Seitenzahnbereich sollen Keramik und Komposit-Einlagerestaurationen den ästhetischen Ansprüchen der Patienten Rechnung tragen. Grundlage für den Einsatz zahnfarbener Einlagerestaurationen ist die Beherrschung der Schmelz-Ätz-Technik, der Kofferdamapplikation und der richtigen Verarbeitung von Dentinadhäsiven. Die Grundregeln für die Kavitätenpräparation unterscheiden sich bei Einlagerestaurationen aus Komposit und Keramik nur unwesentlich, sie werden daher gemeinsam beschrieben.

7.3.1 Präparationstechnik

Wie bei allen anderen Restaurationsmaterialien wird primär durch Präparation mit diamantierten Schleifern die Karies dargestellt. Nach Exkavation der kariösen Zahnhartsubstanz wird eine Unterfüllung mit einem druck- und säurefesten Zement gelegt. Geeignet sind Zinkphosphat- oder Glasionomerzement.

Es empfiehlt sich, nach **Grobpräparation** und Entfernung der kariösen Zahnhartsubstanz den gesamten Defekt unter Zuhilfenahme einer Matrize vollständig mit Zement aufzufüllen und anschließend nach Aushärten die **eigentliche Präparation** mit konischen Diamantschleifern (6°-Konuswinkel) durchzuführen. Geeignet sind auch zylindrische Diamantschleifer mit abgerundeten Stirnflächen. Die Präparation folgt im Prinzip den *Präparationsregeln für gegossene Einlagerestaurationen.*

Bei *mehrflächigen Kavitäten* muß der **Approximalkontakt** sowohl im Bereich der Extensionsflächen als an der approximal-zervikalen Stufe zum Nachbarzahn aufgehoben werden. Abweichend werden jedoch im Kavitätenrandbereich **keine Abschrägungen** angebracht.

Die **Ränder** der Kavität müssen, da die Einlagerestaurationen adhäsiv befestigt werden, im gesamten Verlauf im anätzbaren Schmelz liegen. Bei *mehrflächigen Kavitäten* soll im approximal-zervikalen Bereich bis zur Schmelz-Zement-Grenze eine Schmelzbreite von mindestens 1 mm verbleiben. Die okklusale Kavität muß mindestens eine Tiefe und Breite von 1,5 mm aufweisen. Die Kavitätenwände divergieren leicht nach okklusal (6°). Die approximalen Kästen und alle internen Winkel sind leicht abgerundet.

Die Kavitätenränder dürfen *nicht abgeschrägt* werden, da die Restaurationen sonst mit dünn auslaufenden Rändern herstellt werden müßten, die sehr bruchgefährdet wären. Die Kavitätenränder müssen *für Mundhygienemaßnahmen gut zugänglich* sein. Genau wie bei anderen Restaurationen werden nach erfolgter Präparation alle Kavitätendetails mit einem Diamantfinierer gleicher Konfiguration finiert.

Komposit- oder Keramikinlays benötigen sowohl in der Tiefe als auch in der Breite eine **Mindeststärke** von 1,5 mm, da sie sonst frakturieren. Spitze Winkel im Bereich der Extensionsflächen sind bei der Präparation zu vermeiden (Abb. 7-8).

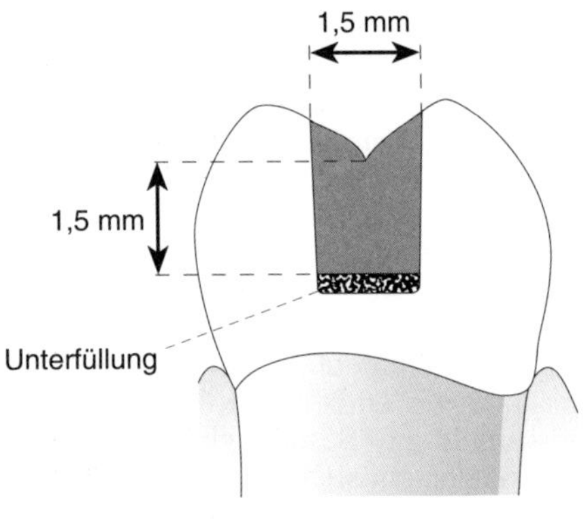

Abbildung 7-8. Die Kavität für Komposit- und Keramik-Einlagefüllungen muß mindestens 1,5 mm breit und tief sein. Die Kavitätenränder werden nicht abgeschrägt.

Im Bereich des *approximalen Kastens* muß die Stufe eine Mindestdicke von 1,5 mm aufweisen. In Einzelfällen kann mit keramischen Einlagerestaurationen auch ein Höckerersatz vorgenommen werden *(Teilkrone)*. Auch hier muß für eine Schichtstärke von mindestens 1,5 mm Rechnung getragen werden. In dem Bereich des zu ersetzenden Höckers muß eine Stufe ohne Abschrägung angelegt werden. Da bisher wenig Erfahrung beim Einsatz von *vollkeramischen Teilkronen* vorliegt, wird an dieser Stelle nicht weiter auf Details eingegangen.

7.3.2 Indikation für zahnfarbene Einlagefüllungen

Keramik- und Komposit-Einlagerestaurationen sind für die Restauration mittelgroßer und großer Klasse-I- und -II-Kavitäten geeignet und speziell im ästhetisch sichtbaren Prämolarenbereich eine Alternative zu gegossenen Restaurationen.

Da Komposit- und Keramikinlays mit Kompositklebern und Schmelz-Ätz-Technik in der Kavität befestigt werden, muß die **Kavität allseitig von Schmelz begrenzt** sein. Das bedeutet, approximale Kavitäten mit zervikaler Stufe im Zahnzement bzw. Dentin lassen sich nicht mit Komposit bzw. Keramikinlays versorgen, solange keine adäquaten Dentinhaftvermittler zur Verfügung stehen, die einen dichten Verbund des Kompositklebers zum Dentin langfristig garantieren können.

Vielfach wird vorgeschlagen, adhäsiv befestigte Inlays zur Versorgung **wurzelkanalbehandelter Zähne** zu verwenden. Sie sollen eine höckerstabilisierende Wirkung ausüben. Auch in diesem Bereich fehlen klinische Langzeituntersuchungen, so daß zum jetzigen Zeitpunkt eine derartige Indikationsstellung verfrüht erscheint.

Endodontisch behandelte Zähne mit *Klasse-II-Kavitäten* sollten daher nach wie vor mit einer kauflächendeckenden Restauration versorgt werden.

Klasse-V-Kavitäten lassen sich prinzipiell mit zahnfarbenen Einlagerestaurationen versorgen. Es treten hier jedoch ähnlich Probleme auf wie bei der Verwendung von Kompositfüllungen.

Sobald der zervikale Kavitätenrand zement- bzw. dentinbegrenzt ist, ist kein ausreichender Verbund zwischen Kompositkleber und Zahnhartsubstanz gewährleistet.

Zur **Indikationsstellung verschiedener Restaurationstechniken** wurde von Klaiber et al. die in Tabelle 7-1 dargestellte Entscheidungshilfe formuliert.

Kontraindikationen für zahnfarbene Seitenzahnfüllungen sind okklusale Interferenzen, wie z.B. Bruxismus, ungenügende Restzahnhartsubstanz, stark verfärbte Restzahnhartsubstanz, zu kurze Zähne, zu kleine Defekte, bei denen bevorzugt plastische Füllungsmaterialien verwendet werden sollten. Komposit- und Keramikinlays sollten nicht bei Zähnen Verwendung finden, an denen eine Klammerprothese befestigt wird.

7.3.3 Komposit-Einlagefüllungen

Komposit-Einlagerestaurationen werden i.d.R. aus hochgefüllten Feinpartikelhybridkompositen hergestellt. Die **Herstellung** erfolgt entweder **direkt** im Mund des Patienten oder nach vorheriger Abdrucknahme und Modellherstellung **indirekt** im zahntechnischen Labor.

Vor der Herstellung erfolgt eine **Farbbestimmung** mit speziellen, von den Kompositproduzenten empfohlenen Farbringen. Mit Intensivfarben können spezielle Effekte z.B. in den Fissuren erzielt werden.

Bei der direkten Herstellung wird nach der Präparation die Kavität mit einem speziellen Mittel isoliert. Anschließend wird mit einem lichthärtenden Komposit eine Füllung in **Schichttechnik** „modelliert“. Bei mehrflächigen Kavitäten wird vorher eine transparente Kunststoffmatrize gelegt und gut verkeilt. Die Okklusion und die Artikulation können direkt am Patienten eingeschliffen werden. Das fertige Inlay wird aus der Kavität entfernt, poliert und anschließend mit Licht oder Hitze bzw. einer Kombination aus beidem **nachvergütet.** Dabei wird eine zusätzliche Konversion von Monomerbestandteilen in eine Polymerstruktur erreicht. Die Anzahl freier Bindungsstellen nimmt dabei ab. Nachvergütete Einlagerestaurationen aus Komposit weisen eine maximale Polymerisation, keine Polymerisationsschrumpfung, verbesserte physikalische Eigenschaften (Elastizitätsmodul, Biegefestigkeit, Härte) und verringerte Wasseraufnahme auf. Gleichzeitig werden bei der Nachvergütung Materialspannungen abgebaut.

Bei *größeren Restaurationen* ist die **indirekte Technik** rationeller. Im Artikulator lassen sich Okklusion und Artikulation optimal gestalten. Die Approximalkontakte werden auf einem ungesägten Approximalkontaktmodell überprüft. Bei dem ersten auf dem Markt erhältlichen System (SR-Isosit®) wurde das Inlay unter Druck- und Hitzeeinwirkung polymerisiert. Heute werden auch im zahntechnischen Labor meistens lichthärtende Feinpartikelhybridkomposite zur Herstellung von Komposit-Einlagerestaurationen verwendet und anschließend

Tabelle 7-1. Indikation restaurativer Maßnahmen in Abhängigkeit von der okklusalen bzw. approximalen Defektausdehnung (modifiziert nach KLAIBER et al. 1992).

	okklusale Defektausdehnung				approximale Defektausdehnung			
	klein	**mittel**	**groß**	**Höcker-ersatz**	**zervikal Schmelz**	**zervikal Dentin**	**weit apikal**	**weit bukkolingual**
Amalgamfüllung	– +	+	–	– (+)	+	+	–	–
Goldguß:								
– Inlay	–	+	–	–	+	+	+	+
– Teilkrone	–	–	+	+	+	+	+	+
Direkte Kompositfüllung	+	(+)	–	–	+	–	–	–
Adhäsiv befestigtes Inlay aus Komposit bzw. Keramik	–	+	+	+ (Keramik)	+	– / ?	–	+

+ geeignet
– ungeeignet
() bedingt geeignet
? in Kombination mit besonders wirksamen Dentinhaftmitteln möglicherweise geeignet

nachvergütet (z.B. langandauernde Lichteinwirkung in einer Lichtbox). Im Einzelfall entscheidet das Praxiskonzept über den Herstellungsweg.

Während bei der direkten Methode das Inlay in einer langen Sitzung hergestellt wird, muß der Patient bei der **indirekten Methode** zwei Behandlungstermine wahrnehmen.

Eine Zwischenstellung nehmen Systeme ein, bei denen zwar eine Abformung der Kavität erfolgt, die Herstellung jedoch *„chair-side"* in der Zahnarztpraxis an einem Modell aus Silikon mit großer Endhärte erfolgt. Diese **„semi-direkte" Technik** hat sich jedoch nicht durchgesetzt.

Rein heißpolymerisierte Komposite zeigen eine Konversionsrate von 90%. Das bedeutet jedoch auch, daß nur wenige Doppelbindungen verbleiben, an die anschließend das Befestigungskomposit anbinden kann. Schon nach wenigen Monaten lassen sich bei diesen Systemen im Bereich der Kompositfuge Defekte erkennen.

Rein lichtgehärtete Kompositinlays weisen eine geringere Konversionsrate mit einem Restdoppelbindungsgehalt von 25 bis 40% auf. Hier ist die Anbindung an das Befestigungskomposit besser.

Obwohl die Komposit-Einlagerestaurationen adhäsiv befestigt werden, soll auch hier eine *gute primäre Paßgenauigkeit angestrebt* werden, da die Kompositfuge weniger abrasionsstabil ist als das Kompositinlay bzw. der Zahnschmelz. Randimperfektionen, Randverfärbungen und Plaqueanlagerungen können die Folge sein. Sowohl bei direkt als auch indirekt hergestellten Kompositinlays zeigt sich eine große Variationsbreite in der Paßgenauigkeit (Zementspaltbreite zwischen 20 und 120 µm).

Vergütete Feinpartikelhybridkomposit-Einlagerestaurationen weisen bei richtiger Indikation primär eine gute *Abrasionsstabilität* auf. Es zeigte sich jedoch, daß mit zunehmender Tragedauer ein *rascherer Substanzverlust* zu beobachten ist als bei Amalgamfüllungen. Gleichzeitig kommt es aufgrund des hohen thermischen Expansionskoeffizienten von Komposit im Vergleich zu Zahnschmelz in relativ kurzer Zeit zu Qualitätsverschlechterungen im Randbereich (Kompositfuge).

Kompositinlays sollten ausschließlich für Einzelzahnrestaurationen verwendet werden, wenn die Okklusion ausreichend auf gesunder Zahnhartsubstanz abgestützt ist. Für den Ersatz von tragenden Höckern sind Komposit-Einlagerestaurationen nicht geeignet.

7.3.4 Keramik-Einlagefüllungen

Die Indikation für Keramik-Einlagerestaurationen entspricht im Prinzip der für Komposit-Einlagerestaurationen. Man ist jedoch aufgrund der physikalischen Eigenschaften der Keramik geneigt, die Indikation auch auf okklusionstragende Overlays (Teilkronen) auszudehnen.

Die gebräuchlichen Keramiken und Glaskeramiken sind in ihrer Härte, dem Elastizitätsmodul und thermischen Expansionskoeffizienten dem Zahnschmelz ähnlicher als Komposite.

Die **Plaqueanlagerung** ist im Vergleich zur natürlichen Zahnoberfläche verringert.

Die **ästhetischen Belange** können mit Keramik-Einlagerestaurationen besser berücksichtigt werden als mit Komposit-Einlagerestaurationen.

Bei den in der Zahnerhaltung üblicherweise verwendeten Keramiken lassen sich Sinterkeramik, gegossene und gepreßte Glaskeramik unterscheiden.

Die üblichen **Sinterkeramiken** bestehen aus *Quarz*, *Feldspat* und *Kaolin*. Durch das Mischungsverhältnis und die Sintertemperatur (660–980 °C) wird die Art des Endprodukts bestimmt (s. Lehrbücher der Werkstoffkunde). Beim Sintern bildet sich eine Glasmatrix, in die verschiedene Kristalle eingebettet sind. Wird der Kristallanteil durch Beimischung von z.B. Aluminiumoxid erhöht, entstehen mechanisch optimierte Dentalkeramiken mit verringerter Tendenz zur Rißbildung.

Nach Abformung der präparierten Kavität wird im Labor ein *Meistermodell* und ein *Dupliermodell* aus feuerfesten Stümpfen hergestellt. Die feuerfesten Stümpfe müssen eine hohe Kantenfestigkeit besitzen. Die thermische Expansion der Stumpfmassen muß auf die entsprechende Keramikmasse abgestimmt sein, um die Spannungsbildung in der Keramik beim Brennen zu verringern.

Das Modell mit den feuerfesten Stümpfen kann in einem Artikulator fixiert werden, so daß funktionelle Gesichtspunkte beim Aufbrennen berücksichtigt werden können. Die Keramik wird schichtweise aufgetragen und gebrannt, um die Sinterschrumpfung zu minimieren. Nach Fertigstellung wird die Stumpfmasse abgestrahlt und die Einlagerestauration auf dem Meistermodell angepaßt.

Laborgefertigte, gesinterte Keramikrestaurationen weisen eine *gute primäre Passung* (Kompositfuge: 45–70 µm) auf. Es läßt sich eine individuell adaptierte Kaufläche bei guter bis sehr guter Farbgebung erreichen.

Eine Langzeitprognose ist bisher nicht möglich, da kontrollierte, prospektive Langzeitstudien mit einem Vergleich zu gegossenen Metallrestaurationen bisher fehlen. Die vorläufigen Ergebnisse lassen jedoch vermuten, daß bei richtiger Indikation eine befriedigende klinische Beständigkeit gegeben ist. Nach dem Einsetzen kommt es im Bereich der Kompositfuge jedoch schon nach kurzer Tragedauer zu Randimperfektionen.

Hydroxylapatit- und Glaskeramik werden im Gußverfahren (1350 °C) hergestellt. Im Labor aufgewachste Inlays werden in einem *Schleuderguß* dabei in Glas überführt. Der durchsichtige, amorphe Glaskörper wird anschließend durch eine Wärmebehandlung (über 1000 °C, 6 Stunden) in einen halbkristallinen Zustand überführt (keramisiert). Spezielle Verunreinigungen in Glas (z.B. Magnesiumfluorid) wirken dabei als Kristallisationskeime.

Bei der Glaskeramik (Dicor®) liegen schließlich 55 Vol.% in kristalliner Form vor. Durch die *Kristallstruktur* werden Mikrorisse beim Belasten aufgefangen und pflanzen sich nicht in das Innere des Inlays fort. Die Frakturanfälligkeit nimmt somit ab.

Gegossene Glaskeramik sieht weißlich opak aus, kann jedoch durch *Keramikmalfarben* individuell umgestaltet werden.

Das *Abrasionsverhalten* entspricht dem vom Zahnschmelz.

Ein **semidirektes Verfahren** wurde von Jäger et al. (1988) vorgestellt. Dabei wird aus einem rückstandslos verbrennbaren, *lichthärtenden Kunststoff* (Palavit GLC®) ein Inlay *direkt im Mund* des Patienten modelliert und anschließend in *Glaskeramik* überführt. Die zahntechnischen Kosten werden dabei erheblich gesenkt, da keine Abformung, keine Modellherstellung und damit minimaler technischer Aufwand im Labor erforderlich sind. Nachteilig sind die aufwendigen Modellationen im Mund des Patienten und die Neuanfertigung bei Fehlgüssen.

Beim **IPS-Empress®-Verfahren** wird eine vom Hersteller vorgefertigte *leucitverstärkte Glaskeramik* verwendet. Auch hier erfolgt nach Wachsmodellation eine Überführung in Keramik. Dabei werden die vorgefertigten Rohlinge bei 1050–1180 °C und einem Druck von 5 bar in eine Hohlform gepreßt.

Anschließend können *Farbgebung* und *Glasur* erfolgen. Auch diese Inlays zeichnen sich durch schmelzähnliches Abrasionsverhalten und gute werkstoffkundliche Parameter aus. Die primäre Paßgenauigkeit liegt im Bereich von gegossenen Metallrestaurationen.

Neben diesen formgebenden Verfahren gibt es Herstellungsverfahren, bei denen der Inlaykörper aus einem bereits vorgefertigten Keramikrohling durch Abtrag hergestellt wird.

So wird beim **CEREC®-Verfahren** (CAD-CAM-Verfahren) in *semidirekter Technik* ein Inlay hergestellt. Die präparierten Kavitäten werden nach Auftragen eines weißen Puders mit einer speziellen Videokamera optisch „abgeformt".

Durch Aufnahme und Transformation der Profildaten nach dem *Prinzip der aktiven Triangulation* (Verzerrung eines auf den Zahn projizierten Streifenmusters) mit Auflösung von 55 µm entsteht ein *dreidimensionales Videostandbild der Präparation* auf einem Computermonitor. Mit einer Zeichenkugel werden Grenz- und Rahmenlinien (bukkaler, lingualer Kavitätenboden, Approximalkontakt) eingezeichnet. Die Füllungsunterfläche wird dann automatisch von einem Computer berechnet und die Konstruktionsdaten anschließend an eine *mikroprozessorgesteuerte Schleifmaschine* mit Diamantscheiben weitergeleitet.

Innerhalb von vier bis sieben Minuten schleift eine Dreiachsenschleifmaschine aus einem Vollkeramikblock (Feldspatkeramik, Glaskeramik) ein Inlay.

Die *okklusale Gestaltung* erfolgt erst nach dem Einsetzen durch den Zahnarzt mit Diamantschleifern. Die primäre Paßgenauigkeit schwankt je nach Übung zwischen 0 und 250 µm Fugenbreite.

Zwei weitere Systeme sind bisher nicht zur Marktreife gelangt. Das **Duret-System** arbeitet mit einer 3-D-Kamera mit einer Auflösung von 20 µm. Mittels einer Kombination aus Holographie und Moirétopographie wird über einen CCD-Sensor ein Profilbild des präparierten Kronenstumpfes erstellt, das in ein *dreidimensionales Datenmodell* umgerechnet wird. Aus einer Datenbank können Kronenformen abgerufen und angepaßt werden. Über eine Dreiachsenschleifmaschine kann dann aus verschiedenen Materialblöcken *vollautomatisch eine Krone angefertigt* werden.

Auch beim **Rekow-System** wird mit einem optischen Verfahren (35-mm-Fotokamera mit endoskopartigem Stereoaufsatz) ein *Stereobild der Präparation* gewonnen und weiterverarbeitet.

Beim **Kopierschleifverfahren** (Celay-System®) wird ein direkt in der Kavität oder auf dem Gipsmodell modelliertes und ausgehärtetes *Kunststoffinlay mit einem Taster mechanisch abgetastet.*

Die Abtastnadel ist direkt mit der Schleifeinheit (Diamantschleifer verschiedener Konfiguration) verbunden und erlaubt eine direkte Kopie des Kunststoffinlays und damit eine Überführung in Keramik. Es resultieren Inlays mit *hoher Präzision*, wobei auch die Kaufläche exakt übertragen wird. Auch diese Keramikinlays können anschließend bemalt und glasiert werden.

Ein relativ neues Verfahren ist die **Sonoerosivübertragung eines Kunststoffinlays in Keramik.** Der Abtrag erfolgt hier durch *ultraschallaktivierte Borkarbidsuspensionen*. Das System befindet sich allerdings noch in der Erprobungsphase.

7.3.5 Provisorische Versorgung der Kavität

Wie bei gegossenen Metallrestaurationen muß auch bei zahnfarbenen Einlagerestaurationen eine mundbeständige, provisorische Versorgung der Kavität erfolgen. Auch hier wird vorher über den unpräparierten Zahn ein **Vorabdruck** mit Silikon hergestellt (alternativ Tiefziehschiene von einem Planungsmodell).

Aus *selbsthärtendem Acrylharz* (z.B. Protemp®) kann dann ein **provisorisches Inlay** hergestellt werden, in dem der Abdruck im Bereich des präparierten Zahnes mit der angerührten, noch weichen Masse gefüllt und in den Mund zurückgesetzt wird. Wenn das Material eine gummielastische Konsistenz erreicht, wird es entfernt, mit einer Schere getrimmt und anschließend in die Kavität zurückgesetzt.

Eine Nachhärtung im heißen Wasserbad verbessert die werkstoffkundlichen Eigenschaften. Anhand des Provisoriums kann auch ermittelt werden, ob eine genügende Kavitätentiefe und -breite präpariert wurde. Das Provisorium wird mit einem *eugenolfreien Zement* oder einem *selbsthärtenden Kalziumhydroxidpräparat* **in der Kavität befestigt.**

Eugenolhaltige Zemente sollten nicht verwendet werden, da später beim Einsetzen der zahnfarbenen Einlagerestauration die Polymerisation des lichthärtenden Befestigungskomposits durch verbliebene Eugenolreste behindert würde.

Als Alternative werden *weichbleibende, lichthärtende Kunststoffe* angeboten (Fermit®), die direkt in die Kavität eingebracht und ausgehärtet werden. Ein Zementieren ist dabei nicht nötig. Diese Materialien eignen sich allerdings nicht für die Herstellung von Langzeitprovisorien, da sie rasch bakteriell besiedelt werden und nicht dicht sind.

7.3.6 Anprobe und Eingliederung

Die Anprobe zahnfarbener Einlagerestaurationen erfolgt nach Entfernen des Provisoriums und Reinigung der Kavität. Dabei müssen alle Zementreste vollständig entfernt werden.

Absolute Trockenlegung mit Kofferdam ist beim Einsetzen zahnfarbener Einlagerestaurationen obligat.

Die Überprüfung der **Paßgenauigkeit** eines Komposit- bzw. Keramikinlays wird jedoch vorher vorgenommen. Dabei läßt sich eine bessere Farbkontrolle durchführen, da die Zähne nicht ausgetrocknet sind und ihre Ursprungsfarbe besitzen. Die Einlagerestauration muß ohne Druck vorsichtig in die Kavität eingebracht werden. Zur besseren Handhabung kann okklusal eine Abnehmehilfe aus lichthärtendem Kunststoff aufgebracht sein. Es gibt jedoch auch spezielle plane Instrumente, an denen eine doppelseitige Klebefolie angebracht ist, an die das Inlay angeklebt werden kann (Accu-Placer®).

Neben der Paßgenauigkeit (Silikonprobe) werden die **Approximalkontakte** überprüft. Falls notwendig, kann an der Innenfläche und an den Approximalflächen mit einem feinkörnigen Finierdiamanten (z.B. Composhape®) entsprechend eingeschliffen werden. Beschliffene Approximalflächen müssen anschließend mit einem speziellen Keramikpolierer oder mit flexiblen Schleifscheiben (z.B. Sof-Lex-Polierscheiben®) poliert werden, um einer Plaqueanlagerung vorzubeugen.

Die **Randdichtigkeit** wird mit einer spitzen Sonde kontrolliert. Dabei muß die Kontur zwischen Inlay und Zahn übergangslos sein.

Eine **Okklusionskontrolle** darf zu diesem Zeitpunkt **nicht** durchgeführt werden, da bei zu starken Okklusionskontakten oder Vorkontakten die zahnfarbene Einlagerestauration frakturieren kann.

Anschließend wird **Kofferdam** gelegt und die zu versorgenden Zähne mit einer möglichst fluoridfreien Polierpaste gereinigt und erneut gesäubert. Auch wenn es kleine Unterschiede beim Einkleben der Komposit- und Keramik-Einlagerestaurationen gibt, ist die Technik prinzipiell ähnlich und wird hier vereinfacht gemeinsam dargestellt.

Sowohl Keramik- als auch Komposit-Einlagerestaurationen werden an der **Innenseite vorbehandelt,** um eine bessere Verbundfestigkeit zum Befestigungskomposit zu erzielen. *Komposit-Einlagerestaurationen* werden dazu sandgestrahlt bzw. mit einem Diamantfinierer aufgerauht.

Keramik-Einlagerestaurationen werden mit einer speziellen Säure angeätzt und anschließend silanisiert. Diese Arbeitsschritte dürfen erst nach der Anprobe erfolgen. Sie sollten vom Zahnarzt selbst durchgeführt werden und nicht vom Zahntechniker, um dem Patienten eine weitere Sitzung zu ersparen. Als Ätzmittel werden i.d.R. *Flußsäure* (30–40%) und *Ammoniumbifluorid* (4–5%) verwendet. Für die einzelnen Keramiken werden von den Herstellern verschiedene Ätzzeiten angegeben. So wird für die *Empress®-Keramik* zwei Minuten Ätzzeit nach Applikation eines Ammoniumbifluoridgels empfohlen. Bei *Sinterkeramiken* wird eine Zeit von zwei Minuten bei Ätzung mit Flußsäure angegeben.

Eine Benetzung der äußeren Keramikoberfläche beim Ätzen ist zu vermeiden. Nach **Absprühen des Ätzmittels** (mindestens eine Minute) wird das Inlay gründlich getrocknet. Dabei kann die Benetzung mit 96%igem Alkohol hilfreich sein. Eine Kontamination anderer Keramikflächen (z.B. Waschbecken) mit Ätzgel ist zu vermeiden. Die Ätzung kann mit einem *thixotropen Gel* gezielter erfolgen als mit einer Flüssigkeit, da es nach Auftragen nicht verläuft. Der Ätzvorgang sollte immer getrennt von anderen Maßnahmen am Patienten erfolgen, da das Ätzgel hochgiftig ist. Das Tragen einer *Schutzbrille* ist ratsam.

Durch den Ätzvorgang entsteht ein **retentives Ätzmuster** an der Unterseite der Keramik-Einlagerestauration bei gleichzeitig *erhöhter Benetzbarkeit*. Die Unterfläche darf anschließend nicht kontaminiert werden. Da zwischen Keramik und Kompositkleber keine chemische Verbindung entsteht, wird das angeätzte Keramikinlay mit einem „Haftsilan" beschickt. Auch hier gibt es zahlreiche Präparate, wobei den Einkomponentenmaterialien wegen der einfachen Handhabung der Vorzug gegeben wird.

Silan geht sowohl mit dem Keramikinlay (hydrophiler Anteil) als auch mit dem Kompositkleber (hydrophober Anteil) eine Bindung ein. Die Silanflüssigkeit wird mit einem Einmalpinsel auf die Unterfläche des Inlays aufgetragen, verblasen und anschließend über einen Zeitraum von 3 bis 5 Minuten am besten in einem Wärmeschrank getrocknet. Eine Kontamination der nunmehr hochreaktiven Oberfläche, z.B. mit Speichel, ist unbedingt zu vermeiden. **Flüssigkeitskontamination** führt zu hydrolytischer Spaltung des Verbundes zwischen Silan und Keramik. Zahlreiche Studien konnten zeigen, daß durch die Silanisierung der Verbund zwischen Befestigungskomposit und Keramik-Einlagerestauration deutlich verbessert wird.

Auch Komposit-Einlagerestaurationen können vor dem Einsetzen noch einmal mit Alkohol entfettet werden. Von einigen Herstellern wird auch die Ätzung der aufgerauhten Unterfläche mit Phosphorsäure zur Verbesserung der Benetzbarkeit empfohlen.

Nach der Vorbereitung der Einlagerestauration wird der **Zahnschmelz** des gesamten Kavitätenrandes für 60 Sekunden mit einem Phosphorsäureätzgel **konditioniert,** dabei werden die Nachbarzähne mit einer verkeilten Matrize geschützt. Nach Absprühen des Ätzgels wird ein Dentinhaftvermittler entsprechend den Herstellerangaben in die Kavität appliziert. Damit sollen Dentinbereiche, die versehentlich mitgeätzt wurden, abgedeckt werden. Durch die Ätzung werden nämlich Dentinkanälchen weit geöffnet, und es kann anschließend zu einer schmerzhaften intratubulären Flüssigkeitsbewegung bei späterer Belastung der Einlagerestauration resultieren *(postoperative Sensibilität).* Der Dentinhaftvermittler dient also nicht zur adhäsiven Befestigung der Einlagerestauration, da die Indikation sich ausschließlich auf vollständig schmelzbegrenzte Kavitäten erstreckt.

Die einzige Aufgabe des **Dentinhaftvermittlers** besteht im Verschluß der offenen Dentinkanälchen. Eine Kontamination des angeätzten Schmelzes mit dem Dentinhaftvermittler scheint ohne

Bedeutung für den späteren Verbund des Befestigungskomposits mit dem Zahnschmelz zu sein.

Anschließend erfolgt die eigentliche Befestigung der Einlagerestauration in der Kavität. Sie kann mit unterschiedlichen **Befestigungskompositen** *(Kompositklebern)* erfolgen. Es gibt wenig visköse Mikrofüllerkomposite und mittel- bzw. hochvisköse Feinpartikelhybridkomposite. Wichtig ist, daß eine vollständige Aushärtung des Befestigungskomposits gewährleistet ist.

Es werden daher **dualhärtende Materialien** (chemisch und lichthärtend) verwendet. Dabei erfolgt nach Fixieren des Inlays durch Lichtpolymerisation die chemische Umsetzung der Monomerbestandteile auch in tieferen Kavitätenabschnitten.

Feinpartikelhybridkomposite besitzen bessere physikalische Eigenschaften und sind daher zu bevorzugen.

Bei einer sehr guten primären Passung führen jedoch niedrigvisköse, dualhärtende Kompositkleber zu besseren Ergebnissen, da die Schichtdicke und damit die Kompositfuge gering gehalten werden kann. Auf die Anwendung von Matrizen beim Einsetzen kann bei richtiger und rascher Arbeitsweise verzichtet werden.

Befestigungskomposite gibt es in verschiedenen *Farben*.

Bei guter *primärer Passung* spielt jedoch die Farbauswahl der Kompositkleber eine untergeordnete Rolle. Interessant sind Befestigungskomposite, bei denen es nach dem Aushärten zu einem *Farbumschlag* kommt.

Mit einem Einmalpinsel wird ein *Schmelzhaftvermittler* (Bonding) in die Kavität und auf die Unterseite der Einlagerestauration gebracht. Das Bonding wird mit einem Luftbläser dünn ausgepustet. Anschließend werden die beiden Komponenten des Befestigungskomposits vermischt und mit einem Spatel oder einer Insertionsspritze auf die Unterseite des Inlays und in die Kavität eingebracht.

Die Einlagerestauration wird mit vorsichtigem Druck *in Position gebracht* und mit einem Kugelstopfer festgehalten. Während des Eingliederns sollte die OP-Leuchte nicht auf die Restauration gerichtet sein, um eine vorzeitige Polymerisation des Befestigungskomposits zu vermeiden.

Bei der Verwendung **mittelvisköser Kompositkleber** werden *Überschüsse* mit Heidemann-Spatel, Scaler, Sonde und Zahnseide entfernt. Dabei ist darauf zu achten, daß kein Material aus der Fuge gezogen wird.

Bei **niedrigviskösen Kompositklebern** ist die *Überschußentfernung* im Approximalraum mit Zahnseide schwierig. Dabei wird das Material oft verschmiert.

Um eine *Sauerstoffinhibition* während der Polymerisation zu *vermeiden*, wird die Kompositfuge mit einem Glyzeringel bedeckt und es erfolgt anschließend die Lichthärtung von okklusal und von approximal (Lichtkeil) für jeweils 40 bis 60 Sekunden.

Hochvisköse (hochgefüllte), dualhärtende Kompositkleber lassen sich mit einer speziellen Technik ebenfalls zum Einsetzen von zahnfarbenen Einlagerestaurationen verwenden. Dabei wird das Komposit nach Anmischen mit einem Heidemann-Spatel appliziert, das Inlay eingebracht und mit einem Ultraschallgerät mit kunststoffbeschichtetem Arbeitsende in die endgültige Position gebracht. Das primär starre Komposit wird durch die Ultraschallschwingung niedrigviskös und erlaubt damit eine Positionierung der Einlagerestauration. Bei dieser Technik lassen sich *Überschüsse* vor dem Aushärten sehr gut entfernen, so daß sich eine weitere Ausarbeitung auf wenige Arbeitsschritte reduzieren läßt.

Die *Ausarbeitung und die Beseitigung von okklusalen Interferenzen* erfolgt mit fein- und feinstkörnigen Diamantfinierern. Dabei ist auf die Beseitigung überschüssiger Kompositfahnen besonderes Augenmerk zu richten. Speziell im Approximalbereich können diese zu Gingivareaktionen Anlaß geben. Die approximalen Randbereiche können mit diamantbelegten Feilen (Proxoshape®) feinster Körnung ausgearbeitet werden. Mit den aus der Frontzahnfüllungstechnik bekannten Finier- und Polierstreifen kann anschließend eine Politur in diesem Bereich erfolgen. Für die Politur frei zugänglicher Kavitätenabschnitte stehen aluminiumoxidbeschichtete Scheiben (Sof-Lex®) verschiedener Körnung und Silikonpolierer zur Verfügung. Eine abschließende Politur kann mit Hochglanzpolierpaste erfolgen.

Bei Anwendung des *CEREC®-Systems* wird mit Diamantschleifern die Kaufläche erst im Mund des Patienten und nach dem Einsetzen gestaltet, anschließend ausgearbeitet und poliert.

Nach Fertigstellung der Einlagerestaurationen werden die entsprechenden Zähne mit einem *Fluoridlack oder -gel* lokal fluoridiert.

Mit Hilfe der Schmelz-Ätz-Technik können in ähnlicher Art und Weise Keramik-Verblendschalen zur kosmetischen Korrektur im Frontzahnbereich eingesetzt werden.

7.3.7 Kritische Wertung

Der Einsatz zahnfarbener Einlagerestaurationen ist auf Patienten mit guter Mundhygiene, geringer Kariesanfälligkeit und guter Compliance begrenzt.

Die Patienten müssen zudem bereit sein, den Mehraufwand und damit die **Mehrkosten** einer solchen Behandlung zu tragen.

Ein zusätzlicher Faktor ist die Bereitschaft, ein höheres Risiko einzugehen als bei bewährten Restaurationsmaterialien, da **kontrollierte Langzeitstudien** bisher **fehlen**. Die Bedingungen der bisher durchgeführten klinischen Untersuchungen lassen sich nicht auf die Praxissituation übertragen. Sie wurden von hochqualifizierten Spezialisten durchgeführt, die bei der Anfertigung der Restaurationen unbegrenzt Zeit hatten. Die Untersuchungen fanden ohne wirtschaftliche und zeitliche Begrenzung an einem selektiven Patientengut statt.

Keramik- und Komposit-Einlagerestaurationen sind eine Alternative zu gegossenen Restaurationen, keinesfalls jedoch als Amalgamersatz zu betrachten.

Will man Amalgam mit einem anderen Restaurationsmaterial ersetzen, muß bei gleicher Behandlungsdauer und bei gleichen Kosten eine Restauration gleicher Güte resultieren. Dies ist beim Einsatz zahnfarbener Einlagerestaurationen nicht der Fall.

Zu den **positive Eigenschaften** gehören:
- schmelzähnliche Abrasion von Keramikrestaurationen
- Fehlen von Korrosion und Galvanismus
- geringe Löslichkeit der Werkstoffe
- ästhetische Kompatibilität
- geringe thermische Leitfähigkeit.

Demgegenüber sind zahlreiche Aspekte des Einsatzes von zahnfarbenen Einlagerestaurationen **nicht geklärt:**
- Biokompatibilität der Einzelkomponenten des adhäsiven Systems
- langandauernde Randdichtigkeit
- Dentinadhäsion
- vollständige Entfernung überschüssigen Kompositmaterials, speziell im Approximalraum
- Hydrolyseanfälligkeit der Silanverbindungen
- Anschrägen des Kavitätenrandbereichs vor dem Anätzen. Während einerseits die bessere Anätzbarkeit der Schmelzprismen nach Anschrägung nicht geleugnet werden kann, resultiert andererseits eine *breite Kompositfuge* mit den bekannten Problemen. Bei Keramikrestaurationen wird dabei meistens der Verbund zwischen Zahnschmelz und Kompositfuge zerstört, da

sie den Kaudruck auf die Fuge übertragen. Bei Komposit-Einlagerestaurationen resultieren Randdefekte eher zwischen Restauration und Befestigungskomposit.

Diese Problembereiche bedürfen einer wissenschaftlichen Klärung.

Die **Indikationsgrenzen** sind in folgenden Fällen überschritten:

- wenn keine Kofferdamapplikation möglich ist
- wenn die Kavitätenbreite mehr als die Hälfte der Höckerbreite eines Zahnes beträgt
- wenn der zervikale Rand unzugänglich ist oder approximal im Dentin liegt.

Ein Ausweg könnten hier **konventionell zementierbare Keramiken** sein. Diese befinden sich jedoch zur Zeit noch in der Entwicklung.

Endodontie

8 Einleitung

Die **Endodontie** beschäftigt sich mit Form und Funktion des Endodonts und der Ätiologie, Epidemiologie, Pathologie, Prävention, Diagnose und Behandlung von Erkrankungen des Endodonts.

Da Zahnpulpa und umgebendes Dentin entwicklungsgeschichtlich eine anatomisch-funktionelle Einheit bilden, wird der Begriff **Endodont** für diese gesamte Einheit verwendet.

Vom klinisch-praktischen Standpunkt aus steht neben Ätiologie und Diagnose von Zahnschmerzen die Behandlung der erkrankten Pulpa im Vordergrund. Da besonders die Wurzelkanalaufbereitung und Wurzelkanalfüllung hohe Ansprüche an die manuelle Geschicklichkeit stellen, soll hierauf besonders ausführlich eingegangen werden.

Das Endodont steht über das Foramen apicale der Wurzelspitze und auch über akzessorische Wurzelkanäle mit dem Parodontium in Verbindung. Erkrankungen der Pulpa greifen deshalb häufig, besonders im Bereich des Periapex, auf das Parodontium über. Aus diesem Grund befaßt sich die Endodontie auch mit der Ätiologie und Behandlung von Erkrankungen der periapikalen Region.

Das Ziel jeder **endodontischen Behandlung** ist die Erhaltung des erkrankten Zahnes und die dauerhafte Verhütung von schädlichen Auswirkungen auf den Gesamtorganismus, die von einem erkrankten Zahn ausgehen könnten.

9 Strukturen der Pulpa und des umgebenden Gewebes

9.1 Topographie der Pulpa

Der Weichgewebekern eines Zahnes wird als **Zahnpulpa** oder Zahnmark bezeichnet und besteht aus gut vaskularisiertem und innerviertem Bindegewebe.

Der Raum, den das Pulpagewebe ausfüllt, wird als **Pulpakammer** bezeichnet.

Topographisch kann man *Kronenkavum* und *Wurzelkanäle* und entsprechend *Kronenpulpa* und *Wurzelpulpa* unterscheiden. Die Pulpakammer ist von Dentin umgeben und ihre Ausdehnung entspricht in verkleinerter Form dem jeweiligen Zahnumriß.

Die **Kronenpulpa** hat inzisale bzw. okklusale Ausweitungen, die als *Pulpahörner* bezeichnet werden und von ihrer Form den Kauflächenhöckern entsprechen.

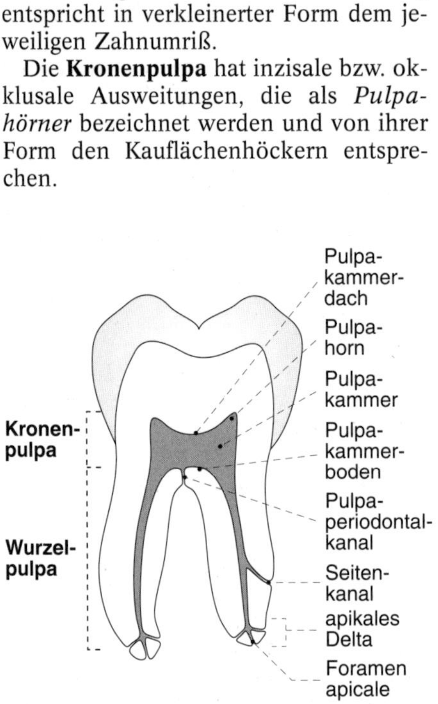

Abbildung 9-1. Nomenklatur und Topographie des Endodonts.

Die Dentinschicht, die das **Kronenkavum** bedeckt, wird als *Pulpadach* bezeichnet.

Das Pulpagewebe kommuniziert durch das Foramen apicale, die Seitenkanäle, akzessorischen Kanäle und Pulpaperiodontalkanäle mit dem Parodontium (Abb. 9-1). Aufgrund seiner Lage kann die Pulpa vom praktisch-klinischen Standpunkt als **Endorgan ohne kollaterale Zirkulation** bezeichnet werden.

9.2 Grundsubstanz, Bindegewebe und Zellen der Pulpa

Die Grundsubstanz der Pulpa hat eine **gelartige Konsistenz** und dient als Matrix, in die Zellen, Fasern und Blutgefäße eingebettet sind. Sie enthält neben anderen molekularen Komponenten in der Hauptsache *Glykosaminoglykane* bzw. *Proteoglykane*.

In der ganzen Pulpa verteilt finden sich **Kollagenfasern,** die ein Netzwerk bilden. **Elastische Fasern** finden sich nur in den Wänden größerer Blutgefäße.

Die charakteristischen Zellen der Pulpa sind die Odontoblasten, neben denen sich in verschieden großer Anzahl Fibroblasten, Ersatzzellen und Abwehrzellen finden lassen.

Die Dentin-bildenden **Odontoblasten** bedecken dicht gepackt das Prädentin. Während sich der Zellkörper im Bereich der Kronenpulpa säulenförmig mit basal liegendem Kern darstellt, ändert sich die Form im mittleren und apikalen Wurzelabschnitt zu kubischer und flach-länglicher Form.

Zum Prädentin hin scheinen die Zellwände verdickt und ohne Unterbrechung von Zelle zu Zelle zu sein. Diese mikroskopische Struktur entspricht aber nicht einer echten Membran, sondern ist nur Ausdruck der dichten Packung und Verschachtelung der Odontoblasten. Obwohl die Zellen im histologischen Bild als übereinandergeschichtet erscheinen, besitzt doch jede Zelle einen Zytoplasmafortsatz (Odontoblastenfortsatz), der in die Dentinkanälchen hereinragt und sich bis zur Peripherie des Dentinmantels erstreckt.

Die **Fibroblasten** sind der häufigste Zelltyp der Pulpa, und sie sind verantwortlich für die *Produktion der Grundsubstanz und der Kollagenfasern.* Ihre Form ist flach und spindelartig, und sie sind nahezu gleichmäßig über das gesamte Pulpagewebe verteilt.

Als **Ersatzzellen** werden *undifferenzierte Mesenchymzellen* bezeichnet. Diese Zellen werden für multipotentiell gehalten. Nach entsprechender Stimulation sollen sich ihre Tochterzellen zu jedem in der Pulpa vorkommenden Zelltyp, auch Odontoblasten, entwickeln können.

Neben den genannten, häufig vorkommenden Zelltypen finden sich in der Pulpa stets **einzelne, freie Zellen** wie *Histiozyten, Monozyten, Lymphozyten* und *Makrophagen*, die dem Abwehrsystem zuzurechnen sind.

9.3 Gewebezonen der Pulpa

Das Pulpagewebe ist nicht einheitlich strukturiert, sondern zeigt besonders im Bereich der Kronenpulpa einen **schichtartigen Aufbau** (Abb. 9-2).

Ein Bindegewebestrang, in dem zentral Blutgefäße und Nervenfasern verlaufen, wird von einer Zone umgeben, die reich an undifferenzierten Zellen und Fibroblasten ist. Diese Zone wird als kernreiche oder bipolare Zone bezeichnet. Hier finden sich auch starke Verzweigungen des zentralen Nervenbündels, die als **Raschkowscher Plexus** bezeichnet werden.

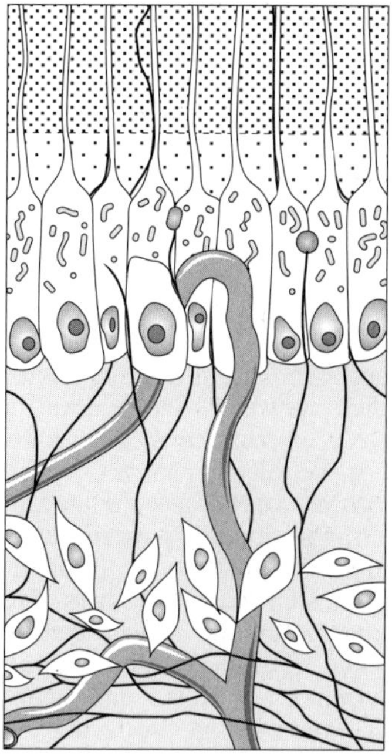

Abbildung 9-2. Schematische Darstellung der Gewebezonen der Pulpa (nach AVERY 1973).

Zur Pulpaperipherie hin schließt sich die kernarme oder **Weilsche Zone** an. Diese Zone ist zwar auffallend zellarm, enthält aber doch zytoplasmatische Fortsätze der Fibroblasten der kernreichen Zone und auch Endäste der Nervenfasern.

Zwischen der Weilschen Zone und dem Prädentin befindet sich die **Odontoblastenschicht.**

9.4 Gefäßversorgung der Pulpa

Die Pulpa ist sehr gut vaskularisiert und bildet in ihrer Gesamtheit ein funktionelles **Endstromgebiet.**

Die größeren Gefäße entsprechen von ihrem Durchmesser **Arteriolen** und **Venolen.** Eine kleine Anzahl von Arteriolen tritt durch das Foramen apicale und auch durch akzessorische Kanäle in die Pulpakammer ein. Innerhalb der Pulpa bilden die großen Gefäße ein zentrales, stammartiges Bündel und verlaufen in dieser Form bis in die Kronenpulpa.

An der Peripherie der Wurzel- und Kronenpulpa bilden Äste der Arteriolen einen dichten **Kapillarplexus,** über den Odontoblasten und andere Pulpazellen ausreichend mit Nährstoffen und Sauerstoff versorgt werden können.

Ausgehend von diesem Kapillarplexus, sammelt sich das abfließende Blut in venösen Gefäßen zunehmender Größe. Die größten Venolen verlaufen mittelständig und sind weitlumiger und in größerer Anzahl vorhanden als Arteriolen.

Unabhängig vom peripheren Kapillarplexus finden sich in der Wurzel- und Kronenpulpa zahlreiche **arterio-venöse Anastomosen.** Diese direkten Verbindungen zwischen Arteriolen und Venolen spielen eine wichtige Rolle bei der Regulation des pulpalen Blutflusses, weil so systemisch bedingte Blutdruckschwankungen, die die Pulpa schädigen könnten, ausgeglichen werden können.

Neben dem Blutgefäßsystem besteht ein System aus dünnwandigen **Lymphgefäßen.** Die prinzipielle Verlaufsform und die Anordnung der Lymphgefäße ähnelt den Blutgefäßen.

9.5 Nervale Versorgung der Pulpa

Die nervale Versorgung der Pulpa erfolgt mit **afferenten Nerven,** die ausschließlich *Schmerzsensationen* weiterleiten (A-Delta-Fasern und C-Fasern), sowie **Fasern des autonomen Nervensystems,** die hauptsächlich für die *Regulation des Blutflusses* sorgen, aber auch an der Schmerzübertragung beteiligt sind.

Die schnellen **A-Delta-Fasern** entstammen dem Nervus trigeminus, sind myelinisiert und umgeben von Schwannschen Zellen.

Die **C-Fasern** sind nichtmyelinisiert und einzeln oder in Gruppen von Schwannschen Zellen umgeben. Der Anteil der unmyelinisierten Nerven beträgt ein Vielfaches der myelinisierten.

Die Nervenfasern treten gemeinsam mit den Blutgefäßen in Bündeln durch das Foramen apicale in die **Pulpakammer** ein. Während es in der Wurzelpulpa nur wenige Verzweigungen gibt, kommt es im Bereich der Kronenpulpa zu ausgedehnten Verzweigungen. Beim Erreichen der *peripheren Randzone* verlieren die Nervenfasern ihre Myelinscheide.

Unterhalb der zellreichen Zone bildet sich der **Raschkowsche Plexus,** der aus einer großen Anzahl hauptsächlich nichtmyelinisierter Nervenaxome besteht.

Vom Raschkowschen Plexus aus erreichen einige sensible Fasern – ohne ihre Myelinscheide, aber noch innerhalb der Schwannschen Zellen – die **Odontoblastenschicht.**

In diesem Bereich verlieren die terminalen Axome auch ihre Schwannschen Zellen und gelangen benachbart zu den Odontoblastenfortsätzen bis in das **Prädentin.**

Vereinzelte Faserenden gelangen bis in das **mineralisierte Dentin,** möglicherweise sogar bis zur Schmelz-Dentin-Grenze. Die Anzahl der Endäste ist im Bereich der *Pulpahörner* am größten und nimmt in der Wurzelpulpa nach apikal zunehmend ab.

9.6 Funktionen und regressive Veränderungen der Pulpa

Das Pulpagewebe führt die **vier Basisfunktionen** aller lockerer Bindegewebe aus:

- formative Funktion
- ernährende Funktion
- nervale Funktion
- abwehrende Funktion.

Die **formativen Funktionen** bestehen typischerweise aus der Bildung von *Dentin* durch die Odontoblasten. Als physiologisch anzusehen ist die Bildung von *Primärdentin* (Orthodentin) und die alterungsbedingte *Sekundärdentinbil-*

dung, die während des gesamten Zahnlebens erfolgt. Durch die Sekundärdentinbildung kommt es zu einer zunehmenden Verkleinerung der Pulpakammer und damit auch des Wurzelkanallumens.

Auf unphysiologische Reize wie Karies oder Abrasion bilden die Odontoblasten *Tertiärdentin* (Reizdentin). Die Tertiärdentinbildung ist Teil der Abwehrreaktion der Pulpa-Dentin-Einheit auf äußere Reize. Die Bildung von Tertiärdentin erfolgt immer im Bereich der Reizeinwirkung. Geht durch Verletzung ein Teil der Odontoblastenschicht verloren, ist die Pulpa grundsätzlich in der Lage, den Defekt mit neu gebildeten Odontoblasten zu füllen.

Die regenerative Leistungsfähigkeit der Pulpa nimmt allerdings mit zunehmendem **Alter** ab. Bei Zähnen älterer Patienten kann die Odontoblastenschicht sehr stark reduziert sein.

Weitere altersbedingte *Veränderungen des Pulpagewebes* sind die Abnahme der Fibroblastendichte, die Zunahme der kollagenen Fasern und die Abnahme der Gefäßdichte. Arteriosklerotische Veränderungen können zu einer Verkalkung kleiner Gefäße führen und auch Nervenenden können verkalken.

Regressive Veränderungen der Pulpa treten nicht nur altersbedingt, sondern auch traumatisch bedingt, bei Heilungsvorgängen oder nach zahnärztlichen therapeutischen Eingriffen auf. In der gesamten Pulpa kann es zu diffusen *Verkalkungen* kommen, die häufig zuerst in Nachbarschaft der Blutgefäße lokalisiert sind. Zu den regressiven Veränderungen wird auch überwiegend die Bildung von Dentikeln gerechnet.

Dentikel (Pulpasteine) bilden sich häufiger in der Kronenpulpa als in der Wurzelpulpa. Dentikel können entsprechend ihrer Lokalisation (frei, adhärent, interstitiell) oder entsprechend ihrer histologischen Struktur (echt, falsch) klassifiziert werden. Isoliert im Pulpagewebe auftretende freie Dentikel können bei zunehmender Dentinbildung mit der inneren Dentinwand verwachsen (adhärent) oder von Dentin eingebettet werden (interstitiell).

Echte Dentikel sind selten und treten überwiegend im apikalen Bereich der Wurzelkanäle auf. Sie ähneln von der Struktur dem Primärdentin und werden durch dislozierte Zellnester der Hertwigschen Epithelscheide, die odontogene Potenz besitzen, gebildet.

Falsche Dentikel kommen sehr häufig vor und treten vorwiegend in der Kronenpulpa auf. Degeneriertes Pulpagewebe bildet hierbei die Matrix für die Ablagerung konzentrischer Lagen verkalkten Gewebes.

Klinisch sind Dentikel und andere diffuse Verkalkungen asymptomatisch, können aber durch Verlegung oder Einengung der Wurzelkanäle bei der praktischen Behandlung Probleme bereiten.

9.7 Strukturen des apikalen Parodontiums

> Das apikale Parodontium ist der Teil des Parodontiums, der die Wurzelspitze umgibt. Es enthält drei verschiedene Gewebearten, das Zement, das Desmodont und den Alveolarknochen.

Neben den zement- und knochenbildenden Zementoblasten und Osteoblasten finden sich verschiedene andere **Zelltypen** wie Fibroblasten, Mastzellen und Makrophagen. Die Fibroblasten bilden die Bindegewebefasern und die Grundsubstanz des Desmodonts. Im Bindegewebe finden sich regelmäßig die aus den Resten der Hertwigschen Epithelscheide stammenden *Malassezschen Epithelreste*.

Das apikale Parodontium ist gut vaskularisiert und besitzt eine große Regenerationsfähigkeit. Im Gegensatz zur Pulpa verfügt das Parodontium über einen gut entwickelten **Kollateralkreislauf.** *Lymphgefäße* folgen den *Blutgefäßen* und münden in regionale Lymphknoten.

Im Desmodont finden sich sowohl myelinisierte wie auch nichtmyelinisierte *Nervenfasern*. Das sensorische System entstammt dem Trigeminus. Die Nervenendigungen sind sowohl propriozeptiv wie schmerzempfindlich und reagieren schnell auf schon geringe Anstiege des Gewebedruckes.

10 Erkrankungen der Pulpa und des Periapex

10.1 Pulpitis

Auf genügend starke Irritationen reagiert die Pulpa mit einer Entzündung. Prinzipiell verläuft eine Pulpitis nach den gleichen Gesetzmäßigkeiten wie Entzündungen in anderen Bindegeweben des Körpers. Allerdings verursacht die besondere Topographie, die Ummantelung der Pulpa mit Hartgewebe, charakteristische Verlaufsformen.

Der Beginn jeder Entzündung ist durch eine **Hyperämie,** eine Dilatation der Gefäße, gekennzeichnet. Aus der vermehrten Durchblutung resultiert eine Rötung (Rubor) des Gewebes.

Wird der einwirkende Reiz jetzt nicht vermindert, folgt aufgrund erhöhter Permeabilität der postkapillaren Venolen die *Plasmaextravasation* und damit die **Schwellung** (Tumor) des betroffenen Gewebes. Da eine räumliche Ausdehnung des Pulpagewebes aufgrund der genannten Umstände nicht möglich ist, führen sowohl Vasodilatation wie auch Plasmaextravasation zu einem *erhöhten Gewebedruck*.

In den klassischen Theorien wurden diese Gesichtspunkte in den Vordergrund gestellt und man nahm an, daß es durch die Druckerhöhung und die damit verbundene Kompression der Venolen zu einer **Strangulation** und in der Folge zu einer Nekrose der Pulpa kommen muß.

Neuere Forschungsergebnisse können die Strangulationstheorie aber nicht unterstützen. Selbst ernste entzündliche Veränderungen von umschriebenen Pulpaarealen müssen nicht mit einem kompletten Verlust der Blutzirkulation verbunden sein. In modernen Theorien wird die **Hämodynamik der Pulpitis** folgendermaßen beschrieben:

Die gesunde Pulpa hat einen relativ hohen Blutfluß, der nicht maßgeblich durch vasodilatatorische Substanzen beeinflußt wird. Bei generalisiertem oder lokalisiertem Druckanstieg können arteriovenöse Anastomosen eine rasche Umverteilung des Blutflusses bewirken.

Beim Auftreten einer Entzündung kommt es nur zu einem relativ geringen *Anstieg des Blutflusses,* und zwar nur im Bereich des entzündeten Gebiets. Die aktive Steigerung der Kapillarpermeabilität spielt eine größere Rolle als der Anstieg des Blutflusses.

Für den *Abtransport von ödematösen Flüssigkeiten* aus dem entzündeten Gebiet gibt es zwei Möglichkeiten:
- über das Lymphsystem
- über Blutgefäße im benachbarten, nicht entzündeten Gewebe.

Ein *generalisiertes Ödem der Pulpa* während einer Entzündung kann aus folgenden Gründen *verhindert* werden:
- weil der Anstieg des Gewebedrucks auf das Entzündungsgebiet beschränkt ist
- weil eine erhöhte Drainage durch Zunahme des Lymphflusses erfolgt
- weil eine Absorption der Flüssigkeiten in die Kapillaren des benachbarten gesunden Gewebes möglich ist.

Die Pulpa reagiert also i.d.R. auf Irritationen mit einer lokalen Entzündung, die auf das Gebiet des einwirkenden Reizes beschränkt ist.

Lokal kann eine solche Entzündung für lange Zeit, manchmal für Jahre, bestehen, wenn der Reiz mild ist. Nach Entfernung des Reizes, z.B. einer Karies, kann die Entzündung ausheilen. Die Widerstandsfähigkeit der Pulpa ist erstaunlich groß. Nur, wenn ein Reiz nicht nur lange anhält, sondern auch intensiv genug ist, kann sich die Entzündung auf die ganze Pulpa ausbreiten. In den meisten Fällen schreitet der Prozeß dann von der Peripherie her langsam zur zentralen Pulpa und Wurzelpulpa fort. Dem Entzündungsprozeß kann dann schrittweise eine Nekrose des Gewebes bis zum Apex folgen.

10.2 Pathogenese der Pulpitis

Die Pulpitis entwickelt sich pathogenetisch wie jede andere Entzündung eines Gewebes.

Die **zelluläre Phase** wird zuerst von neutrophilen Granulozyten dominiert. Lymphozyten, Makrophagen und Plasmazellen erscheinen später, wenn die Entzündung einen eher chronischen Charakter annimmt.

Die **vaskuläre Phase** wird, wie beschrieben, charakterisiert durch einen leichten Anstieg des Blutflusses, Dilatation und erhöhte Permeabilität der Kapillaren und durch die Ansammlung von Flüssigkeit im Gewebe. Die Wanderung der Leukozyten aus den Gefäßen an den Reaktionsort wird durch chemokinetische und chemotaktische Faktoren reguliert. Wenn zu diesem frühen Zeitpunkt der ursächliche Reiz entfernt werden kann, kommt es i.d.R. zur Ausheilung.

Wenn der **Reiz anhält,** wandern möglicherweise mehr neutrophile Granulozyten ein. Diese Zellen haben eine kurze Lebensdauer und setzen nach ihrem Absterben toxische zelluläre Komponenten und proteolytische Enzyme frei, die ihrerseits dann andere Zellen, Bindegewebefasern und Grundsubstanz der Pulpa zerstören können. Bei *starker Gewebezerstörung* stellt sich dies klinisch bei Eröffnung der Pulpa als *Eiter* (Pus) dar.

Wenn dieser Prozeß insgesamt langsam verläuft, kann sich ein abgekapselter **eitriger Abszeß** bilden. Es ist nicht bekannt, ob in diesem Stadium noch eine Heilung möglich ist.

Wenn eine Entzündung vom akuten in den **chronischen Zustand** übergeht, wird die Szene nicht länger von neutrophilen Granulozyten beherrscht, sondern es treten Lymphozyten und später Makrophagen und Plasmazellen auf.

Die *Lymphozyten* repräsentieren die humorale und zellvermittelte Immunantwort.

Antigene Substanzen in der Pulpa können komplexiert und ihrerseits durch *Makrophagen* phagozytiert werden.

Lymphozyten und *Makrophagen* können wiederum durch zytotoxische Aktivität oder durch die Bildung von Zytokinen zu Gewebezerstörungen führen.

Die Immunantwort kann also der entzündeten Pulpa eine weitere Schädigung zufügen. Diese *Gewebezerstörungen in der chronischen Phase* können zu wiederum erhöhter chemotaktischer Aktivität und zur Anziehung von neutrophilen Granulozyten führen.

Auf die chronische Entzündung kann so eine **akute Entzündung** aufgepfropft werden. Dies kommt wahrscheinlich sehr häufig vor, und vielfach wird so eine akute Episode durch einen neuen, starken Reiz verursacht.

Insgesamt betrachtet, ist also die Entzündung der Pulpa ein dynamischer Prozeß, wobei häufig verschiedene Entzündungsstadien nebeneinander in verschiedenen Bezirken der Pulpa beobachtet werden können.

Diese Ausführungen machen klar, daß die **klassische Einteilung der Pulpitiden** in:
- Hyperämie
- Pulpitis serosa partialis und totalis

- Pulpitis purulenta partialis und totalis nicht nur diagnostisch, wie später gezeigt wird, sondern auch pathogenetisch problematisch ist.

Selbst akute und chronische Studien können schwer voneinander abgegrenzt werden, da sie häufig nebeneinander existieren.

Ohne Behandlung breitet sich die Entzündung der Pulpa immer mehr nach apikal aus und kann letztlich zur Nekrose der Pulpa führen (Abb. 10-1).

Eine verhältnismäßig selten auftretende Form der Pulpitis kann sich dann entwickeln, wenn es zur spontanen oder traumatischen Eröffnung der Pulpakammer kommt. Es entwickelt sich dann eine **offene ulzerierende Pulpitis** (Pulpitis chronica ulcerosa aperta), die in eine proliferierende Verlaufsform, die **Pulpitis chronica aperta granulomatosa** (Pulpapolyp), übergehen kann.

Dies kommt vorwiegend bei *Milchzähnen* und seltener bei bleibenden Zähnen vor. Pulpapolypen können das ganze Lumen eines tief zerstörten Zahnes ausfüllen oder sogar aus der Kavität herauswachsen. Die Oberfläche ist normalerweise von einer nekrotischen Schicht bedeckt, kann aber auch bei langer Verweildauer epithelisiert sein. Pulpapolypen sind nicht schmerzhaft, gerade jüngere neigen aber bei Berührung zu starker Blutung.

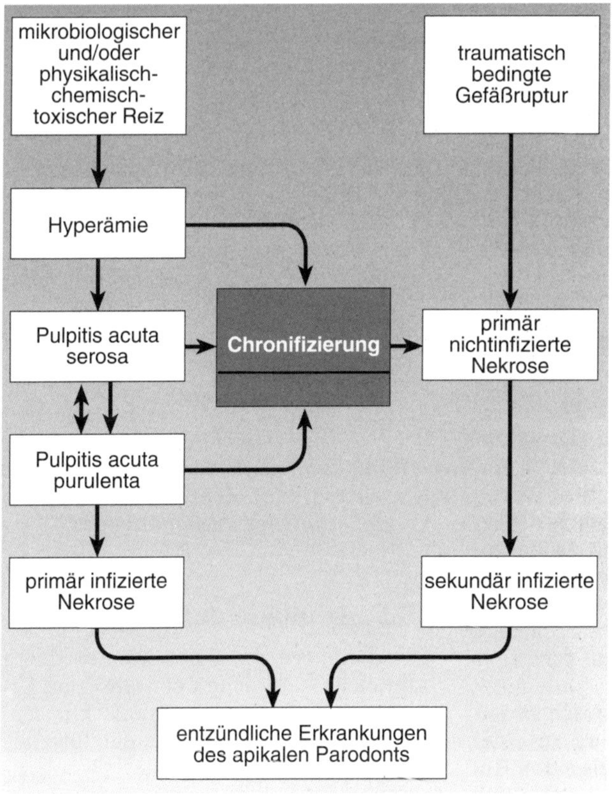

Abbildung 10-1. Schematische Darstellung der Entzündungsabfolge einer Pulpitis (nach einem Vorschlag der deutschen Hochschullehrer für Zahnerhaltungskunde, Raab 1993).

10.3 Pulpanekrose

Unter Nekrose versteht man den lokalen Zelltod.

Zu Nekrosen kann es in der Pulpa als Konsequenz einer partiellen Entzündung in umschriebenen Bereichen oder in der gesamten Kronen- und Wurzelpulpa kommen. Eine Nekrose der Pulpa kann nicht nur **entzündungsbedingt** entstehen, sondern auch dann, wenn aus **traumatischen Gründen** die Blutversorgung unterbrochen wird.

Bei der durch Bakterien oder bakterielle Produkte verursachten **Kolliquationsnekrose** kommt es zu einer Verflüssigung des Gewebes durch Autolyse.

Eine traumatische Unterbrechung der Blutzufuhr führt zu einer **Ischämie** und nachfolgender **Koagulationsnekrose** des Gewebes.

Während normalerweise eine Pulpanekrose schmerzlos ist, sind Schmerzhaftigkeit und übler Geruch (Gangrän) häufig mit dem Auftreten von bestimmten Bakterien, speziell Bacteroides-Arten, verbunden.

10.4 Internes Granulom

Eine sehr selten auftretende Form der Pulpaerkrankung ist das interne Granulom (Pulpitis chronica granulomatosa clausa). Interne Granulome werden mit einer lange bestehenden chronischen Pulpitis in Verbindung gebracht. **Voraussetzung** ist wahrscheinlich die **bakterielle Infektion und Nekrose** eines koronalen Anteils der Pulpa, wobei dann bakterielle Produkte durch Dentinkanälchen vitales, i.d.R. weiter apikal gelegenes Pulpagewebe erreichen.

Ausgehend von einer chronisch granulomatösen Pulpitis, kommt es zu einer sich meist **zentrifugal ausbreitenden Resorption des umgebenden Dentins** (Abb. 10-2). In Extremfällen kann es zu einem Durchbruch nach außen kommen und zur Fraktur des betroffenen Zahnes. Das Granulationsgewebe ist gefäßreich und mit Lymphozyten, Makrophagen, Plasmazellen und neutrophilen Granulozyten durchsetzt. In den umgebenden Dentinwänden lassen sich Dentoklasten nachweisen.

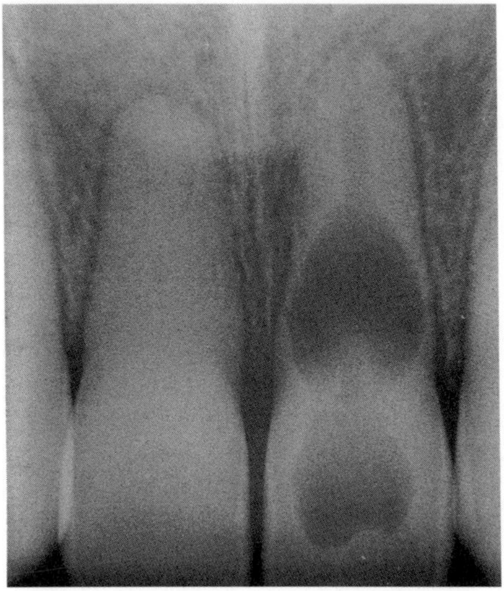

Abbildung 10-2. Internes Granulom (innere Resorption) bei einem oberen Schneidezahn.

Klinisch läßt sich ein internes Granulom, wenn es im sichtbaren Bereich des Zahnes lokalisiert ist, durch seine *rötliche, durchscheinende Farbe* erkennen.

Röntgenologisch stellen sich interne Granulome i.d.R. deutlich als rundliche *Vergrößerung der Pulpahöhle* dar.

10.5 Ätiologie der Pulpitis

Entzündungen der Pulpa können durch zahlreiche natürliche oder iatrogene Ursachen ausgelöst werden. Aus klinisch-praktischen Gründen bietet sich folgende grobe **Klassifizierung** an:

- infektiöse Pulpitis
- traumatische Pulpitis
- iatrogene Pulpitis.

10.5.1 Infektiöse Pulpitis

Infektiöse Pulpitiden werden hauptsächlich durch Karies verursacht.

Seltener können auch *Parodontalerkrankungen* zur **Entstehung einer Pulpitis** beitragen oder allein verantwortlich sein. Grundsätzlich kann auch die Exposition von Dentin zur Mundhöhle nach *Attrition, Abrasion oder Erosion* des Zahnschmelzes Pulpitiden auslösen.

Histologisch läßt sich manchmal schon bei einer fortgeschrittenen Schmelzkaries eine erste Reaktion der Pulpa nachweisen. In der Regel kommt es aber erst zur Reaktion der Pulpa-Dentin-Einheit, wenn die Karies das Dentin erreicht hat und durch die Dentinkanälchen ein Weg zur Pulpa offensteht. Solange die Karies die Pulpa nicht erreicht hat, lösen hauptsächlich bakterielle Stoffwechselprodukte einen Reiz aus. Erst in sehr fortgeschrittenem Stadium, wenn der kariöse Prozeß die Pulpa erreicht hat, richtet sich die Reaktion direkt gegen eindringende Bakterien. Eine bakterielle Besiedlung der Pulpakammer ist aber erst möglich, wenn die Pulpa nekrotische Bezirke aufweist. Die ursächliche Rolle der Bakterien und ihrer Produkte für die Auslösung einer Pulpitis konnte experimentell eindeutig nachgewiesen werden.

Die **bakterielle Invasion des Dentins** weist zwei Zonen auf:
- In der ersten, pulpanahen Zone finden sich hauptsächlich grampositive Laktobazillen und Stäbchen.
- In der zweiten Zone, der sekundären Welle, liegt eine bunte Mischinfektion vor.

Bei den **bakteriellen Produkten,** die durch die Dentinkanälchen zur Pulpa gelangen, handelt es sich um *Enzyme, Endotoxine, Polysaccharide, Peptide, somatische Antigene, Mitogene, Chemotaxine, Immunkomplexe, organische Säuren* und andere vergleichbare Substanzen. Neben diesen bakteriellen Produkten spielen möglicherweise auch Speichelbestandteile oder Abbauprodukte der zerstörten Zahnhartsubstanz eine Rolle.

Die **Pulpa-Dentineinheit reagiert** auf diesen Reiz:
- im Dentin mit einer tubulären Sklerose
- an der Pulpa-Dentingrenze mit der Bildung von Tertiärdentin
- in der Pulpa mit einer Entzündung.

Bei der ersten Reaktion, der **Sklerosierung der Dentintubuli,** kommt es durch Zunahme des peritubulären Dentins zu einer Verengung der Kanälchen. Durch intratubuläre Ausfällung von Kalziumphosphatkristallen (Apatit, Whitlockit, Octacalciumphosphat) kann es zu einem vollständigen Verschluß der Dentinkanälchen kommen.

Schon sehr früh kommt es bei einem entsprechenden Reiz zur Bildung von **Tertiärdentin.** Wenn sich ein kariöser Prozeß bis in das Tertiärdentin ausgebreitet hat, ist aufgrund der irregulären Struktur des Tertiärdentins keine Sklerosierung mehr möglich.

In der Pulpa treten erste **Veränderungen in der Odontoblastenschicht** und den peripheren Pulpazonen auf. Die Anzahl und Größe der Odontoblasten scheint reduziert, die Palisadenanordnung ist gestört. Der weitere Ablauf der Entzündung entspricht den vorhergehenden Erläuterungen und kann individuell sehr unterschiedlich verlaufen.

Die **Exposition von Dentin zur Mundhöhle** aufgrund von *Attrition, Abrasion, Erosion oder gingivalen Rezessionen* führt nur in seltenen Fällen zu ernsthaften Pulpitiden. Es ist möglich, daß Bakterien oder bakterielle Produkte durch die Dentinkanälchen zur Pulpa vordringen können und dort eine milde Entzündungsreaktion auslösen. In der Regel wird dies aber durch Sklerosierung und Bildung von Tertiärdentin verhindert.

10.5.2 Traumatische Pulpitis

Traumatische Verletzungen der Zähne können in Abhängigkeit vom Ausmaß zu

Pulpitiden oder zur Nekrose der Pulpa führen. Während Schmelzsprünge oder Schmelzrisse zu keiner nachweislichen Reaktion führen, kann durch **Dentinsprünge** oder **Dentininfrakturen** dann eine Reaktion der Pulpa ausgelöst werden, wenn Bakterien in das Dentin eindringen. Eine besonders starke Gefährdung der Pulpa liegt vor, wenn durch die Dentinfraktur ein direkter Zugang zur Pulpa besteht.

Bei **einfachen Kronenfrakturen** ohne Eröffnung der Pulpahöhle kann in schweren Fällen durch die Eröffnung zahlreicher Dentinkanälchen eine akute Pulpitis ausgelöst werden und posttraumatisch eine Nekrose der Pulpa entstehen. Bei komplizierten Kronenfrakturen mit Eröffnung des Pulpakavums bildet sich rasch ein Blutgerinnsel, das als idealer Nährboden für Bakterien dienen kann. Bereits nach 24 Stunden zeigt die Pulpa Anzeichen einer akuten Entzündung und eine totale Pulpanekrose konnte in Einzelfällen schon nach einer Woche nachgewiesen werden.

In jedem Fall hängt das Ausmaß der auftretenden Schädigung von Zeitpunkt und Art der zahnärztlichen Versorgung ab. **Wurzelfrakturen,** deren Bruchspalt nicht in Verbindung mit der Mundhöhle steht, können nach Bildung eines Blutgerinnsels und einer vorübergehenden Entzündung der Pulpa spontan ausheilen. Die Fragmente werden hierbei durch Kallusbildung wiedervereinigt.

Bei einer *stärkeren Dislokation der Fragmente* ist mit einer Unterbrechung der Blutzufuhr und mit einer nachfolgenden ischämischen Nekrose des koronalen Fragments zu rechnen.

Ähnlich verhält es sich bei **Kontusion** oder **Luxation** von Zähnen. Bei ernster *Schädigung der Blutgefäße im Bereich des Apex* kommt es zu einer Unterbrechung der Blutzirkulation mit kompletter ischämischer Nekrose der Pulpa. Wenn sekundär keine Infektion auftritt, kann der Zustand über lange Zeit unverändert beibehalten werden.

Die beste Prognose für die Pulpa besteht bei Zähnen mit **nicht abgeschlossenem Wurzelwachstum,** weil dann unter günstigen Umständen eine Revaskularisierung der Pulpa möglich ist.

10.5.3 Iatrogene Pulpitis

Zahnärztliche präparative oder restaurative Maßnahmen, die an vitalen Zähnen vorgenommen werden, können eine mehr oder weniger große Irritation der Pulpa verursachen. Eine Einschätzung der ursächlichen Wirkung ist zumeist sehr schwer, da die behandelten Zähne zumeist in einem diagnostisch nicht verifizierbarem Maß durch eine Karies vorgeschädigt sind.

Die bei zahnärztlichen Maßnahmen auftretenden Irritationen sind grundsätzlich physikalischer oder chemischer Natur.

Zu den **physikalischen Ursachen** gehören:
- präparatorische Maßnahmen
- Trocknung der Kavität
- diagnostische Applikation von Kälte oder Wärme
- mechanisches Einbringen von Füllungsmaterialien und Abformungen.

Zu den **chemischen Ursachen** zählt die Anwendung von Reinigungs-, Desinfektions- und Trocknungsmitteln, Lacken, Linern, Unterfüllungsmaterialien, Füllungsmaterialien, Säuren und adhäsiven Mitteln.

Besonders häufig entstehen **Schädigungen der Pulpa bei der Kronen- und Kavitätenpräparation.** Schädigend wirken können hierbei:
- Vibration
- Druck
- Temperaturerhöhung
- Austrocknung des Dentins.

Bei der Präparation des Dentins werden oft großflächig Dentinkanälchen eröffnet. Durch die *Durchtrennung der Odontoblastenfortsätze* können Entzündungsmediatoren freigesetzt werden, die eine vaskuläre Reaktion in der Pulpa auslösen.

Ungenügende Wasserkühlung bei der Präparation führt zu Überhitzung und Austrocknung des Dentins. Da Dentin ein schlechter Temperaturleiter ist, ist die *Temperaturänderung* an der pulpalen Dentinwand in Abhängigkeit von der Restdentindicke wesentlich geringer als die von außen einwirkende Temperatur. Bei trockener Kavitätenpräparation kann es in der Pulpa zu einer Temperaturerhöhung von 2–3 °C kommen, die aber allein für sich nicht schädigend sein muß. Nachweislich führt erst ein Temperaturanstieg in der Pulpa von ca. 10 °C zu einer irreversiblen Schädigung im Sinne einer Nekrose. Als besonders problematisch wird die **Austrocknung des Dentins** angesehen. Durch Flüssigkeitsentzug und Veränderung der Druckverhältnisse in den Dentinkanälchen können Odontoblastenkerne in die Kanälchen gesaugt werden. Dieser Vorgang wird häufig als *Odontoblastenaspiration* bezeichnet. Wenn keine ernsthafteren Schädigungen erfolgen, ist die resultierende Entzündungsreaktion der Pulpa allerdings weitgehend reversibel.

Zahlreiche gebräuchliche zahnärztliche Materialien können die Pulpa irritieren, wobei Dauer und Intensität der Reizwirkung und die Dicke und Beschaffenheit der Restdentinschicht den Grad der Schädigung stark beeinflussen. Besonders bei dünner Restdentindicke sollte zum Beispiel auf die Anwendung von chemisch aktiven Reinigungs-, Desinfektions- und Trocknungsmitteln verzichtet werden. Während die **biologische Verträglichkeit** von klassischen *Unterfüllungsmaterialien* wie Zinkoxid-Phosphatzement und von *Füllungsmaterialien* wie Amalgam weitgehend bekannt ist, herrscht besonders hinsichtlich *zahnfarbener Materialien* wie Kompositen und Glasionomerzementen Unsicherheit. Vorsichtshalber sollte unter nicht ausreichend geprüften Materialien immer ein bekanntermaßen nichtschädigend wirkendes Mittel zum Pulpaschutz eingebracht werden.

10.6 Parodontitis apicalis

> Das Pulpagewebe ist über das Foramen apicale und Seitenkanäle direkt mit dem apikalen Parodont verbunden. Eine unbehandelte Pulpitis breitet sich aus diesem Grund über den Apex hinaus in das Parodont aus: Es kommt zur Parodontitis apicalis.

Im Parodont bestehen günstigere Abwehrchancen als in der Pulpa. Deswegen stellt sich häufig ein Gleichgewicht zwischen Angriff und Abwehr ein, und es kommt zu chronischen Verlaufsformen.

Vereinfacht lassen sich apikale Parodontitiden in folgende Formen **unterteilen:**

- Parodontitis apicalis acuta
- Parodontitis apicalis chronica (Granulom, Zyste)
- akuter apikaler Abszeß
- chronischer apikaler Abszeß.

Häufig wird auch die eher selten auftretende *sklerotische Ostitis* (Osteosklerose, Condensing Ostitis) als eigene Klasse aufgeführt.

Apikale Parodontitiden müssen **differentialdiagnostisch abgegrenzt** werden zu spezifischen Erkrankungen, die in keinem Zusammenhang mit vorausgegangenen Erkrankungen der Pulpa stehen. Hierzu können die Folgen eines Traumas, die periapikale Osteofibrose, das Zementoblastom, das sklerosierende Fibrom und als unspezifische Erkrankungen das zentrale Riesenzellgranulom und Neoplasien zählen.

10.6.1 Ätiologie der Parodontitis apicalis

> Wenn sich eine unbehandelte Entzündung der Pulpa durch den Apex in das Parodont ausbreitet, können nebeneinander eine Pulpitis und eine Parodontitis apicalis acuta existieren.

Röntgenologisch läßt dann oft schon eine *Erweiterung des Parodontalspaltes* und **klinisch** eine starke *Aufbißempfindlichkeit* des betroffenen Zahnes diagnostizieren. Häufig befindet sich die Pulpitis dann aber schon in einem Übergangsstadium zur Pulpanekrose.

Ist die **Pulpa nekrotisch** geworden, aber nicht oder noch nicht bakteriell infiziert, enthält die Pulpakammer abgestorbene Zellen und Gewebe, stagnierende Gewebeflüssigkeit und zelluläre Abbauprodukte. Viele dieser Abbauprodukte sind zytotoxisch und können einen Reiz auf das gesunde periapikale Gewebe auslösen. Solange allerdings keine Besiedelung der Pulpakammer mit Bakterien stattgefunden hat, bleibt der Reiz mild und der Zahn klinisch unauffällig.

Nach heutigem Kenntnisstand kann eine sterile Pulpanekrose keine Parodontitis apicalis auslösen. Voraussetzung für die Infektion des Wurzelkanals ist eine Verbindung zur Mundhöhle. In seltenen Fällen kann auch nicht ausgeschlossen werden, daß eine Infektion auf hämatogenem Weg erfolgt.

Wenn der **Zugang zwischen Mundhöhle und Wurzelkanal** weit offen ist, entwickelt sich im Wurzelkanal zumeist keine Bakterienflora, die destruktive Vorgänge im apikalen Parodont auslöst. Erst wenn der Zugang nach erfolgter Infektion weitgehend verschlossen ist, entwickelt sich eine besonders pathogene Flora.

In grundlegenden neueren Untersuchungen konnte gezeigt werden, daß eine **apikale Parodontitis durch Bakterien im Wurzelkanal** ausgelöst wird. Der nekrotische Inhalt des Wurzelkanals und möglicherweise eindringender Speichel bilden das Substrat für die Bakterien. Die Bakterien entstammen der normalen Mundhöhlenflora.

Die **in infizierten Wurzelkanälen vorkommenden Bakterien** stellen im Vergleich zur Gesamtflora der Mundhöhle (hier sind bisher mehr als 300 Bakterienarten bekannt) nur ein beschränktes Spektrum dar.

Tabelle 10-1 gibt einen Überblick über Bakterienstämme, die häufig aus infizierten Wurzelkanälen isoliert werden konnten. Die speziellen ökologischen Verhältnisse im Wurzelkanal führen zu einem selektiven Wachstum bestimmter Bakterienspezies. Es wurde nachgewiesen, daß etwa 90% aller in infizierten Wurzelkanälen gefundenen Bakterien obligat anaerob sind (s. Tab. 10-1).

Je länger ein Wurzelkanal infiziert ist, desto mehr dominieren die Anaerobier. Bestimmte Bakterien entwickeln sich erst im Zusammenwirken mit anderen.

Es kann eine oder auch mehr als zehn unterschiedliche Bakterienarten vorhanden sein. Die Zahl der einzelnen Bakterien variiert zwischen weniger als 10^2 bis mehr als 10^7. Zähne mit großen apikalen Läsionen weisen häufiger mehr verschiedene Bakterienarten auf und haben auch eine höhere Bakteriendichte. Vermutlich spielen bestimmte Bakte-

Tabelle 10-1. Bakterienstämme, die aus infizierten Wurzelkanälen isoliert werden konnten (nach SUNDQVIST 1993).

Anaerobe Bakterien	Aerobe oder fakultativ aerobe Bakterien
Actinomyces	Actinomyces
Arachnia	Campylobacter
Bacteroides	Capnocytophaga
Eubacterium	Eikenella
Lactobacillus	Streptococcus
Fusobakterium	
Peptostreptococcus	
Porphyromonas	
Prevotella	
Propionibacterium	
Selenomonas	
Streptococcus	
Veilonella	
Wolinella	

rienarten, wie z.B. schwarzpigmentierte Bacteroides, Veilonellen, Fusobacterium und Prevotella und Porphyromonas-Arten eine besonders wichtige Rolle bei der Ätiologie der apikalen Parodontitiden.

Bei **chronischen apikalen Parodontitiden** lassen sich selten Bakterien innerhalb der periapikalen Läsion finden. Die Bakterien im Wurzelkanal sind zumeist durch eine dichte Ansammlung neutrophiler Leukozyten oder durch Epithelzellen am Foramen apicale von der periapikalen Region getrennt.

Wenn **Bakterien jenseits des Apex** gefunden werden, handelt es sich klinisch i.d.R. um akute Verlaufsformen wie akute apikale Abszesse.

In *Abszessen* herrschen zu 90–100% anaerobe Bakterien vor. Typischerweise handelt es sich um Kombinationen von anaeroben gramnegativen Stäbchen, grampositiven Kokken und fakultativ anaeroben Streptokokken.

Neben den genannten Ursachen können weniger häufig auch **chemische Faktoren** (desinfizierende Lösungen, Medikamente, Wurzelfüllmaterialien) und **physikalische Faktoren** (Überinstrumentierung, Überfüllung, Trauma) apikale Parodontitiden auslösen.

Wenn der *Wurzelkanal nicht infiziert ist,* halten die Irritationen des apikalen Gewebes, die durch zahnärztliche Behandlungsmaßnahmen ausgelöst werden, i.d.R. nur kurze Zeit an.

Wenn der *Wurzelkanal infiziert* ist und Wurzelkanalinstrumente über den Apex hinausgeschoben werden, kann auf diesem Weg das zuvor gesunde periapikale Gewebe infiziert werden.

Ein durch einen Stoß oder Schlag ausgelöstes Trauma, zu hohe Restaurationen oder übergroße kieferorthopädische Kräfte können zu einer zumeist *reversiblen Schädigung* der apikalen Parodontalfasern führen. Tritt keine Infektion ein, kann bei Abklingen oder Beseitigung des Reizes mit einer raschen Heilung gerechnet werden.

10.6.2 Pathogenese der apikalen Parodontitiden

Apikale Parodontitiden werden vorrangig nach **histologischen** Gesichtspunkten in *akute und chronische Formen* eingeteilt.

Berücksichtigt man mehr die **klinischen** Gesichtspunkte, bietet sich eine Einteilung nach *schmerzhaften und nicht schmerzhaften Parodontitiden* an.

Eine klinisch akute Entzündung ist i.d.R. kurzdauernd und mit starken Schmerzen und anderen klinischen Entzündungszeichen verbunden. Eine klinisch chronische Entzündung verläuft sehr langsam und kann ohne klinische Symptome über Jahre bestehen.

> Zwischen der histopathologischen Einteilung und dem klinischen Erscheinungsbild besteht häufig keine Übereinstimmung.

10.6.2.1 Parodontitis apicalis acuta. Eine akute apikale Parodontitis ist eine lokalisierte Entzündung des periapikalen Desmodonts und der direkt benachbarten Knochenmarksräume.

Histopathologisch ist die akute Entzündung durch *Gefäßerweiterung,* perivaskuläres Ödem und einem zellulären Exsudat aus überwiegend neutrophilen Granulozyten und Makrophagen gekennzeichnet.

Röntgenologisch sind akute Parodontitiden meist *unauffällig,* wenn auch manchmal eine geringe Verbreiterung des apikalen Desmodontalspaltes diagnostiziert werden kann.

Klinisch bestehen zumeist *starke Schmerzen.* Typisch sind das Gefühl der Zahnelongation und Schmerzen bei axialer Belastung. Wenn der ursächliche Reiz beseitigt wird, kann die Entzündung narbig ausheilen.

Bei anhaltendem Reiz erfolgt eine Überführung in andere Formen der Parodontitis.

10.6.2.2 Parodontitis apicalis chronica. Die chronische apikale Parodontitis ist eine zumeist abgekapselte Entzündung des periapikalen Parodonts (Abb. 10-3a und b).

Sie ist gewöhnlich in *direkter Nachbarschaft zum Foramen apicale lokalisiert,* kann in Ausnahmefällen aber auch im Bereich der Mündung lateraler Kanäle entstehen. Der chronische Verlauf erfolgt, wenn sich ein Gleichgewicht zwischen bakterieller Irritation und Körperabwehr einstellt.

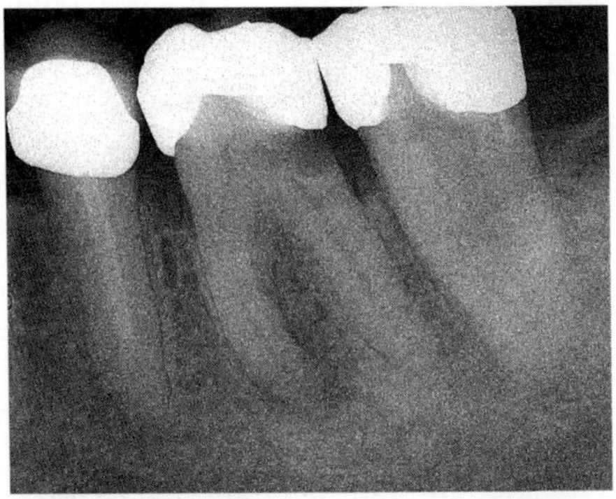

a

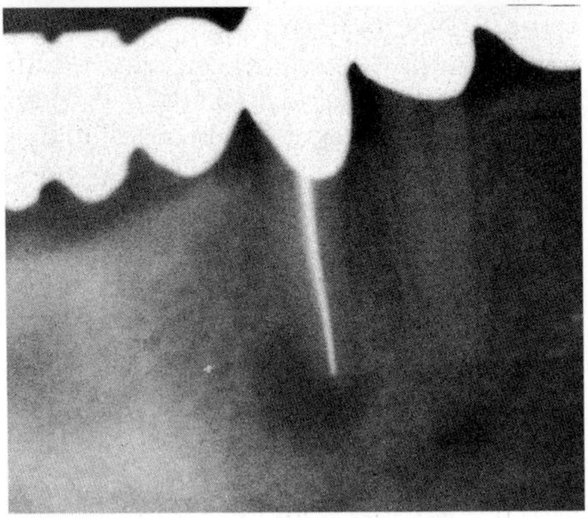

b

Abbildung 10-3.
a) Parodontitis apicalis bei einem unteren ersten Molaren in Form einer diffusen Radioluzenz um die mesiale Wurzelspitze.
b) Parodontitis apicalis bei einem unteren Prämolaren in Form einer umschriebenen Radioluzenz. Ursächlich ist eine undichte Wurzelkanalfüllung mit einem Silberstift.

Klinisch ist die chronische Parodontitis meist *unauffällig.*

Röntgenologisch zeigt sich neben der *Erweiterung des Desmodontalspalts* eine variabel große Knochenläsion.

Neben den genannten möglichen anderen Ursachen geht die Entstehung der Läsion zumeist *vom infizierten Wurzelkanal aus.* Die Mikroflora im Wurzelkanal bildet Antigene und Toxine, die über den Apex hinaus auf das apikale Gewebe einwirken und dort zu einer Abwehrreaktion führen.

Die Rolle, die die verschiedenen, im Wurzelkanal vorhandenen Bakterien für die Pathogenese spielen, ist noch weitgehend unklar.

Einige Bakterien lösen direkt toxische Effekte durch Enzyme und Zytotoxine aus. Große Bedeutung wird auch der Aktivierung des Immunsystems durch bakterielle Antigene zugeschrieben.

Da die *Körperabwehr* die im Wurzelkanal lokalisierten *Mikroorganismen nicht erreichen* kann, führen Entzündung und Immunreaktion nicht zur Ausheilung, sondern der Prozeß wird in Abhängigkeit von speziellen Eigenschaften der bakteriellen Flora und dem Abwehrvermögen des Wirtes in verschiedene Verlaufsformen überführt.

10.6.2.3 Apikales Granulom. Bei anhaltendem chronischen Verlauf wird das ursprüngliche Gewebe im apikalen Bereich durch Granulationsgewebe ersetzt.

Um das Foramen apicale kommt es zu einer kugelförmigen Ansammlung von Granulationsgewebe, dem Granulom. Durch das Wachstum des Granuloms kommt es zur *Resorption des Knochens* und in geringem Umfang zur *Wurzelresorption.*

Das *Granulationsgewebe* enthält Gefäße, Nerven und Fibroblasten und ist von einer Kollagenfasern-enthaltenden Bindegewebekapsel umgeben. Im meist kernförmigen Infiltrat dominieren Makrophagen neben Lymphozyten, Plasmazellen und neutrophilen Granulozyten.

Manchmal finden sich von Malassezschen Epithelresten abstammende, proliferierende Epithelstränge.

10.6.2.4 Apikale Zyste. Eine Zyste ist ein mit flüssiger oder breiiger Substanz gefüllter pathologischer Hohlraum, der von einem mehrschichtigen Plattenepithel ausgekleidet ist und von einer Kapsel aus Granulationsgewebe umgeben ist. Zumeist als Folgeerscheinung eines Granuloms kann sich durch Zellproliferation im Entzündungsgebiet eine apikale (radikuläre) Zyste entwickeln. Eine *Zyste entsteht*, wenn durch anhaltenden Reiz Granulationsgewebe nekrotisch wird und Epithelzellen, die den Malassezschen Epithelresten entstammen, zur Proliferation angeregt werden und den entstandenen Hohlraum auskleiden. Die Zellproliferation wird vermutlich durch bakterielle Antigene angeregt. Der flüssige oder breiige *Zysteninhalt* enthält nekrotische Zellen, neutrophile Granulozyten, Makrophagen und Cholesterinkristalle. Etablierte Zysten können Größen von einigen Millimetern bis zu 1,5 cm Durchmesser haben.

Durchschnittlich große Zysten können *röntgenologisch nicht von Granulomen unterschieden* werden. Vermutlich können periapikale Läsionen mit einer Wahrscheinlichkeit von 1 : 1 einer der beiden Formen zugeordnet werden. Sowohl Granulom wie auch Zyste sind i.d.R. die Antwort der Abwehrkräfte auf Reize, die durch die Infektion des Wurzelkanals ausgelöst werden. Beseitigt man die Ursache durch eine Wurzelkanalbehandlung, kann gewöhnlich mit einer Ausheilung gerechnet werden.

10.6.2.5 Sklerosierende Ostitis. Eine sklerosierende Ostitis stellt sich im *Röntgenbild* als *lokalisierte Osteosklerose* des Knochens im periapikalen Bereich dar (Abb. 10-4). Man vermutet, daß die klinisch symptomlose Sklerosierung durch schwache, lang anhaltende Reize, die von einer Pulpitis oder Parodontitis apicalis ausgehen, ausgelöst wird.

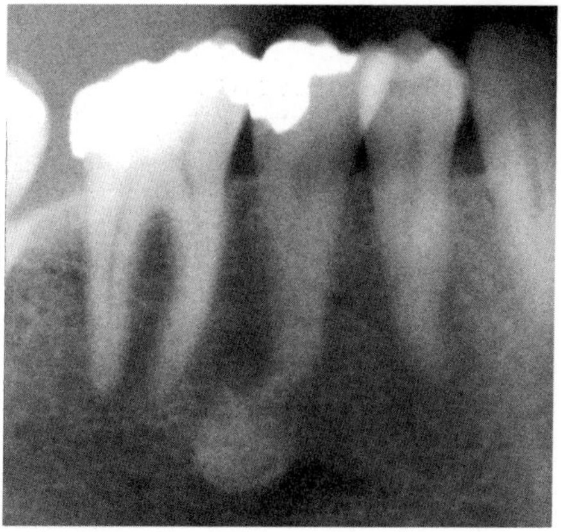

Abbildung 10-4. Sklerosierende Ostitis bei einem unteren Prämolaren.

Die *Verdichtung* (engl.: *condensing apical periodontitis*) kommt durch Anlagerung von Knochen auf Kosten der Markräume zustande. Nach Beseitigung des Reizes normalisiert sich die Knochenstruktur langsam wieder.

10.6.2.6 Akuter und chronischer apikaler Abszeß. Wenn der Reiz, der zur Auslösung einer Parodontitis apicalis führt, besonders groß ist oder die körpereigene Abwehr reduziert ist, kann es zu einer extrem schmerzhaften, akuten eitrigen Entzündung kommen. Hierbei werden nekrotisches Gewebe und abgestorbene Entzündungszellen verflüssigt.

Verursacht werden apikale Abszesse zumeist *durch Invasion pathogener Bakterien.*

Akute Abszesse können auf der Basis einer chronischen apikalen Parodontitis entstehen, wenn sich die Virulenz der Bakterien oder die Abwehrlage ändert *(Phönixabszeß)*. Häufig werden *iatrogene* Ursachen (Überinstrumentierung, Überfüllung) als Ursache angegeben.

Fast immer lassen sich aus Abszessen Bakterien isolieren, die aus der Flora des Wurzelkanals stammen.

Der entstandene *Eiter* kann vom Wirtsorganismus nicht abgebaut werden, son-

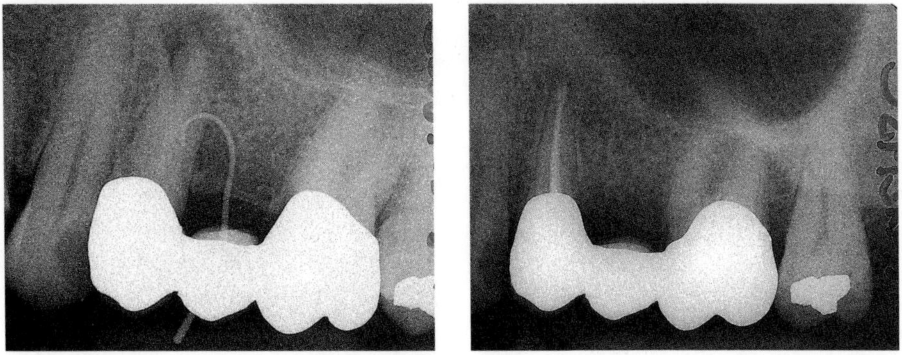

a b

Abbildung 10-5.
a) Parodontitis apicalis chronica mit dargestellter Fistel (eingeführter Guttaperchastift) bei einem oberen Prämolaren.
b) Zustand neun Monate später nach erfolgter Wurzelkanalfüllung.

dern muß nach außen abfließen können. Der Durchbruch eines Abszesses nach außen, der oft mit einer Verminderung der starken Schmerzen verbunden ist, erfolgt zumeist auf dem kürzesten Weg in die umgebenden Weichteile.

Bei *besonders heftigem Verlauf u*nd ungünstiger Ausbreitung des Abszesses kann es zu ernsten gesundheitlichen Beeinträchtigungen kommen.

Bei *chronischem Verlauf* kann es zur Abkapselung des Abszesses und zur Ausbildung einer *Fistel* kommen, durch die der Eiter abgeführt werden kann. Diese Verlaufsform eines Abszesses ist für die Patienten selten schmerzhaft.

Bei Beseitigung des ursächlichen Reizes kann es zur Ausheilung der Knochenläsion und zur Rückbildung der Fistel kommen (Abb. 10-5a und b).

11 Schmerzsymptomatik, Diagnostik und Behandlung der erkrankten Pulpa

11.1 Endodontische Schmerzsymptomatik

Schmerz ist ein subjektives Phänomen, das durch Reizung der Nervenendigungen ausgelöst wird.

Der Nervenimpuls wird durch *physische, emotionelle* und *kulturelle Faktoren* modifiziert. Dies bedeutet, daß vergleichbare Reize von verschiedenen Personen sehr unterschiedlich empfunden werden können. Die Angaben der Patienten über Art und Intensität von Schmerzen können also nur mit Einschränkungen bei der Diagnosestellung helfen.

11.1.1 Hypersensibilität des Dentins

Wenn der Zahnschmelz als Schutzmantel der Pulpa und des Dentins aus physiologischen oder unphysiologischen Gründen verlorengeht oder Wurzeldentin zur Mundhöhle exponiert ist, können schon geringe Reize zu einer erheblichen Schmerzempfindung führen. Beispiele hierfür sind freiliegende Zahnhälse, keilförmige Defekte, Erosionen, Karies oder undichte Füllungen. In den meisten Fällen ist die Pulpa eines hypersensibel reagierenden Zahnes gesund und entzündungsfrei.

Zu den **schmerzauslösenden Reizen** zählen *thermische, mechanische, osmotische* und *elektrische* Reize. Obwohl eine Beziehung zwischen neuralen Strukturen und Odontoblasten demonstriert werden konnte, ist der genaue Mechanismus der Schmerzübertragung vom Dentin auf die neuralen Strukturen der Pulpa nicht ganz geklärt.

Theorien, die von einer direkten Nervenstimulation ausgehen oder dem Odontoblastenfortsatz Rezeptorfunktion zuschreiben, konnten bisher nicht gefestigt werden. Am besten läßt sich die Schmerzentstehung mit der **hydrodynamischen Theorie** erklären. Danach wird der Schmerz durch mechanische Stimulation der Nerven im zirkumpulpalen Dentin und den peripheren Pulpabereichen ausgelöst. Der Reiz wird durch Flüssigkeitsbewegung in den Dentinkanälchen verursacht. Pulpa und Dentinkanälchen enthalten Gewebeflüssigkeit mit einem hydrostatischen Druck von etwa 30 mm Quecksilbersäule und damit ein Druckgefälle nach außen. Die Flüssigkeit in den Dentinkanälchen ist durch Kapillarkräfte fixiert. Durch physikalische, chemische oder osmotische Reize kann eine Flüssigkeitsbewegung ausgelöst werden. Typische Ursachen für die Auslösung von Flüssigkeitsbewegungen in die eine oder andere Richtung sind das Trockenpusten der Kavität, Applikation von Kälte oder Wärme oder die Einwirkung osmotisch aktiver Substanzen, wie z.B. Zucker. Charakteristisch für diesen reizabhängigen Zahnschmerz ist der offensichtliche Zusammenhang zwischen auslösendem Reiz und Schmerzempfindung. Die **Wahrnehmung des Schmerzes** tritt *spontan* oder nur *leicht verzögert* auf und verschwindet relativ schnell wieder, so daß die Schmerzen die Zeit der Reizeinwirkung nur wenig überdauern.

Für die Schmerzvermittlung des *hellen, umschriebenen* Schmerzes, wie er bei hypersensiblem Dentin auftritt, werden die schnellen A-delta-Fasern verantwortlich gemacht.

Dumpfe Schmerzen wie bei einer symptomatischen Pulpitis werden in Verbindung mit den C-Fasern gebracht.

Bei *wiederholten Reizen* kann es zum Einsprießen von neuen Nervenendigungen im Bereich der Reizeinwirkung kommen. Dies kann innerhalb eines Zeitraums von wenigen Tagen zu einer Verstärkung der Schmerzsensationen führen.

11.1.2 Symptomatische Pulpitis und Parodontitis apicalis

Eine Entzündung der Pulpa oder des apikalen Parodonts kann mit Schmerzen verbunden sein oder völlig asymptomatisch verlaufen.

Wenn pulpitische Beschwerden auftreten, können diese durch eine akute Pulpitis oder die Exazerbation einer chronischen Pulpitis verursacht worden sein.

Der **entzündungsbedingte Zahnschmerz** wird oft als *dumpf, ausstrahlend, pulsierend* oder *bohrend* beschrieben. Häufig kann der Pulpaschmerz nicht richtig lokalisiert werden. In der Regel kann vom Patienten zumindest eine Gruppe von Zähnen als Ausgangsort der Schmerzen angegeben werden. Als besonders charakteristisch wird auch der *reizunabhängig auftretende Nachtschmerz* bezeichnet.

Traditionell werden anhaltende Schmerzen nach einem *Kältereiz* mit einer akuten serösen Entzündung in Verbindung gebracht. Bei eitrigen Entzündungsformen erhöht *Wärme* die Schmerzen und Kälte verschafft Linderung.

Die so gestellte klinische Diagnose steht aber in den meisten Fällen nicht in Übereinstimmung mit dem histologischen Befund, wie vielfach deutlich gezeigt werden konnte.

Als Mechanismus für die **Schmerzauslösung** bei der Pulpitis werden *Schmerzmediatoren*, die lokale *Steigerung des hydrostatischen Drucks* und *mikrobielle Toxine* diskutiert.

In der Anfangsphase einer akuten Parodontitis apicalis kann es schwierig sein, anhand der Symptome zwischen pulpalem oder periapikalem Schmerz zu differenzieren.

Das **typische Schmerzbild** der akuten Parodontitis apicalis ist dann dadurch gekennzeichnet, daß der betroffene Zahn *berührungsempfindlich* wird und vom Patienten beim Zubeißen als zu hoch empfunden wird. Dies wird verursacht, weil das entzündungsbedingte Ödem den Zahn aus der Alveole drückt. Diagnostisch weisen Schmerzen bei der vertikalen Perkussion des Zahnes, z.B. mit dem Griff eines zahnärztlichen Instrumentes, auf eine Entzündung des apikalen Parodonts.

Die apikale Entzündung kann primär akut sein, oder es kann sich um die Exazerbation eines chronischen Prozesses handeln. Wenn ein akuter apikaler Abszeß entsteht, kommt es zumeist bis zum Durchbruch des Abszesses nach außen zu sehr intensiven, anhaltenden Schmerzen.

11.1.3 Differentialdiagnose pulpaler und periapikaler Schmerzen

Schmerzen, die durch eine Pulpitis oder Parodontitis apicalis verursacht werden, müssen differentialdiagnostisch von zahlreichen anderen vergleichbaren, Schmerzen verursachenden Erkrankungen abgegrenzt werden.

Besondere Probleme kann die Abgrenzung zu parodontalen Erkrankungen, wie einem **Parodontalabszeß,** machen. Die *klinische Untersuchung*, die eine Sensibilitätsprüfung und Sondierung des Parodontiums beinhalten muß, und das Röntgenbild können Aufschluß über die Art der Erkrankung geben. Liegt isoliert ein Parodontalabszeß vor, ist die Pulpa in der Regel vital.

Es können aber auch Formen von *kombinierten parodontalen und periapikalen Läsionen* auftreten.

Eine Restauration, die Vorkontakte aufweist, kann zur Überlastung und Schädigung der parodontalen Strukturen bzw. zur **traumatischen Okklusion** führen. Infolge der Gewebeschädigung kann es zu einer sterilen Entzündung und zu Schmerzen kommen, die bei Beseitigung der Störung reversibel sind. Klinisch gekennzeichnet sind solche Fälle häufig durch eine kürzlich angefertigte Restauration, Schliffacetten auf der Restauration und *Perkussionsempfindlichkeit* in Richtung der Überbelastung.

Bei einer bestehenden **Sinusitis maxillaris** werden vom Patienten oft *Überempfindlichkeit auf kalte Reize* und *Perkussionsempfindlichkeit* mehrerer benachbarter Zähne angegeben. Neben der Vitalitätsprüfung sollte auf *typische Sinusitissymptome* – Schmerzen beim Vornüberbeugen des Kopfes, Schmerzen bei Druck auf die Suborbitalregion oder die Fossa canina, Erkältungskrankheiten – geachtet werden.

Ausstrahlende Schmerzen von den Zähnen benachbarter Strukturen können mit Zahnschmerzen verwechselt werden. Hierzu zählen vom Kiefergelenk ausgehende Schmerzen beim temporomandibulären Schmerz-Dysfunktionssyndrom, neurologische Schmerzen bei einer Trigeminusneuralgie oder Neuritis und ausstrahlende Schmerzen aufgrund von Otitis, Osteomyelitis, Zysten und Neoplasien, Erkrankungen der Speicheldrüse, Migräne, Phantomschmerzen u.a.m.

Eine Abgrenzung muß auch zu Dentininfrakturen und Wurzel- und Kronenfrakturen aufgrund eines Traumas vorgenommen werden.

11.2 Klinische Diagnostik

Die Untersuchung des Patienten umfaßt die Erhebung der allgemeinmedizinischen und speziellen zahnmedizinischen Krankengeschichte, die klinische Untersuchung und die Röntgendiagnostik.

11.2.1 Allgemeinmedizinische Krankengeschichte

Die allgemeinmedizinische Krankengeschichte soll Klarheit verschaffen, ob der Gesundheitszustand des Patienten durch die zahnärztliche Behandlung beeinflußt oder aber der Behandlungsverlauf durch den Gesundheitszustand beeinflußt werden kann. Der Patient soll in schriftlicher Form Auskunft geben, ob Herz- und Kreislauferkrankungen, Stoffwechselerkrankungen, Allergien oder Infektionserkrankungen, speziell Hepatitis und HIV-Infektion, vorliegen und ob zur Zeit Medikamente eingenommen werden.

Beim Vorliegen bestimmter **schwerer Erkrankungen** kann es erforderlich sein, die Behandlung unter *Antibiotikaschutz* vorzunehmen. In vielen Fällen ist die endodontische Therapie einer chirurgischen Therapie aufgrund der geringeren Belastung vorzuziehen.

11.2.2 Zahnmedizinische Krankengeschichte

Wenn der Patient Beschwerden hat, sollen nicht nur die aktuellen Beschwerden, sondern auch die in der Vergangenheit aufgetretenen Beschwerden und Therapiemaßnahmen erfragt werden.

Die **Schmerzanamnese** beinhaltet folgende Fragen:

- Wann und unter welchen Einflüssen traten die Schmerzen erstmals auf?
- Wodurch wird der Schmerz ausgelöst oder gelindert (Kälte, Wärme, Druck), oder tritt er spontan auf?
- Wie lange hält der Schmerz an?
- Wie ist die Schmerzqualität (hell, dumpf, pulsierend usw.)?
- Sind die Schmerzen lokalisierbar, diffus oder ausstrahlend?

Bei der Erhebung der Schmerzanamnese muß berücksichtigt werden, daß die vorhergehende **Einnahme von Analgetika, Barbituraten oder Psychopharmaka** das Schmerzempfinden deutlich verändern kann. Fragen zur Schmerzqualität müssen immer kritisch bewertet werden, da

Schmerzen individuell oft sehr unterschiedlich empfunden und beschrieben werden.

11.2.3 Klinische Untersuchung

Die allgemeine klinische Untersuchung erfolgt extra- und intraoral.

Bei der **extraoralen Untersuchung** wird vor allem auf folgende Punkte geachtet:
- Asymmetrien
- Schwellungen in der Kopf- und Halsregion
- Lymphknoten
- Nebenhöhlen
- Kiefergelenk.

Die **intraorale Untersuchung** umfaßt:
- Oralhygiene
- Schleimhäute
- Zähne
- Parodont
- Qualität und Quantität von Restaurationen
- Schwellungen
- Fisteln
- Zahninfrakturen und Zahnfrakturen.

Zu den **speziellen endodontischen Untersuchungen** gehören Palpation, Perkussion, Prüfung der Zahnbeweglichkeit, Sondierung des Parodonts, Prüfung der Okklusionsverhältnisse, Sensibilitätstest und Röntgenuntersuchung.

In seltenen Fällen können die Transillumination, die Testkavität, Aufbißtest und selektive Lokalanästhesie angewendet werden. Von den genannten Tests sind die Perkussionsprobe und die Sensibilitätstestung zumeist die wichtigsten Maßnahmen.

11.2.3.1 Perkussionstest. Der Perkussionstest ist besonders wichtig zur Abgrenzung und Diagnose einer *Parodontitis apicalis.* Die Perkussionsempfindlichkeit eines Zahnes wird mit der Fingerkuppe oder, wenn kein Resultat auftritt, mit dem Griff eines zahnärztlichen Instruments durchgeführt. Zu Vergleichszwecken sollten benachbarte Zähne ebenfalls mituntersucht werden.

Ein *positives Ergebnis* bei vertikaler Perkussion weist zumeist auf eine apikale Parodontitis, bei horizontaler Perkussion auf parodontale Ursachen hin.

Auch eine *gelockerte Füllung,* ein *desmodontales Trauma* oder *vertikale Zahnfrakturen* und *Zahninfrakturen* können zu positiven Resultaten führen.

11.2.3.2 Sensibilitätsprüfung. Die bekanntesten Verfahren zur Sensibilitätsprüfung der Pulpa sind die Anwendung von Kälte, Wärme und Strom. Die Verfahren basieren darauf, daß eine gesunde Pulpa auf die einwirkenden Reize normal reagiert, während eine *entzündete Pulpa überempfindlich* und eine *nekrotische Pulpa unempfindlich* reagiert. Bei der thermischen Sensibilitätsprüfung kommt es aufgrund der schnellen Temperaturänderung zu einer Flüssigkeitsbewegung in den Dentinkanälchen und nachfolgender Stimulation der A-Delta-Fasern.

Für den *Kältetest* ist die Anwendung von CO_2 – Schnee (–78,5 °C) oder Dichloridfluormethan (ca. –25 °C) üblich. Die Anwendung von CO_2-Schnee gilt als sicherste Methode.

Die Kälte soll möglichst an Stellen des Zahnes aufgebracht werden, die der Pulpa nah sind (Abb. 11-1).

Bei korrekter, kurzzeitiger Applikation ist mit keiner Schädigung der Pulpa oder der Zahnhartsubstanz zu rechnen. Nach Anwendung von CO_2-Schnee für wenige Sekunden kommt es zu einer Tempe-

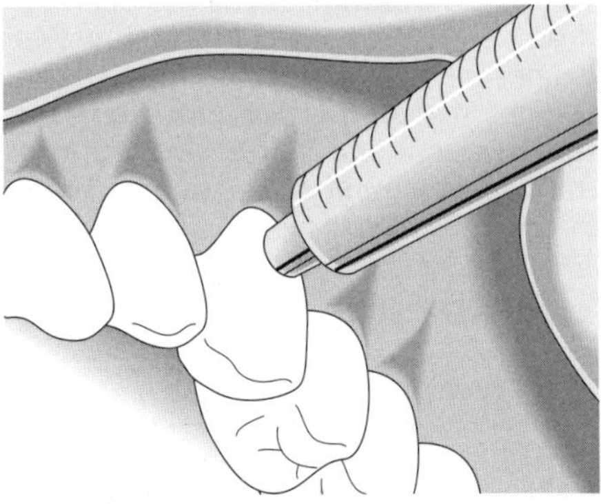

Abbildung 11-1. Das Vorgehen bei der Sensibilitätsprüfung mit CO_2-Schnee.

raturveränderung von nur ca. 2,5 °C an der Pulpa-Dentin-Grenze.

Der *Wärmetest* wird in der Regel mit heißer Stangen- oder Plattenguttapercha durchgeführt. Der Test eignet sich mit Einschränkungen zur Diagnose einer eitrigen Pulpitis. Die Reizschwelle für Wärme ist allerdings sehr hoch, so daß dieses Testverfahren mit großen Ungenauigkeiten verbunden ist. Insgesamt werden die thermischen Testverfahren durch Faktoren wie Dicke des Dentins und Sekundärdentins und die Empfindlichkeit des Patienten beeinflußt.

Werden elektrische Impulse durch den Zahn geleitet, wird ein Schmerz verspürt. Zur *elektrischen Testung* können monopolare oder bipolare Gerätearten verwendet werden. Bei den für die Praxis besser geeigneten monopolaren Geräten wird der Stromkreis über den Zahnarzt geschlossen.

Die zu testenden Zähne werden trockengelegt und mit einem leitenden Medium, zum Beispiel Zahnpasta, benetzt. Bei Berührung der Zahnoberfläche muß darauf geachtet werden, daß kein Kontakt der Elektrode zu Nachbarzähnen, Restaurationen, Gingiva oder Schleimhaut der Wange oder Lippe vorhanden ist, da dies zu falschen Resultaten führen kann.

Die Spannung wird nun kontinuierlich aufgebaut, bis der Patient bei *positiver Antwort* ein leichtes Kribbeln verspürt.

Als *negative Antwort* wird gewertet, wenn die Skala des Geräts ein Maximum erreicht hat, ohne daß der Patient einen Reiz verspürt hat.

Trotz zahlreicher Faktoren, die zu falsch positiven oder falsch negativen Ergebnissen führen können, gelten elektrische Testverfahren als sinnvolle Hilfsmittel, besonders zur Diagnose einer Pulpanekrose.

11.2.3.3 Röntgendiagnostik. Die Anfertigung von Röntgenbildern ist ein wichtiger Bestandteil der endodontischen Diagnostik und ein qualitativ hochwertiges Röntgenbild, möglichst mit der *Langtubustechnik* angefertigt, hat einen hohen Informationswert (Abb. 11-2).

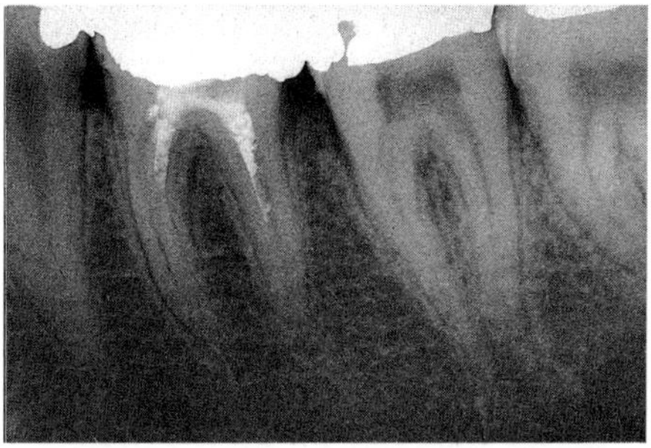

Abbildung 11-2. Diagnostisches Röntgenbild. Unvollständige Wurzelkanalfüllung bei einem unteren Molaren.

Die diagnostische Aussagekraft eines einzelnen Bildes ist dadurch limitiert, daß ein dreidimensionales Objekt zweidimensional dargestellt wird. So kann es in bestimmten Fällen empfehlenswert sein, Bilder aus verschiedenen Projektionsrichtungen anzufertigen. Man unterscheidet hierbei das *orthograde, mesial* oder *distal exzentrische Bild* (Abb. 11-3).

Das Röntgenbild kann folgende *Informationen* liefern:
- Ausdehnung kariöser Defekte und Füllungen in Relation zur Pulpa
- Ausdehnung des Pulpakavums
- Ausmaß der Sekundär- und Tertiärdentinbildung
- Verkalkungen oder größere Dentikel im Pulparaum
- annähernde Zahnlänge
- Anatomie der Wurzeln und Wurzelkanäle
- Wurzelkrümmung in möglichst allen Richtungen
- Lokalisation des Foramen apicale
- Wurzelresorptionen
- periapikale Läsionen
- Zustand des Parodonts
- Perforationen
- Zahnfrakturen.

Als unerläßlich gilt die Röntgenuntersuchung zur Diagnostik der Pulpa und

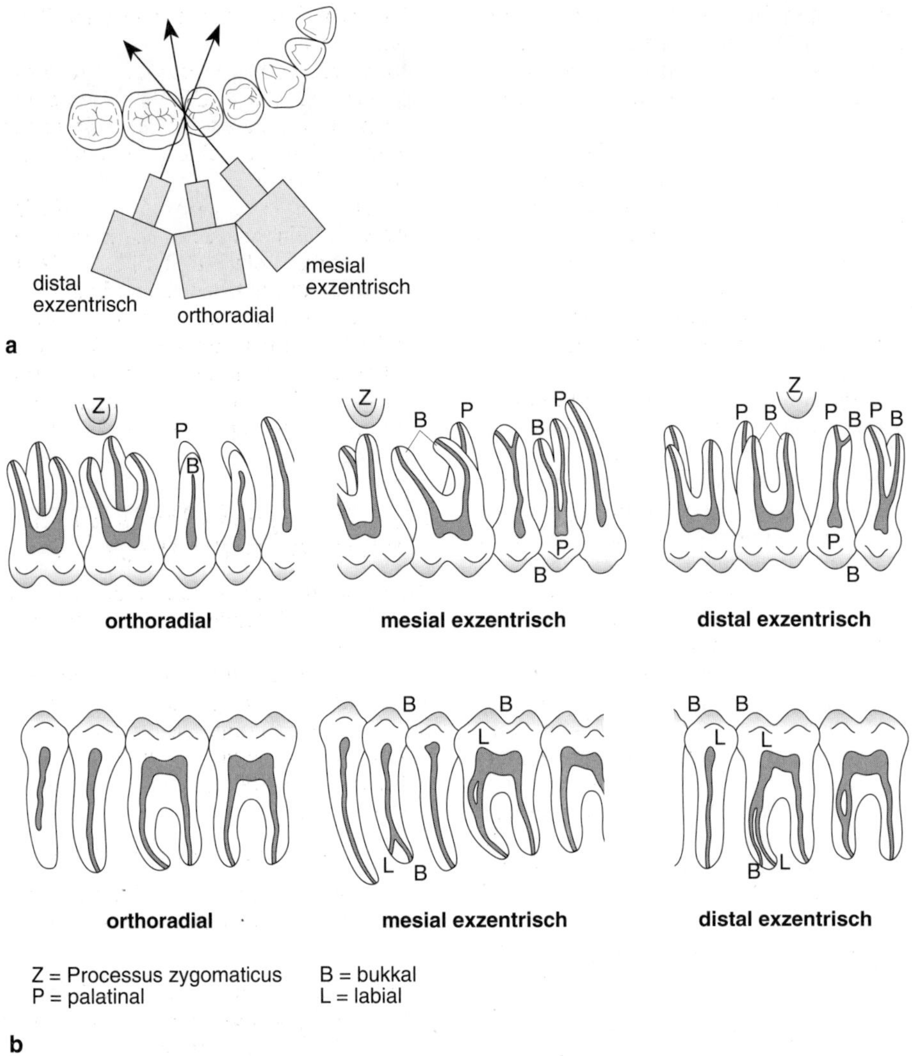

Abbildung 11-3.
a) Der Strahlengang bei orthoradialer, distal und mesial exzentrischer Projektion.
b) Darstellung der Wurzeln und Wurzelkanäle der Prämolaren und Molaren des Ober- und Unterkiefers bei orthograder, distal und mesial exzentrischer Projektion (nach GOERIG und NEAVERTH 1987).

des apikalen Parodontiums bei der Erstuntersuchung:
- zur Bestimmung der Arbeitslänge bei der Wurzelkanalbehandlung
- bei Verdacht auf Via falsa
- nach Abschluß der Wurzelkanalbehandlung.

Bei der Beurteilung von Röntgenbildern muß bedacht werden, daß die Interpretation abhängig vom Betrachter und den

Umständen ist. Die Interpretation variiert sowohl zwischen verschiedenen Betrachtern wie auch bei einzelnen Betrachtern zwischen verschiedenen Zeitpunkten.

Als Alternative zum herkömmlichen Röntgenbild gewinnt besonders die *Radiovisiographie* an Bedeutung. Bei diesem EDV-gestützten Verfahren läßt sich die Strahlenbelastung des Patienten bis zu 80% reduzieren.

11.2.3.4 Übersicht zur Differentialdiagnose nach klinischen Gesichtspunkten.

- *Gesunde Pulpa* und *symptomlose Pulpa*: Die Pulpa ist vital, schmerzlos und reagiert normal auf die Sensibilitätsprüfung. Klinisch ist es nicht möglich, zwischen einer gesunden Pulpa und einer symptomlosen Pulpitis zu unterscheiden.
- *Reversible – irreversible Pulpitis:* Die beiden Formen können anhand der klinischen Untersuchung nicht sicher voneinander unterschieden werden und beide Formen können asymptomatisch oder symptomatisch sein. Anamnestisch können Krankengeschichte und Verlauf sowie die Schmerzsymptomatik (reizabhängige oder reizunabhängige Schmerzen, Schmerzen bei Wärme) hilfreich zur Diagnosestellung sein.
- *Pulpanekrose*: Diese Diagnose setzt voraus, daß die Pulpa avital ist und damit negativ bei Sensibilitätsprüfung reagiert. Die Pulpanekrose kann asymptomatisch oder symptomatisch sein, wobei in der Regel die sterile Pulpanekrose schmerzlos und die infizierte Pulpanekrose schmerzhaft verläuft.
- *Akute, symptomatische Parodontitis apicalis:* Die akute, schmerzhafte apikale Parodontitis ist häufig mit einer Pulpitis verbunden. Das typische klinische Zeichen ist die *Perkussionsempfindlichkeit* des Zahnes. Läßt sich bei der röntgenologischen Untersuchung eine apikale Läsion darstellen, handelt es sich um die akute Exazerbation einer chronischen Parodontitis apicalis.
- *Chronische, asymptomatische Parodontitis apicalis:* Die Pulpa ist nekrotisch und reagiert avital. Röntgenologisch läßt sich eine periapikale Läsion nachweisen.
- *Akuter oder chronischer apikaler Abszeß:* Diagnostische Sicherheit besteht dann, wenn *Pus* durch den Wurzelkanal abfließt oder ein subperiostaler bzw. submuköser *Abszeß* auftritt. Bei der chronischen Verlaufsform tritt oft eine *Fistel* auf. Der Fistelgang kann nach Einführung eines Guttaperchapoints oft röntgenologisch dargestellt werden.

11.3 Therapiemaßnahmen zur Vitalerhaltung der Pulpa

Die Erhaltung der vitalen Pulpa ist eines der wichtigsten Anliegen der zahnärztlichen Therapie.

Folgende endodontische Maßnahmen dienen der Erhaltung oder der teilweisen Erhaltung der Vitalität der Pulpa:
- indirekte Pulpaüberkappung
- direkte Pulpaüberkappung
- Vitalamputation.

11.3.1 Indirekte Pulpaüberkappung

Der Begriff „indirekte Pulpaüberkappung“ wird verschiedenartig ausgelegt.

> Man versteht unter indirekter Pulpaüberkappung entweder die Maßnahme der zweiphasigen, schrittweisen Kariesentfernung oder die gezielte Abdeckung pulpanahen Dentins nach einzeitiger kompletter Exkavation bei vorliegender Caries profunda.

Voraussetzung für den Erfolg der Maßnahmen ist in jedem Fall eine vitale und asymptomatische Pulpa (s. Kapitel 5.5).

11.3.2 Direkte Pulpaüberkappung

Unter der direkten Pulpaüberkappung versteht man die Abdeckung der akzidentell freigelegten Pulpaoberfläche.

Zu einer **Eröffnung der Pulpa** kann es bei zahnärztlichen Maßnahmen wie der Kariesentfernung und der Kronenpräparation oder im Zusammenhang mit einem Trauma kommen. Die beste Prognose besteht, wenn die Eröffnung der Pulpa kleinflächig (bis stecknadelkopfgroß) und die Pulpa gesund und entzündungsfrei ist. Dies kann dann angenommen werden, wenn die Pulpa im gesunden Dentin eröffnet wurde und keine klinischen Symptome für eine Pulpitis vorliegen. Typische Beispiele sind hierfür die akzidentelle Eröffnung der Pulpa bei der Präparation oder bei einer komplizierten Kronenfraktur.

Wird die Pulpa durch ein **Trauma** freigelegt, sollte die Überkappung möglichst rasch, maximal aber zwei Tage nach dem Trauma vorgenommen werden, da sonst mit einer Infektion des Pulpagewebes gerechnet werden muß.

Wird die Pulpa **im Rahmen der Exkavation kariösen Dentins eröffnet,** ist die Prognose sehr unsicher. Wenn das kariöse, infizierte Dentin bis zur Pulpa reicht, muß angenommen werden, daß eine Entzündung vorliegt. Wird um die Eröffnungsstelle kariöses Dentin belassen, ist mit einer zusätzlichen Wundinfektion mit sehr ungünstiger Prognose zu rechnen.

Obwohl in der Vergangenheit zahlreiche verschiedene Materialien zur Pulpaüberkappung erprobt worden sind, wird heute fast ausschließlich **Kalziumhydroxid** verwendet. Kalziumhydroxid ist stark alkalisch (pH > 12) und gibt Hydroxidionen ab.

Nach Aufbringen von Kalziumhydroxid auf die Wundfläche kommt es zu einer scharf begrenzten *Gewebenekrose* an der Berührungsfläche. Im darunterliegenden Gewebe zeigt sich eine leichte Entzündungsreaktion, und es kommt durch erhöhte Stoffwechselaktivität zu zahlreichen Kapillarneubildungen.

Die nekrotische Zone induziert pulpawärts eine Differenzierung von Fibroblasten und Mesenchymzellen zu *Hartsubstanz-bildenden Zellen* und die Bildung eines kollagenen Faserwerks. Dieses Faserwerk wird zu *Fibrodentin* mineralisiert.

Schon nach sieben Tagen ist eine *Hartsubstanzbarriere* nachweisbar. Nach ein bis zwei Monaten entsteht sekundär tubuläres Dentin, das sich pulpawärts an das Fibrodentin anschließt.

Die besten Erfolgsaussichten bestehen, wenn das Überkappungsmittel direkt auf das Gewebe gelegt werden kann, ohne daß sich an der Eröffnungsstelle ein Blutgerinnsel gebildet hat. Sehr wichtig ist auch der dauerhaft dichte Verschluß der Kavität.

Obwohl es nicht immer zur Ausbildung einer *Tertiärdentinschicht* kommt, sind die in klinischen Studien ermittelten Erfolgsquoten für die direkte Überkappung sehr hoch (70–95%).

Das **klinische Vorgehen** in Stichworten:
- absolute Trockenlegung des Zahnes mit Kofferdam
- Reinigung und Trocknung der Kavität
- drucklose Applikation eines weichbleibenden Kalziumhydroxidpräparates
- Überschichtung mit einem erhärtenden Kalziumhydroxidpräparat
- Unterfüllung
- Deckfüllung.

11.3.3 Vitalamputation

Unter der Vitalamputation oder Pulpotomie versteht man die teilweise Entfernung der vitalen Pulpa.

Eine **Indikation** für diese Maßnahme besteht bei einer nur partiellen Pulpitis oder bei großflächig akzidentiell freigelegter Pulpa aufgrund zahnärztlicher Maßnahmen oder einer komplizierten Kronenfraktur.

Bei permanenten Zähnen gilt die Vitalamputation nur dann als Methode der Wahl, wenn das *Wurzelwachstum* des betroffenen Zahnes *nicht abgeschlossen* ist und somit keine reguläre Wurzelkanalbehandlung durchgeführt werden kann. Dies impliziert, daß die Vitalamputation oft als *semipermanente Maßnahme* bis zum Abschluß des Wurzelwachstums durchgeführt wird.

Die **Kronenpulpa** wird mit sterilen Instrumenten, vorzugsweise Exkavator und Rosenbohrer, im Bereich der Wurzelkanaleingänge oder einige Millimeter im Wurzelkanal *(hohe Amputation)* entfernt. Die Stillung der Blutung erfolgt mit physiologischer *Kochsalzlösung* und die weitere Versorgung der Amputationswunde wird im Sinne der direkten Überkappung durchgeführt.

Die **Prognose** der Vitalamputation ist deutlich schlechter als die vergleichbarer endodontischer Maßnahmen. Deswegen sollen in kurzen Zeitabständen (3, 6 und 12 Monate) *klinische und röntgenologische Kontrolluntersuchungen* durchgeführt werden.

Das **klinische Vorgehen** in Stichworten:
- absolute Trockenlegung des Zahnes mit Kofferdam
- Desinfektion des gesamten Arbeitsfeldes
- Entfernung der Kronenpulpa mit sterilen Instrumenten
- Stillung der Blutung mit physiologischer Kochsalzlösung
- weiteres Vorgehen wie bei der direkten Überkappung.

12 Anatomische Grundlagen für die Wurzelkanalbehandlung

Die genaue Kenntnis der Anatomie der Zähne und speziell des Wurzelkanalsystems ist Voraussetzung für die erfolgreiche Durchführung von Wurzelkanalbehandlungen.

Die Wurzeln weisen typischerweise verschiedene Krümmungen auf, die Wurzelkanäle haben verschiedenartige Querschnitte und neben dem Hauptkanal finden sich mehr oder wenig häufig Seitenkanäle.

Seitenkanäle, die senkrecht oder schräg zum Hauptkanal stehen, werden oft als **laterale** oder **sekundäre Kanäle** bezeichnet.

Wenn sie den Hauptkanal im Bereich des Apex in schräger Richtung verlassen, werden sie als **akzessorische Kanäle** bezeichnet.

Bei mehrwurzeligen Zähnen sind sekundäre Kanäle sehr häufig am Pulpakammerboden im Bereich der Bifurkation oder Trifurkation anzutreffen. Sie werden auch als **Pulpaperiodontalkanäle** bezeichnet.

12.1 Foramen apicale

Das Foramen apicale bildet den natürlichen Zugang zur Pulpahöhle. Vielfach gibt der Wurzelkanal im apikalen Teil zahlreiche akzessorische Kanäle ab, so daß ein sogenanntes **apikales Delta** (apikale Ramifikation) entsteht.

Die engste Stelle des Wurzelkanals am Apex wird als **physiologischer Apex** (Foramen physiologicum) oder endodontischer Apex bezeichnet. An dieser Stelle findet sich i.d.R. die Zement-Dentin-Grenze. Der Durchmesser des Wurzelkanals beträgt an dieser Stelle etwa 0,15–0,25 mm, wobei sich die Konstriktion mit zunehmendem Alter verengt.

Die anatomische Wurzelspitze wird als **anatomischer Apex** bezeichnet und die Stelle des Zahnes, die sich im Röntgenbild als Wurzelspitze darstellt, wird als **röntgenologischer (radiologischer) Apex** bezeichnet.

Der Abstand vom Foramen physiologicum zum Foramen apicale (Strecke AB) beträgt durchschnittlich 0,6 mm, der Abstand vom Foramen physiologicum zum röntgenologischen Apex (Strecke AC) beträgt durchschnittlich 1 mm. Diese Werte schwanken von 0,8 mm bei jüngeren Zähnen bis zu 1,2 mm bei älteren Zähnen (Abb. 12-1).

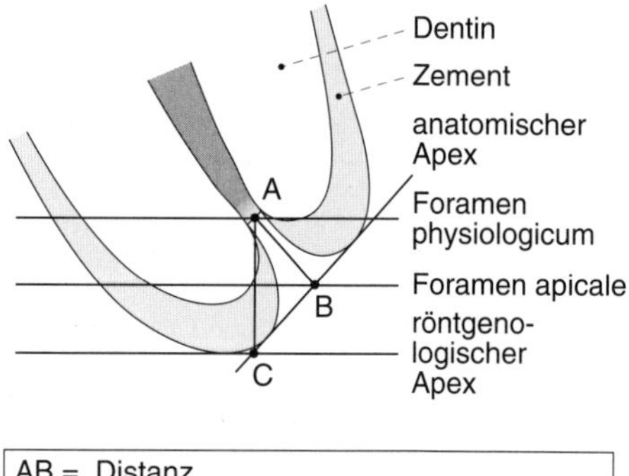

AB = Distanz
For. physiologicum – For. apicale
AC = Distanz
For. physiologicum – röntgenologischer Apex

Abbildung 12-1. Anatomie und Topographie der Wurzelspitze.

12.2 Wurzelkanalkonfiguration

Innerhalb einer Wurzel bestehen zahlreiche Kombinationsmöglichkeiten hinsichtlich der Lage und Form der Wurzelkanäle. Man kann die Kanalkonfigurationen grob in vier Grundtypen einteilen (Abb. 12-2, Tab. 12-1).

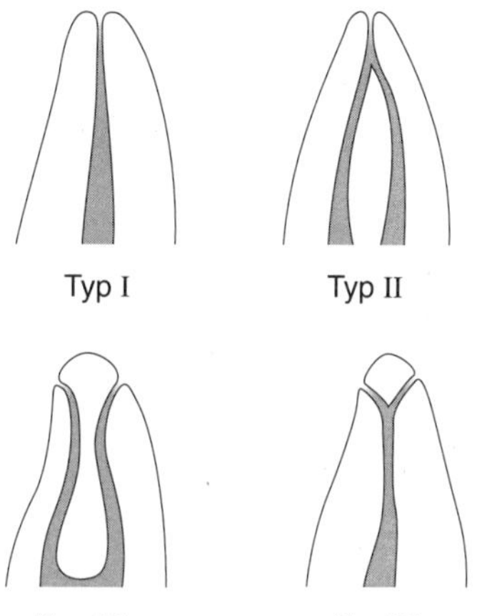

Abbildung 12-2. Die vier verschiedenen Typen der Wurzelkanalkonfiguration in einer Wurzel (nach WEINE 1989).

Tabelle 12-1. Grundtypen der Kanalkonfiguration innerhalb einer Wurzel.

Typ I:	1 Kanal
Typ II:	2 Kanäle, die sich vor dem Apex vereinigen
Typ III:	2 Kanäle mit getrennten apikalen Foramina
Typ IV:	1 Kanal, der sich im mittleren oder apikalen Wurzelabschnitt in 2 Kanäle verzweigt

12.3 Altersbedingte Veränderungen des Wurzelkanals

Bei noch nicht abgeschlossenem Wurzelwachstum findet sich ein weites Lumen des Wurzelkanals. Im frühen Entwicklungsstadium ist die apikale Öffnung größer als das Wurzelkanallumen und verkleinert sich mit Fortschreiten des Wachstums. Während des Alterungsprozesses wird fortwährend Sekundärdentin angelagert und das *Lumen der Pulpahöhle und der Wurzelkanäle nimmt kontinuierlich ab.* In Extremfällen kann es zu einer teilweisen oder vollständigen Obliteration des Wurzelkanals kommen, die eine Aufbereitung unmöglich macht.

Zur Längenbestimmung bei der Wurzelkanalbehandlung kann es hilfreich sein, Informationen über durchschnittliche Zahnlängen zu besitzen. Alle Angaben zur Zahnlänge sind aber sehr behutsam zu betrachten, da die Variationsbreite sehr groß ist. Sie kann zwischen dem kleinsten und größten Wert oft 10 mm betragen.

12.4 Die einzelnen Zahntypen

12.4.1 Der mittlere und seitliche obere Schneidezahn (Abb. 12-3 und 12-4)

Beide Zähne haben nur eine Wurzel und einen zumeist rundlich ovalen Wurzelkanal. Die Wurzel des mittleren Schneidezahnes verläuft fast immer gerade, während der seitliche Schneidezahn oft eine Wurzelkrümmung nach distal bzw. palatinal aufweist.

12.4.2 Der mittlere und seitliche untere Schneidezahn (Abb. 12-5)

Die unteren Schneidezähne haben eine Wurzel, die in mesio-distaler Richtung stark abgeplattet ist. Der Wurzelkanal hat einen ovalen bis hantelförmigen Querschnitt. Besonders stark abgeplattete Wurzeln können zwei Kanäle haben, die in einem gemeinsamen Foramen apicale münden (Konfigurationstyp II).

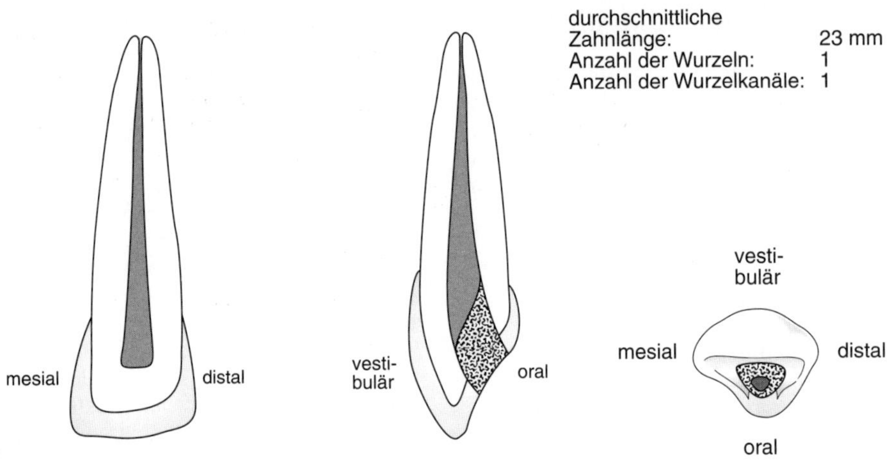

Abbildung 12-3. Der mittlere obere Schneidezahn. Schnitt in mesio-distaler und oral-vestibulärer Richtung und in okklusaler Ansicht mit Darstellung der Zugangskavität.

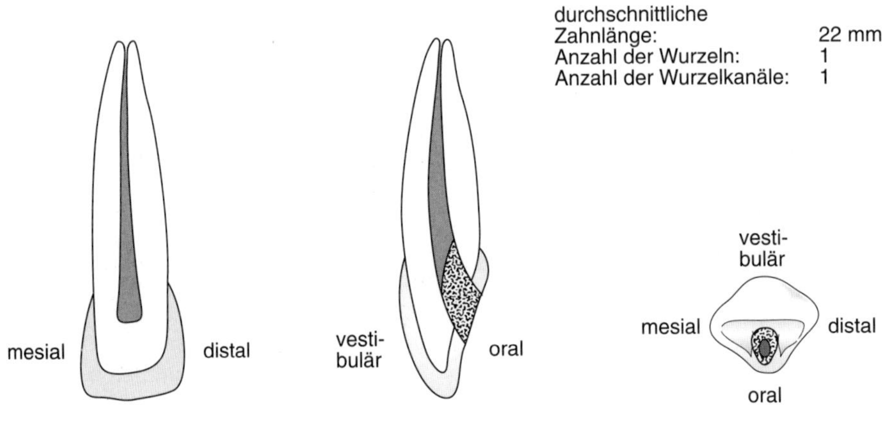

Abbildung 12-4. Der seitliche obere Schneidezahn.

12.4.3 Der obere Eckzahn (Abb. 12-6)

Der obere Eckzahn hat eine Wurzel und einen zumeist ovalen Wurzelkanal. Im apikalen Bereich ist die Wurzel oft nach labial oder palatinal gekrümmt. Die manchmal extreme Länge des Zahnes (bis weit über 30 mm) kann technische Schwierigkeiten bei der Aufbereitung bereiten.

12.4.4 Der untere Eckzahn (Abb. 12-7)

Der untere Eckzahn hat i.d.R. eine Wurzel und einen Wurzelkanal. Selten finden sich in einer Wurzel zwei Kanäle (meist Konfigurationstyp II) oder zwei eigenständige Wurzeln. Die Morphologie des Zahnes entspricht insgesamt dem oberen Eckzahn.

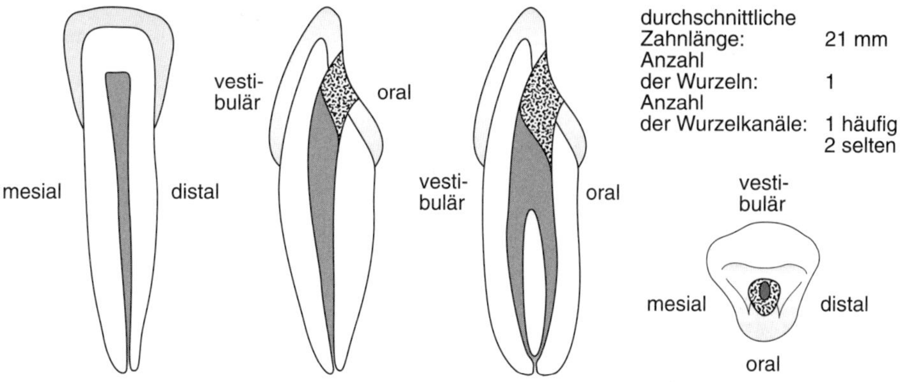

Abbildung 12-5. Der mittlere und seitliche untere Schneidezahn.

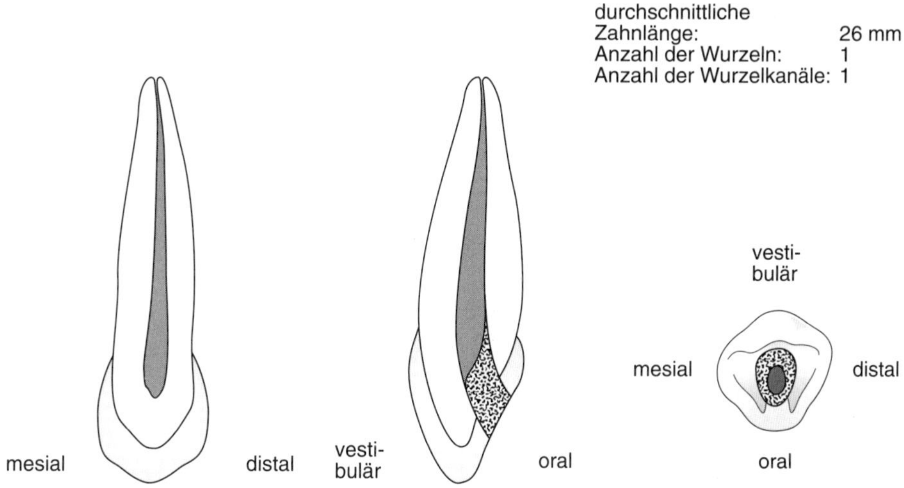

Abbildung 12-6. Der obere Eckzahn.

12.4.5 Der erste obere Prämolar
(Abb. 12-8)

Der erste obere Prämolar kann eine (40%) oder zwei (60%) und in seltenen Fällen sogar drei Wurzeln haben. Bei zweiwurzligen Zähnen findet sich eine bukkale und eine palatinale Wurzel. Einwurzlige Zähne haben i.d.R. zwei Wurzelkanäle variabler Konfiguration. Die Wurzeln sind häufig gekrümmt. Die Wurzelspitzen können bei mehrwurzligen Zähnen sehr zierlich sein. Die bukkale Wurzel hat oft eine stark konkave Form, was die Perforationsgefahr bei der Wurzelkanalaufbereitung erhöht.

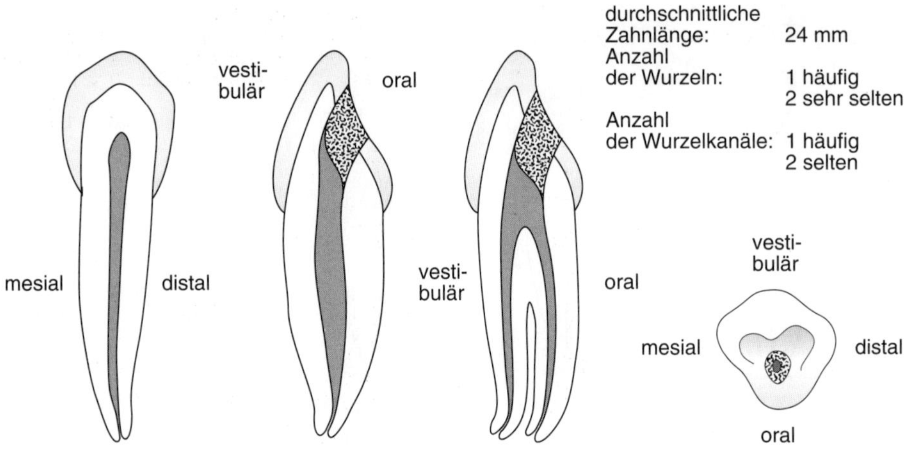

Abbildung 12-7. Der untere Eckzahn.

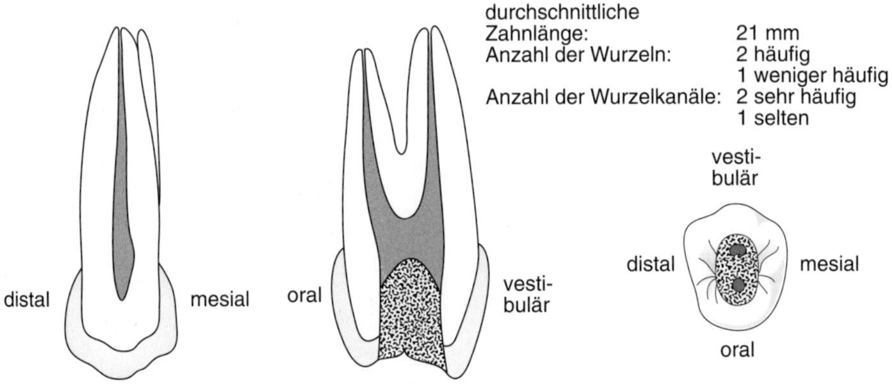

Abbildung 12-8. Der erste obere Prämolar.

12.4.6 Der zweite obere Prämolar (Abb. 12-9)

Der zweite obere Prämolar hat zu etwa 90% eine Wurzel und zu 30% in dieser Wurzel zwei Kanäle variabler Konfiguration. Bei den meisten zweiwurzligen Zähnen trennen sich die Wurzeln erst im unteren Drittel. Die Grundform der Wurzel ähnelt der des ersten Prämolaren.

12.4.7 Der erste und zweite untere Prämolar (Abb. 12-10)

Beide untere Prämolaren haben fast immer nur eine Wurzel. Der erste Prämolar weist zu 25% mehr wie einen Wurzelkanal auf, der zweite nur in seltenen Fällen. Wenn zwei Kanäle vorliegen, finden sie sich bukkal und lingual, wobei der linguale Kanal häufig erst im unteren Wurzeldrittel abzweigt.

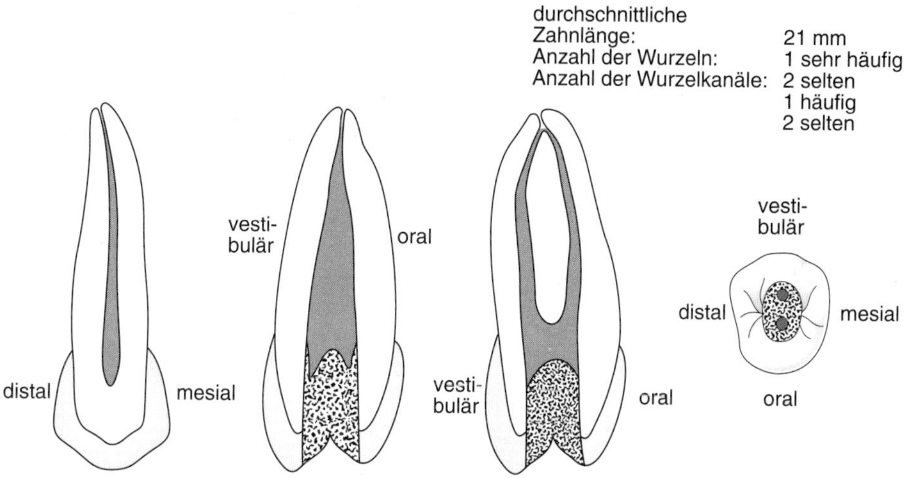

Abbildung 12-9. Der zweite obere Prämolar.

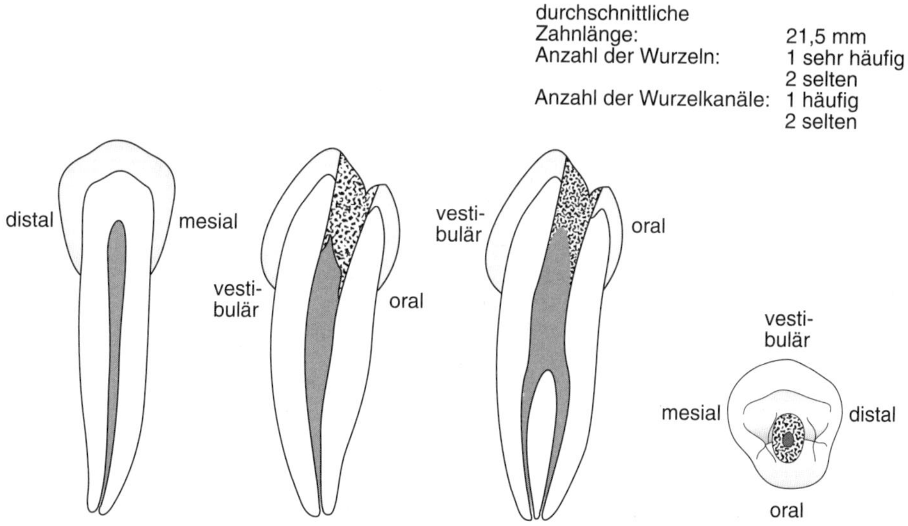

Abbildung 12-10. Der erste und zweite untere Prämolar.

12.4.8 Der erste und zweite obere Molar (Abb. 12-11 und 12-12)

Die ersten und zweiten oberen Molaren haben i.d.R. drei Wurzeln, die mesiobukkal, disto-bukkal und palatinal lokalisiert sind. Beim zweiten Molaren finden sich zu 20% zweiwurzlige Zähne. Die mesiobukkale Wurzel hat eine abgeplattete Form, die beiden anderen Wurzeln eine rundlich-ovale Form. Die mesiobukkale Wurzel ist meist nach distal

durchschnittliche Zahnlänge:	21 mm
Anzahl der Wurzeln:	3
Anzahl der Wurzelkanäle:	3 häufig 4 weniger häufig

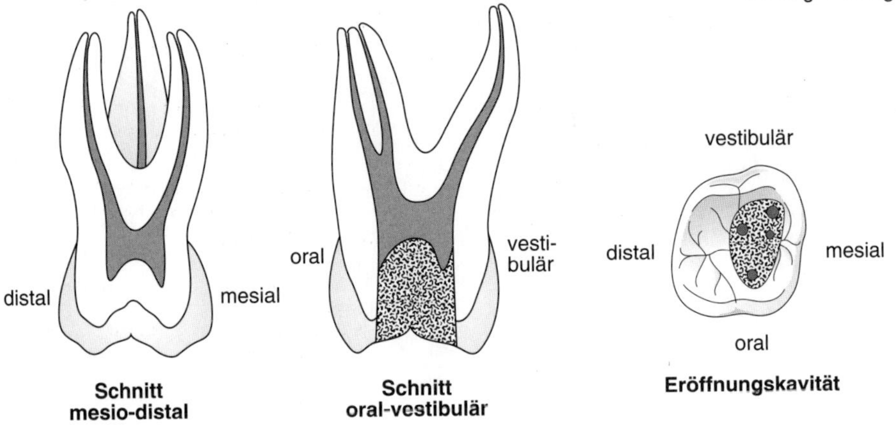

Abbildung 12-11. Der erste obere Molar.

durchschnittliche Zahnlänge:	21 mm
Anzahl der Wurzeln:	3 häufig 2 weniger häufig
Anzahl der Wurzelkanäle:	3 sehr häufig 4 weniger häufig

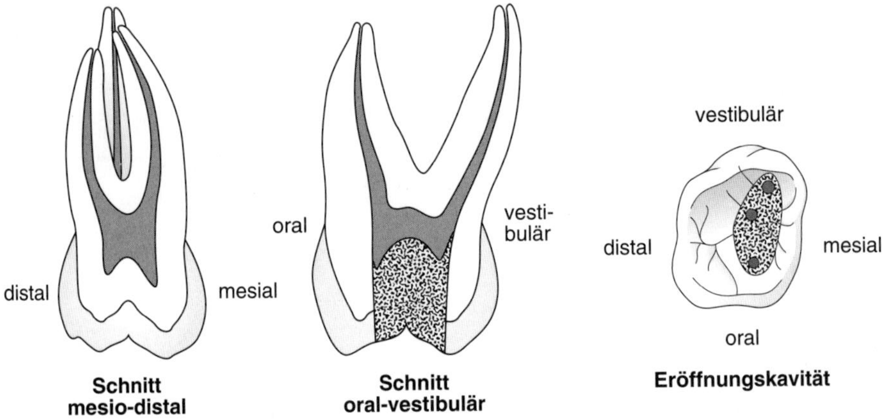

Abbildung 12-12. Der zweite obere Molar.

gekrümmt, die palatinale Wurzel kann nach bukkal gekrümmt sein, und die distale Wurzel ist i.d.R. gerade.

Während die disto-bukkale und die palatinale Wurzel fast immer nur einen Wurzelkanal haben, finden sich zu etwa 40% zwei Kanäle in der mesio-bukkalen Wurzel. Zumeist münden die beiden

Kanäle in ein gemeinsames Foramen apicale (Konfigurationstyp II). Oft ist die Dentinschicht zwischen den beiden Wurzelkanälen so dünn, daß es bei der Aufbereitung zu einer Vereinigung der beiden Kanäle mit dann hantelförmigem Querschnitt kommt.

12.4.9 Der erste und zweite untere Molar (Abb. 12-13 und 12-14)

Die unteren Molaren haben fast immer zwei Wurzeln, die mesial und distal lokalisiert sind.

Während die mesiale Wurzel meistens eine distale Krümmung aufweist, verläuft die distale Wurzel fast immer gerade und ist nur in seltenen Fällen nach distal gekrümmt.

Die mesiale Wurzel enthält überwiegend (ca. 85%) zwei Wurzelkanäle, die sehr häufig dem Konfigurationstyp III entsprechen. Die distale Wurzel hat zumeist nur einen Wurzelkanal. Beim zweiten Molaren findet man häufiger als beim ersten Molaren nur einen Wurzelkanal in der mesialen Wurzel.

durchschnittliche Zahnlänge:	21 mm
Anzahl der Wurzeln:	2 sehr häufig
	3 selten
Anzahl der Wurzelkanäle:	3 häufig
	2 selten
	3 sehr selten

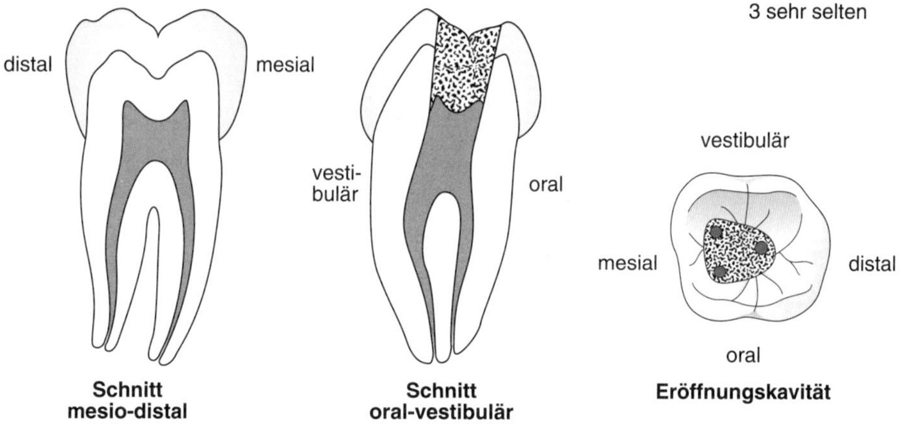

Abbildung 12-13. Der erste untere Molar.

durchschnittliche Zahnlänge:	21 mm
Anzahl der Wurzeln:	2 sehr häufig 1 selten 3 sehr selten
Anzahl der Wurzelkanäle:	3 häufig 2 selten

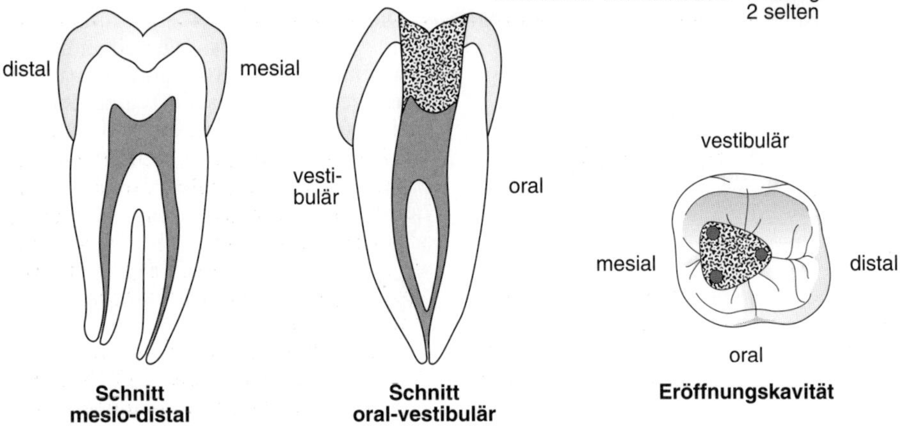

Abbildung 12-14. Der zweite untere Molar.

13 Die Wurzelkanalbehandlung

13.1 Vorbereitende Maßnahmen

13.1.1 Kofferdam

Bei der Wurzelkanalbehandlung ist das Anlegen von Kofferdam obligatorisch. In der Regel muß nur der zu behandelnde Zahn mit Kofferdam isoliert werden. Der Zeitaufwand für diese Maßnahme ist sehr gering, die Effektivität sehr hoch.
Kofferdam bietet folgende **Vorteile:**
- Schutz des Patienten vor Verschlucken oder Aspiration der Wurzelkanalinstrumente
- Schutz des Behandlers vor infektiösen Erkrankungen (Hepatitis, Aids) des Patienten
- Schutz des Weichgewebes (Gingiva, Zunge, Lippe, Wange, Mundboden, Gaumen), besonders bei der Anwendung desinfizierender Lösungen
- aseptisches, absolut trockenes Arbeitsfeld
- ungestörtes, streßfreies Arbeiten.

13.1.2 Präparation und Rekonstruktion des Zahnes

Vor Beginn einer Wurzelkanalbehandlung müssen vorhandene kariöse Läsionen grundsätzlich exkaviert werden. Jedes Belassen von kariösem Material kann dazu führen, daß Bakterien in den Wurzelkanal verschleppt werden.

Bei Zähnen, deren **Krone weitgehend zerstört ist,** ist manchmal keine absolute Trockenlegung mit Kofferdam ohne vorbereitende Maßnahmen möglich.

Besonders häufig treten Probleme auf, wenn der approximale **Kavitätenrand** nach Entfernung der Karies **unterhalb des Gingivaniveaus** liegt. In solchen Fällen muß der Zahn vor Beginn der Behandlung mit einer *Aufbaufüllung* versehen werden.

Eine **Aufbaufüllung** bietet auch den Vorteil, daß so ein verläßlicher Referenzpunkt für die Längenbestimmung gefunden werden kann.

Bei der Herstellung einer Aufbaufüllung muß beachtet werden, daß schon freigelegte Wurzeleingänge nicht verlegt werden dürfen. Zu diesem Zweck werden die Kanaleingänge mit einem leicht wieder zu entfernenden Material, z.B. Guttapercha, abgedeckt (Abb. 13-1).

Weiterhin sollte beachtet werden, daß die **Krone achsengerecht** wiederaufge-

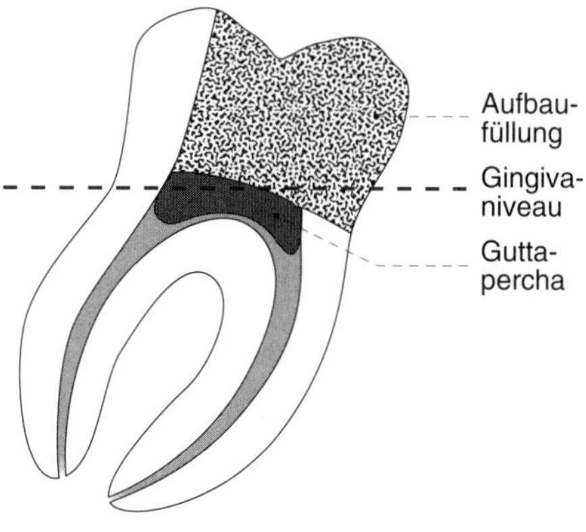

Abbildung 13-1. Aufbaufüllung mit Abdeckung der Wurzelkanaleingänge als vorbereitende Maßnahme für die Wurzelkanalbehandlung bei tief zerstörten Zähnen.

baut wird, da es sonst bei gekippten Zähnen zu einer Desorientierung über die Lage der Kanaleingänge kommen kann.

13.2 Zugangskavität und Lokalisation der Wurzelkanaleingänge

13.2.1 Prinzipien der Zugangskavität

Die Zugangskavität muß grundsätzlich folgende **Anforderungen** erfüllen:

- Die Zugangskavität muß so gewählt werden, daß das Pulpakammerdach vollständig entfernt werden kann.
- Die Neigung der Wände soll so gewählt werden, daß eine vollständige Übersicht über den Pulpakammerboden besteht, die Kanaleingänge lokalisiert werden können und für einen späteren (provisorischen) Verschluß Retention geboten wird.
- Die Zugangskavität muß so gestaltet sein, daß Wurzelkanalinstrumente spannungsfrei eingeführt werden können.

Das empfohlene Instrumentarium zur Anfertigung und Gestaltung der Eröffnungskavität ist in Abbildung 13-2 dargestellt.

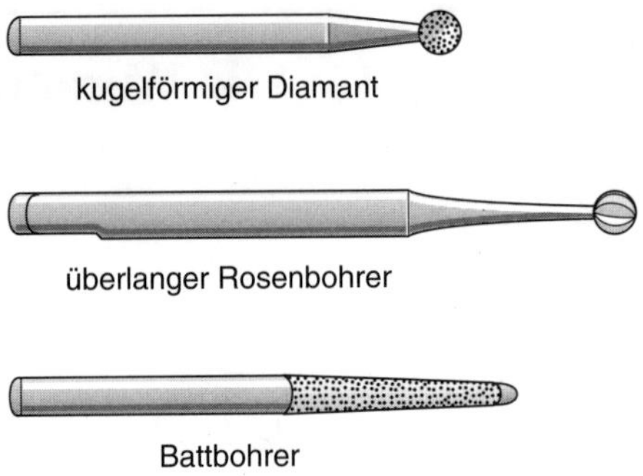

Abbildung 13-2. Instrumente zur Eröffnung und Gestaltung der Zugangskavität. Kugelförmiger Diamant, überlanger Rosenbohrer und Battbohrer mit unbelegter Spitze.

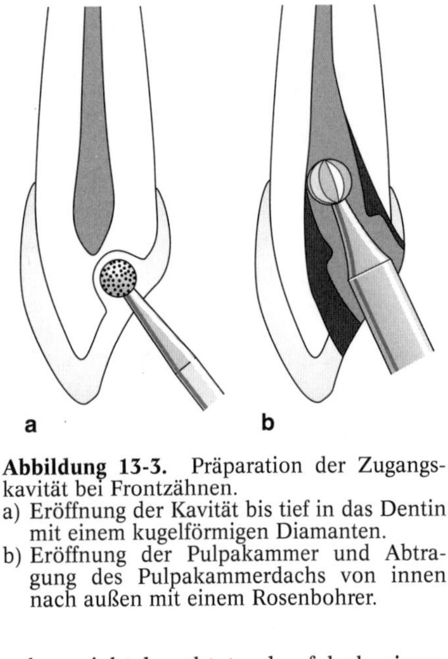

Abbildung 13-3. Präparation der Zugangskavität bei Frontzähnen.
a) Eröffnung der Kavität bis tief in das Dentin mit einem kugelförmigen Diamanten.
b) Eröffnung der Pulpakammer und Abtragung des Pulpakammerdachs von innen nach außen mit einem Rosenbohrer.

Die **Eröffnung** der Kavität wird mit *kugelförmigen Diamanten* oder vergleichbaren Instrumenten bis tief in das Dentin vorgenommen (Abb. 13-3a und 13-4a) Spätestens zu diesem Zeitpunkt muß Kofferdam angelegt werden.

Das **Pulpakammerdach** wird dann mit einem *Rosenbohrer* eröffnet. Bei besonders tiefen Kavitäten ist die Verwendung von überlangen Rosenbohrern sinnvoll.

Das Pulpakammerdach wird von innen nach außen abgetragen, um einen vollständigen Abtrag zu gewährleisten (Abb. 13-3b und 13-4b). Zur endgültigen **Gestaltung** der Zugangskavität werden *Battbohrer* mit unbelegter Spitze empfohlen, weil so eine Beschädigung des Pulpakammerbodens vermieden werden kann (Abb. 13-4c).

Typische **Fehler** beim Anlegen der Zugangskavität entstehen, wenn die Zahnachse nicht beachtet oder falsch eingeschätzt wird und wenn nicht genügende Kenntnisse über die anatomischen Verhältnisse vorhanden sind (Abb. 13-5).

Besonders beim mesio-bukkalen Kanal der oberen Molaren ist der direkte Zugang zum Wurzelkanal oft durch Dentinüberhänge versperrt. In diesen Fällen ist es sinnvoll, zur Erleichterung des Zugangs vor der Sondierung des Kanals die

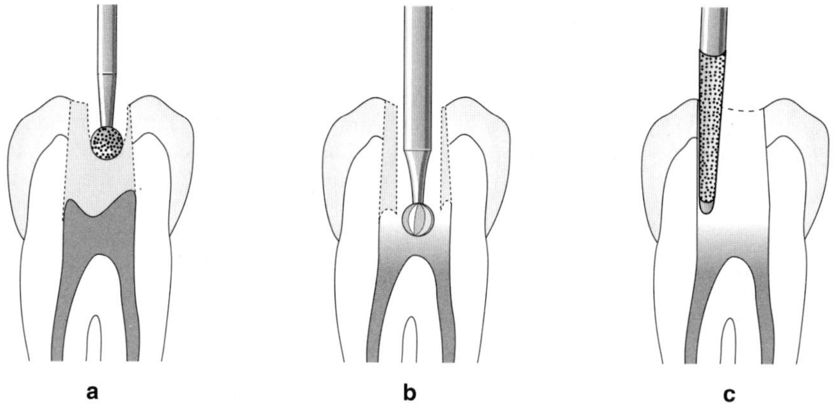

Abbildung 13-4. Präparation der Zugangskavität bei Seitenzähnen.
a) Eröffnung der Kavität bis tief in das Dentin mit einem kugelförmigen oder zylindrischen Diamanten.
b) Eröffnung der Pulpakammer und Abtragung des Pulpakammerdachs von innen nach außen mit einem Rosenbohrer.
c) Formgebung der Kavität unter Schonung des Pulpakammerbodens mit einem Battbohrer.

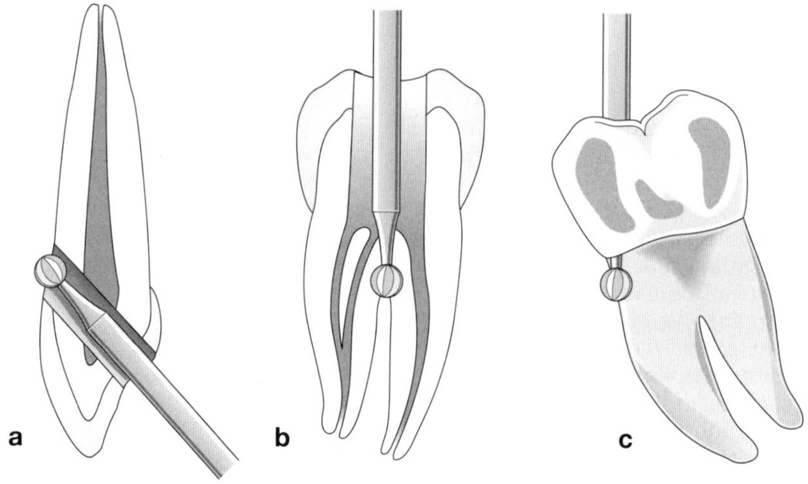

Abbildung 13-5. Typische Fehler bei der Trepanation eines Zahnes.
a) Nichtbeachten der Zahnachse.
b) Perforation des Pulpakammerbodens im Bereich der Bifurkation.
c) Falsche Einschätzung der Zahnachse bei überkronten Zähnen.

entsprechenden Übergänge vorsichtig abzutragen (Abb. 13-6).

Die Entfernung des Pulpakammerdachs bedeutet für den betreffenden Zahn den Verlust einer wichtigen Querverstrebung und damit eine **verminderte Stabilität.**

Dem muß bei Prämolaren und Molaren mit MOD-Kavitäten Rechnung getragen werden, indem die verbliebenen Anteile

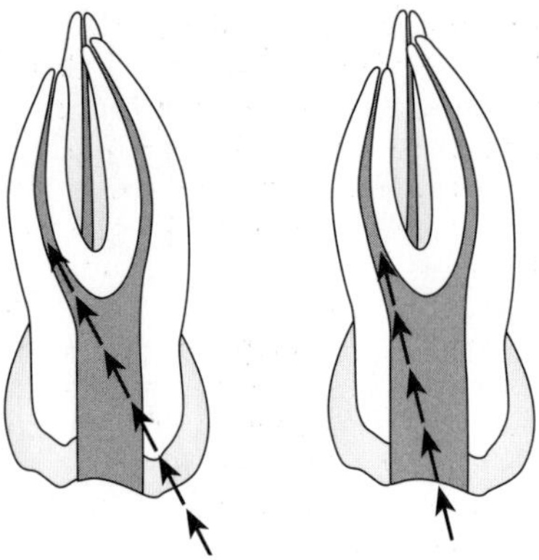

Abbildung 13-6. Erleichterung des Zugangs zum mesio-bukkalen Kanal oberer Molaren durch Abtragung von Dentinüberhängen im Bereich des Kanaleingangs.

der Zahnkrone eingeschliffen bzw. gekürzt werden.

Nach Abschluß der Wurzelkanalbehandlung müssen solche Zähne mit einem Overlay oder einer Krone versorgt werden.

Praktisches Vorgehen:
- Trepanation bis tief in das Dentin mit einem kugelförmigen Diamanten
- Anlegen des Kofferdams und Desinfektion des Arbeitsfeldes
- Trepanation des Pulpakammerdachs mit einem Rosenbohrer
- Entfernung des gesamten Pulpakammerdachs mit dem Rosenbohrer von innen nach außen
- Gestaltung des Kavitätenumrisses mit einem Battbohrer oder vergleichbarem Instrument unter Schonung des Pulpakammerbodens
- Entfernung der koronalen Pulpa mit einem Exkavator (bei vitaler Pulpa) oder mit einem Rosenbohrer (bei nekrotischer Pulpa)
- Stillung der Blutung, Reinigung und Trocknung der Kavität.

13.2.2 Lokalisation der Kanaleingänge

Die Lokalisation der Kanaleingänge sollte immer unter guter Sicht erfolgen. Besonders geeignet zum Austasten ist eine doppelendige, gerade Endosonde mit zwei verschiedenen Abwinkelungen.

Können die Kanaleingänge aufgrund von Verkalkungen, Dentikeln oder Dentinüberhängen nicht sicher lokalisiert werden, empfiehlt sich die Abtragung von Dentin im Bereich der Kanaleingänge mit einem überlangen Rosenbohrer oder einem Müller-Bohrer. Um Perforationen zu vermeiden, sollte in besonders schwierigen Fällen ein zusätzliches *Röntgenbild* angefertigt werden.

13.2.3 Vorgehen bei den verschiedenen Zahntypen

Die Trepanation der **Schneidezähne** und Eckzähne erfolgt immer von der oralen Seite her, vom Tuberkulum ausgehend nach inzisal bci Erhaltung der Schneidekante. Es ist besonders darauf zu achten, daß das gesamte Pulpadach entfernt wird und die Kronenpulpa gründlich ausgeräumt wird, da verbleibendes Gewebe zu kosmetisch unerwünschten Verfärbungen der Zahnkrone führen kann.

Die Trepanation der Seitenzähne erfolgt immer von okklusal. Bei den **Prämolaren,** die i.d.R. zwei Wurzelkanäle haben, wird die Zugangskavität in vestibulär-oraler Richtung bis kurz vor die Höckerspitzen ausgedehnt.

Findet sich bei gewöhnlich einwurzeligen Zähnen ein Kanaleingang nicht direkt unterhalb der zentralen Fissur, sondern nach vestibulär oder oral versetzt, muß nach einem zweiten Kanal gesucht werden.

Beim ersten unteren Prämolaren ist besonders darauf zu achten, daß der zierliche linguale Höcker nicht zu sehr geschwächt wird.

Das Zentrum der Zugangskavität befindet sich bei **oberen Molaren** im mesialen Anteil der okklusalen Fläche. Die Kavität wird distal durch die Crista transversa und mesial durch den Randwulst begrenzt.

Der Eingang zum mesio-bukkalen Kanal (1 oder 2 Kanäle) findet sich i.d.R.

sehr weit mesio-bukkal lokalisiert, der Eingang des palatinalen Kanals findet sich etwas unterhalb des großen mesio-palatinalen Höckers, der Eingang des distalen Kanals etwas versetzt nach bukkal vor der Crista transversa. Bei falscher Präparation der Zugangskavität (zu weit distal) kann es passieren, daß der distale Kanaleingang für den mesio-bukkalen Kanaleingang gehalten wird und dann die Zahnkrone distal perforiert wird.

In schwierigen Fällen kann es sinnvoll sein, für einen besseren direkten Einblick den mesio-bukkalen Höcker zu kürzen.

Die Kanaleingänge der **unteren Molaren** liegen im mesialen und zentralen Teil der Krone. Um beide mesialen Kanäle darstellen zu können, muß die Kavität mesial vor allem nach bukkal erweitert werden, so daß die Form eines Dreiecks mit der Basis nach mesial und der Spitze nach distal entsteht.

Der distale Anteil darf nicht spitz sein, sondern muß abgerundet sein, da sonst ein manchmal vorkommender zweiter distaler Kanal übersehen wird.

Auch bei den unteren Molaren kann es hilfreich sein, den mesio-bukkalen Höcker zur Verbesserung der Sichtverhältnisse zu kürzen.

13.3 Sondierung des Wurzelkanalsystems und Bestimmung der Arbeitslänge

Vor Beginn der Sondierung des Wurzelkanalsystems und der Längenbestimmung soll ein diagnostisches Röntgenbild vorliegen, das Informationen über die Form und Krümmung der Wurzeln und die Länge des Zahnes liefert.
Vor der Wurzelkanalaufbereitung ist es unbedingt erforderlich, die Zahnlänge möglichst genau zu bestimmen und den Punkt festzulegen, bis zu dem der Wurzelkanal aufbereitet und gefüllt werden soll.

Idealerweise sollen Wurzelfüllungen an der *apikalen Konstriktion,* dem endodontischen Apex, oder sehr kurz davor enden. So wird bei Zähnen mit einer vitalen Pulpa vermieden, daß das gesunde Gewebe jenseits der Konstriktion mechanisch oder chemisch traumatisiert wird und bei Zähnen mit infizierter Pulpa eine Verschleppung von Keimen in das nicht infizierte periapikale Gebiet verhindert. Bei einer unnötigen Erweiterung der Konstriktion entsteht zusätzlich das Problem einer möglichen Überfüllung des Kanals.

13.3.1 Sondierung des Wurzelkanalsystems

Eine erste Sondierung des Kanalsystems verschafft Informationen über Weite und Krümmung sowie über mögliche Hindernisse im Wurzelkanal.

Ein erfahrener Behandler kann durch Austasten auch eine Teilung des Kanals im Sinne des Konfigurationstyp IV feststellen.

Die *Größe* des zur Sondierung ausgewählten **Instruments** (Reamer oder K-Feile) hängt von der Anatomie des betreffenden Zahnes ab. Bei Wurzelkanälen mit relativ weitem Lumen erfolgt die Sondierung mit einem Instrument der Größe 15, bei engen oder gekrümmten Kanälen werden Instrumente der Größe 08 oder 10 gewählt.

Die Sondierung soll immer mit einem **vorgebogenen Instrument** erfolgen. So können Unregelmäßigkeiten und Einengungen umgangen werden, und es wird vermieden, daß schon bei der ersten Sondierung eine später nicht mehr zu überwindende Stufe erzeugt wird.

Das Instrument wird ohne Druck mit **vorsichtigen, alternierenden Rotationsbewegungen** von maximal 90° bis in die Nähe des Apex eingeführt. Ein Herausschieben des Instruments über den physiologischen Apex (Überinstrumentierung) muß unbedingt vermieden werden.

Wenn das Sondierungsinstrument bis in die Nähe des Apex gebracht werden kann und eine leichte Klemmpassung aufweist, kann es zur Anfertigung einer Röntgenmeßaufnahme verwendet werden.

13.3.2 Röntgenologische Längenbestimmung

Die Längenmessung und Festlegung der Arbeitslänge kann röntgenologisch oder mit Hilfe der Endometrie erfolgen.

Folgende **Instrumente** werden für die röntgenologische Längenbestimmung (wird auch gerne als Nadelmeßaufnahme bezeichnet) benötigt (Abb. 13-7 und 13-8):

- Reamer oder K-Feile (meist der Größe 15)
- röntgensichtbare Stopper aus Metall oder Silikon
- Meßlineal oder Meßblock.

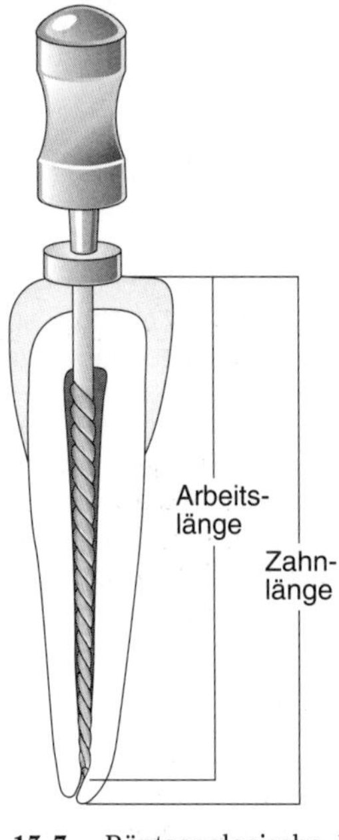

Abbildung 13-7. Röntgenologische Bestimmung von Zahnlänge und Arbeitslänge. Das in den Wurzelkanal eingeführte Instrument ist mit einem Stopper versehen.

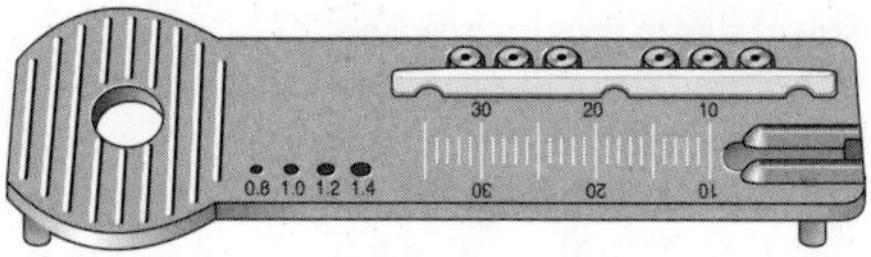

Abbildung 13-8. Meßlehre zur Längeneinstellung von Wurzelkanalinstrumenten.

Das für die Röntgenmeßaufnahme verwendete Instrument muß so ausgewählt werden, daß einerseits ohne Kraftaufwand ein Punkt nahe des endodontischen Apex erreicht werden kann, andererseits eine leichte Klemmpassung vorhanden ist, damit das Instrument während des Röntgens nicht verrutschen kann.

Um zu gewährleisten, daß auch die Spitze des Instrumentes auf dem Röntgenbild deutlich sichtbar ist, müssen Reamer oder Feilen *mindestens Größe 15,* Hedström-Feilen Größe 20, haben. Wenn Instrumente mit kleinerem Querschnitt verwendet werden, kann es zu Fehlinterpretationen kommen, da die Spitze dann nicht deutlich dargestellt wird. Als Ausweg bietet sich hier bei besonderen Fällen die Verwendung von Silberstiften an.

Der *Stopper* soll festen Halt auf dem Wurzelkanalinstrument haben und muß in Kontakt zu einem sicher wiederauffindbaren koronalen Referenzpunkt stehen. Je nach Erfahrung wird die *Länge des Instrumentes* mit einem Sicherheitsabstand von 1–3 mm zum endodontischen Apex entsprechend dem vorliegenden diagnostischen Röntgenbild eingestellt. Bei Oberkiefermolaren, bei denen die palatinale Wurzel zumeist am stärksten verzerrt dargestellt ist, mißt man die Länge der bukkalen Wurzeln und addiert für die palatinale Wurzel 1 mm.

Nach Anfertigung der Meßaufnahme wird die *Lage des Instrumentes* im Wurzelkanal beurteilt (Abb. 13-9 a, b und c).

Findet sich die Spitze des Instrumentes 1 mm vor dem röntgenologischen Apex, ist die Arbeitslänge gefunden. Bei einer

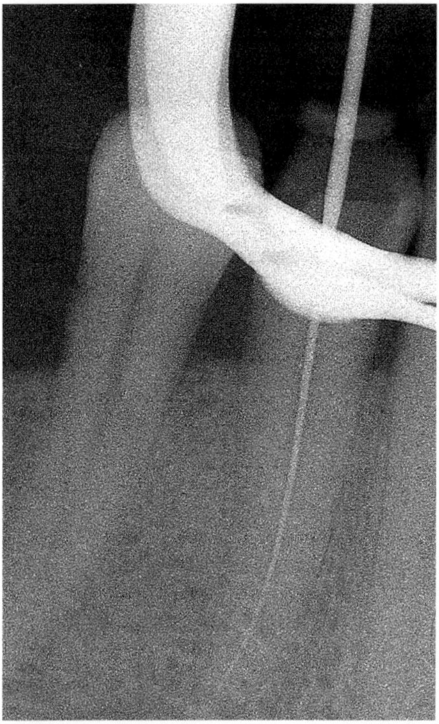

a

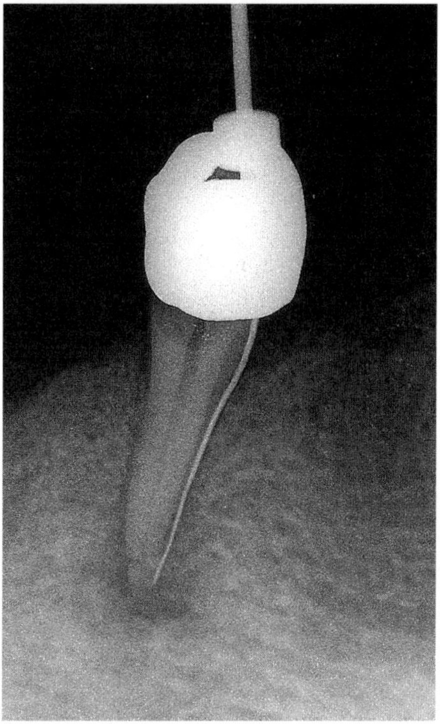

c

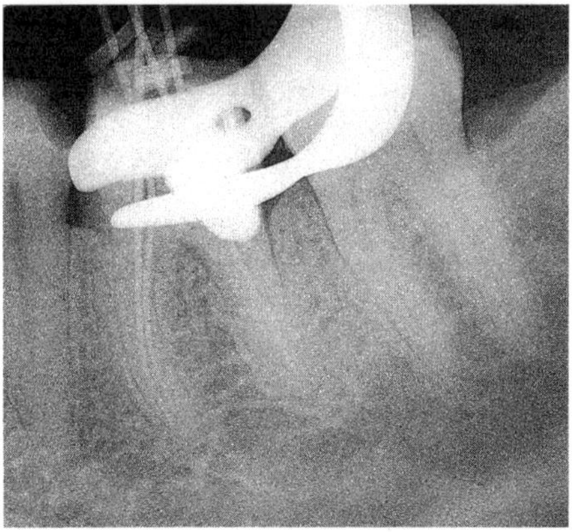

b

Abbildung 13-9. a) Korrekte Meßaufnahme zur röntgenologischen Längenbestimmung mit röntgensichtbarem Stopper bei einem unteren Prämolaren.
b) Korrekte Meßaufnahme mit röntgensichtbaren Stoppern bei einem unteren Molaren mit vier Wurzelkanälen.
c) Mißlungene Meßaufnahme bei falscher Einschätzung der Zahnachse.

Abweichung von bis zu 3 mm kann die Länge korrigiert werden, bei Abweichungen von mehr als 3 mm soll zur Sicherheit eine zweite Meßaufnahme angefertigt werden.

Da auch bei orthoradialer Projektion besonders bei gekrümmten Wurzeln noch mit einem Projektionsfehler gerechnet werden muß, wird vielfach empfohlen, zur Sicherheit bei der endgültigen Festlegung der Arbeitslänge noch einmal 0,5 mm abzuziehen.

13.3.3 Endometrie

Bei der Endometrie wird der **elektrische Widerstand** zwischen einem in den Wurzelkanal eingeführten Instrument und einer Gegenelektrode bestimmt (Abb. 13-10).

Die Konstruktion dieser Geräte beruht auf der Erkenntnis, daß der *elektrische*

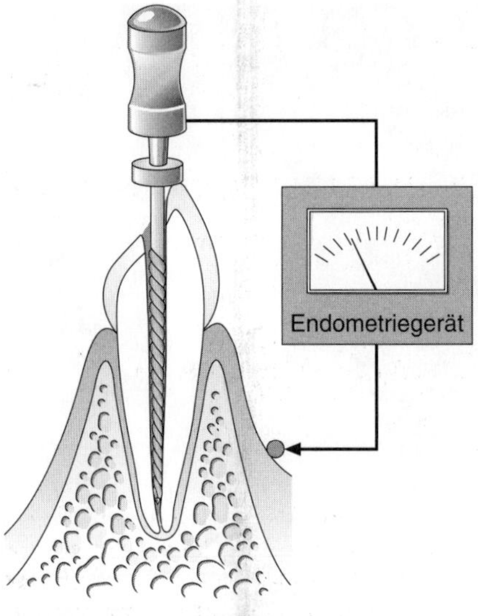

Abbildung 13-10. Schematische Darstellung der Längenbestimmung mit Hilfe der Endometrie. Das Endometriegerät mißt die Potentialdifferenz zwischen Desmodont und Mundschleimhaut.

Widerstand zwischen Mundschleimhaut und Desmodont konstant ist. Wenn eine Meßsonde in den Wurzelkanal eingeführt wird und mit dem Desmodont in Berührung kommt, stellt sich immer ein bestimmter Widerstand ein. Die handelsüblichen Geräte sind nun so geeicht, daß sie kurz vor oder bei Erreichen dieses Widerstandes ein Signal geben.

Die Genauigkeit der Endometriegeräte wird verschieden beurteilt. Die Lokalisation des endodontischen Apex soll in ca. 80–90% der Fälle gelingen. Zu **Fehlmessungen** kann es insbesondere in folgenden Fällen kommen:
- Wenn die apikale Öffnung des Wurzelkanals besonders groß ist.
- Elektrisch gut leitende Flüssigkeiten, wie Blut oder Natriumhypochlorit, sind im Kanal vorhanden.
- Es liegen große apikale Läsionen vor.
- Der Stromkreis ist aus verschiedenen Gründen gestört.

Die **Vorteile** der endometrischen Längenbestimmung bestehen in der Hauptsache im stark *verringerten Zeitaufwand* und der *fehlenden Strahlenbelastung*. Weiterhin können die Geräte hilfreich sein, fragliche Perforationen während der Behandlung abzuklären.

Neuere, verbesserte Geräte arbeiten nach dem Prinzip des Vergleichs von Impedanzwerten im Elektrolyt-gefüllten Wurzelkanal. Man kann erwarten, daß die Meßgenauigkeit hiermit noch weiter verbessert werden kann.

13.4 Instrumente zur Aufbereitung des Wurzelkanals

Die mechanische Reinigung und Formgebung des Wurzelkanals erfolgt mit Handinstrumenten und/oder maschinengetriebenen Instrumenten.

> Die Auswahl der Instrumente ist abhängig von der Aufbereitungstechnik, Form und Krümmung der Wurzel und letztlich den Vorlieben des Behandlers.

13.4.1 Handinstrumente

13.4.1.1 Normierung. Ein Handinstrument besteht aus *Griff, Schaft* und *Arbeitsteil.* Die Größenangabe für ein Instrument bezieht sich auf den Durchmesser in Hundertstel Millimeter in 1 mm Abstand von der Instrumentenspitze (D_1-Wert). Die Länge des Arbeitsteils beträgt immer 16 mm. Der Durchmesser nimmt bei jedem Instrument kontinuierlich von der Spitze (D_1) zum Ende des Arbeitsteils (D_2) um 0,32 mm zu. Ein Instrument mit der Größe 15 hat also bei D_1 einen Durchmesser von 0,15 mm und bei D_2 von 0,47 mm (Abb. 13-11).

Der Schaft ist variabel zwischen 5 und 15 mm lang, woraus sich *Instrumentenlängen* von 21, 25, 28 und 31 mm ergeben. Kurze Instrumente sind gut geeignet zur Behandlung von Molaren, besonders lange Instrumente werden zur Behandlung von Eckzähnen gebraucht.

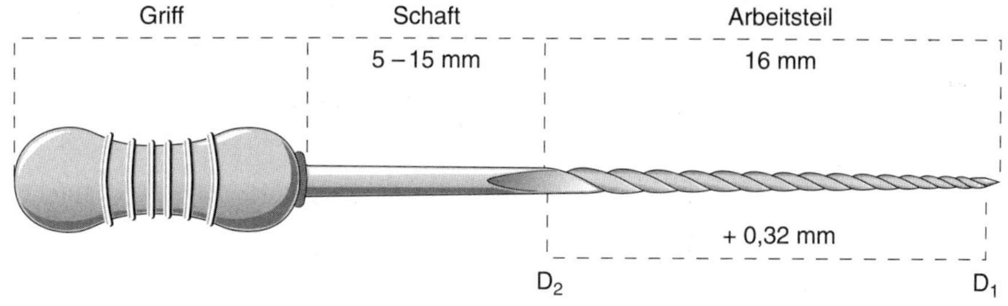

Abbildung 13-11. Maße für Wurzelkanalinstrumente entsprechend der ISO-Norm.
D_1 = Durchmesser des theoretisch bis zur Spitze verlängerten Kegels des Arbeitsteils. Der Durchmesser bei D_1 entspricht der ISO-Stärke des Instruments in 1/100 mm.
D_2 = Durchmesser am Ende des 16 mm langen Arbeitsteils.
$D_2 = D_1 + 0{,}32$ mm.

Die Griffe sind entsprechend der Größe farbig markiert und zusätzlich mit der Größennummer versehen. Einige Hersteller markieren den Kopf der Griffe mit einem Symbol in dreieckiger, quadratischer oder runder Form, was die Instrumententypen Reamer, K-Feile und Hedström-Feile kennzeichnet (Abb. 13-12).

Die Handgriffe sind von Größe 15–40 systematisch mit den *Farben* Weiß, Gelb, Rot, Blau, Grün und Schwarz gekennzeichnet. Die Untergrößen 6, 8 und 10 sind Rosa, Grau und Violett gekennzeichnet. Zwischen den Nummern 10 und 60 beträgt der Zuwachs des Instrumentendurchmessers an der Spitze jeweils 0,05 mm, ab Größe 60 jeweils 0,10 mm.

Die Form der Handgriffe unterscheidet sich geringfügig zwischen den verschiedenen Herstellern, wobei ergonomische Gesichtspunkte eine Rolle spielen.

13.4.1.2 Standardinstrumente. *Exstirpationsnadeln* (Synonym: Pulpaexstirpatoren, Nervnadeln) sind mit kleinen Haken versehene Instrumente, die dazu dienen sollen, die Pulpa in einem Arbeitsgang aus dem Wurzelkanal zu exstirpieren. Die Pulpa wird bei Verwendung dieses Instruments abgerissen und nicht abgeschnitten, was als Nachteil betrachtet werden kann.

Grundsätzlich kann auf die Verwendung dieses Instrumentes verzichtet werden, da es in vielen Fällen, wie z.B. bei gekrümmten Kanälen, seine Aufgabe nicht erfüllen kann. Empfohlen werden Exstirpationsnadeln von manchen Autoren zur Entfernung von Papierspitzen oder Fremdkörpern aus dem Wurzelkanal.

Reamer (Synonym: Erweiterer, Räumer, Kerr-Bohrer) und *K-Feilen* (Synonym: Kerr-Feile, Trepan-Feile) werden aus Rohlingen mit dreieckigem oder viereckigem Querschnitt durch Verwinden hergestellt (s. Abb. 13-12). Hauptsächlich unterscheiden sich Reamer und K-Feilen durch die Anzahl von Windungen pro Längeneinheit und dadurch auch durch den Tangentenwinkel, der durch die Instrumentenachse und die Schneidekante gebildet wird. Reamer weisen je nach Stärke des Instrumentes 8–16 Schneiden, Feilen 24–36 Schneiden auf. Kleine Instrumentengrößen werden aus Gründen der Stabilität gerne aus Rohlingen mit quadratischem Querschnitt, größere Instrumente aus Rohlingen mit dreieckigem Querschnitt gefertigt.

Hedström-Feilen werden aus runden Rohlingen durch Herausfräsen hergestellt.

13.4.1.3 Merkmale. Charakteristisch ist für jedes Instrument Spanraum, Schneidekantenwinkel und Kern (Abb. 13-13). Die Größe des *Spanraums* entscheidet, wieviel Material aus dem Wur-

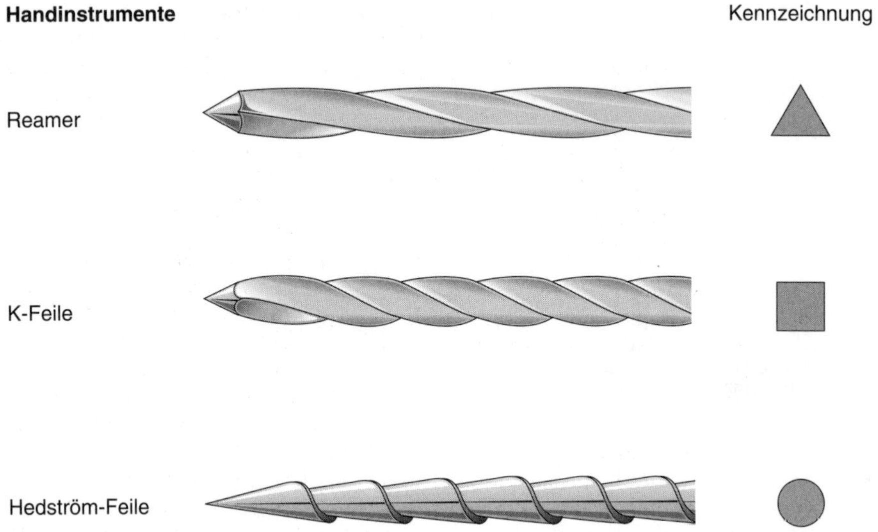

Abbildung 13-12. Grundformen der Handinstrumente zur Aufbereitung des Wurzelkanals. Die Instrumente sind auf dem Kopf des Handgriffes mit Symbolen gekennzeichnet.

zelkanal heraustransportiert werden kann. Einen großen Spanraum weisen Reamer und Hedström-Feilen auf, einen kleinen K-Feilen. Schneid- oder Schabwirkung werden vom *Schneidekantenwinkel* bestimmt. Hedström-Feilen weisen die höchste Schneidleistung auf, K-Feilen die geringste. Die Größe des *Kerns* beeinflußt neben der Qualität des

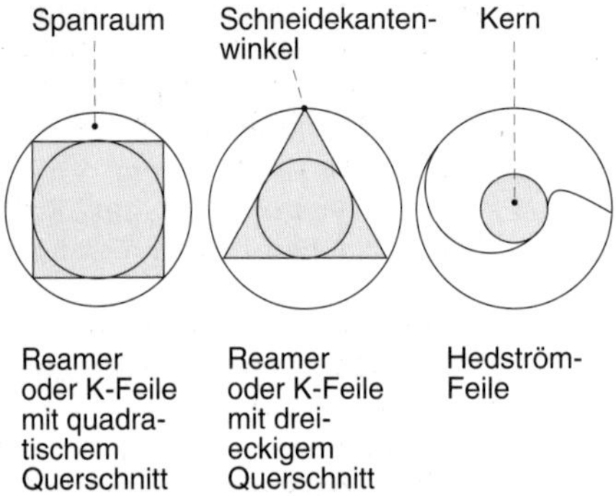

Abbildung 13-13. Spanraum, Schneidekantenwinkel und Kern bei Reamer, K-Feile und Hedström-Feile.

verwendeten Stahls die Flexibilität und Stabilität der Instrumente. Den kleinsten Kern weisen Hedström-Feilen auf, wodurch bei den kleinen Größen dieser Instrumente eine erhöhte Bruchgefahr gegeben ist.

Aus dem Tangentenwinkel und dem daraus resultierenden Arbeitsvektor, der senkrecht zur Tangente steht, ergibt sich die *Arbeitsweise* der verschiedenen Instrumente. Reamer sollen stoßend-drehend verwendet werden, wobei eine viertel bis eine halbe Drehung im Uhrzeigersinn empfohlen wird. K-Feilen können in einer Stoß-Zieh-Bewegung oder nur im Sinne einer zirkulären Feilung angewendet werden. Hedström-Feilen dürfen ausschließlich ziehend verwendet werden.

13.4.1.4 Sonderformen. Neben den genannten Standardinstrumenten wurden zahlreiche Sonderformen von Handinstrumenten entwickelt, die jeweils spezielle Vorteile aufweisen sollen. Als Beispiel sei hier die *K-Flex-Feile* genannt, die aus Rohlingen mit rautenförmigem Querschnitt hergestellt wird und einen effektiveren Materialabtrag und Abtransport ermöglichen soll.

Eine interessante neuere Entwicklung ist die *Flex-R-Feile,* bei der es sich um eine modifizierte K-Feile mit dreieckigem Querschnitt und einer speziell ausgeformten parabolförmigen Spitze handelt.

13.4.2 Rotierende Instrumente zur Erweiterung der Kanaleingänge

Die manuelle Aufbereitung des Wurzelkanals wird häufig durch die Verwendung rotierender Instrumente ergänzt, die dazu dienen sollen, die Kanaleingänge oder das koronale Drittel des Wurzelkanals zu erweitern.

Das gebräuchlichste Instrument ist der **Gates** oder **Gates-Glidden-Bohrer,** der aus einem langen Schaft, einem kurzen, länglich ovalen Kopf und einer selbstzentrierenden Spitze besteht. Vergleichbare rotierende Instrumente werden zur Erweiterung des Wurzelkanals beim Einbringen pulpaler Retentionsstifte empfohlen.

13.4.3 Instrumente zur maschinellen Aufbereitung des Wurzelkanals

Da die Aufbereitung und Formgebung des Wurzelkanals mit Handinstrumenten mühsam und zeitaufwendig ist, wurden folgende maschinell angetriebene Geräte entwickelt, die zu einer Erleichterung und Zeitersparnis führen sollen:
- Endodontie-Winkelstücke
- Ultraschallsysteme
- Schallvibrationssysteme.

Grundsätzlich können sog. Endodontie-Winkelstücke, die mit geeigneten Instrumenten bestückt werden, Schallvibrationssysteme und Ultraschallsysteme unterschieden werden.

Ältere **Endodontie-Winkelstücke** führen zumeist eine reziproke Rotationsbewegung und/oder eine Hubbewegung aus. Bekannte Beispiele hierfür sind *Giromatic, Endolift* und *Racer.*

In jüngerer Zeit entwickelte Geräte wie Canal-Finder oder Excalibur arbeiten mit komplizierten Bewegungsabläufen. Beim *Excalibur* werden Feilen in multilaterale Pendelbewegungen (aleatorische Schwingungen) versetzt, beim *Canal-Finder* ist eine gesteuerte Hubbewegung mit der Möglichkeit freier Rotation bei Friktion der Instrumente kombiniert.

Bei den älteren Modellen war die Kanalreinigung schlechter als bei der manuellen Aufbereitung, und es bestand eine erhöhte Gefahr von Stufenbildung und Perforation. Bei neueren Systemen konnten bessere Ergebnisse erreicht werden.

Allen Endodontie-Winkelstücken ist aber der Verlust des Tastgefühls gegenüber der manuellen Aufbereitung gemeinsam. In der Regel kann keine Zeitersparnis durch Verwendung dieser Instrumente nachgewiesen werden.

Ultraschallsysteme zur Aufbereitung und Reinigung des Wurzelkanals erzeugen hochfrequente Schwingungen im Bereich von 25000 bis 40000 Hz. Die Installation der Geräte ist *aufwendig,* da i.d.R. ein spezieller Generator erforderlich ist.

Der Effekt von Ultraschallsystemen soll gleichzeitig auf mechanischer Bewegung, physikalischer Kavitation und chemischer Spülmittelwirkung beruhen. Hauptsächlich wird die *Reinigung* des Wurzelkanals wohl dadurch bewirkt, daß Flüssigkeitspartikel um die schwingende Feile in schnelle Bewegung versetzt werden.

Bei gekrümmten Wurzelkanälen besteht bei der Anwendung von Ultraschallsystemen eine erhöhte Gefahr der *Stufenbildung.* Hier sollten Schallvibrationssysteme sicherer sein.

Schallvibrationssysteme arbeiten in einem Frequenzbereich von 1500 bis 6500 Hz und können direkt an die Behandlungseinheit gekoppelt werden.

Bei beiden Systemen ist die kontinuierliche Zufuhr von Wasser, physiologischer Kochsalzlösung oder 0,5–3%iger Natriumhypochlorit-Lösung erforderlich. Als größter Vorteil dieser Systeme wird insgesamt die verbesserte Reinigungswirkung besonders im Zusammenhang mit der Verwendung von Natriumhypochlorit-Lösungen gesehen. Häufig werden diese Systeme als Ergänzung zur manuellen Aufbereitung empfohlen.

13.4.4 Hilfsmittel zur Längeneinstellung und zur Aufbewahrung der Wurzelkanalinstrumente

Alle Instrumente, die zur Aufbereitung und Reinigung des Wurzelkanals verwendet werden, müssen eine definierte Längenmarkierung aufweisen.

Auf Handinstrumente können **Stopper** aus Metall, Silikon oder Gummi aufgesetzt werden. Den sichersten Sitz haben Metallstopper. Vorzugsweise sollen Stopper röntgensichtbar sein. Alternativ zu den aufsetzbaren Stoppern sind Instrumente mit Meßgriffen erhältlich.

Zur Längeneinstellung eignen sich Meßlehren, Meßlineale oder Meßblöcke.

Meßblöcke haben den Vorteil, daß damit auch wenig zeitaufwendig Papierspitzen und Guttaperchapoints längenmarkiert werden können.

Zur **Aufbewahrung** und Bereithaltung der Wurzelkanalinstrumente stehen zahlreiche verschiedene Modelle sogenannter *Endoboxen* zur Verfügung. In einigen dieser Boxen kann ein umfangreicher Satz von Instrumenten unterschiedlicher Größe und Länge nebst Hilfsmitteln für die Wurzelkanalfüllung untergebracht werden. Kleine Boxen bieten nur Platz für einen ausgewählten Instrumentensatz für eine geplante Behandlung.

Sehr geeignet zur *Ablage der Instrumente bei der Behandlung* sind kleine, mit desinfizierender Lösung gefüllte Töpfchen, bei denen mit Hilfe eines Klemmringes ein Stück Gaze oder Kofferdamgummi eingespannt werden kann.

Insgesamt soll der endodontische Arbeitsplatz nach *ergonomischen Gesichtspunkten* aufgebaut sein. Ein schneller Zugriff auf die vorbereiteten Instrumente, eine kontrollierte Ablage und eine klare Trennung von sterilem und unsterilem Instrumentarium ist anzustreben.

13.5 Allgemeine Richtlinien der Wurzelkanalaufbereitung

Unter dem Begriff „Aufbereitung" werden hier die Arbeitsgänge *Erweiterung*, *Reinigung* und *Formgebung* des Wurzelkanals zusammengefaßt. Wird die instrumentelle, mechanische Aufbereitung mit gleichzeitiger Anwendung von Spüllösungen vorgenommen, spricht man von *„biomechanischer Aufbereitung"*.

Ausgehend vom Zustand der Pulpa, kann man zwischen der Pulpektomie der vitalen Pulpa (Vitalexstirpation) und der nichtvitalen Pulpa unterscheiden. Der Zustand der Pulpa hat aber prinzipiell keinen Einfluß auf die Vorgehensweise bei der Aufbereitung.

Die **Ziele** der Wurzelkanalaufbereitung sind (nach GROSSMAN 1988):
- vollständige Entfernung von vitalem und nekrotischem Pulpagewebe
- mechanische Entfernung von Mikroorganismen aus dem Wurzelkanal und der Wurzelkanalwand
- Erhöhung der desinfizierenden Wirkung von Spüllösungen durch Vergrößerung des Wurzelkanallumens
- Formgebung des Wurzelkanals zur Ermöglichung der vollständigen Obturation des Wurzelkanalsystems.

Die Arbeitsgänge Erweiterung, Reinigung und Formgebung laufen überwiegend parallel zueinander ab. Die Reinigung des Wurzelkanals ist vielleicht von größter Bedeutung, da alles im Wurzelkanal verbliebene organische Material das Wachstum von Bakterien fördern könnte.

Die Aufbereitung des Wurzelkanals beginnt, wenn die **Arbeitslänge** festgelegt und das Arbeitsfeld entsprechend vorbereitet worden ist.

Die Arbeitslänge entspricht i.d.R. der Zahnlänge minus 1 mm. Dies ist unabhängig davon, ob die Pulpa vital oder nekrotisch ist. Die endgültige Formgebung des Wurzelkanals hängt davon ab, nach welcher Methode später das Wurzelkanalsystem gefüllt werden soll.

Folgende Anforderungen sollen bei der **Formgebung** aber immer erfüllt werden:
- Der aufbereitete Wurzelkanal muß den ursprünglichen Wurzelkanal vollständig einschließen.
- Die apikale Konstriktion muß erhalten bleiben.
- Der aufbereitete Wurzelkanal muß apikal eine Verengung oder Schwelle aufweisen, gegen die die Wurzelkanalfüllung kondensiert werden kann.
- Der Wurzelkanal soll von der Krone zum Apex insgesamt eine konische Form haben.

Unabhängig von der Methode, muß der Wurzelkanal - ausgehend vom ersten im Kanal bindenden Instrument - um *drei bis fünf Größen erweitert* werden, um den mechanischen Abtrag infizierten Materials von der Wurzelkanalwand zu gewährleisten.

Bei der *Bearbeitung der Wurzelkanalwände* ist die spezielle anatomische Form der Wurzeln zu beachten, um eine zu große Schwächung der Dentinwand oder sogar eine seitliche Perforation der Wurzel zu vermeiden.

Bei stark gekrümmten Wurzeln soll stets versucht werden, die konkave Wand stärker zu bearbeiten als die konvexe Wand. Auch bei Beachtung dieser Empfehlung kommt es oft durch Begradigung des Kanals zu einer Verkürzung der Arbeitslänge, die 0,5 mm oder sogar mehr betragen kann. Um eine Überinstrumentierung zu vermeiden, muß die Arbeitslänge in diesen Fällen entsprechend verkürzt werden.

Um eine gründliche **Reinigung** zu erreichen, erfolgt die Aufbereitung im feuchten Milieu. Dies erfordert die häufige Spülung mit einer geeigneten Spüllösung.

13.6 Spülung des Wurzelkanals

Um sicherzustellen, daß durch die Aufbereitung auch Gewebereste, Dentritus und Bakterien, die in den Dentinkanälchen, Seitenkanälen oder anderen unzugänglichen Bezirken zurückgeblieben sind, beseitigt werden, muß eine unterstützende Spülung mit geeigneten Lösungen erfolgen.

Zu diesem Zweck wird der Einsatz verschiedener Mittel, wie z.B. NaCl, H_2O_2, NaOCl, EDTA, organischer Säuren oder Alkohol empfohlen. Ein geeignetes Mittel zur Spülung soll folgende Eigenschaften haben:
- geringe Toxizität
- bakterizide Wirkung
- Auflösung von vitalem und nekrotischem Pulpagewebe
- niedrige Oberflächenspannung
- Schmiereffekt.

Zusätzlich wird manchmal die Entfernung der Schmierschicht und ein Bleicheffekt gefordert.

Das einzige Mittel, das diese Anforderungen zumindest weitgehend erfüllt, ist das **Natriumhypochlorit** (NaOCl). Die aktive Wirkung von Natriumhypochlorit beruht auf seinem Gehalt an undissoziierten HOCl-Molekülen, die eine oxydierende und chlorierende Wirkung haben.

Üblicherweise wird Natriumhypochlorit in wäßrigen Lösungen von 0,5–5,0% angewendet. Die antibakterielle Wirkung ist in diesem Konzentrationsbereich annähernd gleich stark.

Die *gewebelösenden Eigenschaften* von Natriumhypochlorit sind sehr gut. Sowohl vitales wie auch nekrotisches Pulpagewebe wird bei einem Überschuß von Natriumhypochlorit weitgehend abgebaut.

Die dem Dentin aufliegende Schmierschicht kann allein mit Natriumhypochlorit nicht entfernt werden. Hier sind

Chelatverbindungen wie EDTA oder z.B. Zitronensäure besonders effektiv. Ob es sinnvoll und notwendig ist, die Schmierschicht vor der Wurzelkanalfüllung zu entfernen, ist allerdings nicht geklärt.

Der Zusatz oberflächenaktiver Substanzen zur Verminderung der Oberflächenspannung hat sich nicht bewährt. Es konnte auch kein Vorteil durch *alternierende Spülungen mit Wasserstoffperoxid* (H_2O_2) zur Erzeugung naszierenden Sauerstoffs nachgewiesen werden.

Die *Effektivität* der Spülungen mit Natriumhypochlorit hängt in der Hauptsache von der Eindringtiefe in den Wurzelkanal und damit von dem Lumen des Kanals, der eingebrachten Menge und einer angemessenen Einwirkdauer ab.

Die Spülung erfolgt mit *Einwegspritzen*, die mit einer zierlichen, stumpfen Kanüle bestückt sind. Oft ist es sinnvoll, die Kanüle in einem leichten Winkel vorzubiegen. Der Druck muß so dosiert werden, daß ein tiefes Eindringen der Lösung in den Wurzelkanal gewährleistet ist, wobei allerdings ein Überpressen der Lösung über den Apex ausgeschlossen werden muß.

Eine Irritation der Mundschleimhaut oder ein Verschlucken der Lösung kann ausgeschlossen werden, da die Behandlung unter Kofferdam erfolgt.

13.7 Methoden der manuellen Wurzelkanalaufbereitung

Die Methoden der manuellen Wurzelkanalaufbereitung können anhand der verwendeten Instrumente oder nach der angestrebten Form des Wurzelkanals unterschieden werden.

Vorwiegend von den **Instrumenten ausgehend,** kann die Räummethode und die Feilmethode unterschieden werden.

Nach **Art des Vorgehens** und der daraus letztendlich resultierenden Form des Wurzelkanals kann die konventionelle, die Step-back- und die Step-down-Technik unterschieden werden. Eine klare Abgrenzung zwischen den Techniken ist schwer möglich, da oft Kombinationen verschiedener Methoden angewendet werden.

Grundsätzlich ist festzustellen, daß sich die konventionelle Methode bei Verwendung von Reamern eher für die Aufbereitung gerader, rundlicher Wurzelkanäle, die Step-back- und Step-down-Methode bei Verwendung von K-Feilen besonders für die Aufbereitung gekrümmter Kanäle eignet.

13.7.1 Konventionelle Techniken

Bei der konventionellen Technik wird der Wurzelkanal in voller Arbeitslänge mit Instrumenten aufsteigender Größe bearbeitet. Die Technik kann allein mit Reamern oder wechselseitiger Verwendung von *Reamern und Hedström-Feilen* durchgeführt werden. Arbeitet man mit den Instrumenten *stoßend-drehend*, spricht man von der **Räummethode.**

Ein kleiner Reamer wird in den Kanal eingeführt, unter Beachtung der Arbeitslänge eine viertel bis eine halbe Umdrehung rotiert, wieder aus dem Kanal entfernt und gereinigt. Dieser Arbeitsvorgang wird wiederholt, bis der Reamer widerstandslos bis zur Arbeitslänge eingeführt werden kann. Mit Instrumenten aufsteigender Größe wird der Vorgang wiederholt, bis die gewünschte Kanalgröße erreicht ist.

Häufig wird empfohlen, bei dieser konventionellen Technik wechselseitig Reamer und Hedström-Feilen gleicher Größe zu benutzen. Bei der Anwendung von Feilen muß sichergestellt werden, daß es nicht zu Ansammlung von Spänen im apikalen Drittel des Kanals und damit zu einer Verbolzung des Weges kommt. Dies kann durch die sogenannte Rekapitulation verhindert werden. Hierbei wird ein ein oder zwei Größen kleinerer Reamer in den Kanal eingeführt, um die Späne nach oben zu transportieren.

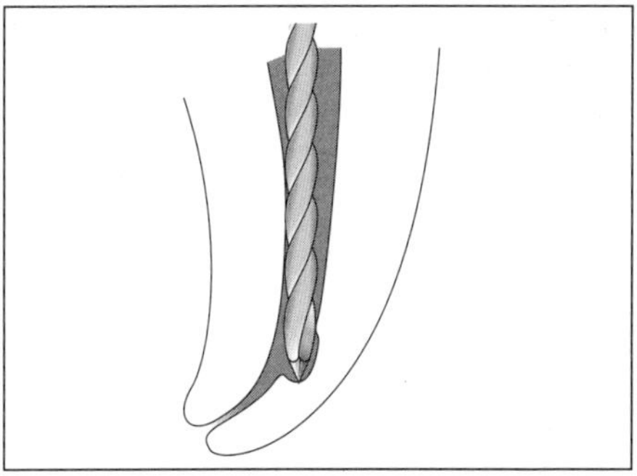

Abbildung 13-14. Abweichung vom ursprünglichen Kanal im apikalen Drittel bei der ersten Phase der Instrumentierung.

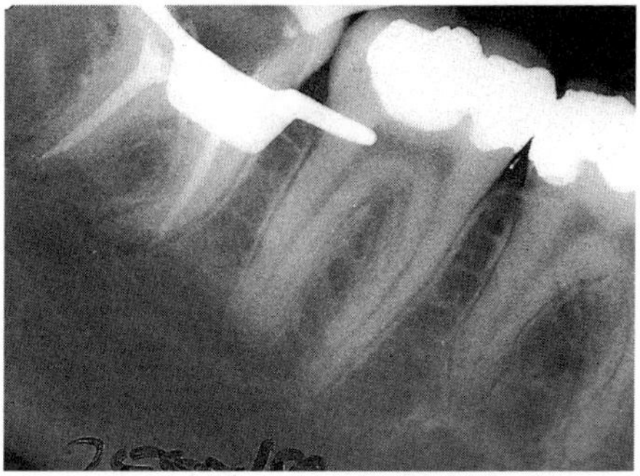

Abbildung 13-15. Abweichung vom ursprünglichen Wurzelkanal durch falsche Aufbereitungstechnik.

Als Vorteil der konventionellen Methode wird angesehen, daß der fertig aufbereitete Kanal einen runden Querschnitt besitzt und damit direkt geeignet ist zur Aufnahme eines genormten Guttaperchapoints. Weiterhin kann gegenüber anderen Methoden ein leichter *Zeitvorteil* erreicht werden.

Demgegenüber stehen aber zahlreiche Nachteile. Bei Kanälen mit ovalem oder hantelförmigem Querschnitt können bei weitem nicht alle Bereiche der Wurzelkanalwand erreicht werden. Würde man versuchen, die gesamte Kanalwand in die runde Aufbereitungsform einzubeziehen, besteht die große Gefahr einer seitlichen *Perforation.*

Wird diese Methode bei gekrümmten Wurzeln angewendet, besteht schon in der ersten Phase der Instrumentierung die Gefahr der *Stufenbildung* oder der *Abweichung vom ursprünglichen Kanal* im apikalen Drittel (Abb. 13-14 und 13-15).

Während der Aufbereitung kann es durch den Ausschlag der Instrumentenspitze bei Drehungen zur Ausbildung des sog. *„Elbow-Zip"-Effektes* kommen, der eine korrekte Wurzelkanalfüllung nahezu unmöglich macht. In welchem Ausmaß eine Trichterform entsteht, hängt vom Ausmaß der Wurzelkrümmung, der Größe und Flexibilität der Instrumente und der Art des Vorgehens ab (Abb. 13-16).

Werden zur Aufbereitung überwiegend Feilen benutzt, mit denen *schabend* und *ziehend* gearbeitet wird, spricht man von der **Feilmethode.** Als erstes Instrument wird eine dünne Feile in den Kanal eingeführt, die ohne Widerstand bis zur Arbeitslänge gelangen muß. Die Kanalwand wird solange bearbeitet, bis die nächstgrößere Feile wiederum ohne Widerstand bis zur Arbeitslänge eingeführt werden kann. Durch zirkuläres Feilen kann nun auch die gesamte Kanalwand von Wurzelkanälen mit *unregelmäßigem Querschnitt* bearbeitet werden (Abb. 13-17 und 13-18).

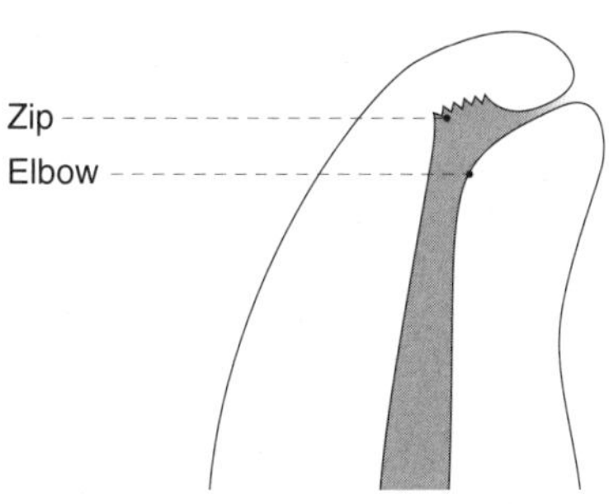

Abbildung 13-16. Elbow-Zip-Effekt bei der Instrumentierung gekrümmter Kanäle. Die Verwendung nicht genügend flexibler oder nicht vorgebogener Instrumente führt dazu, daß nahe des Apex ein Trichter (Zip) entsteht und nach diesem eine Einengung (Elbow).

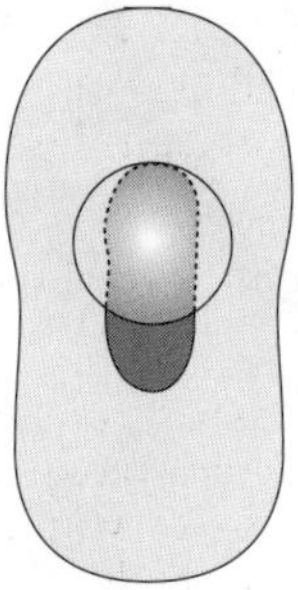

Abbildung 13-17. Problematik der konventionellen Aufbereitungstechnik. Ist der Kanalquerschnitt nicht annähernd rund, werden einerseits Teilbereiche nicht aufbereitet, andererseits wird viel gesundes Dentin geopfert.

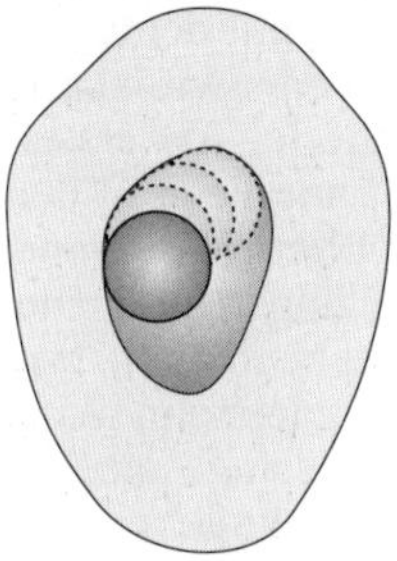

Abbildung 13-18. Zirkuläres Feilen. Mit Hilfe dieser Technik können auch bei unregelmäßig geformten Kanälen alle Bereiche bearbeitet werden.

Bis zu welcher Instrumentengröße aufbereitet wird, hängt von den anatomischen Verhältnissen und der geplanten Wurzelfülltechnik ab.

Die besonderen Vorteile dieser Methode sind die *intensive Reinigung* des Wurzelkanals und die Möglichkeit, *auch unregelmäßig geformte Kanäle* problemlos aufzubereiten.

Als Nachteil ist anzusehen, daß Feilen das gelöste Material nicht so gut aus dem Kanal abtransportieren und somit zur Verhinderung einer *Verbolzung* häufige Rekapitulationen notwendig sind. Weiterhin erfordert der unregelmäßige Querschnitt des aufbereiteten Kanals eine *aufwendigere Füllungstechnik.*

13.7.2 Step-back- und Step-down-Technik

Den oben genannten Anforderungen an die richtige Formgebung des Wurzelkanals kann man in den meisten Fällen mit der konventionellen Technik nicht gerecht werden.

> Eine konische Kanalform, die den ursprünglichen Wurzelkanal einschließt, kann zumeist nur mit der Step-back-Technik erreicht werden.

Hierbei werden nach der Aufbereitung des apikalen Kanalabschnitts um drei bis fünf Größen nach dem ersten klemmenden Instrument die folgenden Instrumente nicht mehr in voller Arbeitslänge eingeführt, sondern die Länge wird sukzessiv verkürzt. Je nach Weite des Wurzelkanals erfolgen so drei bis fünf Schritte mit zunehmend verkürzter Arbeitslänge. Während kleine Schritte von je 0,5 mm bei geraden Kanälen angebracht sind, werden bei gekrümmten Kanälen Schritte von je 1 mm bevorzugt (Abb. 13-19).

Ein **Vorteil** der Step-back-Technik gegenüber der konventionellen Technik ist auch darin zu sehen, daß die mit zunehmender Größe immer weniger flexiblen Instrumente nicht im Bereich der größten Krümmung zum Einsatz kommen. Somit kann auch der einseitige Abtrag von Material an einer Kanalseite und damit die Ausbildung des *Elbow-Zip-Effektes weitgehend verhindert* werden.

Als Ergänzung zur Step-back-Technik ist die Erweiterung des koronalen Kanaldrittels nach der Aufbereitung des apikalen Anteils mit Handinstrumenten um einige Größen ein sinnvoller Arbeitsschritt. Der Zugang zum Wurzelkanal wird erleichtert, und die Friktion der größeren Instrumente wird vermindert.

Bei besonders stark gekrümmten Kanälen kann es erforderlich sein, den gesamten Wurzelkanal von oben nach

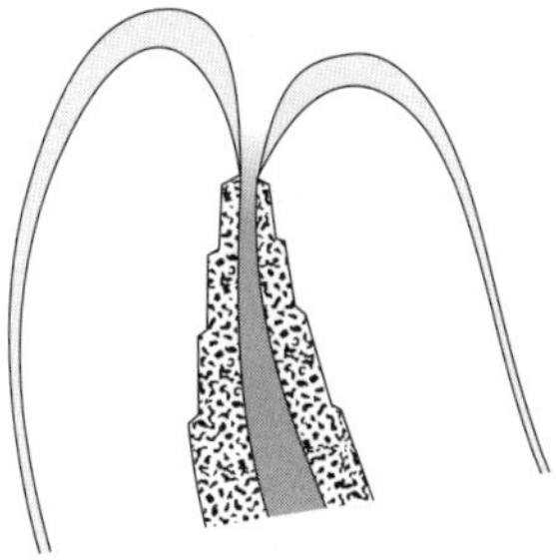

Abbildung 13-19. Konische Wurzelkanalaufbereitung mit der Step-back-Technik.

unten aufzubereiten. Dieses Vorgehen wird als **Step-down- oder Crown-down-Technik** bezeichnet. Bei der Step-down-Technik wird nach Aufbereitung der beiden oberen Kanaldrittel mit sukzessiv kleiner werdenden Gates-Glidden-Bohrern oder Feilen anschließend das untere Kanaldrittel wie bei der Step-back-Technik aufbereitet. Bei der Crown-down-Technik erfolgt auch die Aufbereitung des unteren Kanaldrittels mit K-Feilen, die mit leichtem, gut kontrolliertem Druck in abnehmender Größe bis zur Arbeitslänge eingebracht werden.

Mit dieser Technik ist es möglich, auch Kanäle mit Krümmungen von über 60° aufzubereiten. Die erfolgreiche Anwendung erfordert allerdings viel Erfahrung.

Neben den genannten Verfahren sind zahlreiche Methoden beschrieben worden, die **mit maschinengetriebenen Instrumenten** oder durch Kombination von maschinengetriebenen Instrumenten, Ultraschallsystemen oder Schallsystemen durchgeführt werden.

Besonders **Ultraschallgeräte** werden häufig als Hilfsmittel in Kombination mit Handinstrumenten empfohlen.

Mit dem Einsatz von **Laserstrahlen** als Hilfsmittel zur Reinigung des Wurzelkanals liegen bisher nur erste Erkenntnisse vor, die einen routinemäßigen Einsatz noch nicht empfehlenswert scheinen lassen.

Aus der breiten Palette der Möglichkeiten, einen Wurzelkanal erfolgreich aufzubereiten, soll hier die konische Wurzelkanalaufbereitung mit Handinstrumenten als Beispiel im folgenden vorgestellt werden.

13.7.3 Konische Wurzelkanalaufbereitung

Das erste Instrument, das bis zur vorher bestimmten Arbeitslänge eingebracht wird und dort bindet, wird als **Initialfeile** (initiale apikale Feile) bezeichnet. Je nach Durchmesser des Wurzelkanals kann es sich dabei zum Beispiel um ein Instrument der ISO-Größe 15 oder bei sehr weiten Kanälen um ein Instrument der ISO-Größe 35 handeln.

Von der initialen Feile ausgehend, erfolgt die Erweiterung des Kanals um 3–5 Größen. Um eine dichte Füllung des Wurzelkanals zu ermöglichen, soll der apikale Anteil des Wurzelkanals i.d.R. zumindest bis zur ISO-Größe 30 oder 35 aufbereitet werden.

Die zuletzt in voller Arbeitslänge eingebrachte Feile wird als **apikale Masterfeile** (gebräuchliche Abkürzungen: AMF, MAF oder MAI) bezeichnet.

Die nachfolgenden 3–4 Instrumente werden in um jeweils 1 mm verkürzter Länge verwendet. Das letzte dieser Instrumente wird als **Finalfeile** (FF) bezeichnet.

Der gesamte Aufbereitungsvorgang wird im feuchten Milieu durchgeführt. Dies bedeutet regelmäßige **Spülungen mit Natriumhypochlorit** zu Beginn und zwischen den Arbeitsgängen.

Um besonders bei gekrümmten Kanälen eine Verbolzung von Spänen in Apexnähe zu vermeiden, ist eine häufige Rekapitulation erforderlich.

Bei besonders engen Kanälen wird neben den Spülungen der Einsatz eines **Gleitmittels** (z.B. RC-Prep) empfohlen. Zusätzlich kann die Aufbereitung solcher Kanäle erleichtert werden, wenn man sich Zwischengrößen durch Kürzung der Instrumente um 1 mm herstellt. Aus einer Feile der ISO-Größe 20 wird so ein Instrument der ISO-Größe von ca. 17½.

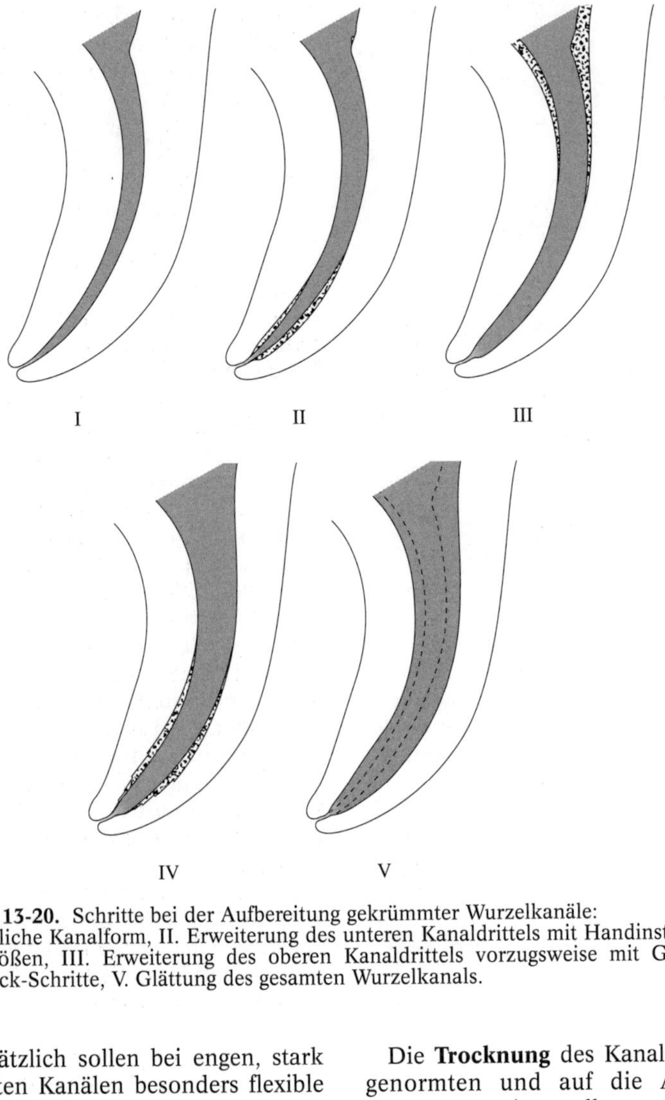

Abbildung 13-20. Schritte bei der Aufbereitung gekrümmter Wurzelkanäle: I. ursprüngliche Kanalform, II. Erweiterung des unteren Kanaldrittels mit Handinstrumenten um wenige Größen, III. Erweiterung des oberen Kanaldrittels vorzugsweise mit Gates-Bohrern, IV. Step-back-Schritte, V. Glättung des gesamten Wurzelkanals.

Grundsätzlich sollen bei engen, stark gekrümmten Kanälen besonders flexible Feilen eingesetzt werden, die nur ziehend und keinesfalls rotierend verwendet werden (Abb. 13-20 und Tab. 13-1).
Nach dem letzten Aufbereitungsschritt wird der Wurzelkanal noch einmal gründlich mit Natriumhypochlorit gespült. Manchmal wird eine zusätzliche abschließende Spülung mit 95%igem Alkohol empfohlen, um die Trocknung des Kanals zu beschleunigen.

Die **Trocknung** des Kanals erfolgt mit genormten und auf die Arbeitslänge minus 1 mm eingestellten sterilen Papierspitzen. Die Papierspitzen werden entsprechend der Längenmarkierung ohne Druck in den Kanal eingeführt. Durch genaue visuelle Prüfung der Papierspitzen muß sichergestellt werden, daß der Kanal völlig trocken ist.

Anschließend erfolgt entweder eine provisorische Einlage oder die definitive Wurzelkanalfüllung.

Tabelle 13-1. Schritt-für-Schritt-Vorgehen am Beispiel.

1. Vorbereitende Maßnahmen wie beschrieben

2. Teilaufbereitung des apikalen Wurzelabschnitts

Instrument	ISO-Größe	Arbeitslänge
Initialfeile	10	21 mm
Stepfeile	15	21 mm
Rekapitulation	10	21 mm
Stepfeile	20	21 mm
Rekapitulation	15	21 mm
Stepfeile	25	21 mm

3. Erweiterung des koronalen Wurzelkanaldrittels
   - Gates-Glidden-Bohrer Nr. 5 oder 6
   - Gates-Glidden-Bohrer Nr. 2 oder 3
   - (alternativ können entsprechend große Hedström-Feilen verwendet werden)

4. Endgültige Aufbereitung des apikalen Wurzelkanaldrittels und Step-back-Schritte

Instrument	ISO-Größe	Arbeitslänge
Rekapitulation	20	21 mm
Masterfeile	30	21 mm
Rekapitulation	25	21 mm
Step-back-Feile	35	20 mm
Rekapitulation	30	21 mm
Step-back-Feile	40	19 mm
Rekapitulation	30	21 mm
Step-back-Feile	45	18 mm
Rekapitulation	30	21 mm
Step-back-Feile	50	17 mm
Rekapitulation	30	21 mm

13.8 Medikamentöse Einlagen zur Desinfektion des Wurzelkanals

Eine temporäre oder desinfizierende Einlage mit nachfolgendem provisorischen Verschluß ist dann notwendig, wenn die Wurzelkanalbehandlung nicht in einer Sitzung abgeschlossen werden kann.

Dies kann aus organisatorischen oder zeitlichen Gründen erforderlich sein, weil der Wurzelkanal durch aufsteigendes Exsudat nicht getrocknet werden kann oder weil eine zusätzliche desinfizierende Wirkung erzielt werden soll. Besonders umstritten ist die Notwendigkeit und der Sinn einer desinfizierenden Einlage.

Mit der beschriebenen mechanischen Aufbereitung des Wurzelkanals unter Anwendung von **Natriumhypochlorit als Spülmittel** kann eine weitgehende Reduzierung der Keimzahlen erreicht werden. Nach neueren Untersuchungen sind nach Spülung mit Natriumhypochlorit ca. 50% der Wurzelkanäle vollständig bakterienfrei, nach zusätzlicher Verwendung von *Ultraschall* sogar bis zu 70%.

Vielfach geht man davon aus, daß ein anschließend definitiv gefülltes Wurzelkanalsystem den verbliebenen Bakterien keine Gelegenheit bietet, eine neue Flora aufzubauen, die in der Lage ist, einen bestehenden pathogenen Prozeß weiterhin zu unterhalten oder auszulösen.

Trotz dieser gesicherten Erkenntnisse werden zahlreiche Medikamente angeboten, die als desinfizierende Zwischeneinlage verwendet werden sollen.

Die bekanntesten Stoffgruppen sind die Phenole und Aldehyde. Zu den **Phenolen** oder phenolhaltigen Präparaten gehören Chlorphenol-Kampfer-Menthol (ChKM), Chlorphenol-Kampfer-Thymol und Jodoformpaste, die aus einer Mischung von Jodoform und ChKM besteht.

Zu den **Aldehyden** oder verwandten Verbindungen zählen Formaldehyd, Formokresol und Trikresol-Formalin.

Neben diesen Präparaten wird auch manchmal die Anwendung von **Kortikoid-Antibiotika-Präparaten** empfohlen.

Der Nutzen all dieser Medikamente ist sehr zweifelhaft und die Anwendung gilt heute eher als kontraindiziert. Gegenüber manchen dieser Präparate kann eine *Sensibilisierung* und *Überempfind-*

lichkeitreaktion auftreten oder eine *Antigenität* durch Bindung an Körpereiweiß ausgelöst werden.

Als Mittel der Wahl für eine Zwischeneinlage gilt Kalziumhydroxid.

Bei den **Kalziumhydroxid-Präparaten,** die temporär in den Wurzelkanal eingebracht werden, handelt es sich gewöhnlich um pastenartige wäßrige Suspensionen. Sie zeigen im Vergleich zu anderen Zubereitungsarten die *stärkste alkalisierende und bakterizide Wirkung.*

Fertigpräparate enthalten Zusätze zur Erzielung von Röntgensichtbarkeit und zur Verbesserung der Verarbeitbarkeit. Das bekannteste Fertigpräparat ist das Calxyl®. Wichtig ist bei diesen Präparaten, daß sie dicht verschlossen aufbewahrt werden, um die Carbonatbildung zu vermeiden.

Kalziumhydroxid ist wirksam, *biokompatibel* und hinreichend erforscht. Wenn Wurzelkanäle nach beschriebener Methode aufbereitet und gespült worden sind und dann für einige Tage mit Kalziumhydroxid gefüllt wurden, konnte in fast 100% der Fälle Bakterienfreiheit nachgewiesen werden.

Die antibakterielle Wirkung von Kalziumhydroxid hängt von der *Konzentration* der verfügbaren Hydroxilionen ab. Da dissoziierte Hydroxilionen durch Reaktion verbraucht werden, sollte ein genügender Überschuß zur Verfügung stehen, um einen anhaltenden Effekt zu gewährleisten.

Kalziumhydroxid-Paste wird mit Hilfe eines Lentulos oder mit Handinstrumenten ohne Überfüllung des Kanals in ausreichender Menge eingebracht. Danach erfolgt ein dichter temporärer Verschluß der Kavität.

13.9 Provisorischer Verschluß

Ein dichter provisorischer Verschluß der Zugangskavität ist notwendig, um sicherzustellen, daß es zu keiner Reinfektion des gesäuberten Wurzelkanals kommen kann oder eindringende Mundflüssigkeit als Substrat für verbliebene Bakterien dienen kann.

Provisorische Füllungsmaterialien sollen folgende **Anforderungen** erfüllen:
- Undurchlässigkeit für Bakterien und Mundflüssigkeit
- leichte und drucklose Applizierbarkeit
- hohe mechanische Festigkeit
- leichte Entfernbarkeit.

Diesen Anforderungen werden plastische Fertigpräparate wie Cavit® oder IRM® weitgehend gerecht.

Cavit® besteht aus einer Mischung von Kalziumsulfat, Zinkoxid, Zinksulfat, Glykolacetat, Polyvenylacetat und Triäthanolanin. Es enthält kein Eugenol. Cavit® ist leicht applizierbar und erhärtet rasch unter Feuchtigkeitszutritt. Die Undurchlässigkeit ist für etwa ein bis zwei Wochen gewährleistet, wenn die Schichtstärke mindestens 3 mm beträgt.

IRM® ist ein Zinkoxid-Eugenol-Zement mit Polymer-Verstärkung. Die *Liegedauer* dieses Präparates kann mehrere Wochen betragen. Um die Wurzelkanaleingänge nicht zu verlegen, sollen vor Einbringen des Provisoriums die Kanaleingänge mit einem sterilen Wattepellet abgedeckt werden. Bei großen, mehrflächigen Zugangskavitäten ist eine korrekte Gestaltung des Approximalraumes erforderlich.

In diesen Fällen kann zum Beispiel ein **Glasionomerzement** bei Verwendung einer Matrize als provisorischer Verschluß in die Kavität eingebracht werden.

Sehr wichtig ist es, eine genaue **Okklusionskontrolle** durchzuführen. Ein zu hohes Provisorium kann gerade bei Zähnen mit einer endodontischen Problematik Schmerzen auslösen oder vorhandene Schmerzen verstärken.

13.10 Voraussetzungen vor der definitiven Wurzelkanalfüllung

Folgende Voraussetzungen sollen erfüllt sein, bevor eine definitive Wurzelkanalfüllung durchgeführt wird:
- komplette Aufbereitung entsprechend den genannten Kriterien
- Symptomlosigkeit des Zahnes
- trockener Wurzelkanal.

Solange ein Zahn noch aufbißempfindlich ist oder bei Palpation im Bereich des Apex eine Druckempfindlichkeit besteht oder eine Schwellung tastbar ist, soll keine definitive Füllung vorgenommen werden.

Kann abgegrenzt werden, daß der ursprüngliche Schmerz von einer **Pulpitis ohne Beteiligung des apikalen Parodonts** ausging, kann eine *Füllung direkt* durchgeführt werden. Wenn dann nach einer technisch gelungenen Wurzelkanalfüllung weiterhin Schmerzen bestehen, können diese besser mit der Verabreichung von Analgetika als mit einer erneuten Eröffnung des Wurzelkanals kontrolliert werden. Häufig wird empfohlen, nur nach einer Vitalexstirpation in der gleichen Sitzung den Wurzelkanal zu füllen.

Liegt **nekrotisches, infiziertes Pulpagewebe** vor, soll eine *temporäre Einlage* mit einem Kalziumhydroxid-Präparat erfolgen. Durch klinische Studien kann diese Empfehlung allerdings nicht belegt werden.

Eine bestehende **Fistel** ist grundsätzlich keine Kontraindikation für eine Wurzelkanalfüllung. In vielen Fällen kommt es zu einer Ausheilung der ursächlichen periapikalen Läsion und zum Verschluß des Fistelganges.

Um eine gute Adaptation des Füllungsmaterials zu erzielen, muß der Wurzelkanal vor der Füllung vollständig trocken sein. Wenn eine **Trocknung mit Papierspitzen nicht möglich** ist, da immer wieder Exsudat aufsteigt, muß eine *temporäre Einlage* vorgenommen werden. Hier empfiehlt sich wiederum das Einbringen eines Kalziumhydroxid-Präparates. Als Alternative kann man den Wurzelkanal leer lassen, ein steriles Wattepellet auf den Kanaleingang legen und einen dichten provisorischen Verschluß der Kavität vornehmen.

13.11 Wurzelkanalfüllung

Das Ziel einer Wurzelkanalfüllung ist es, das gesamte Kanalsystem auf Dauer hermetisch zu verschließen, um das Eindringen von Mikroorganismen oder Flüssigkeiten zu verhindern.

Hierzu muß nicht nur der apikale und der koronale Bereich des Kanals dicht verschlossen sein, sondern auch Seitenkanäle, akzessorische Kanäle und offenliegende Dentintubuli müssen verschlossen werden.

Eine Überfüllung des Kanals über den physiologischen Apex hinaus ist unbedingt zu vermeiden, weil alle Wurzelkanalmaterialien im periapikalen Gewebe mehr oder weniger eine Fremdkörperreaktion auslösen können.

13.11.1 Wurzelkanalfüllmaterialien

Ein ideales Füllmaterial für Wurzelkanäle soll folgende **Anforderungen** erfüllen:
- biokompatibel
- undurchlässig für Flüssigkeiten
- unlöslich in Gewebeflüssigkeiten
- bakteriostatisch oder bakterizid
- dichter Verschluß des gesamten Kanalsystems
- dimensionsstabil
- gute Haftung an der Zahnhartsubstanz
- keine Verfärbung der Zahnhartsubstanz
- radioopak

- ausreichende Verarbeitungszeit
- falls notwendig, wieder entfernbar.

Die Anforderung, daß ein dichter, dreidimensionaler Verschluß des Kanals möglich sein muß, beinhaltet die dauerhafte Erhärtung und die Porenfreiheit des ausgehärteten Materials.

Kein Wurzelkanalfüllmaterial kann diese Anforderungen allein komplett erfüllen, so daß eine Kombination zwischen cremigem, erhärtendem Material und einem Stift üblich ist.

Versucht man eine **Klassifikation der Materialien,** so bietet sich, obwohl die Definitionen nicht einheitlich sind, folgende Unterteilung an:

- erhärtende Pasten oder Zemente
- plastische oder semiplastische Materialien
- feste Materialien.

Unter **Pasten** versteht man zumeist Materialien, die als alleiniges Füllungsmaterial in den Wurzelkanal eingebracht werden sollen. Technisch ist es aufgrund der physikalischen Eigenschaften der Materialien nicht möglich, nur mit einer Paste das Wurzelkanalsystem dauerhaft und bakteriendicht zu verschließen. Die meisten Pasten *schrumpfen* bei der Erhärtung, weisen *Porositäten* auf und werden aufgelöst oder resorbiert. Zusätzlich ist die Gefahr der Überfüllung des Kanals sehr groß. Deshalb sind Pasten allein für eine definitive Wurzelkanalfüllung nicht geeignet.

Erhärtende Materialien, die dem Zweck dienen, den Zwischenraum zwischen einem Stift und der Wurzelkanalwand zu füllen, werden üblicherweise als **Wurzelkanalzemente** oder **Sealer** bezeichnet.

Ein Sealers hat folgende Aufgaben:

- Ausgleich kleiner Unebenheiten entlang der Kanalwand.
- Verschluß lateraler, akzessorischer Kanäle und offenliegender Dentintubuli.
- Herstellung einer dichten Verbindung zwischen Stift und Kanalwand.

Eine medikamentöse Wirkung des Sealers ist überflüssig und unerwünscht. Die Präparate, die den gewünschten *Anforderungen weitgehend gerecht* werden, können folgendermaßen eingeteilt werden:

- Zinkoxid-Eugenol-Basis
- Kunstharz-Basis
- Kalziumhydroxid-Basis
- Glasionomerzemente.

Alle Sealer werden in cremig-pastiger Form in den Wurzelkanal eingebracht und erhärten dort nach einer gewissen Zeit. Die *Verarbeitungszeit* ist variabel lang und die *Erhärtungszeit* reicht von weniger als einer Stunde bis zu zwei Tagen. Eine lange Erhärtungszeit erleichtert eine möglicherweise notwendige Korrektur der Wurzelkanalfüllung.

Während die Zusammensetzung der Sealer insgesamt sehr unterschiedlich ist, enthalten alle Metallsulfate oder vergleichbare Substanzen zur Erzielung eines Röntgenkontrastes.

Präparate auf *Zinkoxid-Eugenol-Basis* werden schon sehr lange angewendet. Obwohl sie nach Aushärtung eine leicht poröse Substanz bilden und sich zum Teil in Gewebeflüssigkeit lösen, zeigen sie bei klinischen Studien gute Resultate.

Zu den bekanntesten Präparaten auf *Kunstharz-Basis* zählen AH 26® und Diaket®. AH 26® ist ein Epoxidharz, das nach dem Mischen mit einem Aktivator sehr langsam erhärtet. Diaket ist eine Mischung aus Vinylpolymerisaten, die je nach Konsistenz des angemischten Zementes mehr oder weniger schnell abbindet.

Zu den neueren Entwicklungen zählen Präparate auf *Kalziumhydroxid-Basis* in einer Mischung mit polymerem Methylsalicylat.

Produktbeispiele sind Sealapex® und Apexit®. Trotz des Gehaltes an Kalziumhydroxid soll die Löslichkeit in Gewebeflüssigkeit vergleichbar gering sein wie bei anderen Materialien. Eine endgültige Beurteilung steht aber noch aus.

Als neueste Entwicklung steht ein *Glasionomerzement* (Ketac-Endo®) mit verlängerter Abbindezeit als Sealer zur Verfügung. Die Haftung dieses Materials an der Dentinoberfläche ist dann am größten, wenn die Schmierschicht vorher entfernt worden ist.

Alle genannten Materialien werden hinsichtlich ihrer Biokompatibilität und ihren physikalischen Eigenschaften positiv beurteilt.

Stifte werden grundsätzlich in Verbindung mit einem Sealer in den Wurzelkanal eingebracht und bilden den Kern der Wurzelkanalfüllung. Das erprobteste Material für Stifte ist Guttapercha. Daneben werden auch Metallstifte aus Silber, Titan oder vergleichbaren Metallen angeboten.

Guttaperchastifte (Guttaperchapoints) bestehen aus Guttapercha (ca. 20%) als Matrix, Zinkoxid als Füllstoff und enthalten zusätzlich in kleinen Mengen Wachse oder Kunststoff zur Erhöhung der Plastizität und Metallsulfate als Röntgenkontrastmittel. Guttapercha ist der eingedickte Milchsaft tropischer Bäume und dem Kautschuk verwandt.

> Guttapercha ist biokompatibel, inert und bei Temperaturen von ca. 60 °C plastisch verformbar.

Bei niedrigeren Temperaturen ist es dimensionsstabil. Guttapercha ist in organischen Lösungsmitteln wie Chloroform oder Xylol löslich. Guttaperchastifte werden in allen ISO-Größen ab Größe 15 entsprechend den Aufbereitungsinstrumenten und in einer stärker konischen Form als akzessorische Stifte angeboten.

Je nach spezieller Zusammensetzung unterscheiden sich Guttaperchaspitzen verschiedener Hersteller hinsichtlich für die Verarbeitung wichtiger Parameter wie Festigkeit, Elastizität und Flexibilität.

Metallstifte sind gegenüber Guttaperchaspitzen auch in kleinen Größen sehr fest und können gut in enge Kanäle eingeführt werden. Sie können allerdings nicht dem zumeist nicht runden Querschnitt des Wurzelkanals angepaßt werden.

Silberstifte neigen zur Korrosion und sollten deshalb nicht mehr verwendet werden.

Titanstifte sind biokompatibel und korrosionsresistent. Ihre Anwendung kann zum Beispiel empfohlen werden, wenn ein enger, gekrümmter Kanal nicht soweit aufbereitet werden kann, daß eine Füllung mit Guttaperchastiften erfolgen kann.

13.11.2 Instrumente zur Wurzelkanalfüllung (Abb. 13-21)

Der **Lentulo** (Synonym: Wurzelfüller, Füllspirale) ist eine linksdrehende Spirale zur Verwendung im Winkelstück, mit der Pasten oder Zemente in den Wurzelkanal eingebracht werden können. Lentulos werden in verschiedenen ISO-Größen (meist 25–60) und verschiedenen Längen angeboten.

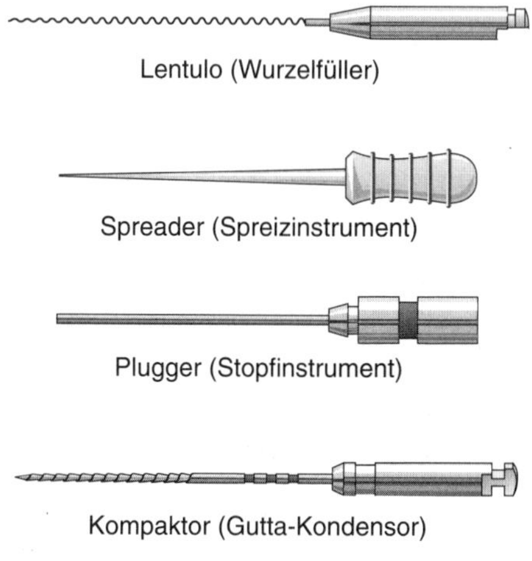

Abbildung 13-21. Instrumente, die bei der Wurzelkanalfüllung verwendet werden können: Lentulo (Wurzelfüller), Spreader (Spreizinstrument), Plugger (Stopfinstrument), Kompaktor (Gutta-Kondensor).

Um eine *Paste in den Wurzelkanal einzubringen*, wird die Spitze des Lentulos mit Material beschickt, das Instrument vorsichtig bis zur Arbeitslänge in den Kanal eingebracht und bei Umdrehungszahlen von maximal 800 U/min langsam rechtsdrehend aus dem Kanal gezogen.

Lentulos können zum Einbringen eines *Kalziumhydroxid-Präparates* als temporäre Einlage oder zum Beschicken der Wurzelkanalwände mit einem *Sealer* verwendet werden.

Spreader (Spreizinstrumente) werden im Zusammenhang mit der *lateralen Kondensationstechnik* verwendet. Sie sind glattwandig mit einer stumpfen Spitze und entsprechen von ihrer Konizität und Dicke den Aufbereitungsinstrumenten. Sie sind entsprechend den ISO-Größen normiert und farbkodiert. Spreader sind als Finger- oder Handinstrument in verschiedenen ISO-Größen (meist 20–35) und verschiedenen Längen erhältlich.

Plugger (Stopfinstrumente) dienen zur *Verdichtung von Guttapercha* und werden bei *verschiedenen Wurzelkanalfülltechniken* angewendet. Sie sind glattwandig, zylindrisch oder leicht konisch und haben ein planes Funktionsende. Plugger sind als Finger- oder Handinstrumente in den ISO-Größen 30–140 erhältlich. Als besonders praktisch haben sich doppelendige Handinstrumente erwiesen. Für spezielle Techniken sind Plugger mit Längenmarkierungen erhältlich.

Ein **Kompaktor** ist ein maschinengetriebenes Instrument, das dazu dient, *Guttapercha* im Wurzelkanal bei 8000–10000 U/min durch Reibungswärme zu *plastifizieren* und zu *kondensieren*. Der McSpadden-Kompaktor (Gutta-Kondensor) ähnelt einer linksdrehenden, umgekehrten Hedström-Feile.

Ein vergleichbares Instrument ist der **Engine-Plugger,** der einem umgekehrten Reamer ähnelt. Die Instrumente sind in verschiedenen ISO-Größen erhältlich.

13.11.3 Wurzelkanalfülltechniken

Aus den schon genannten Gründen sollen Wurzelkanalfüllungen mit festen Materialien, i.d.R. Guttapercha, in Verbindung mit einem Sealer durchgeführt werden.

Methoden, die nicht allgemein anerkannt sind, wie z.B. die Pastenfüllung, werden hier nicht beschrieben.

> Zur erfolgreichen Durchführung einer Wurzelkanalfüllung muß während aller Behandlungsschritte wie bei der Aufbereitung eine sorgfältige Längenkontrolle erfolgen.

Hierzu wird die festgelegte Arbeitslänge auf Papierspitzen und Guttaperchastift übertragen (Abb. 13-22).

Auch bei der Verwendung eines Lentulos oder Spreizinstruments ist eine Längenkontrolle sicherzustellen.

Die Fülltechniken mit Guttapercha kann man folgendermaßen unterteilen:

Manuelle Techniken
- Zentralstift-Technik (Stift-Zement-Technik)
- laterale Kondensation
- vertikale Kondensation.

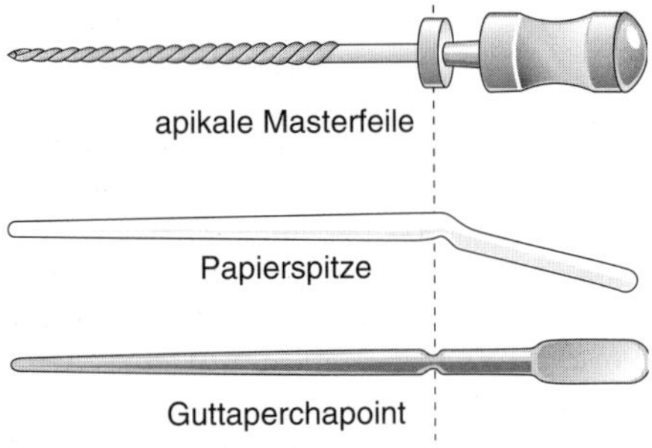

Abbildung 13-22. Längenkontrolle bei der Aufbereitung und Füllung des Wurzelkanals. Neben den Aufbereitungsinstrumenten müssen auch Papierspitzen und Guttaperchaspitzen deutlich längenmarkiert sein.

Maschinelle Techniken
- thermomechanische Kondensation
- thermoplastische Injektion.

13.11.3.1 Zentralstift-Technik. Voraussetzung für die Anwendung der Zentralstift-Technik ist ein nach konventioneller Technik aufbereiteter Wurzelkanal, der möglichst komplett der Form des zuletzt verwendeten Aufbereitungsinstrumentes entsprechen soll.

Ziel ist es nun, einen *genau passenden Guttaperchastift* (oder in seltenen Fällen Metallstift) in Kombination *mit einem Sealer* so in den Kanal einzubringen, daß der gesamte Raum dicht gefüllt ist. Die Bereiche des Kanals, bei denen der Stift nicht randständig ist, sollen vom Sealer aufgefüllt werden.

Entsprechend der Größe und Arbeitslänge des letzten Aufbereitungsinstrumentes wird ein passender genormter Guttaperchastift ausgewählt. Der korrekte Sitz des Stiftes kann röntgenologisch überprüft werden.

Der Stift wird nun entweder mit Sealer beschickt oder der Sealer wird mit einem Reamer oder Lentulo auf die Kanalwände gebracht. Nach einer abschließenden *Röntgenkontrollaufnahme* wird überschüssiges Guttapercha am Kanaleingang mit einem heißen Kugelstopfer oder einem vergleichbaren Instrument abgeschmolzen und überschüssiger Sealer aus dem Kronenkavum entfernt.

Der größte *Nachteil* dieser Technik besteht darin, daß bei allen Kanälen, die nicht genau der Form der genormten Guttaperchastifte entsprechen, der Sealeranteil an der Füllung unverhältnismäßig groß wird. Dies kann besonders im mittleren und koronalen Kanaldrittel zu großen Porositäten im Sealer und mangelnder Randständigkeit durch Schrumpfung des Sealers beim Abbinden führen.

Ein weiterer Nachteil ist darin zu sehen, daß keine Kondensation des Füllungsmaterials stattfindet und so *Unebenheiten* in der Kanalwand und Seitenkanäle nur ungenügend gefüllt werden.

Eine neue Zentralstift-Technik ist das *Thermafil-Verfahren.* Hierbei wird ein mit einem festen Kern versehener Guttaperchastift außerhalb der Mundhöhle in einem speziellen Gerät erwärmt und dann in den Wurzelkanal eingebracht. Es soll hierbei zu einer Ausformung des Guttaperchastiftes entsprechend der Kanalform kommen. Das Verfahren kann aber noch nicht endgültig beurteilt werden.

13.11.3.2 Laterale Kondensation. Die laterale Kondensation soll immer angewendet werden, wenn der Wurzelkanal konisch mit der *Step-back-* oder einer vergleichbaren Technik aufbereitet wurde. Die laterale Kondensation kann aber auch nach konventioneller Aufbereitungstechnik angewendet werden und gilt i.d.R. als die Methode der Wahl.

Das Ziel der lateralen Kondensation ist, den Wurzelkanal vollständig mit *möglichst viel Guttapercha und möglichst wenig Sealer* dicht zu füllen.

Ein genormter Guttaperchastift wird entsprechend der Größe der apikalen Masterfeile ausgewählt. Der Stift soll etwa 0,5 mm über dem physiologischen Apex enden und im apikalen Kanaldrittel satt sitzen.

Zur *Kontrolle* wird die erforderliche Länge des Stiftes gemessen und markiert. Kann der Stift nicht bis zur gewünschten Länge eingebracht werden, muß entweder ein Stift der nächstkleineren Größe ausgewählt werden oder der Wurzelkanal muß eine Größe weiter aufbereitet werden.

Der letztlich korrekt passende Stift wird als *Masterpoint* bezeichnet.

Besonders bei gekrümmten Wurzeln oder mehrwurzeligen Zähnen ist die Anfertigung einer Röntgenkontrollaufnahme mit eingeführtem Masterpoint empfehlenswert.

Der Masterpoint wird dann bis zum Referenzpunkt gekürzt oder stark abgewinkelt und z.B. durch Einlegen in 5%ige Natriumhypochlorit-Lösung für eine Minute desinfiziert.

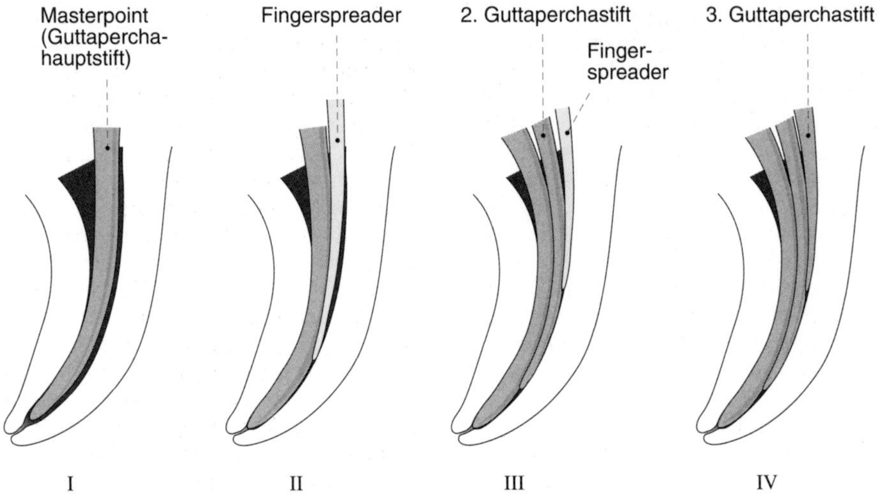

Abbildung 13-23. Laterale Kondensationstechnik: I. Einbringen des Masterpoints, II. Einführen eines Fingerspreaders, III. Einbringen einer zweiten, kleineren Guttaperchaspitze und erneute Einführung eines Fingerspreaders, IV. Einbringen einer weiteren, kleineren Guttaperchaspitze.

Die apikale Hälfte des Masterpoints wird dann mit Sealer beschickt. Mit leicht pumpenden Bewegungen wird der Masterpoint bis zur markierten Länge in den Wurzelkanal eingeführt.

Ein Spreader, dessen Größe vom Lumen des Kanals abhängig ist, wird nun neben den Masterpoint in den Kanal eingeführt. Um ein Überpressen von Material zu vermeiden, sollte der Spreader etwa 3–4 mm kürzer als die Arbeitslänge eingeführt werden. Mit dem Spreader wird der Masterpoint kräftig gegen eine Kanalwand gepreßt und dabei verformt. Der ausgeübte Druck muß allerdings so dosiert werden, daß eine Fraktur der Wurzel ausgeschlossen werden kann. Eine dosierte Kraftanwendung gelingt besser mit einem Finger als mit einem Handspreader. Der Spreader wird nun aus dem Kanal gezogen und der entstandene Raum wird unverzüglich mit einem zur Größe des Spreaders passenden Guttaperchastift gefüllt. Bei stark konischen Kanälen eignen sich hierzu die akzessorischen Guttaperchastifte besonders gut (Abb. 13-23).

Dieser Vorgang wird so oft wiederholt, bis sich ein kleiner Spreader nur noch weniger als zur Hälfte in den Kanal einführen läßt. Mit einem heißen Kugelstopfer oder Exkavator wird *überschüssiges Guttapercha* am Kanaleingang abgeschmolzen und *Sealerreste* werden aus dem Pulpakavum entfernt. Da es besonders im koronalen Bereich leicht zu einer Auffächerung der Guttaperchastifte kommt, ist es zweckmäßig, die Wurzelkanalfüllung mit einem Plugger zu verdichten. Hierzu wird mit einem zum Kanalquerschnitt passenden Plugger in vertikaler Richtung Druck ausgeübt. Diese Maßnahme ist am effektivsten, wenn die Guttapercha durch das Abschmelzen noch leicht erwärmt und damit gut verformbar ist.

Nach dieser zusätzlichen vertikalen Kondensation ist der Wurzelkanal i.d.R. dicht verschlossen (Abb. 13-24).

Zum Abschluß der Behandlungsmaßnahme wird eine Röntgenkontrollaufnahme angefertigt und die Kavität wird *provisorisch* oder mit einer *definitiven Füllung* verschlossen.

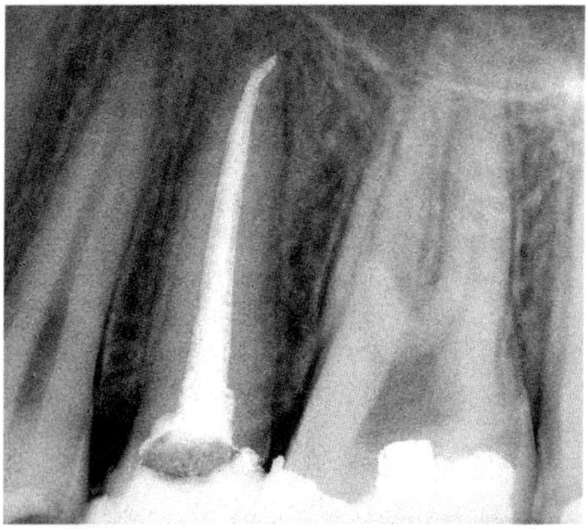
a

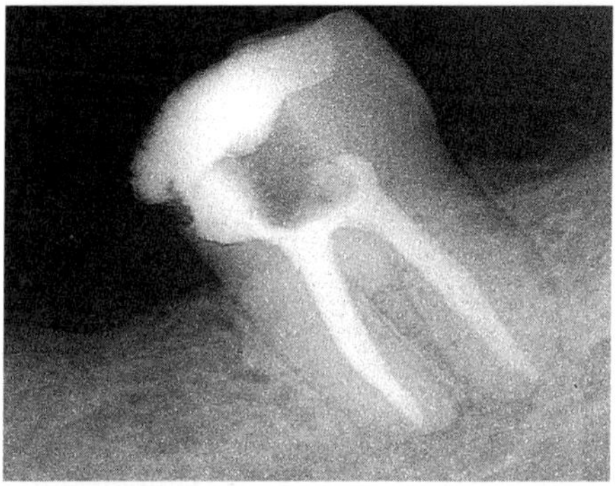
b

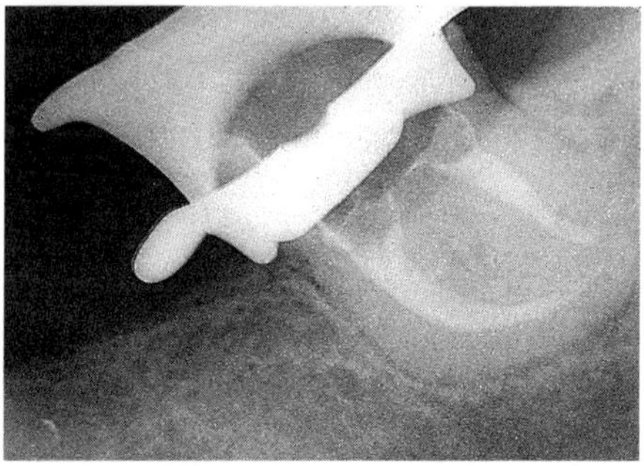
c

Abbildung 13-24.
a) Wurzelkanalfüllung bei einem oberen Prämolaren (konische Aufbereitung, laterale Kondensationstechnik).
b) Wurzelkanalfüllung bei einem unteren Molaren mit weitem Kanallumen (konische Aufbereitung, laterale Kondensationstechnik).
c) Wurzelkanalfüllung bei einem unteren dritten Molaren mit stark gekrümmter mesialer Wurzel (konische Aufbereitung, laterale Kondensationstechnik).

Neben der beschriebenen Technik der lateralen Kondensation werden auch Methoden beschrieben, bei denen der Spreader in erwärmtem Zustand in den Kanal eingebracht wird. Ein Beispiel hierfür ist das *Endotec-Gerät*. Die Anwendung dieser Methode, die zu sehr guten Resultaten führen kann, erfordert aber spezielle Kenntnisse und viel Übung.

13.11.3.3 Vertikale Kondensation. Bei der vertikalen Kondensationstechnik nach SCHILDER wird der Masterpoint bis zum Kanaleingang gekürzt, mit Wärmeträgern erhitzt und mit kalten Pluggern nach apikal kondensiert. Der nach der Kondensation des Masterpoints verbliebene Raum wird mit kleinen Stücken *Guttapercha*, die ebenfalls erwärmt und kondensiert werden, gefüllt. Die Verwendung einer kleinen Menge *Sealer* wird auch hier empfohlen.

Mit dieser Technik kann im Idealfall das ganze Wurzelkanalsystem einschließlich Seitenkanälen mit Guttapercha gefüllt werden. Die Methode erfordert spezielles Instrumentarium und Kenntnisse. Als problematisch und nicht mehr zeitgemäß ist anzusehen, daß i.d.R. zur Kontrolle des Kondensationsvorgangs *mehrere Röntgenaufnahmen* erforderlich sind.

13.11.3.4 Thermomechanische Kondensation. Die erfolgreiche Anwendung der thermomechanischen Kondensation und der thermoplastischen Injektion setzt voraus, daß der *Wurzelkanal konisch aufbereitet* und das Foramen apicale eng und unversehrt ist.

Bei der thermomechanischen Kondensation wird ein *speziell angepaßter Guttaperchastift* im Kanal durch Reibungswärme eines rotierenden Kompaktors bei ca. 8000–10000 U/min plastifiziert. Die Guttapercha wird hierdurch nach apikal und an die Kanalwand getrieben.

Innerhalb kürzester Zeit kann im Idealfall so das ganze Wurzelkanallumen randständig mit Guttapercha gefüllt werden. Am leichtesten lassen sich Erfolge bei relativ geraden, weiten Kanälen erzielen. Besonders schwierig sind Seitenzähne mit gekrümmten Wurzeln zu füllen.

Bei Fehlen eines guten apikalen Stops besteht die *Gefahr der Überfüllung.* Die Handhabung dieser Instrumente ist recht schwierig und erfordert viel Übung.

13.11.3.5 Thermoplastische Injektion. Auch bei dieser Methode werden die plastischen Eigenschaften erwärmter Guttapercha ausgenutzt. Beispiele hierfür sind das *Obtura- und das Ultrafil-System.*

Bei beiden Systemen wird die *Guttapercha außerhalb des Mundes erwärmt* und in plastischem Zustand mit einer Injektionsspritze in den Wurzelkanal eingebracht.

Besonders schwierig ist es bei dieser Methode, den Wurzelkanal in korrekter Länge abzufüllen. Die Anwendung erfordert die Anschaffung spezieller Geräte und das Erlernen der Technik.

Sowohl die Methoden der thermoplastischen Kondensation wie auch der thermoplastischen Injektion zeigen in Untersuchungen keinen nennenswerten Vorteil hinsichtlich des Abdichtungsvermögens von Wurzelkanälen gegenüber der vielseitig anwendbaren lateralen Kondensation.

13.12 Endodontie bei nicht abgeschlossenem Wurzelwachstum

Bei Zähnen mit noch nicht abgeschlossenem Wurzelwachstum kann keine reguläre Wurzelkanalbehandlung und Füllung durchgeführt werden.

Ist die **Pulpa** durch ein Trauma **freigelegt und entzündungsfrei,** erfolgt eine direkte Überkappung oder Vitalamputation.

Bleibt die Wurzelpulpa vital, kommt es zu einer normalen Weiterentwicklung der Wurzel.

Wird das Wurzelwachstum durch **Absterben der Pulpa** unterbrochen, findet sich apikal keine Konstriktion, sondern ein *weit offener Apex.* Je nach Entwicklungszustand können die apikalen Wände der Wurzel stark divergieren und das Wurzeldentin kann apikal dünn auslaufen. Technisch ist es dann nicht möglich, den Wurzelkanal konisch aufzubereiten und die Wurzelkanalfüllung gegen einen apikalen Stop zu kondensieren.

13.12.1 Apexifikation

Das therapeutische Ziel der Apexifikation ist, die Bildung eines apikalen Abschlusses durch kalzifiziertes Gewebe zu induzieren.

Die besten Resultate können erzielt werden, wenn die **Hartgewebebildung** durch *Kalziumhydroxid* angeregt wird. Wie schon bei der direkten Überkappung ausgeführt, induziert Kalziumhydroxid die Hartgewebebildung und wirkt durch den hohen pH-Wert desinfizierend. In histologischen Nachuntersuchungen konnte gezeigt werden, daß das neu gebildete Gewebe meist *zementartig* ist und Einlagerungen von Bindegewebe vorhanden sind. Vereinzelt läßt sich auch irreguläres Dentin nachweisen.

Der betreffende Wurzelkanal wird zirkulär feilend bis 1–2 mm vor dem Kanalende aufbereitet, mit *Natriumhypochlorit* gespült und getrocknet. Bei der **Aufbereitung** ist darauf zu achten, daß die dünne apikale Dentinwand nicht unnötig geschwächt wird. Eine *Überinstrumentierung* und ein *Überpressen* von Spüllösung muß vermieden werden, um eine Beeinträchtigung des apikalen Gewebes auszuschließen.

Kalziumhydroxid wird dann in Form einer wäßrigen Suspension mit einem

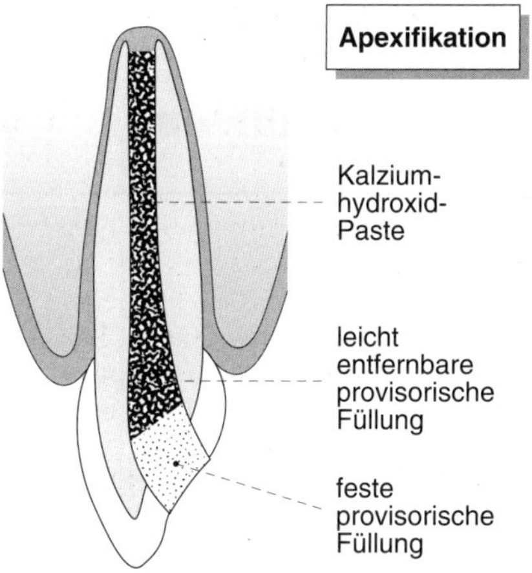

Abbildung 13-25. Apexifikation bei Zähnen mit nicht abgechlossenem Wurzelwachstum und weit offenem Apex. Die Kalziumhydroxid-Einlagen werden solange durchgeführt, bis röntgenologisch eine Einengung im Apexbereich nachweisbar ist.

Lentulo in den Wurzelkanal eingebracht. Der Kanal muß dabei dicht gefüllt werden.

Der **provisorische Verschluß** des Zahnes erfolgt am besten mit einem haltbaren Material, zum Beispiel einem *Glasionomerzement* (Abb. 13-25).

In der Regel verbleibt die Einlage für drei Monate im Wurzelkanal, und danach erfolgt eine röntgenologische Kontrolle. Bei einer breiten Kontaktfläche zum apikalen Gewebe kann es sinnvoll sein, einen ersten Einlagewechsel schon nach drei bis vier Wochen durchzuführen.

Die Maßnahme ist erfolgreich verlaufen, wenn röntgenologisch und beim Austasten des Kanals mit einem Instrument festgestellt werden kann, daß eine **feste Barriere am Apexbereich** entstanden ist. Ist dies nicht der Fall, erfolgt wiederum eine Einlage für drei Monate, bis das Ziel erreicht ist.

Abschließend wird eine **definitive Wurzelkanalfüllung** mit der *lateralen Kondensationstechnik* vorgenommen.

Der klinische Erfolg dieser Behandlungsmethode wird als sehr gut beurteilt.

14 Spezielle endodontische und postendodontische Maßnahmen

14.1 Endodontie im Milchgebiß

Milchzähne weisen einige physiologische und morphologische Besonderheiten auf, die spezielle Maßnahmen bei der endodontischen Therapie erfordern.

Aufgrund der physiologischen Wurzelresorption ist die Reaktionsbereitschaft des Pulpagewebes auf Reize altersabhängig vermindert und die Bildung von Tertiärdentin nicht gewährleistet.

Der **Schmelz- und Dentinmantel** ist dünner als bei den bleibenden Zähnen.

Das **Pulpakavum** ist größer und besitzt ausgeprägte Pulpahörner.

Wurzeln und Wurzelkanäle sind oft irregulär geformt. Die Wurzeln können sehr zierlich sein und die Wurzelkanäle altersabhängig sehr eng. Es besteht eine enge räumliche Beziehung zu den Zahnkeimen der bleibenden Zähne.

Die **Diagnostik** von Erkrankungen der Milchzahnpulpa kann aus verschiedenen Gründen problematisch sein. Fragen zur *Schmerzqualität* können von Kindern häufig nicht exakt beantwortet werden.

Der *Perkussionstest* kann aufgrund der physiologischen Zahnbeweglichkeit bei bevorstehender Exfoliation falsch beurteilt werden und *Vitalitätsproben* sind oft wenig aussagefähig, da die Antwort auf Kälte und Wärme mit der physiologischen Wurzelresorption abnimmt.

Am aussagefähigsten ist ein diagnostisches *Röntgenbild*, das Informationen über das Ausmaß der kariösen Zerstörung, zu Form und Lage der Wurzeln in bezug auf die bleibenen Zähne, Stand der physiologischen Wurzelresorption und mögliche innere und äußere Resorptionen liefert.

Weiterhin kann die korrekte technische Durchführung der geplanten Maßnahmen aufgrund begrenzter Belastbarkeit der kleinen Patienten problematisch sein.

14.1.1 Indirekte und direkte Überkappung

Die indirekte Überkappung ist indiziert, wenn nach der Exkavation pulpanah **intaktes, nicht kariös verändertes Dentin** vorliegt. Der Arbeitsablauf entspricht dem beschriebenen Vorgehen beim bleibenden Zahn. Auch beim Milchzahn ist das einphasige Vorgehen dem zweiphasigen, der schrittweisen Kariesentfernung, vorzuziehen.

Bei einer **minimalen, akzidentiellen Eröffnung der Pulpa** ist grundsätzlich eine direkte Überkappung in der schon bechriebenen Art möglich. Obwohl die Milchzahnpulpa grundsätzlich reaktionsfähig ist, muß berücksichtigt werden, daß altersabhängig häufig keine Bildung von Fibrodentin erfolgt.

14.1.2 Pulpotomie

Liegt eine **großflächige oder multiple Eröffnung der Pulpa** vor oder reicht das kariöse Dentin bis zur Pulpa, ist im Milchgebiß die Pulpotomie (Vitalamputation) die Methode der Wahl. Das Vorgehen bei der Pulpotomie wird unter 11.1.3 „Vitalamputation“ beschrieben. Auch im Milchgebiß sollte diese Maßnahme unbedingt unter *Kofferdam* durchgeführt werden.

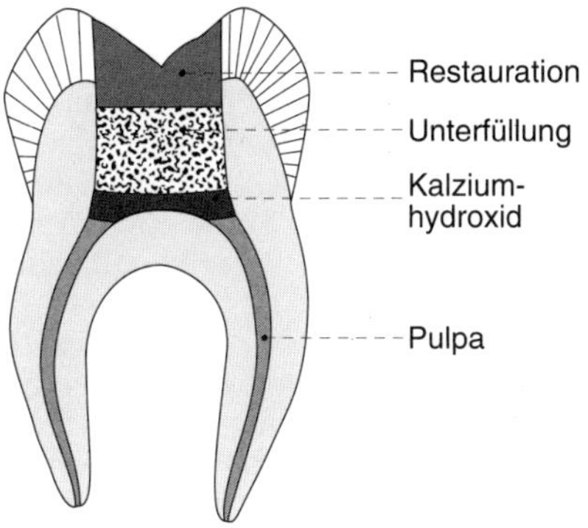

Abbildung 14-1. Versorgung eines Milchmolaren nach Pulpektomie (Vitalamputation).

Das Abdecken der Amputationswunde erfolgt i.d.R. mit einem *Kalziumhydroxid-Präparat.* Wird das Präparat in Suspensionsform aufgebracht, ist eine Abdeckung mit einem aushärtenden Kalziumhydroxid-Material oder mit Zinkoxid-Eugenolzement empfehlenswert. Nach Einbringen der Unterfüllung wird eine Deckfüllung oder eine konfektionierte Milchzahnkrone angefertigt (Abb. 14-1).

Mit einer erweiterten Indikationsstellung zur Behandlung von Milchzähnen mit **entzündeter Pulpa** wird häufig die Anwendung von Präparaten empfohlen, die *Formaldehyd* oder *Glutaraldehyd* enthalten. Am meisten verbreitet ist Formokresol, das Formaldehyd (19%) und Kresol (35%) enthält.

Nach Einwirken von *Formokresol* kommt es je nach Dauer der Applikation zu einer partiellen oder totalen Verlederung bzw. Fixierung der Wurzelpulpa.

Zwei verschiedene Arten des Vorgehens werden besonders häufig beschrieben:

- Nach erfolgter Amputation wird ein mit Formokresol getränktes Wattepellet auf die Amputationswunde gelegt und dort ca. fünf Minuten belassen. Das Wattepellet wird entfernt und die Amputationswunde wird mit einem Zinkoxid-Eugenol-Zement abgedeckt. Anschließend erfolgt die definitive Füllung.
- Als Variation wird das mit Formokresol getränkte Wattepellet für eine Woche im provisorisch dicht verschlossenen Zahn belassen. Danach wird das Wattepellet entfernt und Amputationswunde und Zahn wie oben beschrieben versorgt.

Obwohl diese und vergleichbare Methoden klinisch als erfolgreich beschrieben worden sind, sind sie wissenschaftlich doch sehr umstritten.

Die sogenannte **Verlederung der Pulpa** beruht auf einer partiellen oder totalen Devitalisierung. Vitales, angrenzendes Gewebe zeigt Zeichen einer chronischen Entzündung, und es kommt keinesfalls zu einer Ausheilung oder entzündungsfreien Pulpa.

Resultiert eine **komplette Devitalisierung der Pulpa,** sollte man nicht mehr von einer Pulpotomie, sondern von einer *Mortalamputation* sprechen.

Prinzipiell ist die Eindringtiefe der Wirkstoffe nicht kalkulierbar, und es besteht die Gefahr, daß benachbartes Gewebe tangiert wird und eine apikale oder interradikuläre Nekrose entsteht.

Die Applikation von Formokresol oder ähnlicher Präparate auf die freiliegende Pulpa bewirkt eine Ausbreitung des Formaldehyds über den Apex hinaus und damit in den ganzen Körper. Hieraus können potentiell **Überempfindlichkeitsreaktionen** oder andere, bisher nicht definitiv nachgewiesene Schäden für den Gesamtorganismus resultieren. In diesem Zusammenhang werden mögliche immunogene, mutagene, karzinogene und andere toxische Wirkungen diskutiert.

Aus den genannten Gründen sollte deshalb möglichst auf den Einsatz dieser Präparate ganz verzichtet werden oder zumindest die Formokresollösung in einer 1:5-Verdünnung angewendet werden.

14.1.3 Pulpektomie

Eine Pulpektomie ist dann angezeigt, wenn anamnestische, klinische und röntgenologische Kriterien auf eine **totale Pulpitis oder Pulpanekrose** schließen lassen.

Bei vorliegender Kooperationsbereitschaft des Kindes, die das Anlegen von Kofferdam und das Setzen einer Lokalanästhesie zuläßt, ist bei einer totalen Pulpitis eine **Vitalexstirpation** einer Mortalexstirpation vorzuziehen.

Bei der Wurzelkanalbehandlung macht die physiologische Wurzelresorption eine korrekte Längenbestimmung unmöglich. Eine Überinstrumentierung muß aber unbedingt vermieden werden, da es sonst zu einer Schädigung des nachrückenden Zahnkeimes kommen kann. Aus diesen Gründen ist es angezeigt, die Aufbereitungslänge in einem großzügig bemessenen Sicherheitsbereich festzulegen. Dies kann bedeuten, daß der Kanal nur zu etwa zwei Drittel aufbereitet und gefüllt wird.

Bei der *Aufbereitung*, die nach konventioneller Technik erfolgt, ist bei Milchmolaren besonders darauf zu achten, daß die Instrumente stark vorgebogen werden, da die Gefahr einer Perforation der Wurzel besonders interradikulär sehr groß ist.

Da die Milchzahnwurzeln oft eine irreguläre Form aufweisen und viele akzessorische Kanäle haben, soll gründlich *mit Natriumhypochlorit gespült* werden.

Die *Wurzelkanalfüllung* darf nur mit einem resorbierbaren Material wie einem Zinkoxid-Eugenol-Zement oder einem Kalziumhydroxid-Präparat erfolgen.

Die *abschließende Versorgung* wird bei Milchmolaren i.d.R. mit einer Konfektionskrone vorgenommen.

Ist eine Vitalexstirpation nicht möglich, wird im Milchgebiß häufig eine **Mortalexstirpation** empfohlen. Die Mortalexstirpation erfordert das Einbringen eines *Devitalisationsmittels auf Paraformaldehyd-Basis.* Das bekannteste Präparat ist Toxavit®, das auf die offene Pulpa gelegt wird. Der Zahn wird dann mit einem dichten Provisorium verschlossen und nach fünf Tagen wird das Präparat wieder entfernt. Die Weiterbehandlung erfolgt im Sinne einer Amputation oder einer Wurzelkanalbehandlung.

Aus den schon genannten Gründen muß grundsätzlich von der Verwendung solcher Präparate abgeraten werden. Vielfach wird die Mortalamputation und Mortalexstirpation aber als *Kompromißbehandlung* nach wie vor empfohlen, besonders wenn der Zeitpunkt der Exfoliation nahe liegt.

14.1.4 Grenzen der Endodontie im Milchgebiß

Allgemeine **Kontraindikationen** für endodontische Maßnahmen im Milchgebiß sind neben fehlender Kooperationsbereitschaft des Kindes stark vernachlässigte Gebisse und nicht mehr restaurierbare Zahnkronen, fortgeschrittene physiologische Wurzelresorption und erhöhte Zahnbeweglichkeit und starke interradikuläre oder apikale Aufhellungen.

Auch wenn das Allgemeinbefinden des Kindes erheblich beeinträchtigt ist, ist oft die **Extraktion** der betreffenden Zähne mit entsprechender Nachversorgung der einzige Ausweg.

14.2 Endodontische Notfalltherapie

Die endodontische Notfalltherapie spielt aufgrund der Bekämpfung akuter Schmerzen eine zentrale Rolle in der Zahnarztpraxis, obwohl im Praxisalltag i.d.R. nur begrenzte Zeit zwischen festen Terminen zur Verfügung steht.

> Die Therapiemaßnahmen müssen sich nach der zur Verfügung stehenden Zeit richten, wobei allerdings das Wohlbefinden der Patienten immer im Vordergrund stehen muß.

Bei **vitalen Zähnen** sind überwiegend eine akute Karies oder die Folgen einer Karies die Ursache für die notwendige Behandlung. Nur in etwa 10% der Fälle sind Traumen, traumatische Okklusion oder zur Mundhöhle exponiertes Dentin die Ursache.

In den meisten Fällen besteht also der erste Behandlungsabschnitt immer in der **Entfernung des kariösen Dentins** und/ oder der insuffizienten Füllung. Bei einer symptomatischen Pulpitis ohne Eröffnung des Pulpakavums hängt die Weiterbehandlung davon ab, ob es sich um eine reversible oder irreversible Form der Pulpitis handelt.

Liegt eine wahrscheinlich **reversible Form der Pulpitis** vor, wird der Zahn mit einem dichten Provisorium versorgt. Bevorzugt wird Zinkoxid-Eugenol-Zement, da das Eugenol eine schmerzstillende Wirkung hat.

Wenn alle Symptome für eine **irreversible Schädigung der Pulpa** sprechen oder wenn nach der Exkavation das Pulpakavum so weit eröffnet ist, daß keine direkte Überkappung mehr möglich ist, sind je nach verfügbarer Zeit folgende *Therapiemaßnahmen* möglich:

- Legen eines schmerzstillenden Medikaments auf die offene Pulpa, dichter provisorischer Verschluß
- Pulpotomie, Legen eines schmerzstillenden Medikamentes in die Pulpakammer, dichter provisorischer Verschluß
- Pulpektomie (Vitalexstirpation), Aufbereitung der Wurzelkanäle, temporäre Wurzelkanalfüllung mit einem Kalziumhydroxid-Präparat, dichter provisorischer Verschluß.

Alle genannten Maßnahmen sollen bei angelegtem *Kofferdam* und nach einer *Lokalanästhesie* erfolgen. Führt die Lokalanästhesie nicht zu einer ausreichenden Schmerzdämpfung, kann zusätzlich Anästhetikum direkt in die Pulpakammer gespritzt werden. Besteht dann immer noch keine Möglichkeit, die Pulpa zu amputieren oder zu exstirpieren, begnügt man sich für kurze Zeit mit dem Legen eines schmerzstillenden Medikamentes.

Zur *Schmerzstillung* werden häufig *Kortikoid-Antibiotika-Präparate* empfohlen. Solche Medikamente sollen aber, wenn überhaupt, nur sehr kurzfristig eingesetzt werden.

Grundsätzlich soll immer ein dichter Verschluß der Kavität erfolgen, um eine Infektion des Wurzelkanals zu vermeiden.

Wenn die Symptome auf eine **symptomatische apikale Parodontitis** oder einen **apikalen Abszeß** hinweisen, muß das erste Ziel der Behandlung sein, den Gewebedruck zu vermindern. Liegt schon ein submuköser Abszeß vor, ist neben der Eröffnung des Wurzelkanals eine Inzision indiziert.

Nach Eröffnung des Pulpakavums kommt es oft spontan zum Abfluß von eitrigem Exsudat aus dem Wurzelkanal. In besonders schweren Fällen ist es sinnvoll, die Patienten dann solange in der Praxis zu halten, bis der spontane Ausfluß endet. Läßt der Ausfluß von Exsudat nicht nach, kann in seltenen Fällen der Zahn für einen Tag offengelassen werden. Der fehlende Verschluß zur Mundhöhle birgt aber die Gefahr in sich, daß eine zusätzliche Infektion durch eindringende Bakterien aus dem Speichel eintritt und sich so die Situation verschlechtert oder zumindest die Behandlung verlängert.

Der Wurzelkanal muß auf jeden Fall *aufbereitet* und gründlich *gespült* werden, um die Ursache der apikalen Parodontitis zu beseitigen. Anschließend wird der Kanal mit einer *temporären Einlage,* i.d.R. ein Kalziumhydroxid-Präparat, versehen und provisorisch verschlossen.

Bei starker **Aufbißempfindlichkeit** kann der Zahn leicht aus der Okklusion geschliffen werden. Da die Schmerzen oft nicht spontan nachlassen, ist die Verordnung eines Analgetikums für ein bis zwei Tage angezeigt. Zur Weiterbehandlung werden die Patienten nach wenigen Tagen wieder einbestellt.

14.3 Bleichen verfärbter wurzelkanalgefüllter Zähne

Als Folge eines Traumas oder endodontischer Therapiemaßnahmen kann es zu internen Verfärbungen der Zähne kommen.

Bei einem Trauma oder durch eine Vitalexstirpation kann **Blut aus der Pulpa** in die Dentinkanälchen austreten und dort zerfallen. Aus den Erythrozyten wird dann Hämoglobin frei, und dunkel gefärbte Zersetzungsprodukte wie Eisensulfide lagern sich ab.

Zahnverfärbungen in den verschiedensten Schattierungen können aber auch durch in der Endodontie gebräuchliche **Medikamente und Wurzelfüllungsmaterialien** verursacht werden.

Um Verfärbungen **vorzubeugen,** soll bei der Wurzelkanalbehandlung das Pulpakavum immer sorgfältig ausgeräumt werden. Bei der Anfertigung einer Wurzelkanalfüllung ist unbedingt darauf zu achten, daß kein Füllungsmaterial in der Kronenpulpa verbleibt. Bei Schneidezähnen mit freiliegendem Dentin im Zahnhalsbereich ist es sinnvoll, die Wurzelkanalfüllung ca. 2 mm unterhalb des Kanaleinganges enden zu lassen und den verbliebenen Raum mit einem Unterfüllungsmaterial aufzufüllen.

Bei der **Indikation** zum Bleichen muß der Zerstörungsgrad der klinischen Krone und die Qualität der Wurzelkanalfüllung berücksichtigt werden. Wenn bei Schneidezähnen beidseitig sehr große approximale Füllungen vorhanden sind, kann der Zahn durch das Bleichen so geschwächt werden, daß die Gefahr einer Kronenfraktur besteht. Hier ist dann eine prothetische Lösung vorzuziehen.

14.3.1 Bleichmittel

Als internes Bleichmittel werden **Peroxidverbindungen** verwendet, die durch Abspaltung von aktivem Sauerstoff eine Oxidation der eingelagerten Farbmoleküle bewirken sollen. Gebräuchlich sind *Wasserstoffperoxid* und *Natriumperborat.*

Am häufigsten wird eine Kombination von Natriumperborat mit 30%igem Wasserstoffperoxid empfohlen. Entsprechend neuerer Untersuchungen soll der Effekt einer wäßrigen Natriumperborat-Lösung vergleichbar gut sein.

Von der Anwendung von 30%igem Wasserstoffperoxid als alleinigem Bleichmittel ist abzuraten, da der niedrige pH-Wert dieser Lösung mit möglichen Schädigungen des Zahnhartgewebes in Verbindung gebracht wird.

Als besonders kritisch ist die Entstehung von **externen zervikalen Resorptionen** anzusehen, die vermutlich durch über die Dentintubuli nach außen diffundierendes Wasserstoffperoxid ausgelöst werden können.

14.3.2 Bleichtechniken

Man unterscheidet die thermokatalytische Technik und die Walking-bleach-Technik.

Bei der **thermokatalytischen Technik** wird das Bleichmittel im koronalen Pulpakavum erwärmt, um eine beschleunigte chemische Reaktion auszulösen. So wird versucht, in einer Sitzung einen befriedigenden kosmetischen Effekt zu erzielen. Von der Methode wird aber besonders wegen der *Gefahr der Auslösung externer Resorptionen* vermehrt abgeraten.

Bei der **Walking-bleach-Technik** wird das Bleichmittel für einige Tage im koronalen Pulpakavum belassen (Abb. 14-2).

Das *Vorgehen* bei der Walking-bleach-Technik:
- Wiedereröffnung der Zugangskavität
- Entfernung von Füllungsresten und nekrotischen Pulpaanteilen aus dem koronalen Pulpakavum
- Reduzierung der Wurzelkanalfüllung bis kurz unter den Kanaleingang
- Abdeckung der Wurzelkanalfüllung mit einer dichten Unterfüllung
- Einbringen des Bleichmittels

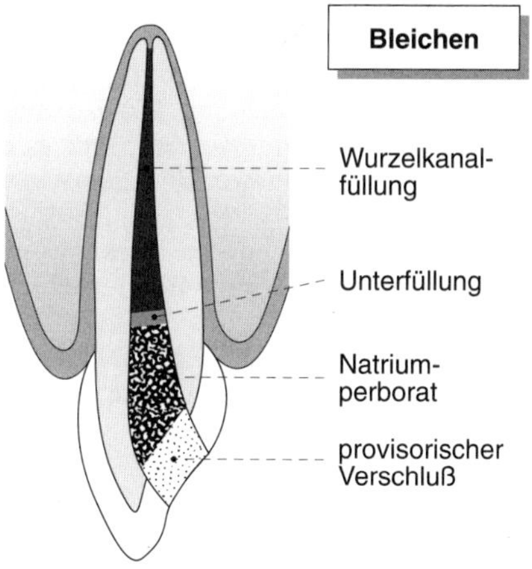

Abbildung 14-2. Das Bleichen wurzelkanalgefüllter Zähne mit Natriumperborat entsprechend der Walking-bleach-Technik.

- dichter provisorischer Verschluß
- Entfernung des Bleichmittels nach drei bis vier Tagen.

Abschließend wird die Kavität sorgfältig gereinigt und der Effekt kontrolliert. Bei kosmetisch unbefriedigendem Resultat kann der Vorgang wiederholt werden.

14.4 Restauration wurzelkanalgefüllter Zähne

Nach einer Wurzelkanalbehandlung sind die betreffenden Zähne strukturell geschwächt, da durch die Zugangskavität das Pulpakammerdach entfernt wird und so eine wichtige Querverstrebung verlorengeht. Weiterhin führt die partielle Austrocknung des Dentins zu einem zusätzlichen **Stabilitätsverlust.**

Wenn die Stabilität des Zahnes durch eine beidseitige approximale Kavität zusätzlich geschwächt ist, kann es zu **Höckerfrakturen** oder zur **Fraktur der Krone** kommen.

Frontzähne können konventionell versorgt werden, sofern keine extreme Schwächung durch beidseitige, große approximale Kavitäten vorliegt.

Die Wurzelkanalfüllung wird im Bereich des Kanaleingangs mit einem Zement (Zinkoxid-Phosphat-Zement oder Glasionomerzement) abgedeckt, um eine Wiederauffindung des Kanaleingangs zu erleichtern. Die Versorgung der Kavität erfolgt dann entweder mit einem *Glasionomerzement* als Unterfüllung und einer Deckfüllung aus *Komposit* oder die Kavität wird komplett mit Komposit gefüllt.

Auf jeden Fall sollte die *Schmelz-Ätz-Technik* angewendet werden.

Zur Verbesserung der Haftung des Komposits am Dentin wird die Anwendung eines *Dentinadhäsivs* empfohlen.

Bei zu starker Schwächung der Krone ist die Versorgung mit einer *Stiftkrone* vorzuziehen.

Bei **Prämolaren** oder **Molaren,** die *MOD-Kavitäten* haben, ist die Gefahr einer Höckerfraktur nach einer Wurzelkanalbehandlung besonders groß. Ein nahezu aussichtsloser Zustand, der zur Extraktion des Zahnes führt, tritt dann ein, wenn bei mehrwurzeligen Zähnen die Frakturlinie zwischen den Wurzeln verläuft.

Nach Anfertigung einer Unterfüllung soll deshalb i.d.R. eine Versorgung mit ei-

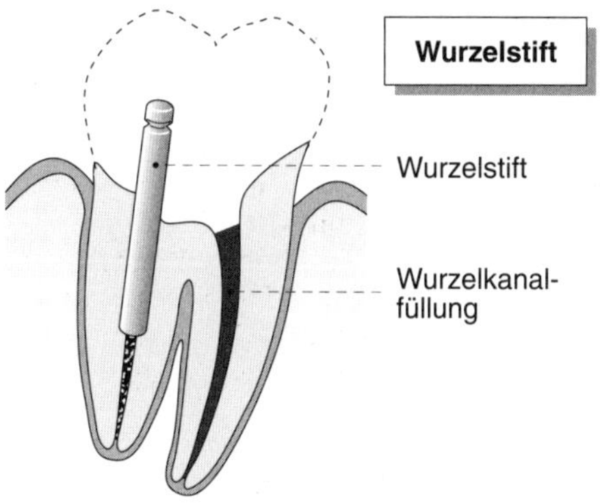

Abbildung 14-3. Aufbau eines tief zerstörten, wurzelkanalgefüllten Zahnes mit Hilfe eines Wurzelstiftes.

nem *Overlay* oder einer *Krone* erfolgen. Durch die Umfassung der Höcker kann dann eine Fraktur ausgeschlossen werden.

Ist die klinische Krone so weitgehend zerstört, daß eine Aufbaufüllung keinen Halt mehr findet, muß ein *Wurzelkanalstift* zur Verankerung des plastischen oder gegossenen Aufbaus eingebracht werden.

Wurzelkanalstifte sollen wenn möglich in die Wurzeln eingebracht werden, die aufgrund ihrer anatomischen Form besonders gut geeignet sind.

Dies ist bei unteren Molaren meist die distale Wurzel und bei oberen Molaren die palatinale oder distobukkale Wurzel. Beim Ausschachten des Wurzelkanals muß darauf geachtet werden, daß es zu keiner seitlichen Perforation der Wurzel kommt (Abb. 14-3).

Das Einbringen eines Stiftes für sich allein genommen führt noch nicht zu einer Stabilisierung des Zahnes. Eine Stabilisierung wird erst erreicht, wenn die zur endgültigen Versorgung angefertigte Krone die verbliebene Zahnsubstanz sicher umfaßt.

Parodontologie

15 Anatomie des Parodonts

Das Parodont (par = um, herum; odontos = der Zahn) besteht aus der Gingiva, dem Wurzelzement, dem Desmodont und dem Alveolarfortsatz.

Seine **Hauptaufgaben** sind die Verankerung des Zahnes im Knochen, die Dämpfung der Kaukräfte, die Abwehr äußerer Noxen und die Trennung zwischen Mundhöhlenmilieu und Zahnwurzel (Sicherung der Kontinuität der Oberflächenauskleidung der Mundhöhle). Die Kenntnis des Baus und der Funktion des gesunden Parodonts ist Voraussetzung für das Verständnis pathologischer Veränderungen und deren Therapie (Abb. 15-1).

15.1 Gingiva

15.1.1 Makroskopische Anatomie der Gingiva

Die Mundschleimhaut wird in die mastikatorische, die spezielle und die auskleidende Mukosa unterteilt.

Als spezielle Mukosa wird die Schleimhaut des Zungenrückens, als mastikatorische Mukosa wird die Gaumenschleimhaut und die Gingiva bezeichnet.

Der koronale Gingivasaum verläuft girlandenförmig ca. 0,5–2 mm koronal der Schmelz-Zementgrenze der Zähne. Im Unterkiefer und im vestibulären Bereich des Oberkiefers geht die Gingiva an der mukogingivalen Grenzlinie (Linea girlandiformis) kontinuierlich in die auskleidende Mukosa über. Die Gaumenschleimhaut und die Gingiva des Oberkiefers hingegen sind nur verschiedene

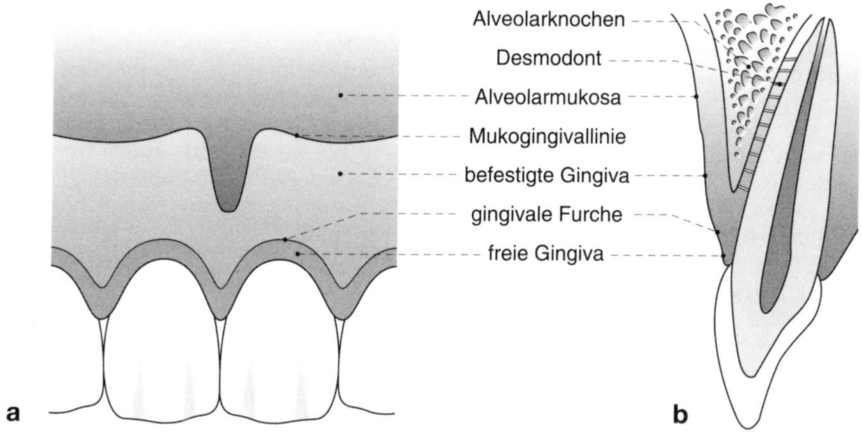

Abbildung 15-1. Anatomische Strukturen des Parodonts. a) Darstellung in der Aufsicht. b) Vertikaler Schnitt.

Formen der mastikatorischen Schleimhaut. Deshalb ist klinisch palatinal keine Linea girlandiformis zu erkennen.

Die Gingiva läßt sich folgendermaßen unterteilen:
- freie marginale Gingiva
- befestigte Gingiva
- interdentale Gingiva.

Die **Grenze zwischen der freien und der befestigten Gingiva** liegt in Höhe der Schmelz-Zementgrenze und ist bei 30–40% der Erwachsenen meist vestibulär als gingivale Furche sichtbar.

Freie und befestigte Gingiva besitzen eine feste *Konsistenz* und sind blaßrosa, bei dunkelhäutigen Personen ist die Gingiva physiologisch bräunlich pigmentiert. Eine pathologische dunkle Gingivaverfärbung findet man bei *Metallintoxikationen* (z.B. Pb, Bi) oder bei *Tätowierung* der Gingiva durch Amalgam.

Die **freie Gingiva** läuft koronal meist flach aus. Sie besitzt eine glatte Oberfläche und ist 0,8–2,5 mm breit. Die Oberfläche der befestigten Gingiva erscheint bei ca. 40% der Erwachsenen gestippelt.

Die **befestigte Gingiva** ist ca. 1–9 mm breit, wobei eine Zunahme der *Breite* im Alter beobachtet werden kann. Sie ist über Bindegewebefasern fest mit dem Alveolarknochen und Wurzelzement verbunden. Deshalb läßt sie sich im Gegensatz zu der sich apikal anschließenden dunkelroten Alveolarmukosa nicht gegen ihre Unterlage verschieben.

Die Gingiva, die den Raum zwischen zwei Zähnen füllt, wird als **interdentale Gingiva** bezeichnet. Sie besitzt einen oralen und vestibulären Papillenzipfel, zwischen denen sich eine sattelförmige Einsenkung befindet, die als *Col* (= Sattel) bezeichnet wird (Abb. 15-2).

Der Col ist als Verschmelzung des unten beschriebenen Saumepithels zweier Nachbarzähne zu verstehen. Er besitzt daher im Gegensatz zur Gingiva kein

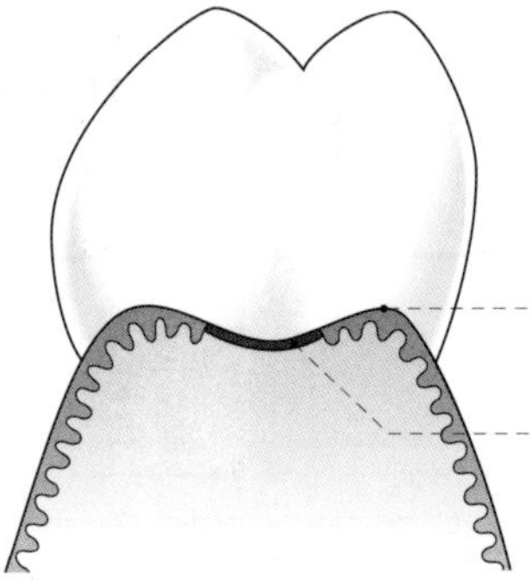

Abbildung 15-2. Vertikaler Schnitt durch die interdentale Gingiva.

keratinisiertes Epithel. Die Breite der interdentalen Gingiva ist durch die Form der Zähne vorgegeben. Die interdentale Gingiva ist daher zwischen den Frontzähnen schmaler als zwischen den Seitenzähnen.

Die **Blutversorgung** der Gingiva erfolgt über die Arteria alveolaris superior posterior und die Arteria alveolaris inferior, die auch die Zähne versorgen. Sie erreichen die Gingiva über das Desmodont (Arteria dentalis) und interdentale Knochensepten (Arteriae interalveolares und interradiculares). Eine weitere Blutversorgung erfolgt über periostale Äste der Arteria lingualis, Arteria buccalis, Arteria mentalis und Arteria palatina, die vom Vestibulum, Mundboden und Gaumen in die Gingiva einstrahlen. Diese verschiedenen arteriellen Zuflüsse stellen die ausreichende Blutversorgung der Gingiva während parodontalchirurgischer Eingriffe sicher. Das Schmerz-, Druck- und Berührungsempfinden der Gingiva wird über afferente Fasern des N. trigeminus vermittelt.

15.1.2 Mikroskopische Anatomie der Gingiva

Das **Gingivaepithel** wird folgendermaßen unterteilt:
- das dem Zahn zugewandte orale Sulkusepithel (OSE)

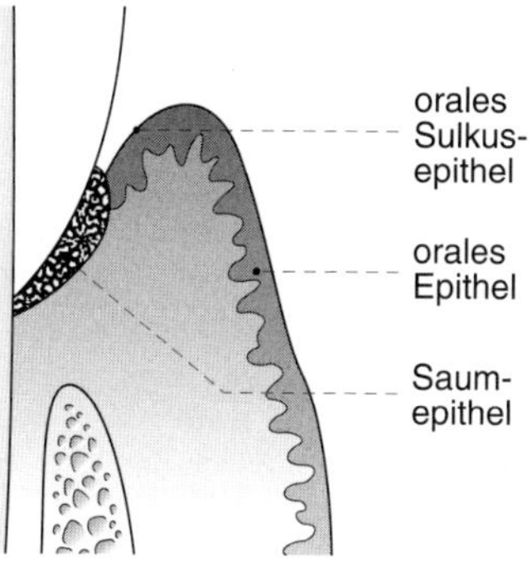

Abbildung 15-3. Topographie der verschiedenen Gingivaepithelien.

- das der Mundhöhle zugewandte orale Epithel (OE)
- das Saumepithel (Abb. 15-3).

15.1.2.1 Orales Sulkusepithel und orales Epithel. Beide Epithelien sind ein mehrschichtiges, verhorntes Epithel. In diese Epitheldecke stülpt sich das darunterliegende Bindegewebe zapfenartig ein. Dadurch bilden sich an der dem Bindegewebe zugewandten Seite Epithelleisten, welche die Stippelung der Oberfläche im Bereich der *befestigten (attached) Gingiva* hervorrufen. Eine Basalmembran trennt das Bindegewebe vom Epithel.

Das Epithel besteht aus *vier Schichten*:
- Stratum basale
- Stratum spinosum
- Stratum granulosum
- Stratum corneum.

Die *Zellumsatzrate* (turnover time) wird für die Gingiva mit zehn bis zwölf Tagen angegeben. Neben Keratozyten finden sich innerhalb des Epithels zu 10% atypische Zellen (clear cells), wie z.B. Melanozyten, Langerhanssche Zellen und unspezifische Zellen.

Die keratinisierte Gingiva läßt sich im Gegensatz zur auskleidenden Mukosa und dem Saumepithel nicht mit Schillerscher Jodlösung anfärben. Die Schillersche Jodlösung färbt das in oberen Zellschichten gespeicherte Glykogen der Mukosa und des Saumepithels an. Die Alveolarmukosa besitzt ein nicht keratinisiertes dreischichtiges Epithel (Stratum basale, Stratum spinosum, Stratum superficiale).

15.1.2.2 Saumepithel. Dieses Epithel dient der Anheftung der Gingiva an den Zahn. Es liegt kragenförmig um die Zähne herum und reicht von der Schmelz-Zementgrenze bis zum Boden des Gingivalsulkus. Dort geht es kontinuierlich in das orale Sulkusepithel über. Es ist mit dem lateral von ihm liegenden Bindegewebe nicht verzapft.

Das Saumepithel entwickelt sich durch *Umwandlung aus dem reduzierten Schmelzepithel* (Abb. 15-4).

Diese Umwandlung beginnt nach Abschluß der Schmelzmatrixbildung und ist ca. 12–14 Monate nach Beginn des Zahndurchbruchs abgeschlossen. Das mitotisch inaktive reduzierte *Schmelzepithel* setzt sich aus *zwei Schichten* zusammen: Der Zahnkrone zugewandt ist die Schicht der resorbierenden reduzierten Ameloblasten, ihr aufgelagert sind Zellen aus dem ehemaligen Stratum intermedium des Schmelzorgans.

Die Ameloblasten produzieren eine Basallamina, die der Zahnkrone aufliegt.
- Diese *interne Basallamina* setzt sich aus einer dem Zahn zugewandten Lamina densa und einer Lamina lucida zusammen. Die Basallamina stellt eine unlösliche Schicht aus kollagenen Proteinen, Proteoglykanen, Fibronectin und Laminin dar. Die reduzierten Ameloblasten sind mit der internen Basallamina durch Hemidesmosomen verknüpft. Diese Anheftung an den Zahn wird als *primärer Epithelansatz* bezeichnet.
- Zum umgebenden Bindegewebe hin ist das reduzierte Schmelzepithel durch eine *externe Basallamina* getrennt. Während des Zahndurchbruchs vereinigt sich das reduzierte Schmelzepithel mit dem oralen Gingivaepithel. Die Zellen des reduzierten Schmelzepithels

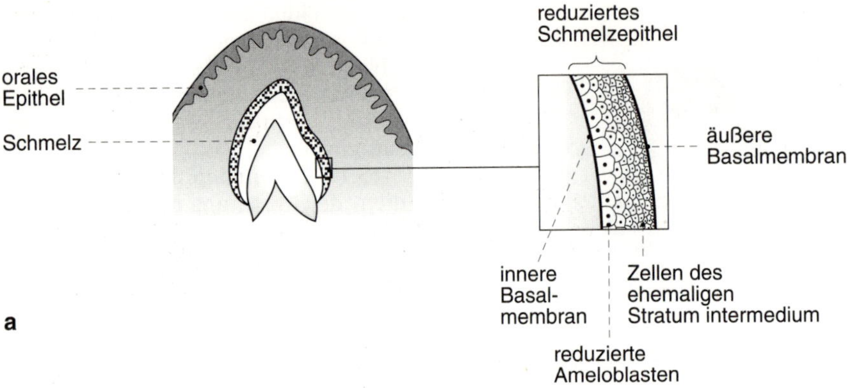

a

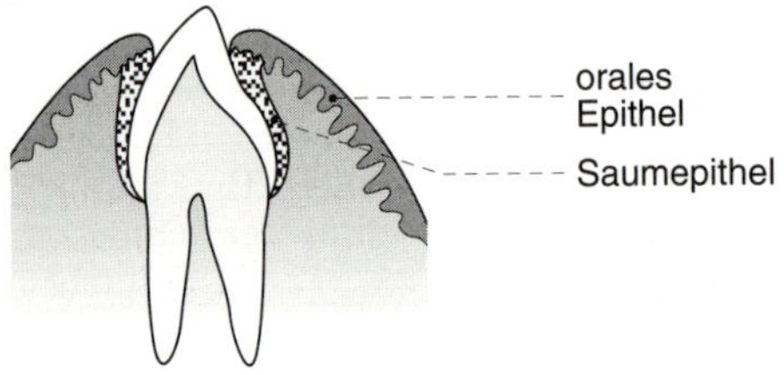

b

Abbildung 15-4. Entwicklung des Saumepithels aus dem reduzierten Schmelzepithel (nach LINDHE 1989). a) Präeruptives Stadium. b) Eruptives Stadium.

werden in Zellen des Saumepithels umgewandelt und der primäre Epithelansatz wird zum *sekundären Epithelansatz.*

Beim *Zahndurchbruch* bleibt die Haftung an die Zahnoberfläche erhalten, so daß zu keinem Zeitpunkt eine Wunde entsteht. Die ehemaligen Zellen des Stratum intermedium werden wieder mitotisch aktiv, die ehemaligen reduzierten Ameloblasten werden nach weiterer Differenzierung am Sulkusboden exfoliiert.

Das *Saumepithel besteht nun abschließend aus zwei Schichten*:

- das ein bis drei Zellreihen breite mitotisch aktive, apikale Stratum basale
- das 15–18 Zellreihen breite, koronale Stratum suprabasale.

Während der Wanderung vom Stratum basale zum Sulkusboden flachen die kubischen Zellen ab und orientieren sich parallel zur Zahnoberfläche. Die *Zellumsatzrate* des Saumepithels beträgt nur ca. sechs Tage. Dies spiegelt die hohe Reparaturfähigkeit des Epithelansatzes wider.

Die Oberfläche der Zellen des Saumepithels wird nur zu 3–5% von zellverbindenden Desmosomen besetzt. Die *Dichte* der Desmosomen ist damit nur etwa halb so groß wie die anderer oraler Epithelien. Zwischen den Zellen des Saumepithels befinden sich weite Interzellularräume. Diese lockere Struktur des Saumepithels ermöglicht sowohl externen Noxen als auch Abwehrzellen eine rasche Penetration.

Innerhalb des Saumepithels befinden sich vom Bindegewebe eingewanderte Leukozyten, Lymphozyten und Makrophagen. Sie stellen neben den teilweise phagozytosefähigen Zellen des Saumepithels die *zelluläre Abwehr* des Saumepithels dar.

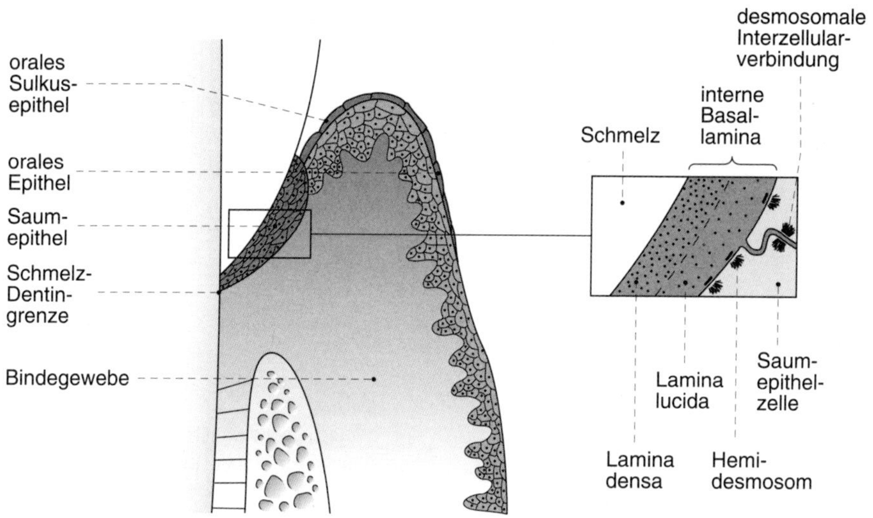

Abbildung 15-5. Anheftung des Saumepithels an die Zahnoberfläche. Die Saumepithelzellen sind über Hemidesmosomen mit der internen Basallamina verknüpft, die dem Zahn adhäsiv aufliegt.

Es existieren verschiedene Formen der *Anheftung* des Saumepithels an die Zahnoberfläche (Abb. 15-5). Bei jeder Form der Anheftung liegt eine hemidesmosomale Verknüpfung der Epithelzellen mit der internen Basallamina vor. Die interne Basallamina befindet sich zwischen den Epithelzellen und der Zahnoberfläche. Die interne Basallamina liegt dabei dem Zahnschmelz direkt adhäsiv auf. Sie kann aber auch dem Wurzelzement, afibrillären Zementzungen auf dem Schmelz oder der Cuticula dentis aufgelagert sein. Die interne Basallamina vereinigt sich an der Schmelz-Zementgrenze mit der externen Basallamina, die das gingivale Bindegewebe vom Saumepithel trennt.

15.1.2.3 Gingivales Bindegewebe und seine Faserbündel. Das gingivale Bindegewebe setzt sich hauptsächlich aus Bindegewebefasern, Fibroblasten, Proteoglykanen und Blutgefäßen zusammen. Sein ausgeprägter Faserapparat verleiht der Gingiva ihre feste Konsistenz (Abb. 15-6).

Die Bindegewebefasern gruppieren sich zu Faserbündeln, die mehrheitlich aus kollagenen Fasern bestehen. Oxytalanfasern werden seltener, elastische Fasern meist perivaskulär gefunden.

Die Faserbündel werden entsprechend ihrer Verlaufsrichtung unterschieden:

- *Dentogingivale Fasern* ziehen vom supraalveolären Wurzelzement fächerförmig in die Gingiva. Sie werden in koronal, horizontal und apikal verlaufende Faserzüge unterschieden.
- *Dentoperiostale Fasern* verlaufen vom supraalveolären Wurzelzement über den Alveolarknochenkamm zum bukkalen bzw. oralen Periost des Alveolarknochens.
- *Zirkuläre Fasern* umfassen ringförmig den supraalveolären Bereich der Zahnwurzel.
- *Semizirkuläre Fasern* verlaufen bukkal bzw. oral bogenförmig von der einen zur anderen approximalen Wurzeloberfläche desselben Zahnes.
- *Transseptale Fasern* verlaufen vom approximalen Wurzelzement eines

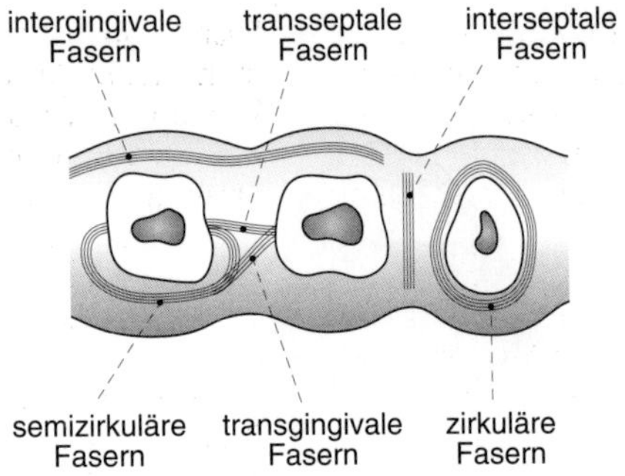

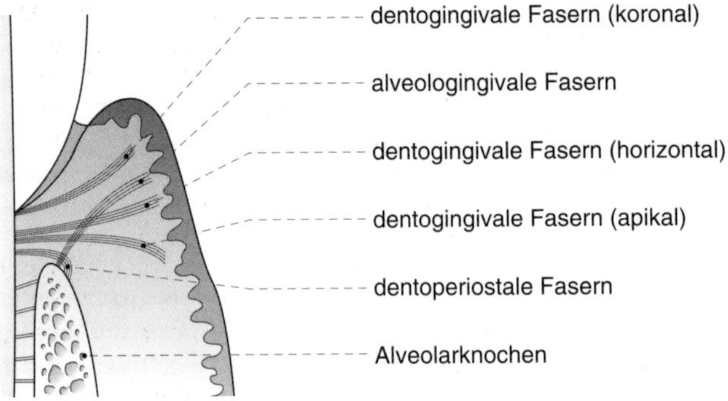

Abbildung 15-6. Schematische Darstellung des Verlaufs der gingivalen Faserbündel. a) Horizontaler Schnitt in Höhe der Schmelz-Zementgrenze. b) Vertikaler Schnitt.

Zahnes über das interdentale Knochenseptum zum Wurzelzement des Nachbarzahnes. Sie sind für die Aufrechterhaltung des Zahnbogens von großer Bedeutung und werden nach einer Exzision rasch wieder aufgebaut.

- *Transgingivale Fasern* ziehen vom Wurzelzement eines Zahnes zur Gingiva des Nachbarzahnes und schließen sich dort häufig den semizirkulären Fasern an.

Die beschriebenen Faserzüge werden als *supraalveolärer Faserapparat* bezeichnet. Er setzt den desmodontalen, infraalveolären Faserapparat der Zähne nach koronal fort.

- *Intergingivale Fasern* verlaufen entlang der bukkalen bzw. oralen marginalen Gingiva.
- *Alveologingivale Fasern* ziehen vom Alveolarkamm in die Gingiva.
- *Interpapilläre Fasern* durchqueren die interdentale Gingiva in vestibulo-oraler Richtung.

Die *Zellpopulation* des Bindegewebes besteht zu 65% aus Fibroblasten, die u.a. für die Kollagensynthese verantwortlich sind. Daneben finden sich eine Reihe von Abwehrzellen, wie z.B. polymorphkernige Granulozyten, Monozyten und Lymphozyten. Zahlreiche Makrophagen befinden sich in einer zellreichen Zone des Bindegewebes, die direkt dem Saumepithel angelagert ist. In dieser Zone liegt auch ein anastomosierendes Gefäßsystem (gingivaler Plexus). Dieser Plexus wird bei entzündlichen Reaktionen äußerst permeabel. Der an das Saumepithel angrenzenden Zone wird daher eine wichtige Rolle bei der Abwehr externer Noxen zugeschrieben.

15.2 Desmodont

Das Desmodont ist ein gut vaskularisiertes, zell- und faserreiches Bindegewebe, das den Periodontalspalt zwischen Wurzeloberfläche und Alveolarknochen füllt.

Es endet koronal ca. 1–2 mm unterhalb der Schmelz-Zementgrenze und geht kontinuierlich in das Bindegewebe der befestigten Gingiva über. Der desmodontale Zahnhalteapparat stellt eine syndesmotische Verbindung zwischen Zahn und Kieferknochen dar (Abb. 15-7).

Der Desmodontalspalt ist ca. 0,25 mm breit. Er ist koronal und apikal breiter als in der Mitte (Sanduhrform). Die Breite nimmt bei funktioneller Belastung der Zähne zu und mit zunehmendem Alter ab.

Wichtiges Strukturmerkmal des Desmodonts sind Bindegewebefasern, die in primäre und sekundäre Fasern unterschieden werden.

Die **primären Faserbündel** sind mehrheitlich kollagene Fasern, die vom wenigen Oxytalanfasern begleitet werden und vom Alveolarknochen zum Wurzelzement verlaufen. Der in die Hartgewebe eingelassene Teil der primären Faserbündel wird als *Sharpeysche Fasern* bezeichnet. Während der Entstehung der primären Faserbündel kommt es zu einer gitterartigen Verflechtung von aus dem Knochen und aus dem Zement in den Periodontalspalt einstrahlenden Fasern. Erst nach dem Zahndurchbruch erreichen die primären zementoalveolären Faserbündel ihre endgültige Ausrichtung in horizontale, schräg verlaufende, apikale und interradikuläre Faserbündel.

Die **sekundären Fasern** liegen ungebündelt in zufälliger Ausrichtung im Desmodont oder umgeben Blutgefäße und Nerven. Sie enthalten mehrheitlich kollagene Fasern, aber auch elastische Fasern.

Die **Dichte und der Durchmesser der Faserbündel** ist bei funktionell belasteten Zähnen größer als bei funktionslosen.

Die Dichte der Faserbündel funktionsloser Zähne beträgt nur ca. 10% der Faserbündeldichte belasteter Zähne. Die primären Faserbündel besitzen keine Dehnbarkeit. Da sie in gewellter Form vorliegen, nimmt man einerseits an, daß es bei Belastungen der Zähne zu einer Streckung der Faserbündel kommt. Andererseits geht man von der Vorstellung aus, daß das gefäßreiche Desmodont eine Pufferfunktion wie ein flüssigkeitsgefüllter Raum besitzt. Belastungen der Zähne führen dann zu einer Verschiebung des nur wenig komprimierbaren Flüssigkeitspolsters in Knochenmarksräume bzw. zu einer Aufdehnung des koronalen Anteils des Periodontalspaltes. Die Zellpopulation des Desmodonts besteht mehrheitlich aus Fibroblasten. Sie sind für die im Vergleich zu anderen Geweben deutlich erhöhten Umsatzrate des desmodontalen Kollagens verantwortlich. Daneben finden sich Osteoblasten, Osteoklasten, Zementoblasten, Malassezsche Epithelzellen und Leukozyten.

Das dichte, anastomosierende **Blutgefäßnetz** des Desmodonts erhält seine Versorgung aus denselben Quellen wie die Gingiva. Apikal und interradikulär befinden sich die sog. *Wedlschen Gefäßknäuel.* Sie sind eine Direktverbindung zwischen Arteriolen und Venolen und stellen ein Stauchungsreservoir des Desmodonts bei Belastungen dar.

Die **Innervation** des Desmodonts erfolgt über Fasern des Nervus trigeminus.

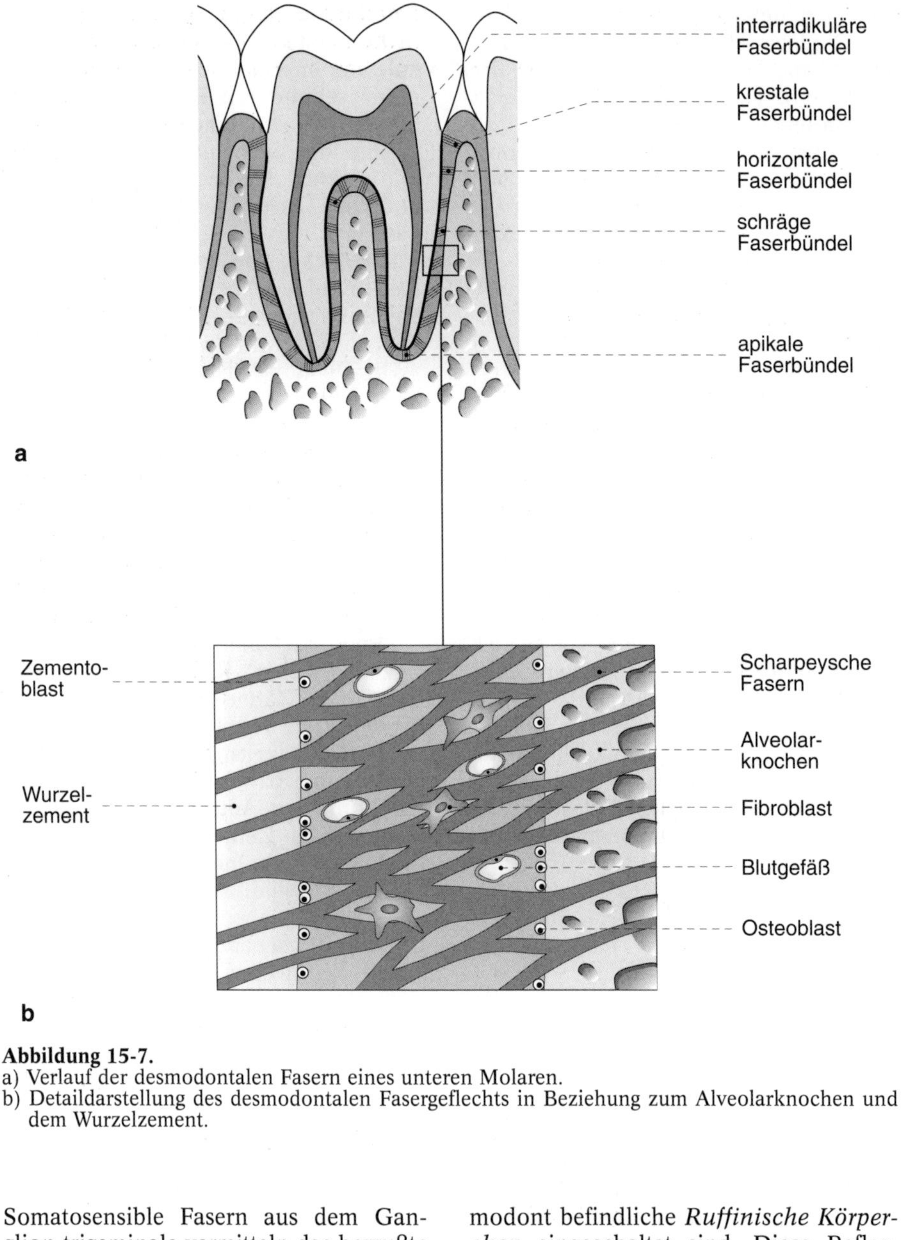

Abbildung 15-7.
a) Verlauf der desmodontalen Fasern eines unteren Molaren.
b) Detaildarstellung des desmodontalen Fasergeflechts in Beziehung zum Alveolarknochen und dem Wurzelzement.

Somatosensible Fasern aus dem Ganglion trigeminale vermitteln das bewußte Schmerz-, Druck- und Berührungsgefühl. Propriozeptive Fasern des Nucleus mesencephalicus sind Bestandteil unbewußter Reflexbögen, in die im Desmodont befindliche *Ruffinische Körperchen* eingeschaltet sind. Diese Reflexbögen können ein Öffnen der Zahnreihen beim plötzlichen Zubeißen auf harte Gegenstände auslösen.

15.3 Alveolarfortsatz

Der Alveolarfortsatz ist der Teil des Ober- bzw. Unterkiefers in den die Zähne eingelassen sind. Er unterliegt einer ständigen **Remodellation** durch Osteoklasten, Osteoblasten und Osteozyten und bildet sich nach Zahnverlust zurück.

Die **Zahnalveolen** sind mit einer dünnen, durchlöcherten Alveoleninnenkortikalis ausgekleidet *(Lamina cribriformis)*. Durch die zahlreichen Öffnungen *(Volkmannsche Kanäle)* ziehen Blutgefäße und Nerven zum Desmodont.

Radiologisch stellt sich die Innenkortikalis gegenüber der umgebenden Knochenspongiosa als eine verdichtete Linie *(Lamina dura)* dar (Abb. 15-8).

Der Alveolarknochen endet 1–2 mm apikal der Schmelz-Zementgrenze. Die interdentalen Septen sind im Frontzahngebiet pyramidenförmig, im Seitenzahngebiet abgeflacht. Die Außenkortikalis der Alveolarfortsätze ist im Oberkiefer und im anterioren Unterkiefer vestibulär dünner als oral. Dort liegen im Bereich prominenter Wurzeln häufig Knocheneinziehungen *(Dehiszenzen)* oder Knochenfenster *(Fenestrationen)* vor.

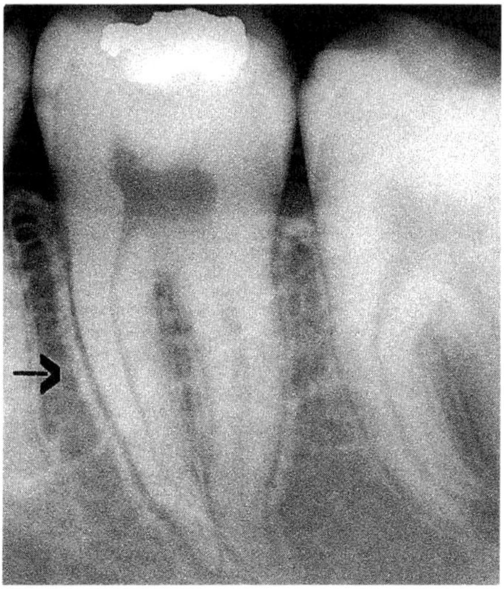

Abbildung 15-8. Röntgendarstellung eines unteren Molaren. Die Alveoleninnenkortikalis stellt sich als Lamina dura (Pfeil ->) röntgendicht dar.

15.4 Gingivaler Sulkus

Die Vertiefung zwischen Gingivalsaum und Zahnoberfläche wird als gingivaler Sulkus bezeichnet. Er wird zentral von der Schmelzoberfläche bzw. dem Wurzelzement, lateral durch das orale Sulkusepithel und apikal durch die freie Oberfläche des Saumepithels begrenzt.

Der gingivale Sulkus ist 0,1–0,5 mm tief. Dennoch werden aber auch beim gesunden Patienten Sulkustiefen bis zu 2 mm gemessen. Die Meßsonde durchstößt dabei das Saumepithel teilweise bis zu den an der Schmelz-Zementgrenze inserierenden Fasern. Der Epithelansatz am Zahn bleibt dabei erhalten, so daß der Riß im Saumepithel innerhalb von fünf bis sieben Tagen wieder repariert wird (Abb. 15-9).

Die **Sulkusflüssigkeit** ist ein Serumexsudat aus dem Gefäßplexus unterhalb

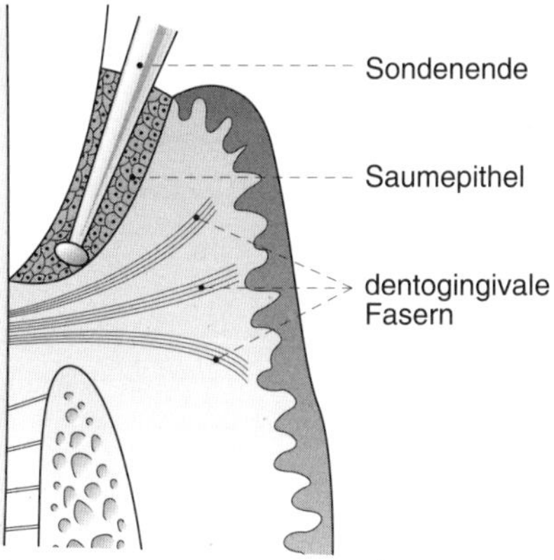

Abbildung 15-9. Schematische Darstellung des intraepithelialen Einrisses des Saumepithels durch Sondierung bei Vorliegen einer gesunden Gingiva.

des Saumepithels, das durch das Saumepithel sickert und am Sulkusboden austritt. Bei klinischer gesunder Gingiva findet sich keine oder nur sehr wenig Sulkusflüssigkeit, während sie *mit zunehmender Entzündung* der Gingiva vermehrt auftritt.

Die Sulkusflüssigkeit besitzt eine *mechanische Spülfunktion,* stellt ein Substrat für die Mikroorganismen der subgingivalen Plaque dar und hat aufgrund der in ihr vorhandenen Immunglobuline und Abwehrzellen eine antimikrobielle Wirkung.

Daneben enthält die Sulkusflüssigkeit *nicht-zelluläre Bestandteile* wie Elektrolyte, Plasmaproteine, Fibrin, fibrinolytische Faktoren und Enzyme und *zelluläre Bestandteile* wie Mikroorganismen und desquamierte Epithelzellen.

16 Ätiologie entzündlicher Parodontopathien

Bei der Ätiologie entzündlicher Parodontopathien wird zwischen einem primären und einem sekundären Ursachenkomplex unterschieden.

Der **primäre Ursachenkomplex** beschreibt die Zahnplaque und die plaquebedingten entzündlichen Reaktionen des Parodonts.

Der **sekundäre Ursachenkomplex** umfaßt lokale und systemische Faktoren, die den primären Ursachenkomplex beeinflussen können.

16.1 Primärer Ursachenkomplex

16.1.1 Plaque

Die Entstehung und der Verlauf von entzündlichen Parodontalerkrankungen sind primär von den Mikroorganismen in der Zahnplaque bedingt.

> **Zahnplaque** ist ein weicher, strukturierter, zäher bakterieller Zahnbelag, der mit Wasserspray nicht entfernbar ist.

1 mg Plaque (Naßgewicht) enthält ca. 10^8 Bakterien. Tabelle 16-1 gibt eine Übersicht über die wichtigsten isolierten Bakterien der Plaque.

Die Plaqueentstehung ist in Kapitel 2 detailliert erläutert.

Als **Materia alba** wird ein Belag auf den Zähnen, der Gingiva und der Plaque bezeichnet, der im Gegensatz zur Plaque mit Wasserspray entfernbar ist. Materia alba ist eine weißliche, unstrukturierte Masse aus locker aggregierten Bakterien, Leukozyten und Epithelzellresten.

Andere weiche Beläge sind **food debris** (= Speisereste) und **food impaction** (= eingeklemmte Speisereste). Diese Speisereste sind selbst nicht pathogen, stellen aber Retentionsstellen für die Zahnplaque dar.

Kontrollierte Studien, die den Einfluß der Plaque auf die Entstehung entzündlicher Parodontopathien verdeutlichten, konnten zeigen, daß beim Verzicht auf Mundhygienemaßnahmen bereits innerhalb von drei Tagen erste leichte Entzündungszeichen der Gingiva auftreten. Nach fünf bis sieben Tagen tritt klinisch eine *Gingivitis*, d.h. eine akute oder chronische Entzündung der Gingiva auf (Abb. 16-1).

Tierversuche haben gezeigt, daß sich bei einer längerdauernden Anwesenheit der Plaque aus einer bestehenden Gingivitis eine Parodontitis entwickeln kann. Als *Parodontitis* wird eine entzündliche Erkrankung des Zahnhalteapparats mit Alveolarknochenabbau bezeichnet.

Die koronal des Gingivasaumes liegende Plaque wird als **supragingivale Plaque** bezeichnet.

Sie stellt bei *gesunder Gingiva* einen dünnen Zahnbelag dar, der sich zu 75% aus grampositiven, fakultativ anaeroben Kokken und Stäbchen zusammensetzt.

Breitet sich die supragingivale Plaque in den Sulcus gingivae aus, spricht man von **subgingivaler Plaque.** Dabei ändert sich die Zusammensetzung und Struktur der Plaque. Das sauerstoffarme Milieu des Subgingivalraumes begünstigt die Entwicklung anaerober Keime. Die Zusammensetzung der subgingivalen Flora des gesunden Parodonts besteht überwie-

Tabelle 16-1. Klassifikation der wichtigsten Plaquebakterien.

Grampositiv (+)		**Gramnegativ (–)**		
fakultativ anaerob	anaerob	fakultativ anaerob	anaerob	
Streptococcus • *S. mutans* • *S. sanguis* • *S. salivarius* • *S. milleri* • *S. mitis* Micrococcus	Peptostrepto-coccus	Neisseria	Veillonella • *V. parvula*	Kokken
Actinomyces • *A. naeslundii* • *A. viscosus* Lactobacillus Corynebacterium Rothia Nocardia Bacterionema	Actinomyces • *A. israeli* • *A. odontolyticus* Eubacterium Propionibacterium	Actinobacillus • *A. actinomycetem-comitans* Capnocytophaga Eikenella • *E. corrdens* Leptospira Haemophilus	Porphyromonas • *P. gingivalis* • *P. asaccharolyticus* Bacteroides • *B. forsythus* Prevotella • *P. intermedia* • *P. melaninogenica* Fusobacterium • *F. nucleatum* Leptotrichia Campylobacter Wolinella • *W. recta*	Stäb-chen
Treponema • *T. vincenti* • *T. denticola*	Mycoplasma	Candida • *C. albicans*	Trichomonas	Spiro-chäten und andere Mikro-orga-nismen

gend aus nichtbeweglichen Mikroorganismen (Kokken und gerade Stäbchen). Das Verhältnis von nichtbeweglichen zu beweglichen Mikroorganismen beträgt beim gesunden Parodont 40–49 : 1. Bei einem entzündeten Parodont liegt in der subgingivalen Plaque ein großer Anteil fusiformer bzw. filamentöser Mikroorganismen, beweglicher Stäbchen und Spirochäten vor. Das Verhältnis *nichtbeweglicher* zu *beweglichen* Mikroorganismen beträgt hier 1:1–3. Die subgingivale Plaque setzt sich aus einem der Zahnoberfläche anhaftenden, strukturierten Anteil *(attached plaque)* und einem locker vorliegenden, nicht adhärenten Bakterienanteil *(swimming plaque)* zusammen. Die Substratzufuhr der subgingivalen Plaque erfolgt vornehmlich durch die Sulkusflüssigkeit. Die Menge an schwimmender Plaque nimmt mit zunehmender Tiefe der Zahnfleischtasche (s. unten) zu. Ihre mehrheitlich gramnegativen Mikroorganismen werden für den beschleunigten Verlauf parodontaler Entzündungen verantwortlich gemacht.

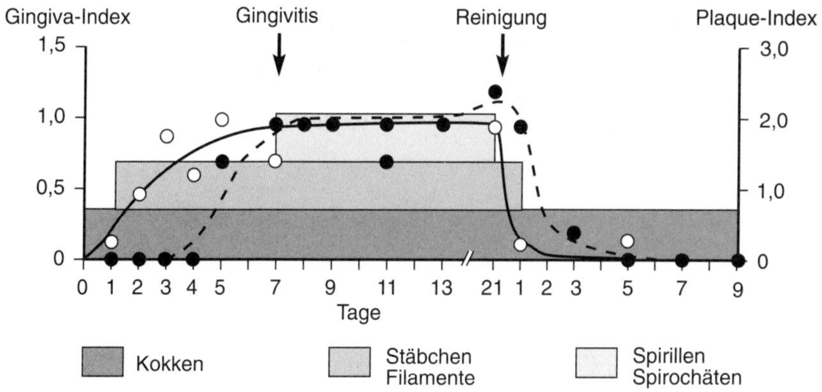

Abbildung 16-1. Experimentelle Gingivitis (nach RENGGLI 1984). Mit zunehmender Dauer der Plaqueakkumulation (–) nimmt die Gingivitis (– –) zu. Nach professioneller Plaqueentfernung und Wiederaufnahme der Mundhygienemaßnahmen geht die Gingivitis zurück. Die Gingiva wird wieder gesund. Mit Beginn der Plaqueakkumulation etablieren sich Kokken, später erscheinen Stäbchen und Filamente, schließlich Spirillen und Spirochäten.

Die anhaftende subgingivale Plaque kann verkalken und Zahnstein bilden. Der **subgingivale Zahnstein** ist aufgrund eingeschlossener Blutbestandteile dunkel. Er ist härter und schwieriger zu entfernen als der supragingivale Zahnstein.

Weder subgingivaler noch **supragingivaler Zahnstein** löst trotz der rauhen Oberfläche entzündliche Vorgänge im Parodonts ursächlich aus.

Zahnstein spielt aber als Retentionstelle für die Kolonisation mit Mikroorganismen eine wichtige Rolle. Die genaue Betrachtung der Plaquezusammensetzung bei verschiedenen Erkrankungen zeigt, daß die Pathogenität der Plaque in erster Linie durch die Art der vorliegenden Mikroorganismen und deren Stoffwechselprodukte bestimmt wird (Abb. 16-2).

Die **parodontopathogenen Plaquebakterien** verfügen über verschiedene Eigenschaften, welche die Destruktion des Parodonts beschleunigen können. Von den Mikroorganismen produzierte *Enzyme* lösen die Interzellularsubstanz bzw. das kollagene Stützgerüst auf und erleichtern damit das Eindringen der Mikroorganismen ins Gewebe. Zu diesen Enzymen zählen Kollagenasen (u.a. von Porphyromonas gingivalis produziert), Hyaluronidasen, Chondroitinsulfatasen, Neuramidasen und verschiedene Proteasen.

Darüber hinaus greifen *Stoffwechselendprodukte der Bakterien* wie Ammoniak, Indol und Schwefelwasserstoff das Gewebe direkt an. Einige dieser Produkte können wiederum von anderen Bakterien weiterverwertet werden, wodurch die Zusammensetzung der Plaque beeinflußt werden kann.

Verschiedene Bakterien entwickeln spezifische Toxine, die in *Endo- und Exotoxine* unterschieden werden. Endotoxine sind Lipopolysaccharide aus der Wand gramnegativer Bakterien, die eine gesteigerte entzündliche Abwehrreaktion hervorrufen. Exotoxine sind Antigene, die von Bakterien sezerniert werden. Zu ihnen zählt u.a. das von Actinobacillus actinomycetem comitans ausgeschüttete Leukotoxin, das den Zerfall polymorphkerniger Granulozyten verursacht.

Die entzündlichen Parodontopathien wurden lange Zeit als unspezifische Plaqueinfektionen **(unspezifische Plaquehypothese)** angesehen. Man ging

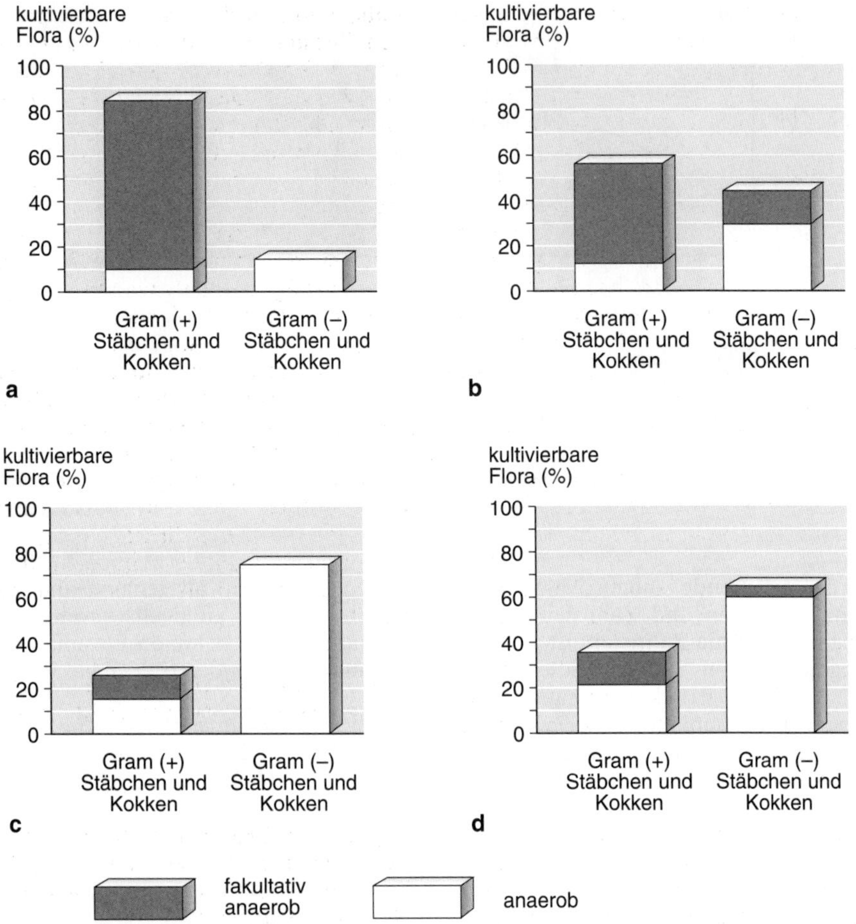

Abbildung 16-2. Zusammensetzung der Plaque (nach SLOTS 1979).
a) Supragingivale Plaque bei einer gesunden Gingiva.
b) Subgingivale Plaque bei Gingivitis und in den Ruhephasen einer Erwachsenenparodontitis (AP).
c) Subgingivale Plaque in den aktiven Phasen einer Erwachsenenparodontitis (AP) und bei der progressiven Parodontitis (RPP; Sonderform der Parodontitis, die in kurzer Zeit zu starken parodontalen Destruktionen führt).
d) Subgingivale Plaque bei der juvenilen Parodontitis (LJP; Sonderform der Parodontitis, die im jugendlichen Alter beginnt).

davon aus, daß allein die *Quantität der Plaque* die entzündlichen Vorgänge des Parodonts bestimmt.

Die Entdeckung spezifischer Bakterienarten in Verbindung mit bestimmten Formen der entzündlichen Parodontopathien (s. Kapitel 18) ließ dann die Vermutung aufkommen, daß es sich hierbei um spezifische Infektionen **(spezifische Plaquehypothese)** im Sinn der Kochschen Postulate handelt. ROBERT KOCH hatte zu Ende des letzten Jahrhunderts vier Postulate aufgestellt, die zusammengefaßt sagen, daß bestimmte

Infektionen von der Anwesenheit definierter, isolierbarer und anzüchtbarer Mikroorganismen abhängig sind und eine Übertragung dieser Mikroorganismen auf einen anderen Organismus zu der analogen Erkrankung führt. Die spezifische Plaquehypothese geht also davon aus, daß die *Qualität der Plaque* einen entscheidenden Einfluß auf die Art der Erkrankung hat. Heute wird allgemein angenommen, daß bei bestimmten Parodontitisformen eine Spezifität der Bakterien vorgetäuscht wird, indem sich bereits in der Plaque befindliche Bakterien unter exogenen oder endogenen Einflüssen mehr entfalten und andere Bakterien verdrängen.

Daher werden die entzündlichen Parodontopathien heute als eine **opportunistische Infektion** angesehen, bei der es neben der Anwesenheit pathogener Keime auf ein für die Vermehrung dieser Keime günstiges Milieu (z.B. anaerobe Nische, veränderte Resistenzlage des Wirts) ankommt. Dabei wird auch die Abwesenheit von bestimmten, stabilisierenden Bakterienarten der Plaque als mögliche Ursache für die parodontale Destruktion angesehen. Zu den vermuteten *Pathogenen* zählen: Actinobacillus actinomycetem comitans, Bacteroides forsythus, Eikenella corrodens, Fusobacterium nucleatum, Porphyromonas gingivalis, Selenomonas sp., Eubacterium sp., Prevotella intermedia und Spirochäten. Zu den vermuteten *Stabilisatoren* zählen: Actinomyces sp., Streptococcus mitis, Streptococcus sanguis II, Veillonella parvula, Capnocytophaga ochracea.

16.1.2 Pathogenese der entzündlichen Parodontalerkrankungen

Die Genese der plaquebedingten Entzündungen des Parodonts vollzieht sich histologisch in **vier Schritten.** Man unterscheidet nach Page und Schroeder:

- die initiale Läsion
- die frühe Läsion
- die etablierte Läsion
- die fortgeschrittene Läsion (Abb. 16-3).

Initiale und frühe Läsion beschreiben den Zustand einer *klinisch manifesten akuten Gingivitis*, die etablierte Läsion den Zustand einer *chronischen Gingivitis*. Die fortgeschrittene Läsion stellt den Übergang von der chronischen Gingivitis in eine *Parodontitis* dar. Dabei muß festgehalten werden, daß ein chronische Gingivitis auch bei weiterhin bestehender Plaqueakkumulation nicht zwangsläufig in eine Parodontitis übergehen muß. Es wird vielmehr angenommen, daß neben der fortbestehenden Plaqueakkumulation noch andere (teilweise ungeklärte) Faktoren einen Einfluß auf die Ausprägung der entzündlichen Parodontalerkrankung haben. Die unterschiedlichen Läsionstypen einer Parodontopathie können in einem Gebiß gleichzeitig auftreten. So kann ein gesundes Parodont direkt benachbart zu einem Parodont mit schwersten Destruktionen liegen.

> Parodontopathien sind als eine Erkrankung des einzelnen Parodonts anzusehen.

16.1.2.1 Initiale Läsion. Sie entwickelt sich nach einer Plaqueneubildung innerhalb von zwei bis vier Tagen aus einer klinisch gesunden Gingiva. Dieser Zustand ist *vollständig reversibel.* Die *Kennzeichen* der initialen Läsion sind:

- Akut entzündliche Reaktion der Gefäße des Gefäßplexus unterhalb des Saumepithels. Durch ausgeschüttete vasoaktive Mediatoren (Histamin, Serotonin) werden die interendothelialen Zellverbindungen zwischen den Endothelzellen gelöst, so daß die Permeabilität der Gefäße erhöht wird. Die gleichzeitige Dilatation der Gefäße und der erhöhte Blutdurchfluß führen dann zu einer entzündlich-ödematösen Schwellung der Gingiva.
- Flüssigkeitsexsudat aus dem Gingivalsulkus

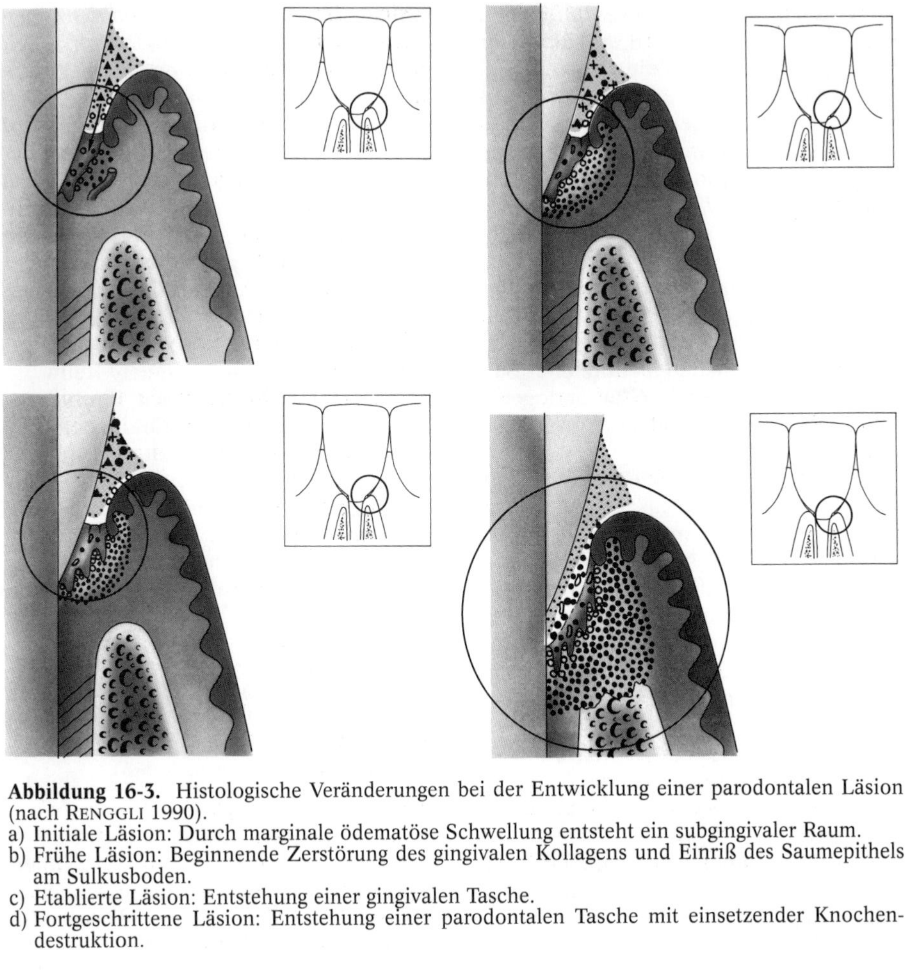

a b c d

Abbildung 16-3. Histologische Veränderungen bei der Entwicklung einer parodontalen Läsion (nach RENGGLI 1990).
a) Initiale Läsion: Durch marginale ödematöse Schwellung entsteht ein subgingivaler Raum.
b) Frühe Läsion: Beginnende Zerstörung des gingivalen Kollagens und Einriß des Saumepithels am Sulkusboden.
c) Etablierte Läsion: Entstehung einer gingivalen Tasche.
d) Fortgeschrittene Läsion: Entstehung einer parodontalen Tasche mit einsetzender Knochendestruktion.

- Verstärkte Migration von Leukozyten in das Saumepithel und den Gingivalsulkus
- Auftreten von Serumproteinen, speziell von Fibrin im Gingivalsulkus
- Auflockerung des koronalen Anteils des Saumepithels und teilweise Auflösung des dortigen Epithelansatzes. Durch die gleichzeitige Schwellung der Gingiva kann ein subgingivaler Raum entstehen, in den die supragingivale Plaque eindringen kann.
- Abbau des perivaskulären Kollagens.

16.1.2.2 Frühe Läsion. Sie entwickelt sich innerhalb von 14 Tagen aus einer unbeeinflußten initialen Läsion. Neben der verstärkten Ausprägung der Kennzeichen der initialen Läsion hat sie folgende zusätzliche *Merkmale*:
- Ansammlung von Abwehrzellen im Infiltrat des gingivalen Bindegewebes, das direkt an das Saumepithel angrenzt. Es finden sich 70–90% Lymphozyten (mehrheitlich T-Lymphozyten), 7–16% aktivierte Makrophagen.
- Zytopathische Veränderung der orts-

ständigen Fibroblasten, die möglicherweise aus einer Wechselwirkung mit den Lymphozyten resultiert.
- Weiterer Kollagenverlust insbesondere des dentogingivalen und zirkulären Faserwerks. Verglichen mit nicht entzündlich verändertem Bindegewebe, beträgt der Kollagenverlust ca. 70%.
- Beginnende Proliferation des Saumepithels lateral ins Bindegewebe mit Ausbildung von epithelialen Reteleisten (fingerförmige Ausstülpungen ins Gewebe).

16.1.2.3 Etablierte Läsion. Beim Erwachsenen stellt sie sich innerhalb weniger Wochen nach einer frühen Läsion ein und scheint wie die initiale und frühe Läsion bei optimaler Mundhygiene noch *vollständig reversibel* zu sein. Sie ist immer an das Vorhandensein einer subgingivalen Plaque gebunden. Die Kennzeichen der akut entzündlichen Vorgänge der frühen Läsion sind weiterhin vorhanden. Weitere *Merkmale* sind:
- Dominanz von B-Lymphozyten ohne Anzeichen von Knochenschwund
- Auftreten von extravaskulären Immunglobulinen im Bindegewebe und im Saumepithel
- Nahezu vollständige Auflösung des gingivalen Stützgewebes
- Apikal und lateral gerichtete Proliferation des Saumepithels.

Ferner kann es zur Ausbildung einer auf die Gingiva beschränkten 2–3 mm tiefen Tasche und dem Beginn der Umwandlung des Saumepithels in ein Taschenepithel kommen. Die genauen Mechnismen, die während der Ausdehnung der supragingivalen Plaque in den subgingivalen Raum zur Loslösung des Saumepithels vom Zahn führen, sind nicht hinreichend geklärt.

16.1.2.4 Fortgeschrittene Läsion. Die fortgeschrittene Läsion stellt einen destruktiven Prozeß des Parodonts dar. Durch alleinige Mundhygienemaßnahmen kommt es dann *nicht mehr zu einer Restitutio ad integrum.* Die entzündlichen Destruktionsprozesse stellen keine gleichmäßig verlaufende Erkrankung dar. Vielmehr finden sich Perioden der *Exazerbation* (akut) und *Stagnation* (chronisch).

Neben einem Fortbestehen der Vorgänge der etablierten Läsion werden folgende *Merkmale* beobachtet:
- Ausdehnung der Läsion auf den Alveolarknochen und das Desmodont mit einhergehendem Knochenabbau. Dabei ist der interdentale Knochen häufiger und frühzeitiger betroffen als der bukkale, linguale oder interradikuläre Knochen
- Anhaltender Kollagenverlust unterhalb des Saum- bzw. Taschenepithels mit gleichzeitiger Fibrose im peripheren Gingivabereich
- Auftreten zytopathisch veränderter Plasmazellen, Fehlen veränderter Fibroblasten
- Ausbildung einer parodontalen Tasche
- Umwandlung tieferer Knochenmarksbereiche in fibröses Bindegewebe
- Ausgedehnte entzündliche und immunologische Gewebereaktion.

16.1.3 Abwehrreaktion des Wirtsorganismus

Zur Abwehr der parodontopathogenen Bakterien und ihrer Toxine wird vom Wirtsorganismus eine entzündliche Abwehrreaktion ausgelöst. Dabei ablaufende Mechanismen tragen ebenfalls zur Destruktion des Parodonts bei.

16.1.3.1 Gefäßreaktion und unspezifische Abwehr. Eine akute Entzündung ist durch eine Erhöhung der *Gefäßpermeabilität* und eine unspezifische Abwehr der Bakterien durch Leukozyten gekennzeichnet. Die Gefäßreaktion des unter dem Saumepithel gelegenen Gefäßplexus wird durch Substanzen ausgelöst, die aus dem Blutplasma (Bradykinin, Kallikrein, Plasminogenaktivator, Komplementfragmente, Fibrinprodukte) stammen oder vom Gewebe bzw. Zellen ausgeschüttet werden (Histamin, Serotonin, Prostaglandine, lysosomales Material, Lymphokine).

Aufgrund der erhöhten Durchlässigkeit der Gefäße kommt es zu einem *Anstieg der Sulkusflüssigkeits-Fließrate* und einer verstärkten Wanderung von Leukozyten, vor allem polymorphkernigen neutrophilen Granulozyten (PMN-Granulozyten), durch das Saumepithel.

PMN-Granulozyten haben die Fähigkeit, Mikroorganismen zu *phagozytieren* und abzutöten bzw. zerstörte Zelltrümmer zu verdauen. Die Erkennung und Aufnahme dieser Substanzen wird durch Opsonine (Antikörper, Komplementteilchen) erleichtert, die sich an der Oberfläche der zu verdauenden Substanzen anlagern. Die PMN-Granulozyten verfügen über spezifische Rezeptoren zur Anbindung an diese Opsonine. Sie enthalten in ihrem Zytoplasma Granula *(Lysosomen)* mit verschiedenen Enzymen und antibakteriellen Substanzen.

Bei der Phagozytose eines Mikroorganismus kommt es nach dessen Verdauung durch lysosomale Enzyme zur *Freisetzung enzymatischer Substanzen* (z.B. Kollagenasen) ins umgebende Gewebe. Dadurch kann es zur Auflösung von Gewebestrukturen kommen.

Die zielgerichtete Wanderung der Granulozyten zu einem Antigen wird als *Chemotaxis* bezeichnet. Die Granulozyten können durch endogene und exogene chemotaktische Faktoren angelockt werden. Exogene chemotaktische Faktoren sind z.B. von Bakterien freigesetzte Peptide, endogene chemotaktische Faktoren stammen vom Wirtsorganismus selbst (z.B. Kinine, Prostaglandine, Leukotriene, Lymphokine, Komplementteilchen, Fibrin- und Kollagenfragmente). Die Chemotaxis der PMN-Granulozyten kann durch Faktoren eingeschränkt werden, die von Actinobacillus actinomycetem comitans, Prevotella melaninogenicus und anderen gramnegativen Bakterien ausgeschüttet werden.

Darüber hinaus werden *Defekte der Chemotaxis- bzw. Phagozytosefähigkeit* der PMN-Granulozyten bei verschiedenen Allgemeinerkrankungen (Diabetes mellitus, zykl. Neutropenie, Chediak-Higashi-Syndrom etc.) beobachtet. Dies gilt ebenso für die juvenile Parodontitis (Sonderform der Parodontitis, die im jugendlichen Alter beginnt).

16.1.3.2 Spezifische Immunabwehr. Die unspezifische Abwehrreaktion ist nicht gegen alle antigenen Substanzen vollständig wirksam. Deshalb wird meist zusätzlich das spezifische Immunabwehrsystem aktiviert. Dieses wird in ein humorales und zelluläres System unterteilt. Die für die Vorgänge beider Systeme verantwortlichen B- und T-Lymphozyten entstammen den gleichen Stammzellen des Knochenmarks (Abb. 16-4).

Die B-Lymphozyten des *humoralen Systems* reifen nach Antigenkontakt zu Plasmazellen heran, die spezifische Antikörper, d.h. Immunglobuline verschiedener Klassen, produzieren. Verschiedene Mikroorganismen besitzen die Eigenschaft die B-Lymphozyten zur Bildung von Immunglobulinen anzuregen, die nicht spezifisch gegen das Antigen gerichtet sind. Durch diese sog. *polyklonale B-Lymphozytenaktivierung* werden von den T-Lymphozyten Lymphokine ausgeschüttet, die weitere Entzündungsreaktionen und Knochenresorptionen auslösen können (s. unten). Die unterschiedlichen Klassen der Immunglobuline besitzen verschiedene Aufgaben. Immunglobuline der Klasse *IgG* heften sich an Bakterien an (Opsonisierung) und erleichtern so deren Phagozytose durch Leukozyten. Das sekretorische *sIgA* des Speichels hemmt die Anheftung von Bakterien auf Mundhöhlenoberflächen. Gegen bestimmte Antigene gerichtete *IgE-Immunglobuline* können sich an Mastzellen oder basophilen Granulozyten anheften. Beim Zweitkontakt mit dem Antigen kommt es dann zur Degranulierung der Zellen und zur Ausschüttung von Histamin, Heparin und Leukotrienen, wodurch Gefäßreaktionen hervorgerufen werden. Darüber hinaus kann ein chemotaktischer Faktor zur Anlockung von eosinophilen Leukozyten

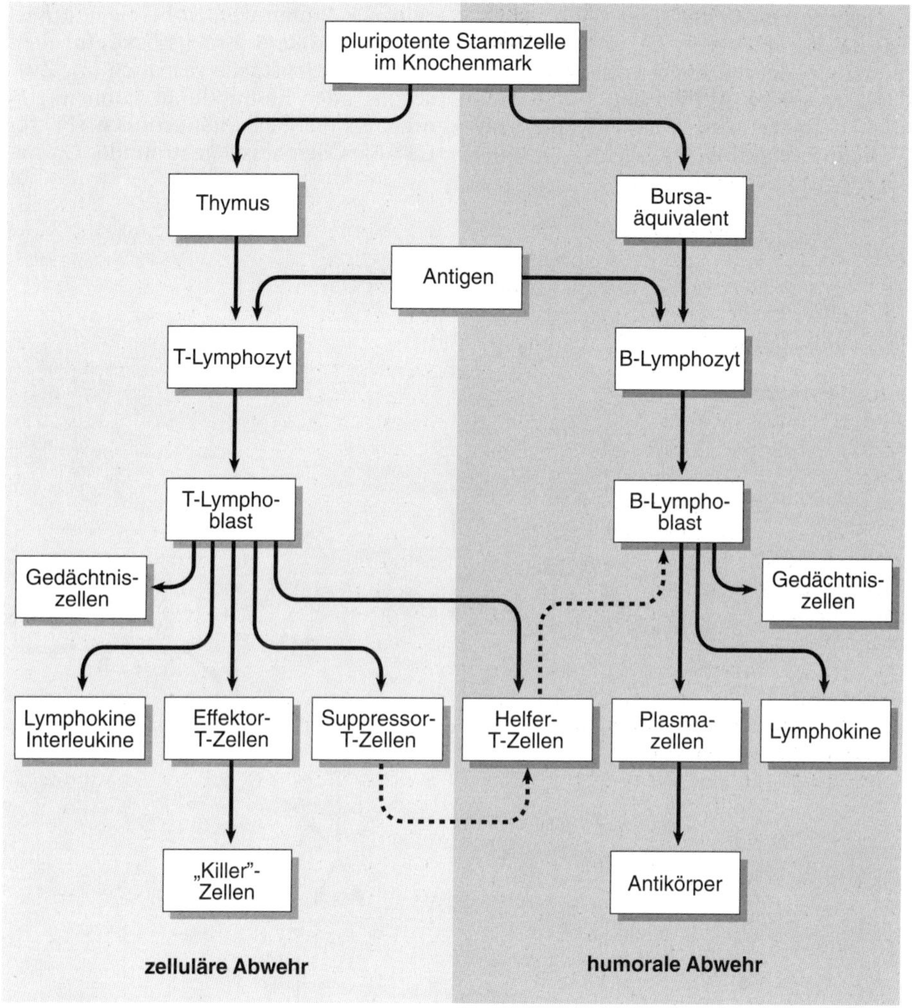

Abbildung 16-4. Entwicklung der B- und T-Lymphozyten. Die Prägung der Vorläuferzellen zu T-Lymphozyten erfolgt im Thymus, die Prägung zu B-Lymphozyten in der Bursa fabricii (bei Vögeln) bzw. einem bei Säugern nicht genau bekannten Bursaäquivalent. Nach Antigenkontakt reifen die Lymphozyten zu Lymphoblasten. Aus den T-Lymphoblasten gehen die Zellen der zellulären Abwehr hervor. Die Aktivität der Helfer-T-Zellen wird durch die Suppressor-T-Zellen reguliert. Helfer-T-Zellen wiederum unterstützen die B-Lymphoblasten bei ihren Aufgaben. Die B-Lymphoblasten proliferieren zu antikörperbildenden Plasmazellen. Sie werden der humoralen Abwehr zugerechnet.

freigesetzt werden (ECF). Durch die Reaktion von Immunglobulinen der *Klassen IgG und IgM* mit Antigenen entstehen Antigen-Antikörper-Komplexe. Durch Agglutination und Präzipitation der Komplexe können die Antigene neutralisiert werden. Antigen-Antikörper-Komplexe können das Komplementsystem aktivieren.

Das *Komplementsystem* (Abb. 16-5) ist ein Komplex von 17 verschiedenen Proteinen, der im Serum vorliegt.

Nach seiner Aktivierung durch Immunkomplexe wird eine Kaskade von Protein-Interaktionen ausgelöst. Die einzelnen Faktoren werden bei der Aktivierung in größere Bruchstücke (b) und kleinere Bruchstücke gespalten (a). Zwischen- oder Endprodukte können z.B. die Gefäßpermeabilität erhöhen (Faktor C1), die Chemotaxis neutrophiler Granu-

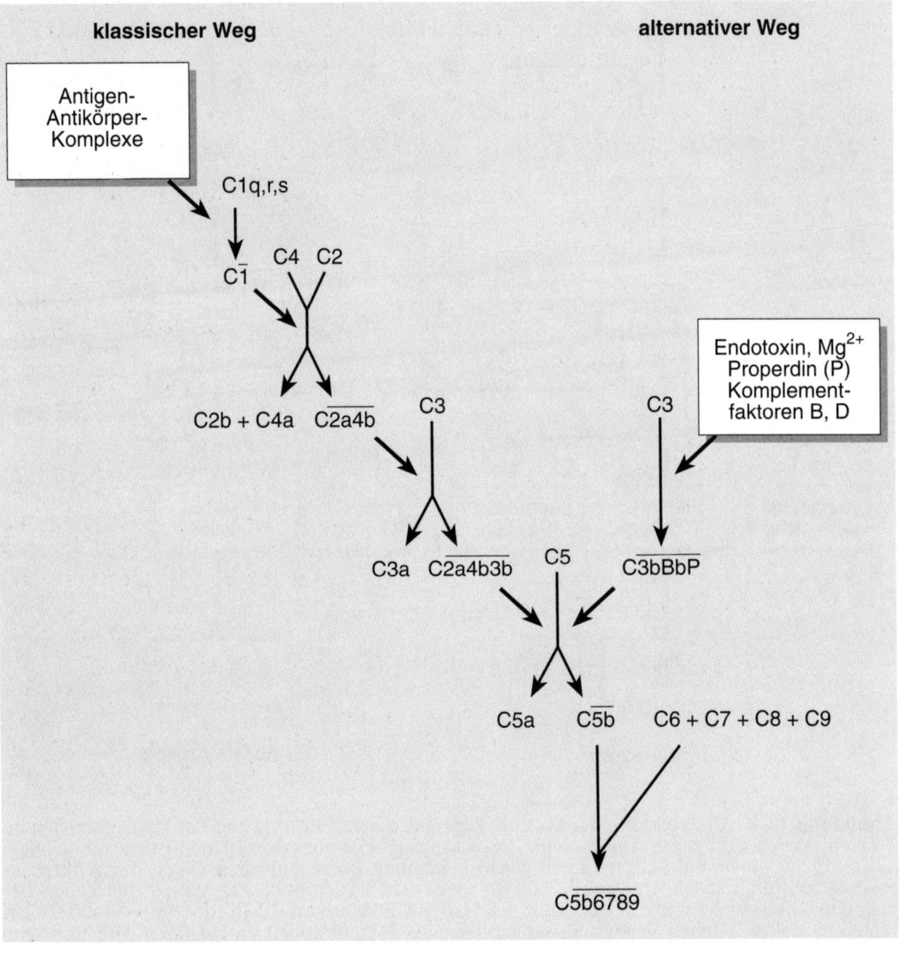

Abbildung 16-5. Vereinfachtes Schema der Komplement-Kaskade. Aktivierte Faktoren sind mit einem Balken gekennzeichnet. Antigen-Antikörper-Komplexe lösen beim klassischen Weg die Umwandlung der Faktoren C1q,r,s zum aktivierten Faktor C1 aus, der die Spaltung der Faktoren C4 und C2 bewirkt. Der aus den Bruchstücken C2a4b zusammengesetzte aktivierte Komplex fördert die Spaltung von C3 usw. Beim alternativen Weg erfolgt die Spaltung von C3 z.B. durch ein Zusammenspiel bakterieller Endotoxine, dem Serumprotein Properdin und den Faktoren B und D. Der aus den Bruchstücken resultierende Komplex spaltet C5. An das Bruchstück C5b lagern sich dann – wie beim klassischen Weg – die Faktoren C6, C7 und C8 ohne Spaltung an.

lozyten auslösen (C3a, C5a, C5b67), die Opsonisierung und Phagozytose von Bakterien erleichtern (C3b, C5b), die Gefäßpermeabilität durch Freisetzung von Histamin aus Mastzellen erhöhen (C3a, C5a), B-Lymphozyten aktivieren (C3b) oder die Lyse von Erythrozyten und gramnegativen Bakterien hervorrufen (C5b6789 = lytischer Komplex). Die klassische Kaskade besitzt eine Latenzzeit von fünf bis sieben Tagen. Sie kann durch bestimmte Antigen-Antikörper-Komplexe oder Endotoxine gramnegativer Bakterien verkürzt werden, indem direkt der Faktor C3 aktiviert wird. Durch diesen *alternativen Weg* (Bypass-Aktivierung, Properdin-Weg) kann die entzündliche Reaktion beschleunigt werden.

Bei der *zellulären Immunantwort* führt der Kontakt von T-Lymphozyten mit einem spezifischen Antigen zur Aktivierung der T-Lymphozyten. Aktivierte T-Lymphozyten schütten Lymphokine aus, die verschiedene Funktionen besitzen:

- Chemotaktische Anlockung, Verhinderung der Abwanderung, Aktivierung oder Inhibition von Makrophagen
- Regulation der Antikörper-Produktion von B-Lymphozyten
- Regulation der Proliferation von T-Lymphozyten
- Chemotaktische Anlockung und Verhinderung der Abwanderung von PMK-Granulozyten
- Regulation der Fibroblastenproliferation und Kollagensynthese
- Aktivierung von Osteoklasten
- Unspezifische Zytolyse von Wirtszellen (Lymphotoxin)
- Verhinderung einer Virusvermehrung (Interferon).

T-Helferzellen unterstützen die humorale Immunantwort der B-Lymphozyten. Die Regulation der T-Helferzellen erfolgt über einen von T-Suppressorzellen ausgeschütteten Faktor. Zytotoxische T-Killerzellen können körperfremde oder virusinfizierte Zellen abtöten.

16.1.3.3 Mediatoren der Entzündungsreaktion. Neben den oben bereits erwähnten Mediatoren wie z.B. Histamin, Serotonin, Lymphokine sind v.a. Prostaglandine, Leukotriene, Bradykinin und Interleukine für die parodontale Entzündungsreaktion von Bedeutung.

Prostaglandine sind Derivate der Arachidonsäure, die von verschiedenen Zellen (Makrophagen, eosinophilen Granulozyten, Fibroblasten usw.) synthetisiert werden können. Es sind verschiedene Klassen von Prostaglandinen bekannt. Ihre Produktion wird z.B. von Histamin und Serotonin gefördert und von Acetylsalicylsäure gehemmt.

Zu ihren Funktionen zählen:

- die Vasodilatation von Gefäßen
- die Erhöhung der Gefäßpermeabilität
- die Regulation der Thrombozyten-Aggregation
- die Stimulation von Osteoklasten
- die Auslösung von Fieber und Schmerzen.

Leukotriene sind ebenfalls wie die Prostaglandine Derivate der Arachidonsäure. Sie werden u.a. von Mastzellen und basophilen Granulozyten synthetisiert. Die zu ihnen zählende slow reacting substance of anaphylaxis (SRS-A) verfügt über eine Fähigkeit zur Steigerung der Gefäßpermeabilität, die tausendfach größer ist als die von Histamin.

Bradykinin entsteht im Plasma aus der Spaltung von Kininogen durch Kallikrein. Es erhöht die Gefäßpermeabilität und ist an der Schmerzauslösung beteiligt.

Interleukine sind wichtige immunregulatorische Proteine, deren vielfältige Aufgaben an dieser Stelle nur kurz dargestellt werden können.

- Interleukin-1 (IL-1) wird u.a. von Makrophagen synthetisiert, die Antigene phagozytiert haben. Es kann die Aktivität von Osteoklasten fördern. IL-1 bindet an T-Lymphozyten und induziert so die Ausbildung von Rezeptoren für Interleukin-2 (IL-2).

- Interleukin-2 wird von Lymphozyten mit Antigenkontakt produziert. Durch Anbindung von IL-2 an IL-2-Rezeptoren wird die mitotische Aktivität von T-Lymphozyten ausgelöst.
- IL-1 und IL-2 steuern darüber hinaus die Reifung und mitotische Aktivität von B-Lymphozyten.

16.2 Sekundärer Ursachenkomplex

Die Faktoren des sekundären Ursachenkomplexes können allein keine entzündlichen Parodontopathien auslösen. Sie begünstigen aber die Retention der Zahnplaque oder die von der Zahnplaque verursachten Mechanismen des primären Ursachenkomplexes. Es lassen sich lokale und systemische Faktoren unterscheiden. Die systemischen Faktoren und Erkrankungen, die mit gingivo-parodontalen Symptomen einhergehen sind in Kapitel 18 beschrieben.

16.2.1 Lokale Faktoren

Supra- und subgingivaler Zahnstein ist als der Versuch des Organismus anzusehen, die parodontopathogenen Bakterien durch Mineralisation zu inaktivieren. Die rauhe Oberfläche des Zahnsteins fördert aber gleichzeitig wieder die Retention von Bakterien. Das Mineralisationsgerüst erleichtert der Plaque das Vordringen in tiefere Zervikalabschnitte.

Die **Zahnanatomie** kann in Form von Schmelzperlen bzw. -projektionen auf der Wurzeloberfläche, Einziehungen der Zahnkronen und -wurzeln (vorzugsweise palatinal an den oberen Inzisivi, mesial an den oberen ersten Prämolaren), Furkationen und rauhen Zahnoberflächen (Amelogenesis imperfecta, Schmelzsprünge, Hypoplasien) die Zahnreinigung erschweren.

Auch bestimmte **Zahnstellungen,** wie Zahnengstand, Kippungen und Drehungen der Zähne, können die Selbstreinigung der Zähne einschränken und die Zahnreinigung erschweren. Es ist umstritten, ob in diesem Zusammenhang beobachtete prominente Wurzeln die Ausbildung von Knochendehiszenzen- und -fenestrationen begünstigen. Ebenso ist es nicht geklärt, ob anormale Okklusionverhältnisse allein parodontopathogen wirksam sind.

Offene kariöse Läsionen stellen ein Bakterienreservoir dar und erleichtern die Plaqueretention.

Bei **Mundatmung** wird durch das Fehlen der antibakteriellen Wirkung von Sulkusflüssigkeit und Speichel (sIgA, IgE fehlt) und der Spülfunktion des Speichels die Plaqueakkumulation vor allem an den Oberkieferinzisivi gefördert. Ist die Mundhygiene gleichzeitig mangelhaft, wird die Ausbildung einer entzündlichen Parodontopathie gefördert.

Durch die **Anatomie des Weichgewebes** kann die Zahngesundheit ebenso beeinflußt werden. Frenula und Muskelbänder, die in der Gingiva oder in interdentalen Papillen inserieren, fördern die Trennung von Gingiva und Zahn. Dadurch enstehen Nischen, die die Plaqueakkumulation erleichtern. Eine ausreichende Breite der keratinisierten Gingiva fördert die Resistenz des parodontalen Halteapparates gegenüber mechanischen (Zähneputzen, Speisen) und mikrobiellen Einflüssen. Hyperplasien der Gingiva sind primär entzündungsfrei. Sie stellen aber eine Nische für die Plaqueakkumulation dar.

Fehlerhafte **konservierende und prothetische Restaurationen,** wie überhängende Kronen- und Füllungsränder, überkonturierte Zahnformen, unpolierte bzw. poröse Restaurationen und Prothesenklammern, die nahe des Gingivarandes verlaufen, sind Sammelstellen für Speisereste und bakterielle Zahnbeläge. Übergroße Approximalkontakte führen zu einer Verdrängung der Papille und erschweren die Interdentalhygiene. Zu schwach gestaltete Approximalkontakte fördern das Einklemmen faseriger Nahrungsbestandteile, an die sich Bakterien anlagern können. An unterkonturierten

Zahnformen gleiten Nahrungsbestandteile ab, so daß die Gingiva irritiert wird.

Treffen **okklusale Kräfte** unphysiologisch auf einen Zahn auf, spricht man von einem okklusalen Trauma. Als Folge der Adaptation des Zahnhalteapparates an die traumatogene Okklusion werden histologische Veränderungen des Desmodonts und der Oberfläche der Knochenalveole (Thrombosen, Hämorrhagien, hyaline Degenerationen) ausgelöst. Dies führt zu einer erhöhten Zahnbeweglichkeit. Röntgenologisch sind eine Verbreiterung des Desmodontalspaltes, eine Kribrosierung der Alveoleninnenkortikalis und trianguläre Osteolysen im marginalen Alveolenbereich erkennbar. Nach Ausschalten der traumatogenen Okklusion kommt es zu einer Restitutio ad integrum. Das okklusale Trauma allein kann keine entzündliche Parodontopathie auslösen. Die Vorstellung, daß das okklusale Trauma bei einer bereits bestehenden Entzündung die parodontale Destruktion beschleunigt, ist umstritten.

Durch **Ernährungsfehler,** insbesondere häufige kariogene Zwischenmahlzeiten, wird die Plaqueentstehung begünstigt.

Bestehende pathologische Verhältnisse, wie gingivale und parodontale Taschen, stellen Nischen dar, die der Mundhygiene nur schlecht zugänglich sind.

Die Konsistenz, Zusammensetzung und Menge des **Speichels** ist von Bedeutung für die Spülfunktion des Speichels und seine antibakterielle Wirkung (Immunglobuline, Leukozyten).

Untersuchungen zeigten, daß bei **Rauchern** im Vergleich zu Nichtrauchern eine vermehrte Plaquebildung und ein gehäuftes Auftreten von Gingivitiden beobachtet werden kann. Eine mögliche Ursache stellt die bei Rauchern vorliegende eingeschränkte Funktion der Leukozyten des Speichels dar.

17 Epidemiologie entzündlicher Parodontopathien

Die Epidemiologie von Parodontopathien wird in die deskriptive, die analytische und die experimentelle Epidemiologie unterteilt.

Die **deskriptive** Epidemiologie beschreibt die Verbreitung und Verteilung einer Parodontalerkrankung in einer Population.

Die **analytische** Epidemiologie untersucht den Einfluß verschiedener ätiologischer Parameter und Umweltbedingungen auf den Verlauf parodontaler Erkrankungen.

Mit Hilfe von experimentellen Studien untersucht die **experimentelle** Epidemiologie u.a. die Effektivität bestimmter Therapieformen.

Die objektive Erfassung der Mundgesundheit und der Plaque- und Zahnsteinausdehnung erfolgt mit Hilfe von **Indizes.** Neben der Verwendung in epidemiologischen Studien dienen Indizes der Beurteilung der Mundgesundheit einzelner Personen und der Kontrolle von Therapieerfolgen. Der Zahnarzt kann dem Patienten mit Hilfe der Indizes demonstrieren, in welchen Bereichen der Mundhöhle Entzündungen vorliegen und die Mundhygiene verbessert werden muß. Er kann darüber hinaus die Mitarbeit des Patienten im Behandlungsverlauf abschätzen. An einen guten Index werden bestimmte *Anforderungen* gestellt:

- quantitative (evtl. qualitative) Aussagen
- Einfachheit und Reproduzierbarkeit
- rasche, praktische Anwendung und Ausrechnung (insbesondere in der zahnärztlichen Praxis)
- einfache Handhabung auch durch nicht speziell geschulte Zahnärzte bzw. geschultes zahnmedizinisches Fachpersonal.

Die Indizes werden üblicherweise an allen Zähnen eines Gebisses erhoben. In Ausnahmefällen kann die Untersuchung auch nur an den sog. *Ramfjord-Zähnen* erfolgen. Die Ramfjord-Zähne (16, 21, 24, 36, 41, 44) werden als repräsentativ für das gesamte Gebiß angesehen.

Der jeweilige Index für den einzelnen Patienten wird meistens errechnet, indem die Summe der Meßwerte oder Ja/Nein-Entscheidungen durch die Anzahl der Meßorte dividiert wird.

$$\text{Index} = \frac{\text{Summe der Meßwerte}}{\text{Summe der Meßorte}}$$

17.1 Plaque-Indizes

Neben den nachfolgend beschriebenen Indizes werden **gravimetrische Verfahren** (Bestimmung des Gewichts der vorliegenden Plaque) und **planimetrische Verfahren** (Bestimmung der plaquebedeckten Zahnflächen mit Hilfe von Fotographien) angewendet.

Zur Sichtbarmachung der Zahnplaque werden häufig *Plaquefärbemittel* (Revelatoren) herangezogen. Sie werden in Form von Lösungen und Kautabletten angewendet. Nach der Anfärbung werden sie vom Patienten gründlich ausgespült. Die angefärbten Plaqueareale werden anschließend beurteilt. Plaquerevelatoren sind Lebensmittelfarbstoffe (Erythrosin, Patentblau V) oder fluoreszierende Farbstoffe, die sich kurzzeitig in die Plaque einlagern. Durch Erythrosin wird junge Plaque rot, durch Patentblau V ältere, reife Plaque blau angefärbt.

17.1.1 Plaque-Index nach Quigley und Hein

Der Plaque-Index nach Quigley und Hein bewertet den Plaquebefall der *koronalen Zahnoberflächen*. Die approximale und sulkuläre Plaque wird nur unzureichend beurteilt. Vor der Erhebung werden die vestibulären Zahnoberflächen mit Plaquerevelatoren eingefärbt. Folgende sechs Schweregrade werden unterschieden:
- Grad 0: Keine Plaque
- Grad 1: Vereinzelte Plaqueinseln
- Grad 2: Deutliche zusammenhängende Plaquelinie am Gingivarand
- Grad 3: Plaqueausdehnung im zervikalen Zahndrittel
- Grad 4: Plaqueausdehnung bis ins mittlere Zahndrittel
- Grad 5: Plaqueausdehnung bis ins koronale Zahndrittel.

17.1.2 Plaque-Index (PI) nach Silness und Löe

Der Plaque-Index nach Silness und Löe bewertet den Plaquebefall und die Plaquedicke im *Zahnhalsbereich* unter Berücksichtigung des Sulkus, der Zahnoberfläche und des Gingivarandes. Die Untersuchung erfolgt mit Spiegel und Sonde, ohne daß die Plaque angefärbt wird. Es werden folgende vier Schweregrade unterschieden:
- Grad 0: Keine Plaque durch Inspektion und Sondierung zu erkennen.
- Grad 1: Nicht sichtbarer dünner Plaquefilm, der nur durch Abschaben mit der Sonde zu erkennen ist.
- Grad 2: Mäßige Plaqueablagerung, die mit bloßem Auge zu erkennen ist; die Plaque füllt den Interdentalraum nicht aus.
- Grad 3: Dicke Plaqueablagerung, die den Interdentalraum ausfüllt.

17.1.3 Modifizierter Approximalraum-Plaque-Index (API) nach Lange et al.

Nach Anfärben der Plaque wird beurteilt (Ja/Nein-Entscheidung), ob im Approximalraum Plaque vorhanden ist. Die Beseitigung der Plaque im Approximalraum erfordert vom Patienten eine besonders gründliche Mundhygiene. Deshalb kann durch die Kontrolle der Approximalraum-Plaque die Mitarbeit des Patienten gut abgeschätzt werden. Die Beurteilung der Approximalraum-Plaque erfolgt beim API im ersten und dritten Quadranten oral und im zweiten und vierten Quadranten vestibulär. Der Index wird in Prozent angegeben.

$$\text{API} = \frac{\text{Summe der positiven Plaquemessungen}}{\text{Summe der Approximalraum-Meßpunkte}} \times 100$$

Der API wird folgendermaßen eingeteilt:
- API < 25% entspricht einer optimalen Mundhygiene
- API 25–39% entspricht einer guten Mundhygiene
- API 40–69% entspricht einer mäßigen Mundhygiene
- API 70–100% entspricht einer unzureichenden Mundhygiene.

Im Rahmen einer Parodontalbehandlung wird ein API von 35% und weniger als Ausdruck einer guten Mitarbeit des Patienten gewertet.

17.1.4 Plaque-Formations-Rate-Index (PFRI) nach Axelsson

Der PFR-Index dient der *quantitativen Erfassung der Bedingungen zur Plaqueentstehung*. Er erlaubt eine Einschätzung des individuellen Kariesrisikos. Die Plaqueneubildungsrate ist abhängig von:
- Gesamtzahl der Bakterien in der Mundhöhle
- Zusammensetzung der oralen Mikroflora
- Menge und Häufigkeit der Aufnahme fermentierbarer Kohlenhydrate

- Speichelfließrate und Speichelzusammensetzung
- Verwendung fluoridhaltiger Kariostatika
- Anatomie und Oberflächenbeschaffenheit der Zähne und Restaurationen.

Beim PFRI wird die Plaquebildungsrate 24 Stunden nach einer professionellen Zahnreinigung an sechs definierten Meßstellen jedes Zahnes bestimmt. Die Plaque wird angefärbt und mesiobukkal, mesiolingual, bukkal, lingual, distobukkal und distolingual erfaßt. Der Index wird in Prozent angegeben.

$$\text{PRFI} = \frac{\text{Summe der positiven Plaquemessungen}}{\text{Zahnzahl} \times 6} \times 100$$

Der PFRI wird folgendermaßen eingeteilt:
- PFRI < 10% = Grad 1
- PFRI 11–20% = Grad 2
- PFRI 21–30% = Grad 3
- PFRI 31–40% = Grad 4
- PFRI > 40% = Grad 5.

Ein Vorliegen von **Grad 3, 4 oder 5** weist auf ein **erhöhtes Kariesrisiko** hin. Eine endgültige Beurteilung des Kariesrisikos erfolgt als eine Kombinationswertung aus weiteren Tests und Parametern:
- Speichelsekretionsrate
- Anzahl von Streptococcus mutans und Laktobazillen im Speichel
- Mundhygienegewohnheiten
- Pufferkapazität des Speichels
- häufiger Konsums kariogener Süßwaren
- Anzahl gefüllter Zahnflächen
- Prävalenz und Inzidenz kariöser Zahnflächen.

17.2 Gingiva-Indizes

Gingiva-Indizes dienen der Beurteilung des **Entzündungsgrades** der Gingiva. Man geht davon aus, daß der Entzündungsgrad der Gingiva neben dem Aufteten von ödematösen Schwellungen und Rötungen vor allem mit der Blutungsneigung der Gingiva nach stumpfem Sondieren mit einer Parodontalsonde korreliert.
Bei gleichzeitiger Erhebung eines Plaque-Index kann der Zahnarzt überprüfen, ob der Patient dauerhaft eine gute Mundhygiene betreibt oder ob er nur vor dem jeweiligen Zahnarztbesuch seine Zähne gründlich reinigt. Das ist der Fall, wenn ein hoher Entzündungsgrad der Gingiva bei einem niedrigem Plaque-Index vorliegt.

17.2.1 Sulkus-Blutungs-Index (SBI) nach Mühlemann und Son

Die Beurteilung erfolgt ca. 30 Sekunden nach schonendem Ausstreichen des Sulkus mit einer Parodontalsonde. Folgende Entzündungsgrade werden unterschieden:
- Grad 0: normal aussehende Gingiva, keine Blutung bei Sondierung
- Grad 1: normal aussehende Gingiva, Blutung bei Sondierung
- Grad 2: entzündliche Farbveränderung der Gingiva, Blutung bei Sondierung
- Grad 3: wie Grad 2, zusätzlich leichte ödematöse Gingivaschwellung
- Grad 4: wie Grad 3, zusätzlich schwere entzündliche Gingivaschwellung
- Grad 5: wie Grad 4, zusätzlich spontane Blutungen und evtl. Ulzerationen der Gingiva.

17.2.2 Modifizierter Sulkus-Blutungs-Index

Es wird nur das Vorhandensein einer Blutung nach Sondierung in Form einer **Ja/Nein-Entscheidung** bewertet. Die Abschätzung von Therapieerfolgen ist deshalb nur sehr grob möglich. Die Beurteilung kann in der Praxis mit dem API kombiniert vorgenommen werden. Sie erfolgt im ersten und dritten Quadranten vestibulär und im zweiten und vierten Quadranten oral.

17.2.3 Papillen-Blutungs-Index (PBI) nach SAXER und MÜHLEMANN

Beim PBI wird nur das Auftreten einer Blutung im Papillenbereich nach vorsichtiger Sondierung des Sulkus im Papillenbereich beurteilt. Mit Hilfe des PBI kann der **Verlauf einer entzündlichen Parodontalerkrankung** auf einfache Weise kontrolliert werden. Die Sondierung erfolgt – wie beim API – im ersten und dritten Quadranten *oral* und im zweiten und vierten Quadranten *vestibulär*. In jeder Sitzung wird die Summe der Bewertungen für jeden Quadranten getrennt und für das Gesamtgebiß notiert. Folgende Bewertungen werden unterschieden:

- Grad 0: Keine Blutung
- Grad 1: Auftreten eines Blutungspunktes
- Grad 2: Auftreten mehrerer Blutungspunkte oder einer Blutlinie
- Grad 3: Ausfüllen des interdentalen Dreiecks mit Blut
- Grad 4: Starke Blutung nach der Sondierung; Blut fließt über den Zahn oder die Gingiva.

17.2.4 Community Periodontal Index of Treatment Needs (CPITN) nach AINAMO et al.

Der CPITN dient zur **Beurteilung der Behandlungsnotwendigkeit parodontaler Erkrankungen.** Er entstand in Zusammenarbeit mit der Weltgesundheitsorganisation (WHO) und wurde ursprünglich für epidemiologische Untersuchungen entwickelt. Die Untersuchung erfolgt durch Sondierung mit der *standardisierten WHO-Parodontalsonde* (kugelförmiges Ende mit grauer Farbmarkierung zwischen 3,5 und 5,5 mm).

Das Gebiß wird in *Sextanten* eingeteilt. Jeweils die beiden Molaren und Prämolaren bilden einen Seitenzahnsextanten, die Frontzähne einen weiteren Sextanten. Ein Sextant wird nur dann zur Beurteilung herangezogen, wenn er mindestens zwei funktionstüchtige Zähne aufweist. Ist nur ein funktionstüchtiger Zahn in einem Sextanten vorhanden, wird dieser Zahn dem nächstgelegenen Sextanten zugeordnet. Für jeden Sextanten wird nur die höchste Bewertungszahl (Code, Tab.17-1) notiert. Die höchste Be-

Tabelle 17-1. Definition der Erkrankungsgrade mit ihrem zugehörigen Behandlungsbedarf (Therapien) beim CPITN.

<table>
<tr><th>Code</th><th>Erkrankungsgrad</th><th>Therapie</th><th>Code</th></tr>
<tr><td>0</td><td>keine Krankheitssymptome</td><td>keine Behandlung</td><td>0</td></tr>
<tr><td>1</td><td>Blutung bei Sondierung</td><td>Verbesserung der Mundhygiene</td><td>I</td></tr>
<tr><td>2</td><td>supra- und subgingivaler Zahnstein, marginale Füllungsüberschüsse, Sondierungstiefe bis 3 mm</td><td rowspan="2">I + professionelle Zahnreinigung und Zahnsteinentfernung (evtl. Scaling)</td><td rowspan="2">II</td></tr>
<tr><td>3</td><td>Sondierungstiefe 4 – 5 mm</td></tr>
<tr><td>4</td><td>Sondierungstiefe > 6 mm</td><td>I + II + komplexe parodontal-chirurgische Maßnahmen</td><td>III</td></tr>
</table>

wertungszahl aller Sextanten bestimmt den Behandlungsbedarf des gesamten Gebisses.

17.3 Bestimmung der Sulkusflüssigkeits-Fließrate (SFFR; Sulcus Fluid Flow Rate)

Die Sulkusflüssigkeit ist ein entzündliches Exsudat, dessen Auftreten **mit dem Entzündungsgrad des Parodonts korreliert.**

Zur **Messung der SFFR** werden genormte Filterpapierstreifen drei Minuten an den Eingang des Sulkus bzw. der Zahnfleischtasche gelegt. Die Streifen kommen anschließend in eine 0,2%ige Ninhydrin-Lösung. Die durch das Ninhydrin blau angefärbte Strecke des Streifens wird mit einer Meßlupe ausgemessen und bewertet. Sie beträgt bei einer histologisch gesunden Gingiva 0 mm, bei einer klinisch entzündungsfreien Gingiva 3 mm. Werte über 3 mm sind Ausdruck einer gingivalen oder parodontalen Entzündung.

Die Bestimmung der SFFR kann neuerdings mit einem Computer vorgenommen werden. Dabei entfällt die umständliche Anfärbung mit Ninhydrin-Lösung, so daß das Verfahren in der zahnärztlichen Praxis zur Verlaufskontrolle parodontaler Erkrankungen gut eingesetzt werden kann.

17.4 Epidemiologische Daten zum Auftreten parodontaler Entzündungen

Zahlreiche epidemiologische Untersuchungen zur Prävalenz entzündlicher Parodontopathien sind in verschiedenen Ländern durchgeführt worden. Die dabei gefundenen unterschiedlichen Ergebnisse lassen sich teilweise durch voneinander abweichende Kriterien bei der Befundung und Diagnose erklären. Darüber hinaus war die Auswahl der untersuchten Personen in den verschiedenen Studien nicht einheitlich.

Abbildung 17-1 stellt die **Altersverteilung** der Gingivitis und Parodontitis dar, wie sie in der Mehrzahl der Studien gefunden wurde. Es zeigt sich eine Zunahme der Gingivitis-Prävalenz bis zum 13. Lebensjahr, so daß bei ca. 50–80% der Kinder dieses Alters eine Gingivitis beobachtet werden kann. Mit fortschreitendem Alter tritt eine Abnahme der Gingivitis-Prävalenz ein, die in neueren Studien nicht immer beobachtet werden konnte. Gleichzeitig kommt es zu einer Zunahme der Parodontitis-Prävalenz, die ab dem 35.–40. Lebensjahr nahezu 100% beträgt. Schwere Parodontitiden machen dabei einen Anteil von 20–40% aus. Son-

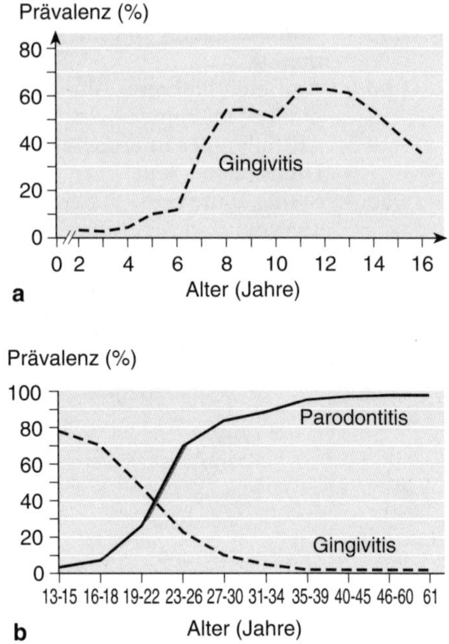

Abbildung 17-1.
a) Anteil von Kindern zwischen 2 und 16 Jahren mit Gingivitis.
b) Gingivitis- und Parodontitis-Prävalenz in verschiedenen Altersgruppen (modifiziert nach PAGE und SCHROEDER 1982). Die fehlende Übereinstimmung der beiden Graphen in der Altersgruppe 13–15 kann mit der unterschiedlichen Zusammensetzung der untersuchten Gruppen erklärt werden.

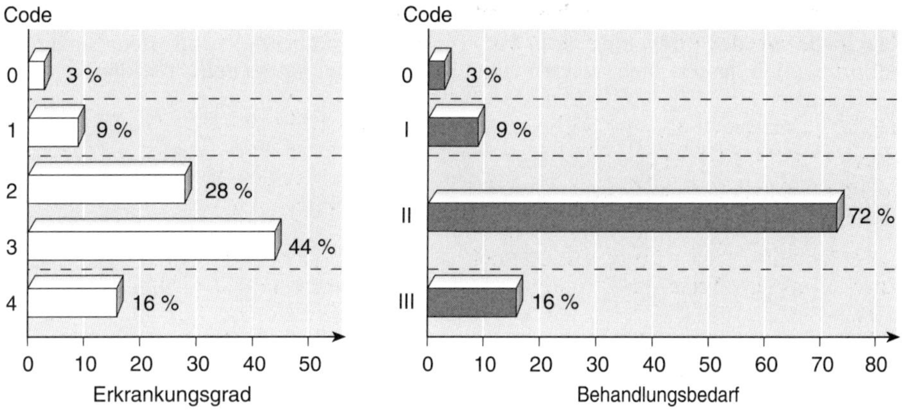

Abbildung 17-2. Hamburger CPITN-Studie von 1987 zur Prävalenz behandlungsbedürftiger Parodontalerkrankungen (nach AHRENS und BUBLITZ 1987).

derformen wie die juvenile Parodontitis (0,1–0,4%) und die schnell fortschreitende Parodontitis (2–5%) kommen in der Bevölkerung selten vor.

Die **Ursache für eine Zahnextraktion** mit fortschreitendem Alter ist zunehmend eine Parodontalerkrankung, Karies bleibt aber auch im Alter immer noch die Hauptursache für einen Zahnverlust. In der Bundesrepublik Deutschland konnten in einer 1989 durchgeführten Studie bei 70% der Kinder, 86% der Jugendlichen und 90% der Erwachsenen gingivale Entzündungen festgestellt werden. Erhöhte Sondierungstiefen über 4 mm lagen bei insgesamt 11% der Jugendlichen und 69% der Erwachsenen vor. Dabei wurde allerdings keine Unterscheidung gemacht, ob es sich um echte Taschen oder um Pseudotaschen handelte, die durch eine hyperplastische Gingiva entstehen.

Prävalenz-Daten geben meist wenig Auskunft über den Schweregrad der parodontalen Destruktion und der Behandlungsbedürftigkeit. Mit Hilfe des CPITN durchgeführte Studien (Abb. 17-2) gaben Aufschluß darüber, daß der überwiegende Teil der Untersuchten parodontale Destruktionen aufwies, die durch eine Verbesserung der Mundhygiene und einer Entfernung des supra- und subgingivalen Zahnsteins zu therapieren waren. Nur bei einem geringen Teil der Untersuchten waren die Destruktionen so stark, daß komplexe parodontalchirurgische Therapien indiziert waren.

Das **Lebensalter** und die damit verminderte Regenerationskraft der Patienten besitzt nur einen **geringen Einfluß** auf den Schweregrad der Parodontalerkrankung. Es zeigt sich, daß immer nur eine Minderheit der älteren Bevölkerung starke Destruktionen an einzelnen Zähnen aufweist, wohingegen der Großteil nur leichte Parodontopathien hat.

Bei Männern treten häufiger gingivitische und parodontitische Erkrankungen auf als bei Frauen. Eine Ausnahme bildet v.a. die juvenile Parodontitis, die im Verhältnis von 2–4 : 1 häufiger bei Mädchen als bei Jungen vorzufinden ist.

Die **Rasse** bzw. ethnische Herkunft der Menschen scheint nach neuerer Auffassung **keinen Einfluß** auf die Schwere und Häufigkeit von Parodontalerkrankungen zu haben. Eine Ausnahme bilden evtl. die juvenile Parodontitis und die akute nekrotisierende ulzeröse Gingivitis, die beide bei dunkelhäutigen Personen häufiger als bei Weißen auftreten. Zwischen verschiedenen Rassen beobachtete Unterschiede in der Prävalenz von Parodontopathien lassen sich wahrscheinlich mit Ernährungsgewohnheiten (evtl. Mangelernährung) und dem sozialen Umfeld der Untersuchten erklären.

18 Anamnese, Befund und Diagnose bei parodontalen Erkrankungen

18.1 Anamnese und Befund

Anamnese und Befunderhebung sind Bestandteil jeder ärztlichen oder zahnärztlichen Untersuchung und Voraussetzungen, um eine Diagnose stellen zu können. Erst nachdem eine Diagnose gestellt ist, kann die Therapie geplant werden. Im folgenden soll nur auf die im Rahmen einer Parodontalbehandlung wichtigen Punkte der Anamneseerhebung und Befundung eingegangen werden. Zur weiteren Vertiefung anamnestischer Fragestellungen und spezieller Befunde (z.B. Funktionsbefund) wird auf einschlägige Lehrbücher der Chirurgie und Prothetik verwiesen.

18.1.1 Anamnese

Die Anamnese wird in eine Familienanamnese, eine allgemeine und eine spezielle Eigenanamnese unterteilt. Da bei einigen parodontologischen Erkrankungen eine genetische Disposition diskutiert wird, sollte in der **Familienanamnese** geklärt werden, ob familiär gehäuft bestimmte systemische Erkrankungen vorliegen. Dabei sollte gezielt nach den in Kapitel 18.2 beschriebenen Erkrankungen gefragt werden, bei denen gingivo-parodontale Manifestationen vorliegen können (z.B.: Down-Syndrom, Papillon-Lefèvre-Syndrom, Albright-Syndrom usw.).

Bei der Einnahme verschiedener Arzneimittel und dem Vorliegen bestimmter Allgemeinerkrankungen werden häufig Krankheitssymptome am Parodont beobachtet. Deshalb sollte der Patient in der **allgemeinen Eigenanamnese** gezielt nach der Einnahme bestimmter Arzneimittel (v.a. Nifedipin, Cyclosporin A, Hydantoin-Präparate und Kontrazeptiva) und dem Vorliegen von Allgemeinerkrankungen (Diabetes mellitus, Bluterkrankungen, HIV-Infektion, Ernährungsmängel, Schwermetallintoxikationen, blasenbildender Dermatosen usw.) befragt werden. Bei weiblichen Patienten ist das Vorliegen einer Schwangerschaft abzuklären.

In der **speziellen Eigenanamnese** wird der Patient nach subjektiven Beschwerden, seinen Mundhygienegewohnheiten, dem Vorliegen von Zahnfleischblutungen, der bisher erfolgten zahnärztlichen (speziell parodontologischen) Behandlung und seinen Lebensgewohnheiten (Streß, Hektik, Raucher usw.) befragt.

18.1.2 Befund

Der Befund wird in einen extra- und intraoralen Befund unterteilt. Im Rahmen des **extraoralen Befundes** sind Lippenhaltung und Lippenschluß hinsichtlich des Vorliegens einer Mundatmung zu kontrollieren. Es erfolgt eine Palpation der Lymphknoten (vor allem submandibulär), die bei akuten entzündlichen Parodontopathien druckschmerzhaft und vergrößert sein können.

Der **intraorale Befund** beinhaltet neben dem allgemeinen Zahnbefund besondere parodontologische Untersuchungen. Beim allgemeinen Zahnbefund wird zuerst notiert, ob fehlende, ersetzte, überkronte, kariöse und gefüllte Zähne bzw. abstehende Füllungs- und Kronenränder vorliegen. Des weiteren wird kontrolliert, ob supragingivaler Zahnstein vorliegt. Darüber hinaus sollte eine *Sensibilitätsprüfung* aller Zähne, vor allem aber der Zähne, bei denen parodontale oder endodontale Probleme vermutet werden, erfolgen.

Die besondere **parodontologische Untersuchung** umfaßt:
- Inspektionsbefund der Gingiva
- Bestimmung des Attachmentverlustes
- Bestimmung der Zahnbeweglichkeit
- Bestimmung der Furkationsbeteiligung
- Bestimmung der Mundhygiene des Patienten und des Entzündungszustandes der Parodontien
- Mukogingivalbefund
- Röntgenbefund
- evtl. mikrobiologische Untersuchung.

18.1.2.1 Inspektionsbefund der Gingiva. Es werden Form, Farbe, Verlauf, Konsistenz, Oberfläche und Breite der Gingiva kontrolliert und mit den typischen Merkmalen einer gesunden Gingiva verglichen.

Bei der Kontrolle des Verlaufs der Gingiva sollte überprüft werden, ob *gingivale Rezessionen* vorliegen. Eine gingivale Rezession liegt vor, wenn der Gingivarand direkt auf oder apikal der Schmelz-Zementgrenze liegt. Die Rezession wird oral und vestibulär gemessen, indem der Abstand des Gingivarandes von der Schmelz-Zementgrenze geschätzt wird. Der Gingivarand liegt bei einem gesunden Parodont 2 mm koronal der Schmelz-Zementgrenze. Daher werden zu dem Meßwert 2 mm hinzuaddiert, wenn die Gingiva an der Schmelz-Zementgrenze oder zervikal von ihr endet. Eine Gingiva, deren Rand auf der Schmelz-Zementgrenze endet, weist folglich eine Rezession von 2 mm auf. Darüber hinaus ist zu kontrollieren, ob eine Schwellung der Gingiva vorliegt. Der Gingivarand kann bei entzündlich oder hyperplastisch bedingter Schwellung der Gingiva deutlich nach koronal verschoben sein. Die Breite der keratinisierten, attached Gingiva kann durch Anfärben der Mukosa mit fünfprozentiger *Schillerscher Jodlösung* (1 Teil Jod, 2 Teile Kaliumjodid ad Aqua dest.) dargestellt werden.

18.1.2.2 Attachmentverlust. Ein wichtiger Parameter zur Bewertung parodontaler Erkrankungen ist die Frage, ob ein Attachmentverlust des gingivo-parodontalen Stützapparates vorliegt oder nicht.

Der Attachmentverlust ist definiert als die Distanz zwischen der Schmelz-Zementgrenze und dem Boden der Zahnfleischtasche.

Als *Zahnfleischtasche* wird ein parodontologisch-pathologisch veränderter Sulkus verstanden, wie er bei der etablierten bzw. fortgeschrittenen Läsion vorliegt. Zahnfleischtaschen werden folgendermaßen eingeteilt:
- Pseudotaschen
- supraalveoläre Zahnfleischtaschen
- infraalveoläre (Knochen-)Taschen (Abb. 18-1).

Die Tiefe der sondierbaren Zahnfleischtasche wird mit einer *Parodontalsonde* ermittelt, die in die Zahnfleischtasche bzw. (bei gesunder Gingiva) in den Sulkus eingeführt wird. Die Messung wird an jedem Parodont an mindestens *vier Meßpunkten* (mesio-bukkal, bukkal, disto-bukkal und oral) durchgeführt. Bei einer Erstuntersuchung eines Patienten sollte zur genaueren Befundung zusätzlich mesio-oral und disto-oral sondiert werden *(Sechs-Punkt-Messung)*. Aufgrund der Verletzlichkeit des gingivo-parodontalen Stützapparates dringt die Sonde leicht über den Taschenboden ins Gewebe ein. Daher wird nicht von Taschentiefe, sondern von *Sondierungstiefe* gesprochen. Die Parodontalsonden weisen Farbmarkierungen (z.B. WHO-Sonde) oder Millimeter-Skalierungen (z.B Williams-Fox-Sonde) auf. Mit diesen Skalierungen kann die sondierbare Taschentiefe am Gingivarand abgelesen werden. Ein vom Patienten toleriertes vorsichtiges Sondieren (gentle probing) erfolgt mit einer Kraft von ca. 0,25 N. Mit Hilfe elektronischer,

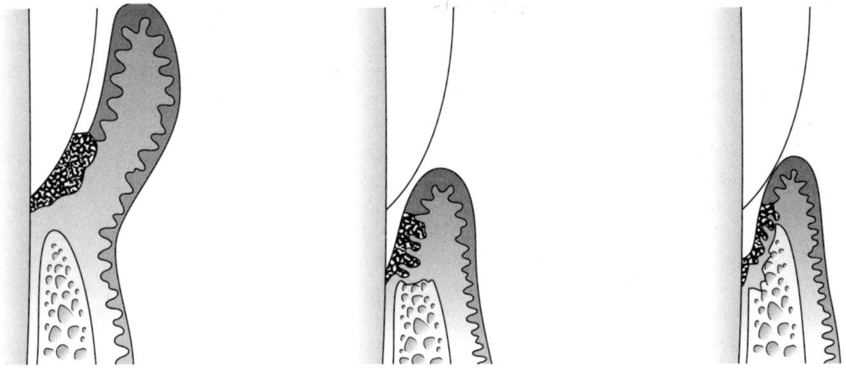

Abbildung 18-1. Taschenformen.
a) Pseudotasche. Entzündlich oder hyperplastisch geschwollene Gingiva mit Erhalt der epithelialen Anheftung am Zahn.
b) Supraalveoläre Zahnfleischtasche mit horizontalem Höhenabbau des Knochens.
c) Infraalveoläre Knochentasche mit vertikalem Seitenabbau des Knochens.

druckkalibrierter Sonden (Florida-Probe, Interprobe) soll ein standardisierter Druck beim Sondieren garantiert werden. Die Messungen und Erfassung der Daten erfolgt bei diesen Sonden mit einem Computer. Versuche haben allerdings gezeigt, daß diese Sonden zwar eine bessere Auflösung (mögliche Bestimmung in $^1/_{10}$-mm-Schritten) als die manuellen Sonden besitzen. Sie sind den manuellen Sonden aber hinsichtlich der *Reproduzierbarkeit der Meßergebnisse* nicht überlegen. Die Sondierungstiefe hängt neben dem Sondierungsdruck vom Entzündungsgrad des Parodonts, der Dicke der Sonde, dem Anstellwinkel der Sonde zum Zahn, dem Lockerungsgrad des Zahnes und der Position der Sonde am Zahn ab. Bei einer entzündeten Gingiva oder einem gelockerten Zahn dringt die Parodontalsonde leichter in das aufgelockerte Gewebe am Boden der Zahnfleichtasche ein. Die Sondierungstiefe ist daher größer als die histologische Taschentiefe. Im Rahmen der Behandlung einer entzündlichen Parodontopathie beobachtet der Zahnarzt neben dem Rückgang der Entzündung häufig eine Reduktion der Sondierungstiefe. Es ist dann schwierig zu beurteilen, ob tatsächlich eine Verringerung der histologischen Taschentiefe und des Attachmentverlustes eingetreten sind. Die verringerte Sondierungstiefe kann ebenso durch den erhöhten Gewebewiderstand beim Sondieren im nun weniger entzündeten Parodont bedingt sein.

18.1.2.3 Zahnbeweglichkeit. Sie kann manuell oder mit Hilfe verschiedener Meßapparaturen ermittelt werden.

Man unterscheidet zwischen einer statischen und dynamischen Zahnbeweglichkeit. Unter *statischer Beweglichkeit* wird die Auslenkung eines Zahnes (in mm) nach Einwirkung einer Kraft bezeichnet. Unter *dynamischer Beweglichkeit* eines Zahnes versteht man hingegen die Fähigkeit des Parodonts, impulsartig auftreffende Kräfte abzubremsen. Die statische Zahnbeweglichkeit kann manuell oder mit Hilfe der Desmodontometrie ermittelt werden. Bei der *manuellen Messung* wird der Zahn mit zwei stabilen Instrumentengriffen sowohl horizontal als auch vertikal bewegt. Die Auslenkung wird visuell beurteilt. Folgende Grade

werden entsprechend der Deutschen Gesellschaft für Parodontologie unterschieden:
- Grad 0 = physiologische, nicht erhöhte Zahnbeweglichkeit
- Grad 1 = erhöhte Zahnbeweglichkeit, spürbar oder sichtbar bis 1 mm horizontal
- Grad 2 = erhöhte Zahnbeweglichkeit, sichtbar über 1 mm horizontal
- Grad 3 = erhöhte Zahnbeweglichkeit, beweglich auf Lippen- und Zungendruck und/oder in axialer Richtung.

Als *Desmodontometrie* wird ein Verfahren bezeichnet, bei dem die metrische Auslenkung mit einer Meßapparatur standardisiert ermittelt wird.

Unter dynamischer Beweglichkeit eines Zahnes versteht man hingegen die Fähigkeit des Parodonts, impulsartig auftreffende Kräfte abzubremsen. Die dynamische Beweglichkeit eines Zahnes kann mit dem *Periotest-Verfahren* ermittelt werden. Dabei trifft ein Stößel impulsartig auf einen Zahn auf und wird abgebremst. Die Kontaktzeit des Stößels wird von einer Meßapparatur aufgezeichnet. Diese Kontaktzeiten werden bestimmten Periotest-Werten (–8 bis +50) zugeordnet, die mit manuell ermittelten Beweglichkeitsmessungen korrelieren. Die Meßapparaturen zur Zahnbeweglichkeitsmessung besitzen wie die elektronischen Parodontalsonden eine hohe Meßauflösung, zeigen aber wie diese Sonden eine schwankende Reproduzierbarkeit der Meßergebnisse.

Die Zahnbeweglichkeit spielt bei der *Prognose eines Zahnes* aber nur eine untergeordnete Rolle. Die Prognose eines gelockerten Zahnes wird vielmehr vom Entzündungszustand des Parodonts, von der Mundhygiene des Patienten und von der Akzeptanz des Patienten, lockere Zähne zu tolerieren, bestimmt. Bei einem entzündungsfreien Parodont kann ein Zahn trotz erhöhter Lockerung und vorliegendem Attachmentverlust über Jahre hinweg (eingeschränkt) funktionstüchtig im Mund verbleiben.

18.1.2.4 Furkationsbeteiligung der parodontalen Läsion. Bei fortgeschrittenen Parodontalerkrankungen wird zunehmend ein Knochenabbau (Osteolyse) im Furkationsbereich mehrwurzliger Zähne beobachtet. Diese sog. Furkationsbeteiligung der parodontalen Läsion wird mit Hilfe spezieller, gebogener Sonden (z.B. Sonde nach Nabers) kontrolliert. Mit diesen Sonden wird der Eingang der Furkation horizontal sondiert und die Durchgängigkeit der Furkation geprüft. Folgende *Grade der Furkationsbeteiligung* werden entsprechend der Deutschen Gesellschaft für Parodontologie klinisch unterschieden (Abb. 18-2):
- Grad I: Furkation bis 3 mm horizontal sondierbar
- Grad II: Furkation mehr als 3 mm horizontal sondierbar, jedoch nicht durchgängig
- Grad III: Furkation durchgängig sondierbar.

18.1.2.5 Mundhygiene und Entzündungszustand der Parodontien. Beim intraoralen Befund sollte die Mundhygiene des Patienten und der Entzündungsgrad der Parodontien kontrolliert werden. Die Bewertung dieser Befunde erfolgt mit Hilfe von Indizes (z.B. mod. API und PBI). Die Befunddaten werden zu Beginn einer Behandlung und als Verlaufskontrolle während einer Behandlung in ein spezielles Befundblatt eingetragen (Abb. 18-3).

Die Einfärbung der Zähne mit einem *Plaquerevelator* erschwert die Kontrolle der Gingivablutung nach Sondierung. Deshalb sollte der Blutungs-Index immer vor dem Plaque-Index erhoben werden.

18.1.2.6 Mukogingivalbefund. Der Ansatz von Lippen-, Wangen- und Zungenbändchen und die Tiefe des Vestibulums wird kontrolliert. Hoch ansetzende, in die Gingiva einstrahlende Frenula und ein flaches Vestibulum können über die umgebende Muskulatur einen Zug auf die Gingiva ausüben. Dies kann zu gingivalen Rezessionen führen. Darüber hinaus schränken hoch ansetzende

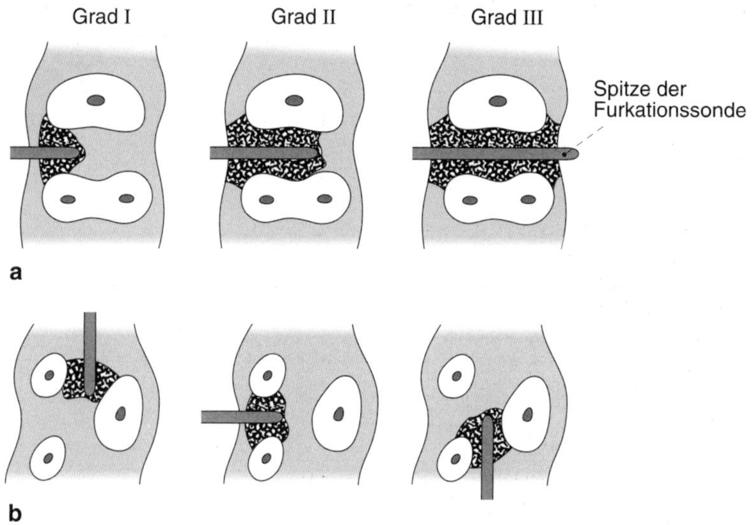

Abbildung 18-2.
a) Einteilung des Furkationsbefalls Grad I–III, dargestellt an einem unteren Molaren.
b) Verschiedene Möglichkeiten der Befundung zum Vorliegen eines Furkationsbefalls bei einem oberen Molaren.

Frenula und ein tiefes Vestibulum die Mundhygienefähigkeit des Patienten ein.

18.1.2.7 Röntgenbefund. Er hilft abzuklären, ob parodontal bedingte Knochendestruktionen, apikale Osteolysen, Wurzelfüllungen, überstehende Kronen- und Füllungsränder, Konkremente und Veränderungen der Zahnhartsubstanz vorliegen. Zur Darstellung aller Parodontien eines Gebisses sind je nach Anzahl und Lage der vorhandenen Zähne bis zu 14 intraorale Summations-Einzelaufnahmen erforderlich. Um Unschärfen und Überlagerungen zu vermeiden, ist der Röntgenstatus in Rechtwinkeltechnik (z.B. nach RINN) zu erstellen. Eine Schichtaufnahme, wie z.B. das Orthopantomogramm (OPG) genügt nicht, um feine Knochenstrukturen hinreichend genau darzustellen. Projektionsbedingt lassen aber auch die Einzelaufnahmen nur eine Beurteilung des interdentalen und interradikulären Knochens zu. Der vestibuläre bzw. orale Knochen kann nicht beurteilt werden. Mit Hilfe der Röntgenaufnahmen kann die Furkationsbeteiligung der parodontalen Läsion zusätzlich zum klinischen Sondieren abgeschätzt werden. Die definitive Abklärung des Furkationsbefundes ist jedoch meist erst im Rahmen eines parodontalchirurgischen Eingriffs bei direkter Sicht auf die Furkation möglich. Anhand der Röntgenbilder kann kontrolliert werden, ob ein *horizontaler Knochenabbau* (Höhenabbau) oder ein *vertikaler Knochenabbau* (Seitenabbau) mit infraalveolären Knochentaschen vorliegt (s. Abb 18-1). Bei den *infraalveolären Knochentaschen* unterscheidet man:

- einwandige Knochentasche
- zweiwandige Knochentasche
- dreiwandige bzw. kombinierte Knochentasche (Abb. 18-4).

Auch hier ist die definitive Abklärung, welche Form der Knochentasche vorliegt, erst bei direkter Sicht intra operationem möglich. Darüber hinaus ist im Röntgenbefund zu kontrollieren, ob der

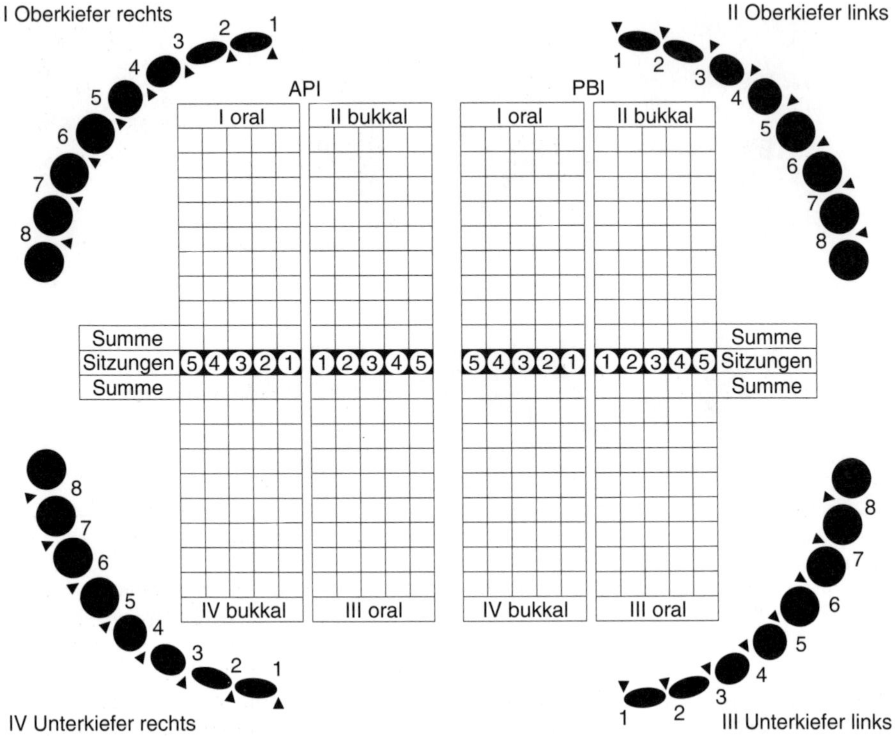

		API (%)	PBI (Summe)				
Datum			I	II	III	IV	gesamt
	①						
	②						
	③						
	④						
	⑤						

Abbildung 18-3. Schema zur Befunderhebung und Verlaufskontrolle von API und PBI.

Desmodontalspalt normal konfiguriert oder erweitert ist, oder ob der Knochen am Alveolareingang trianguläre Aussprengungen aufweist. Ein erweiterter Desmodontalspalt oder trianguläre Knochendefekte deuten auf eine okklusale oder funktionelle Fehlbelastung eines Zahnes hin.

Abschließend sollten *Gipsmodelle* beider Kiefer hergestellt werden, die alle Zähne, Verlauf und Form der Gingiva und inserierende Bänder exakt wiedergeben. Bei vorhandenem herausnehmbaren Zahnersatz sollten zusätzlich Modelle mit eingegliedertem Zahnersatz hergestellt werden.

18.1.2.8 Mikrobiologische Untersuchungen. Wenn Unsicherheiten bei der Diagnosestellung bestehen, ermöglichen mikrobiologische Untersuchungen der

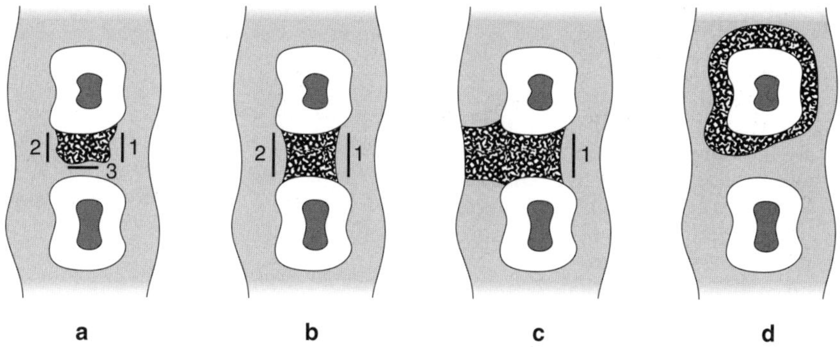

Abbildung 18-4. Einteilung der Knochentaschen:
a) dreiwandige, b) zweiwandige, c) einwandige, d) schüsselförmige Knochentasche.

Plaque eine Absicherung der Verdachtsdiagnose. Darüber hinaus ist eine mikrobiologische Untersuchung der Plaque und ein *Antibiogramm* unbedingt erforderlich, wenn ein Antibiotikum über einen längeren Zeitraum verordnet wird. Mit Hilfe dieser Bestimmungen kann dann das Antibiotikum ausgewählt werden, auf das die speziellen Bakterien empfindlich reagieren. Die Entnahme der subgingivalen Plaque erfolgt dabei mit einer sterilen Kürette oder mit sterilen Papierspitzen. Zur Bestimmung der Bakterien kann eine Bakterienkultur auf Selektivnährböden angezüchtet werden. Darüber hinaus ist eine mikroskopische Bestimmung der Plaquebakterien möglich. Dabei kann eine differenzierte Darstellung der Bakterien u.a. mit Färbemethoden oder durch Anheftung fluoreszierender Antikörper an bestimmte Bakterien (Immunfluoreszenz) erfolgen.

Mit Hilfe der *Dunkelfeldmikroskopie* kann die Zusammensetzung der Plaque hinsichtlich der morphologischen Typen der Bakterien (Form, Größe und Motilität) ermittelt werden.

Des weiteren können mit einer *DNA- bzw. RNA-Hybridisierung* (= Identifizierung) bestimmte Plaquebakterien nachgewiesen werden. Dabei wird überprüft, ob sich die von Laborstämmen gewonnenen komplementären DNA- bzw. RNA-Sequenzen bestimmter Bakterien (= DNA- bzw. RNA-Sonden) an DNA- bzw. RNA-Sequenzen der Plaquebakterien anlagern.

Mit *enzymatischen Schnelltests* kann man direkt am Behandlungsstuhl Daten erheben. Dabei wird das Vorliegen von Enzymen in der Sulkusflüssigkeit untersucht, die von bestimmten Bakterien bei einer parodontalen Destruktion ausgeschüttet werden. Derzeit liegt u.a. ein Test vor, der das von Porphyromonas gingivalis, Prevotella intermedia, Treponema denticola und Bacteroides forsythus ausgeschüttete Enzym N-Benzoyl-Dl-Arginin-2-Naphthylamid-Hydrolase (BANA) nachweisen kann. Weitere Tests untersuchen das Vorliegen körpereigener Enzyme, die bei der Destruktion des Parodonts in der Sulkusflüssigkeit nachgewiesen werden können. Dabei kann mit einem Schnelltest z.B. das Vorliegen von Aspartataminotransferase (AST) überprüft werden, das beim Zelluntergang von Gewebezellen frei wird.

Die mikrobiologischen und enzymatischen Tests dienen als Hilfmittel, eine klinische Diagnose zu überprüfen und eine Verlaufskontrolle einer Therapie durchzuführen. Sie ersetzen nicht den klinischen Befund.

18.2 Diagnose

Anhand der Befunddaten kann die Diagnose der vorliegenden Erkrankung erfolgen. Häufig ist es aber zu Beginn einer Behandlung nur möglich, eine Verdachtsdiagnose zu äußern. Die Diagnose und Verdachtsdiagnose müssen gegenüber möglichen Differentialdiagnosen kritisch abgeschätzt werden. Die Diagnose ist zunächst für jeden Zahn einzeln zu stellen. Aus den Einzeldiagnosen ergibt sich die Gesamtdiagnose. Erst dann ist eine definitive Zuordnung der Erkrankung entsprechend der Nomenklatur für marginale Parodontopathien (Deutsche Gesellschaft für Parodontologie (Tab. 18-1) und eine gezielte Therapie möglich.

Im folgenden werden die Erkrankungsformen definiert und kurz beschrieben. Die Beschreibung erfolgt in enger Anlehnung an die Beschreibung der Krankheitsbilder durch die *Deutsche Gesellschaft für Parodontologie* aus dem Jahre 1988. Die *American Society for Periodontology* nimmt dahingegen eine andere Unterteilung der Parodontitiden vor:

- Langsam fortschreitende Parodontitis bei Erwachsenen
- früh einsetzende Parodontitiden (präpubertäre, juvenile bzw. schnell verlaufende Parodontitis)
- Parodontitiden, assoziiert mit systemischen Erkrankungen
- nekrotisierende, ulzerierende Parodontitis
- refraktäre Parodontitis.

Unter einer refraktären Parodontitis werden alle behandlungsresistenten und rekurrierenden Parodontitisformen zusammengefaßt.

Tabelle 18-1. Nomenklatur der marginalen Parodontopathien der Deutschen Gesellschaft für Parodontologie.

entzündliche Formen
Gingivitis akute Gingivitis akute nekrotisierende ulzeröse Gingivitis (ANUG) chronische Gingivitis
marginale Parodontitis Parodontitis marginalis superficialis Parodontitis profunda • lokalisierte juvenile Parodontitis (LJP) • rasch fortschreitende Parodontitis (RPP) • langsam fortschreitende Parodontitis (AP)
gingivo-Parodontale Manifestationen systemischer Erkrankungen
hyperplastische Formen
fibröse Gingivahyperplasie idiopathische fibröse Gingivahyperplasie medikamentös bedingte fibröse Gingivahyperplasie
Epuliden
traumatogene Formen
Verletzung der Gingiva **desmodontales Trauma**
involutive Formen
parodontale Rezessionen singuläre parodontale Rezession generalisierte parodontale Rezession
Alveolaratrophie

18.2.1 Gingivitis

Das **klinische Bild** der Gingivitis ist durch eine Rötung, Schwellung und evtl. Ulzerationen der Gingiva gekennzeichnet. Es liegt eine erhöhte Fließrate der Sulkusflüssigkeit (= Exsudation), eine Blutung nach Sulkussondierung und eine erhöhte Sondierungstiefe *ohne Attachmentverlust*, d.h. Pseudotaschen, vor. Die Patienten klagen häufig über Zahnfleischbluten.

Es werden die akute Gingivitis, die akute nekrotisierende ulzeröse Gingivitis und die chronische Gingivitis unterschieden.

18.2.1.1 Akute Gingivitis. Die akute Gingivitis stellt eine akute Entzündung der Gingiva dar, die durch mechanische oder thermische Verletzungen und durch bakterielle Zahnbeläge ausgelöst werden kann. Wird die akute Gingivitis durch bakterielle Zahnbeläge ausgelöst, geht sie innerhalb weniger Tage in eine chronische Gingivitis über.

18.2.1.2 Akute nekrotisierende ulzeröse Gingivitis (ANUG). Die ANUG (Synonym: Plaut-Vincent-Gingivitis) beginnt meist schlagartig mit einer schmerzhaften Entzündung der interdentalen Gingiva (Col). Später ist auch die übrige Gingiva betroffen. Es finden sich Nekrosen und Ulzerationen zunächst der interdentalen, später auch der übrigen Gingiva. Nach Abheilen der ANUG bleiben interdentale Krater der Gingiva zurück. Die befallene Gingiva besitzt keine Epitheldeckschicht mehr und ist von einer schmierigen, gelblichen Membran überzogen. Beim Entfernen dieser Pseudomembran aus Fibrin und Zellresten treten starke Schmerzen und Blutungen auf. Die nekrotische Gingiva wird durch eine rötliche Linie von der nicht befallenen, gesunden Gingiva abgegrenzt. Die meist jüngeren Patienten (18–30 Jahre) klagen häufig über einen starken *Foetor ex ore*, *Lymphknotenschwellungen* und in seltenen Fällen über *Fieber*. Die Prävalenz der Erkrankung beträgt 0,2–6%. Differentialdiagnostisch muß die ANUG gegen eine Gingivostomatitis herpetica abgegrenzt werden.

Die *Ätiologie* ist durch das Vorliegen folgender Faktorentrias gekennzeichnet:

- schlechte Mundhygiene (bereits bestehende Gingivitis)
- Rauchen
- emotionaler Streß.

Die ANUG wird häufig in Entwicklungsländern im Zusammenhang mit einer Mangelernährung der Patienten beobachtet. Sie tritt aber mit zunehmender Häufigkeit in industrialisierten Ländern vor allem als orale Manifestation bei HIV-Erkrankten auf. Die ANUG kann auch bei geschwächten Patienten, bei Patienten mit Blutkrankheiten, bei immunsupprimierten Patienten und im Rahmen von Avitaminosen auftreten. Mikrobiologisch liegt eine Infektion mit rasch ins Gewebe eindringenden Spirochäten und einer oberflächlichen Schicht von Fusobacterium nucleatum, Porphyromonas gingivalis, Kokken und Bakteroides-Stämmen vor.

18.2.1.3 Chronische Gingivitis. Chronische Gingivitiden haben einen langfristigen klinischen Verlauf. Die typischen Entzündungszeichen (Blutung, hyperplastische Schwellung etc.) bleiben auf die Gingiva beschränkt. Knochenabbau wird nicht beobachtet. Der Sulkus kann zu einer gingivalen Tasche vertieft sein. Die durch die Entzündung hervorgerufenen Hyperplasien führen zur Ausbildung von Pseudotaschen.

Die alleinige *Ursache* für eine chronische Gingivitis sind Mikroorganismen der Zahnplaque. Daher wird die chronische Gingivitis auch als Schmutzgingivitis bezeichnet. In der subgingivalen Plaque herrschen grampositive Stäbchen und Kokken im Vergleich zu gramnegativen Bakterien vor (s. Abb. 16-2). Die fakultativ anaeroben Mikroorganismen überwiegen gegenüber den streng anaeroben Mikroorganismen.

Die *Prognose* einer chronischen Gingivitis wird allein von der Mundhygiene des Patienten bestimmt. Bei guter Mitarbeit des Patienten tritt eine völlige Gesundung der Gingiva ein.

18.2.1.4 Sonderformen der Gingivitis. Sonderformen stellen die durch hormonelle Umstellungen oder Dysregulationen ausgelösten Gingivitiden dar. Man unterscheidet:

- Schwangerschaftsgingivitis (Gingivitis gravidarum)
- Pubertätsgingivitis
- Gingivitis intermenstrualis, menstrualis und climacterica
- durch Kontrazeptiva ausgelöste Gingivitis („Pillengingivitis").

Bei der *Schwangerschaftsgingivitis* liegen die während einer Schwangerschaft ausgeschütteten Hormone Östrogen und

Progesteron verstärkt in der Sulkusflüssigkeit vor. Sie bewirken, daß das gingivale Gewebe auf ein bakterielle Invasion empfindlicher reagiert. Die Hormone erhöhen u.a. die Gefäßpermeabilität, die Ödembildung und die Synthese von Prostaglandinen und anderen Entzündungsmediatoren. Vor allem ab dem zweiten Schwangerschaftstrimester sind häufig *spontane Blutungen* der Gingiva zu beobachten. Teilweise ist die Schwangerschaftsgingivitis mit *Hyperplasien* der Gingiva (Epulis gravidarum) verbunden. Bei der Schwangerschaftsgingivitis ist die Menge an vorliegender Plaque im Vergleich zu gesunden Patienten nicht erhöht. Vielmehr kann eine Veränderung der Plaquezusammensetzung beobachtet werden. So liegt ein gehäuftes Auftreten bestimmter Bakterien (Prevotella intermedia, Prevotella melaninogenica, Bacteroides subspecies) in der Plaque vor. Diese Bakterien, insbesondere P. intermedia, können den für sie wichtigen Nährstoff Naphthochinon durch die Schwangerschaftshormone in der Sulkusflüssigkeit substituieren.

Die ebenfalls unter hormonellem Einfluß entstehende *Pubertätsgingivitis* ist häufig mit einer schlechten Mundhygiene und einer Mundatmung verbunden. Ihre klinischen Symptome ähneln den Symptomen der Schwangerschaftsgingivitis.

Die *Pillengingivitis* ähnelt dem klinischen Bild der Schwangerschaftsgingivitis. Sie tritt meist auf, wenn stark progesteronhaltige Kontrazeptiva verabreicht werden.

Die *Gingivitis intermenstrualis, menstrualis und climacteria* werden mit Schwankungen bzw. dem Abfall des Östrogenspiegels erklärt. Durch den Abfall des Östrogensspiegels wird unter anderem eine verminderte Keratinisation von Zellen hervorgerufen. Der Gingiva geht somit der durch die Verhornung bestehende Schutz verloren.

18.2.2 Marginale Parodontitis

Die marginale Parodontitis ist eine entzündliche, durch bakterielle Beläge verursachte Erkrankung aller Anteile des marginalen Parodonts, d.h. der Gingiva, des Desmodonts, des Wurzelzements und des Alveolarknochens, mit fortschreitendem Verlust an Stützgewebe.

Das **klinische Bild** zeigt zusätzlich zu den Symptomen der Gingivitis Knochenabbau, Abszesse, Zahnwanderungen und -kippungen und Zahnfleischtaschen *mit Attachmentverlust*. Als Spätsymptom sind erhöhte Zahnbeweglichkeiten zu beobachten. Die Erkrankung ist als Erkrankung des einzelnen Parodonts zu verstehen. Es können somit an einzelnen oder allen Zähnen eines Gebisses aktive Taschen vorliegen. Als aktive Taschen werden Zahnfleischtaschen bezeichnet, welche die typischen Entzündungszeichen (Blutung, Exsudat etc.) aufweisen. Die Erkrankung verläuft Schubweise. Phasen der erhöhten parodontalen Destruktion wechseln mit Phasen der Stagnation.

Es werden die Parodontitis marginalis superficialis und die Parodontitis marginalis profunda voneinander unterschieden.

Als **Parodontitis marginalis superficialis** wird eine Parodontitis bezeichnet, bei der ein röntgenologischer Knochenabbau (Attachmentverlust) von bis zu einem Drittel der Wurzellänge vorliegt.

Die **Parodontitis marginalis profunda** bezeichnet eine Parodontitis, bei der ein Attachmentverlust von mehr als einem Drittel der Wurzellänge eines Zahnes oder eine Furkationsbeteiligung beobachtet wird.

Die **Ursache** einer Parodontitis besteht in einer bakteriellen Infektion auf dem Boden einer bestehenden Gingivitis. Je nach Art der vorliegenden Parodontitis liegt eine unterschiedliche Plaquezusammensetzung vor (s. Abb. 16-2).

Entsprechend der unterschiedlich schnellen Progression der Erkrankung und dem unterschiedlichen Alter der Patienten werden verschiedene Verlaufsformen (z.B. präpubertäre Parodontitis, lokalisierte juvenile Parodontitis) der Parodontitis marginalis unterschieden.

18.2.2.1 Präpubertäre Parodontitis. Die präpubertäre Parodontitis tritt beim Durchbruch der Milchzähne zwischen dem 2. und 4. Lebensjahr auf. Es wird eine *lokalisierte* und eine *generalisierte Form* der präpubertären Parodontitis unterschieden. Bei der lokalisierten Form sind einzelne Zähne befallen. Die Progredienz des Knochenabbaus ist langsamer als bei der generalisierten Form. Häufig sind trotz des Knochenabbaus keine deutlichen Entzündungszeichen der Gingiva vorhanden. Bei der generalisierten Form werden alle Milchzähne befallen. Es liegt eine stark entzündlich veränderte Gingiva vor. Die Gingiva weist teilweise Rezessionen mit Spaltenbildung auf. Es kann im Verlauf einer generalisierten präpubertären Parodontitis zum Verlust aller Milchzähne kommen. Die generalisierte Form geht oft mit einer *allgemeinen Infektanfälligkeit* (z.B. Otitis media) der Kinder einher.

Auslösende *Ursache* ist eine bakterielle Mischflora, in der bei der lokalisierten Form auch Porphyromonas gingivalis und Actinobacillus actinomycetem comitans zu finden sind. Die Plaquezusammensetzung der generalisierten Form ist noch nicht hinreichend untersucht. Meist weisen die neutrophilen Granulozyten und Monozyten der erkrankten Kinder funktionelle Defekte auf.

18.2.2.2 Lokalisierte juvenile Parodontitis. Die lokalisierte juvenile Parodontitis (LJP) ist eine entzündliche Parodontalerkrankung, die im Alter von 10–13 Jahren beginnt. Sie geht mit starken parodontalen Läsionen einher, die einen rasch progredienten Knochenabbau aufweisen. Die anfänglich hohe Destruktionsaktivität kann später verlangsamen oder sistieren.

Das *klinische Bild* zeigt parodontale Läsionen, die vornehmlich auf die mittleren Inzisivi und ersten Molaren beschränkt sind und gewöhnlich eine im Gebiß symmetrische Verteilung haben. Ein generalisierte Form der Erkrankung tritt selten auf. Es wird vermutet, daß sich die generalisierte Form der Erkrankung aus der lokalisierten Form entwickeln kann. Dies tritt insbesondere dann ein, wenn keine Behandlung der Erkrankung vorgenommen wird. Die lokalisierte juvenile Parodontitis kann ohne Behandlung innerhalb kurzer Zeit (ein bis zwei Jahre) zu einem fast vollständigen Verlust des parodontalen Stützapparates der befallenen Zähne führen. Die Gingiva der Patienten weist meist keine oder nur geringe Entzündungszeichen auf. *Die geringe Menge an supra- und subgingivaler Plaque und Zahnstein korreliert nicht mit dem Grad der parodontalen Destruktion.*

Deshalb sollte auch bei den pubertären Patienten, welche auf den ersten Blick ein parodontal gesundes Gebiß aufweisen, eine Sondierung der Molaren und Inzisivi erfolgen. Wird eine juvenile Parodontitis frühzeitig diagnostiziert und therapiert, kann die Progredienz der Erkrankung meist erfolgreich gestoppt werden.

Die *spärliche Plaque* der meisten Patienten weist eine bakterielle Mischflora mit einem erhöhten Anteil von Actinobacillus actinomycetem comitans und Capnocytophagaspecies auf. Vor allem Actinobacillus actinomycetem comitans, der die Fähigkeit besitzt ins Weichgewebe einzudringen, wird eine entscheidende Bedeutung bei der Entwicklung der juvenilen Parodontitis beigemessen. Der Nachweis dieser Bakterien konnte aber nicht bei allen Patienten mit juveniler Parodontitis erbracht werden. Deshalb kann auch bei der juvenilen Parodontitis nicht von einer spezifischen Infektion gesprochen werden. Bei der Mehrzahl der Patienten, die an juveniler Parodontitis erkrankt sind, konnte in

Untersuchungen ein Funktionsdefekt der neutrophilen Granulozyten und Monozyten festgestellt werden. Die Zellen besitzen eine eingeschränkte Fähigkeit zur Chemotaxis und Phagozytose. Darüber hinaus ist es den neutrophilen Granulozyten nicht möglich, Actinobacillus actinomycetem comitans nach Phagozytose abzutöten. Es wird vermutet, daß die Defekte der Leukozyten autosomal-rezessiv oder geschlechtsgebunden dominant vererbt werden.

18.2.2.3 Schnell fortschreitende Parodontitis. Die schnell fortschreitende Parodontitis (RPP = rapid progressive periodontitis) beginnt zwischen der Pubertät und ca. dem 35. Lebensjahr. Die Patienten weisen keine allgemeinen systemischen Erkrankungen auf. Sie kann aus einer juvenilen Parodontitis hervorgehen.

Ihr *klinisches und mikrobiologisches Bild* ähnelt der generalisierten Form der juvenilen Parodontitis. Die schweren, parodontalen Destruktionen betreffen viele Zähne eines Gebisses gleichzeitig. Manche der erkrankten Patienten weisen eine große Menge Plaque auf, andere Patienten eine geringe Menge. Der schnell fortschreitende Knochenabbau verläuft in Zyklen. In den aktiven Destruktionsphasen ist die Gingiva stark entzündet, häufig entleert sich eitriges Taschensekret. Innerhalb weniger Monate können große Knocheneinbrüche entstehen. In den Ruhephasen ist die Gingiva nur gering entzündlich verändert, der Knochenabbau stagniert spontan. Die schnell fortschreitende Parodontitis erweist sich in wenigen Fällen als äußerst therapieresistent.

Mikrobiologische Untersuchungen zeigten, daß vor allem in der nicht-adhärenten, schwimmenden subgingivalen Taschenflora der Anteil an *gramnegativen anaeroben Mikroorganismen* und Spirochäten dominiert. Insbesondere finden sich erhöhte Mengen an Porphyromonas gingivalis, Prevotella intermedia, Actinobacillus actinomycetem comitans, Fusobacterium nucleatum, Capnocytophagaspecies, Wolinella recta und Eikenella corrodens. Vor allem Porphyromonas gingivalis wird für die schweren Destruktionen (parodontaler breakdown) verantwortlich gemacht, indem es die Funktion der neutrophilen Granulozyten behindert. Darüber hinaus weisen viele Patienten mit einer schnell verlaufenden Parodontitis Defekte (Chemotaxis, Migration) der neutrophilen Granulozyten und Monozyten auf. Es wird vermutet, daß diese Defekte geschlechtsgebunden dominant vererbt werden.

18.2.2.4 Langsam fortschreitende Erwachsenenparodontitis. Die langsam fortschreitende Erwachsenenparodontitis (AP = adult periodontitis) kann sich auf dem Boden einer bestehenden Gingivitis ca. ab dem 30.–35. Lebensjahr entwickeln. Die zu beobachtenden Knochenresorptionen sind nicht auf bestimmte Zahngruppen beschränkt. Dennoch wird ein verstärktes Auftreten an den Inzisivi und Molaren beobachtet.

Der *Erkrankungsverlauf* ist chronisch und verläuft in Schüben. Akute Exazerbationen mit aktiven Taschen finden sich neben ruhenden, inaktiven Taschen. Die Gingiva ist häufig fibrotisch oder entzündlich verdickt, selten weist sie eine Schrumpfung auf. Die Mundhygiene der Patienten ist meist unzureichend. Es finden sich große Mengen an Plaque und supra- bzw. subgingivalem Zahnstein.

Ursache der Erwachsenenparodontitis ist die große Plaquemenge, die sich bevorzugt in Schlupfwinkeln etabliert. Die *subgingivale Plaque* in nicht-aktiven, ruhenden Taschen setzt sich aus einer Mischflora (Actinomycesspecies, Streptococcusspecies, Prevotella melaninogenica, Eikenella corrodens usw.) zusammen, die im Vergleich zu einem gesunden Parodont vermehrt gramnegative anaerobe Mikroorganismen und Spirochäten aufweist. In den aktiven Taschen ähnelt die Zusammensetzung der subgingivalen Plaque der bei der schnell fortschreitenden Parodontitis (Porphyromonas gingivalis, Actinobacillus actinomycetemcomitans usw.). Bei den Patienten liegen keine Blutzelldefekte vor, eine genetische Disposition wird nicht vermutet.

18.2.3 Gingivoparodontale Manifestationen systemischer Erkrankungen

Bei einer großen Zahl von Allgemeinerkrankungen kann es auch zu krankhaften Veränderungen an der Gingiva oder am Parodontium kommen. Diese Veränderungen müssen von den plaquebedingten Formen der Gingivitis und Parodontitis unterschieden werden. Da bei diesen Erkrankungen aber häufig die Mundhygiene beeinträchtigt ist, kommt es fast immer sekundär auch zu plaquebedingten entzündlichen Veränderungen.

18.2.3.1 Stoffwechselerkrankungen. Beim *insulinabhängigen Diabetes* (Diabetes Typ I) findet man eine Hyperglykämie, die zu einer Erhöhung der Glukose in der Sulkusflüssigkeit und im Speichel führt. Dadurch wird das Wachstum von subgingivalen Plaquebakterien gefördert, die parodontale Veränderungen auslösen. Vor allem Capnocytophygaspecies, anaerobe bewegliche Stäbchen, Spirochäten und fusiforme Bakterien werden in der Plaque gefunden. Weitere Faktoren, die die Bildung einer entzündlichen Erkrankung fördern, sind: erhöhte endogene Kollagenaseaktivität, Alteration der Funktion (Phagozytose, Chemotaxis) der neutrophilen Granulozyten, Mikroangiopathien und Xerostomie.

Ernährungsstörungen, wie Kwashiorkor (in Entwicklungsländern auftretende Eiweißmangelerkrankung), und *Avitaminosen*, z.B. Vitamin-C-Mangel (Skorbut) mit Beeinträchtigung der Kollagensynthese (Blutungen), wirken sich ebenso auf die Gesundheit des Parodonts aus.

18.2.3.2 Funktionsstörungen oder Chemotaxisdefekte von neutrophilen Granulozyten und Monozyten. Funktionsstörungen oder Chemotaxisdefekte von neutrophilen Granulozyten und Monozyten treten u.a. bei folgenden Allgemeinerkrankungen auf:

- *Chediak-Higashi-Syndrom:* seltene hereditäre Stoffwechselanomalie mit Pigmentstörungen der Haut und Störungen der zellulären Immunität (Enzymopathie, Migrations- und Chemotaxisdefekte der Granulozyten)
- *Lazy-leukocyte-Syndrom:* Immundefekt mit Migrations- und Chemotaxisdefekt der neutrophilen Granulozyten, verbunden mit schweren allgemeinen Infektionen
- *Morbus Crohn* (Enteritis regionalis Crohn): granulomatöse Entzündung mit Bindegewebevermehrung und sekundären Ulzerationen, die alle Abschnitte des Magen-Darmtraktes befallen kann.
- *Pelger-Huet-Kernanomalie:* autosomal-dominant erbliche Kernanomalie der Granulozyten mit Migrations- und Chemotaxisdefekten.

18.2.3.3 Hämatologische Erkrankungen. Dazu zählen:

- *Zyklische Neutropenie:* Angeborene Neutrozytopenie (neutr. Granulozyten $< 1500/mm^2$) mit bakteriellen Infektionen.
- *Agranulozytose:* Durch Arzneimittel bedingte Granulozytopenie mit Schleimhautnekrosen und schweren allgemeinen Krankheitssymptomen.
- *Antikörper-Mangelsyndrom:* Mangel bzw. Fehlen der Immunglobuline mit rezidivierenden, meist bakteriellen Infektionen.
- *Panmyelopathien* (Aleukämien, lymphatische Leukämie, myeloische Leukämie): Vor allem die akuten Formen der lymphatischen Leukämie (tritt meist im Kindesalter auf) und der myeloischen Leukämie (meist im Erwachsenenalter) zeigen intraorale Frühsymptome. Bei den chronischen Formen sind die Symptome weniger ausgeprägt. Allgemeine Krankheitssymptome sind Blässe, Infektneigung und Blutungsneigung. Intraorale Leitsymptome akuter Leukämien sind

Nekrosen (Ulzerationen), Gewebevermehrung der Gingiva und Blutungen. Beim Auftreten von zwei der drei genannten Kardinalsymptomen muß vom Zahnarzt dringend eine internistische Untersuchung veranlaßt werden.

18.2.3.4 Systemische Erkrankungen mit dermatologischem Bezug.

- *Benignes Schleimhautpemphigoid, Pemphigus vulgaris, Erythema exsudativum multiforme:* Dermatosen, die unter anderem mit Blasenbildungen der Gingiva einhergehen können. Beim Lösen der Blasen bleiben schmerzhafte Erosionen oder Ulzerationen zurück. Das benigne Schleimhautpemphigoid und der Pemphigus vulgaris sind Autoimmunerkrankungen unklarer Genese. Beide Erkrankungen werden häufiger bei Frauen als bei Männern diagnostiziert. Beim Erythema exsudativum multiforme wird eine symptomatische Genese infolge einer Arzneimittelunverträglichkeit und eine idiopathische Genese unterschieden.
- *Lichen planus und erosivus:* Autoimmunerkrankung, die mit hyperkeratotischen Effloreszenzen unterschiedlichen Aussehens (netzartig = Wickhamsche Streifung, flächig oder erosiv) der oralen Mukosa einhergeht.

18.2.3.5 Gingivoparodontale Manifestationen viraler Erkrankungen.

- Die *primäre oder sekundäre Gingivostomatitis herpetica* ist ein Virusinfekt (Herpes simplex), der am häufigsten bei Kindern und jungen Erwachsenen auftritt. Beim Primäraffekt treten Fieber und schmerzhafte Lymphknotenschwellungen auf. Intraoral findet sich eine akut schmerzhafte Gingivitis mit bläschenartigen, aphthösen und erosiven Veränderungen. Die Veränderungen sind diffus über die gesamte Gingiva, Lippen, Zunge und die übrige orale Mukosa verteilt. Nach Entfernen der Bläschen kommt es zur Bildung von Ulzera.
- *Herpes-zoster-Läsionen* sind im Ausbreitungsgebiet eines Nerven (z.B. Nervus trigeminus) durch das Varicella-Zoster-Virus hervorgerufene Effloreszenzen in Form von konfluierenden Bläschen. Die Erkrankung erfolgt als eine Reinfektion nach kindlichen Varizellen (= Windpocken) mit ausgebildeter Teilimmunität. Sie kann aber auch von Viren ausgelöst werden, die nach kindlicher Varizelleninfektion in einem Ganglion latent vegetieren, so daß es bei älteren oder geschwächten Patienten zu einem Ausbruch der Erkrankung kommen kann.
- *HIV-Infektion – AIDS:* Die erworbene Immunschwäche wird durch das HI-Virus I verursacht. Im fortgeschrittenen Stadium der Erkrankung finden sich u.a. folgende parodontale bzw. orale Symptome:
  - atypische Gingivitis mit starker Rötung der marginalen Gingiva bei teilweise nur geringem Plaquebefall
  - therapierefraktäre ANUG-ähnliche Parodontitis
  - Pilz- und Herpes-zoster-Infektionen
  - Neoplasmen (Kaposi-Sarkome, Non-Hogdkin-Lymphome, Burkitt-Lymphome, Papillome)
  - Haarleukoplakie an Rand oder Unterseite der Zunge.

18.2.3.6 Gingivoparodontale Teilaspekte bei genetisch bedingten Syndromen.

- Das *Papillon-Lefèvre-Syndrom* ist eine eltene, autosomal-rezessiv vererbte *Hyperkeratose* vorwiegend an Hand- und Fußflächen mit schweren Parodontitiden. Die Milchzähne und bleibenden Zähne der Erkrankten gehen aufgrund des raschen Knochenverlustes meist schon frühzeitig verloren. Die entzündliche Gingiva weist den bei Vorliegen systemischer Allgemeinerkrankungen häufig beobachteten *hochroten Gingivalsaum* auf.
- Beim *Down-Syndrom* (Trisomie 21) handelt es sich um eine numerische autosomale Chromosomenaberration

(meist dreifaches Chromosom 21), die u.a. mit geistiger Retardierung, rundlichem Minderwuchs, Hypertelorismus, offenem Mund (Mundatmung) und Herzfehlern einhergeht. Die schweren, rasch fortschreitenden Parodontitiden treten zuerst an den Unterkiefer-Inzisivi auf und gehen dann auf die Oberkiefer-Inzisivi und -Molaren über. Als ätiologische Faktoren werden neben der eingeschränkten Mundhygiene und der vorliegenden Mundatmung, Chemotaxisdefekte der neutrophilen Granulozyten vermutet.

- *Albright-Syndrom:* Form der Osteodystrophia fibrosa unilateralis bei der zusätzlich Pigementstörungen der Haut und Pubertas praecox auftreten. Die Osteodystrophia fibrosa unilateralis stellt ein Störung der Knochenentwicklung dar, bei der das Knochenmark durch zellarmes, faserreiches Bindegewebe ersetzt wird. Sie beginnt zwischen dem 5. und 15. Lebensjahr und geht mit Knochenschmerzen und Spontanfrakturen einher.
- *Rathbun-Syndrom (Hypophosphatasie):* Autosomal-rezessiv vererbter Mangel an alkalischer Phosphatase mit schweren Mineralisationsstörungen des Skeletts und frühzeitigem Zahnverlust.

18.2.4 Hyperplastische Formen

Als *Hyperplasie* wird eine Vergrößerung eines Gewebes durch *Zunahme der Zellzahl* bezeichnet. Im Gegensatz dazu versteht man unter einer *Hypertrophie* die Vergrößerung eines Gewebes durch *Zunahme der Zellgröße.*

18.2.4.1 Fibröse Gingivahyperplasie. Die fibröse Gingivahyperplasie ist eine generalisierte oder auf Zahngruppen begrenzte derbe, fibröse Verdickung der Gingiva. Sie wird häufig im Tuber- und Gaumenbereich der Molaren symmetrisch angetroffen. Die fibrös verdickte Gingiva ist primär entzündungsfrei, durch Ausbildung von Pseudotaschen kommt es häufig sekundär auch zu entzündlichen Veränderungen der Gingiva.

Die gewucherte Gingiva ist fest, von normal oder eher blasser Farbe mit gestippelter, manchmal leicht granulierter Oberfläche. Primär liegt keine Blutung bei Berührung oder Sondierung vor.

Die *idiopathische fibröse Gingivahyperplasie* ist eine in jedem Lebensalter vorkommende generalisierte oder auf den Molaren- und Tuberbereich begrenzte Gingivahyperplasie unbekannter Genese. Eine hereditäre Genese der Erkrankung wird vermutet.

Die *medikamentös bedingte fibröse Gingivahyperplasie* kann als Begleiterscheinung bei der Einnahme bestimmter Medikamente (Phenytoin, Cyclosporin A, Nifedipin) auftreten:

- *Phenytoin-Hyperplasie*: Phenytoin (z.B. Dilantin®) verhütet oder dämpft die anfallsweisen Leiden der meisten Epilepsieformen. Als Nebenwirkung tritt eine Gingivawucherung (gingival overgrowth) auf, die an den interdentalen Papillen beginnt und vorwiegend die vestibuläre Gingiva der Frontzähne befällt. Die Phenytoin-Hyperplasie tritt nur bei hoher Dosierung des Medikaments auf. Ihre Ausprägung ist bei guter Mundhygiene deutlich reduziert.
- *Cyclosporin-A-Hyperplasie*: Cyclosporin A ist ein immunsuppressiver Wirkstoff, der z.B. bei Organtransplantationen begleitend verordnet wird. Die Ausprägung der Gingivahyperplasien (anfangs interdental) ist dosisabhängig. Sie ist bei guter Mundhygiene reduziert.
- *Nifedipin-Hyperplasie*: Nifedipin (Adalat®) ist ein Kalziumantagonist, der bei koronaren Herzkrankheiten und Bluthochdruck verordnet wird.

18.2.4.2 Epuliden. Epuliden sind lokalisierte, knotenförmige, gutartige Wucherungen der Gingiva im Bereich eines oder mehrerer Parodontien mit unterschiedlichem klinischen und histologischen Bild. Als Ursache werden mechanisch-irritative oder entzündliche Reizeinflüsse vermutet. Man unterscheidet die nachfolgend genannten Formen.

- Epulis granulomatosa
- Epulis gigantocellularis. Sie neigt nach Entfernung zu Rezidiven. Daher wird bei der Entfernung ein Anfrischen des darunterliegenden Knochens angeraten.
- Epulis fibromatosa.

18.2.5 Traumatogene Formen

Verletzungen der Gingiva können mechanischer (z.B. Stillmansche Spalten), chemischer oder thermischer Art sein. Häufige mechanische Ursache von Verletzungen der Gingiva ist eine falsche Zahnputztechnik mit zu großer Krafteinwirkung. Chemische Ursachen sind unter anderem Unverträglichkeiten mit zahnärztlichen Materialien oder stark erosive Nahrungsmittel.

Das **desmodontale Trauma** (okklusales Trauma) bezeichnet eine traumatische, abakteriell-entzündliche Destruktion des tiefen parodontalen Stützgewebes (zum klinischen Bild und zur Ätiologie s. Kap. 16.2.1).

18.2.6 Involutive Formen

Unter Involution versteht man die Rückbildung eines Gewebes oder eines Organes.

18.2.6.1 Parodontale Rezessionen. Die parodontale Rezession ist eine auf die orale oder/und vestibuläre Wurzeloberfläche eines Zahnes begrenzte, klinisch entzündungsfreie Rückbildung des Parodontiums. Es finden sich auf der vestibulären, selten auf der oralen Seite eines Zahnes *freiliegende Wurzeloberflächen.* Die interdentale Gingiva und die interdentalen Knochensepten sind nicht zurückgebildet. Die Gingiva weist keine klinischen Entzündungszeichen und keine erhöhten Sondierungstiefen auf, ist aber manchmal in Form von *McCall-Girlanden wulstig* verdickt. Die betroffenen Zähne besitzen keine erhöhte Zahnbeweglichkeit. Als Vorläufer einer beginnenden Rezession liegen häufig Stillmansche Spalten der Gingiva vor (Abb. 18-5).

Über die *Ursachen der parodontalen Rezession* herrscht in der Literatur Uneinigkeit. Folgende ätiologische Faktoren werden diskutiert:
- Dehiszenzen und Fenestrierungen eines meist dünnen vestibulären Knochens
- Prominente Wurzeln
- Horizontales, zu kräftiges Zähneputzen mit harten Bürsten und/oder abrasiver Zahnpasta
- Zug der beweglichen Schleimhaut durch zu hoch ansetzende Frenula
- Zu schmale angeheftete Gingiva
- Kieferorthopädische Zahnbewegungen nach vestibulär
- Überbelastung der Zähne durch Funktionsstörungen (Gleithindernisse, Bruxismus).

Es werden die singuläre und die generalisierte parodontale Rezession unterschieden. Die *singuläre parodontale Rezession* ist eine parodontale Rezession an einem Zahn oder einigen Zähnen.

Die *generalisierte parodontale Rezession* dagegen betrifft nahezu alle Zähne.

18.2.6.2 Alveolaratrophie. Die Alveolaratrophie ist definiert als entzündungsfreier Schwund des Alveolarknochens einschließlich der Interdentalsepten.

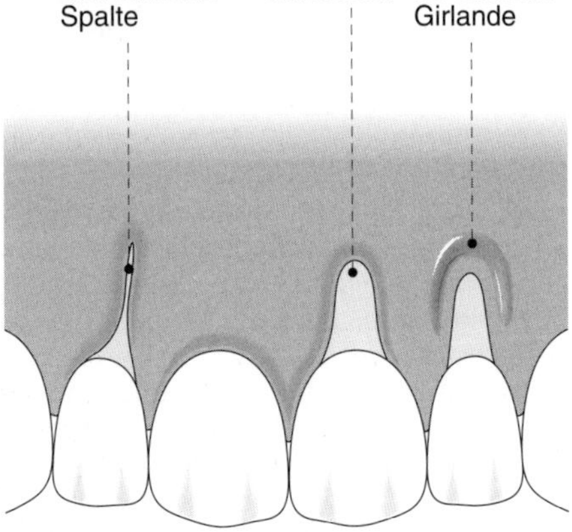

Abbildung 18-5. Gingivale Rezessionen.

Die Wurzeloberflächen der befallenen Zähne liegen allseitig frei. Die Gingiva ist klinisch *entzündungsfrei* und weist *keine erhöhte Sondierungstiefe* auf. Als Spätsymptom im fortgeschrittenen Stadium können erhöhte Zahnbeweglichkeiten beobachtet werden. Die Alveolaratrophie ist meist Ausdruck einer physiologischen *Altersatrophie.*

18.3 Zusammenhang zwischen Parodont und Endodont

Zwischen dem Parodont und dem Endodont besteht eine enge Wechselbeziehung. Durch das Foramen apicale und durch Seitenkanäle der Pulpa sind diese beiden Bereiche miteinander verbunden. Deshalb können entzündliche Prozesse des einen Bereiches auf den anderen Bereich übergreifen. Häufig kann die eigentliche Ursache vorliegender Beschwerden dann nur schwierig festgestellt werden.
Auf dem Röntgenbild können die parodontale und endodontale Läsion konfluieren. Es werden folgende Klassen parodontal-endodontaler Läsionen unterschieden:

- *Klasse I: Primär endodontische Probleme.* Die entzündlichen Veränderungen der Pulpa haben auf das Parodont übergegriffen. Die Pulpa ist in diesem Fall fast immer devital. Dies kann zu einer apikalen Parodontitis, aber auch zu einem Parodontalabszeß führen.
- *Klasse II: Primär parodontale Probleme.* Die entzündlichen Veränderungen des Parodonts haben auf die Pulpa übergegriffen. Über das Foramen apicale kann auf diesem Wege eine retrograde Pulpitis entstehen.
- *Klasse III: Kombinierte parodontal-endodontale (Paro-Endo) Probleme.* Die parodontale und endodontale Läsion sind unabhängig voneinander entstanden. Der betroffene Zahn ist devital.

Reagiert der betroffene Zahn devital, so ist eine endodontische Behandlung indiziert. Sie kann bei Klasse-I-Läsionen auch zu einer Restitutio ad integrum der parodontalen Knochenläsion führen. Bei Klasse-II- bzw. Klasse-III-Läsionen muß im Anschluß an die erforderliche endodontische Behandlung unverzüglich eine Parodontaltherapie erfolgen. Die Prognose von Zähnen mit Klasse-II-Läsionen mit tiefen parodontalen Defekten und insbesondere von Zähnen mit Klasse-III-Läsionen ist fraglich.

18.4 Deutscher Parodontalstatus

Wenn bei einem in einer gesetzlichen Krankenkasse versicherten Patienten eine systematische Parodontalbehandlung durchgeführt werden soll, muß ein *Antrag auf Genehmigung* dieser Behandlung bei der Krankenkasse gestellt werden. Voraussetzung für die Antragstellung ist eine Vorbehandlung des Patienten (s. Kapitel 18.1). Zeigt der Patient keine ausreichende Mitarbeit oder liegen nach der Vorbehandlung nur Sondierungstiefen bis zu 2 mm vor, ist nach vertraglicher Vereinbarung mit den Krankenkassen keine systematische Parodontalbehandlung indiziert. Zur Antragstellung muß der Krankenkasse das Original eines ausgefüllten Parodontalstatus (Abb. 18-6a bis d) zur Genehmigung vorgelegt werden. Darüber hinaus sind ein Röntgenbefund und Gipsmodelle beider Kiefer anzufertigen. Die systematische Parodontalbehandlung von Patienten, die in privaten Krankenkassen versichert sind, bedarf keiner vorherigen Genehmigung durch die Krankenkasse. Der Behandler sollte aber selbstverständlich auch bei diesen Patienten seine parodontologische Befundung in einen Parodontalstatus eintragen.

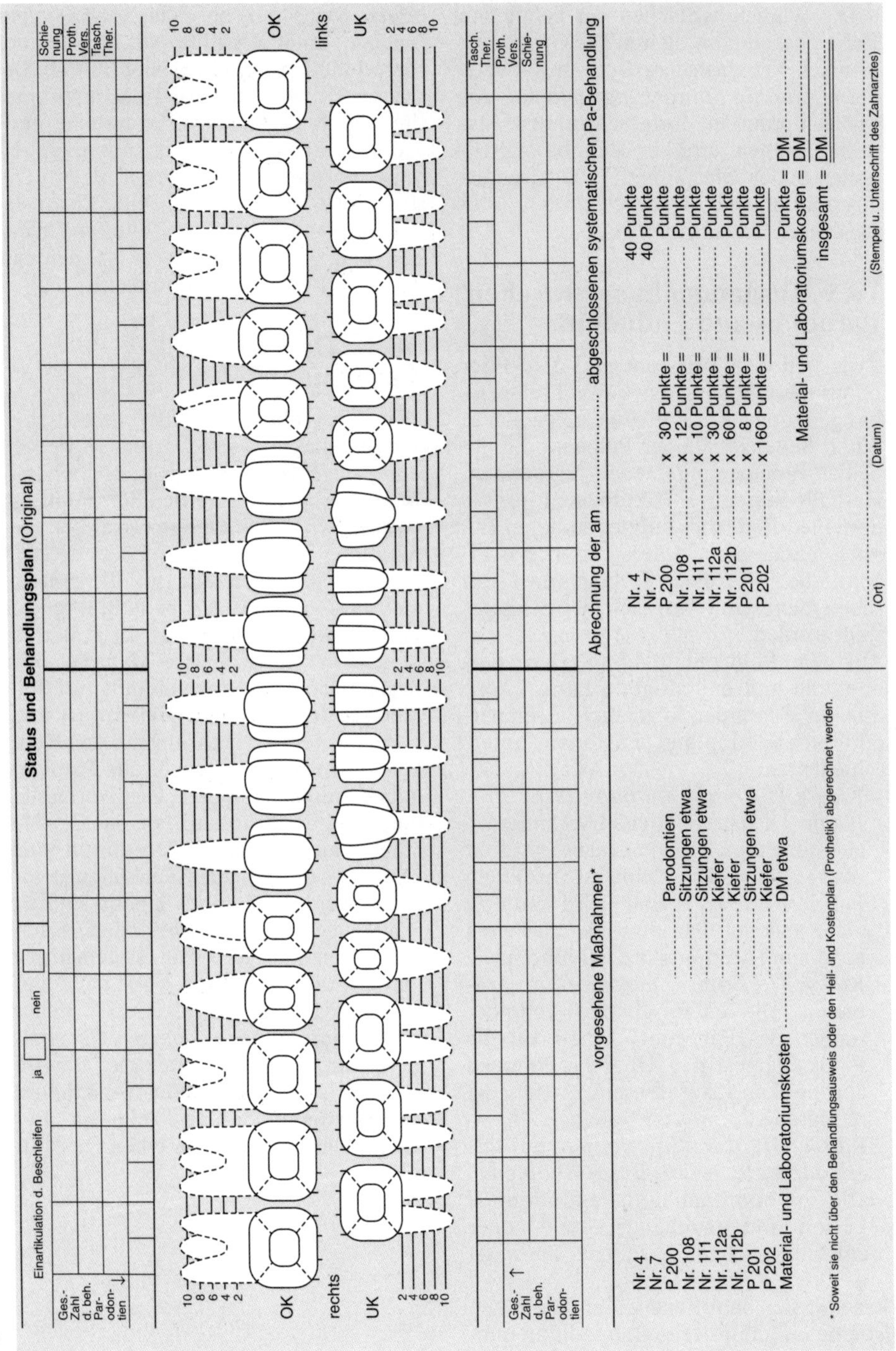
Status und Behandlungsplan (Original)
Einartikulation d. Beschleifen ja nein
Ges.-Zahl d. beh. Parodontien
Schienung
Proth. Vers.
Tasch. Ther.
OK
UK
rechts
links
10 8 6 4 2
2 4 6 8 10
vorgesehene Maßnahmen*
Nr. 4
Nr. 7
P 200 Parodontien
Nr. 108 Sitzungen etwa
Nr. 111 Sitzungen etwa
Nr. 112a Kiefer
Nr. 112b Kiefer
P 201 Sitzungen etwa
P 202 Kiefer
Material- und Laboratoriumskosten DM etwa
* Soweit sie nicht über den Behandlungsausweis oder den Heil- und Kostenplan (Prothetik) abgerechnet werden.
Abrechnung der am .... abgeschlossenen systematischen Pa-Behandlung
Nr. 4 40 Punkte
Nr. 7 40 Punkte
P 200 x 30 Punkte = Punkte
Nr. 108 x 12 Punkte = Punkte
Nr. 111 x 10 Punkte = Punkte
Nr. 112a x 30 Punkte = Punkte
Nr. 112b x 60 Punkte = Punkte
P 201 x 8 Punkte = Punkte
P 202 x 160 Punkte = Punkte
Punkte = DM
Material- und Laboratoriumskosten = DM
insgesamt = DM
(Ort)
(Datum)
(Stempel u. Unterschrift des Zahnarztes)
a

PARODONTALSTATUS

(Name und Vorname des Mitglieds)

(Name, Vorname des Patienten, Geb.-Datum)

(Wohnort und Straße)

(Krankenkasse)

(Mitglieds-Nr.)

(Mitglied seit)

(Arbeitgeber)

Rentner: ja/nein

I. ALLGEMEINE VORGESCHICHTE

Besteht ein Diabetes? ☐

Vasomotorische Erkrankungen? ☐
(Migräne, Akrozyanose, kalte Hände etc.)

Magen-Darmstörungen? ☐
(z.B. Druckgefühl nach Mahlzeiten)

Sonstige gegenwärtige Erkrankungen:

II. SPEZIELLE VORGESCHICHTE

Bestand eine Gingivitis oder Stomatitis ulcerosa?

Einmal? ☐

Mehrmals? ☐

Besteht oder bestand Zahnfleischbluten? ☐

Besteht Tendenz zur Bildung von Belägen? ☐

Beobachtet der Patient Zahnwanderungen? ☐

Ist Zahnverlust durch Zahnlockerung eingetreten? ☐

Frühere kieferorthopädische Behandlung? ☐

III. BEFUND

A Parafunktionen und Folgen

Knirschen? ☐

Pressen? ☐

Lippenpressen? ☐

Zungenpressen? ☐

Abrasionen; Schliff-Flächen? ☐

Sonstige? ☐

B Herausnehmbarer Zahnersatz? ☐

seit .... Jahren

Festsitzender Zahnersatz? ☐

seit .... Jahren

C Marginales Parodontium:

Entzündung

generell? ☐

lokalisiert? ☐

Taschensekretion? ☐

Konkremente? ☐

DIAGNOSE:

Ort Datum Stempel u. Unterschrift d. Zahnarztes
(Aufnahme d. Status)

Stellungnahme des Gutachters (falls angefordert):

Gutachter:

Wohnort:

Straße:

1. Die Übernahme der Kosten wird von mir befürwortet/nicht befürwortet.
2. Begründung, falls nicht befürwortet (ggf. auf besonderem Blatt).

Ort Datum Stempel u. Unterschrift d. Gutachters

Vermerke der Krankenkasse

Die Kosten für die vorgesehene systematische Pa-Behandlung werden übernommen/nicht übernommen.

Ort Datum Stempel der Krankenkasse

b

ANLEITUNG ZUM PARODONTALSTATUS

Allgemeine Hinweise

Die Ausfertigungen für das Krankenblatt, die Kasse bzw. den Gutachter können im Durchschreibeverfahren hergestellt werden. Bitte für die Zahlen Kugelschreiber, für die übrigen Eintragungen nur Farbstift benutzen. Der Originalstatus bleibt in der Praxis.

Seite 1

Vorgeschichte = Befund

Bei Beantwortung der Fragen in den Abschnitten I–III im „Ja-Fall" betr. Feld ankreuzen. Eine internistische Untersuchung wird empfohlen, wenn schwere, therapieresistente marginale Entzündungen oder der Verdacht auf innere Erkrankungen bestehen.

Seite 2

Befunderhebung und -einzeichnung in das Zahnschema

Der Befund wird am zweckmäßigsten der Helferin diktiert und gleichzeitig durchgeschrieben (dazu hat die Helferin diese Liste mit den Einzeichnungsbeispielen vor sich).
Die folgenden Befunde **müssen** in das Zahnschema eingetragen werden:

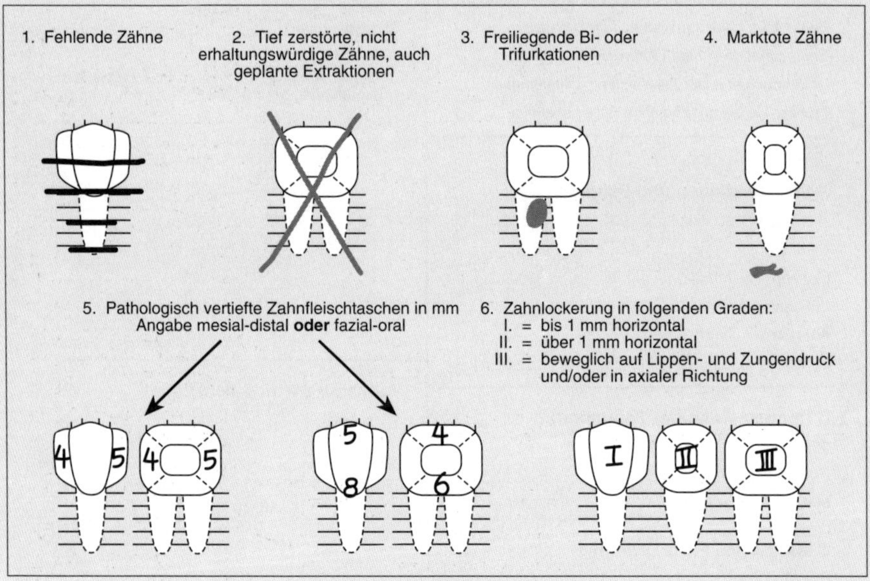

c

Abbildung 18-6. Der deutsche Parodontalstatus (nach Vordruck 3005 – Anleitung zum Parodontalstatus – Paul-Albrechts-Verlag, Lütjensee).
a) Vorderseite mit Patientenstammdaten und Kurzanamnese.
b) Rückseite mit Befund- bzw. Planungsteil und Abrechnungsteil.
c) Anleitung zum Ausfüllen der Befunde, die zur Vorlage bei der gesetzlichen Krankenkasse erho-

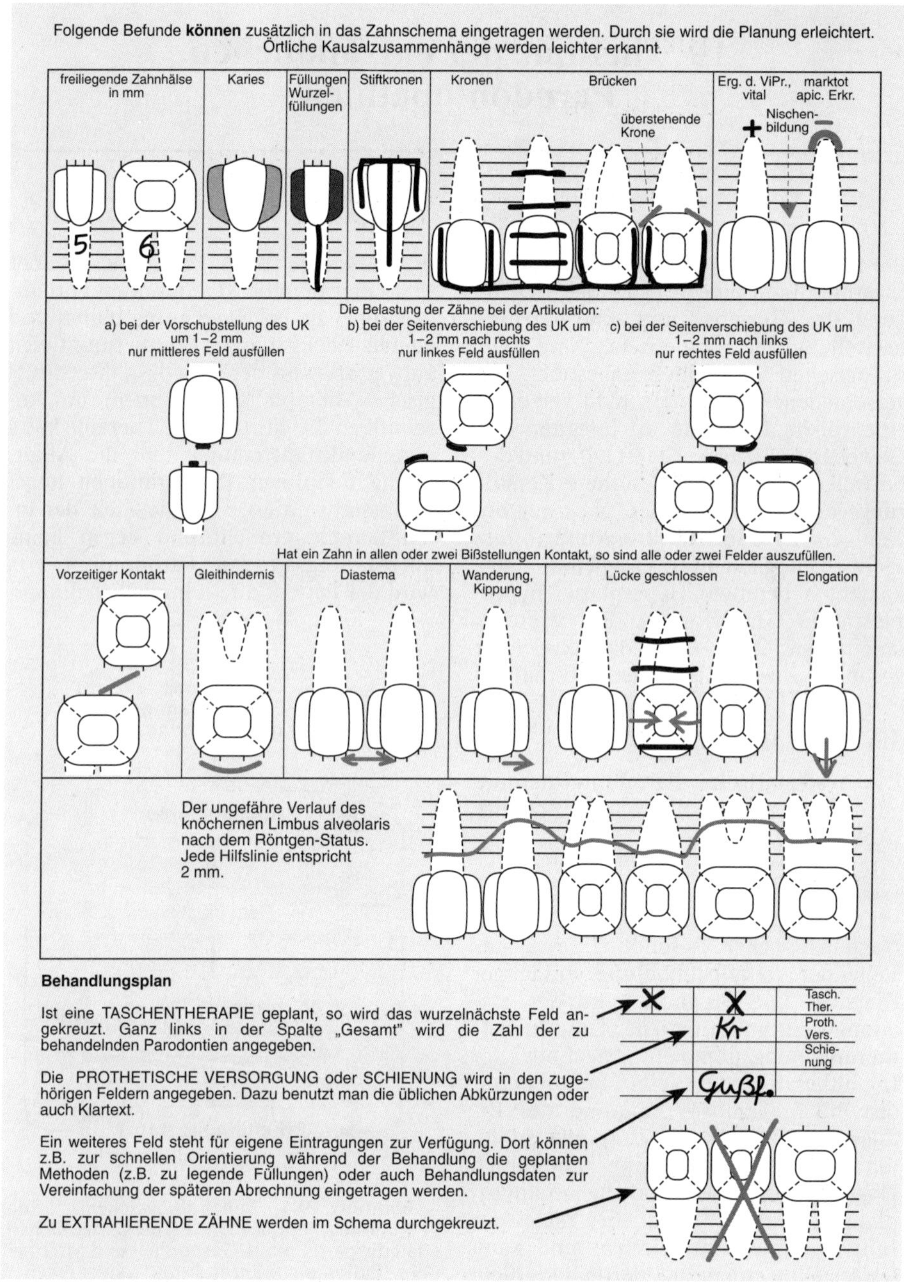

d

ben werden müssen. Die Eintragungen werden in Blau (hier: fett; z.B. fehlende Zähne) oder Rot (hier: blaß; z.B. geplante Extraktionen) vorgenommen.

d) Die hier dargestellten Befunde können fakultativ eingetragen werden.

19 Therapie der entzündlichen Parodontopathien

Bei der Therapie entzündlicher Parodontopathien wird eine vollständige Gesundung des Gewebes und eine Wiederherstellung der anatomischen und physiologischen Verhältnisse angestrebt. Mit verschiedenen Methoden wird versucht, eine solche Restitutio ad integrum des Gewebes zu erzielen. Sie ist aufgrund des teilweise vorhandenen hohen Zerstörungsgrades des Gewebes, aber nur bei wenigen Parodontalerkrankungen tatsächlich möglich (z.B. Gingivitis, medikamentös bedingte Hyperplasie, hyperplastische Gingivitiden). Ein weiteres langfristiges Ziel ist es, den erreichten gesunden Zustand dauerhaft zu erhalten.

19.1 Behandlungsablauf

Die systematische Parodontaltherapie gliedert sich in drei große Abschnitte (Abb. 19-1):

- Initialtherapie
- chirurgisch-korrektive Phase
- Erhaltungstherapie.

Nach klinischer Befundung, evtl. anstehender Notfallbehandlung, vorläufiger Diagnose und Prognose wird der parodontal erkrankte Patient in die **Initialtherapie** aufgenommen. Am Ende der Initialtherapie steht eine Reevaluation der Primärdiagnose. Aufgrund des Erfolgs der bis zu diesem Zeitpunkt erfolgten Therapie wird eine endgültige Diagnose, Prognose und Behandlungsplanung erstellt. Sind die Ziele der Initialtherapie nicht erreicht und kann festgestellt werden, daß der Patient nicht ausreichend motiviert ist, wird der Patient wieder in die Initialbehandlung aufgenommen. Nur wenn die Ziele der Initialtherapie beim Patienten erreicht sind, aber dennoch Parodontien vorhanden sind, die bei Sondierung bluten und keinen Rückgang der Sondierungstiefen aufweisen, wird der Patient in die chirurgische Therapie übernommen. Im Anschluß an die chirurgische Therapie kann eine Funktionstherapie und die Anfertigung definitiver Restaurationen angeschlossen werden. Sind die Ziele der Initialtherapie erreicht und liegen keine entzündungsaktiven Parodontien vor, wird der Patient direkt in die Erhaltungs-

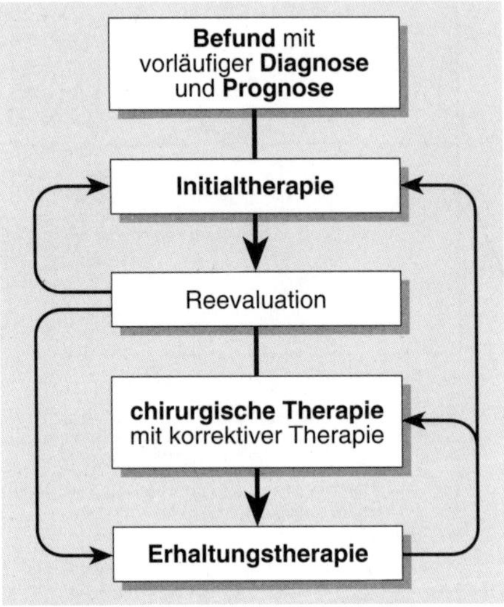

Abbildung 19-1. Behandlungsschema für die Parodontaltherapie. Die Pfeile verdeutlichen, daß die parodontale Gesundheit und Mitarbeit des Patienten während der verschiedenen Behandlungsphasen ständig kontrolliert werden müssen und gegebenenfalls eine Zuweisung des Patienten in eine bestimmte Therapiephase erfolgen kann.

therapie aufgenommen. In dieser Phase wird der Behandlungserfolg ständig neu überprüft (Recall) und der Patient gegebenenfalls wieder der chirurgisch-korrektiven Phase oder der Initialphase zugewiesen.

In der **Notfallbehandlung** wird eine *Schmerzbehandlung* von z.B. kariösen Prozessen, Pulpitiden, akuten und chronischen apikalen Parodontitiden und Parodontalabszessen durchgeführt. Gehen die diagnostizierten Beschwerden von nichterhaltungswürdigen Zähnen aus, sollten diese Zähne im Rahmen der Notfallbehandlung extrahiert werden.

Ein definitiver *Extraktionsplan* sollte aber erst in der Reevaluation aufgestellt und in der chirurgischen Phase durchgeführt werden. Eine lokale Taschenbehandlung schmerzender Parodontien beinhaltet eine Zahnstein- und Konkremententfernung, Spülung der Tasche mit einer antibakteriellen Spüllösung und gegebenenfalls die Instillation einer antiphlogistisch-antibakteriell wirksamen Paste in die entzündete Tasche.

Liegt ein **Abszeß** vor, der parodontaler Ursache ist, so wird eine Drainage via Tascheneingang oder durch eine Inzision vorgenommen.

19.2 Initialtherapie

Das Ziel der Initialtherapie ist es, gingivitische Veränderungen zu beseitigen, das Fortschreiten der bestehenden Erkrankung zu stoppen und plaque- bzw. zahnsteinfreie orale Verhältnisse zu schaffen.

In der Initialphase werden Mundhygienemaßnahmen vom Patienten und vom Zahnarzt durchgeführt. Die **Initialphase** umfaßt:
- Patientenmotivation und -instruktion
- Kontrolle der Patientenmitarbeit
- Intensivierung der Mundhygiene des Patienten
- Entfernung bakterieller Schlupfwinkel und marginaler (iatrogener) Irritationen
- Entfernung von supragingivaler Plaque und Zahnstein (Scaling und Wurzelglättung in geschlossenem Vorgehen)
- Weichteilkürettage
- Beseitigung von Okklusions- und Artikulationsstörungen.

Die erforderlichen **Sitzungen** können in der Initialtherapie wie folgt unterteilt werden:

1. Sitzung:
- 1. Bestimmung API/PBI
- 2. Supra- und subgingivale Zahnstein- und Plaqueentfernung, Politur der Zähne
- 3. Systematik des Zähneputzens (dabei behält der Patient zunächst seine bisher gewohnte Technik bei)
- 4. Fluoridierung mit einem Fluoridlack.

2. Sitzung:
- 1. Bestimmung API/PBI
- 2. Entfernung marginaler Retentionsstellen
- 3. Zahnsteinentfernung (wenn nötig, gegebenenfalls subgingivale Konkremententfernung)
- 4. Anleitung zu bestimmter Zahnputztechnik
- 5. Fluoridierung.

3. Sitzung:
- 1. Bestimmung API/PBI
- 2. Anleitung zur Interdentalhygiene (Zahnseide, Zahnstocher).

4. Sitzung:
- 1. Bestimmung API/PBI
- 2. Erneute Instruktion.

5. Sitzung:
- 1. Bestimmung API/PBI
- 2. Reevaluation
- 3. Gegebenenfalls Fertigstellung des Parodontalantrags für die Krankenkasse.

Zwischen der vierten und fünften Sitzung sollte mindestens ein Abstand von zwei Wochen liegen. Das Ziel der Initialtherapie ist es, den Patienten so zu motivieren, daß er durch eigene Mundhygienemaßnahmen einen API < 35% erreicht. In der Sitzung, die der Reevaluation dient, werden erneut die Sondierungstiefen und Zahnlockerung überprüft und mit dem Ausgangsbefund verglichen.

19.2.1 Patientenmotivation, -instruktion und Kontrolle der Mitarbeit

Der Patient wird vom Zahnarzt über die Ursachen seiner Erkrankung informiert. Er wird auf die Bedeutung der gründlichen Entfernung der bakteriellen Plaque hingewiesen. Anhand der Erhebung eines **Plaqueindizes** (z.B. API) und eines **Entzündungsindizes** (z.B. PBI) wird der Patient auf mögliche *Mängel bei der Mundhygiene* hingewiesen. Dabei werden ihm besonders die Stellen im Munde verdeutlicht, an denen ein Mundhygienedefizit vorliegt. Dem Patienten wird die Systematik des Zähneputzens, Zahnputztechniken, Möglichkeiten der Interdentalhygiene und Hilfsmittel zur Durchführung der Mundhygiene erklärt.

Die verschiedenen **Mundhygienemaßnahmen** werden dem Patienten an Modellen vorgeführt. Dabei sollte in der ersten Sitzung nicht gleich auf alle möglichen Mundhygienemaßnahmen eingegangen werden. Um den Patienten nicht zu überfordern und seine Mitarbeit dennoch zu fördern, sollte schrittweise in jeder Sitzung etwas Neues erlernt werden. Dieses Neuerlernte wird in der nächsten Sitzung kontrolliert.

Die Initialtherapie beinhaltet außerdem eine **Ernährungsberatung** des Patienten. Er wird auf die Schädlichkeit niedermolekularer Kohlenhydrate im Zusammenhang mit der Plaquebildung und dem Plaquemetabolismus hingewiesen. Falls erforderlich, sollte der Patient zur Überprüfung seiner Ernährungsgewohnheiten ein Ernährungstagebuch anlegen. Die Kontrolle der Mundhygieneunterweisung erfolgt je nach Schweregrad der Erkrankung ein- bis zweimal wöchentlich.

19.2.2 Zahnputztechniken

Durch das Zähneputzen wird die bukkale, linguale und okklusale, teilweise auch die interdentale Plaque entfernt. Dabei steht nicht die Häufigkeit, sondern die Gründlichkeit des Zähneputzens im Vordergrund. Da es 24 bis 36 Stunden dauert, bis sich eine reife Plaque etabliert hat, ist es bei äußerst gründlicher Pflege ausreichend, die Zähne einmal täglich zu putzen. Es ist für den Patienten aber nahezu unmöglich, die Plaque von allen Zähnen vollständig in einem Putzvorgang zu entfernen. Daher wird dem Patienten angeraten, nach jeder Mahlzeit seine Zähne zu putzen.

Es ist wichtig, daß sich der Patient beim Zähneputzen eine **Systematik** zur Gewohnheit macht, um alle Zahnflächen zu reinigen (Abb. 19-2).

Zur Reinigung der einzelnen Zähne werden je nach *vorliegender Erkrankung* und vorliegenden *anatomischen Verhältnissen* verschiedene Zahnputztechniken empfohlen. Bei allen Techniken wird die Zahnbürste an den Lingualflächen der Schneidezähne senkrecht angesetzt. An allen anderen Zahnflächen wird die Zahnbürste waagerecht angesetzt und 10–15 Bewegungen pro Zahn durchgeführt. Die okklusalen Flächen werden in einer leicht kreisenden Bewegung kräftig gebürstet.

Meist wird die **modifizierte Bass-Technik** (Abb. 19-3a) empfohlen. Sie eignet sich, wenn gesunde, gingivitische oder parodontitisch veränderte Parodontien vorliegen. Die modifizierte Bass-Technik wird ferner empfohlen, wenn die Interdentalpapille weitgehend erhalten ist und die marginale Gingiva nahe der Schmelz-Zement-Grenze endet.

Die **Charters-Methode** (Abb. 19-3b) wird Patienten mit bestehenden Resttaschen und freien Interdentalräumen empfohlen.

Die **modifizierte Stillman-Methode** ist für Patienten geeignet, die ein gesundes Parodont oder gingivale Rezessionen auf-

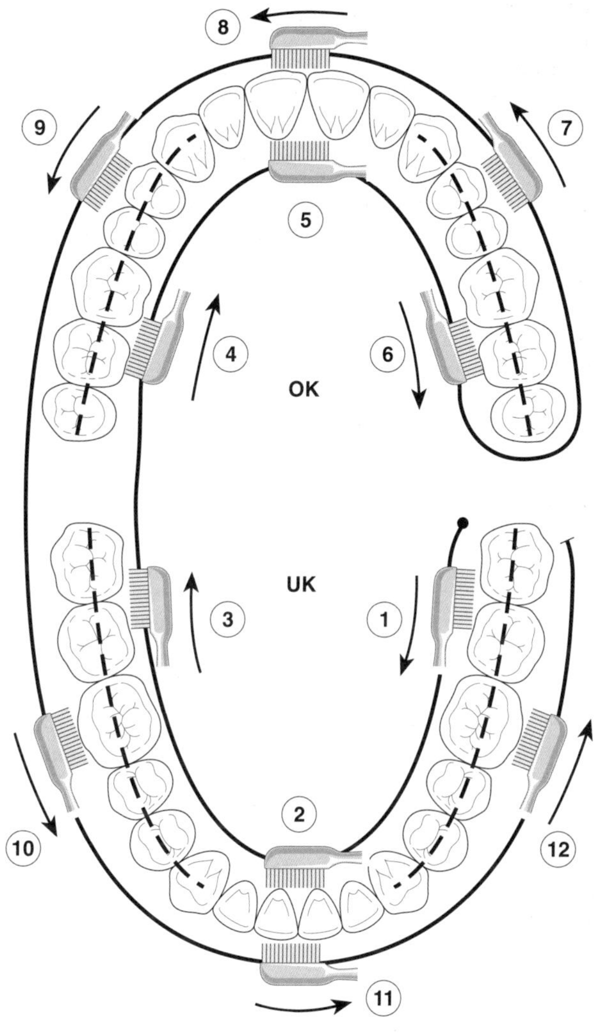

Abbildung 19-2. Systematik des Zähneputzens nach RATEITSCHAK (1989). Zuerst werden die schwer zugänglichen Lingualflächen und anschließend die Bukkalflächen der Zähne Zahn für Zahn einzeln gebürstet. Die Zahnbürste beschreibt dabei im Mund einen Kreis, so daß lingual im Unterkiefer mit dem Bürsten begonnen und bukkal im Unterkiefer geendet wird. Abschließend werden die Okklusalflächen geputzt.

weisen. Durch intermittierend ausgeübten Druck auf die Gingiva kommt es zu einer Stimulation der Gingiva durch Blutdrainage. Die Borstenenden einer weichen Zahnbürste werden im Bereich der Gingiva angesetzt. Es erfolgt eine Auswischbewegung vom Zahnfleisch zum Zahn („von Rot nach Weiß"). Dabei wird die Zahnbürste um ihre Längsachse gleichzeitig gedreht, und es werden, wenn es die Geschicklichkeit des Patienten erlaubt, Rüttelbewegungen durchgeführt.

Die **Fones-Technik** wird Kindern und Patienten empfohlen, die nicht die manuelle Geschicklichkeit besitzen, die obigen Techniken zu erlernen. Die bukkalen Zahnflächen werden dabei bei geschlossener Zahnreihe mit kleinen kreisenden Bewegungen gebürstet. Mit den gleichen Bewegungen werden dann die lingualen und okklusalen Zahnflächen gereinigt.

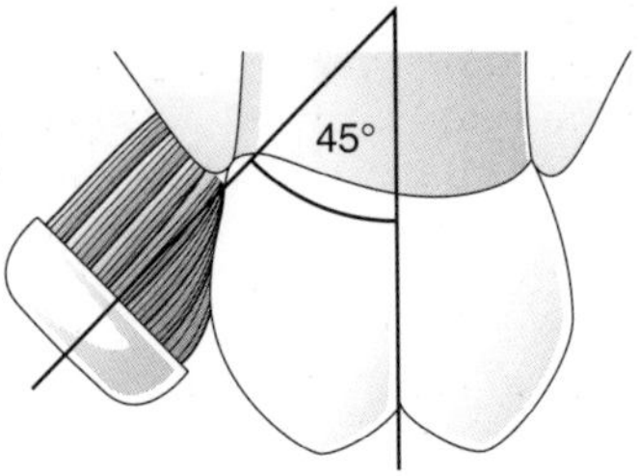

a Bass-Technik

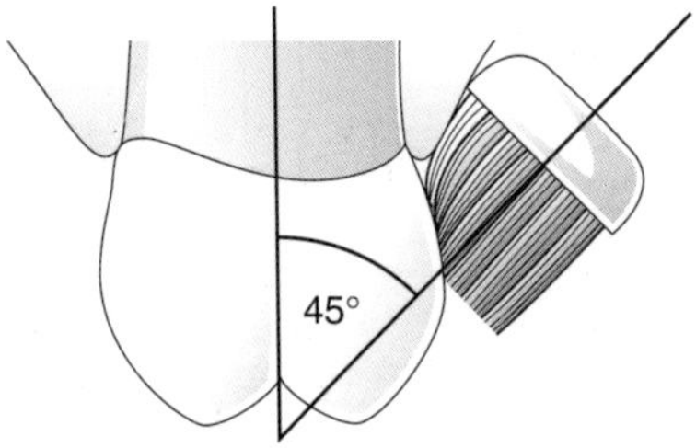

b Charters-Technik

Abbildung 19-3. Zahnputztechniken.
a) Bass-Technik: Die Zahnbürste wird im Winkel von 45° zur Zahnlängsachse gleichzeitig auf den Zahn und die Gingiva aufgesetzt. Der Andruck der Bürste ist so stark, daß sich die Borsten zu biegen beginnen. Es werden pro Zahnfläche 10–15 senkrecht rüttelnde bzw. leicht kreisende Bürstbewegungen durchgeführt.
b) Charters-Technik: Die Bürste wird in einem Winkel von 45° von unten an die Gingiva angelegt. Es werden kleine kreisende Bewegungen durchgeführt, bei denen die Borstenenden in die Interdentalräume gestoßen werden.

19.2.3 Hilfsmittel für die Mundhygiene

Die **Zahnbürste** sollte einen kurzen *Bürstenkopf* (ca. 2,5 cm Länge) mit elastischen, geraden, an den Enden abgerundeten Kunststoffborsten besitzen.

Die Dicke der *Borsten* sollte 0,18–0,25 mm, die Länge der Borsten 10–12 mm betragen. Die Borsten sollten mittelhart und zu Büscheln von je 20–40 Borsten (multi-tufted) angeordnet sein. Sind die Borsten zu hart oder die Enden nicht abgerundet, kann es leicht zu Zahnfleischverletzungen durch den Patienten kommen. Das Borstenfeld sollte plan sein.

Die Zahnbürste ist nach ca. *vier Wochen* oder bei einem Umbiegen der Borsten auszutauschen. Nach Infektionen im Mund- und Rachenbereich muß die Zahnbürste ebenfalls erneuert werden, da es durch eine bakterielle Besiedelung der Bürste zu einer Reinfektion kommen kann.

Durch den Gebrauch **elektrischer Zahnbürsten** wird keine effektivere Zahnreinigung erreicht als durch eine Handzahnbürste. Die elektrische Zahnbürste erleichtert manuell weniger geschickten Patienten oder behinderten Patienten eine gründliche Mundhygiene. Ihr Gebrauch muß dem Patienten ebenfalls vom Zahnarzt demonstriert werden. Häufig wird beobachtet, daß die Zahnpflege bei der Verwendung einer neuerworbenen elektrischen Zahnbürste anfänglich intensiver betrieben wird. Dieser positive Effekt des „Neuerworbenen" läßt dann aber mit der Zeit meist wieder nach.

Mit der Zahnbürste ist es nicht möglich, den Interdentalraum frei von Plaque und Speiseresten zu halten.

Das wichtigste Instrument zur Reinigung des Approximalbereichs der Zähne und der Interdentalräume ist die **Zahnseide.** Darüber hinaus erkennt der Zahnarzt und der Patient durch das Auffasern ungewachster Zahnseide, daß Imperfektionen an Restaurationen oder kariöse Restaurationen im Interdentalbereich vorliegen. Die Zahnseide kann mit Daumen und Zeigefinger oder einem Zahnseidenhalter gespannt werden. Die Zahnseide wird dann vorsichtig über den Approximalkontakt in den Interdentalraum gezogen. Durch vorsichtige Auf- und Abbewegungen wird zunächst die Approximalfläche des einen und dann die Approximalfläche des anderen Zahnes gereinigt.

Breite Interdentalräume, Brückenglieder oder verblockte Zahnzwischenräume können mit *Superfloss®* gereinigt werden. Bei Superfloss handelt es sich um gebrauchsfertige Zahnseide, die im Mittelteil mit einem Flies ummantelt ist. Sie ist an einem Ende versteift. Dieses versteifte Ende kann unterhalb eines nichtdurchgängigen Kontaktpunktes durch den Interdentalraum gestoßen werden. Mit dem Flies im Mittelteil kann der Interdentalraum oder die Unterseite des Brückenzwischengliedes dann gereinigt werden.

Zahnseide gibt es in gewachster und ungewachster Form. Die Bewegung *ungewachster Zahnseide* auf einem sauberen Zahn führt zu einem quietschenden Geräusch. Am Auftreten dieses Geräusches kann der Patient die Effektivität seiner Bemühungen kontrollieren.

Der Vorteil *gewachster Zahnseide* ist, daß der ungeübte Patient seine Interdentalpapille nicht so leicht verletzen kann und die gewachste Zahnseide mit weniger Kraftaufwand über den Approximalkontakt zu ziehen ist. Allerdings können Wachsreste im Interdentalraum verbleiben.

Weite Interdentalräume und freiliegende Furkationen können ferner mit **Zahnhölzern** oder **Approximalraumbürstchen** gereinigt werden. Insbesondere Zahneinziehungen an Oberflächen im Bereich des Approximalraumes werden mit Interdentalbürstchen effektiv gesäubert. **Wasserstrahlgeräte** (Mundduschen) erleichtern die Entfernung von eingeklemmten Speiseresten und lose anhaftender Plaque. Fest angeheftete Plaque kann nicht mit dem Wasserstrahlgerät, sondern muß mechanisch mit Bürsten und Hölzern entfernt werden. Am effektivsten und gleichzeitig schonendsten sind pulsierend arbeitende Wasserstrahlgeräte mit mehrstrahligen Düsen. Mit dem Wasserstrahl kann die Gingiva massiert und stimuliert werden. Dadurch kann eine Festigung der Gingiva erreicht werden. Darüber hinaus können gezielt *Spüllösungen* durch den Patienten appliziert werden. Dabei darf kein zu harter Strahl verwendet werden, da dies zur Streuung von Bakterien in entzündlich aufgelockerte Gewebeabschnitte führen kann. *Endokarditisrisikopatienten* (s. Kap. 19.13) dürfen keine Mundduschen anwenden, da dies zu einer Bakteriämie führen kann.

Zur Kontrolle seiner Mundhygienemaßnahmen sollte der Patient bei der häuslichen Zahnpflege **Plaquerevelatoren** in Form von Kautabletten verwenden.

19.2.4 Zahnpasta

Die Verwendung von Zahnpasta ist ein wirksames Mittel zur Karies- und Gingivitisprophylaxe. Sie erfüllt im wesentlichen drei Aufgaben:
- eine *kosmetische* Aufgabe durch Säubern und Polieren der Zahnoberfläche und Erfrischung des Atems
- eine *therapeutische* Aufgabe durch Entfernen der Plaque
- eine *pharmakologische* Aufgabe durch Einbringen pharmakologisch wirksamer Substanzen.

Zahnpasten sind den Kosmetika, nicht den Arzneimitteln zugeordnet. Eine Verschreibungspflicht besteht nur, wenn die Dosis des zugelassenen Wirkstoffs bei längerem Gebrauch unerwünschte Nebenwirkungen auslösen kann. So sind Zahnpasten mit einem Fluoridgehalt von über 0,15% verschreibungspflichtig. Zahnpasten setzen sich aus verschiedenen Einzelbestandteilen zusammen:

Je nach Zahnpasta liegen 15–55% Abrasivstoffe, **Putzkörper**, in einer Zahnpasta vor. Sie erleichtern die Entfernung der Plaque und die Politur der Zahnoberflächen.

Die *Abrasionswirkung* hängt neben der Partikelform, der Partikelgröße, Härte und Anzahl der Partikel auch von der angewandten Zahnputztechnik und der beim Putzen angewendeten Kraft ab. Die Beschaffenheit und Härte der verwendeten Zahnbürste besitzen nur einen untergeordneten Einfluß auf die Abrasivität von Zahnhartsubstanz. Als Putzkörper werden Carbonate, Phosphate (Dicalciumphosphat [DCP], Dicalciumhydrogenphosphat [DCPD], Natriummetaphosphat [IMP]), Kieselgele, feindisperse Kieselsäure, Aluminiumoxidhydrate und Kunststoffe verwendet.

Als aussagefähigste Meßmethode zur Bestimmung der Abrasivität einer Zahnpasta gilt die Bestimmung des Abriebs von radioaktiv markiertem Dentin (RDA: Radioactive Dentin Abrasion) bzw. Schmelz (REA: Radioactive Enamel Abrasion). Zahnpasten mit einer hohen Abrasivität weisen einen großen RDA- bzw. REA-Wert auf.

Feuchthaltemittel verhindern das Austrocknen der Zahnpasta. Sie sind in Form von Glycerol, Sorbitol oder Propylenglycol den Zahnpasten beigemischt.

Bindemittel (Natriumalbunat, Methylcellulose, kolloidales Magnesium und Aluminiumsilikat) sind hydrophile, kolloidale Substanzen. Sie bilden hochvisköse Gele und binden die Abrasivstoffe.

Konservierungsstoffe (z.B. Hydroxibenzoesäureester) verhindern die mikrobielle Zersetzung der Zahnpasta und garantieren ihre Haltbarkeit.

Tenside (z.B. Natriumlaurylsulfat) verringern die Oberflächenspannung des Speichels. Sie besitzen aufgrund ihrer chemischen Struktur die Möglichkeit, sich an Zahnoberflächen anzulagern. Ferner erzielen sie eine schäumende und ablösende Wirkung der Plaquebakterien. Hohe Dosierungen von Natriumlaurylsulfat können zu Schädigungen der Gingiva führen. Die Konzentration sollte daher 2% nicht überschreiten.

Aromate sind Geschmacksstoffe wie Pfefferminz und Menthol. Sie sollen die Akzeptanz von Zahnpasten fördern. Kinderzahnpasten sind teilweise nichtkariogene Süßstoffe zugesetzt (Saccharin, Xylit). Der Zuckeraustauschstoff Xylit soll ferner den Stoffwechsel kariogener, zuckerabbauender Mikroorganismen beeinflussen und zur Verdrängung dieser Bakterien führen. Den Zahnpasten können verschiedene **Wirkstoffe** zugesetzt sein.

Als **Kariostatika** sind den Pasten seit etwa 40 Jahren *Fluoride* beigemischt. Heute besitzen ca. 70% der erhältlichen Zahnpasten 0,1–0,15% Fluorid. Kinderzahnpasten sind höchstens 0,025% Fluorid zugesetzt. Bei täglicher Anwendung bewirken fluoridhaltige Zahnpasten eine Kariesreduktion von 20–50%. Den Zahnpasten sind Fluoride in Form von Zinnfluorid, Natriumfluorid, Natriummonofluorphosphat und Aminfluorid zugefügt.

Plaquehemmende Wirkstoffe, wie *Chlorhexidin, Sanguinarin* oder die *Enzyme* Amyloglucosidase/Glucoseoxidase, besitzen antimikrobielle Eigenschaften. Sie wirken auf den Metabolismus und das Wachstum der supragingivalen Plaquebakterien.

Die Kombination von *Phenolen,* z.B. Triclosan mit dem Metallsalz Zinkzitrat zeigte in neueren Untersuchungen einen hemmenden Einfluß auf parodontalpathogene Keime.

Zahnsteininhibitoren, wie *Pyrophosphate, Polyphosphate, Phosphonate, Zinkzitrate,* hemmen die Ausfällung von Calciumsalzen aus dem Speichel und beugen so der Kristallisation und supragingivalen Zahnsteinbildung vor.

Pflanzliche Extrakte, wie z.B. *Chamazulen,* wirkten antiphlogistisch. *Vitamin A* wird vom Gingivagewebe resorbiert und fördert die Zellproliferation und damit die Bildung einer ausreichend keratinisierten Gingiva.

Als Therapeutika zur **Desensibilisierung hypersensibler Zähne** werden Fluoridverbindungen, Strontriumchlorid oder Kaliumnitrat den Zahnpasten zugesetzt. Diese Wirkstoffe sollen durch eine *Mineralisierung, Verätzung* oder *Imprägnierung* die Dentinkanälchen verschließen bzw. die Odontoblastenfortsätze strukturell verändern. Die genauen Mechanismen, die zur Desensibilisierung bei Verwendung dieser Zahnpasten führen, sind aber noch nicht geklärt. Hypersensible Zahnpartien liegen im Bereich freiliegender Zahnhälse oder bei freiliegenden Wurzeloberflächen vor. Sie finden sich auch nach parodontalchirurgischen Maßnahmen, wenn es zu einer Retraktion der zuvor ödematös geschwollenen Gingiva kommt. Da das dünne Wurzelzement infolge von Mundhygienemaßnahmen oder durch erosive bzw. abrasive Nahrung leicht beschädigt wird, haben die Odontoblastenfortsätze via Dentinkanälchen Kontakt mit der Mundhöhle. Mechanische, thermische und chemische Reize können dann vom Patienten als sehr schmerzhaft empfunden werden.

19.2.5 Supra- und subgingivale Plaque- und Zahnsteinentfernung

Die Aufgabe des Zahnarztes in der Initialphase ist es, eine professionelle Zahnreinigung durchzuführen. Die **professionelle Zahnreinigung** umfaßt:
- Darstellung der supragingivalen Beläge
- vollständige Entfernung der supra- und subgingivalen erreichbaren Beläge
- Politur und Fluoridierung der Zahnoberflächen.

Zur Herstellung hygienischer Mundverhältnisse und um dem Patienten Voraussetzungen zu schaffen, die eine optimale Zahnpflege ermöglichen, muß der Zahnarzt die supragingivalen Beläge und Zahnstein entfernen. Auch *Tee-* und *Kaffeebeläge* stellen einen Nährboden für Mikroorganismen dar und sind als bakterielle Beläge zu verstehen. Darüber hinaus werden sie vom Patienten als ästhetisch beeinträchtigend empfunden. Neben den supragingivalen Belägen werden erreichbare subgingivale Konkremente beseitigt. Die Entfernung der erreichbaren Beläge erfolgt in einer konservativ geschlossenen Therapie. Die Maßnahmen zur Beseitigung der subgingivalen Konkremente werden ohne ein Zurückklappen der Gingiva und ohne Lappenbildung in der Initialphase vorgenommen. Die dabei angewendeten Verfahren werden bei den chirurgischen Parodontaltherapien beschrieben.

19.2.6 Instrumente zur Zahnreinigung und Entfernung von Zahnstein durch den Zahnarzt

Zur Entfernung von harten Belägen und zur Grobdepuration werden **Scaler** verwendet. *Sichelscaler* besitzen einen dreieckigen Querschnitt, zwei schneidende Kanten und laufen an ihrem Ende spitz zu (Abb. 19-4). Aufgrund ihrer Spitze und Größe ist ein subgingivales Arbeiten ohne Verletzung der Gingiva nicht möglich. Gerade Scaler sind im gesamten Ober- und Unterkieferbereich einsetzbar, gebogene Scaler eignen sich zur Entfernung von Zahnstein im Interdentalbereich.

Hoe-Scaler besitzen ein hauenförmiges bzw. hakenförmiges Arbeitsende. Mit ihnen können auch subgingivale Konkremente ohne Zurückklappen der Gingiva entfernt werden. Aufgrund ihrer Form erreichen sie aber nicht den Taschenboden. Durch ihre scharfen Kanten kann es leicht zu tiefen Kratzern auf der Wurzeloberfläche kommen.

Küretten werden zur Entfernung subgingivaler Konkremente, nekrotischen, infizierten Wurzelzements und zur Entfernung des Granulationsgewebes und des Taschenepithels verwendet. Sie besitzen eine zierliche Form mit abgerundetem Ende. Es werden Universalküretten (z.B. Columbia) und Spezialküretten (z.B. Gracey) unterschieden.

Universalküretten können aufgrund ihrer Form an allen Quadranten eines Gebisses und dort an allen Zahnflächen eingesetzt werden. Sie sind auf beiden Seiten ihres löffelartigen Arbeitsendes scharf geschliffen.

Spezialküretten sind nur einseitig scharf geschliffen. Es muß immer das Instrument gewählt werden, das sich der Wurzeloberfläche am besten anlegen läßt. Der Anstellwinkel zwischen Arbeitskante und Zahnoberfläche sollte ca. 80° betragen. Der Winkel zwischen

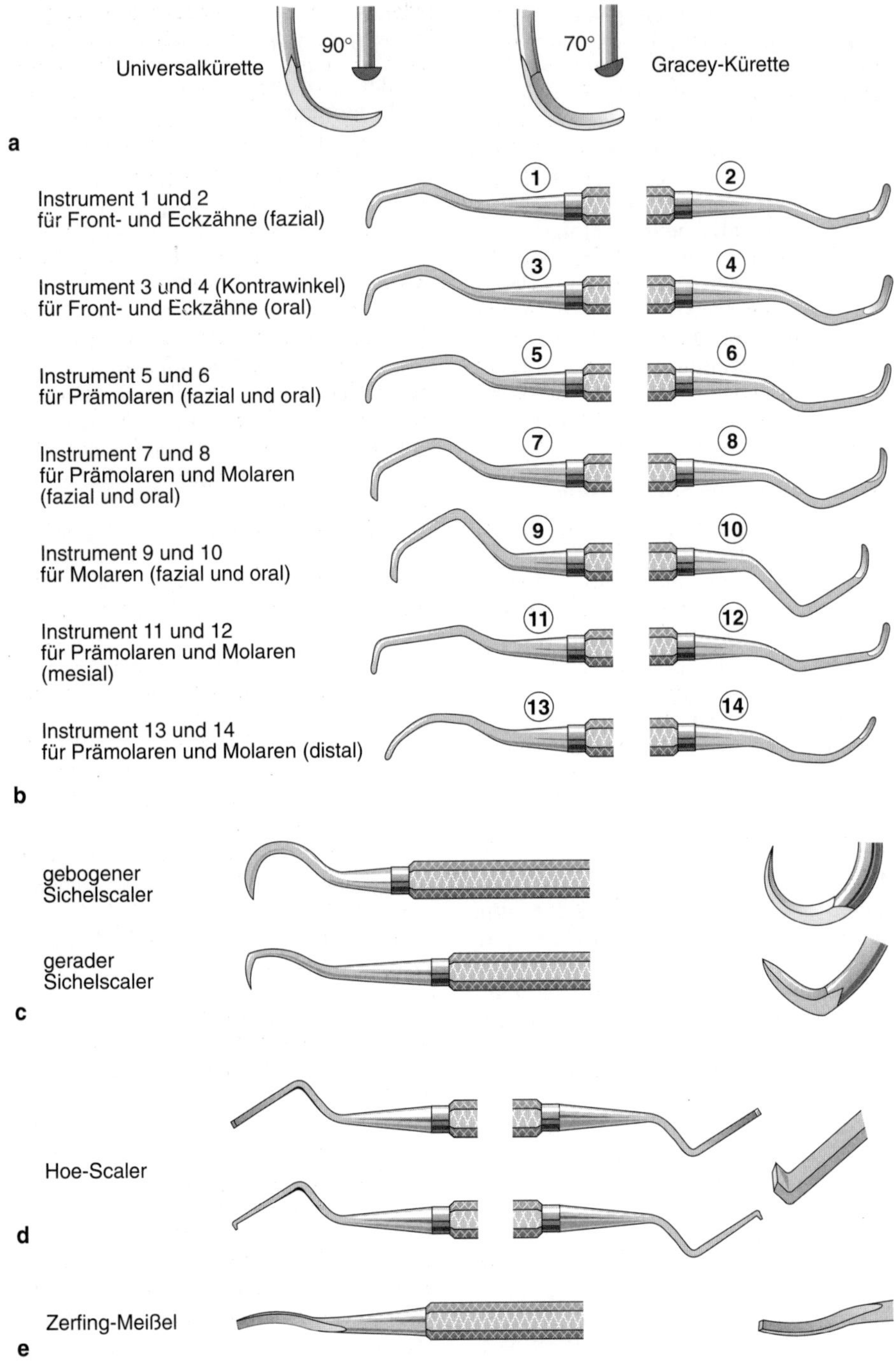
Universalkürette
90°
70°
Gracey-Kürette
a
Instrument 1 und 2
für Front- und Eckzähne (fazial)
1
2
Instrument 3 und 4 (Kontrawinkel)
für Front- und Eckzähne (oral)
3
4
Instrument 5 und 6
für Prämolaren (fazial und oral)
5
6
Instrument 7 und 8
für Prämolaren und Molaren
(fazial und oral)
7
8
Instrument 9 und 10
für Molaren (fazial und oral)
9
10
Instrument 11 und 12
für Prämolaren und Molaren
(mesial)
11
12
Instrument 13 und 14
für Prämolaren und Molaren (distal)
13
14
b
gebogener
Sichelscaler
gerader
Sichelscaler
c
Hoe-Scaler
d
Zerfing-Meißel
e

dem Schaft des Handinstrumentes und der Arbeitskante beträgt bei Universalküretten 80°, bei Spezialküretten 60–70°. Die Spezialküretten vom Typ Gracey besitzen eine Zahlencodierung, die es ermöglicht, daß genau das Instrument ausgewählt werden kann, das sich am besten der jeweiligen Zahnoberfläche anlegen läßt (Abb. 19-4b).

Meißel (z.B. Zerfing-Meißel) werden hauptsächlich zur interdentalen Zahnsteinentfernung im Front- bzw. vorderen Seitenzahnbereich eingesetzt.

Die beschriebenen Handinstrumente werden in einem modifizierten Schreibfedergriff gehalten. Der Mittelfinger dient immer der Abstützung an der Zahnreihe. Ohne diese Abstützung kann nicht die erforderliche Kraft, die zur Zahnsteinentfernung notwendig ist, aufgebracht werden. Zum anderen verhindert die Abstützung ein Abrutschen des Instrumentes und eine Verletzung des Patienten und Behandlers mit dem scharfen Instrument.

Mit Meißeln wird *stoßend*, mit Scalern und Küretten von apikal nach koronal *ziehend gearbeitet.* Manchmal kann mit der instrumentenführenden Hand nicht ausreichend Druck auf das Instrument und damit auf den Zahn ausgeübt werden. Dann kann das Instrument am Schaft mit Hilfe der Finger der anderen Hand zusätzlich gestützt und geführt werden.

Nur mit scharfen Handinstrumenten für die Zahnstein- und Konkremententfernung ist eine effektive Depuration der Zähne in angemessener Zeit möglich. Deshalb müssen die Instrumente nach

← **Abbildung 19-4.** Instrumente zur Zahnsteinentfernung.
a) Unterschiedliche Winkel zwischen Schneide und Schaft von Universalküretten und Gracey-Küretten.
b) Kodierung und Einsatzgebiet der Gracey-Küretten.
c) bis e) Scaler und Meißel mit schematischer Darstellung der jeweiligen Schneide (Arbeitsende).

jedem Gebrauch nachgeschärft werden. Das **Schärfen** geschieht mittels Abziehen des Instruments über Steine. Sehr stumpfe oder beschädigte Instrumente werden mit groben Steinen (India) vorgeschliffen. Das feine Aufschleifen wird mit Arkansas-Steinen vorgenommen. Zur Schonung des Steins und um eine größere Hitzeentwicklung zu vermeiden, wird spezielles Schleiföl auf den Stein aufgetragen. Das Aufschleifen ist von Hand und mit Aufschleifmaschinen möglich. Die einseitig scharfen Instrumente (z.B. Gracey-Küretten) werden an der Außenfläche, die zweiseitig scharfen Instrumente (z.B. Scaler) an Außen- und Innenfläche geschärft. Die Oberfläche des Abziehsteins und die Oberfläche der Schneide bilden einen Winkel von 100–110°. Das Schärfen geschieht durch Auf- und Abziehen des Steines am fixierten Instrument. Um Scharten am Instrument zu vermeiden, sollte zum Schluß ein Abwärtszug erfolgen. Die Schärfe kann an einem Plexiglasstäbchen kontrolliert werden. Scharfe Instrumentenkanten reflektieren kein Licht.

Neben den beschriebenen Handinstrumenten kommen **Ultraschallgeräte** zur Entfernung von Zahnstein und subgingivalen Konkrementen (nur bei zurückgeklappter Gingiva) zum Einsatz. Ultraschallinstrumente sollten nicht zur Entfernung von weichen Belägen eingesetzt werden, da es bei ihrem Einsatz leicht zu Verletzungen der Zahnhartsubstanzen kommen kann. *Magnetostriktiv bzw. piezoelektrisch* arbeitende Ultraschallgeräte wandeln elektrischen Strom in mikroskopisch kleine Stöße von 25000–50000 Schwingungen um. Bei magnetostriktiv angetriebenen Geräten wird ein Eisen- oder Nickelstahlkern in einer Wechselstromspule in eine Längsschwingung versetzt. Bei den piezoelektrisch angetriebenen Geräten werden Quarzkristalle in einem Wechselfeld deformiert. Dadurch leiten sie die Schwingungen auf das Arbeitsende weiter.

Sogenannte **Airscaler** werden über den Turbinenanschluß am Behandlungsstuhl durch Luft angetrieben. Sie erreichen maximal 10000 Schwingungen pro Sekunde und arbeiten damit nicht im Ultraschallbereich. Durch die Schwingungen der Arbeitsenden werden festanhaftende Beläge zur Implosion gebracht, so daß sie sich vom Zahn lösen. Der für die Kühlung notwendige, auf die Zahnoberfläche auftreffende Wasserstrahl unterstützt diesen Kavitationsvorgang. Ohne diese Kühlung kann es zu thermischen Schädigungen der Zahnhartsubstanz und des Weichgewebes kommen (bis 195 °C).

Als *Kühlmittel* wird meist Wasser, aber auch pharmakologisch wirksame Lösungen (z.B. Chlorhexidindigluconat) werden verwendet. Aufgrund des notwendigen Kühlvorgangs ist ein Einsatz von Ultraschallgeräten in tiefen Taschen nicht möglich. Durch die Schwingungen kann es zu Zahnhartsubstanzkavitationen von 0,1 mm Tiefe kommen. Dies trifft sowohl für schall- als auch ultraschallgetriebene Geräte zu. Eine Kavitation kann vor allem dann beobachtet werden, wenn die Arbeitsspitze mit Druck auf eine Stelle des Zahnes aufgesetzt wird. Daher sollte immer intermittierend, mit geringem Druck und unter Verwendung abgerundeter Instrumentenspitzen gearbeitet werden. Das Arbeitsende sollte flächig an die Zahnoberfläche angelegt werden. Maschinell angetriebene Zahnsteinentfernungsgeräte dürfen wegen möglicher Zahnhartsubstanzschädigungen nicht zur regelmäßigen Entfernung von Belägen verwendet werden. Hier ist der Einsatz von Handinstrumenten angezeigt. Vorsicht ist bei der Verwendung von Ultraschall- und Schallinstrumenten bei Patienten mit Herzschrittmachern geboten. Durch elektromagnetische Einflüsse oder aber auch durch die Vibration kann es zu einer Beeinflussung des Schrittmachers kommen.

Pulverstrahlgeräte dienen der Reinigung von Fissuren und der Entfernung von Verfärbungen. Das druckluftbetriebene Gemisch von Wasser und Natriumbicarbonatpulver kann beim Auftreffen auf die Gingiva zu Epithelverletzungen führen. Eine Anwendung im Bereich freiliegenden Wurzelzements oder Dentins bzw. im Bereich von Kompositfüllungen wird aufgrund schädigender Einflüsse nicht empfohlen.

Die abschließende **Politur** der Zahnoberfläche und vollständige Entfernung von Verfärbungen erfolgt mit maschinell getriebenen rotierenden weichen Bürstchen oder Gummikelchen.

Zur Reinigung der Interdentalflächen werden dünne, flexible, flache Kunststoff- oder Holzansätze des *EVA-Systems* verwendet. Beim EVA-System wird ein Arbeiten im Interdentalraum durch eine vibrierende Längsbewegung eines Arbeitsendes ermöglicht.

Eine weitere Möglichkeit zur Belagentfernung besteht im Einsatz von *aluminiumoxidbeschichteten Polierstreifen,* wie sie zur Politur von Kompositfüllungen verwendet werden.

Werden *Polierpasten* verwendet, sollte darauf geachtet werden, daß sie keine zu stark abrasive Wirkung besitzen. Als Polierpasten können auch Zahnpasten herangezogen werden. Die Fluoridierung der Zahnoberflächen sollte nicht mit harzhaltigen Fluoridlacken erfolgen, da sich diese beim parodontalgeschädigten Patienten leicht in den Zahnfleischtaschen festlagern können.

19.2.7 Beseitigung der die Plaqueablagerung fördernden Faktoren

Der Zahnarzt muß in der Initialphase **Retentionen und Nischen beseitigen,** so daß für den Patienten Mundhygiene vereinfacht wird. Zu diesem Zweck müssen überhängende *Füllungsränder* abgetragen und unpoliert bzw. ungenügend konturierte Füllungen rekonturiert und poliert werden. Ist eine Rekonturierung und Politur nicht möglich, müssen die Füllungen erneuert werden.

Lokale sekundäre Ursachen wie *Zahneinziehungen, Schmelzprojektionen* oder *enge Furkationseingänge* werden in Form einer **Odontoplastik** so verändert, daß die Plaque keine Retentionsstellen mehr besitzt. Furkationseingänge werden so erweitert, daß die freiliegende Furkation mit kleinen Bürstchen durch den Patienten reinigbar ist. Zur Entfernung überstehender approximaler Füllungen werden einseitig belegte diamantierte Spitzen des EVA-Systems oder diamantierte Interdentalstreifen verwendet. Die bearbeiteten Flächen müssen abschließend mit feinen belegten Ansätzen oder Streifen poliert werden.

Eine *Odontoplastik* wird mit feinen Diamantschleifern (Körnung 15–75 µm) durchgeführt. Im Anschluß an eine Odontoplastik muß immer eine *Fluoridierung* der Zahnoberflächen erfolgen.

19.3 Grundlagen der Parodontalchirurgie

Das Ziel der chirurgischen Parodontaltherapie ist die Etablierung eines weitgehend entzündungsfreien Parodonts. Darüber hinaus soll eine Reduzierung der Sondierungstiefen und eine teilweise oder vollständige Auffüllung von Knochentaschen mit körpereigenem Gewebe erzeugt werden.

Verschiedene chirurgische Maßnahmen beeinflussen die Form und Breite der Gingiva, so daß die Plaquekontrolle erleichtert wird. Durch die chirurgische Parodontaltherapie soll es im Idealfall zu einer Festigung der gelockerten Zähne kommen.

Die chirurgisch-korrektiven Maßnahmen werden durchgeführt, wenn die Ziele der Initialphase weitgehend erreicht sind, aber dennoch weiterhin *aktive Resttaschen* vorliegen. Aktive Taschen sind durch ein Bluten bei vorsichtiger Sondierung gekennzeichnet. Der Patient muß in der initialen Hygienephase seine Kooperationsbereitschaft zur aktiven Mitarbeit bei der Plaquekontrolle gezeigt haben. Nur dann sind chirurgische Maßnahmen durchzuführen und sinnvoll. Die chirurgischen Eingriffe werden nur an den Zähnen durchgeführt, die aktive Resttaschen besitzen und erhaltungswürdig sind. Da die Eingriffe auch immer ein lokales Trauma setzen, sind die übrigen Zähne, wenn möglich, nicht in den chirurgischen Eingriff einzubeziehen. Die Therapien sind recht aufwendig und für den Behandler anstrengend. Daher werden die chirurgischen Maßnahmen in vier bis sechs Sitzungen durchgeführt. Das Gebiß wird dabei in Quadranten bzw. Sextanten eingeteilt. Epidemiologische Studien (s. Abb. 17-2) haben gezeigt, daß chirurgisch-korrektive Maßnahmen nur bei höchstens einem Viertel aller Patienten angezeigt sind. Beim überwiegenden Teil der Patienten sind die Maßnahmen der Initialtherapie ausreichend, um die in der chirurgischen Therapie angestrebten Ziele zu verwirklichen.

Die chirurgischen Eingriffe werden folgendermaßen eingeteilt:
- parodontalchirurgische Eingriffe
- mukogingivalchirurgische Eingriffe
- kombiniert parodontal-mukogingivalchirurgische Eingriffe
- Methoden zur Behandlung von Zähnen mit Furkationsbeteiligung.

19.3.1 Antibiotische Abschirmung

Eine peri- bzw. postoperative Antibiose ist nur bei Patienten mit bestimmten Grunderkrankungen oder speziellen Verlaufsformen der Parodontopathien notwendig. Sie wird nicht routinemäßig verordnet. Vor dem operativen Eingriff sollte der Patient zur Bakterienreduktion mit einer antimikrobiellen Spüllösung (z.B. Chlorhexidin) den Mund gut ausspülen. In der postoperativen Phase empfiehlt sich zur Unterstützung der Mundhygienemaßnahmen des Patienten ebenfalls die Anwendung antimikrobieller Spüllösungen.

19.3.2 Lokalanästhesie

Die parodontal-chirurgischen Eingriffe machen eine Lokalanästhesie notwendig. Dabei sollten Anästhetika mit *niedrigem Vasokonstringenz-Zusatz* (z.B. Adrenalin) verwendet werden. Durch das Vasokonstringenz entsteht ein blutarmes Operationsgebiet, so daß die Übersicht erleichtert wird. Darüber hinaus wird durch das Vasokonstringenz die Anästhesiedauer verlängert.

Die absoluten **Kontraindikationen** für die Anwendung von Adrenalin (paroxysmale Tachykardie, Tachyarrhythmie, Zustand nach Infarkt, schwere Hypertonie, Angina pectoris, Hyperthyreose, Engwinkelglaukom, Medikation mit Antidepressiva) sind zu beachten.

Bei Eingriffen im **Oberkiefer** wird bukkal eine Infiltrationsanästhesie (Nn. alveolares superiores) und palatinal eine Leitungsanästhesie am Foramen palatinum (N. palatinus major) bzw. am Foramen incisivus (N. nasopalatinus) vorgenommen.

Im **Unterkiefer** ist im Frontzahngebiet ebenfalls eine Infiltrationsanästhesie bukkal und lingual ausreichend. Für den Seitenzahnbereich des Unterkiefers ist neben der Leitungsanästhesie am Foramen mandibulae (N. lingualis/N. alveolaris inferior) eine Blockade des N. buccalis notwendig.

19.3.3 Schnittführungen

Zur Mobilisation der Gingiva und Mukosa sind horizontale bzw. vertikale Inzisionen notwendig (Abb. 19-5).

Bei den **horizontalen Inzisionen** werden marginale und paramarginale Inzisionen unterschieden.

Marginale Inzisionen verlaufen intrasulkulär und trennen das Saum- bzw.

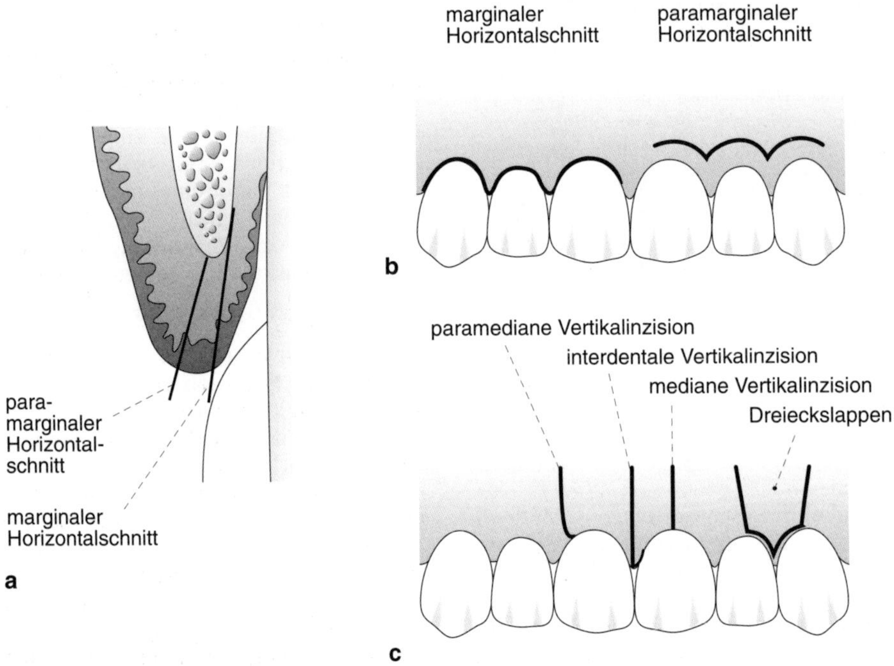

Abbildung 19-5. a) Horizontalinzisionen im Längsschnitt (a) und in der Aufsicht (b). Vertikalinzisionen in der Aufsicht (c).

Taschenepithel vom Zahn. Bei dieser Schnittführung tritt nahezu kein Höhenverlust der Gingiva auf, so daß nach der Operation weniger freiliegende Wurzeloberflächen resultieren. Die marginale Inzision eignet sich daher besonders im Frontzahnbereich beim Vorliegen von Zahnfleischtaschen mit geringer Sondierungstiefe (bis 4 mm).

Paramarginale Inzisionen verlaufen in einem Abstand von 1–2 mm zum Zahn. Durch sie wird das entzündete Taschengewebe in Form einer internen Gingivektomie scharf kürettiert.

Vertikale Inzisionen dienen als Entlastungsschnitte, wenn größere Schleimhautlappen mobilisiert werden müssen. Sie liegen im günstigsten Fall paramedian oder werden in Form eines Dreiecklappens ausgeführt. Die Bildung eines Dreieckslappens ist vor allem dann sinnvoll, wenn Knochentaschen oder Krater interdental lokalisiert sind. Wegen der Gefahr postoperativer Nekrosen und Schrumpfungen sollten interdentale oder mediale Vertikalinzisionen unterlassen werden.

19.3.4 Nähte, Nahtmaterial und Nahttechniken

Die bei der Parodontalchirurgie mobilisierten Schleimhaut- bzw. Mukoperiostlappen müssen durch eine Naht wieder am Zahn adaptiert werden. Die Gingiva sollte dabei den Knochen wieder vollständig überdecken. Es wird atraumatisches, in der Regel nichtresorbierbares Nahtmaterial der Stärke 3–0 bzw. 4–0 verwendet, das nach 8–10 Tagen wieder entfernt wird. Ist eine Vertikalinzision vorgenommen worden, so wird diese mit *Knopf-* oder *Matratzennähten* verschlossen. Die Fixation der Gingiva am Zahn erfolgt mit Interdentalnähten, bei denen die jeweilige orale und vestibuläre Papille miteinander vernäht werden (Abb. 19-6 a). Für die *Interdentalnähte* werden gerade Nadeln verwendet, die übrigen Nähte weden mit gebogenen Nadeln vorgenommen. *Zahnumschlingungsnähte* werden erforderlich, wenn die Mobilisation der Gingiva nur oral oder vestibulär erfolgt ist oder wenn der orale und vestibuläre Lappen auf unterschiedlicher Höhe adaptiert werden sollen (Abb. 19-6 b). Zur Fixation können auch *Gewebekleber* vom Cyanoacrylat-Typ verwendet werden. Sie dürfen aber auf keinen Fall zwischen den Lappen und die knöcherne oder bindegewebige Unterlage kommen, sondern dürfen nur die Wundränder verschließen.

19.3.5 Wundverbände

Die Adaptation der Lappen und die postoperative Schonung des Wundgebietes kann durch Zahnfleischverbände unterstützt werden. Die Wundverbände können darüber hinaus zu einer Schienung der Zähne in der postoperativen Phase beitragen. Es werden heute ausschließlich *Zinkoxid-Eugenol-freie Materialien* (z.B. Coe-Pac®, Peri-Pac®) empfohlen.

Die **Applikation** des klebrigen, noch nicht abgebundenen Verbandmaterials kann mit einer Einmalspritze erfolgen. Der Verband wird dann mit angefeuchtetem oder mit Vaseline eingecremtem Finger an die Zahnoberfläche angedrückt. Das Verbandsmaterial darf nicht zwischen Lappen und Knochen geraten. Um dies zuvermeiden, kann eine *interdentale Abdeckung* mit einer dünnen Zinnfolie teilweise erforderlich sein. Die Zinnfolie verhindert ferner ein Verkleben des Verbandsmaterials mit dem Nahtmaterial. Der Verband darf die Mukogingivalgrenze nicht überschreiten, da er sonst vom Patienten als störend empfunden wird und sich bei Bewegungen löst. Der Verband klebt an den Zahnoberflächen und greift in untersichgehende Zahnbereiche. Dadurch wird ein ausreichender Halt des zähplastisch erhärteten Materials erzielt. Die Tragezeit eines Verbandes beträgt 7–14 Tage.

Den Verbandsmaterialien ist häufig eine *bakteriostatische Komponente* (z.B. Chlorthymol) zugesetzt, die das

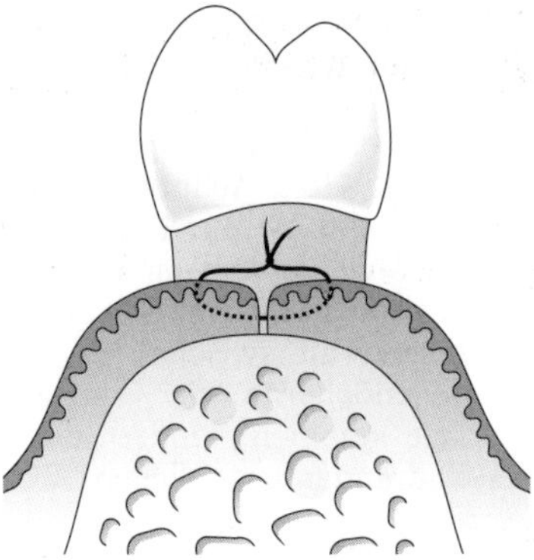

a

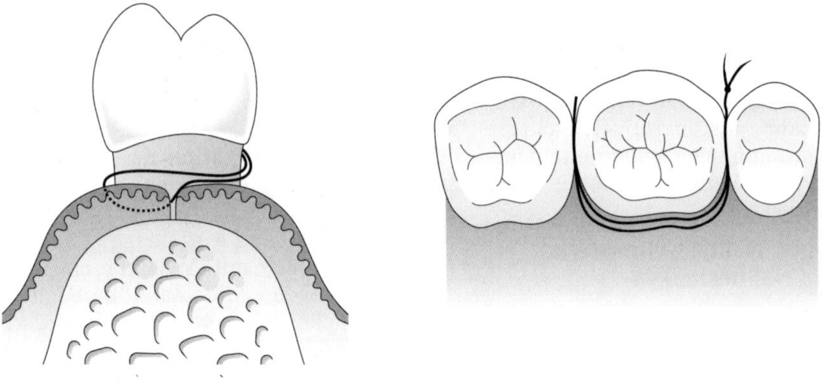

b

Abbildung 19-6. Nahttechniken.
a) Interdentale Papillennaht (Einzelknopfnaht) im Vertikalschnitt.
b) Zahnumschlingungsnaht im Vertikalschnitt (links) und in der Aufsicht (rechts).

Bakterienwachstum in der Wundregion hemmen soll. Nach Entfernung des Verbandes führt der Zahnarzt eine vorsichtige, aber gründliche Reinigung des Wundgebietes und eine Politur der Zähne durch.

19.3.6 Instrumentarium für die Parodontalchirurgie

Im folgenden wird nur das spezielle Parodontalinstrumentarium und sein Einsatzgebiet dargestellt (zu Scalern und Küretten s. Kap. 19.2.6). Beschreibungen des üblichen zahnärztlich-chirurgischen Bestecks (z.B. Nadelhalter, Raspatorium, Wundhaken, Pinzetten, Gingivascheren, chirurgisches Handstück mit Kochsalzkühlung, Knochenfräsen) können speziellen Lehrbüchern entnommen werden.

Spezielle Instrumente für die Parodontalchirurgie (Abb. 19-7) sind z.B.:

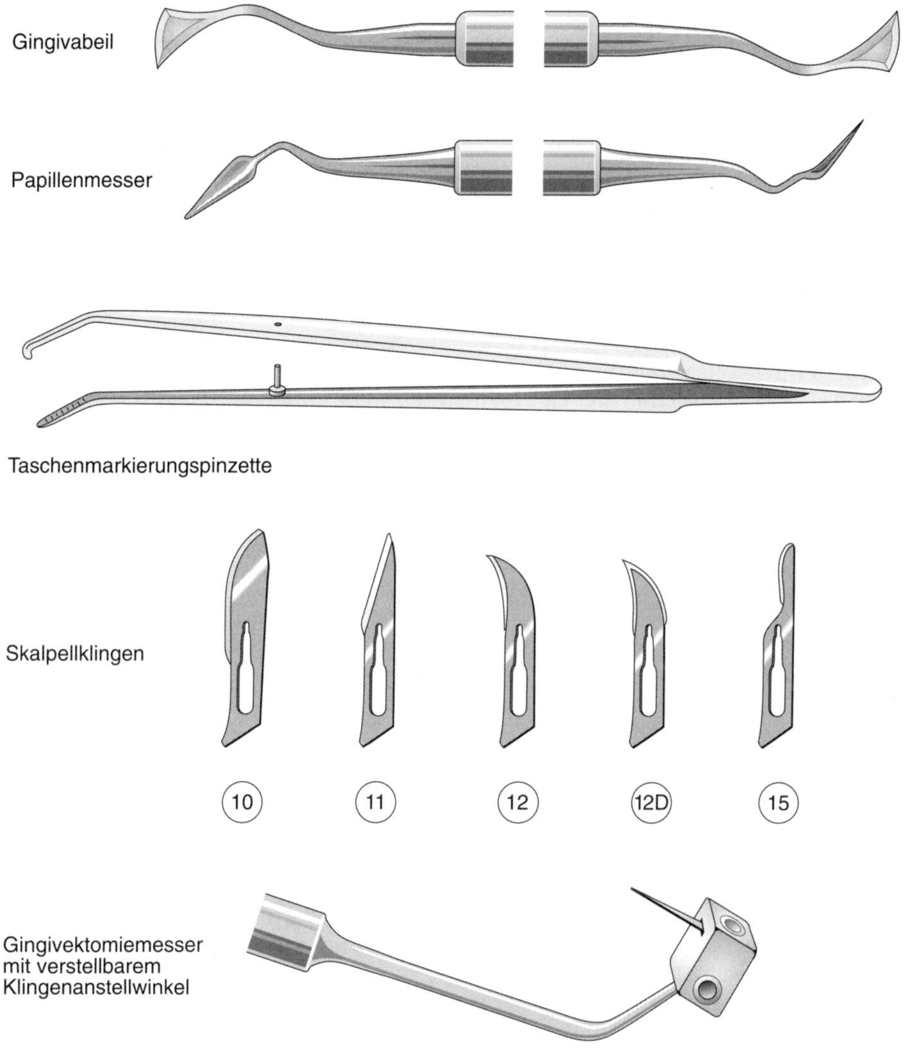

Abbildung 19-7. Spezielle Instrumente für die Parodontalchirurgie.

- Taschenmarkierungspinzette (z.B. Crane-Kaplan-Pinzette): zur Markierung des Taschenfundus bei der externen Gingivektomie
- Universal-Gingivektomiemesser: im Winkel verstellbares Messer für die Gingivektomie
- Parodontalbeile, Papillenmesser: zur Gingivektomie, Abtrennung gingivektomierter Papillen, Gingivoplastik
- Sichelförmige Skalpelle: zur Gingivektomie und Schnittführungen im Molarenbereich; Nr. 12 nur Innenschliff, Nr. 12d Innen- und Außenschliff
- Gerade Skalpelle: zur Schnittführung im Frontzahnbereich; Nr. 11, spitzes Ende; Nr. 15, abgerundetes Ende.

19.3.7 Elektrochirurgie

Die Elektrochirurgie bezeichnet chirurgische Maßnahmen am Weichgewebe, die mit **Hochfrequenzstrom** (ca. 2 Mhz) vorgenommen werden. Der früher oft gewählte Begriff der Kauterisierung sollte in diesem Zusammenhang nicht gewählt werden. Die Kauterisierung bezeichnet die Beeinflussung von Gewebe mit direkter Hitze (Glühkauter). Bei der Hochfrequenzchirurgie (HF-Chirurgie) werden kalte Aktivelektroden verwendet. Im Bereich der Aktivelektrode kommt es zu einem erhöhten Stromfluß, der eine lokale Hitzeentwicklung im Gewebe aufgrund der elektrischen Widerstandswärme bewirkt. Es kommen verschiedene Aktivelektrodenformen zum Einsatz: Nadel-, Stab-, Kugel- und Schlingenelektroden. In der Elektrochirurgie kommen verschiedene oszillierende Stromarten zur Anwendung. Sie können für die verschiedenen Maßnahmen gezielt eingesetzt werden. Als Faustregel gilt, je höher die pro Zeiteinheit gewählte Spitzenspannung, desto eher treten unerwünschte Funkenbildungen an den Elektroden auf. Die heutigen modernen Geräte erlauben eine *monoterminale Anwendung,* d.h., es muß keine Neutralelektrode am Patienten angelegt werden. Von den verschiedenen möglichen Maßnahmen kommen in der Parodontologie die Elektrotomie und die Elektrokoagulation zur Anwendung.

Die *Elektrodessication* (Gewebezerstörung durch Dehydratation) und die *Elektrofulguration* (oberflächliche Gewebeverbrennung durch Funkenentladung) finden *keinen Einsatz in der Zahnheilkunde.*

Die **Elektrokoagulation** kann zum Verschluß blutender Gefäße verwendet werden. Dabei kommen meist Kugelelektroden zum Einsatz. Das blutende Gefäß kann aber auch mit einer Arterienklemme oder Pinzette gefaßt und der Strom durch Kontakt der Aktivelektrode mit dem Instrument fortgeleitet werden.

Die **Elektrotomie** bezeichnet das Schneiden mit HF-Strom. Es kann zur primären Schnittführung (Nadelelektrode) oder zur Gingivamodellation (Schlingenelektrode) herangezogen werden.

Vorteile der Elektrochirurgie sind die *geringe Blutung* bei der Schnittführung, die Möglichkeit drucklosen Schneidens auf weicher Gewebeunterlage und die verringerte Bakteriämie bei der Wundsetzung.

Nachteile sind der unangenehme Geruch beim Arbeiten und die *Gefahr von Pulpen- und Knochenschädigungen* durch Hitzeeinwirkung. Zahn- und Knochenkontakte mit der Aktivelektrode sind daher zu vermeiden.

Die Hochfrequenzschwingungen können zu Störungen von *Herzschrittmachern* im Umkreis von 2,80 m Entfernung zur Elektrode führen. Die HF-Chirurgie ist daher vor allem bei Patienten mit Schrittmachern älteren Typs **kontraindiziert.**

19.4 Parodontalchirurgische Eingriffe

Der subgingivale Zahnstein stellt eine Retentionsfläche für Plaquebakterien dar. Daher wird bei allen parodontalchirurgischen Eingriffen im Rahmen der Parodontaltherapie eine *Säuberung* und *Glättung der Wurzeloberflächen* (root planning) vorgenommen.

Darüber hinaus soll das *erweichte, nekrotische und infizierte Wurzelzement und Dentin abgetragen* und die Wurzeloberfläche geglättet werden. Auf einer glatten Wurzeloberfläche ist die Bakterienanheftung erschwert. Eine glatte Wurzeloberfläche verbessert die Regenerationsfähigkeit des Parodonts. Die glatteste Wurzeloberfläche wird durch den Einsatz von Handinstrumenten (Küretten) erreicht. Rotierende diamantierte und nichtdiamantierte Instrumente zeigen demgegenüber schlechtere Resultate hinsichtlich der Glättung der Wurzeloberfläche. Ihr Einsatz ist nur in schlecht zugänglichen Bereichen zu empfehlen.

Es gibt nur wenige kontrollierte Studien, bei denen verschiedene Operationstechniken am selben Patienten durchgeführt und anschließend der Langzeiterfolg der Methoden verglichen wurde. Daher ist es schwierig, eine Bewertung der vielen beschriebenen parodontalchirurgischen Eingriffe zu geben. Im folgenden werden die meistverbreiteten Verfahren dargestellt.

19.4.1 Geschlossene klassische Kürettage

Die Indikation der klassischen Kürettage besteht in der Elimination supraalveolärer echter Taschen, wenn nach der Vorbehandlung noch ödematöse entzündliche Gingivaveränderungen vorliegen.

Die klassische Kürettage wird von vielen Autoren schon als begleitende Maßnahme während der Initialtherapie angesehen. Sie kann aber auch als operative Maßnahme in der chirurgisch-korrektiven Phase eingesetzt werden.

Die geschlossene klassische Kürettage wird ohne Lappenbildung und ohne Zuhilfenahme eines Skalpells durchgeführt. Die Abtragung des Weichgewebes erfolgt bei nicht zurückgeklappter Gingiva mit Universalküretten. Bei der Kürettage wird das entzündete, bakterieninfizierte Bindegewebe und das Taschenepithel entfernt.

Zusätzlich zur Kürettage des Weichgewebes wird ein **deep scaling** durchgeführt. Das deep scaling umfaßt die Entfernung von subgingival liegenden Konkrementen. Dabei kommt es zwangsläufig zu einer Anfrischung und Glättung des Wurzelzementes.

Zum Abschluß einer Kürettage muß die Gingiva fest an die Zahnoberflächen angedrückt werden. Dadurch wird die Bildung eines Blutkoagulums verhindert. Nötigenfalls müssen ein Gingivaverband oder/und interdentale Wundnähte die Adaptation der Gingiva unterstützen.

Die Kürettage führt zu einer *Schrumpfung des Gewebes,* so daß freiliegende Wurzeloberflächen resultieren können. Die Schrumpfung kommt nach etwa 30 Tagen zum Stillstand. Ein **Nachteil** der geschlossenen klassischen Kürettage ist es, daß die Wurzelreinigung ohne Sicht durchgeführt werden muß. Dieser Vorgang ist selbst für den erfahrenen Praktiker schwierig durchzuführen. Häufig stellt sich das Problem, daß das entzündete Gewebe sehr weich und nachgiebig ist, wodurch ein Ausschälen der Tascheninnenwand meist recht schwierig ist. Verschiedene Autoren empfehlen deshalb, mit Fingerdruck einen leichten Gegendruck von außen auf die Gingiva zu erzeugen. Ein Vorteil der klassischen Kürettage ist es, daß die Gingivaschrumpfung geringer ist als bei der Kürettage mit Lappenbildung (offene Kürettage).

19.4.2 Teilmobilisierte Lappenoperation

Lappenoperationen sind Maßnahmen, bei denen eine Inzision durchgeführt und ein Schleimhaut- oder Schleimhaut-Periostlappen gebildet wird.

Die Bildung eines Lappens ermöglicht eine Bearbeitung der Wurzeloberfläche unter direkter Sicht. Es können zudem gegebenfalls Korrekturen am Alveolarknochen vorgenommen werden. Je nach Schnittführung und Ausdehnung des Lappens werden verschiedene Methoden unterschieden. Die heute gebräuchlichsten Formen werden in Verfahren mit teilmobilisiertem Lappen (modifizierte offene Kürettage nach KIRKLAND, modifizierter Widman-Lappen) und vollmobilisiertem Lappen unterteilt.

19.4.2.1 Modifizierte offene Kürettage nach KIRKLAND. Die *Indikation* für die modifizierte offene Kürettage nach

Kirkland ist eine nach der Initialbehandlung vorliegende gering verdickte Gingiva mit echten supraalveolären Taschen. Sie eignet sich vor allem zur Behandlung von interdental vorliegenden lokalisierten Parodontitiden im Frontbereich. Durch ihren geringen Gewebeverlust werden kaum freiliegende Wurzeloberflächen postoperationem beobachtet. Das *schonende Verfahren* der modifizierten offenen Kürettage führt daher zu keinen ästhetischen Beeinträchtigungen des Patienten.

Ein **Vorteil** gegenüber der geschlossenen Kürettage besteht in der scharfen „Kürettage" des infizierten Weichgewebes mit einem Skalpell. Gleichzeitig ist bei der Schnittführung eine interne Gingivektomie, d.h. eine Ausdünnung der Gingiva möglich. Der Margo gingivae verläuft postoperativ nahezu in gleicher Höhe wie präoperativ. Die modifizierte offene Kürettage entspricht häufig nur der Bildung eines schmalen Papillenlappens. Die Gingiva wird bukkal bzw. oral dabei nicht abgeklappt, wenn dort keine Zahnfleischtaschen vorliegen.

Nachteilig ist bei Anwendung der modifizierten offenen Kürettage die *fehlende vollständige Einsicht* auf die Wurzeloberfläche und den Knochen. Tiefe oder unregelmäßig konturierte Knochentaschen können nicht bearbeitet werden. Durch die modifizierte offene Kürettage wird das entzündete Taschenepithel entfernt, aber selten eine Verringerung der Taschentiefen erreicht.

Vorgehen bei der modifizierten offenen Kürettage nach Kirkland:

Es wird ein Marginalschnitt durchgeführt. Dabei wird das Taschenepithel scharf mit einem Skalpell entfernt (= kürettiert). Die Gingiva wird vorsichtig retrahiert, so daß die Zahnwurzeln dargestellt sind. Es wird möglichst kein Knochen freigelegt. Die Wurzeloberflächen werden von Konkrementen gereinigt und geglättet. Anschließend wird die Gingiva mit interdentalen Nähten in ihrer ursprünglichen Position fixiert.

19.4.2.2 Modifizierter Widman-Lappen. Diese Operationstechnik wurde 1974 von Ramfjord und Nissle beschrieben und wird daher in manchen Lehrbüchern als *Ramfjord-Technik* bezeichnet. Sie stellt das heute gebräuchlichste Verfahren dar. Bei der Lappenbildung wird darauf geachtet, daß der Lappen nicht über den Knochenrand hinaus mobilisiert wird. Die Bildung eines Mukoperiostlappens ist zur Darstellung der supragingivalen Konkremente und vorliegenden Knochentaschen nicht notwendig. Darüber hinaus werden nach der Bildung eines Mukoperiostlappens häufig Knochenresorptionen beobachtet. Bei der modifizierten Widman-Operation wird eine Taschenreduktion mit einem möglichst *großen Erhalt der parodontalen Strukturen* angestrebt. Die vollständige Entfernung der Taschen steht nicht im Vordergrund der operativen Maßnahmen. Es werden keine Korrekturen am Knochen vorgenommen. Durch die Entfernung der pathologischen Einflüsse (Konkremente, Granulationsgewebe) wird erhofft, daß sich Knochendefekte wieder von allein regenerieren. Der Unterschied zu anderen chirurgischen Verfahren liegt in der *dreiteiligen Schnittführung.*

Die modifizierte Widman-Operation wird eingesetzt, wenn beim Patienten Knochentaschen vorliegen, die ohne Sichtkontrolle nur unzureichend vom Zahnarzt gesäubert werden können. Eine weitere **Indikation** liegt in dem Vorliegen einer verdickten Gingiva bei gleichzeitigem Vorhandensein tiefer Knochentaschen. Die modifizierte Widman-Operation dient häufig als Eingangsoperation (= Schnittführung) zu weiteren chirurgischen Verfahren (z.B. Operationen mit voll mobilisiertem Lappen).

Die modifizierte Widman-Operation ist ein *schonendes Verfahren,* bei dem postoperativ geringe Schmerzen beobachtet werden. Ein weiterer **Vorteil** besteht in dem geringen Gewebeverlust durch das operative Verfahren. Die Wurzelreini-

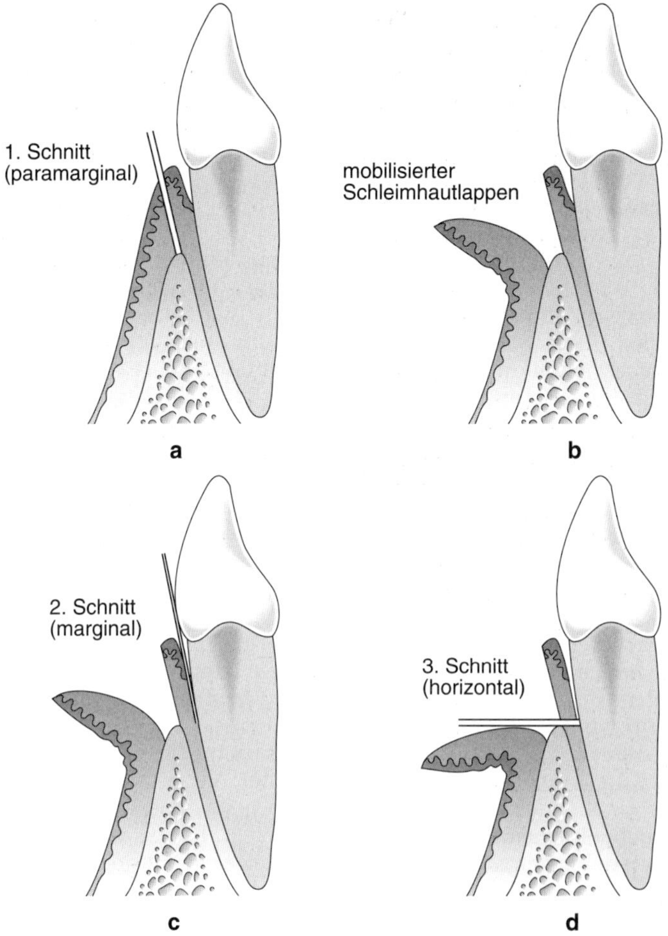

Abbildung 19-8. Schnittführungen und Lappenmobilisation bei der modifizierten Widman-Operation.

gung kann unter Sicht vorgenommen werden kann.

Ein **Nachteil** des Verfahrens liegt im Auftreten von *Gewebeschrumpfungen*, die postoperativ zu freiliegenden Zahnhälsen führen können. Eine Gegenanzeige für die Durchführung einer modifizierten Widman-Operation ist das Vorliegen einer dünnen befestigten Gingiva oder das Fehlen einer befestigten Gingiva. *Vorgehen* bei der modifizierten Widman-Operation (Abb. 19-8):

- *Erste Inzision (interne Gingivektomie):* Die erste Inzision wird in Form einer paramarginalen Inzision parallel zur Zahnlängsachse durchgeführt. Der Abstand der Inzision vom Gingivarand beträgt 0,5–2 mm. Der Schnitt wird bis zum Limbus alveolaris geführt. Er verläuft kragenförmig um die Zähne herum und folgt dem geschwungenen Verlauf der Gingiva.
- *Lappenbildung:* Der marginale Anteil der Gingiva wird gerade bis zum

Knochenrand mit einem Rasparatorium mobilisiert. Es wird nur soviel Gingiva mobilisiert, wie nötig ist, um eine direkte Sicht auf die Wurzeloberfläche und den Knochenrand zu erhalten.

- *Zweite Inzision:* Hier wird ein marginaler, intrasulkulärer Schnitt vorgenommen, der zwischen Zahnhartsubstanz und Gingiva liegt. Er löst das Taschen- und Saumepithel bis zum Taschenfundus vom Zahn ab.
- *Dritte Inzision (horizontale Inzision):* Das nun manschettenförmig um den Zahn anliegende erkrankte Gewebe wird durch diese horizontale Inzision abgelöst. Das erkrankte Gewebe kann dann in Form eines zusammenhängenden Exzisates von allen Zähnen gelöst werden. In manchen Lehrbüchern wird die zweite und dritte Inzision nicht mehr konsequent gefordert. Statt dessen wird die Abtrennung des am Zahn haftenden Gewebes nach der ersten Inzision mit scharfen Scalern oder Küretten empfohlen.
- *Wurzelglättung unter Sicht:* Die Wurzelflächen werden bis zum Taschenfundus mit Küretten gereinigt und geglättet. Das Granulationsgewebe wird aus den Knochentaschen entfernt. Zur besseren Entfernung der gelösten Konkremente und Bakterien wird die Wurzeloberfläche zusätzlich mit Spüllösungen (z.B. isotonische 0,9%ige Kochsalzlösung) gespült.
- *Lappenadaptation:* Der Lappen wird mit Interdentalnähten so adaptiert, daß kein Knochen freiliegt. Der girlandenförmige Verlauf der Gingiva bleibt erhalten. Zusätzlich kann ein Wundverband angelegt werden. Es muß darauf geachtet werden, daß die Gingiva den Zähnen fest anliegt. Dadurch wird die Bildung eines Blutkoagulums zwischen Zahn und Gingiva vermieden. Die Bildung eines Blutkoagulums würde die postoperativ angestrebte Anheftung der Gingiva an die Zahnoberfläche verhindern.

19.4.3 Vollmobilisierte Lappenoperation

> Ein vollmobilisierter Lappen ist bei Vorliegen echter Taschen, bei denen gleichzeitig eine Osteoplastik vorgenommen werden muß, indiziert.

Weitere **Indikationen** sind parodontale Läsionen mit gleichzeitigem Furkationsbefall, Wurzelamputationen oder die Glättung von Knochenkanten nach einer Extraktion.

Bei vollmobilisierten Lappenoperationen wird im Gegensatz zu teilmobilisierten Lappenoperationen ein **Mukoperiostlappen** gebildet. Es wird also ein Gewebelappen aus Gingiva, Periost und Alveolarschleimhaut mobilisiert, so daß neben der Bearbeitung der Wurzeloberfläche unter Sicht *auch Korrekturen am Knochen* vorgenommen werden können.

Zusätzlich zu den für einen teilmobilisierten Lappen notwendigen Inzisionen sind *vertikale Entlastungsschnitte* vorzunehmen.

Als nachteilig hat es sich erwiesen, daß bei der Verwendung vollmobilisierter Lappen postoperativ häufig Schmerzen auftreten. Ferner werden Resorptionen des freigelegten Knochens beobachtet.

Wird der mobilisierte Gewebelappen durch die Nähte nach apikal verschoben, spricht man von einer **apikalen Verschiebeplastik** oder apikalen Gingivareposition. Dadurch ist es möglich, subgingival gelegene Füllungsränder, überhängende Restaurationsränder und kariöse Läsionen zu kontrollieren. Der apikale Verschiebelappen sollte mit Aufhängenähten so fixiert werden, daß kein Knochen im Bereich des Limbus alveolaris freiliegt.

Der **Vorteil** des vollmobilisierten Lappens liegt in der Herstellung *guter Sichtverhältnisse,* vor allem bei Vorliegen tiefer infraalveolärer Läsionen. Ein weiterer Vorteil liegt in der Möglichkeit, den Lappen postoperativ nach apikal, lateral oder koronal zu verschieben, so daß eine neue Gingivakontur erzielt werden kann.

Als **Nachteil** sind postoperativ auftretende *Ödeme* und *Schmerzen*, die beschriebene Schrumpfung der Gingiva und entblößte hypersensible Zahnhälse zu nennen.

Vorgehen bei der vollmobilisierten Lappenoperation:

Zusätzlich zu den bei der modifizierten offenen Kürettage oder modifizierten Widman-Operation beschriebenen Schnittführung werden vertikale Inzisionen durchgeführt. Mit einem kleinen Raspatorium wird ein Mukoperiostlappen gebildet. Dabei werden die Knochenstrukturen, die modelliert werden sollen, freigelegt.

Die *Osteoplastik* oder Ostektomie wird mit langsam rotierenden, sterilen Rosenbohrern unter konstanter Berieselung mit einer sterilen Lösung vorgenommen. Die Wurzelglättung erfolgt wie oben beschrieben. Die Vertikalinzisionen werden mit Matratzennähten oder Knopfnähten fixiert. Dabei wird die Lage des Lappens in apikaler Richtung festgelegt. Zuletzt wird durch interdentale oder Zahnumschlingungsnähte die endgültige Fixierung vorgenommen. Abschließend kann ein Parodontalverband angelegt werden.

19.4.4 Distale Keilexzision

Die Behandlung von parodontalen Taschen distal endständiger Molaren wird häufig durch das Vorhandensein von *fibrösem Bindegewebe* erschwert. Diese im Unterkiefer retromolar bzw. im Oberkiefer im Tuberbereich liegende derbfaserige Verdickung kann mit einer distalen Keilexzission (= Distal-wedge-Operation) entfernt werden. Die Exzision kann separat oder in Verbindung mit einer Lappenoperation erfolgen. Neben der Entfernung der fibrös verdickten Gingiva distal endständiger Molaren kann die Keilexzision zur Eliminierung von Taschen freistehender Zähne verwendet werden.

Vorgehen bei der distalen Keilexzision: Es erfolgt zunächst eine *keilförmige, V-förmige Inzision* distal des letzten Molaren. Die Spitze des Keils zeigt nach distal. Der Keil wird mit einer Kürette entfernt. Im *zweiten Schritt* (interne Gingivektomie) wird eine *untersichgehende Inzision* zur Ausdünnung der bukkalen und lingualen Lappenanteile vorgenommen. Durch eine *dritte, horizontale Inzision* wird das Gewebe so

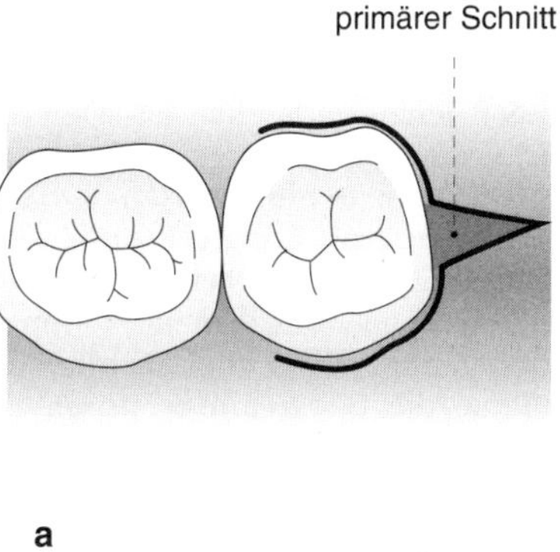

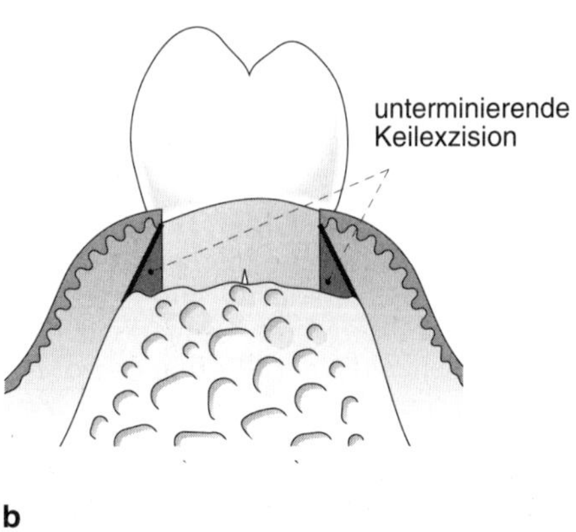

Abbildung 19-9. Schnittführungen bei der distalen Keilexzision.
a) Primärer keilförmiger Schnitt.
b) Unterminierende Keilexzision zur Ausdünnung der bukkalen und lingualen Gingiva.

gelöst, daß es in toto entfernt werden kann. Die Wurzeloberflächen können nun geglättet werden. Abschließend wird eine straffe Naht zur optimalen Adaptation der Lappen vorgenommen (Abb. 19-9).

19.4.5 Gingivektomie

Durch eine Gingivektomie sollen supraalveoläre Taschen eliminiert und Gingivahyperplasien (hormonell, medikamentös) abgetragen werden. Auch beim Vorliegen einer idiopathischen Fibrose und dem Vorhandensein von Pseudotaschen ist die Operationsmethode indiziert.

Die Gingvektomie bezeichnet die *Exzision der Gingiva* zur vollständigen Entfernung einer parodontalen Tasche. Wird die Gingivektomie dazu verwendet, um eine vorliegende anomale Gingivakontur korrekt umzugestalten, spricht man von *Gingivoplastik*. Die Gingivektomie wird nicht bei einer schmalen oder vollständig fehlenden angehefteten Gingiva durchgeführt. Weitere Gegenanzeigen sind das Vorliegen infraalveolärer Taschen und Knochenverdickungen. Man unterscheidet zwei Arten der Gingivektomie:
- Die externe Gingivektomie findet als alleinige chirurgische Maßnahme Anwendung.
- Die interne Gingivektomie ist meist Bestandteil offener Lappenoperationen.

19.4.5.1 Externe Gingivektomie. Bei der externen Gigivektomie wird der Verlauf des Taschenbodens mit einer *Taschenmarkierungspinzette* markiert. Der gerade Schenkel der Pinzette wird bis zum Taschenboden geführt. Beim Zusammendrücken der Pinzette wird die Gingiva perforiert. Der dadurch gesetzte Blutungspunkt markiert den Taschenboden. Die *Inzision* verläuft 1–2 mm apikal der Blutungspunkte auf der Gingiva. Die Inzision wird in einem Winkel von 45° zur Zahnlängsachse vorgenommen. Diese schräge externe Gingivektomie ist auf den Taschenboden hin ausgerichtet. Eine horizontal durchgeführte Inzision hätte eine balkonartige, unphysiologische Ausformung der Gingiva zur Folge (Abb. 19-10a). Dadurch würde postoperativ die Ausprägung eines Rezidivs gefördert. Die Inzision kann mit einem Gingivektomiebeil, sichelförmigen Skalpellen oder speziellen Gingivektomiemessern erfolgen. Der interdentale Schnitt kann mit einem Papillenmesser vorgenommen werden. Die nun freiliegende Wurzeloberfläche wird gründlichst geglättet. Abschließend wird die Inzisionskante gebrochen. Dies geschieht am besten mit Schlingenansätzen des Elektrotoms. Die Blutung wird durch das Aufpressen von sterilen Tupfern gestillt, bis ein dünnes Blutkoagulum die Wundfläche bedeckt. Die Wundfläche wird abschließend mit einem Verband für acht Tage geschützt. Auf dieses dünne Blutkoagulum wird ein Zahnfleischverband adaptiert. Das Blutkoagulum wird durch einsprossendes Granulationsgewebe ersetzt. Nach ein bis zwei Tagen beginnt eine Epithelisierung der Wundfläche durch Einwanderung von Basal- und Suprabasalzellen der angrenzenden Wundränder. Histologisch ist die Reepithelisierung mit keratinisiertem Epithel erst nach vier Wochen beendet. Klinisch läßt sich schon nach 10 bis 14 Tagen eine bedeckende Epithelschicht erkennen, die aber noch leicht verletzlich ist. Der Patient ist auf eine vorsichtige, aber gründliche Mundhygiene hinzuweisen.

19.4.5.2 Interne Gingivektomie. Als interne Gingivektomie wird ein Vorgehen bezeichnet, bei dem im Rahmen einer Lappenoperation oder als alleinige Maßnahme die *Gingivahöhe durch einen Marginalschnitt* reduziert wird.

Die interne Gingivektomie ist als alleinige Maßnahme bei stark verdicktem Zahnfleisch im Molarengebiet indiziert.

Um dic Gingiva anschließend wieder optimal am Zahn adaptieren zu können,

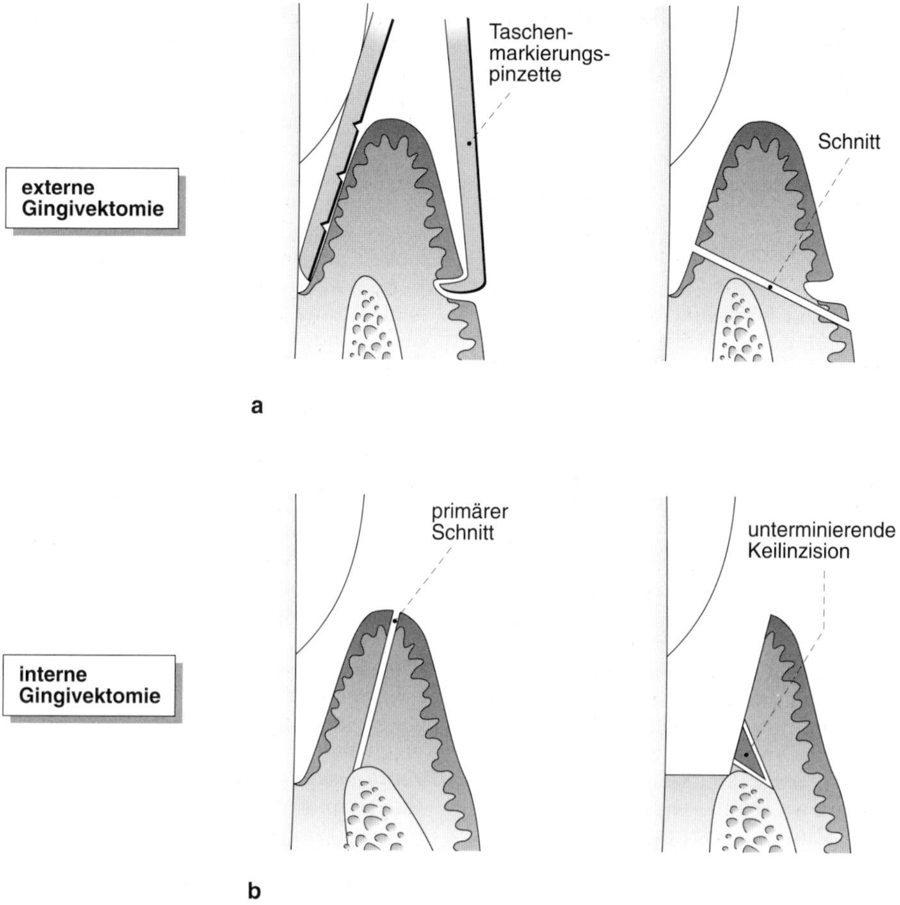

Abbildung 19-10. Schnittführungen bei der Gingivektomie.
a) Externe Gingivektomie. Links: Markierung der Taschentiefe mit einer Taschenmarkierungspinzette. Rechts: Schnitt ca. 1 mm apikal der gesetzten Blutungspunkte.
b) Interne Gingivektomie. Links: Primärer Schnitt. Rechts: Unterminierende Keilexzision zur Ausdünnung der Gingiva.

muß sie mit einer *keilförmigen Exzision* ausgedünnt werden (Abb. 19-10b). Der so gekürzte und ausgedünnte Lappen wird mit Interdental- oder Zahnumschlingungsnähten wieder auf dem Alveolarknochen reponiert. Dieses Verfahren ist im Vergleich zur externen Gingivektomie für den Patienten schmerzärmer, da postoperativ keine freien Wundflächen vorhanden sind. Die Reduktion der Gingiva ist aber geringer als bei der externen Gingivektomie.

19.5 Mukogingivalchirurgie

Als Mukogingivalchirurgie werden Verfahren bezeichnet, die der Deckung von Rezessionen, der Verbreiterung der befestigten und keratinisierten Gingiva, der Ausschaltung von Zugbeeinflussungen durch einstrahlende Frenula- und Muskelfasern und der Schaffung eines ausreichend tiefen Vestibulums dienen.

Ein ausreichend tiefes Vestibulum ist notwendig, um eine optimale Mundhygiene durchführen zu können.

In der Literatur besteht Uneinigkeit hinsichtlich der ausreichenden *Gingivabreite.* Einige Autoren fordern eine Mindestbreite an keratinisierter Gingiva von 2 mm. Da von diesem Betrag noch 1 mm freier Gingiva abgezogen werden muß, entspricht dies einer befestigten Gingiva von 1 mm Breite. Andere Autoren (LINDHE, RATEITSCHAK) haben in klinischen Studien gezeigt, daß es keine bestimmte Minimalbreite keratinisierter Gingiva gibt, die zum Erhalt parodontaler Gesundheit notwendig wäre. Verschiedene Autoren sehen einen Einsatz mukogingivalchirurgischer Verfahren als gerechtfertigt an, wenn die befestigte Gingiva so schmal ist, daß es bei kräftigem Zug an Lippen- und Wangenschleimhaut zu einem Lösen der Gingiva vom Zahn kommt.

Ein gängiges Behandlungskonzept zur Therapie von gingivalen Rezessionen und ihren Ursachen sieht daher nicht die Verbreiterung der befestigten Gingiva als ihr Hauptziel an. *Ein wichtiges Ziel der Mukogingivalchirurgie ist es vielmehr, progredient fortschreitende Rezessionen zu stoppen.* Parodontale Rezessionen stellen für viele Patienten einen Grund dar, einen Zahnarzt aufzusuchen. Sie fürchten meist einen frühzeitigen Zahnverlust des befallenen Zahnes. Aufgabe des Zahnarztes ist es, den Patienten zu erklären, daß durch gingivale Rezessionen allein kein Zahnverlust resultiert.

Ein weiterer Grund, der zum Einsatz mukogingivalchirurgischer Verfahren zwingt, sind *Hypersensibilitäten* freiliegender Wurzeln. Diese Hypersensibilitäten stören den Patienten beim Essen und führen dazu, daß er häufig die Mundhygienemaßnahmen im Bereich der Rezessionen nur unzureichend durchführen wird. Die eingeschränkte Mundhygiene führt dann häufig zu sekundären Entzündungserscheinungen. Neben den chirurgischen Verfahren zur Rezessionsdeckung kann dem Patienten zum Schutz der freiliegenden Wurzeloberfläche und zur Verbesserung der Ästhetik vom Zahnarzt eine herausnehmbare Gingivamaske aus weichbleibendem Kunststoff eingegliedert werden.

Zur Mukogingivalchirurgie zählen folgende Eingriffe:
- Entfernung von Lippen-, Wangen- und Zungenbändchen
- Gingivaextension mit freiem Schleimhauttransplantat (FST)
- Extensionsoperation nach EDLAN-MEJCHAR
- Methoden zur Deckung freiliegender Wurzeloberflächen.

Zuvorderst sollte bei einem Patienten mit gingivalen Rezessionen eine gründliche *Zahnreinigung* und eine Umstellung der Putztechnik erfolgen. Der Patient sollte mit der *modifizierten Stillman-Technik* mit einer mittelharten bis weichen Zahnbürste putzen. Das Ausmaß der Rezessionen sollte gemessen und in regelmäßigen, anfangs kurzen Intervallen überprüft werden. Wird eine progressive Zunahme der Rezession beobachtet, sind mukogingivalchirurgische Eingriffe indiziert. Dem Patienten muß erklärt werden, daß man durch Umstellung der Putztechnik keine Heilung der Rezession erzielen kann. Durch eine Umstellung der Putztechnik kann aber das Fortschreiten einer Rezession gestoppt werden. Wie in Kapitel 16.2.1 beschrieben, sehen manche Autoren Fehlbelastungen von Zähnen als Ursache für Rezessionen an. Daher sollten grobe Fehlkontakte bei

Artikulation und Okklusion ebenfalls beseitigt werden, ehe zu chirurgischen Maßnahmen übergegangen wird.

19.5.1 Entfernung störender Schleimhautbänder

Bei der Entfernung störender Frenula wird zwischen einer Frenotomie und einer Frenektomie unterschieden.

Die *Frenotomie* bezeichnet die reine Durchtrennung eines Frenulums. Bei der *Frenektomie* wird das störende Bändchen durch Loslösung und Verlagerung entfernt. Die Frenektomie kann durch eine VY-Verschiebung oder eine Z-Plastik vorgenommen werden (Abb. 19-11 und 19-12).

Die **Z-Plastik** stellt aufgrund ihrer komplizierten Schnittführung und schwierigen Nahttechnik das anspruchsvollere Verfahren dar. Die Z-Plastik zur Verlängerung von Frenula hat gegenüber der VY-Plastik den Vorteil, daß nach der Verschiebung und Vernähung der entstehenden Läppchen kein Periost freiliegt. Darüber hinaus ist die erzielte Verlängerung größer als bei der VY-Plastik. Die Verlängerung kann bei der Z-Plastik bis zu zwei Drittel der ursprünglichen Länge betragen.

Vorgehen bei der **VY-Verschiebung:** Die Lippe oder Wange wird stark gespannt und das Bändchen V-förmig umschnitten. Die Spitze des V entspricht der Spitze des Bändchens. Der Schnitt durchtrennt nur die Mukosa, nicht das Periost. Der dreieckige Mukosalappen wird vom Periost mit einem Raspatorium vorsichtig gelöst. Muskelzüge im Wundbereich werden unterminierend mit einer Schere durchtrennt. Das Läppchen wird in das Vestibulum verschoben und dort in Höhe der Umschlagfalte vernäht. Dabei sollte bei Zug an der Wange oder Lippe eine Fixation so erfolgen, daß eine Faltenbildung des Läppchens ausbleibt. Durch die Verschiebung ergibt sich eine Y-förmige Konfiguration der Wunde. Der senkrechte Schenkel dieser Wunde wird in aller Regel nicht vernäht. Die rhomboide Periostwunde kann der Heilung über eine freie Granulation überlassen oder durch ein kleines Schleimhauttransplantat gedeckt werden. Sollte keine Schleimhautdeckung erfolgen, ist zur Vermeidung postoperativer Beschwerden ein Wundverband anzulegen. In Kontrollsitzungen wird die Wunde gesäubert bis die Epithelisierung abgeschlossen ist.

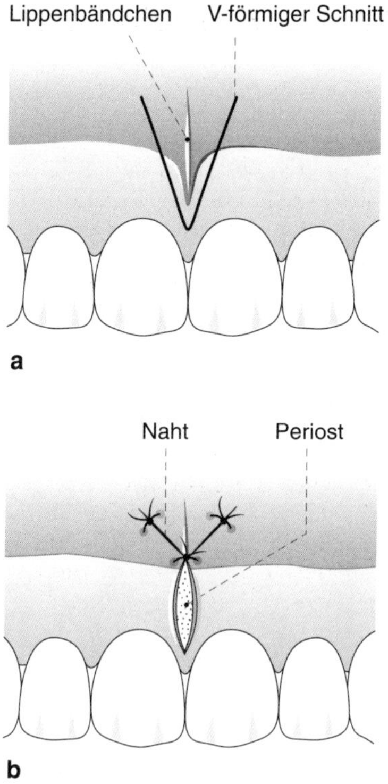

Abbildung 19-11. VY-Plastik.
a) V-förmige Schnittführung.
b) Zustand nach Verschieben und Festnähen des Lappens.

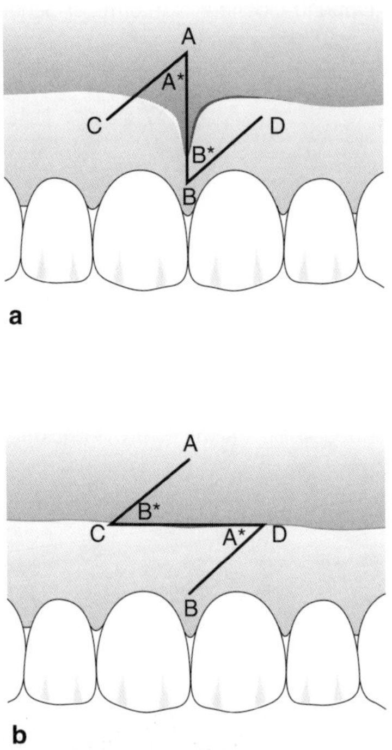

Abbildung 19-12. Z-Plastik.
a) Z-förmige Schnittführung.
b) Die Lappen A* und B* werden gegeneinander ausgetauscht. Dabei wird A* nach D und B* nach C verschoben.

19.5.2 Gingivaextension mit freiem Schleimhauttransplantat

Liegt eine progressive Rezession an einzelnen oder wenigen Zähnen vor oder ist die befestigte Gingiva stark reduziert, so ist die Gingivaextension mit freiem Schleimhauttransplantat ein gebräuchliches Verfahren (Abb.19-13).

Die keratinisierte Gingiva wird durch ein Schleimhauttransplantat verbreitert. Dadurch wird ein *Gewebereservoir* bereitgestellt und der Zug der beweglichen Mukosa auf die befestigte Gingiva abgefangen. Die zu transplantierende Schleimhaut wird meist dem *Gaumen* entnommen. Sie wird in ein vorbereitetes Empfängerbett verpflanzt. Darüber hinaus ist eine Entnahme von Schleimhaut aus dem Tuberbereich oder aus dem Bereich zahnloser Kieferabschnitte möglich. Am Gaumen kann ein genügend großes Stück Schleimhaut entnommen werden. Dabei ist es jedoch nachteilig, daß die Schleimhaut am Gaumen blasser ist als die normale befestigte Gingiva. Dadurch können sich ästhetische Probleme nach der Transplantation im Frontzahngebiet ergeben. Nach Einwachsen des Transplantates ist es möglich, die nun verbreiterte Gingiva in Form eines koronalen Verschiebelappens zur Deckung freiliegender Rezessionen heranzuziehen.

Häufig wird aber nach der Durchführung eines freien Schleimhauttransplantats eine koronale Migration der Gingiva von bis zu 2 mm beobachtet, ohne daß weitere chirurgische Verfahren angewendet wurden. Man spricht in einem solchen Fall von **Creeping attachment.** Bei entzündungsfreien Verhältnissen findet sich nach einem Creeping attachment keine erhöhte Sondierungstiefe.

Vorgehen bei der Gingivaextension:
- *Präparation des Empfängerbettes:* Es erfolgt zunächst eine genaue Bestimmung der mukogingivalen Grenzlinie durch Schillersche Jodlösung. Dann wird eine Horizontalinzision nahe entlang der Linia girlandiformis in der befestigten Gingiva durchgeführt. Der Schnitt läuft beidseitig leicht bogenförmig nach apikal aus. Bei diesem Schnitt wird das Periost nicht durchtrennt. Der Schnitt wird so gelegt, daß man eine schräg angeschnittene Schnittfläche erhält. Wird der Rand des Transplantats später auf dieser Schnittfläche adaptiert, ergibt sich ein nahezu fließender Übergang zwischen Transplantat und bestehender befestigter Gingiva. Anschließend wird ein Mukosalappen in apikaler Richtung prä-

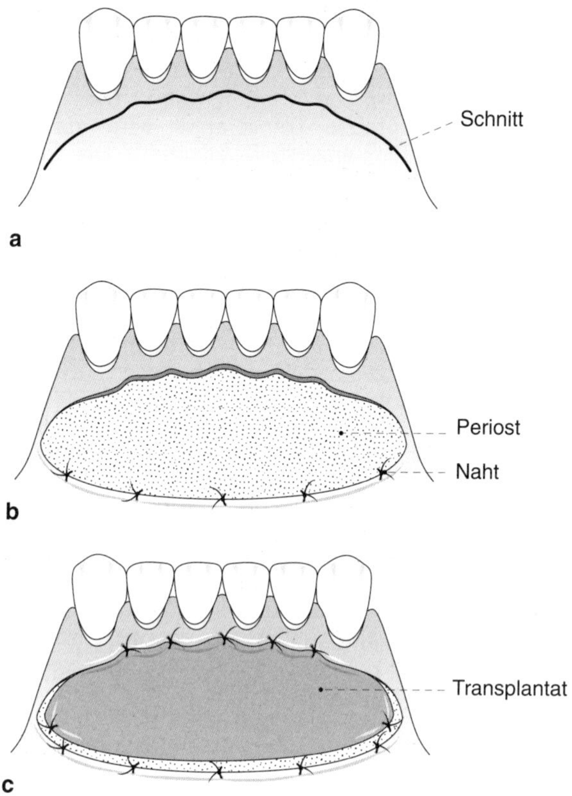

Abbildung 19-13.
Freies Schleimhauttransplantat.
a) Schnittführung.
b) Apikalverschiebung und Fixation der beweglichen Schleimhaut.
c) Fixation des Transplantats.

pariert. Ein solcher Lappen, der Schleimhaut und Submukosa, aber kein Periost enthält, wird als Spaltlappen bezeichnet. Wenn Schwierigkeiten bei der Präparation der Mukosa bestehen sollten, kann eine Injektion von Lokalanästhetikum hilfreich sein. Durch die Injektionsflüssigkeit wird die Mukosa vom Periost abgehoben, so daß deren Separation erleichtert ist (Vorsicht: Nervus mentalis, Bichatscher Fettpfropf). Der so mobilisierte Schleimhautlappen wird apikal am Periost vernäht. Dies sollte mit resorbierbaren Catgut-Nähten mit stark gebogenen Nadeln erfolgen, da die Entfernung der Nähte postoperativ sehr schmerzhaft ist. Das Wundbett wird mit einem in physiologischer Kochsalzlösung getränkten Tupfer gedeckt und das Transplantat entnommen.

- *Transplantatentnahme und -adaptation:* Um die Größe des Transplantats zu bestimmen, wird eine *Zinnfolie* zurechtgeschnitten, die auf die Größe und Form des Empfängerbettes abgestimmt ist. Zwischen dem Transplantat und der apikal vernähten Mukosa sollte ein ca. 2 mm breiter Streifen von Periost frei bleiben. Dadurch wird ein Verschieben und Anheben des Transplantats durch die wieder hochwachsende bewegliche Schleimhaut während der Einheilungsphase vermieden. Die getrimmte Zinnfolie wird auf den harten Gaumen gelegt und mit einem Skalpell ca. 1 mm tief umschnitten. Die

Entnahmestelle sollte keine Rugae palatinae aufweisen und nicht bis in den beweglichen Gaumen extendiert werden. Mit einem Gingivektomiebeil und/oder einem Skalpell wird ein ca. 1 mm dickes Transplantat entnommen. Die auf das Empfängerbett angepaßten Transplantate werden an der marginalen Gingiva vernäht. Die Nähte werden interdental befestigt. Es ist auch möglich, das Transplantat an den Wundrändern mit Gewebekleber zu fixieren. Das Transplantat wird nun für ca. zwei bis drei Minuten mit einer feuchten Gaze auf die Empfängerstelle gedrückt. Dadurch wird die Bildung eines Blutkoagulums verhindert. Ein Parodontalverband ist nicht notwendigerweise anzulegen. Dem Patienten wird angeraten, das Wundgebiet ca. acht Tage nicht mechanisch zu säubern. Der Bereich der Entnahmestelle kann ebenfalls mit Gewebekleber oder mit einem Zahnfleischverband geschützt werden. Ferner ist das Anlegen einer Verbandplatte aus Kunststoff (Miniplast) möglich.

Eine weitere Möglichkeit der Transplantatentnahme besteht in der Verwendung eines *Mukotoms*. Das mechanische Mukotom nach MÖRMANN gewährleistet dabei gleichmäßig dicke Präparate. Bei den handgetriebenen Mukotomen ist es, wie bei den mit Skalpellen gewonnenen Transplantaten häufig notwendig, das Präparat vorsichtig auszudünnen. Dabei sollte das Transplantat mit einer Schere oder einem Skalpell von Drüsen und Fettgewebe befreit werden. Die mit Mukotomen gewonnenen Transplantate sind rechteckig. Sie müssen der Form des Empfängerbettes angeglichen (getrimmt) werden. Sie werden auf einem mit physiologischer Kochsalzlösung getränkten sterilen Brett ausgebreitet und zurechtgeschnitten.

Ist das Transplantat für das zu bedeckende Empfängerbett zu klein, kann es durch die *Meshgraft-Technik* verbreitert werden. Bei der Meshgraft-Technik wird das Transplantat so eingeschnitten, daß es ziehharmonikaartig gespreizt werden kann. Dieses gespreizte Transplantat wird auf die Empfängerstelle adaptiert. Die freien Flächen zwischen den Transplantatschenkeln epithelisieren sekundär mit keratinisierter Gingiva.

Die **Wundheilung im Spendergebiet** verläuft über eine sekundäre Epithelisierung, die von den epithelialen Wundrändern ausgeht. Epitheliale Lippen schieben sich zwischen das sichtbare Blutkoagulum und das bestehende Bindegewebe. Die Fusion der Epithellippen ist manchmal erst nach mehreren Wochen abgeschlossen. Erst nach der Fusion setzt die mitotische Aktivität der Epithelzellen wieder ein, so daß das zunächst dünne Epithel dicker wird und sich zu einem Oberflächenepithel differenziert.

Die **Wundheilung des Transplantats im Empfängergebiet** läßt sich in drei Phasen unterteilen.

- In der *initialen Phase* (bis dritter Tag) ist das Transplantat mit nekrotischen Epithelresten belegt. Dieser regelmäßig zu findende weißliche Belag darf nicht mit einer Wundheilungsstörung verwechselt werden. Die oberflächlichen Zellen des Transplantats werden abgestoßen, die Basalzellen überleben. Das Transplantat wird durch eine „plasmatische Zirkulation“ ernährt. Eine Revaskularisierung ist noch nicht vorhanden. Transplantate, die teilweise auf freien Wurzeloberflächen plaziert sind, fehlt die bindegewebige bzw. periostale Unterlage. Daher werden häufig Probleme bei der Einheilung von Transplantaten auf Wurzeloberflächen beobachtet. Der Teil des Transplantats, der auf der Wurzeloberfläche aufliegt, sollte demzufolge möglichst kleingehalten werden.
- In der *zweiten Phase* (*Revaskularisierung*; zweiter bis elfter Tag) kommt es zur Ausbildung von Anastomosen zwi-

schen bestehenden Gefäßen des Transplantats und des Empfängerbettes. Die bedeckende Epithelschicht wird von den überlebenden Basalzellen des Transplantates und den Epithelzellen des benachbarten Gewebes neu organisiert.

- In der *dritten Phase* (*Reifungsphase*; 11.–42. Tag) ist die Bluternährung des Transplantats endgültig gewährleistet. Die zunächst noch dünne Epithelschicht wird wieder verdickt. Sie ist nach ca. einem Monat wieder keratinisiert und besitzt eine typische blaßrosa Farbe. Erst nach ca. vier Monaten ist die Einheilung histologisch vollständig abgeschlossen.

Während der gesamten Einheilungsphase sind **Schrumpfungen** der Transplantate zu beobachten. Die Schrumpfung kann bis zu 25% der Ursprungsbreite betragen. Das Transplantat sollte noch genügend subepitheliales Bindegewebe enthalten, damit eine Revaskularisierung erfolgen kann. Dünne Transplantate werden besser vaskularisiert als dicke. Ist das Transplantat allerdings zu dünn, treten postoperativ verstärkt Schrumpfungen auf. Ein Transplantat, das nur aus Epithel besteht, wird abgestoßen. Ein solches Transplantat würde wieder durch das gleiche Gewebe ersetzt werden, das schon zuvor an der Empfängerstelle vorlag.

19.5.3 Modifizierte Gingivaextension nach Edlan und Mejchar

Die modifizierte Gingivaextension nach Edlan und Mejchar dient der *Verbreiterung der befestigten Gingiva* im Vestibulum des Unterkiefers (Abb. 19-14).

Vorgehen bei der modifizierten Gingivaextension:

Es wird mit einer *Horizontalinzision* begonnen, die ca. 1 mm apikal der mukogingivalen Grenzlinie verläuft. Die Inzision verläuft bogenförmig beidseits nach koronal. Dann wird ein Mukosalappen präpariert, der koronal in Höhe der Linia girlandiformis gestielt bleibt. Der Lappen wird in koronale Richtung hochgeklappt und das Periost in Höhe der Lappenbasis durchtrennt. Das Periost wird anschließend mit Muskelfasern und -ansätzen nach apikal verschoben, so daß der Alveolarknochen freiliegt. Auf den freiliegenden Alveolarknochen wird der Mukosaspaltlappen fest mit einem Tupfer aufgepreßt. Es wird keine Naht bzw. Verband gelegt. Die auf den Knochen geheftete Alveolarmukosa ist nach ca. einer Woche fest verschieblich verwachsen und transloziert, d.h., sie übernimmt die Aufgaben einer keratinisierten Gingiva. Sie weist eine Parakeratinisation auf und ist gegenüber mechanischer Belastung widerstandsfähig.

19.5.4 Methoden zur Deckung freiliegender Wurzeloberflächen

19.5.4.1 Koronaler Verschiebelappen nach freiem Schleimhauttransplantat. Bei der Methode des koronalen Verschiebelappens nach freiem Schleimhauttransplantat wird die durch ein freies Schleimhauttransplantat verbreiterte, keratinisierte Gingiva zur Deckung einer Rezession nach koronal verschoben (Abb. 19-15).

Vorgehen beim koronalen Verschiebelappen nach freiem Schleimhauttransplantat:

Der Eingriff sollte frühestens 8–10 Wochen nach der Transplantation des freien Schleimhauttransplantats vorgenommmen werden *(Erstoperation)*.

In der *Zweitoperation* wird ein Mukoperiostlappen gebildet, der das Transplantat mit einschließt. Die vertikalen Inzisionen verlaufen nach apikal leicht divergierend. Der dadurch entstehende Trapezlappen gewährleistet die arterielle Versorgung des Lappens aufgrund seiner breiten Basis. Die horizontale Inzision verläuft girlandenförmig am Zahn entlang. Im Bereich der Papillen liegt der Schnitt apikal der Papillenspitze. Der Abstand zwischen der Inzisionslinie und der Papillenspitze entspricht dem Betrag, um den der Lappen nach koronal ver-

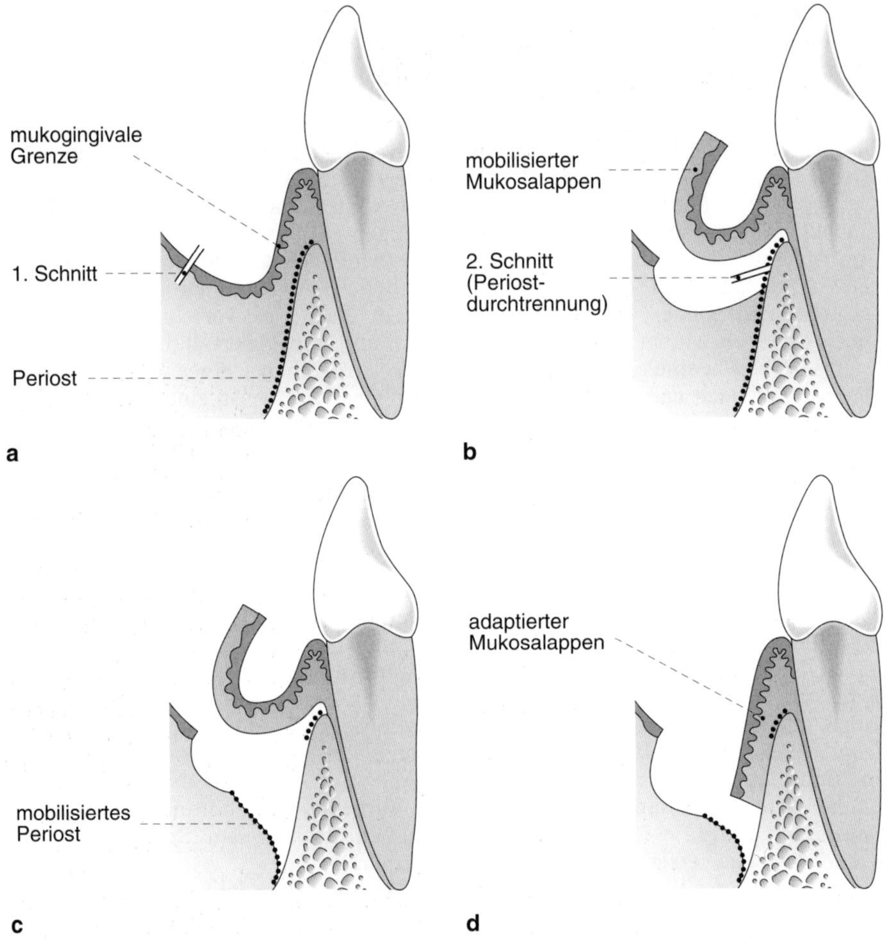

Abbildung 19-14. Extensionsoperation nach EDLAN-MEJCHAR.
a) Erster Schnitt.
b) Periostdurchtrennung nach Mobilisation der Mukosa in Höhe der mukogingivalen Grenze.
c) Mobilisation des Periosts.
d) Adaptation des Mukosalappens.

schoben werden soll. An der verbliebenen Papillenspitze wird das Epithel abgetragen, um ein Wundbett für den nach koronal zu verschiebenden Lappen zu bilden. Der Mukoperiostlappen wird gelöst und das Periost an der Lappenbasis geschlitzt. Durch diese *Periostschlitzung* ist eine spannungsfreie Verschiebung des Lappens möglich. Abschließend wird der Lappen mit Nähten in seiner angestrebten koronalen Position fixiert.

19.5.4.2 Lateraler Verschiebelappen. Bei der Methode der Rezessionsdeckung mit einem lateralen Verschiebelappen wird die denudierte Wurzeloberfläche mit keratinisierter Gingiva aus dem Nachbarbereich gedeckt. Voraussetzung

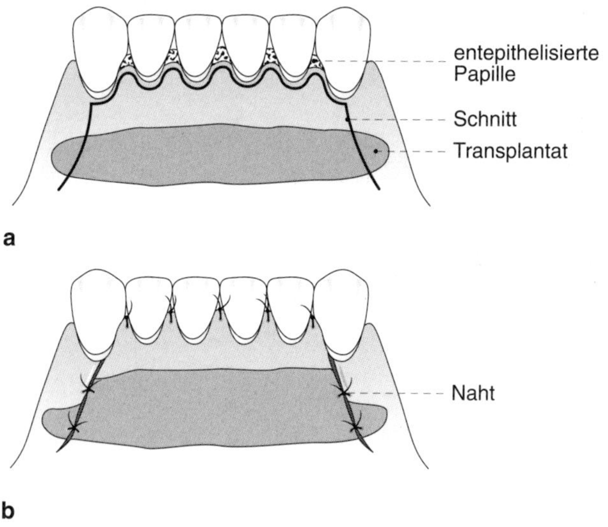

Abbildung 19-15. Koronaler Verschiebelappen nach freiem Schleimhauttransplantat.
a) Schnittführung und Entepithelisierung der Papillen.
b) Fixation des Lappens.

ist, daß eine lokalisierte schmale Rezession vorliegt und die keratinisierte Gingiva des Nachbarbereiches gesund und ausreichend breit ist.

Vorgehen beim lateralen Verschiebelappen:

Die bestehende *Rezession wird umschnitten* und angefrischt. Am benachbarten Zahn wird ein *Zahnfleischrandschnitt* und am übernächsten Zahn eine paramediane *Vertikalinzision* vorgenommen (Abb. 19-16 a). Der dadurch gebildete Lappen wird an der zur Rezession angrenzenden Seite als Mukoperiostlappen präpariert. Der Teil des Lappens, der an die Entnahmestelle grenzt, wird als Mukosalappen präpariert. Dies hat zur Folge, daß bei der Verschiebung des Lappens die Rezession mit einem Mukoperiostlappen gedeckt wird und an der Entnahmestelle eine periostbedeckte Wunde verbleibt, die sekundär epithelisiert.

Abbildung 19-16 b zeigt eine Modifikation des Verfahrens mit treppenförmiger Inzision. Dadurch wird der marginale Bereich der Gingiva im Entnahmegebiet geschont und ein postoperative Rezession in diesem Gebiet verhindert.

19.5.4.3 Rezessionsdeckung mit freiem Schleimhaut- oder Bindegewebetransplantat. Die denudierte Wurzel kann durch ein *freies Schleimhauttranspaltat (FST)* auch direkt gedeckt werden. Die Technik ist bei gänzlich fehlender oder sehr schmaler keratinisierter Gingiva indiziert. Das freie Schleimhauttransplantat wird, wie oben beschrieben, meist aus der Gaumenschleimhaut entnommen. Die Gingiva im Bereich der Rezession wird entepithelisiert und angefrischt und die Wurzeloberfläche gründlich gesäubert. Manche Autoren empfehlen die Vorbehandlung der Wurzeloberfläche durch dreiminütiges Einreiben mit 1%iger Zitronensäure (pH-Wert 1,0).

Eine weitere Möglichkeit zur direkten Deckung von Rezessionen stellt die Verwendung von *Bindegewebetransplantaten* dar. Diese Transplantate werden unterminierend *aus dem Gaumen* entnommen. Sie sollten über einen 1–2 mm breiten Randstreifen keratinisierter Gingiva verfügen.

Der Vorteil der Bindegewebetransplantate ist es, daß das Epithel im Gaumenbereich weitestgehend unverletzt bleibt und der Patient *keine offene*

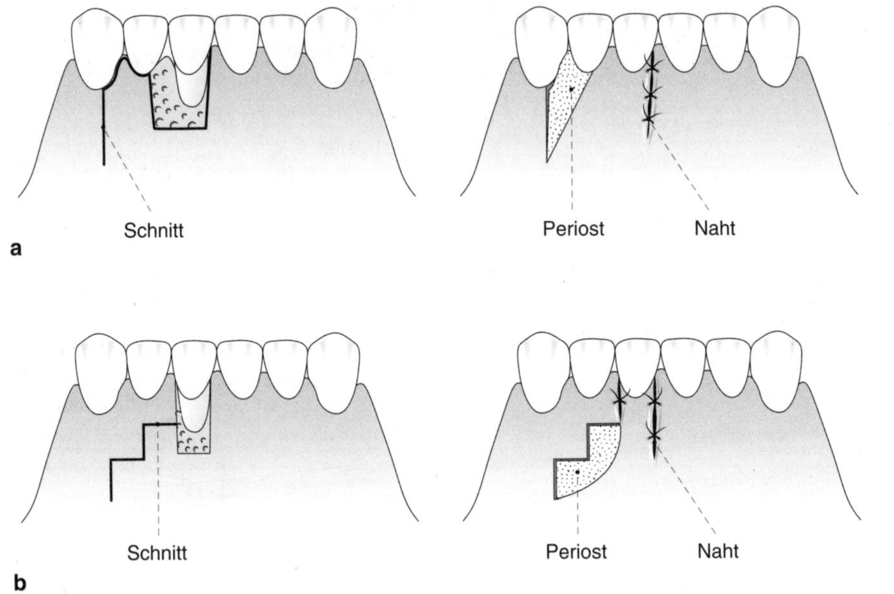

Abbildung 19-16. Laterale Verschiebelappen zur Rezessionsdeckung.
a) Marginale Schnittführung und
b) treppenförmige Schnittführung. Das um die Rezession gelegene Mukoperiost wird entfernt und der Lappen seitlich über die Rezession und den entblößten Knochen verschoben.

Wundfläche zurückbehält. Im Empfängergebiet wird die Rezession angefrischt und durch eine Inzision ein künstlicher Sulkus erzeugt. In diesen Sulkus kann das Bindegewebetransplantat eingeschoben werden. Das Bindegewebetransplantat wird auf die vorbereitete, gesäuberte Wurzeloberfläche gepreßt und an den Wundrändern mit Gewebekleber fixiert. Mit dem schmalen Randstreifen keratinisierter Gingiva kann der marginale Gingivarand ausgeformt werden.

Das subepitheliale Bindegewebetransplantat epithelisiert innerhalb von ca. drei Wochen. Die Morphodifferenzierung geht vom Bindegewebe aus, es übernimmt die Charakteristika des Herkunftsortes (Gaumen). Nach Abheilung besitzt es daher eine gegenüber dem Nachbargebiet blassere Farbe.

19.5.4.4 Bindegewebetransplantate mit koronalen oder lateralen Verschiebelappen. Manche Autoren kombinieren die Methode des Bindegewebetransplantats mit koronalen oder lateralen Verschiebelappen, die auf das Transplantat plaziert werden. Dieses Verfahren bietet ästhetisch gute Ergebnisse, bei der *Deckung mäßig ausgeprägter Rezessionen.* Der keratinisierte Randstreifen des Bindegewebetransplantats wird nicht vom Verschiebelappen bedeckt. Er stellt nach Abheilung postoperativ die marginale Gingiva dar. Im Gegensatz zum freien Schleimhauttransplantat mit koronalem Verschiebelappen ist somit kein heller Transplantatstreifen innerhalb der Gingiva postoperativ sichtbar.

19.6 Methoden zur Behandlung von Zähnen mit Furkationsbeteiligung

Liegt an einem Zahn ein Furkationsbefall vor, entsteht in diesem Bereich eine Nische, in der sich Plaque akkumulieren kann. Die Reinigung im Furkationsbereich ist für den Patienten erschwert oder unmöglich. Darüber hinaus weist die Gingiva im Bereich des Furkationseingangs häufig eine zusätzliche entzündete „Papille" auf.

> Das Ziel der verschiedenen Methoden der Furkationsbehandlung liegt darin, die Kontur der Gingiva zu harmonisieren und optimale anatomische Verhältnisse zu schaffen, die dem Patienten eine korrekte Hygiene ermöglichen.

LINDHE empfiehlt je nach Grad des Furkationsbefalls verschiedene Behandlungsformen (Tab. 19-1).

Diese Verfahren eignen sich gut zur Behandlung von furkationsbefallenen Molaren. Furkationsbefallene Prämolaren sind weitaus schwieriger zu therapieren und vom Patienten zu kontrollieren. Je nach Befall ist dort die Extraktion vorzuziehen.

Eine **geschlossene Kürettage mit Wurzelglättung** ist beim *Furkationsgrad I* meist ausreichend. Die Säuberung kann natürlich je nach Behandlungsform der Nachbarzähne auch mit einer Lappenoperation kombiniert werden. Selbst unter Sicht ist es aber oft sehr schwierig, alle Nischen und Einziehungen auf der Wurzeloberfläche gründlich zu säubern.

Daher wird bei *weitreichenderen Furkationsbefällen* eine **Odontoplastik** bzw. **Furkationsplastik** vorgenommen. Dabei wird im Rahmen einer Lappenoperation der Furkationseingang mit feinen Diamantschleifern geglättet. Dadurch werden z.B. Schmelzprojektionen und Zahneinziehungen eingeebnet und die Bildung und Entzündung einer zusätzlichen „Papille" verhindert.

Eine **Tunnelierung** (Tunnelung) wird fast ausschließlich bei *unteren Molaren* angewendet. Auch hier wird zunächst ein Lappen gebildet. Die Furkation wird mit feinen Diamantschleifern erweitert und gegebenenfalls kleine Korrekturen am

Tabelle 19-1. Furkationsbehandlung.

Grad des Furkationsbefalls	Therapie
Grad I	Scaling und Wurzelglättung Furkationsplastik
Grad II	Furkationsplastik Tunnelierung Wurzelresektion/ -amputation Prämolarisierung Zahnextraktion
Grad III	Tunnelierung Wurzelresektion/ -amputation Zahnextraktion

Alveolarknochen (Osteoplastik) vorgenommen. Die Tunnelierung muß vorsichtig erfolgen, um eine Verletzung der Pulpa zu vermeiden. Nach der Adaptation des Lappens liegt dann ein erweiterter, in bukko-lingualer Richtung durchgängiger Tunnel vor, der vom Patienten mit feinen Bürstchen gereinigt werden kann. Die erweiterte Furkation ist in regelmäßigen Abständen vom Zahnarzt zu kontrollieren und zu fluoridieren, um der Entstehung einer Karies gezielt vorzubeugen. Vorteile der Tunnelierung sind, daß im Gegegnsatz zur Prämolarisierung bzw. Hemisektion keine prothetische Versorgung oder Wurzelkanalbehandlung des Zahnes notwendig ist.

Bei der **Prämolarisierung** wird ein *furkationsbefallener Molar* in einwurzelige Prämolaren umgestaltet. Voraussetzung für diesen Eingriff sind genügend weit auseinanderliegende Wurzeln und eine möglichst koronal gelegene Furkation. Der Zahn wird zunächst wurzelbehandelt und dann im Furkationsbereich durchtrennt. Die neu entstandenen Stümpfe müssen nachfolgend mit Kronen versorgt werden. Dem Patienten ist dann eine ausreichende Interdentalhygiene möglich.

Bei der **Resektion** einer Wurzel wird der Zahn wie bei der Prämolarisierung durchtrennt. Dann werden eine oder mehrere Wurzel extrahiert.

Bei unteren Molaren spricht man dabei von einer *Hemisektion*. Um zu entscheiden, welche Wurzel(n) extrahiert werden sollen, sind neben dem parodontalen Zustand der Einzelwurzeln noch weitere Entscheidungskriterien zu beachten. Der periapikale Zustand der belassenen Wurzel muß unauffällig sein. Ferner sollte die Wurzel einen möglichst geraden, weiten Wurzelkanal besitzen, so daß eine korrekte Wurzelkanalfüllung und eine spätere Versorgung mit Stiftaufbauten möglich ist. Daher bietet sich bei Unterkiefermolaren meist der Erhalt der distalen Wurzeln und bei Oberkiefermolaren der Erhalt der palatinalen Wurzeln an. Ein Nachteil beim Erhalt der oberen, palatinalen Wurzel ist, daß diese Wurzel etwas versetzt zum oberen Zahnbogen steht. Dadurch kann die Statik von prothetischen Rekonstruktionen beeinträchtigt werden.

Unter einer **Wurzelamputation** versteht man die Entfernung einer Zahnwurzel ohne Durchtrennung der Zahnkrone des Zahnes. Das Ziel ist die Umwandlung eines dreiwurzeligen Zahnes mit Furkationsbeteiligung in einen zweiwurzeligen Zahn ohne Furkationsbeteiligung.

Die Wurzelamputation kann daher *bei oberen, furkationsbefallenen Molaren* angewendet werden. Dabei wird meist eine der beiden bukkalen Wurzeln im Bereich der Schmelz-Zementgrenze abgetrennt. Es muß ebenso wie bei der Resektion und Prämolarisierung darauf geachtet werden, daß keine Überhänge und Nischen zurückbleiben. Die Amputationsstelle muß mit einem Füllungswerkstoff (z.B. Glasionomerzement) verschlossen werden.

Die **Zahnextraktion** als Therapie furkationsbefallener Zähne ist sinnvoll, wenn der Zahn keine Wurzel besitzt, die ausreichend von Alveolarknochen umgeben ist oder Probleme bei der endodontischen Therapie zu erwarten sind.

19.7 Behandlung parodontal-endodontaler (Paro-/Endo-) Läsionen

Bei der Therapie von Paro-Endo-Läsionen erfolgt zunächst eine Behandlung der devitalen Pulpa mit **medikamentösen Wurzelkanaleinlagen** (z.B. Kalziumhydroxid). Dies kann bei Läsionen der **Klasse I,** die primär endodontischen Ursprungs sind, zu einer fast vollständigen Ausheilung der parodontalen Entzündungsmerkmale führen. Eine etwaige notwendige Parodontaltherapie erfolgt erst nach einer Beobachtungszeit, in der sich der desmodontale Faserapparat regenerieren kann. Eine zu frühzeitige Bearbeitung der Wurzeloberflächen würde in diesem Zeitraum die Fasern, die noch regenerierbar sind, endgültig zerstören. Sollte es durch die Wurzelkanalbehandlung nicht zu einer Besserung der parodontalen Beschwerden kommen, muß vermutet werden, daß es sich bei der vorliegenden Läsion um eine Paro-/Endo-Läsion der **Klassen II oder III** handelt. In einem solchen Fall ist eine Parodontalbehandlung (evtl. Lappenoperation) durchzuführen. Die Prognose von Zähnen mit Paro-Endo-Läsionen der Klassen II und III ist fraglich. Die kombinierte Therapie ist als Behandlungsversuch zu verstehen, um ästhetisch oder topographisch wichtige Zähne zu erhalten. Häufig ist die Extraktion des Zahnes notwendig.

19.8 Transplantate und Implantate zur Behandlung von Knochentaschen

Unter der Transplantation versteht man die Übertragung von vitalem Gewebe (z.B. Knochen, Schleimhaut). Die Implantation bezeichnet das Einbringen nichtvitalen Gewebes oder Materials.

Es wird zwischen *autologen* (vom gleichen Individuum), *isologen* (von Individuen mit gleichem genetischen Code, d.h. Zwillinge), *allogenen* (von Individuen gleicher Spezies, z.B. Mensch) und *xenogenen* (von Individuen verschiedener Spezies) Transplantaten unterschieden.

Unter *Lyophilisierung* versteht man die Gefriertrocknung von Gewebe zur Verlängerung der Haltbarkeit. Die Übertragung von körperfremdem (synthetischem) Material wird als *Alloplastik* bezeichnet.

In der Parodontologie werden Transplantate oder Implantate meist verwendet, um zwei- oder dreiwandige Knochentaschen aufzufüllen.

Autologe Knochentransplantate werden in Form von Zylindern mit kleinen Trepanbohrern *aus unbezahnten Kieferabschnitten* entnommen. Dabei eignen sich der Tuberbereich oder vier Monate alte Extraktionsbereiche als Entnahmestelle. Entnahmen *aus dem Beckenkamm* sind ebenfalls möglich, werden aber aufgrund des chirurgischen Aufwandes und Risikos nicht als Standardverfahren empfohlen. Vom entnommenen Knochen wird nur die Spongiosa übertragen, da sie die bessere Einheilung verspricht. Der Knochen wird zu Spänen zerkleinert und mit Blut vermischt. Dieser Knochenbrei wird dann in den Knochendefekt eingebracht und die Knochentasche mit einer dichten Naht verschlossen.

Eine weitere Möglichkeit besteht in der **Schwenkung (Swaging)** periostgestielter Knochentransplantate in Knochentaschen. Diese *Autorotationstransplantate* werden meist aus fazialen Alveolarkammabschnitten entnommen.

Beim **Einbringen des Transplantats** in die Knochentasche besteht die Gefahr des Einrisses der Periostbrücke. Dadurch können Probleme bei der Einheilung des Knochens auftreten.

Häufig werden nach der Implantation von Knochen Wurzelresorptionen oder Ankylosen der betroffenen Zähne beobachtet. Dies tritt insbesondere dann auf, wenn die Wurzeloberflächen nicht mehr mit vitalen Desmodontalzellen oder einer schützenden Zementschicht bedeckt sind.

Es wurde versucht, die Wundheilung durch die **Implantation alloplastischer Materialien** zu verbessern. Die Implantation von Hydroxylapatit oder β-Trikalziumphosphaten in Form von Granula hat aber nicht zu den erwünschten Regenerationen bestehender Knochentaschen geführt. Die Granula werden überwiegend bindegewebig umschieden. Man spricht in diesem Zusammenhang von einer *Osteokonduktion*. Die gewünschte *Osteoinduktion*, d.h. Anregung des umgebenen Knochens zur Osteogenese durch das implantierte Material, wird nicht beobachtet. Klinisch kommt es oftmals zur Abstoßung der Granula über die weiterhin bestehende Zahnfleischtasche.

Die Verwendung von Transplantaten oder Implantaten kann klinisch zu einer Verringerung der Sondierungstiefe führen. Es ist nicht geklärt, ob dabei immer eine Regeneration des parodontalen Gewebes eintritt.

19.9 Parodontale Heilung

Voraussetzung für eine parodontale Regeneration ist, daß vitale Desmodontalzellen auf der Wurzeloberfläche erhalten sind. Nur dann kann eine Reorganisation der Zahnaufhängung über seinen Faserapparat am Alveolarknochen erfolgen.

Fehlt das Desmodont und kommt die Zahnoberfläche mit Bindegewebe der Gingiva oder dem Alveolarknochen in Kontakt, treten Ankylosen oder Wurzelresorptionen der Zähne auf. Nach parodontal-chirurgischen Eingriffen werden verschiedene Formen der Ausheilung beobachtet. Dabei konkurrieren unterschiedliche Gewebeanteile (Epithelzellen, Desmodontalzellen, Bindegewebezellen und Knochenzellen) miteinander um die Anheftung an der bearbeiteten Wurzeloberfläche. Das Saumepithel besitzt dabei das schnellste Wachstumspotential, so daß meist ein langes, bis zum Taschenfundus reichendes Saumepithel die Zahnoberfläche bedeckt. Es wird allgemein zwischen einer Wiederanhaftung (reattachment), einer Regeneration (new attachment) und einer reparativen Heilung (repair) unterschieden. **„Reattachment“** bedeutet, daß traumatisch oder operativ zeitweise voneinander getrennte Gewebe sich wieder zu einer funktionellen Einheit zusammenschließen. Eine solche Wiederanheftung ist nur in apikalen Wurzelbereichen zu erwarten, in denen das Desmodont nicht infiziert ist. Ein epitheliales „Reattachment“ wird nicht beobachtet.

Beim **„new attachment“** geht man davon aus, daß die funktionelle Einheit des Gewebes von Zellen des Randgebietes des Defektes wieder neu aufgebaut wird. Die Bildung eines zum Taschenfundus reichenden Saumepithels, ausgehend von noch intakten Basalzellen, wird als epitheliales „new attachment“ bezeichnet.

Der Begriff der **reparativen Heilung (repair)** besagt, daß die zerstörten Gewebeanteile unter Ausnutzung verschiedener Möglichkeiten reparativ ersetzt werden. Es kommt bei der Wund- und Defektauffüllung zu Heilungs-, Substitutions- oder Regenerationsprozessen. Diese Form der Heilung stellt das wahrscheinlichste Behandlungsergebnis nach parodontal-chirurgischen Eingriffen dar. Sie führt nicht zu einer parodontal-desmodontalen Regeneration, obwohl das Gewebe klinisch entzündungsfrei, straffe und verringerte Sondierungstiefen aufgrund narbiger, epithelialer oder resorptiver bzw. ankylotischer Prozesse aufweist.

19.10 Gesteuerte parodontale Geweberegeneration (GTR: Guided Tissue Regeneration)

Die Bildung eines langen Saumepithels oder die Etablierung von Ankylosen bzw. Wurzelresorptionen verhindern eine desmodontale Regeneration. Die Fixierung des Zahnes über ein langes Saumepithel ist der desmodontalen Aufhängung aber mechanisch unterlegen. Durch Neuinfektion kann diese Epithelmanschette leicht wieder aufgelockert werden. Die Proliferation vitaler, apikal-befindlicher Desmodontalzellen nach koronal wird in der Heilungsphase durch das schnell nach apikal wachsende Saumepithel unterdrückt.

Um die konkurrierenden Zellen voneinander zu trennen und dem Desmodont eine Besiedelung der Wurzeloberflächen zu ermöglichen, wird seit Beginn der 80er Jahre das Verfahren der gesteuerten Geweberegeneration angewendet. Dabei wird in einem parodontal-chirurgischen Eingriff mit Lappenbildung eine Membran manschettenartig über die bestehende Knochentasche gelegt und der Lappen wieder adaptiert. In einem Zweiteingriff wird die Membran nach vier bis sechs Wochen wieder entfernt. Neben den meist angewendeten *Polytetrafluorethylen-Membranen* (= Teflon; Gore Tex®) sind mittlerweile *resorbierbare Membranen* in der Anwendung, so daß ein Zweiteingriff entfallen kann. In der Phase zwischen Erst- und Zweiteingriff können die Desmodontalzellen die Wurzeloberfläche besiedeln und die Knochentasche wird mit knochenähnlichem Gewebe aufgefüllt. Dadurch kann es zu einer Wiederherstellung des desmodontalen Halteapparates kommen.

Das GTR-Verfahren eignet sich zur Behandlung von zwei- und dreiwandigen vertikalen Knochentaschen und erkrankten Zähnen mit Furkationsbefall Grad II. Kritische Studien haben allerdings gezeigt, daß der Attachmentgewinn nach Durchführung einer GTR-Behandlung nur unwesentlich größer ist als nach alleiniger Durchführung von Kürettagemaßnahmen.

19.11 Schienungstherapie

Stark gelockerte Zähne können im Rahmen einer PAR-Behandlung durch Schienen verblockt und temporär stabilisiert werden. Durch die Schienung wird keine Festigung eines durch parodontale Ursachen gelockerten Zahnes, sondern ausschließlich eine Ruhigstellung bewirkt.

Diese **Ruhigstellung** kann postoperativ oder nach akuten Traumen die Heilung positiv beeinflussen. Die Schienung verbessert den *Kaukomfort* für den Patienten und verhindert *Zahnkippungen* und *-wanderungen*. Kaukräfte, die auf einen Schienenverband auftreffen, werden auf alle in den Verband integrierten Zähne verteilt. Das bedeutet aber, daß einzelne Zähne unter Umständen größere Kaukräfte auffangen müssen als ohne Schienung. Darüber hinaus sollten nur Zähne mit gleicher Mobilität verblockt werden. Andernfalls kann es leicht zur Fraktur der Schiene und Lockerung der ursprünglich festeren Zähne kommen. Zähne, die durch ein okklusales Trauma gelockert sind, sollten durch selektives Einschleifen und nicht durch Schienung behandelt werden. Grundsätzlich wird zwischen folgenden Schienen unterschieden:
- temporäre Schienen
- semipermanente Schienen
- permanente Schienen.

Als **temporäre Schienungen** (Tragedauer von einigen Tagen bis zu mehreren Wochen) werden z.B. fortlaufende Drahtligaturen, Drahtbogen-Kunststoffschienen oder Miniplastschienen verwendet. Eine temporäre Schienung ist bei Vorliegen von Zähnen mit erhöhter Beweglichkeit, an denen offene Methoden der Parodontalbehandlung geplant sind, indiziert.

Ziel der temporären Schienung ist es, eine vorübergehende weitere Erhöhung der Beweglichkeit als Folge des Behandlungstraumas abzufangen. **Semipermanente Schienen** (Tragedauer von einigen Wochen bis zu einigen Monaten) werden heute mit Kompositen in Schmelz-Ätz-Technik hergestellt. In der einfachsten Form können Zähne ohne Präparation einer Kavität approximal miteinander verblockt werden.

Eine weitere Möglichkeit besteht in der Präparation einer zirkulären feinen Rille, in die ein Polyesterfaden zur Verbindung der Zähne eingelegt wird. Die Rille wird mit Komposit gefüllt und der Faden verstärkt.

Semipermanente Schienungen sind indiziert, wenn erhaltungswürdige Zähne vorliegen, die wegen einer starken erhöhten Beweglichkeit den Patienten beim Kauen und Sprechen behindern. Ferner können sie bei kombiniert parodontologisch-kieferorthopädischer bzw. parodontologisch-kieferorthopädischer-prothetischer Behandlung zur Retention der Zähne herangezogen werden.

Als **permanente Schienen** (Tragedauer über viele Jahre) werden festsitzende Schienungen (z.B Brücken, Stege) und abnehmbare Schienungen (z.B. Hybridprothesen, Elbrecht-Schienen) verwendet. Permanente Schienungen sind bei gelockerten und/oder nur noch wenigen Pfeilerzähnen mit stark reduziertem Parodontium indiziert.

19.12 Medikamente in der Parodontologie

Der Einsatz von Medikamenten dient in der parodontologischen Therapie immer nur als Adjuvans zur mechanischen Lokalbehandlung. Sie ersetzen nicht die Beseitigung der primären und sekundären Ursachen, die zur Entstehung einer Parodontopathie führen.

Antimikrobielle Agenzien sollen parodontopathogene Keime spezifisch und effektiv bekämpfen, geringe Nebenwirkungen und eine gute Haltbarkeit bei Raumtemperatur besitzen. Darüber hinaus ist eine hohe *Substantivität* wichtig. Die Substantivität beschreibt die Retentionsdauer eines Medikaments am Wirkungsort (Mundhöhle, Sulkus). Die Medikamente werden in **lokal** und **systemisch angewendete Medikamente** unterschieden.

19.12.1 Lokal angewendete Medikamente

Lokal angewendete Mittel werden meist in Form von **Spüllösungen, Salben oder Pasten** angeboten. Auch in Zahnpasten können lokal wirksame Medikamente vorliegen.

Neuerdings wird zur effektiven Beseitigung der subgingivalen Bakterien die Applikation von medikamentengetränkten **Fäden** oder Streifen in entzündete Zahnfleischtaschen empfohlen. Die Fäden sind mit antibiotischen (Tetrazyklin) oder antimikrobiellen Wirkstoffen (Chlorhexidin-Diglukonat) getränkt und setzen den Wirkstoff über längere Zeit langsam frei. Die exakte Applikation der Fäden ist schwierig. Darüber hinaus kann die lokale Instillation von Antibiotika zur Ausbildung von Bakterienresistenzen und Allergien beim Patienten führen. Mit Antibiotika getränkte Fäden sollten daher nur gezielt bei Problempatienten Anwendung finden. Im folgenden werden die gebräuchlichsten und wichtigsten lokalen Therapeutika beschrieben. Daneben finden noch weitere antibakterielle bzw. antiphlogistische Wirkstoffe (z.B. Listerine, Triclosan, Zuckerersatzstoffe, Sanguinarin, Acetylsalicylsäure-Lösungen) Anwendung.

Chlorhexidin (CHX) ist ein Bisbiguanid. Es wird meist als CHX-Diglukonat-Salz in 0,1–0,2%ige Mundspüllösung verwendet. Chlorhexidin wirkt *antibakteriell* und hemmt die Plaquebildung. Es wirkt bakteriostatisch und bakterizid gegen grampositive Bakterien und in höheren Dosierungen auch gegen gramnegative Bakterien bakterizid. Chlorhexidin besitzt eine hohe *Substantivität*. Daher überdauert seine Wirkung die Spülzeit. Seine kationischen Gruppen binden an anionische Gruppen des oralen Muzinüberzugs und der Plaquebakterien. Bei der Anwendung von CHX als Mundspüllösung treten verschiedene *Nebenwirkungen* auf:

- Geschmacksirritationen, die bis zu acht Stunden anhalten können
- reversible Braunfärbung der Zähne und Schleimhäute
- Desquamation von Epithelzellen der Schleimhaut aufgrund einer beschleunigten Zellalterung
- Wundheilungsstörungen bei Anwendung hoher Konzentrationen und bei freiliegendem Knochen (Hemmung der Osteogenese).

Zur lokalen Taschenbehandlung kann Chlorhexidin in Form von Spülungen mit stumpfer Kanüle oder als gebrauchsfertiges Gel in die Tasche appliziert werden.

Wasserstoffsuperoxid (H_2O_2) besitzt aufgrund der Sauerstoffabspaltung und Schaumbildung eine *reinigende mechanische* und *desinfizierende* Wirkung. Durch die Sauerstofffreisetzung besitzt es einen hemmenden Einfluß auf anaerobe Keime. Es wird in 3–10%ige Lösung zur lokalen Therapie vom Zahnarzt eingesetzt. Mundspüllösungen können in 0,3–0,5%ige Dosierung vom Patienten bei der häuslichen Therapie verwendet werden.

Zinnfluoridhaltige Lösungen (z.B. Meridol®) haben in klinisch kontrollierten Studien mehrfach gezeigt, daß sie einen Einfluß auf parodontale Erkrankungen besitzen. Durch das Zinnkation wird eine *Bakterienhemmung* erreicht. Die Fluoridionen besitzen zudem einen *kariesprotektiven* Effekt. Als Nebenwirkungen werden reversible Zahn- und Schleimhautverfärbungen beobachtet.

Oberflächenaktive Spüllösungen (z.B. Plax®) werden vor dem Zähenputzen angewendet. Die enthaltenen Wirkstoffe (Glycerin, Alkohol, Natriumbenzoat, Triclosan, Natriumlaurysulfat, usw.) sollen die Effektivität des Zähnebürstens verbessern und die Desorption der Plaque erleichtern. Neuere Studien deuten darauf hin, daß diese Spüllösungen keine besonders effektive Hilfe zur Reduktion von Plaque und Gingivitis darstellen. Der Zusatz von Triclosan soll aber zu einer Reduktion der Plaquebildung führen.

Glukokortikoide (z.B. Dontisolon®: Prednisolon) besitzen antiphlogistische, antiallergische, antiproliferative und analgetische Wirkung. Sie steigern die Glukoneogenese, wirken katabol, unterdrücken das lymphatische Gewebe und die Immunreaktion und verringern die Gefäßpermeabilität. Glukokortikoide werden in Form von Cremes oder Salben mit verschiedenen **Antibiotika-Zusätzen** angeboten (Terracortril®: Hydrocortison + Oxytetracyclin). Durch das applizierte Glukokortikoid werden die Schmerzsensationen des Patienten gelindert und die eigentliche Ursache der Entzündung verschleiert. Durch den Antibiotika-Zusatz kann die Ausbildung von Bakterienresistenzen und Allergien gefördert werden. Deshalb sollten diese Präparate nur kurzzeitig zur Schmerzlinderung bei lokalen Taschenbehandlungen oder in der Initialbehandlung der ANUG angewendet werden.

19.12.2 Systemisch angewendete Medikamente

Neben den noch in der Erprobung befindlichen **nichtsteroidalen Antiphlogistika** (z.B. Flurbiprofen; Hemmung der Prostaglandinsynthese) werden vor allem Antibiotika zur systemischen Therapie von Parodontopathien mit schweren Verlaufsformen eingesetzt.

Die **Antibiotika** können in Form einer Stoßtherapie als Unterstützung zur mechanischen Lokaltherapie bei der lokalisierten juvenilen Parodontitis (LJP), der schnell fortschreitenden Erwachsenenparodontitis (RPP), refraktären Parodontopathien und der ANUG verabreicht werden. Sie dienen ferner als Abschirmung im Rahmen operativer Eingriffe bei infektionsgefährdeten Patienten (z.B. Endokarditis) und Patienten mit reduzierter Abwehrlage. Um optimale Wirkung zu erzielen und die Ausbildung von Bakterienresistenzen zu vermeiden, sollte vor der Verabreichung eine mikrobiologische Bestimmung der subgingivalen Plaque vorgenommen und ein Antibiogramm erstellt werden. Die Antibiotika sollten die für die Progression der Parodontopathien verantwortlichen Keime (Actinobacillus actinomycetem comitans, Porphyromonas gingivalis, Prevotella intermedia) eliminieren. Meist werden Tetrazykline, Metronidazol oder die Kombination von Metronidazol mit Breitspektrum-Penicillinen verwendet.

Tetrazykline sind Breitspektrum-Antibiotika, die gegen grampositive und gramnegative Bakterien durch Hemmung der Proteinsynthese bakteriostatisch wirksam sind. Sie wirken auch gegen Actinobacillus actinomycetem comitans. Minozyklin ist ein semisynthetisches Tetrazyklin. Es erreicht eine fünffach höhere Konzentration in der Sulkusflüssigkeit als im Blut und eignet sich daher für die Antibiose subgingivaler Bakterien. Durch Minozyklin wird die Kollagenaseaktivität gehemmt. Als Nebenwirkungen der Tetrazykline können unter anderem phototoxische Reaktionen von sonnenbestrahlten Hautarealen auftreten. Tetrazykline binden an Kalziumionen. Daher kann es bei Verabreichung während der präeruptiven Zahnmineralisation zu Zahnverfärbungen führen. Ihre Verordnung ist daher während der Schwangerschaft, der Stillzeit und bei Kindern bis zum achten Lebensjahr kontraindiziert. Weitere Kontraindikationen sind Überempfindlichkeit gegen Tetrazykline und Leber- und Niereninsuffizienzen. Bekannte Präparate sind Hostacyclin® (Tetrazyklin) und Klinomycin® (Minozyklin).

Metronidazol ist ein Nitroimidazol-Chemotherapeutikum, das vor allem gegen gramnegative Anaerobier und Spirochäten durch Hemmung der Nukleinsäuresynthese wirksam ist. Es ist gegen Actinobacillus actinomycetem comitans nicht effektiv. Mögliche Nebenwirkungen sind Alkoholunverträglichkeiten, allergische Reaktionen und zentralnervöse und gastrointestinale Störungen. Metronidazole haben im Tierversuch ein mutagenes und karzinogenes Risiko gezeigt. Gegenanzeigen sind u.a. Leberschäden, Störungen der Hämatopoese und Erkrankungen des zentralen bzw. peripheren Nervensystems, Schwangerschaft und Stillzeit. Ihre Anwendung sollte aufgrund der erwähnten Probleme sehr eingeschränkt erfolgen.

Amoxicillin ist ein Breitspektrum-Penicillin, das gegen grampositive und gramnegative Bakterien wirksam ist. Es eignet sich zur antibiotischen Abschirmung bei Patienten mit Herderkrankungen (Endokarditisprophylaxe) oder mit reduzierter Abwehrlage (immunsupprimierte Patienten). Zur Beeinflussung parodontopathogener Keime wird Amoxicillin in neueren Studien in *Kombination mit Metronidazol* empfohlen. Diese Kombination ist auch gegen Actinobacillus actinomycetem comitans wirksam.

19.13 Antibiotische Abschirmung bei immunsupprimierten Patienten und Patienten mit Endokarditisrisiko

Bei zahnärztlich chirurgischen Maßnahmen tritt eine Ausschwemmung von Bakterien in den Blutkreislauf (Bakteriämie) auf. Die Bakteriämie-Inzidenz bei intraoralen Behandlungsmaßnahmen beträgt bis zu 87%. Vor allem Zahnextraktionen, parodontale Operationen, Entfernen von Zahnstein, aber auch das Kauen harter Nahrung und die Verwendung von Wasserstrahlgeräten führen zu einer erhöhten Bakteriämie. Daher müssen immunsupprimierte Patienten (z.B. nach Organtransplantationen), Patienten mit Endokarditisrisiko und Patienten mit reduzierter Abwehrlage (z.B. nach Radiatio im Kopfbereich bzw. während der Chemotherapie bei Tumorbehandlungen) antibiotisch abgeschirmt werden. Die Antibiose soll eine Streuung der Bakterien im Organismus und den Übergriff auf andere Organe verhindern. Eine Abschirmung muß bei Zahnextraktionen, Zahnsteinentfernung, parodontalchirurgischen Eingriffen und Wurzelkanalbehandlungen erfolgen. Die Schweizer Arbeitsgruppe zur Endokarditisprophylaxe unterscheidet zwischen einer **Multiple-dose-Prophylaxe** (Antibiotikagabe vor und nach dem Eingriff) bei Patienten mit hohem Risiko und einer **One-dose-Prophylaxe** (einmalige Antibiotikagabe vor dem Eingriff) bei Patienten mit mittelgradigem Risiko (Tab. 19-2).

Bei Patienten mit Endokarditisrisiko kann es durch bakterielle Besiedelung vorgeschädigter Herzklappen zu einer Entzündung des Endokards bzw. der Herzklappen kommen. Akute Endokarditiden werden u.a. durch Staphylokokken, subakute Endokarditiden (E. lenta) durch Streptococcus viridans und Haemophilus parainfluenzae verursacht.

Nach Mitteilungen der Deutschen Gesellschaft für Herz- und Kreislaufforschung liegt **bei folgenden Grunderkrankungen ein Endokarditisrisiko** vor:
- Zustand nach Herzklappenersatz
- Zustand nach durchgemachter infektiöser Endokarditis
- angeborenen oder erworbenen Herzfehlern, wie z.B.: Aortenisthmusstenose, Vorhofseptumdefekt (Primumtyp), sub- oder supravalvuläre Aortenstenose, zyanotische Vitien, Ventrikelseptumdefekt, Ductus Botalli apertus
- palliativer Operation angeborener Herzfehler
- inkomplett korrigierter Herzfehler
- hypertrophische obstruktive Kardiomyopathie

Tabelle 19-2. Endokarditisprophylaxe (mg/KG = mg pro Kilogramm Körpergewicht), entsprechend der Schweizer Arbeitsgruppe zur Endokarditisprophylaxe.

Präparat		**Verordnung**	**Indikation**
Breitspektrumpenicillin: Amoxicillin	bei Penicillinallergie: Clindamycin		
Erwachsene: 3,0 g Kinder: 50 mg/KG	Erwachsene: 600 mg Kinder: 15 mg/KG	oral, 1 Stunde **vor** Behandlung	Patienten mit hohem Endokarditis-risiko (Herzklappen-prothesen, Status nach bakterieller Endokarditis)
Erwachsene: 750 mg Kinder: 15 mg/KG	Erwachsene: 300 mg Kinder: 7,5 mg/KG	oral, 7 mal alle 6 Stunden **nach** der Behandlung	
Erwachsene: 3,0 g Kinder: 50 mg/KG	Erwachsene: 600 mg Kinder: 15 mg/KG	oral, 1 Stunde vor Behandlung (evtl. bei langandauernden Eingriffen Wiederholung nach 6 Stunden)	Patienten mit mittelgradigem Risiko (übrige Risikogruppen)

- Mitralklappenprolaps mit systolischem Geräusch.

Kein erhöhtes Endokarditisrisiko ist bei folgenden Herzfehlern oder postoperativen Befunden belegt:

- Vorhofseptumdefekt (Sekundumtyp)
- Mitralklappenprolaps ohne systolisches Geräusch
- Morbus Ebstein
- Koronare Herzerkrankungen
- Zustand nach koronarer Bypass-Operation, Schrittmacherimplantation, Ligatur des Ductus Botalli, Operation einer Aortenisthmusstenose und erfolgreichem Verschluß eines Vorhof- (Primumtyp) oder Ventrikelseptumdefekts.

Das Vorgehen bei endokarditisgefährdeten Patienten sollte folgenden **Richtlinien** folgen:

- Antibiose nach einem anerkannten Schema (s. Tab.19-2)
- enge Zusammenarbeit zwischen Zahnarzt und Hausarzt
- Durchführung der präoperativen Antibiotikaprophylaxe unter Aufsicht in der zahnärztlichen Praxis
- Chlorhexidindesinfektion der Mundhöhle
- zügiges Durchführen der Behandlung
- 14tägiger Abstand zwischen den Behandlungen.

19.14 Zusammenwirken verschiedener Teilgebiete in der korrektiven Therapie

Die korrektive Therapie ist Bestandteil der chirurgisch-korrektiven Phase. In dieser Phase werden endgültige restaurative, funktionstherapeutische und kieferorthopädische Maßnahmen vorgenommen.

Das Zusammenwirken dieser Teilgebiete wird im folgenden kurz erklärt. Details sind speziellen Lehrbüchern zu entnehmen. Hinsichtlich der funktionellen Behandlung myoarthropathischer Beschwerden wird ebenfalls auf spezielle Fachbücher verwiesen.

19.14.1 Parodontologie und Kieferorthopädie

Kleine kieferorthopädische Maßnahmen können in der korrektiven Phase der systematischen Parodontaltherapie durchgeführt werden, um ästhetische, funktionelle oder präprothetische Verbesserungen zu erreichen. Dabei können Zahnfehlstellungen, die die Mundhygiene erschweren, korrigiert werden. Die kieferorthopädische Behandlung setzt eine erfolgreich abgeschlossene Initialtherapie und (wenn erforderlich) chirurgische Therapie voraus. Es ist zu bedenken, daß Zähne durch eine kieferorthopädische Behandlung vorübergehend gelockert werden können. Daher ist eine kieferorthopädische Therapie bei Zähnen, die aufgrund parodontaler Erkrankung eine stark erhöhte Beweglichkeit aufweisen, nicht indiziert. Auch kleinere kieferorthopädische Zahnbewegungen müssen exakt geplant werden, damit keine unerwünschten Probleme (z.B. Okklusionsvorkontakte, Artikulationshindernisse) auftreten.

Aus parodontologischer Sicht ist besonders die **Aufrichtung** von in bestehende Lücken gekippte Molaren interessant. Die mesial häufig vorliegende erhöhte Sondierungstiefe dieser Molaren kann durch eine kombiniert parodontal-kieferorthopädische Therapie mit Aufrichtung des Zahnes bei guter Gewebereaktion deutlich reduziert werden. Um einen dauerhaften Erfolg der kombinierten Therapien zu erzielen, müssen die neuen Zahnstellungen meist durch Retentionsmaßnahmen (Retainer, Schienung) gesichert werden.

19.14.2 Parodontologie und Zahnerhaltung

Die Füllungstherapie kariöser Zähne, Erneuerung insuffizienter Füllungen und notwendige Wurzelkanalbehandlungen erfolgen in der Initialphase. Kariöse Läsionen stellen Nischen für die Plaqueakkumulation dar, die in der Hygienephase beseitigt werden müssen. Zähne, deren Prognose unsicher ist, sollten mit provisorischen, randdichten und gut konturierten Füllungen bzw. provisorischen Wurzelkanalfüllungen versorgt werden. Die endgültige Versorgung kann dann in der korrektiven Phase erfolgen. Zähne mit guter Prognose werden in der Initialphase mit definitiven, plastischen Füllungen versehen. Eine Therapie mit Einlagefüllungen und Teilkronen wird in der korrektiven Phase nach erfolgreich abgeschlossener parodontologischer Behandlung durchgeführt.

Aus parodontalprophylaktischen Gründen ist ein **supra- oder äquigingival gelegener Füllungsrand** anzustreben. Ein subgingival liegender Füllungsrand sollte einen Mindestabstand von 1–2 mm vom Limbus alveolaris besitzen. Ist dieser Abstand nicht einzuhalten, muß eine Reduzierung des Limbus alveolaris durch eine Osteoplastik vorgenommen werden. Der Mindestabstand zwischen dem apikalen Restaurationsrand und dem Alveolarknochen ermöglicht die Einhaltung der biologischen Breite des epithelialen und bindegewebigen Attachments des Zahnes. Die Einhaltung der biologische Breite verhindert die Auflockerung des Zahnhalteapparates und die Migration von Bakterien ins Parodont.

19.14.3 Parodontologie und Prothetik

Endgültige prothetische Maßnahmen werden in der korrektiven Phase vorgenommen. Sollten Zahnextraktionen schon in der Initialphase notwendig sein, können herausnehmbare **Interims- oder Immediatversorgungen** eingegliedert werden. Bei diesen Interimsversorgungen, so wie bei dem endgültigen herausnehmbaren Zahnersatz, ist auf eine Schonung des marginalen Parodonts zu achten.

Restaurationsränder von **Kronen** und **Brückenankern** sollten wie in Kap. 19.14.2 beschrieben supra- oder äquigingival liegen. Der ausreichende Abstand zum Knochen ist einzuhalten. Eine zu kurze klinische Krone des Zahnes bietet der Restauration zu wenig Retentionsfläche. In einem solchen Fall ist häufig eine Kronenverlängerung durch eine Osteoplastik im Rahmen einer Lappenoperation mit apikalem Verschiebelappen notwendig. Dieser Eingriff dient auch der Einhaltung der biologischen Breite. Die Konturierung der Kronenaußenflächen und die Gestaltung des Approximalkontaktes muß physiologischen Formen entsprechen und eine effektive Reinigung (Zahnseide, Interdentalbürste) erlauben. Brückenzwischenglieder sollten dem Kieferkamm nur kleinflächig aufliegen und an der Unterseite konvex gestaltet sein, so daß eine Reinigung der Unterseite mit Super Floss® möglich ist. Der Übergang vom Zwischenglied zum Brückenanker muß so geöffnet sein, daß dieser Raum mit einer Interdentalbürste gereinigt werden kann. Es hat sich dabei als günstig erwiesen, Brückenzwischenglieder in Tangentialform und nicht als Schwebeglieder herzustellen, so daß ein künstlicher Approximalraum entsteht. Dadurch kann bei der Reinigung der marginalen Gingiva im entstandenen Approximalraum die Interdentalbürste sicher und mit genügendem Druck auf den Brückenanker geführt werden.

19.15 Behandlung verschiedener Krankheitsformen

Bei refraktären Parodontitiden und Patienten ohne Compliance (Mitarbeit) erfolgt eine palliative Behandlung. Bei diesen Patienten werden regelmäßig professionelle Zahnreinigungen und Kontrollen des Parodontalzustands der Zähne vorgenommen.

19.15.1 Gingivitis

Im Vordergrund der Gingivitistherapie steht die effektive Beseitigung der bakteriellen Beläge durch den Zahnarzt und durch den Patienten.

Als lokal unterstützende Therapeutika können zwei- bis dreimal tägliche Mundspüllösungen (z.B. mit Chlorhexidin-Präparaten) im Anschluß an das Zähneputzen vorgenommen werden. Der Patient wird zur Kontrolle wöchentlich einbestellt. Die Reevaluation erfolgt vier Wochen nach der letzten Sitzung.

19.15.2 ANUG

Die bakteriellen Beläge werden vorsichtig **mechanisch entfernt.** Die Reinigung ist für die Patienten meist sehr schmerzhaft, so daß eine vollständige Beseitigung der Beläge nicht in der ersten Sitzung möglich ist. Daher wird der Patient in kurzen Abständen (2–4 Tage) zur Belagsentfernung und Kontrolle (Differentialdiagnose: Leukämie!) einbestellt. Die Zahnreinigung wird durch Spülungen mit **Wasserstoffperoxid** (3%) unterstützt. Zur Eliminierung der anaeroben Keime kann der Patient zur Hausanwendung eine niedrig konzentrierte Wasserstoffperoxid-Spüllösung (0,3%) verschrieben werden. Bei schweren Verlaufsformen kann die systemische Gabe von **Metronidazol** (dreimal 250 mg pro Tag für acht Tage) verabreicht werden. Erst nach Abheilung der Ulzerationen sind erforderliche chirurgische Maßnahmen durchzuführen.

19.15.3 Erwachsenenparodontitis (AP)

Die Patienten werden nach Durchführung der Initialtherapie und evtl. notwendigen parodontalchirurgischen Eingriffen bzw. korrektiven Maßnahmen in die Erhaltungstherapie (Recall) übernommen und regelmäßig kontrolliert. Eine Verabreichung von Medikamenten ist in der Regel nicht erforderlich.

19.15.4 Schnell fortschreitende Parodontitis und lokalisierte juvenile Parodontitis

Bei rechtzeitiger Therapie reagieren die Parodontalgewebe bei Patienten mit **schnell fortschreitender Parodontitis** mit guter Heilung auf offene oder geschlossene parodontalchirurgische Verfahren. In der Initialphase werden die Patienten engmaschig ein- bis zweimal wöchentlich kontrolliert. Begleitend zu chirurgischen Maßnahmen werden perioperativ Tetrazykline verordnet (Minozyklin: initial 200 mg, dann zweimal täglich 100 mg für acht Tage).

Bei Patienten mit einer **lokalisierten juvenilen Parodontitis** ist manchmal die *Extraktion* der stark befallenen Sechsjahrmolaren unumgänglich. Durch eine *Transplantation eines Weisheitszahnes* ist es möglich, die Lücke zu schließen. Sollte das Wurzelwachstum des Transplantats noch nicht vollständig abgeschlossen sein, kann mit einer Revaskularisierung der Pulpa gerechnet werden. Da sich die Erkrankung vor allem auf die mittleren Inzisivi und Sechsjahrmolaren beschränkt, sind chirurgische Verfahren nach erfolgreich durchgeführter Initialbehandlung meist nur an diesen Zähnen notwendig. Bei sehr schweren oder refraktären Verlaufsformen ist der perioperative Einsatz von Antibiotika erforderlich. Die Dosierung erfolgt wie bei der Behandlung der RPP (s. oben).

19.15.5 Parodontitis beim Diabetiker

Die Parodontitis insulinabhängiger Diabetiker wird nach der Initialphase mit routinemäßigen, lokalen Maßnahmen (Kürettage, Wurzelglättung) behandelt. Das entzündete Granulationsgewebe muß sorgfältig entfernt werden. Chirurgische Maßnahmen können mit Verabreichung von Minozyklin unterstützt werden (Dosierung: s. RPP). Minozyklin hemmt die bei Diabetikern erhöhte parodontaldestruktive Kollagenaseaktivität.

19.15.6 HIV-assoziierte Parodontopathien

Während der Initialphase sollten zur Unterstützung der häuslichen Mundhygienemaßnahmen **Chlorhexidin-Präparate** (0,2%) verordnet werden. Da die Patienten oft eine ANUG-ähnliche Symptomatik aufweisen, ähneln die Behandlungsmaßnahmen den bei der ANUG beschriebenen Therapien.

Die mechanische Reinigung sollte bei Patienten in fortgeschrittenen Erkrankungsstadien der HIV-Infektion durch **Antibiotikagabe** (Metronidazol) unterstützt werden. Dabei muß beachtet werden, daß durch die Antibiotikaverordnung andere opportunistische Mikroorganismen oder Pilze überwuchern können, was den gleichzeitigen Einsatz von Antimykotika-Lösungen (z.B. Nystatin) erforderlich macht. Bei chirurgischen Eingriffen sollte eine antibiotische Abschirmung mit Breitspektrumpenizillin zur Vermeidung einer Bakteriämie vorgenommen werden.

19.16 Erhaltungstherapie

Der **Recall** (Erhaltungstherapie) ist essentieller Bestandteil der Parodontaltherapie. Erst ein gewissenhaft durchgeführter Recall ermöglicht den dauerhaften Erfolg des in der initialen und chirurgisch-korrektiven Phase erzielten Behandlungsergebnisses.

> Parodontalerkrankte Patienten müssen als chronisch erkrankte Patienten angesehen werden, die einer ständigen Kontrolle und Remotivation bedürfen.

Studien haben gezeigt, daß durch regelmäßige Kontrolle ein weiterer Attachmentverlust gestoppt und kariöse Läsionen vermieden werden können. Ohne regelmäßige Kontrolle wird nach erfolgreicher initialer und chirurgischer Therapie eine weitere Progression des Attachmentverlusts beobachtet. Durch die Erhaltungstherapie werden sowohl Neuinfektinen, als auch Reinfektionen verhindert. Die Recallsitzungen sollten je nach Schweregrad der Erkrankung zwei- bis zwölfmal pro Jahr erfolgen. Für die Mehrzahl der Patienten sind drei bis vier Sitzungen pro Jahr ausreichend.

RATEITSCHAK empfiehlt folgendes Vorgehen **bei jeder Recallsitzung:**
- Erhebung eines Entzündugs- und Plaqueindex
- Remotivation des Patienten
- Belag- und Zahnsteinentfernung mit Politur
- Fluoridierung.

Alle **sechs bis zwölf Monate:**
- Kontrolle der Sondierungstiefen
- Erhebung eines Kariesbefundes.

Alle **drei bis vier Jahre:**
- Erhebung eines Röntgenbefundes
- Vitalitätsprüfung der Zähne.

Entsprechend den vorliegenden Befunden kann an einzelnen Parodontien eine Rezidivbehandlung (geschlossene Kürettage/Lappenoperation) notwendig sein. Bei manchen Patienten ist aufgrund mangelnder Mitarbeit und generalisiertem Rezidiv eine erneute Aufnahme in die Initialtherapie erforderlich.

19.17 Arbeitsgebiet der zahnmedizinischen Fachhelferin (ZMF) oder der Dentalhygienikerin (DH)

In der Initial- und in der Erhaltungsphase können bestimmte Maßnahmen von speziell geschultem zahnärztlichen Hilfspersonal (z.B. ZMF, DH) durchgeführt werden. Zu diesen Maßnahmen zählen u.a.:
- Zahnreinigung, einschließlich Entfernung supragingivaler und subgingival klinisch erreichbarer Ablagerungen mit Handinstrumenten und Ultraschallgeräten
- Belaganfärbung
- Lokale Fluoridierung
- Ernährungs- und Mundhygieneberatung
- Eliminieren lokaler Reizfaktoren (z.B. Füllungspolitur)
- Orientierende Befunderhebung (Indexerhebungen, Situationsmodelle).

20 Literatur

20.1 Therapie der Karies

Albers, H. K., M. Hannig: Indikation und Verarbeitung von Kunststofffüllungsmaterialien im Seitenzahnbereich. In: Hahn, W. (Hrsg.): Neue Füllungsmaterialien. Schriftenreihe der APW. Hanser, München 1990.

Andreasen, J. O.: Traumatologie der Zähne. Schlütersche Verlagsanstalt, Hannover 1988.

Backer-Dirks, O.: Posteruptive changes in dental enamel. J Dent Res 45, 503 (1966).

Barmes, D. E.: International perspectives for the first quarter of the twenty-first century. Swed Dent J 13, 1 (1989).

Barnhart, W. E., L. K. Hiller, G. T. Leonard, S. E. Michaels: Dentifrice usage and ingestion amoung four age groups. J Dent Res 53, 1317 (1974).

Bauch, J., R. Eder-Debye, W. Micheelis: Ausgewählte Ergebnisse zum Zusammenhang sozialwissenschaftlicher und zahnmedizinischer Variablen. In: Mundgesundheitszustand und -verhalten in der Bundesrepublik Deutschland. Ergebnisse des nationalen IDZ-Survey. Deutscher Ärzteverlag, Köln 1991.

Baume, L. J.: The biology of pulp and dentine. In: Myers, H. M. (Ed.): Monographs in Oral Science. Karger, Basel 1980.

Binus, W., M. E. W. Pilz, A. Stiefel: Initialkaries – Präventiv-therapeutische Alternativen eines pathohistologischen Phänomens. Barth, Leipzig 1987.

Black, G. V., F. S. McKay: Mottled teeth: an endemic developmental imperfection of the enamel of the teeth, hertofore unknown in the literature of dentistry. Dent Cosmos 58, 129 (1916).

Bowen, R. L.: Dental filling materials comprising vinyl silane treated fused silica and a binder consisting of the reaction product of bis phenol and glycidyl acrylate. US Pat Off No 3 (066), 112 (1962).

Buddecke, E.: Biochemische Grundlagen der Zahnmedizin. De Gruyter, Berlin 1981.

Buonocore, M. G.: A simple method of increasing the adhesion of acryl filling materials to enamel surfaces. J Dent Res 34, 849 (1955).

Courtade, G. L., J. J. Timmermanns: Stiftverankerungen in der konservierenden und prothetischen Zahnheilkunde. Quintessenz, Berlin 1979.

Dean, H. T.: Endemic fluorosis and its relation to dental caries. Public Health Rep 53, 1443 (1938).

Dreyer-Jörgensen, K. D.: Amalgame in der Zahnheilkunde. Hanser, München 1977.

Dünninger, P., K. Pieper: Ergebnisse zur Prävalenz von Karies und Dentalfluorose. In: Mundgesundheitszustand und -verhalten in der Bundesrepublik Deutschland. Ergebnisse des nationalen IDZ-Survey 1989. Deutscher Ärzteverlag, Köln 1991.

Eichner, K. (Hrsg.): Zahnäztliche Werkstoffe und ihre Verarbeitung. Bd. 1 und 2. Hüthig, Heidelberg 1981.

Einwag, J., R. Naujoks: Epidemiologie der Karies. In: Praxis der Zahnheilkunde. Bd. 2: Zahnerhaltungskunde I. Urban und Schwarzenberg, München 1993.

Einwag, J., R. Naujoks: Prophylaxe der Karies. In: Horch, H. H., L. Hupauf, W. Ketterl, G. Schmuth (Hrsg.): Praxis der Zahnheilkunde. Bd. 3. Urban und Schwarzenberg, München 1993.

Ekstrand, J., O. Fejerskov, L. M. Silverstone: Fluoride in dentistry. Munksgaard, Copenhagen 1988.

Frank, P., R. Rahn: Zahnärztliche Anamnese und Befunderhebung. Hanser, München 1993.

Fusayama, T.: Neue Konzepte in der konservierenden Zahnheilkunde. Quintessenz, Berlin 1982.

Gängler, P.: Klinik der konservierenden Zahnheilkunde. Verlag Gesundheit, Berlin 1991.

Geurtsen, W.: Klinik der Kompositfüllung. Hanser, München 1989.

Geurtsen, W, D. Heidemann: Zahnerhaltung beim älteren Menschen. Hanser, München 1993.

Guggenheim, B. (Hrsg.): Cariology Today Int. Congress. Zürich 1983. Karger, Basel 1983.

Gülzow, H. J., U. Schiffner, J. Bauch: Milchzahnkaries bei Kindern aus Stormarner Kindergärten. Dtsch Zahnärztl Z 40, 1044 (1985).

Haller, B., H. Bischoff: Metallfreie Restaurationen aus Preßkeramik. Quintessenz, Berlin 1993.

Heidemann, D: Amalgamfüllung In: Horch, H. H., L. Hupfauf, W. Ketterl, G. Schmuth (Hrsg.): Praxis der Zahnheilkunde. Bd 2. Urban und Schwarzenberg, München 1992.

Hein, W.: Systematisch angewandte Individualprophylaxe - der Weg zum Erfolg. Quintessenz, Berlin 1993.
Hickel, R.: Das Problem der koronalen Erosion und Abrasion. In: Geurtsen, W., D. Heidemann (Hrsg.): Zahnerhaltung beim älteren Menschen. Hanser, München 1993.
Hodge, H. C.: The concentration of fluorides in the drinking water to give the point of minimum caries with maximum safety. J Am Dent Assoc 40, 436 (1950).
Höhling, H.-J.: Bauelemente von Zahnschmelz und Dentin aus morphologischer, chemischer und struktureller Sicht. Hanser, München 1966.
Hörsted-Bindslev, P., J. A. Mjör: Moderne Konzepte in der Zahnerhaltung. Quintessenz, Berlin 1994.
Hugo, B., A. Lussi, P. Hotz: Die Präparation der Schmelzanschrägung bei approximalen Kavitäten. Schweiz Mschr Zahnheilk 102, 1181 (1992).
Ingraham, R., R. Basset, J. Koser: Der Goldguß. Quintessenz, Berlin 1968.
Jenkins, G. N.: The physiology and biochemistry of the mouth. Blackwell Scientific Publications, Oxford 1987.
Katz, R. V., S. P. Hazen, N. W. Chilton, R. D. Mumma: Prevalence and intraoral distribution of root caries in an adult population. Caries Res 16, 265 (1982).
Ketterl, W.: Endodontie. Hüthig, Heidelberg 1984.
Kimmel, K. H., Büchs, E., Eibhofer, E.: Zahnärztliche Präparationstechnik. Hüthig, Heidelberg 1985.
Klaiber, B.: Metallinlay und Metallteilkrone. In: Horch, H. H., L. Hupfauf, W. Ketterl, G. Schmuth (Hrsg.): Praxis der Zahnheilkunde. Bd 2. Urban und Schwarzenberg, München 1992.
Klimek. J.: Die kariöse Frühläsion. In: Siebert, G.: Zahnmedizinische Forschung Standort, Ziel und Wege. Hanser, München 1984.
Klimek, J., H. Prinz, E. Hellwig, G. Ahrens: Effect of a preventive program based on professional toothcleaning and fluoride application on caries and gingivitis. Community Dent Oral Epidemiol 13, 295 (1985).
Klimm, W., G. Graehn: Der keilförmige Defekt. Quintessenz, Berlin 1993.
Koch, G., T. Modeer, S. Poulsen, P. Rasmussen: Pedodontics - A clinical approach. Munksgaard, Copenhagen 1991.
König, K. G.: Karies und Parodontopathien. Thieme, Stuttgart 1987.
Krasse, B.: Die Quintessenz des Kariesrisikos. Quintessenz, Berlin 1986.
Kreijci, J.: Zahnfarbene Restaurationen. Hanser, München 1992.
Kullmann, W.: Atlas der Zahnerhaltung mit Glas-Ionomer-Zementen und Komposit-Kunststoffen. Hanser, München 1989.
Lang, N. P.: Checklisten in der Zahnmedizin. Thieme, Stuttgart 1988.
Leach, S. A. et al.: Demineralisation and remineralisation of the teeth. IRL Press, London 1983.
Lehmann, K. M., E. Hellwig: Einführung in die restaurative Zahnheilkunde. Urban und Schwarzenberg, München 1993.
Lutz, F., B. Lüscher, H. Ochsenbein, H. R. Mühlemann: Adhäsive Zahnheilkunde. Juris, Zürich 1976.
Lutz, F., M. A. Cochran, W. Mörmann: Adhäsive Restauration - Flop oder Hit? Schweiz Mschr Zahnheilk 94, 1124 (1984).
Massler M.: Teenage cariology. Dent Clin North America 13, 405 (1969).
Mjör, IA, O. Fejerkov: Histology of the human tooth. Munksgaard, Copenhagen 1979.
Motsch, A.: Die Unterfüllung - Eine kritische Diskussion der verschiedenen Zemente und Präparate. In: Hahn, W. (Hrsg.): Neue Füllungsmaterialien. Schriftenreihe der APW. Hanser, München 1990.
*Mörmann, W. H. (*Hrsg.): International Symposium on Computer Restorations. Quintessenz, Berlin 1991.
Nikiforuk, G.: Understanding dental caries. Bd. 1 und 2. Karger, Basel 1985.
Ohsawa, T.: Studies on solubility and adhesion of the enamel in pretreatment for caries preventive sealing. Bull Tokyo Dent Coll 13, 65 (1972).
Ott, K. H. R., J. Vogler, A. Kröncke, K. H. Schaller, H. Valentin, D. Weltle: Quecksilberkonzentration in Blut und Urin vor und nach dem Legen von Non-gamma-2-Amalgamfüllungen. Dtsch Zahnärztl Z 44, 551 (1989).
Petschelt, A., J. Dobler: Großvolumige vs. aktivierte Wurzelkanalspülung. Dtsch Zahnärztl Z 46, 285 (1991).
Pilz, W. E.: Praxis der Zahnerhaltung und oralen Prävention. Hanser, München 1985.
Reich, E.: Zur Prävalenz von Parodontopathien. In: Micheelis, W. und J. Bauch: Mundgesundheitszustand und -verhalten in der Bundesrepublik Deutschland. Ergebnisse des nationalen IDZ-Survey 1989. Deutscher Ärzteverlag, Köln 1989.
Riethe, P.: Konservierende Zahnheilkunde. In: Schwenzer, N. (Hrsg.): Zahn-, Mund- und Kieferheilkunde. Bd. 4. Thieme, Stuttgart 1985.
Riethe, P.: Kariesprophylaxe und konservierende Therapie. In: Farbatlanten der Zahnmedizin 6. Thieme, Stuttgart 1988.
Roulet, J.-F.: Degredation of dental polymers. Karger, Basel 1987.
Roulet, J.-F., S. Herder: Seitenzahnversorgung mit adhäsiv befestigten Keramikinlays. Quintessenz, Berlin 1989.
Sauerwein, E.: Zahnerhaltungskunde. Thieme, Stuttgart 1981.

Scheinin, A. K. K. Makinen: Turku sugar studies I-XXI. Acta Odont Scand (Suppl 70) 33, 1 (1975).
Schmalz, G.: Die lokale Gewebsverträglichkeit von Komposit-Kunststoffen. In: Hahn, W. (Hrsg.): Neue Füllungsmaterialien. Schriftenreihe der APW. Hanser, München 1990.
Schraitle, R., G. Siebert: Zahngesundheit und Ernährung. Hanser, München 1987.
Schröder, H. E.: Pathobiologie oraler Strukturen. Karger, Basel 1991.
Schröder, H. E.: Orale Strukturbiologie. Thieme, Stuttgart 1992.
Schulze, C.: Anomalien und Mißbildungen der menschlichen Zähne. Quintessenz, Berlin 1987.
Shillingburg, H. T., S. Hobo, L. D. Whitstett: Grundlagen der Kronen- und Brückenprothetik. Quintessenz, Berlin 1986.
Stachniss, V.: Diagnostik und Therapie okklusionsbedingter Störungen der Kiefergelenksfunktion. Hanser, München 1984.
Staehle, H.-J.: Calciumhydroxid in der Zahnheilkunde. Hanser, München 1990.
Staehle, H. J.: Versiegelungen von Zähnen. Quintessenz, Berlin 1994.
Ten Cate, A. R.: Oral histology. Mosby, St. Louis 1989.
Thylstrup, A., O. Fejerskov: Clinical appearance of dental fluorosis in permanent teeth in relation to histologic changes. Community Dent Oral Epidemiol 6, 315 (1978)
Thylstrup, A., O. Fejerskov (Hrsg.): Textbook of clinical cariology. Munksgaard, Copenhagen 1994.
Van Meerbeek, B., S. Inokoshi, M. Braem, P. Lambrechts, G. Vanherle: Morphological aspects of the resin-dentin interdiffusion zone with different dentin adhesive systems. J Dent Res 71, 1530 (1992).
Vanherle, G., D. C. Smith (Hrsg.): Posterior composite resin dental materials. Peter Szulc Publishing Company 1985.
Willershausen-Zönnchen, B.: Quecksilberkonzentration der Mundschleimhaut bei Patienten mit Amalgamfüllungen. Dtsch Med Wochenschrift 117, 1743 (1992).

20.2 Endodontie

Abou-Rass, M., A. L. Frank, D. H. Glick: The anticurvature filing method to prepare the curved root canal. J Am Dent Assoc 101, 792 (1980).
Avery, J. K.: Structural elements of the young normal human pulp. In Siskin, M.: The biology of the human dental pulp. Mosby, St. Louis 1973.
Baume, L. J.: The biology of pulp and dentine. Karger, Basel 1980.
Bergenholtz, G.: Biologische Grundlagen der Endodontie. Dtsch Zahnärztl Z 45, 187 (1990).
Brännström, M.: The hydrodynamic theory of dentinal pain sensation in preparations, caries, and dentinal crack syndrome. J Endod 12, 453 (1986).
Browne, R. M., R. S. Tobias: Microbial microleakage and pulpal inflammation: A review. Endod Dent Traumatol 2, 177 (1986).
Byström, A., R. P. Happonen, U. Sjögren, G. Sundqvist: Healing of periapical lesions of pulpless teeth after endodontic treatment with controlled asepsis. Endod Dent Traumatol 3, 58 (1987).
Caselitz, R., C. Koçkapan: Untersuchungen über die Effektivität von sechs verschiedenen Methoden zur maschinellen Wurzelkanalaufbereitung. Quintessenz 41, 597 (1990).
Cohen, S., R. C. Burn: Pathways of the pulp. Mosby, St. Louis 1984.
Goerig, A., R. J. Michelich, H. H. Schultz: Instrumentation of root canals in molar using the step-down technique. J Endod 8, 550 (1982).
Goerig, A. C., E. J. Neaverth: A simplified look at the buccal object rule in endodontics. J. Endod 13, 570 (1987).
Grossman, L. I., S. Oliet: Endodontic Practice. Lea und Febiger, Philadelphia 1988.
Guldener, P. H. A., K. Langeland: Endodontologie. Thieme, Stuttgart 1993.
Harty, F. J.: Endodontics in clinical practice. Wright PSG, Bristol 1990.
Heidemann, D., M. Ramil-Diwo: Die Wurzelkanaltechniken mit erwärmter Guttapercha: Mc Spadden-Technik, Endotec, vertikale Kondensation, Ultrafil. In: Endodontie – neue Erkenntnisse aus Praxis und Wissenschaft. Schriftenreihe APW. Hanser, München 1993, S. 107.
Herforth, A., U. Seichte: Endodontie im Milch- und Wechselgebiß. In: Ketterl, W. (Hrsg.) Praxis der Zahnheilkunde. Bd. 3. Urban und Schwarzenberg, München 1987, S. 83.
Hülsmann, M.: Die maschinelle Aufbereitung des Wurzelkanals. In: Endodontie – neue Erkenntnisse aus Praxis und Wissenschaft. Schriftenreihe APW. Hanser, München 1993, S. 63.
Ingle, J. I., J. F. Taintor: Endodontics. Lea und Febiger, Philadelphia 1985.
Kakehashi, S., H. R. Stanley, R. J. Fitzgerald: The effects of surgical exposures of dental pulps in germ-free and conventional laboratory rats. Oral Surg 20, 340 (1965).
Löst, C., P. R. Wesselink, R. Winkler: Grundlagen und Prinzipien moderner Endodontie. Endodontie 1, 7 (1992).
Morgan, L. F., S. Montgomery: An evaluation of the crown-down pressureless technique. J Endod 10, 491 (1984).
Nair, P. N. R.: Light and electron microscopic studies of root canal flora and periapical lesions. J Endod 13, 29 (1987).

Pecchioni, A.: Die Wurzelkanalbehandlung. Eine praktische Anleitung für Studierende und Praktiker. Quintessenz, Berlin 1982.
Platzer, U., J. Sedelmayer: Die manuelle Wurzelkanalaufbereitung: Neue Instrumente - neue Techniken? In: Endodontie - neue Erkenntnisse aus Praxis und Wissenschaft. Schriftenreihe APW. Hanser, München 199, S. 97.
Raab, W. H.-M.: Diagnose und Pathologie entzündlicher Pulpaerkrankungen. In: Endodontie - neue Erkenntnisse aus Praxis und Wissenschaft. Schriftenreihe APW. Hanser, München 1993, S. 9.
Roane, J. B., C. L. Sabala, M. G. Duncanson: The „Balanced Force" concept for instrumentation of curved canals. J Endod 11, 203 (1985).
Schilder, H.: Filling root canals in three dimensions. Dent Clin N Amer 11, 723 (1967).
Schroeder, H. E.: Pathobiologie oraler Strukturen: Zähne, Pulpa, Parodont. Karger, Basel 1991.
Seltzer, S.: Endodontology. Lea and Febiger. Philadelphia 1988.
Staehle, H. J.: Endodontie im Milchgebiß. In: Endodontie - neue Erkenntnisse aus Praxis und Wissenschaft, Schriftenreihe APW. Hanser, München 1993, S. 135.
Staehle, H. J.: Calciumhydroxid in der Zahnheilkunde. Hanser, München 1990.
Stock, C. J. R., C. F. Nehammer: Endodontics in practice. British Dental Assocation, London 1990.
Sundqvist, G.: Mikrobiologie in der Endodontie und die Bedeutung der Asepsis. In: Endodontie - neue Erkenntnisse aus Praxis und Wissenschaft, Schriftenreihe APW. Hanser, München 1993, S. 29.
Tronstad, L.: Clinical endodontics. Thieme, Stuttgart 1991.
van Velzen, S. K., J. M. Genet, H. W. Kersten, W. R Moorer, P. R. Wesselink: Endodontie. Deutscher Ärzte-Verlag, Köln 1988.
Voß, A.: Die Wurzelkanallängenbestimmung - Röntgenologisch und/oder endometrisch. In: Endodontie - neue Erkenntnisse aus Praxis und Wissenschaft, Schriftenreihe APW. Hanser, München 1993, S. 49.
Weiger, R.: Bleichen verfärbter wurzelkanalbehandelter Zähne. Endodontie 2, 109 (1992).
Weine, F. S.: Endodontic therapy. Mosby, St. Louis 1989.

20.3 Parodontologie

Ahrens, G., K. A. Bublitz: Parodontalerkrankungen und Behandlungsbedarf der Hamburger Bevölkerung. Eine epidemiologische Studie an 11303 Probanden. Dtsch Zahnärztl Z 42, 433 (1987).
Albers, H. K.: Der Einsatz von Medikamenten in der Behandlung der entzündlichen Parodontopathien. Zahnärztl Welt 101, 492 (1992).
Axelsson, P.: Periodontal deseases. Can they be provided? Dtsch Zahnärztl Z 37, 540 (1982).
Bernimoulin, J.-P.: Über die Bedeutung der freien Mundschleimhaut- und Bindegewebstransplantate in der mukogingivalen Parodontalchirurgie. Habilitationsschrift, Zürich 1979.
Bühler, H.: Chirurgische Therapieverfahren bei Furkationsbefall und deren Langzeitprognose. Dtsch Zahnärztl Z 46, 384 (1991).
Carranza, F.: Glickman´s clinical periodontology. Saunders, Philadelphia–London–Toronto–Mexico City–Rio de Janeiro–Sydney–Tokyo 1984.
Deutsche Gesellschaft für Parodontologie: Neue verbesserte Nomenklatur für die Parodontopathien. Dtsch Zahnärztl Z 42, 851 (1987).
Diedrich, P.: Die Aufrichtung gekippter Molaren als präprothetische und parodontalprophylaktische Maßnahme. Dtsch Zahnärztl Z 41, 159 (1986).
Erpenstein, H.: Das Recall-System nach systematischer Parodontalbehandlung. In: Ketterl, W. (Hrsg.): Deutscher Zahnärztekalender. 37. Jg. Hanser, München 1978.
Fesseler, A., C. Löst: Zur Terminologie in der Parodontologie. In: Ketterl, W. (Hrsg.): Deutscher Zahnärztekalender. 46. Jg. Hanser, München 1987.
Flemmig, T. F.: Grundprinzipien und neue Konzepte in der Prävention marginaler Parodontopathien. Zahnärztl Mitt 80, 918 (1990).
Flemmig, T. F.: Klinische Parodontologie. In: Körber, E., Klaiber, B. (Hrsg.): Dent-Praxis, Thieme, Stuttgart, New York 1993.
Flores-de-Jacoby, L.: Parodontaltherapie nach der gesteuerten parodontalen Geweberegeneration. Dtsch Zahnärztl Z 46, 390 (1991).
Flores-de-Jacoby, L.: Parodontologie. In: Schwenzer, N. (Hrsg.): Zahn-, Mund-, Kieferheilkunde. Bd. 5 (Kieferorthopädie, Parodontologie). Thieme, Stuttgart–New York 1987.
Freitas, B. L., B. Collaert, R. Attström: Effect of the pre-brushing rinse, Plax, on dental plaque formation. J Clin Peridontal 18, 713 (1991).
Hellwege, K. D.: Die Wurzelglättung. Quintessenz, Berlin 1987.
Hotz, P. R.: Der parodontal geschädigte Zahn aus der Sicht der Zahnerhaltung. Dtsch Zahnärztl Z 44, 483 (1989).
Knoll-Köhler, E.: Endokarditis - Prophylaxe in der zahnärztlichen Praxis. Zahnärztl Welt 98, 246 (1989).
Kocher, Th., H.-Ch. Plagmann: Initiale Parodontalbehandlung. Zahnärztl Welt 98, 1024 (1989).
Krekeler, G.: Parodontalbehandlung beim

Risikopatienten. In: Ketterl, W. (Hrsg.): Deutscher Zahnärztekalender. 52. Jg. Hanser, München 1993.
Krekeler, G.: Parodontologie und Zahnerhaltung. In: Ketterl, W. (Hrsg.): Praxis der Zahnerhaltung. Bd. 4 (Parodontologie). Urban und Schwarzenberg, München-Wien-Baltimore 1990.
Krüger, E.: Operationslehre für Zahnärzte. Quintessenz, Berlin 1989.
Krüger, W.: Karies- und Gingivitisprophylaxe für Kleinkinder. Hüthig, Heidelberg 1983.
Lang, N. P., F. A. Gusberti, B. E. Siegrist: Ätiologie der Parodontalerkrankungen. Acta Parodontol 14, 59 (1985).
Lange, D. E.: Parodontologie in der täglichen Praxis. Quintessenz, Berlin 1990.
Lange, D. E.: Zahnpasten – Inhaltsstoffe und Wirkungen. In: Ketterl, W. (Hrsg.): Deutscher Zahnärztekalender. 49. Jg. Hanser, München 1990.
Lindhe, J.: Textbook of clinical periodontology. Munksgaard, Copenhagen 1989.
Listgarten, M. A.: Pathogenesis of periodontitis. J Clin Periodontol 13, 418 (1986).
Listgarten, M. A., L. Helldén: Relative distribution of bacteria at clinically healthy and periodontally deseased sites in humans. J Clin Periodontol 5, 115 (1978).
Loesche W. J.: DNA probe and enzyme analysis in periodontal diagnostics. J Clin Periodontol 63, 1102 (1992).
Löst, C.: Hemisektion/Wurzelamputation. Hanser, München 1985.
Mausberg, R., H. Visser, E., Hornecker: Empfehlungen zum Umgang mit zahnärztlichen HF-Chirurgiegeräten. Zahnärztl Welt 100, 224 (1991).
Müller, H. P., R. F. Müller, D. W. Lange : Die Reduktion von A. actinomycetem comitans bei der profunden Parodontitis. Dtsch Zahnärztl Z 44, 239 (1989).
Nolden, R.: Scaling und Kürettage. In: Ketterl, W. (Hrsg.): Praxis der Zahnerhaltung. Bd. 4 (Parodontologie). Urban und Schwarzenberg, München–Wien–Baltimore 1990.
Nyman, S., J. Gottlow, Lindhe, J., T. Karring, J. Wennström: New attachment formation by guided tissue regeneration. J Periodont Res 22, 252 (1987).
Page, R. C., H. E. Schroeder: Periodontitis in man and other animals - a comparative review. Karger, Basel–München–Paris–London–New York–Tokyo–Sydney 1982.
Pindborg, J. J.: Atlas der Mundschleimhauterkrankungen. Deutscher Ärzte Verlag, Köln 1987.
Purucker, P.: Mikrobiologie der Parodontitis. Teil I. Die infektiöse Natur der Parodontitis. Parodontologie 2, 207 (1991).
Raetzke, P.: Die parodontale Rezession. Untersuchung zur Prävalenz, Ätiologie, Signifikanz und zur Therapie. Hanser, München–Wien 1988.
Raetzke, P.: Schnelltests als Hilfsmittel zur Diagnose und Verlaufskontrolle von Parodontalerkrankungen. Parodontologie 4, 107 (1993).
Ranney, R. R.: Differential diagnosis in clinical trials of therapy for periodontitis. J Clin Periodontol 63, 1052 (1992).
Rateitschak, K. H., E. M. Rateitschak, H. F. Wolf: Parodontologie. In: Rateitschak, K. H. (Hrsg.) Farbatlanten der Zahnmedizin. Bd. 1. Thieme, Stuttgart–New York 1989.
Rateitschak-Plüss, E. M., J. Hermann, H. F. Wolf, M. Eberle: Sanierung der HIV-Parodontitis. Schweiz Monatsschr Zahnmed 103, 435 (1993).
Reich, E., G. Schmalz, A. Reith: Vergleich des CPITN mit gebräuchlichen Parodontalindizes. Dtsch Zahnärztl Z 41, 610 (1986).
Renggli, H. H.: Ätiologie marginaler Parodontopathien. In: Ketterl, W. (Hrsg.): Praxis der Zahnerhaltung. Bd. 4. Urban und Schwarzenberg, München–Baltimore–Wien 1990.
Renggli, H. H., H. R. Mühlemann, K. H. Rateitschak: Parodontologie: gesundes Parodont, Epidemiologie, Ätiologie, Diagnostik, Prophylaxe und Therapie parodontaler Erkrankungen. Thieme, Stuttgart–New York 1984.
Schluger, S., R. Yuodelis, R. C. Page, R. H. Johnson: Periodontal deseases. Lea und Febinger, Philadelphia–London 1990.
Schroeder, H. E.: The periodontium. Springer, Berlin 1986.
Slots, J.: Sugingival microflora and periodontal desease. J Clin Periodontol 6, 351 (1979).
Stroemer, B, F. W. Schröder: Zahnpasten sind mehr als nur Putzmittel. Zahnärztl Mitt 80, 1272 (1990).
Ten Cate, A. R.: Oral Histology. Mosby, St. Louis–BaltimoreToronto 1989.
Topoll, H. H.: Laboruntersuchungen in der Parodontologie. In: Ketterl, W. (Hrsg.): Deutscher Zahnärztekalender. 51. Jg. Hanser, München 1992.
Topoll, H. H.: Prophylaxe marginaler Parodontopathien. In: Ketterl, W. (Hrsg.): Praxis der Zahnerhaltung. Bd. 3 (Zahnerhaltung II). Urban und Schwarzenberg, München–Wien–Baltimore 1993.
Van der Ouderaa, F. J. G.: Anti-plaque agents. Rationale and prospects for prevention of gingivits and periodontal desease. J Clin Periodontol 18, 447 (1991).
Willershausen-Zönnchen, B.: Prophylaxe im Kindes- und Jugendalter – Gruppen- und Individualprophylaxe. In: Ketterl, W. (Hrsg.): Praxis der Zahnerhaltung. Bd. 3 (Zahnerhaltung II). Urban und Schwarzenberg München–Wien–Baltimore 1993.

21 Sachverzeichnis

Fette Ziffern kennzeichnen die Hauptfundstellen

F

G

H

N

O

P

Q

R

Liebe Leserinnen und Leser,

Ihre Meinung zu diesem Buch liegt uns sehr am Herzen. Denn nur durch Ihre Beurteilung, Kritik und Vorschläge können wir unsere Bücher weiter verbessern. Helfen Sie uns dabei und senden Sie den ausgefüllten Fragebogen an:

Verlag Urban & Schwarzenberg
z. Hd. Frau Illig
Lektorat Zahnmedizin
Postfach 201930
80019 München

PS: Unter den ersten 50 Einsendern verlosen wir 10 Büchergutscheine im Wert von DM 100,–!

1. Wie beurteilen Sie (1 = sehr gut, 6 = sehr schlecht):

	1	2	3	4	5	6
• Äußere Aufmachung und Ausstattung	o	o	o	o	o	o
• Format	o	o	o	o	o	o
• Preis-Leistungs-Verhältnis	o	o	o	o	o	o
• Verständlichkeit und didaktische Qualität	o	o	o	o	o	o

2. Welche Themen sind zu breit dargestellt? ______________________

3. Welche Themen sind zu knapp dargestellt? ______________________

4. Welche Themen sind besonders gut dargestellt? ______________________

5. Welche Themen sind weniger gut dargestellt? ______________________

6. Genügt das Buch für die Anforderungen der einführenden Vorlesungen und Kurse?

7. Welche anderen Bücher benutzen Sie für die Zahnerhaltung? ______________________

8. Hier ist Raum für Kritik, Anregungen, Verbesserungsvorschläge und Wünsche!

9. Über die Zahnerhaltung hinaus: Zu welchen Fächern wünschen Sie sich ein gutes Studentenlehrbuch? Wie sollte ein solches Lehrbuch konzipiert sein?

10. Nennen Sie uns ein beliebiges Lehrbuch, das nach Ihrer Meinung rundum gut gelungen ist!